예수와 하나님 나라

예수와 하나님 나라

– 역사 속에서 체현된 메시아의 구원 이야기 –

김균진

Holy
WavePlus

존경하는 은사이신 김균진 교수님의 저작전집을 발행할 수 있는 책무를 맡겨주신 하나님께 감사와 영광을 돌립니다.

이 저작전집은 한국이 배출한 걸출한 조직신학자인 김균진 교수님의 50년간에 걸친 신학 연구의 열매들을 하나로 집대성하는 작업입니다.

김균진 교수님께서는 신학 교수 세계에 발을 들여놓은 이래 헤겔과 칼 바르트 연구에서 시작하여 몰트만과 본회퍼와 틸리히의 신학을 비롯한 세계의 다양한 현대신학 사조들을 적극적으로 이 땅에 소개하는 한편, 역사적 예수와 하나님 나라, 죽음의 신학, 생명의 신학, 과학과 신학과의 대화 분야에 있어서 자기만의 고유한 신학의 세계를 개척하셨고, 무엇보다 방대하기 이를 데 없는 조직신학 분야의 전 주제에 대해서 두 번에 걸친 조직신학 시리즈를 집필함으로써 대단한 학문적 성취를 이루셨다고 해도 과언이 아닙니다. 그러나 이러한 연구 결과물들이 아쉽게도 여기저기 흩어져 있었고, 일부 도서는 이미 절판되어 더 이상 구할 길이 없으며, 또 일부는 오래전의 개념과 표현으로 쓰인 까닭에 현대의 독자들에게 생소한 느낌을 주는 면이 없지 않아서, 이 모든 자료를 한데 모아 새로운 시대의 연구 성과들을 추가하는 동시에 문장과 단어들을 현대적으로 개선하는 작업을 하기로 하였고 그러한 바탕 위에서 이 저작전집이 탄생하게 되었습니다.

특별히 『현대 신학사상』은 혼란과 위기의 시대였던 20세기가 기독교와 인류를 향해 던진 질문들을 놓고 치열하게 씨름했던 저명한 신학자들의 사상과 이론들을 일목요연하게 정리하고 평가한 대작이라고 할 수 있습니다.

김균진 교수님의 제자이자 이 저작전집의 발행인으로서 제가 감히 교수님의 신학을 평가한다면 크게 다섯 가지로 요약을 하고 싶습니다.

첫째, 지난 100년간 서구 신학계를 관통했던 신학적 사조와 개념과의 부단한 대화와 함께 그것의 적용에 있어서 철저히 지금-여기서의 정황을 지향함으로써 한국적인 바탕 위에서 국제적인 신학적 토론에 참여하는 것의 가능성을 제시한 점. 둘째, 기존의 추상적이고 철학적인 조직신학적 진술이 아닌 성서내러티브적이고 메시아적 종말론에 입각한 독창적인 조직신학의 세계를 제시한 점. 셋째, 과학과의 대화, 신무신론과의 대화 등에 적극적으로 참여함으로써 조직신학의 과제와 외연을 지속적으로 확장한 점. 넷째, 급진적인 신학 이론의 소개뿐 아니라 칼뱅과 루터 등의 저작에서도 상당히 많은 부분들을 인용함으로써 소위 보수와 진보 신학 어느 한쪽에도 치우치지 않는 균형 감각을 견지하는 점. 다섯째, 특별히 인생의 후반기에 저술하신 책들의 경우 단순히 신학이론에 대한 비판적 소개나 분석에 머물지 않고 교회의 현실을 염두에 둔 목회적이고 경건주의적인 따스한 시선이 두드러지게 제시되는 점을 꼽을 수 있겠습니다.

다시 한 번 이 저작전집을 낼 수 있는 사명을 맡겨주신 삼위일체 하나님과 교수님께 감사를 드리며, 모쪼록 이 귀한 책들이 한국의 많은 목회자들과 신학도들의 서재에서 오랫동안 신학 연구와 설교 준비의 벗으로 자리매김할 수 있기를 소망합니다.

김요한 목사

어둠의 세계를 비추는 하나님 나라

요한복음은 예수 그리스도와 이 세계를 빛과 어둠, 영과 육, 진리와 거짓, 생명과 죽음 등의 개념으로 설명합니다. 그동안 세계 신학계는 이 개념들을 고대 그리스 철학의 이원론적 개념의 반영이라고 평가했습니다.

그러나 오늘날 우리 사회의 현실을 바라볼 때, 이 개념들은 단지 고대 시대의 이원론적 개념이기만 한 것이 아니라, 현대 사회의 현실을 여실히 반영하고 있습니다. 우리 사회의 현실은 한마디로 어둠의 세계, 육과 물질(돈)에 눈이 멀어버린 세계, 거짓의 세계, 죽음의 세계라 할 수 있습니다.

물론 그 속에 빛과 영과 진리와 생명의 요소가 전혀 없는 것은 아닙니다. 그러나 법을 엄정히 집행해야 할 법조인들과 나라를 지켜야 할 군인들마저 부패의 늪을 벗어나지 못하는 우리 사회는, 어둠과 육과 거짓과 죽음의 세계라 말하지 않을 수 없습니다. 사회 전체가 부패에 빠져 있고, 많은 사람들, 특히 사회 지도층과 부유층이 사치와 허영과 도덕적 해이와 타락 속에서 살아가는 현실을 보면서, "이러다간 언젠가 나라가 망할 수밖에 없지 않은가? 또다시 다른 민족의 노예가 되지 않을까?"라는 생각이 듭니다.

이 같은 현실 속에서 교회가 존재하는 목적은 무엇일까요? 교회는 무엇 때문에, 무엇을 위해 존재하나요? 교회가 존재하는 목적은 먼저 죄와 불의와 타락 속에서 살아가는 영혼을 구원하는 데 있습니다. 죄를 고백하고, 하나님 앞에서 회개한 "새 피조물"로 다시 태어나는 것이야말로, 하나님의 구원의 역사의 기초입니다. 우선 회개하고 하나님께 돌아오는 사람이 있어야, 교회가 성립될 수 있고, 하나님 나라의 전초기지가 세워질 수 있지 않습니까? 사회가 해방되고 민주화되어도, 회개하는 영혼들이 없는 사회는 또다시 부패와 타락에 빠진다는 것을, 지금 우리는 눈으로 보고 있습니다.

그러나 이것은 하나님의 구원의 시작이지, 결코 전부가 아닙니다. 성서는 도처에서 하나님이 지으신 온 세계의 구원, 곧 총체적 구원을 증언하고 있습니다. 예수께서 선포하신 "하나님 나라"(basileia tou theou) 혹은 "하늘나라"(basileia tou ouranou)는 우리의 타락한 사회와 세계 속에 이루어져야 할 하나님의 보편적·총체적 구원을 말합니다. 타락한 인간의 영혼은 물론, 죄와 불의와 타락과 절망 속에 있는 세계가, 하나님의 뜻이 다스리는 현실, 하나님의 자비와 하나님의 정의가 충만한 세계로 변화되는 것을 말합니다. 이른바 영혼 구원은 하나님의 이 총체적 구원의 시작이요, 가장 기초적인 한 부분일 뿐입니다.

교회가 존재하는 목적은 바로 이 하나님의 총체적 구원을 이루기 위함입니다. 왜냐하면 교회는 하나님 나라를 위해 자기의 삶을 바친 예수 그리스도로 말미암아 있게 되었고, "교회의 머리" 되신 "그리스도의 몸"이기 때문입니다. 교회가 정말 땅 위에 있는 "그리스도의 몸"이라면, 교회는 그리스도께서 이루고자 하신 일을 뒤따라 이룰 수밖에 없을 것입니다.

교회에 대한 이 같은 기대 속에서 『예수와 하나님 나라』란 제목의 이 책을 다시 내어놓습니다. 이 책은 우선 예수 당시 이스라엘 백성의 역사적 배경 속에서 역사의 예수께서 이루고자 하신 일(work)이 무엇이고, 그가 누구인지를(person) 드러내고자 합니다. 이를 통해 이 나라의 교회와 그리스도인들이 감당해야 할 사명이 무엇인가를 밝히는 데 기여하기를 기대해봅니다.

그러나 세계를 지배하는 정치적·경제적·군사적 세력들 앞에서 교회와 그리스도인들의 힘은 너무도 약하지 않습니까? 마치 "골리앗 앞에 서 있는 다윗"과 같은 형국이 아닙니까? 그래서 우리는 좌절하고 미래를 포기하기 쉽습니다. 사실 많은 목회자들과 신자들이 이런 좌절 속에서 주어진 삶의 현실을 유지하기에 바쁜 것 같습니다. 그러나 보잘것없는 목동 다윗이 거대한 골리앗을 이기지 않았습니까? 로마 제국의 총독 본디오 빌라도에 의해 죽임을 당한 나사렛 예수가 거대한 로마 제국을 이기지 않았습니까? 하나님은 교만한 자들을 흩으시고, 낮은 자를 높이 들어올리시는 분이 아닙니까?(눅 1:51-52) 역사의 주재자는 결국 하나님이 아닙니까?

필자의 부족한 문헌들을 전집으로 출판하여, 우리 민족의 기독교 문화의 역사적 자료로 남기시기로 한 새물결플러스 출판사 김요한 대표님의 깊은 뜻에 다시 한 번 감사드립니다. 죄와 죽음의 세상 속에서 하나님 나라의 횃불을 높이 드는, 우리 민족의 역사에 길이 남을 출판사가 되기를 바랍니다. 힘드실 때도 있을 것입니다. 그러나 "의인의 길은 하나님이 인정하시지만, 악인의 길은 망하고 만다"(시 1:6)는 하나님의 말씀을 믿으면서, 모든 어려움을 극복하시길 빕니다. 이 책이 나오기까지 수고를 아끼지 않으신 출판사 모든 선생님들께 진심으로 감사드립니다.

김균진

2016년 6월 6일, 경기도 일산에서

예수 그리스도를 보는 관점들

기독교 신앙과 신학에 있어서 가장 중요한 문제는 "예수는 누구인가?"의 문제일 것이다. 예수가 누구인가에 따라 하나님과 성령에 대한 기독교의 인식이 결정되며, 교회의 선포와 봉사의 기본 방향이 결정되고, 그리스도인들의 생활과 행동의 양태가 결정되기 때문이다. 그러므로 역사적으로 기독교 신학은 예수가 누구인가를 찾고자 끊임없이 노력하였으며, 자기 나름대로 예수에 대한 상을 갖지 않은 그리스도인들은 아무도 없을 것이다.

　　과연 예수는 누구인가? 그는 무엇을 우리에게 말하고자 하였으며 또 무엇을 이루고자 하였는가? 이 문제에 대한 답변에 있어서 우리는 역사적으로 두 가지 대표적 관점을 발견한다. 첫째 관점은 초기 교회의 우주론적 관점이요, 둘째 관점은 근대의 인간학적 관점이다. 이 두 가지 관점을 기술한 다음, 우리는 이 책의 관점과 기술 방법을 제시할 것이다.

1. 우주론적 관점[1]

예수에 대한 우주론적 관점은 초기교회가 처하였던 그리스 세계의 우주론적 사고에 기초하고 있다. 그리스 철학의 우주론적 사고에 의하면 세계는 대우주(*makrokosmos*)이고 인간은 소우주(*mikrokosmos*)다. 인간의 내적 본질 혹은 구조인 로고스 곧 이성은 우주의 구조와 일치한다. 우주의 질서는 인간 자신의 내적 질서와 일치한다. 그러므로 인간은 우주의 질서와 조화 속에 있다. 우주 만물은 신적 근원자로부터 나왔다. 그들은 신을 제1원인자로 가지고 있으며 따라서 신적 구조와 질서를 가진다. 인간의 존재도 신으로부터 나온 것이다. 그러므로 인간도 신적 구조와 질서 속에 있다. 그의 본질은 바로 이 신적 구조와 질서에 따라 구성되어 있다.

이와 같이 우주론적 사고에 있어서 우주와 인간은 신의 존재로부터 나왔고 신적 구조와 질서를 가지고 있기 때문에 그들은 신과 존재의 유비(*analogia entis*)를 가진다. 신과 우주, 신과 인간은 별개의 것이 아니라, 그들은 존재에 있어서 사실상 하나다. 신적 존재는 만물의 제1원인자 곧 근원자이고 만물은 신적 존재로부터 나온 것 혹은 유출된 것이기 때문이다. 만물 가운데 신에게 가장 가까운 존재는 인간이다. 인간은 이성에 있어서 가장 뛰어난 존재이기 때문이다.

이와 같이 우주론적 사고에 있어서 신과 인간은 유비 혹은 연속성을 가진 것으로 생각되는 동시에 서로 구분된다. 신과 인간을 비교함으로써 인간 존재가 규정된다. 신은 영원하다. 이에 반하여 인간은 시간적으로 유한하다. 신은 무조건적인 존재 곧 모든 조건을 넘어서는 존재다. 이에 반하여 인간은 조건에 얽매인 존재다. 신은 영원히 존재한다. 이에 반하여

---

1) 이에 관하여 J. Moltmann, *Der gekreuzigte Gott, Das Kreuz Christi als Grund und Kritik christlicher Theologie*, 1972 (한국어 역: 『십자가에 달리신 하나님』, 김균진 역), S. 80-90; 김균진, "그리스도론의 방법", in : 「현대와 신학」, 제13집, 1990, 연세대학교 연합신학대학원 발행, pp. 35-44.

인간은 사멸한다. 신은 변화하지 않는다. 이에 반하여 인간은 변화한다. 델포이의 신전에 기록되어 있는 유명한 구절 곧 "너 자신을 알라"(*Gnothi seauton*)는 말은, 우리 인간이 신과 비교할 때 죽을 수밖에 없는 존재임을 시사한다. 인간은 하늘에 속한 존재가 아니라 땅에 속한 존재이며 땅의 운명에 묶여 있다. 신은 영원한 반면 인간은 유한하다. 신은 고통을 당할 수 없는 반면 인간은 고통 가운데 살 수밖에 없는 허무한 존재다.

그럼 사멸할 수밖에 없는 유한한 인간이 영원히 살 수 있는 길은 무엇인가? 곧 구원의 길은 무엇인가? 그는 어떻게 사멸의 운명을 벗어날 수 있는가? 그리스의 우주론적 사고에 의하면 그것은 영원한 신적 존재에 참여하는 것이다. 명상과 관조를 통하여, 혹은 고행을 통하여 인간은 신적 존재에 참여함으로써 자신의 유한성을 극복하여 영원한 생명을 얻을 수 있다. "영원한 신적 존재의 영광에 참여한다는 것은 죽음을 알지 못하며 오히려 영원성과 불멸성의 특징을 지닌 생명을 얻는 것을 뜻한다"고 고대의 한 교부는 말한다. 이 말은 우주론적 사고가 표상하는 구원이 무엇인가를 한마디로 나타낸다.

이러한 우주론적 구원관에 의하면 예수는 우리 인간이 신적 존재에 참여하여 구원을 얻게 하기 위하여 인간의 본성을 취한 분으로 이해된다. 그는 영원 전부터 하나님과 함께 계셨다. 그는 하나님과 영원 전부터 함께 계신 영원한 말씀 곧 로고스다. 영원한 로고스 곧 하나님의 아들이 인간의 육을 취하여 우리 인간과 똑같은 존재가 되었다. 아타나시오스(Athanasius)에 의하면 "우리 인간이 신이 되기 위하여, 다시 말하여 신적인 삶에 참여케 하기 위하여 하나님이 인간이 되었다." 이리하여 육적 존재인 우리 인간은 눈으로 볼 수 없는 하나님을 인식할 수 있게 되었고 그 인식을 통하여 하나님의 본성에 참여하게 되었다. 영원하며 사멸하지 않는 로고스가 시간적으로 제한되어 있고 사멸하는 인간의 본성을 취하였다. 유한성과 허무성 속에 있는 모든 인간의 구원을 위하여 하나님이 예수 안에서 인간이 되었다. 그는 "하나님의 하나님"이요 "빛의 빛"이다(Athanasius). 구원이란 그리스도 안에 나타나는 신적 본질과 광채를 인식하고 그 인식을 통하여 이에 참여함으로써 신성화되는 것이다. 곧 자신의 본래적인 신적 본성을 회복하는 데 구원이 있다.

2. 인간학적 관점[2]

"나는 사유한다, 그러므로 나는 존재한다"(*Cogito ergo sum*)는 데카르트의 명제와 함께 근대의 인간학적 시대가 시작한다. 인간이 세계에 예속되었던 시대는 지나가고, 사유하는 인간이 세계의 중심과 지배자로 자기를 의식하며 등장한다. 신(神)이 세계의 모든 것을 지배하던 시대는 지나가고, 인간이 세계의 모든 것을 정복하고 지배하는 시대가 등장한다. 사유하는 인간 존재가 모든 것의 중심이요 지배자다. 인간은 자기를 더 이상 우주에 속한 존재로 보지 않고 우주에 대칭하는 주체로 의식한다.

이러한 시대적 변천을 우리는 "인간학적 전환"(M. Buber), "주체성에로의 인간의 봉기"(M. Heidegger), 세계의 "세속화" 혹은 "비신화화"라 부른다. 중세의 세계가 종교의 세계였다면, 근대의 세계는 세속적 세계라 부를 수 있을 것이다. 우주론적 사고를 그 원리로 가진 중세의 세계관이 "신 중심성"(Theozentrik)을 그 특징으로 가지고 있었다면, 근대 세계관의 특징은 "인간 중심성"(Anthropozentrik)에 있으며, 고대의 세계가 신적 질서하에 조화되어 있는 우주(*kosmos*)였다면, 근대의 세계는 모든 것이 변혁과 변화의 과정 속에 있는 "역사적 세계"라 말할 수 있을 것이다. 이제는 자연의 힘이 인간의 운명을 결정하지 않고 인간의 의지가 자연의 힘을 결정한다. 인간을 억압하는 모든 종교적·사회적 권위가 부인되고, 인간이 그 자신의 역

---

2) 이에 관하여 J. Moltmann, *Der gekreuzigte Gott*, S. 90-95; 김균진, "그리스도론의 방법", pp. 44-57.

사의 주체가 된다. 인간은 자연으로부터 점점 더 독립해가는 반면, 자연은 점점 더 인간에 의존하게 된다. 즉 인간이 자연에 대하여 주체로 등장한다. 자기를 의식하는 인간은 자기 바깥에 있는 모든 것을 대상화하고 그들에 대하여 자기를 주체로 인식한다. 이것을 가리켜 우리는 "인간 주체성의 원리"(das Prinzip der menschlichen Subjektivität), "대물화(對物化)의 원리"(das Prinzip der Verdinglichung)라 요약할 수 있을 것이다.

이러한 시대적 상황 속에서 고대의 우주론적 사고는 타당성을 상실하고 대신 인간학적 사고가 등장한다. 그리스도론에 있어서 신학은 예수를 인간의 관점에서 파악하려고 한다. 다시 말하여 신학은 예수를 신적인 존재로 파악하기보다 인간적인 존재로 파악한다. 역사적으로 실재하였던 한 인간 예수가 누구인가를 있는 그대로 파악하려는 운동이 이때 일어났다. 이것이 근대 계몽주의 시대에 일어난 소위 "역사적 예수 연구"였다. 이 연구에서 예수는 하나님이 기뻐하는 인류의 가장 원초적인 상(Urbild)과 윤리적 완전성, 곧 참되고 선한 인간의 모범(Vorbild)으로 파악되었다. 예수는 신성과 인성을 가진 영원한 로고스, 하나님의 영원한 아들로 생각되기보다, 모든 인류가 지향해야 할 완전한 인간으로 생각되었다. 그는 "하나님-인간"(Gott-Mensch)으로 이해되지 않고 "하나님의 인간"(Mensch Gottes)으로 이해되었다. 구원은 인간이 신적 존재와 본성에 참여하여 신성화되는 것에 있는 것이 아니라, 자신의 내적 정체성과 윤리적 완전성을 회복하는 데 있다고 생각되었다.

칸트의 도덕철학은 이러한 시대 상황을 반영한다. 그에게 있어 중요한 문제는 신학적 내용의 문제가 아니라 실용과 실천의 문제였다. 그의 견해에 의하면 기독교의 모든 교리와 이론들은 실천적 관점에서, 다시 말하여 도덕적 관점에서 해석되어야 한다. 기독교라는 종교의 본질은 도덕에 있다. 그리스도론과 삼위일체론에서 우리는 "우리에게 실천적인 것은 아무것도 얻을 수 없다." 그러므로 칸트는 예수 안에서 하나님의 아들을 발견하기보다, 하나님이 기뻐하시는 인류의 원초적 모습을 발견한다. "철저한 도덕적 완전성을 갖춘 인류의 관념"이 예수 안에서 실현되어 나타난다. 나사렛 예수는 참된 인간성의 원상(Urbild)이요, 윤리적 세계 완성 곧 "두 번째 창조"의 중재자다. 그는 "선한 원리의 인격화된 관념"(die personifizierte Idee des guten Prinzips)이다.

슐라이어마허에 의하면 모든 인간은 "하나님 의식"을 가지고 있다. 그러나 그들이 가진 하나님 의식은 죄로 인하여 흐려져 있다. 예수는 죄가 없다. 그러므로 그가 가진 하나님 의식은 조금도 흐려져 있지 않다. 그의 하나님 의식은 완전하다. 그러므로 예수는 완전한 인간이요, 다른 모든 인간으로부터 구분된다. 그는 "인간적 본성의 동일성으로 말미암아 모든 인간과 동일하다. 그러나 그의 하나님 의식의 강렬함을 통하여 그들로부터 구분된다. 그가 지닌 하나님 의식이 완전하다는 뜻에서 그는 순수한 하나님의 인류의 원상(Urbild)이요 "제2의 아담"이다. 예수의 구원은 죄가 없는 그의 완전성과 순수성에 도달하는 데 있다. 예수는 "하나님 의식의 강렬함"과 "죄가 없는 인간으로서의 완전성과 순수성"을 전함으로써 모든 인간이 지닌 하나님 의식을 더욱 강하게 하며 그것을 완성시킨다는 뜻에서 구원자다. 그는 하나님을 의식하는 인간의 "생산적 원상"이라는 뜻에서 구원자다.

3. 이 책의 관점과 기술 방법

1) 종말론적·메시아적 관점: 역사의 예수는 우주론적 사고를 가진 그리스인도 아니었고 인간학적 사고를 가진 근대 서구인도 아니었다. 그는 유대인이었다. 그러므로 우리는 예수를 그 당시 유대인의 역사적·종교적 배경 속에서, 구약성서의 전통 속에서 파악해야 할 것이다. 달리 말하여 구약성서의 메시아적 관점에서, 또한 예수 당시 유대인들 사이에 유포되어 있었던 종말론적 관점에서 예수를 파악해야 할 것이다.

예수의 메시지의 중심이 마가복음 1:15의 "하나님 나라"에 있다는 것은 오늘날 신학의 공통된 견해다. 사실 복음서에 기록된 내용의 대부분은 하나님 나라와 관련되어 있다. 예수의 비유들은 하나님 나라에 대한 설명이요, 예수의 기적들은 하나님 나라의 표징이며, 예수의 윤리적 가르침은 하나님 나라의 백성으로서 우리 인간이 어떻게 행동하고 살아야 하는가에 대한 종말론적 윤리다. 이와 같이 복음서의 기록들은 예수가 선포한 하나님 나라를 그 초점으로 가진다.

그런데 예수가 선포한 하나님 나라는 예수 당시의 유대사회 속에 널리 퍼져 있던 묵시사상이 고대하고 있던 것이었다. 묵시사상에 의하면 지금의 세계는 점점 더 악해지며 구원의 가능성이 없다. 역사의 종말이 도래할 때 메시아가 오실 것이며, 그는 살아 있는 자들은 물론 이미 죽은 자들도 살리셔서 그들에게 최후의 심판을 내릴 것이다. 그다음에 하나님 나라가 올 것이다.

이와 같이 예수는 묵시사상이 역사의 종말에 오리라고 기다리던 메시아적 하나님 나라가 바로 눈앞에 왔다고 선포한다(막 1:15). 아니, 예수 자신의 존재와 함께 하나님 나라가 일어나고 있다고 말한다. "그러나 내가 하나님의 능력으로 귀신을 내쫓는 것이면, 하나님 나라가 너희에게 왔다"(눅 11:20). 물론 예수는 자기가 메시아라고 말하지 않는다. 그러나 그는 메시아적 권위를 가지고 행동하며 메시아와 함께 오리라 기다리던 하나님 나라가 지금 여기에서 일어나고 있다고 선포한다.

따라서 예수를 하나님의 종말적 메시아로 보며, 그의 모든 활동을 하나님 나라의 사건화로 보는 것이 이 책의 기본 관점이다. 물론 예수의 메시아 되심은 그의 부활을 통하여 증명된다. 지상의 예수는 자기가 메시아라고 말하지 않는다. 그의 부활을 기점으로 하여 뒤돌아볼 때, 지상의 예수는 하나님의 메시아였으며 그의 모든 삶은 메시아적 삶이었음이 밝혀진다. 그러나 부활로부터 밝혀지는 메시아는 어떤 가공의 인물이 아니라 지상의 예수였다. 그러므로 이 책에서 우리는 부활의 빛 속에서 지상의 예수를 하나님의 메시아로 보며, 그의 모든 활동을 하나님 나라가 앞당겨 일어나는 것으로 파악하고자 한다. 신약성서에는 예수가 누구인가를 가리키는 다양한 칭호들이 있다. 그러나 예수의 선포와 활동에 비추어볼 때, 메시아라는 칭호가 예수의 가장 본질적 칭호다. "모든 다른 그리스도론적 칭호들—특별히 '주', '하나님의 아들'—은 메시아니즘 없이 생각될 수 없다."[3] 이것은 그의 이름을 통하여 증명된다. "그리스도"라는 이름은 예수를 가리키는 고유명사가 아니다. 그것은 히브리어 "메시아"를 그리스어로 번역한 것이다. 따라서 "예수 그리스도"는 "메시아 예수"를 말한다. 그러므로 우리는 "예수 그리스도"라 부르지 않고 "메시아 예수"라 불러도 무방하다. 이와 같이 "그리스도" 혹은 "메시아"가 그의 본래 이름 "예수"와 결합하여 "예수 그리스도"라는 고유명사를 형성할 만큼, 메시아 칭호는 예수가 누구인가를 가리키는 본질적 칭호다. 최초의 공동체는 예수를 본질적으로 "그리스도" 곧 "메시아"로 인식하였음을 우리는 "예수 그리스도"라는 그의 이름을 통하여 볼 수 있다. 그러므로 우리는 예수가 이스라엘이 기다리던 종말론적 메시아라는 관점에서 그의 말씀과 활동의 초점이 하나님 나라에 있음을 파악하고, 이 하나님 나라가 그의 삶을 통하여 어떻게 구체화되는가를 밝히고자 한다.

2) 성령론적 관점: 메시아적 권위와 함께 하나님 나라를 선포하는 예수는 성령으로 충만한 자, 성령이 그 위에 머무는 자로 나타난다. 복음서에서 예수의 역사는 성령이 예수에게로 와서 예수가 하나님의 "기름 부음 받은 자"로 등장하는 이야기와 함께 시작한다. 그는 성령을 통하여 잉태된다. 세례를 받을 때 성령을 받음으로써 그는 하나님의 아들로 밝혀진다. 누가복음에 의하면 그는 유대교 회당에 들어가서 이사야 61:1을 낭독함으로써 공생애를 시작한다. "주의 영이 내게 내리셨다. 주께서 내게 기름을 부으셔서…"(눅 4:18). 하나님은 그에게 성령을 "아낌없이" 주셨다(요 3:34).

---

3) B. Lauret, "Systematische Christologie," in : P. Eicher (Ed.), *Neue Summe Theologie I, Der lebendige Gott*, 1988, S. 38.

하나님은 그에게 "성령과 능력을 기름 붓듯" 하셨다(행 10:38). 그가 말하고 행하는 모든 것은 성령의 능력 가운데서 일어난다. 예수가 병든 세계 속에 건강을 가져오며 억눌린 자들에게 자유를 선포하는 그 힘은 성령의 창조적인 힘이다. 그는 성령에 이끌려 광야로 가서 유혹을 통과한 다음 갈릴리를 떠나 예루살렘으로 간다. 성령을 통하여 그는 자기를 십자가의 죽음에 내어준다(히 9:14). 성령의 창조적 힘을 통하여 그는 죽은 자들로부터 다시 일어난다. 그는 성령으로 죽음 가운데서 부활하여 하나님의 능력 있는 아들로 인정되었다(롬 1:4). 부활하신 그리스도는 이제 영으로 현존한다. 그리스도가 계신 곳에는 하나님의 영이 계신다. "주님은 영이십니다. 주님의 영이 계신 곳에는 자유함이 있습니다"(고후 3:17). 이러한 점을 고려할 때, 예수의 존재와 모든 활동은 종말론적·메시아적 관점과 더불어 성령론적 관점에서 파악되어야 함이 마땅하다.

"그리스도"라는 예수의 이름은 그의 존재가 성령의 관점에서 파악되어야 함을 시사한다. "그리스도"(Christos)는 본래 예수의 이름이 아니라 히브리어 "메시아"(Maschiach)를 그리스어로 번역한 것이며 "기름 부음을 받은 자"를 뜻한다. 구약성서에서 "기름 부음을 받은 자"는 무엇보다 먼저 왕을 가리킨다. 이스라엘의 왕은 하나님의 기름 부음을 받은 자로 간주되었다. 그러므로 시편 2:2은 이방민족들이 "야웨와 그 기름 부음 받은 분"을 대적한다고 말한다. 이사야 61:1에서 기름 부음 받은 자는 하나님의 구원의 사자(使者)를 뜻한다. 그런데 하나님의 구원의 사자는 하나님의 영을 받은 자로 나타난다. "주 야웨의 영이 내게 임하셨으니 이는 야웨께서 내게 기름을 부으사…." 따라서 하나님의 기름 부음을 받은 자 곧 그리스도는 하나님의 영 곧 성령이 그 위에 머무는 자임을 뜻하며, 그리스도의 존재는 성령과 관련하여 파악되는 것이 마땅하다. "그리스도(Christos)는 이스라엘의 하나님의 영으로 기름 부음 받은 자다."[4] 그리스도의 존재를 성령과 관련

---

4) H. -J. Kraus, *Eine Christologie des Heiligen Geistes*, in : B. Klappert u. a.,

하여 파악할 때, 우리는 그의 존재를 아래와 같이 이해할 수밖에 없을 것이다.

첫째, 하나님의 영 곧 성령은 현실 세계와 아무 관계 없는 소위 영적인 것에 불과한 것이 아니라, 영은 물론 물질의 현실과 역사를 변화시키는 하나님의 능력이다. 그것은 하나님의 새 창조의 능력이다. "그는 묶인 자들, 억압받는 자들, 슬퍼하는 자들의 운명을 전환시키며 자유와 위로를 주는 하나님의 힘이다."5) 그리스도가 이러한 하나님의 영으로 기름 부음 받은 자라면, 그리스도 역시 이와 같은 존재로 파악될 수밖에 없다.

둘째, 하나님의 영은 한 개인을 영광스럽게 하며 그를 특별한 존재로 세우기 위하여 기름 부음 받은 자에게 주어지는 것이 아니다. 오히려 하나님의 영은 억압받고 고통당하는 사람들을 도와주고 그들을 자유케 하기 위하여 주어진다. 따라서 성령에 대한 심령주의적 오해와 개인주의적 오해는 배격되어야 한다. 하나님의 영의 활동은 개인의 심령에 제한되지 않는다. 모든 사회와 인류와 피조물들이 하나님의 영의 활동 대상이다. 온 세계가 그의 활동 영역이다. 하나님의 영은 개인의 심령과 생활 속에서는 물론 온 땅과 우주에 하나님의 자비와 정의가 다스리는 세계를 세우고자 한다. 그리스도가 이러한 하나님의 영으로 기름 부음 받은 자라면, 그리스도 역시 이와 같은 존재로 파악될 수밖에 없다.

3) 아래로부터의 관점: 기독교의 초기 교부들로부터 17세기 역사비평적 연구가 시작되기까지 신학은 교의학적 전제로부터 출발하여 예수를 신적 메시아로 파악하였다. 복음서에서 예수는 자기를 메시아로 드러냈고 구약의 약속을 성취한다고 생각하였다. 그러나 복음서에 기록된 예수의 많은 말씀들은 예수가 부활한 후 초기교회에 의하여 예수가 하신 말씀으로 기록되었다는 점이 역사비평적으로 고려되지 않았다. 즉 역사적 예수

Jesusbekenntnis und Christusnachfolge, 1992, S. 38.
5) Ibid., S. 39.

예수와 하나님 나라

와 부활 이후의 그리스도 사이에 있는 간격을 의식하지 못하였다. 그리하여 예수는 아래와 같이 도식적으로 이해되었다. 그는 영원 전부터 하나님과 함께 계셨던 하나님의 아들이다. 이 하나님의 아들이 예수 안에서 성육신하시고 메시아로 활동하였다. 그는 우리와 똑같은 인성을 가진 동시에 신성도 가지고 있었다. 그는 인성에 있어 우리와 동일한 인간이었으며, 신성에 있어 참하나님의 하나님이었다. 여기서 초기교회의 양성론이 형성되었다. 그러나 한 인간 존재 안에 신성이 어떻게 거할 수 있으며, 예수 안에서 인성과 신성은 어떤 관계에 있는가의 문제는 오늘에 이르기까지 해결되지 않고 있다. 예수의 세 직분설 곧 예수는 왕, 제사장, 예언자의 직분을 가지고 있었다는 이론도 예수의 영원한 신성의 교의학적 전제로부터 형성되었다.

이와 같이 교의학적 전제로부터 출발하는 전통 신학에 반하여, 여기서 우리는 예수의 삶으로부터, 곧 아래로부터 출발하여 예수의 메시아적 사역을 구체적으로 기술하고자 한다. 물론 이 책에서 우리는 예수를 하나님의 메시아로 전제한다. 그러나 그의 사역을 기술할 때 우리는 예수의 신성에 대한 교의학적 전제로부터 출발하여 형이상학적으로 기술하지 않고, 오히려 그의 역사적 삶으로부터 출발하여 가능한 한 구체적으로 기술할 것이다. 오늘날 많은 신학자들은 "아래로부터" 출발하여, 다시 말하여 인간 예수의 삶으로부터 출발하여 예수가 무엇을 했으며(사역), 그가 누구인가를(존재) 기술해야 한다고 주장한다. 아래로부터 출발할 때 예수에 대한 모든 고백과 기술은 역사적 기초를 가질 것이다. 예수는 다른 종교의 창설자들처럼 땅 위의 현실을 해탈하거나 그것을 망각하지 않았다. 그는 철저히 땅 위의 현실 속에서, 당시의 정치·경제·사회·종교의 구체적 상황 속에서 활동하였다. 그러므로 먼저 예수의 삶의 역사적 배경과 현실이 파악되어야 할 것이며, 이 현실 속에서 일어난 그의 사역과 존재가 기술되어야 할 것이다. 그렇지 않을 경우 "아래로부터의 방법"은 단지 하나의 구호에 그치고 말 것이며, 결국 예전과 동일하게 예수를 그의 현실과 관계없는 신비한 하늘의 존재, 자신이 속한 현실에 대하여 아무것도 주지 못한 소위 종교적 구원자로 만들어버릴 것이다. 판넨베르크(W. Pannenberg)의 그리스도론은 이러한 위험의 대표적 예라고 볼 수 있다.[6]

아래로부터의 관점은 사회학적·역사적 관점으로 풀이될 수 있다. 예수는 특정한 역사적 배경과 사회적 조건 속에서 활동하였다. 그는 아무런 역사적 배경 없이, 사회적 조건 없이 홀로 존재한 것이 아니다. 그는 천상천하 유아독존 하지 않았다. 그는 철저히 "역사적·사회적 관계 속에 있는 존재"였다. 그는 이 관계 속에서 태어났고 활동하였으며, 이 관계 속에서 죽임을 당하였다. 그는 어떤 무시간적인, 소위 영원한 진리를 말하기보다, 자기의 역사적 시대와 사회적 상황과 관련된 하나님의 진리를 선포하였다. 만일 예수가 그 당시 유대사회에 해당하지 않는 어떤 무시간적 진리를 말하였다면, 그의 말씀은 당시의 사회 속에서 구원의 의미를 갖지 못했을 것이며 더 나아가 역사의 어느 시대에 대해서도 구원의 의미를 가질 수 없을 것이다. 그러므로 이 책에서 우리는 먼저 예수의 역사적 배경과 사회적 상황을 관찰하고 그 속에서 일어난 예수의 삶에 근거하여 그의 활동을 기술할 것이다.

그러나 여기서 우리가 부딪히는 중요한 문제는, 복음서의 기록들을 통하여 역사의 예수를 완전하게 알 수 없다는 것이다. 복음서 기자들이 기술하는 예수는 소위 "역사의 예수"(Historical Jesus)가 아니다. 그들은 부활의 빛에서 예수를 하나님의 메시아, 주님, 하나님의 아들로 선포한다. 그들은 예수에 대해 무심한 태도로 그에 대해 객관적 자료집을 쓰는 것이 아니다. 제1차 세계대전 후 개별적인 예수의 말씀과 사건들에 대한 양식사학파의 연구가 제시하는 바와 같이, 복음서 기자들은 여러 기독교 공동체들의 상이한 신앙 체험의 영향을 받고 있다. 그들은 예수를 신앙의 눈을 가지고 부활의 빛에서 관찰하고 기술한다. 그들은 예수에 대하여 무관심

---

6) 이에 관하여 W. Pannenberg, *Grundzüge der Christologie*, 4. Aufl. 1972.

한 관찰자나 보도자가 아니라, 예수를 그들의 주님으로 고백하는 증인들이다. 그들은 소위 객관적·역사적 입장에서 예수에 대한 자료를 쓰는 것이 아니라, 예수를 부활하신 주님으로 믿는 그들의 신앙을 증언하고자 하는 관심에서 예수에 대하여 보도한다. 그들의 의도는 "역사적 예수"에 대한 객관적 자료들을 전달하는 데 있지 않고, 그들이 주님으로 고백하는 "신앙의 그리스도(=메시아)"를 증언하는 데 있다. 그들이 보도하는 예수는 지나가 버린 과거의 인물, 곧 "역사의 예수"가 아니라, 부활하여 지금도 살아 있는 주님이다. 그들은 예수에 대하여 객관적으로 보도하려는 것이 아니라, 예수를 그들의 주님으로, 하나님의 메시아로 선포하고 그에 대한 믿음을 일으키고자 한다. 그들의 보도는 보도인 동시에 설교다. 그것은 예수에 대한 "전기"(biography)가 아니라, 부활하신 주님 예수에 대한 "케뤼그마"(kerygma) 곧 선포다. 그러므로 불트만(R. Bultmann)은 복음서의 기록들을 통하여 "역사의 예수"를 발견한다는 것은 불가능하다고 주장한다. 복음서에서 우리는 최초의 공동체들이 고백하는 "신앙의 그리스도"를 만날 뿐이다. 신앙의 그리스도에 대한 믿음에 사로잡히지 않고, 역사의 예수를 알고자 하는 것은 불신앙이다. 그것은 복음서 기자들의 의도에 어긋난다.[7]

그러나 1953년에 나온 불트만의 입장에 대한 그의 제자 캐제만(E. Käsemann)의 비판 이후부터[8] 다음과 같은 견해가 오늘에 이르기까지 지배적이다. "역사의 예수"를 발견한다는 것은 불가능하다. 그러나 처음 공동체의 케뤼그마는 역사의 예수에 뿌리박고 있다. 만일 예수의 선포와 처음 공동체의 선포 사이에 아무런 일치점이 없었다면, 예수의 선포가 전승되고 복음서에 기록된다는 것은 불가능하였을 것이다. 부활 이후의 선포는 역사의 예수에 뿌리박지 않은 상상의 산물이 아니다. 그것은 최초

---

7) 이 문제에 관하여 김균진, 『기독교 조직신학』 II, 연세대학교 출판부 1987, pp. 146-154.
8) 이에 관하여 E. Käsemann, "Das Problem des historischen Jesus," in : *Exegetische Versuche und Besinnungen I*, 6. Aufl. 1970, S. 206.

의 공동체가 인위적으로 만들어낸 것이 아니다. 부활 이전의 예수와 부활 이후 최초의 공동체의 선포 사이에는 단절도 있지만 연관성도 있다. 양자 사이에는 불연속성도 있지만 연속성이 있다(bei aller Diskontinuität eine Kontinuität). 최초의 공동체의 신앙의 증언 속에는 복음서 기자들이 관심을 가지고 있었던 예수의 역사적 삶이 깔려 있다. 복음서 기자들은 단순히 예수의 "말씀", "케뤼그마"에만 관심을 가진 것이 아니라, 예수의 행위들, 그의 투쟁과 죽음의 운명에 대해서도 관심을 가진다. 따라서 복음서의 기록 속에서 예수의 역사적 삶과 예수의 특징적 요소들이 인식될 수 있다. 그렇기 때문에 복음서의 기록들은 신빙성을 가진다. 예수 당시의 유대교로부터 설명되지도 않고 최초의 기독교(Urchristentum)로부터 설명되거나 유래하지 않는 것 속에서, 우리는 예수 자신의 특징적 요소와 그의 역사적 면모를 발견할 수 있다.

물론 수학적·자연과학적 정확성을 가지고 역사의 예수를 재구성한다는 것은 불가능하다. 그러나 어느 정도의 개연성을 가지고 우리는 역사적 예수의 면모를 발견할 수 있으며, 그의 삶의 역사적 개요를 재구성할 수 있다. 이것이 가능할 때, 예수에 대한 신앙은 최초의 공동체의 케뤼그마에 근거하지 않고 역사의 예수에 근거할 수 있다. 예수의 설교와 선포자들의 설교, "역사의 예수"와 최초의 공동체의 그리스도 "선포" 사이에는 모든 불연속성에도 불구하고 연속성이 있다. 최초의 공동체의 그리스도 선포는 상상물이 아니라 역사의 예수로부터 생성되었으며 역사의 예수로부터 이해될 수 있다. 그러므로 그리스도에 대한 신앙과 선포는 최초의 공동체의 상상이나 신념에 근거하지 않고, 역사적 사실에 근거한다. 물론 복음서의 기록들은 역사적 자료들이 아니라 신앙의 증언들이다. 그러나 이 증언들 속에서 예수 자신의 삶의 역사가 나타난다. 예수 자신의 말씀을 직접 듣는 것은 불가능하지만, 복음서 기자들의 신앙의 증언들 속에서 우리는 그의 말씀을 들을 수 있다. 그들의 증언들 속에서 최초의 공동체들의 다양한 신학적 해석들과 입장들이 나타나는 동시에, 예수 자신의 말씀과 예수 자신이 나타난다.

복음서는 성령의 감동으로 기록되었으므로 일점일획도 틀림없으며, 따라서 복음서가 묘사하는 예수가 곧 역사의 예수라는 입장은 여기서 거부된다. 그러나 복음서의 기록들은 객관적 자료집이 아니라 신앙의 증언이기 때문에, 복음서의 기록들을 통하여 역사의 예수를 전혀 알 수 없으며 알 필요도 없다는 불트만의 불가지론도 거부된다. 예수에 대한 복음서 기자들의 신앙의 증언 속에서 우리는 다소간의 개연성과 함께 예수 자신의 말씀을 들을 수 있고, 예수 자신의 삶을 볼 수 있다. 이러한 전제에서 우리는 이 책에서 예수의 삶의 이야기들로부터 시작하여 그의 삶을 하나님 나라를 세우는 메시아의 삶으로 기술하고, 최종적으로 그의 존재를 기술하고자 한다.

여기서 우리는 양성론, 화해론 등 그리스도론과 관계된 모든 신학적 이론들을 나열하고자 하지 않는다. 오히려 우리는 전통 신학이 소홀히 다루었고 오늘도 많은 신학자들이 소홀히 다루는 점, 곧 예수의 삶의 구체적 사건들과 구체적 말씀들로부터 출발하여 그의 사역이 어떻게 전개되는가를 다루고자 한다. 만일 기독교 신앙이 역사의 예수를 전혀 알 수 없다면, 예수에 대한 신앙은 역사의 예수에 근거하지 않고 최초의 공동체의 신앙에 근거한 것이 될 것이다. 그것은 역사적 근거를 결여한 "주관적 종교" 내지 인간의 자기 확신에 근거한 종교로 전락할 것이다. 역사의 예수에 근거하지 않은 기독교 신앙은, 그의 메시아적 기초를 상실할 것이며, 인간이 소위 진리라고 믿는 종교로 전락할 것이다. 고린도 교회의 열광주의는 이러한 위험성을 보여준다. 기독교 신앙이 팔레스타인을 떠나 그리스-로마 세계로 확장됨에 따라, 역사의 예수는 차츰 망각되었다. 이 새로운 세계 속에 세워진 공동체들은 권세와 능력 가운데서 하나님의 오른편에 앉아 계신 "만물의 통치자"(Pantokrator) 그리스도를 강조하였다(참조. 빌 2:6-11; 딤전 3:16). 예수의 구원은 현재 속에서의 완전한 자유로 이해되었고, 그들은 이미 하늘에 살고 있는 것처럼 착각하였다. 이러한 위험에 직면하여 바울은 예수의 십자가를 강조함으로써(고전 1:23), 기독교 신앙의 근거를 예수의 역사에 두고자 한다. 이 책에서 역사의 예수로부터 출발하려는 이유는 기독교 신앙의 이러한 위험성을 극복하고, 예수의 삶에 나타나는 그의 본래성 내지 참된 모습을 회복하려는 데 있다.

4) 신학적 관점: 이와 같이 우리는 사회적·역사적 배경 속에서 일어난 예수의 삶으로부터 시작하되 예수가 하나님의 메시아라는 신학적 관점에서 그의 말씀과 활동들을 해석할 것이다. 이 책에서 우리는 예수의 삶에 대한 역사적 자료들을 나열하고자 하지 않는다. 오히려 우리는 복음서에 기록된 예수의 말씀과 활동들을 신학적 관점에서 기술할 것이다. 예수를 단순히 사회적·역사적 배경 속에서 사회의 제반 문제를 해결하고자 하였던 한 인간, 사회개혁가로 보지 않고, 인간의 죄를 대속한 하나님의 메시아 곧 그리스도라는 기독교의 전통적·신학적 관점을 포기하지 않을 것이다. 그는 단순히 한 인간이 아니라, 하나님의 메시아, 하나님의 아들이었다. 그의 모든 말씀과 활동은 단순히 한 인간의 그것이 아니라 하나님의 메시아의 그것이었다. 그는 하나님의 "자기계시"였다. 그의 십자가의 죽음은 단순히 한 사회개혁가의 죽음이 아니라, 부활의 빛에서 볼 때 메시아의 죽음이었다. 십자가의 사건은 단순히 예수 당시의 사회적·역사적 상황 속에서 일어난 한 인간의 사건이 아니라, 삼위일체 하나님의 사건이었다.

5) 물질론적 관점: 하나님은 인간의 영혼과 정신만 지으신 것이 아니라 물질도 지으셨다. 영혼과 정신은 물론 물질을 포함한 "모든 것"이 하나님으로 말미암아 있게 되었다(대상 29:14). "이 세상과, 그 안에 가득한 것이 모두 야웨의 것, 이 땅과, 그 위에 사는 것이 모두 야웨의 것"이다(시 24:1). "하늘과 하늘 위의 하늘, 그리고 땅과 그 위에 있는 것 모두가 너희 하나님 야웨의 것이다"(신 10:14). 하나님은 인간의 영혼과 정신은 물론 물질을 포함한 "만물"을 새롭게 하실 것이다(계 21:5). 그러나 전통적으로 신학은 물질의 영역을 기독교 신앙과 관계없는 것, 이차적인 것으로 간주하고, 기독교의 진리를 인간의 영혼과 정신의 문제에만 관련시켰다. 하나님의 구원

은 영적·정신적 구원으로 위축되었다. 따라서 예수의 말씀과 활동도 인간의 영적·정신적 구원의 문제와 관련하여 설명되었다. 이러한 전통에 반하여 이 책은 물질의 영역을 고려할 것이다. 인간은 영적·정신적 존재인 동시에 "물질적 존재"요 "자연적 존재"(Naturwesen, Marx)다. 그의 육에 있어서 인간은 물질이다. 그는 물질 없이 생명을 유지할 수 없다. 그는 단순히 자연 위에 있는 존재가 아니라, 그의 육에 있어서 자연이다. 따라서 그는 자연 없이 살 수 없다. 본래 물질은 더러운 것도 아니고 천한 것도 아니다. 물질도 하나님이 지으신 것이다. 더러운 것은 인간의 마음이지 물질이 아니다. 많은 사람들이 "물질은 중요하지 않다", "인간의 정신이 물질보다 더 귀중하다", "물질은 인간의 정신에 비하여 천한 것이다"라고 말하면서도 사실은 물질에 사로잡혀 물질을 그들의 하나님으로 섬기고 있음을 볼 수 있다. 그리하여 이 세계는 점점 더 비인간화되어가고 있다. 예수가 선포한 하나님 나라는 물질 없는 소위 "영적 세계"가 아니라, 물질을 포함한 현실의 세계였다. 그러므로 이 책에서 우리는 물질의 차원을 중요한 문제로 고려할 것이다.

6) 여성신학적 관점: 예수는 한 여인에게서 태어났다. 그의 곁에는 남자 제자들도 있었지만, 여자 제자들도 있었던 것으로 보인다. 그가 십자가에서 죽음을 당할 때 남자 제자들은 모두 도주하였으나, 여자들이 그의 최후의 죽음의 순간을 지켜보면서 그의 처절한 고통을 함께 나누었다. 예수의 부활을 처음으로 증언한 것도 여자들이었다. 이와 같이 예수의 삶에 처음부터 마지막까지 동반한 사람들은 여자들이었다. 그러므로 이 책에서 우리는 여자들의 존재를 고려할 것이다.

7) "우주적 그리스도"의 관점: 오늘날 온 세계에서 일어나고 있는 생태계의 위기 속에서 예수의 구원이 지닌 우주적 차원이 이 책에서 고려될 것이다. 물론 복음서의 예수는 자연의 문제에 대하여 말하지 않는다. 그 당시 유대인 사회에서 생태계는 아무 문제가 되지 않았기 때문이다. 그러나 만일 예수가 지금 이 시대에 계신다면, 그는 틀림없이 생태계 문제에

대하여 말씀하실 것이다. 하나님의 구원은 인간은 물론 자연의 세계까지 포괄하는 전체적 구원이요 우주적 구원이기 때문이다. 온 우주가 하나님이 거하시는 곳이 되어야 한다.

8) 이 모든 관점들은 "하나님 나라"에서 통합된다. 역사의 예수는 하나님 나라를 그의 모든 말씀과 활동의 주제로 삼고 있다. 그는 죄의 용서, 영혼 구원, 신유의 은혜, 물질적 축복을 선포하면서 그의 공생애를 시작하지 않고, "하나님 나라" 혹은 "하늘나라"를 선포하면서 시작한다(마 4:23; 막 1:15). 하나님 나라에 대한 예수의 선포는 누가복음 4:18-19에서 메시아적 희년(=주의 은혜의 해)의 선포와 결합된다. 한마디로, 역사의 예수는 희년 계명의 실천을 포함하는 하나님 나라를 그의 모든 말씀과 활동의 중심으로 삼고 있다.

예수 당시 유대인들이 기다렸고 세례 요한과 예수 자신이 선포한 하나님 나라는 소위 영적·정신적 세계가 아니라 물질을 포함한 현실의 세계였다. 이 세계는 사람들이 함께 먹고 삶을 나누는 잔치 자리와 같다. 예수는 자기가 속한 사회의 현실적 문제와 직접 관계되지 않는 무시간적인, 소위 영원한 진리를 선포하지 않는다. 오히려 그는 자기가 속한 사회의 현실적 상황과 문제들을 파악하고 이에 대한 해결책으로 하나님 나라를 선포한다. 그가 선포하는 하나님 나라는 인간의 영혼은 물론 물질을 포괄한 하나님의 구체적이고 전체적이며 신체적이고 물질적인 현실이다. 그것은 불의한 사회의 개혁은 물론 개인의 죄 고백과 회개를 포함한다. 그것은 남자들만의 세계가 아니라, 여자들과 남자들이 동등한 "하나님의 형상"으로서 함께 사는 평등한 세계다. 또한 예수가 선포하는 하나님 나라는 소위 높다는 사람들이 지배하고 억압하는 세계도 아니고, 소위 낮다고 하는 무산계급 자들이 그들의 적들을 타도하고 배제하는 세계도 아니다. 오히려 그것은 높은 사람은 낮아지고 낮은 사람은 높아져서 모든 사람이 하나님의 동등한 자녀로서 함께 사는 세계다. 이 세계에서 소위 높다고 하는 사람은 낮다고 하는 사람들을 섬기며 그들의 발을 씻어준다. 하나님 나라는 사람은

예수와 하나님 나라

물론 자연의 피조물들도 평화롭게 사는 세계이며, 단순히 인간의 세계가 아니라 하나님이 모든 것 안에 계시면서 그분의 뜻이 모든 것을 다스리는 하나님의 현실이다. 그것은 "인간의 세계"가 아니라 "하나님의 세계"다. 이러한 하나님 나라가 예수의 모든 말씀과 활동의 주제라면, 그의 말씀과 활동과 삶은 "하나님 나라"라는 관점에서 관찰되고 기술되어야 할 것이다.

이 책에서 우리는 예수의 말씀과 활동에 대한 신학적 체계를 기술하기보다, 그가 선포한 하나님 나라가 그의 구체적인 삶의 사건들 속에서 어떻게 일어나는가를 기술할 것이다. 이를 통하여 우리는 예수가 선포한 하나님 나라가 어떤 성격의 것인가를 밝히며, 예수가 속한 사회의 구체적인 상황과 문제들에 대하여 그것이 어떤 의미를 가지는가를 기술할 것이다. 이를 위하여 먼저 예수의 역사적 배경과 사회 상황을 기술하고, 그런 역사적 배경과 사회 상황 속에서 그가 선포한 하나님 나라가 어떻게 현재화되는가를 제시할 것이다. 그러나 이 책에서 우리는 단지 예수의 말씀과 삶의 역사적 사건들을 나열하는 데 머물지 않고 그 속에 숨어 있는 신학적 의미를 기술하고자 노력할 것이다.

우리는 이 나라의 기독교계에서 예수에 대한 두 가지 극단적 관점을 발견할 수 있다. 첫째는 예수를 하나의 순수하고 이상적인 "인간"으로 보면서 민중혁명가로 보는 관점이요, 둘째는 예수를 병고침과 귀신추방과 개인의 문제 해결을 주요 사역으로 삼는 "신"(神)으로 보는 관점이다. 전자의 관점은 예수의 존재와 기독교 신앙의 사회적·경제적·정치적 차원을 강조하는 장점을 가지는 대신, 예수를 단지 순수한 인간으로 혹은 "사람의 아들"로 보면서 인격적 신앙의 차원을 약화시키는 문제점을 보인다. 후자의 관점은 예수를 "하나님의 아들"로 보면서 예수에 대한 신뢰와 인격적 신앙의 내적 체험을 강조하는 장점을 가지는 대신, 예수의 존재와 기독교 신앙의 사회적·경제적·정치적 의미를 부인하고 예수를 단지 신유의 은사를 베푸는 자, 귀신추방자, 개인의 문제 해결사로 봄으로써 기독교 신앙을 점점 더 무속화·미신화하는 문제점을 보인다. 이 두 가지 극단적 입장이 오늘 한국의 기독교계를 대변하고 있다.

이 두 가지 관점은 오늘 한국의 기독교계에서 첨예한 대립을 보이고 있다. 전자의 입장을 대변하는 그리스도인들은 후자의 입장이 가진 문제점을 비판하면서 교회의 사회적·정치적 책임을 주장하는 반면, 후자의 입장을 대변하는 그리스도인들은 전자의 입장을 신신학, 자유주의, 현대주의라고 비판하면서 사회와 역사에 대하여 자기를 폐쇄시키고 교회의 양적 팽창을 꾀하고 있다. 이러한 두 입장 사이의 만남과 대화는 거의 단절된 상태다.

이러한 현실을 고려하면서 우리는 이 책에서 예수의 총체적인 모습을 밝히고자 하며 그의 모든 말씀과 활동이 과연 무엇을 목표로 하였는가를 제시하고자 한다. 예수는 단지 사회개혁만을 꾀한 인물도 아니요, 개인의 죄 용서와 병고침과 귀신추방만을 일삼지도 않았다. 그의 모든 말씀과 활동의 목적은 "하나님 나라"를 세우는 데 있었으며, 이 하나님 나라는 사회개혁은 물론 개인의 죄 용서와 내적 구원을 포함한다. 그가 행한 것으로 복음서가 분명히 보도하는 병고침과 귀신추방은 예수의 주업(主業)이 아니라 그가 선포하는 하나님 나라가 사건화되는 한 형태에 불과하였다. 여기서 우리는 위의 두 가지 극단적 입장이 통합될 수 있는 가능성을 발견한다.

전통적으로 신학은 예수의 사역을 세 직분설(officium triplex)에 따라 기술하였다. 물론 칼뱅의 세 직분설은 그 나름대로의 장점을 가지고 있으나, 예수의 사역을 지나치게 도식화함으로써 예수 당시의 정치적·경제적·사회적·종교적 상황 속에서 일어난 예수의 구체적인 활동과 사건들을 간과하는 오류를 범하여왔다. 세 직분설이 말하는 예수의 세 가지 직분, 곧 예언자, 제사장, 왕의 직분은 구약시대로부터 유래하는 것이기 때문에, 오늘 우리의 현실에 대하여 예수의 모든 말씀과 활동이 어떤 의미를 가지는가를 기술하는 데는 상당한 어려움을 준다. 그러므로 이 책은 세 직분설의 도식을 따르지 않고 예수의 말씀과 활동을 예수 당시의 사회적 제반 상황 속에서 구체적으로 기술하면서, 그가 선포한 하나님 나라가 어떻게 구체화·사건화되는가를 기술할 것이다.

제1부

예수의 역사적 배경

예수는 한 역사적 인물로서, 그가 속한 이스라엘 민족의 구체적인 상황 속에서 태어났고 활동하였다. 그는 정치·경제·문화·사회·종교의 구체적 상황과 관련하여 하나님 나라의 기쁜 소식을 선포하였다. 그러므로 예수의 모든 활동을 올바로 파악하기 위하여, 먼저 예수의 역사적 상황이 고찰되어야 할 것이다. 예수의 역사적 상황이 고려되지 않는 예수에 대한 모든 진술은, 예수 자신의 의도를 벗어난 추상적인 것, 비성서적인 것이 되기 쉬우며 바로 여기에 전통적 그리스도론의 오류가 있다.

I
중간시대의 역사 [1]

예수는 유대인이었다. "예수"라는 그의 이름은 유대인의 언어인 히브리어로 예슈아(*Jeshua*), 곧 "야웨가 도움이시다"를 뜻한다. 그의 어머니는 마리아였고, 그를 양육한 아버지는 요셉이었다. 요셉이 마리아와 결혼식을 올리기 전에 예수가 잉태되었으므로, 요셉은 예수의 친아버지는 아닌 셈이다.

예수는 유대인으로서, 유대인의 전통과 시대적 상황 속에서 살았으며 먼저 유대인을 위하여 활동하였다. 그는 그 시대의 사회 속에서, 곧 로마 제국의 속주가 된 유대 땅에서 하나님의 말씀을 선포하였다. 따라서 그의 모든 말씀과 행위는 그 당시 팔레스타인의 사회적 상황과의 관련 속에서

---

1) 이 내용은 주로 아래의 문헌에 의존함: E. Lohse, *Umwelt des Neuen Testaments*, NTD Ergänzungsreihe 1, 2. Aufl. 1974, S. 7-36; H. C. Kee, 『신약성서 이해』(원서명: *Understanding the New Testament*), 서중석 역, 1971, p. 54ff.; D. S. Russell, *The Jews from Alexander to Herod*, 1967. 참고문헌: J. H. Charlesworth, ed. *The Pseudepigrapha*, Vol. I, 1982; Vol. II, 1983; J. Neusner, *Method and Meaning in Ancient Judaism*, Third Series, 1981; G. W. E. Nickelsburg, *Jewish Literature Between the Bible and the Mishna*, 1981; F. E. Peters, *The Harvest of Hellenism*, 1970; G. Vermes, *The Dead Sea Scrolls in English*, 1971.

파악되어야 한다. 이를 위하여 우리는 예수가 어떤 역사적 상황 속에서 생존하였는가를 알아야 할 것이다. 그 당시의 정치적·경제적·사회적·종교적 상황을 알 때, 우리는 예수의 말씀과 행위를 보다 더 정확하게 이해할 수 있을 것이다. 하나님의 말씀은 무시간적인 것이 아니라 인간의 구체적인 상황에 대한 것이요, 그 상황을 위한 것이기 때문이다. 예언자들을 통하여 선포된 하나님의 말씀도 예언자들이 살던 그 당시의 특수한 상황 속에서, 이 상황에 대하여 주어졌다.

그런데 이상하게도 신약성서 기자는 예수가 살던 그 당시의 제반 상황에 대하여 거의 침묵하고 있다. 다른 문헌을 통하지 않고는 도저히 이해할 수 없는 몇 가지 암시가 제시되어 있을 뿐이다. 신약성서에서 예수의 모든 말씀과 행위는 단지 종교적 문제와 관련된 것처럼 나타난다. 그의 고난과 죽음도 단지 종교적 충돌 때문에 일어난 것으로 묘사되어 있다. 그의 말씀과 행위, 그의 고난과 죽음은 당시의 구체적인 상황과 직결되지 않은, 예수가 속한 사회의 구체적 문제들에 대하여 아무 의미가 없는 것처럼 보인다. 단지 인류의 죄의 용서라고 하는, 모든 시대와 모든 장소에 해당하는 보편적 문제와 관계된 것으로 나타난다.

신약성서의 이러한 경향은 하나님의 것은 하나님에게, 황제의 것은 황제에게 돌려주라는 복음서의 기록을 통하여 더욱 강화된다. 이 구절을 통하여 예수의 모든 말씀과 행위, 그의 고난과 죽음은 황제가 다스리는 세속의 현실과 관계없는, 이 현실에 대하여 아무 의미도 갖지 않은 단지 "종교적인 것"으로 이해될 수 있다. 사실 많은 설교자들이 이렇게 설교한다.

그러나 모든 시대에 해당하는 소위 보편적 진리는 어느 시대에도 구체적으로 적용되지 않는 추상적인 것일 수 있다. 그것은 보편적이기 때문에 인간의 구체적 상황과 문제와 갈등에 대하여 아무것도 말하지 못하게 된다. 구약성서에서 하나님은 모든 시대에 해당하는 보편적 진리를 말씀하지 않는다. 하나님은 그의 사자를 통하여 특정한 상황의 구체적인 문제에 대하여 실제로 말씀하신다. 예수도 마찬가지였을 것이다. 예수가 자기가 속한 사회의 구체적인 문제를 외면하고 소위 보편적 진리만을 말한 것이 아니라는 증거를 우리는 복음서의 기록에서 찾을 수 있다. 그는 자기가 속한 사회의 구체적인 상황과 문제들을 파악하고 이 상황과 문제들과 관련된 실제적인 말씀을 하고 구체적으로 행동하였을 것이다. 그의 고난과 죽음도 그가 속한 사회의 구체적 상황과 문제들과 관련하여 일어났을 것이다. 사랑하는 자는 보편적으로 말하지 않는다. 그는 구체적으로 말하고 구체적으로 행동한다. 그는 사랑하기 때문이다.

따라서 우리가 예수의 말씀과 행위와 고난과 죽음을 바르게 파악하고자 한다면, 그가 속하였던 사회의 구체적인 상황 곧 정치적·경제적·사회적·종교적 상황은 물론 역사적 배경을 파악해야 할 것이다. 먼저 우리는 예수가 오기까지 신약성서와 구약성서의 중간시대 역사를 파악하고자 한다. 예수의 시대에 영향을 주는 중간시대의 역사는 구약성서에도 나타나지 않고 신약성서에도 나타나지 않는다. 이런 중간시대의 역사를 파악할 때 우리는 예수 당시 팔레스타인의 정치·경제·사회·종교적 배경을 보다 더 분명히 이해할 수 있을 것이다.

1. 페르시아의 팔레스타인 통치

중간시대의 역사는 바빌로니아 포로시대와 함께 시작한다. 기원전 722년 북이스라엘의 열 지파는 사마리아가 아시리아 군대에 의하여 정복됨으로써 멸망하였다. 남유다는 기원전 587년 바빌로니아에 의하여 정복되었다. 예루살렘은 파괴되었고 상층계급에 속한 유대인들은 바빌로니아로 끌려 갔다. 바빌로니아에서 그들은 하나님께 희생제사를 드릴 수 없었다. 그 대신 그들은 하나님의 율법을 지켰고, 안식일과 할례의 계명이 그들을 선민으로 구별하는 표식이라고 믿었다.

그러나 페르시아의 키루스(Kyrus) 대왕이 기원전 539년 바빌로니아를 정복하고 중동 일대의 패권을 장악하였다. 그런데 페르시아는 아시리아와 바빌로니아와는 달리 정복된 타민족에 대하여 유화정책을 실시하였다. 페르시아는 피지배 민족들을 다른 지역으로 이주시키지도 않았고 자신의 종교를 강요하지도 않았다. 오히려 페르시아는 피지배 민족들의 민족적·문화적·종교적 특이성을 인정하였고 이를 통하여 그들을 자신의 통치권 아래 두고자 하였다. 페르시아는 언어소통을 위하여 자신의 언어를 요구하지 않고 그 당시 팔레스타인과 시리아 일대에 널리 퍼져 있던 아람어를 사용하도록 하였다. 페르시아의 이러한 유화정책으로 말미암아 이스라엘은 자신의 종교적인 삶과 특이성을 유지할 수 있었다. 키루스 대왕은 예루살렘 성전의 재건을 허락하였고 느부갓네살 대왕이 예루살렘 성전에서 빼앗아 온 집기들을 이스라엘 백성에게 돌려주었다. 기원전 5세기 키루스 대왕의 칙령으로 고국에 돌아온 느헤미야는 예루살렘의 성벽을 건축하였고 유대인과 이방인 간의 결혼을 엄격히 금하였다. 에스라는 유대인들에게 율법을 가르쳤는데, 이 율법은 페르시아의 속국의 법으로 인정되었다. 이를 통하여 유대인들의 종교는 페르시아의 보호를 받을 수 있었다.

예루살렘이 위치한 유대와 페르시아의 이러한 유화적인 관계에 대하여 북쪽의 사마리아는 불만을 가지고 있었다. 아시리아가 북이스라엘을 정복한 이후 이방인들이 사마리아 지역에 이주하여 살기 시작했고 사마리아인들과 결혼하기도 하였다. 그러므로 에스라와 느헤미야가 속한 남쪽의 유대인들은 북쪽의 사마리아인들을 천시하였고 그들과의 모든 관계를 피하였다. 이리하여 남쪽의 유대와 북쪽의 사마리아는 결국 정치적으로 분리되고 말았다. 따라서 사마리아인들이 예루살렘으로 가서 하나님께 제사를 드리는 일은 매우 어렵게 되었다. 그러므로 그들은 자신들만의 성전을 가지고자 하였다. 유대인 역사가 요세푸스에 의하면 사마리아인들은 알렉산드로스 대왕의 허락으로 그리심 산에 그들의 성전을 세웠다.

사마리아인들이 그리심 산에 그들 자신의 성전을 세운 이후로 사마리아와 유대의 관계는 적대관계로 변하였고 때로 무력 충돌이 일어나기도 하였다. 마침내 유대는 기원전 128년 요한네스 히르카누스(Johannes Hyrkanus)의 영도하에 그리심 산의 성전을 파괴하고 말았다. 그 이후로 사마리아인들은 성전을 재건하지 않았으나 그리심 산을 그들의 성소로 지켰다. 예수가 살던 당시에도 유대인들과 사마리아인들은 서로 왕래하지 않았다. 유대인들은 사마리아인들을 이방인으로 취급하였다(참조. 눅 17:18). "사마리아 사람"이라는 말은 미친 사람 취급을 받는 이에 대한 욕이었다(요 8:48). 사마리아인들은 아브라함, 이삭, 야곱이 그들의 조상이라고 주장했으나, 유대인들은 이 주장을 인정하지 않았다. 그런데 예수는 유대인으로서 사마리아인들의 땅에 들어갔으며 사마리아인의 선한 행동을 찬양한다(눅 10:20-37). 그리고 몸이 깨끗해진 열 사람의 나병환자 가운데 아홉 사람의 유대인은 하나님을 찬양하지 않았던 반면, 단 한 사람의 사마리아인은 하나님께 찬양을 드렸음을 칭찬한다(눅 17:11-19).

2. 알렉산드로스 대왕과 이집트의 통치

기원전 333년 이수스(Issus) 전투에서 그리스의 알렉산드로스 대왕이 페르시아의 다리우스(Darius) 3세를 이긴 이후 알렉산드로스 대왕의 군대는 승승장구하여 시리아와 팔레스타인은 물론 이집트까지 정복하기에 이르렀다. 알렉산드로스 대왕의 막강한 힘을 눈으로 본 유대인들은 그에게 저항하지 않고 평화롭게 승복하였다. 이리하여 유대인들은 페르시아의 통치하에 있었던 그들의 자주권을 유지할 수 있었고 아무 어려움 없이 예루살렘 성전을 지킬 수 있었다.

그러나 유대인들은 그리스의 문화적 영향을 피할 수 없었다. 그리스의 상인들과 여행자들이 팔레스타인으로 와서 그들의 문물을 전하기 시작하였다. 그리스인들의 주거지와 도시들이 세워졌고 그리스어가 통용되기 시작하였다. 그리스어를 할 수 없는 사람은 야만인으로 생각되었다. 알렉산드로스 대왕의 군대에게 저항한 사마리아에는 그리스의 마케도니아 사람들이 들어와 살았다. 많은 도시들이 그리스어로 된 도시 이름을 가지게 되었을 뿐만 아니라 그리스의 법률을 받아들였다. 그리스 양식의 건물들과 극장과 운동경기장이 건축되었고 그리스의 운동경기가 개최되기도 하였다. 그리스의 생활습관도 유대인들 속에 침투하였다. 질문과 답변을 통하여 진리를 찾는 대화법을 유대인들도 배우기 시작하였다. 일단의 유대인들은 그리스의 문물에 대하여 호감을 보였고 그것을 적극적인 자세로 수용하였다. 심지어 그들은 그리스의 스파르타인과 유대인들이 같은 아브라함의 후손이라고 주장하였다(마카베오상 12:21). 그러나 그리스 문화의 영향 속에서도 유대인들은 그들의 신앙을 지켰다. 그들은 모세의 율법에 따라 제사를 드렸고 그들의 선민의식을 철저히 지켰다.

알렉산드로스 대왕이 기원전 323년 33세의 젊은 나이에 사망한 후 그리스는 후계자들 간의 권력 투쟁에 빠졌다. 결국 그리스는 알렉산드로스 대왕의 휘하에 있었던 네 왕에게 분할되었다. 유대인들의 땅 팔레스타인은 이집트를 통치하게 된 프톨레마이오스 왕에게 점령되었다. 그러나 시리아 지역의 왕이었던 안티고노스(Antigonus)가 기원전 315년 팔레스타인을 점령하였다. 안티고노스의 세력이 막강하게 되자 다른 왕들이 이를 시기하였고 이 틈을 이용하여 이집트의 프톨레마이오스가 다시 팔레스타인을 점령하였다. 이제 유대인들은 프톨레마이오스 왕가의 통치로 말미암아 그리스 문물의 영향을 더욱더 크게 받게 되었다.

페르시아와 알렉산드로스 대왕과 마찬가지로 프톨레마이오스 왕가도 유대인들의 종교와 내정의 자주권을 인정하였다. 대제사장을 의장으로 제사장들과 장로들(이스라엘 백성들의 유지들)에 의하여 구성된 산헤드린이 구체적인 문제들을 결정하였다.

3. 시리아의 통치와 마카비 혁명

시리아의 왕 안티오코스(Antiochus) 3세가 이집트의 프톨레마이오스 왕가를 물리치고 팔레스타인을 장악하였다. 세력권이 이집트에서 시리아로 옮겨진 것을 본 유대인들은 안티오코스 3세의 세력에 가담하였고 이를 통하여 그의 호의를 얻을 수 있었다. 그러나 시리아를 통치하고 있던 셀레우코스 왕가는 그리스의 문화를 그들의 점령지역에 확장시키고자 하였다. 많은 유대인들, 특히 제사장들이 이에 호응하였다. 대제사장은 유대인들의 대표로서 시리아 왕의 명령과 법을 시행해야 했으며 시리아 왕이 부과한 세금을 거두어 바쳤다. 기원전 175년 안티오코스 4세가 시리아의 왕이 되었을 때, 유대인들의 대제사장은 오니아스(Onias)였다. 그는 경건하고 의로운 사람이었으나, 그의 친동생 요수아(Josua)는 그를 시기하였다. 요수아는 자기의 이름을 그리스풍의 야손(Jason)으로 고치고 시리아에게 거액의 뇌물을 줌으로써 대제사장으로 임명되었다. 오니아스는 몇 년 후 안디옥에서 살해되었다. 형의 대제사장직을 빼앗은 야손은 팔레스타인의 그리스화를 적극 추진하였다. 그러나 3년 후 메넬라오스(Menelaus)가 야손보다 더 많은 뇌물을 공여하고는 야손의 대제사장직을 빼앗았다. 그러나 한니발을 이긴 로마가 이집트와 시리아를 공격하는 정치적 공백기를 이용하여 야손은 무력으로 메넬라오스를 추방하고 대제사장직을 다시 빼앗아 예루살렘의 통치권을 장악하였다. 이 소식을 들은 안티오코스 4세는 크게 노하여 메넬라오스를 복권시켰다. 복권된 메넬라오스는 안티오코스에게 순종할 수밖에 없었다. 기원전 169년 안티오코스가 전쟁으로 바닥난 그의 재정을 채우기 위하여 예루살렘 성전의 집기들을 시리아로 빼앗아갈 때에도 그는 저항하지 못하였다.

안티오코스 4세는 유대민족의 그리스화와 종교 탄압을 가속화시켰다. 그는 예루살렘의 성벽을 허물었으며 안식일과 할례를 지키는 사람들을 처형하였다. 예루살렘 성전의 번제물 제단에 제우스를 위한 제단이 세워졌고(기원전 167년), 돼지를 잡아 그 피를 제단에 뿌리고 돼지를 제물로 바쳤다. 이것은 유대인들에게는 이루 말할 수 없는 모독이었다. 그들은 세상의 종말이 가까웠다고 생각하였다. 많은 경건한 유대인들이 안티오코스의 명령에 복종하기보다는 차라리 고난과 죽음을 택하였다. 안티오코스의 사자(使者)들이 팔레스타인 전역을 돌아다니면서 종교 탄압 정책을 수행하였다.

도시에 사는 사람들은 안티오코스의 정책에 별로 저항하지 않고 그리스의 문물을 쉽게 받아들였던 반면, 시골의 주민들은 완강히 저항하면서 조상에게 물려받은 신앙을 지켰다. 모디인(Modein)에 사는 하스몬 일가의 우두머리요 제사장이었던 마타티야후(Mattathias)는 제우스에게 제물을 바치라고 명령하는 왕의 사자를 죽이고 자기의 아들들과 함께 유대 광야로 피신하였다(마카베오상 1:15-28). 그러자 많은 유대인들이 그에게 몰려와 무리를 이루고 전국에 산재하여 있는 이방인의 신전을 파괴하며 타락한 유대인들을 벌하였다.

마타티야후가 죽자 그의 아들 유다가 무리의 지도자가 되어 저항운동을 계속하였다. 그는 "마카비"라는 별명을 얻었는데, 그것은 아람어 마카바(makkaba) 곧 "망치"를 뜻한다. 그들은 좋은 무기를 가지지 못하였고 망치와 같은 연장이나 농기구를 무기로 변조하여 사용하였기 때문이다. 또 마카비라는 이름은 유다의 뛰어난 용맹을 나타내기도 한다. 안티오코스는 그의 장군 리시아스(Lysias)를 팔레스타인으로 보냈으나 유다에게 패배하였다. 유다는 더럽혀진 성소들을 회복하고 기원전 164년 12월 25일 예루살렘에 새로운 제단을 세웠다. 이때부터 유대인들은 매년 성전봉헌의 축제를 거행한다(참조. 요 10:22).

그러나 시리아 군대는 여전히 예루살렘 성을 장악하고 있었고 용감한 유다는 성을 빼앗고자 하였다. 그 당시 안티오코스는 사망하였고 나이 어린 그의 아들이 왕이 되었다. 그의 섭정관은 리시아스였다. 리시아스는 잘 무장된 군대를 팔레스타인에 보내 유다를 공격하여 위기에 빠뜨렸다. 이

때 리시아스는 그를 반대하는 정치적 세력으로 인하여 궁지에 처하였고 이를 모면하기 위하여 유다와 화친을 맺었다. 그는 유대인들에게 종교의 자유를 허용하였고 유대인들은 시리아의 통치권을 인정하였다. 유대교의 일대 개혁이 단행되었다.

부패한 대제사장 메넬라오스는 이 개혁운동으로 인하여 제거되었다. 그 당시 왕위를 찬탈한 시리아의 왕 데메트리우스(Demetrius)는 아론의 후손이요 그리스화 운동의 지지자였던 알키무스(Alkimus)를 제사장으로 봉하였다. 마카비 혁명에 가담하였던 하시딤(경건한 자)들은 알키무스에 만족하였다. 그러나 마타티야후의 아들 유다는 그를 불신하였다. 유다는 유대인들의 종교적 자유뿐만 아니라 정치적 자유를 얻고자 하였기 때문이다. 이 때문에 유다는 알키무스의 요청으로 그를 공격한 시리아 군대와 싸우다가 기원전 160년 전사하였다. 많은 유대인들이 살해당하였고 다시 광야로 피신해야만 했다. 유다의 동생 요나단이 지도자가 되었다. 요나단은 시리아에 정권분쟁이 일어난 것을 이용하여 세력을 확장시켰다. 그는 알키무스가 죽은 다음 비어 있었던 대제사장의 자리를 차지하였다. 전쟁의 피로 몸을 더럽힐 수밖에 없었고 제사장 사독의 후손이 아니며 단지 시골 제사장의 아들에 불과한 요나단이 대제사장이 되자 하시딤 일파는 요나단과 결별하였다.

요나단이 시리아의 음모로 기원전 143년 살해되자, 그의 동생 시몬(Simon)이 영도자가 되었다. 그는 예루살렘 성을 완전히 회복하고 세금을 시리아에 바치지 않을 수 있는 자유를 얻었으며 유대인들만이 사용하는 화폐를 만들었다. 기원전 140년 그는 유대인들에 의하여 대제사장인 동시에 세습 왕으로 추대되었다. 이리하여 하스몬 왕가가 세워졌다. 많은 제사장들과 하시딤이 이것을 반대하였다. 일군의 하시딤은 사해 부근의 광야에 은거하여 수도원 생활을 하면서 하나님의 율법대로 살고자 하였다. 예수 당시의 쿰란 수도사들과 에세네파 사람들은 이들의 후예들이다. 시몬은 기원전 134년 그의 사위 프톨레마이오스에 의하여 살해되었다. 그러나 프톨레마이오스는 왕이 되지 못하고, 시몬의 아들 요한네스 히르카누스 (Johannes Hyrkanus)가 왕이 되었다.

4. 하스몬 왕가의 통치

히르카누스는 그의 아버지 시몬의 뒤를 이어 세력을 확장하였다. 그는 자신이 고용한 용병을 데리고 유대의 통치영역을 확장시켰으며 그리심 산에 있는 사마리아인들의 성전을 파괴하였다. 이두매 주민들은 유대교로 강제 개종되었고 사마리아는 기원전 107년 정복되었다. 히르카누스는 바리새인들의 지지를 받지 못하자 사두개인들과 친화하였다.

히르카누스는 본래 자기가 죽은 다음 그의 부인에게 나라를 맡기고 싶었다. 그러나 그의 아들 아리스토불로스(Aristobul)가 어머니와 세 형제를 감금하고 왕위에 올랐다. 그는 남은 형제 안티고노스(Antigonus)를 국정에 참여시켰으나 그를 의심하여 죽여버렸다. 그는 처음으로 왕의 칭호를 사용하였다.

아리스토불로스가 기원전 103년 사망하자 그의 부인 살로메 알렉산드라(Salome Alexandra)가 감옥에 있던 그의 세 형제를 풀어주고 첫째 형 요나단에게 왕위를 맡기면서 그의 부인이 되었다. 요나단은 그의 이름을 그리스풍의 얀네우스(Janneus)라 고치고 세력을 확장했다. 그는 정복된 지역의 주민들을 강제로 유대교화시켰으나 유대인들의 지지를 받지는 못하였다. 소요가 끊임없이 일어났다. 얀네우스는 800명의 반란자들을 생포하여 예루살렘으로 끌고 와서 십자가형에 처하기도 하였다. 그는 십자가의 죽음을 당하는 반란자들 앞에서 자기의 부인들과 향연을 벌이며 반란자들의 부인과 자녀들을 그들이 보는 앞에서 죽였다.

알렉산드로스 얀네우스가 죽은 다음, 그의 부인 살로메 알렉산드라가 나라를 다스렸다. 그러나 여자는 대제사장이 될 수 없었기 때문에 그녀는 바리새인들의 양해를 얻어 무능한 그의 아들 히르카누스 2세를 대제사장으로 봉하였다. 그녀는 바리새파에 속한 서기관들을 산헤드린의 회원이 되게 함으로써 바리새인들의 환심을 얻은 반면 사두개인들의 원성을 샀다.

살로메 알렉산드라가 죽은 다음, 그녀의 아들 히르카누스 2세가 왕이되지 못하고 그의 동생 아리스토불로스 2세가 왕이 되었다. 이로 말미암아 두 형제 사이에 권력 다툼이 일어났다. 두 형제는 서로 로마 제국의 폼페이우스의 환심을 얻어 상대방을 제거하고자 하였다. 마침내 히르카누스가 폼페이우스와 가까워지자 아리스토불로스는 3개월 동안 그에게 저항하다가 항복하고 말았다. 예루살렘에 입성한 폼페이우스는 대제사장만이들어갈 수 있는 지성소 안에까지 무장한 채 들어갔다. 이방인이 칼을 차고 지성소 안에까지 들어간 것은 하나님의 성전을 더럽히고 모독하는 행위였다. 아리스토불로스와 그의 두 아들 알렉산드로스(Alexander)와 안티고노스(Antigonus)는 로마에 감금되었고 히르카누스는 다시 대제사장으로봉함을 받았다.

그러나 아리스토불로스와 그의 두 아들이 팔레스타인으로 다시 돌아왔고, 히르카누스의 무능에 불만을 품은 유대인들의 지지를 얻었다. 이때폼페이우스는 로마의 권력을 노리는 카이사르와 싸우고 있었다. 카이사르가 이기고 폼페이우스가 기원전 48년 이집트에서 살해당하자 히르카누스는 그의 지지자 안티파테르(Antipater)와 함께 원병을 카이사르에게 파견함으로써 카이사르의 환심을 얻었다. 히르카누스의 대제사장직은 보존되었고 유대교는 로마 제국의 보호를 받게 되었다. 안티파테르의 아들 파사엘(Phasael)은 유대지역의 통치자가 되었고 헤롯(Herodes)은 갈릴리 지역의 통치자가 되었다.

카이사르가 살해된 후 안토니우스(Antonius)가 로마의 권력을 쥐게 되었을 때 안티파테르는 암살되고 히르카누스와 안티파테르의 두 아들은그들의 직분을 보장받았다. 그러나 아리스토불로스 2세의 아들 안티고노스(Antigonus)가 반란을 일으켜 히르카누스와 파사엘을 체포하였다. 파사엘은 자살하였고 안티고노스는 그의 숙부 히르카누스의 귀를 베어버린 다음 그의 제사장직을 빼앗았다. 그는 유대인의 왕인 동시에 대제사장이 되었다. 하지만 약삭빠른 헤롯은 살아남았다.

목숨이 위태롭게 된 헤롯은 로마로 도주하여 유대의 왕으로 봉함을 받았다. 그는 영토도 없는 왕이 된 것이다. 그러나 헤롯은 기원전 37년 로마황제의 도움으로 예루살렘을 얻고 왕위에 올랐다. 안티고노스는 처형되고왕위를 회복하려는 하스몬 왕가의 마지막 시도는 좌절되고 말았다. 예수가 태어났을 때 유대를 통치하던 왕이 바로 이 헤롯 대왕이다. 헤롯 대왕은 매우 잔인하고 교활한 사람이었다. 안토니우스가 로마 제국의 권좌에 있을 동안 그는 안토니우스의 편이 되어 그의 보호를 받았다. 그러나 옥타비아누스가 안토니우스를 물리치고 로마의 패권을 쥐게 되었을 때 그는 옥타비아누스를 찾아가 그에게 충성을 맹세함으로써 왕권을 지켰다. 그는 의심스러운 사람은 어느 누구를 막론하고 죽여버렸다. 그는 귀가 잘려버린 그의 숙부 히르카누스를 결국 살해하였다. 그는 다섯 번이나 결혼했는데 둘째 부인인 하스몬 왕가의 마지막 공녀 마리암네(Mariamne) 1세와 결혼함으로써 하스몬 왕가와 인척관계를 맺고 자기의 왕권을 정당화하고자 하였다. 그러나 하스몬 왕가의 일족이 왕위를 찬탈할지도 모른다는 불안감 때문에 그는 둘째 부인 마리암네 1세와 그녀에게서 태어난 두 아들 알렉산드로스와 아리스토불로스를 죽였다. 그는 그리스의 문물을 도입함으로써 로마 황제의 환심을 얻는 동시에, 성전을 개축하고 회당을 장려하는 등 유대교를 보호함으로써 유대인들의 환심도 얻고자 노력하였다. 그러나 경건한 유대인들의 환심을 얻는다는 것은 불가능하였다. 헤롯 대왕의 통치 기간 말기에 세례 요한과 예수가 태어났다. 예수가 태어났을 때 헤롯 대왕이 두 살 이하의 어린아이들을 모조리 죽이게 하였다는 복음서의 기록은 그의 잔악한 성격을 고려할 때 충분히 있을 수 있는 일이다.

II

예수 당시의 정치 · 경제 · 사회적 상황[1]

지금까지 우리는 예수가 태어나기 전의 이스라엘 민족의 중간사를 개관
하였다. 이제 우리는 예수가 생존하던 당시의 상황을 파악하고자 한다.

1. 정치적 상황

팔레스타인 전역을 통치하던 헤롯 대왕은 그의 생애 말기에 후계자를 정
하고자 하였다. 이에 앞서 그는 후계자로 관심의 대상이 되었던 그의 아들
세 사람을 죽여버렸다. 죽기 직전 그가 남긴 유서에서 그는 자기의 왕국을

---

1) 이 내용은 주로 아래의 문헌에 의존함: E. Lohse, "Umwelt des Neuen Testaments," S.
37-85; H. C. Kee, 『신약성서 이해』, pp. 61-103; J. Jeremias, 『예수시대의 예루살렘: 신
약성서 시대의 사회경제사 연구』(원서명: *Jerusalem zur Zeit Jesu*), 한국신학연구소
번역실 번역, 1988; A. Trocmé, 『예수와 비폭력 혁명』(원서명: *Jésus et la révolution
non violente*), 박혜련. 양명수 공역, 1986. 더 자세한 문헌 목록은 위의 책에 기록되어
있음.

다른 세 아들에게 나누어주었다. 아르켈라오스(Archelaus)는 유대와 사마리아와 이두매의 왕으로 봉하였고, 헤롯 안티파스(Herodes Antipas)는 갈릴리와 베레아의 분봉왕으로 봉하였으며, 필리포스(Philippus)는 북쪽의 요르단 강 동편(베다니, 드라고닛) 지역의 분봉왕으로 봉하였다. 이 세 형제는 아버지 헤롯 대왕이 사망한 직후 로마 황제의 인정을 받기 위하여 로마로 갔다. 이때 유대인의 대표들도 로마로 가서 헤롯 왕가를 철폐하고 유대교의 자율성을 회복시켜줄 것을 황제에게 간청하였다. 이 사건을 누가복음 19:12-14은 다음과 같이 묘사한다. "한 귀족이 왕위를 받아 오려고 먼 길을 떠나게 되었다.…그런데 그의 백성들은 그를 미워하고 있었으므로 그들의 대표를 뒤따라 보내어 '우리는 그 자가 우리 왕이 되는 것을 원하지 않습니다'라고 진정하게 하였다." 로마의 아우구스투스(옥타비아누스) 황제는 유대인 대표들의 진정을 묵살하고 헤롯의 유언에 따라 그의 세 아들을 팔레스타인 지역의 통치자로 인준하였다. 물론 그들은 아버지 헤롯과 같은 왕의 칭호를 얻지는 못하였다. 그러나 유대인들에게 그것은 상관없는 일이었다. 그들을 통치하는 자가 곧 그들의 왕이었다. 그러므로 신약성서는 아르켈라오스는 물론 안티파스도 왕이라고 부른다(마 2:22; 막 6:14, 26; 마 14:9).

유대인들은 아르켈라오스를 가장 미워하였다. 그가 너무도 잔인하였기 때문이다. 그는 폭동을 진압하기 위하여 유대인 3,000명을 처형하기도 하였다. 유대인들의 사절단이 다시 로마로 가서 황제에게 아르켈라오스를 고발하여 아르켈라오스는 기원후 6년 갈리아(지금의 프랑스) 지방으로 추방되었다. 아르켈라오스를 몰아낸 유대인들은 나라의 독립을 회복하고자 하였으나, 아우구스투스 황제는 아르켈라오스가 다스리던 유대와 사마리아와 이두매를 로마의 속주로 격하시키고 시리아 지역의 로마 황실 총독에게 병합시켰다. 시리아의 황실 총독은 카이사레아에 유대 총독을 거주케 하고 유대를 다스리게 하였다. 유대 총독은 유대인들의 종교적 자유를 허용하고 산헤드린에게 국정의 세부적인 일들을 맡겼다. 그러나 사형언도와 사형집행은 총독의 권한에 속하였다(요 18:31).

아르켈라오스를 대신하여 유대와 사마리아와 이두매 지역을 다스리게 된 로마 총독은 본디오 빌라도(Pontius Pilatus)였다. 알렉산드리아의 필론(Philo)에 의하면 그는 부패하였고 간교하며 잔인하였다. 그는 정당한 판결 없이 유대인들을 처형하기도 하였다. 어느 날 밤 그는 황제의 상이 그려져 있는 깃발을 예루살렘으로 가져왔다. 유대인들이 율법을 손상시키기보다 차라리 죽게 해달라고 빌라도에게 탄원하자 빌라도는 그 깃발을 예루살렘에서 치우게 하였다. 한번은 예루살렘의 관개시설을 건축하기 위하여 빌라도가 성전의 금품을 취했을 때 큰 폭동이 일어났다. 이때 빌라도는 군대를 동원하여 무참하게 폭동을 진압하였다. 또 그는 그리심 산에 모세시대의 보물이 묻혀 있다는 소식을 듣고 거기에 모여 있던 수많은 사람들을 죽이거나 체포하였다. 누가복음 13:1은 이 사건을 다음과 같이 보도한다. "바로 그때 어떤 사람들이 예수께 와서 빌라도가 희생물을 드리던 갈릴리아 사람들을 학살하여 그 흘린 피가 제물에 물들었다는 이야기를 일러드렸다." 빌라도는 정치적으로 위험한 인물은 모두 체포하여 처형하였다(참조. 막 15:7, 27). 예루살렘은 유대지역에 속하기 때문에, 예수는 당시 유대지역의 통치를 맡고 있던 빌라도 밑에서 고난을 당하고 십자가의 죽음을 당하였다.

요르단 강 동편 지역의 통치를 맡고 있던 필리포스는 새로운 마을을 건축하고 카이사레아 필리피라고 이름지었다(참조. 막 8:27). 겐네사렛 호수는 그의 통치지역과 헤롯 안티파스의 통치지역의 경계를 이루고 있었고, 가버나움에는 세관과 더불어 안티파스의 경비병들이 지키고 있었다. 이 경비병들의 대장(백인대장)의 이야기가 복음서에 기록되어 있다(마 8:5-13). 필리포스는 처음으로 동전에 로마 황제의 상을 새겨넣게 하였다. 그는 후손을 남기지 않고 기원후 37년에 사망하였다.

예수 당시에 갈릴리와 베레아 지역의 통치는 헤롯 대왕의 아들 헤롯 안티파스가 맡고 있었다. 그는 겐네사렛 호숫가에 마을을 건축하고 당시 로마 황제에게 충성하는 표시로 이 마을의 이름을 티베리아라고 이름지 었다(요 6:1, 23; 21:1). 이 마을의 자리는 본래 묘지였다. 그러므로 유대인들은 이 마을을 불경스러운 마을로 생각하였고 거기에 살기를 거부하였다. 안티파스는 이런 일에 개의치 않고 자기 마음대로 생활하였다. 본래 그는 나바테아족 왕의 딸과 결혼하였으나 후에 그의 동생의 부인 헤로디아와 결혼하였다. 헤로디아는 헤롯 왕과 마리암네의 손녀였다. 이리하여 그는 형제의 아내를 취하는 것을 금하는 율법을 어겼다. 욕심 많은 헤로디아는 헤롯 안티파스와 결혼한 다음, 그의 본부인을 그녀의 아버지에게로 내어쫓고 딸 살로메를 낳았다. 세례 요한은 안티파스의 이 부정한 일을 고발하였고 이 때문에 결국 살해되고 말았다. 복음서에 기록되어 있는 세례 요한의 죽음은 사실 안티파스가 사전에 조작한 연극임을 삼척동자도 상상할 수 있다. 안티파스는 이와 같이 간교한 사람이었기 때문에 예수는 그를 "여우"라고 불렀다(눅 13:32). 안티파스는 결국 헤로디아 때문에 망하였다. 헤로디아는 남편 안티파스에게 당시 로마 황제 칼리굴라에게 왕의 직분을 간청하라고 속삭였다. 안티파스를 의심한 칼리굴라는 그에게 왕의 직분을 하사하는 대신 그를 갈리아로 유배시켰다(기원후 39년).

지금까지의 이야기를 종합할 때 예수는 헤롯 대왕이 팔레스타인 전역을 다스리고 있을 때에 태어났다. 그가 어린 소년일 때 헤롯 대왕이 죽었고 그의 세 아들(아르켈라오스, 헤롯 안티파스, 필리포스)이 분봉왕으로서 나라를 나누어 받아 통치하였으며, 아르켈라오스가 갈리아로 유배당하고 총독 본디오 빌라도가 그의 땅을 다스리던 중에 사망하였다. 헤롯 대왕이 기원전 4년에 사망하였기 때문에 예수는 기원전 4년 이후에 태어났을 리가 없다. 예수의 탄생은 기원전 7년 혹은 6년으로 추산된다. 베들레헴의 아이들과 함께 예수를 죽이려고 했으나 실패하였던 헤롯 대왕이 죽었을 때 예수는 두 살이나 세 살이었을 것이다.

예수가 살던 그 당시 이스라엘 민족의 정치적 상황은 매우 불안하고 흉흉하였다. 로마 제국의 정치적·경제적·종교적 탄압과 착취, 로마와 결탁한 이스라엘 지도층의 횡포와 매국적 행위에 분개한 백성들이 끊임없이 반란을 일으켰다. 헤롯 대왕이 성전의 현관 위에 황금 독수리상을 세웠는데, 율법학자들의 사주를 받은 청년들이 대낮에 밧줄을 타고 지붕에서 내려와 황금 독수리상을 도끼로 부수어버렸다. 이 일로 40명이 주모자로 체포되어 사형을 당하였다. 헤롯이 죽은 다음 아르켈라오스가 유대 지역의 통치를 맡게 되었을 때, 유대인들은 이 청년들을 처형시킨 대제사장과 관리들의 처벌을 요구하였다. 아르켈라오스가 망설이자 격노한 군중들이 모여들었다. 아르켈라오스는 군인과 기마병을 풀어 유대인 3,000명을 죽였다. 나머지 유대인들은 산으로 피신하였다.

아르켈라오스가 그의 두 형제들과 로마 황제를 방문하고 있는 동안 유대인들이 또다시 반란을 일으켰다. 시리아 지역의 로마 황실의 총독 바루스(Varus)가 반란을 진압하고 1개 군단, 즉 6,000명의 로마 수비대와 아우구스투스의 재정장관 사비누스를 예루살렘에 남겨두어 죽은 헤롯 대왕의 유산을 조사하게 하였다. 사비누스는 매우 욕심이 많고 부패한 자라는 사실이 곧 드러났다. 그는 성전의 보물도 삼키려고 하였다. 마침 유월절을 지키기 위하여 예루살렘에 와 있던 유대인들이 3열로 서서 사비누스와 왕궁에 있던 그의 수비대를 포위하였다. 로마 군인들이 회당에 불을 질러 많은 유대인들을 죽였으며 성전의 보물을 약탈하였다. 사비누스는 알려진 것만으로도 400달란트를 차지했다. 이에 분노하여 아르켈라오스의 유대인 부대마저 유대 민중과 합세하여 로마 군대를 포위하였다. 사비누스로부터 이 소식을 들은 바루스는 새로 2개 군단과 거기에 딸린 기마병을 이끌고 팔레스타인으로 진군하였다. 2만 명가량의 유대인들이 추풍낙엽처럼 죽음을 당하였다. 나머지 1만 명이 산으로 피신하여 재집결하였으나 바루스의 로마 군대를 이겨낼 도리가 없었다.

이때 헤롯의 사촌 아히압(Achiab)이 개입하여 유대인들의 반란이 무모하다는 사실을 설득하였다. 대부분의 유대인들은 그의 권유를 받아들이고 투항하였다. 그러나 일부 유대인들은 죽음을 각오하고 계속 저항하였다.

로마 군대는 끝까지 저항하는 유대인 2,000명을 생포하여 십자가에 처형했다. 로마 군대가 점령한 엠마오 마을은 바루스의 명령으로 완전히 불에 타버렸다. 누가복음은 이 사건을 다음과 같이 암시하고 있다. "또 어떤 임금이 다른 임금과 싸우러 나갈 때 이만 명을 거느리고 오는 적을 만 명으로 당해낼 수 있을지 먼저 앉아서 생각해보지 않겠느냐? 만일 당해낼 수 없다면 적이 아직 멀리 있을 때에 화평을 청할 것이다"(눅 14:31-32).

수많은 농민들이 빈곤에 찌들리고 빚을 갚을 수 없게 되자 농토를 포기하고 산적의 무리에 가담하였다. 가는 곳마다 도적떼가 숨어 있었다. 그들은 로마와 결탁한 유대인들을 죽이기도 하였고 기회가 있을 때마다 로마에 맞서 반란을 일으켰다. 헤롯과 그의 아들들은 끊임없는 반란을 진압하느라고 애를 먹었다. 바라바와 예수의 십자가 양편에 달렸던 두 도적도 아마 이러한 종류의 의적들이었던 것 같다. 선한 사마리아 사람의 이야기는 가는 곳마다 도적의 무리로 흉흉하였던 당시의 상황을 반영하고 있다 (눅 10:30).

2. 반로마 혁명

유대인들에 대한 로마의 탄압과 모욕은 시간이 갈수록 더 강화되었다. 카이사레아에서 그리스인들에 대한 저항운동이 일어났을 때, 유대인들은 로마 군인들에게 돈을 주고 보호를 요청하였으나 아무 도움도 얻지 못하자 유대인들의 감정은 더욱 악화되었다. 총독 플로루스(Gessius Florus)는 욕심이 많은 사람이었다. 기원후 66년 그는 성전의 금고에서 17달란트를 탈취하였다. 이것이 발화점이 되어 큰 무장봉기가 일어났다. 제사장들과 바리새인들은 노한 군중들을 무마시키려 하였으나 실패로 끝났다. 팔레스타인의 로마 주둔군이 참패당하고 대제사장과 친로마 지도자들이 살해되었다. 시리아 지역의 로마 총독 케스티우스(Cestius)가 군대를 끌고 왔으나 무장한 유대인들을 진압할 수 없었다. 갈릴리 여러 곳에 요새가 구축되었다. 사태에 대비하기 위하여 당시 젊은 제사장이었던 요세푸스(역사가 Josephus 를 말함)가 예루살렘에서 갈릴리로 파견되었다.

마침내 로마의 황제 네로(Nero)가 베스파시아누스(Vespasian) 장군을 팔레스타인으로 보냈다. 베스파시아누스 장군은 그의 아들 티투스(Titus) 와 함께 팔레스타인으로 진군하였다. 그는 안디옥을 거쳐 팔레스타인으로 진군하였고, 그의 아들 티투스는 이집트의 군대를 이끌고 지중해를 건너 팔레스타인으로 진군하였다. 먼저 갈릴리가 함락되었다. 47일간의 저항이 실패로 끝나자 열심당원들은 자결하자고 주장하였다. 요세푸스는 이를 반대하고 베스파시아누스 장군에게 항복하였다. 그는 로마 진영에 머물면서 전쟁의 목격자가 되었고 나중에 로마의 국록을 받는 역사가가 되어 『유대 전쟁사』를 기술하였다. 열심당원의 지도자 기샬라(Johannes von Gischala) 는 기원후 67년 소수의 무리를 이끌고 예루살렘으로 도피하였다. 로마의 군대는 예루살렘을 포위하고 사태의 진전을 관망하였다. 기원후 69년에 베스파시아누스 장군이 로마의 황제로 추대되자 그는 자기 아들 티투스 에게 지휘권을 맡기고 로마로 돌아갔다. 기원후 70년 유월절에 티투스는 예루살렘을 공격하였다. 당시의 상황이 복음서에 다음과 같이 암시되어 있다. "예루살렘이 적군에게 포위된 것을 보거든 그 도시가 파멸될 날이 멀지 않을 줄 알아라. 그때에 유대에 있는 사람들은 산으로 도망가고 성안에 있는 사람들은 그곳을 빠져나가라. 그리고 시골에 있는 사람들은 성안으로 들어가지 말라"(눅 21:20-22; 참조. 눅 19:43-44).

결국 기원후 70년 예루살렘 성전은 불길에 휩싸이고 말았다. 티투스에게 붙들린 유대인들은 십자가의 형벌을 당하였다. 생포된 기샬라는 승리의 축제를 위하여 로마로 끌려갔다. 티투스가 예루살렘을 포위하고 있는 동안, 그는 헤롯 아그리파 1세(헤롯 대왕이 처형한 그의 둘째 아들 아리스토불로스의 아들, 기원후 41-44년 재위, 행 12장의 헤롯을 말함)의 공주 베레니케를 사랑하게 된다. 베레니케는 뛰어난 지혜와 넓은 교양을 갖춘 우아한 미인으로,

티투스보다 12살 연상이었다. 전쟁이 끝난 후 티투스는 로마로 돌아와 아버지 베스파시아누스의 제위계승자로서 이 여인과 결혼하고자 하였다. 그러나 원로원과 시민들은 로마 제국의 제위계승자와 유대 공주의 결혼을 용인할 수 없었다. 이들의 반대로 티투스의 소원은 무산되고, 베레니케는 유대로 돌아간다. 9년 후 베스파시아누스가 죽고 티투스가 황제가 되자, 베레니케는 다시 한 번 로마를 방문한다. 그러나 티투스는 베레니케를 유대로 돌려보내고, 끝까지 혼자 살다가 만 40세에 전염병 재해를 막기 위한 과로사로 세상을 떠난다. 그의 재위 기간은 2년 3개월에 불과했다. 재해대책을 현장에서 몸소 진두 지휘하고, 국가의 공공사업에 개인 재산을 내놓은 황제의 죽음을 로마의 시민들은 매우 슬퍼하였다.

기원후 70년 예루살렘 성전이 파괴되었지만, 저항은 곳곳에서 계속되었다. 마사다의 저항이 가장 오래 계속되었다. 오랜 투쟁 끝에 로마 군인들이 마사다를 점령했을 때 모두 자결한 열심당원들의 시체만 발견되었다. 단지 지하의 수로에 숨어 있었던 두 여자와 다섯 아이들만이 살아 있었다. 기원후 70년 마사다가 함락되면서 제1차 반로마 혁명은 완전히 실패로 끝났다. 유대는 시리아의 행정구역에서 분리되어 로마 황제의 직할지역으로 개편되었다. 로마의 제10군단이 예루살렘에 주둔하였다.

그러나 유대교 재건운동이 바리새인들에 의하여 일어났다. 예루살렘의 파멸과 함께 사두개인들은 모두 죽임을 당하였다. 성전이 파괴되어 희생제사를 더 이상 드릴 수 없었으므로, 회당이 유대교의 중심이 되었다. 야브네(Jabne)에 산헤드린이 다시 형성되었다. 제사장들과 백성의 유지들이 거의 사라졌기 때문에 서기관들만이 산헤드린의 회원이 되었다. 로마는 이것을 허용하였다. 팔레스타인과 디아스포라 지역에서 징수되었던 성전세는 계속 징수되었으며 로마의 국고로 환수되었다.

이러한 상황에서 제2차 혁명이 기원후 132년에 일어났다. 당시 로마의 하드리아누스(Hadrianus) 황제는 중동 일대를 여행하는 동안, 폐허가 된 예루살렘 성전 위에 로마 신전을 건축하게 하고 유대인의 할례를 금하였

제1부 예수의 역사적 배경

다. 하나님의 성전이 서 있던 자리에 이방인의 신전이 세워지고, 하나님과의 계약의 표시인 할례가 금지된다는 것은 유대인들에게 이루 말할 수 없는 치욕이었다. 마침내 바르 코크바(Bar Kochba)가 주동이 되어 반로마 혁명이 다시 일어났고, 랍비 아키바는 그가 메시아라고 선언하였다. 하지만 팔레스타인에 살고 있던 그리스도인들은 이에 동의할 수 없었다. 그들의 메시아는 예수였기 때문이다. 그러므로 그들은 박해를 당하였다. 그러나 바르 코크바가 전사하고 혁명이 실패로 끝나자, 바르 코크바가 메시아가 아니라는 사실이 드러났다. 기원후 135년 예루살렘은 초토화되었다. 로마는 여기에 새로운 로마의 도시를 세우고 "Colonia Aelia Capitolina"라고 명명하였다. 이곳에 유피테르 신전이 세워졌다. 이방인들이 이 도시에 입주하였고, 유대인들은 이 도시에 들어와서는 안 된다는 칙령이 내려졌다. 혁명을 주도한 서기관들은 몰살되었다. 전해지는 바에 의하면 로마 군인들은 랍비 아키바를 생포하여 쇠로 된 빗으로 그의 살을 빗었다. "너, 이스라엘아 들으라. 우리의 하나님은 야웨시다. 야웨 한 분뿐이다"라는(신 6:4) 마지막 고백을 해야 할 시간이 왔을 때, 랍비 아키바는 "한 분뿐"이라는 이 말을 입술에 길게 남기면서 숨을 거두었다. 이 혁명의 실패와 함께 유대인들은 1948년 팔레스타인에 정부를 다시 세우기까지 나라와 영토를 잃어버리고 세계 각국에 흩어져 사는 유랑 민족이 되었던 것이다(유대인들은 1813년 동안 그들의 영토를 잃어버렸다. 이 기간은 한국 민족이 발해의 멸망과 함께 지금까지 만주를 중국에 빼앗긴 기간보다 훨씬 더 길다).

3. 사회·경제적 상황

그 당시 이스라엘 사회는 매우 불안하였고 경제적으로 빈곤하였다. 그러나 예루살렘에 있는 소수의 권력층과 갈릴리의 대지주들은 부유한 생활을 하였다. 어떤 부동산은 해외에 있는 교포들의 소유가 되어 있었다. 땅의 대부분은 메마른 광야이기 때문에, 주민들은 가난을 벗어나기 어려웠다. 그들의 생계는 별로 많지 않은 농업, 목축업, 수공업, 상업에 의존하고 있었으며, 갈릴리와 겐네사렛 호수 주변의 주민들은 고기잡이로 연명하고 있었다. 요르단 강가의 주민들은 포도, 무화과 나무 등을 재배하였다. 어떤 직업은 천시받았다. 예를 들어 유대교의 정결법을 지킬 수 없었던 피혁공이나, 로마 총독의 임명을 받아 세금을 거두어들이는 세리직은 부정한 직업으로 간주되었다. 헤롯 대왕과 그의 아들들이 일으킨 많은 건축사업은 가난한 사람들에게 일자리를 제공하는 반면, 과다한 세금의 원인이 될 수밖에 없었다. 많은 사람들이 무직 상태에 있었다. 누가복음 16:3은 청지기 직업을 잃어버렸을 때 남의 땅을 소작하거나 빌어먹을 수밖에 없는 당시의 어려운 상황을 반영하고 있다.

이와 같이 어려운 상황 속에서 유대인들은 무거운 세금 부담을 지고 있었다. 먼저 그들은 개개인에게 부과된 성전세를 냈다. 또 레위 자손을 부양하기 위하여 모세가 정한 십일조와 모든 소득의 첫 열매를 바쳤다. 그러나 레위인을 위한 십일조는 고위 성직자들이 착복하여 치부하였다. 또 유대인들은 가난한 사람들을 위한 십일조도 냈는데, 이것 역시 종종 고위 성직자들이 착복하였다. 이러한 종교적 세금 외에도 로마 황제에게 바치는 세금이나 조공이 추가되었다. 이 세금에는 토지세, 로마의 세무원에게 직접 지불하는 개인세, 유대인 수납원을 통해 바치는 간접세가 포함되어 있었다. 작은 팔레스타인 땅이 여러 징세 지역으로 분할되었고, 경계선마다 세무서 내지 세관이 있었다(참조. 마 9:9; 막 2:14). 세리들의 사무실이 길과 다리와 국경지역과 호숫가 등을 지키면서 각종 사용료와 세금을 거두어들였고, 이 세금은 권력층을 살찌웠다.

농민들의 수입의 약 60퍼센트가 세리와 채권자의 수중으로 들어갔다. 이자가 붙는 금전대여는 율법에 의하여 금지되어 있었지만 세금에 허덕이던 납세자들은 고리대금의 희생물이 되었다. 고리대금업자들은 최저 연리 24퍼센트(월 2부)의 이자를 채무자들에게서 뜯어냈다. 채권자와 때로는 왕까지도 변제능력이 없는 채무자에게 부채가 청산될 때까지 그 자신과 그의 처와 자식 등 그가 가진 모든 것을 팔라고 명령했다. 이리하여 중산층과 소자산층이 사라진 반면, 왕을 중심으로 한 관료들과 성전의 재산은 엄청나게 불어났다. 백성 중 가난한 자들이 절대 다수였다. 가는 곳마다 정신이상이 된 자들(소위 마귀에 걸린 자들)과 병든 자들이 우글거렸다. 집뿐만 아니라 의복마저 저당잡히고 마지막에는 자식들과 함께 고리대금업자의 종이 되어 고엘(희생자의 가장 가까운 친척을 말함)로도 다시 찾을 수 없게 된 과부들도 있었다. 부의 잉여는 모두 지배계층으로, 그리고 예루살렘으로 집중되었다. 도시와 농촌, 부유층과 가난한 대중의 경제적 차이는 도저히 극복할 수 없을 정도로 커졌다. 이리하여 농민들과 도시 빈민들의 반발은 극도로 심화되었다. 크고 작은 반란이 거듭 일어났다. 로마 군인들은 반란자들을 생포하여 십자가에 못 박아 죽이거나 노예로 만들었다. 많은 부인들이 과부가 되었다. 요아힘 예레미아스(Joachim Jeremias)는 당시 이스라엘의 사회 계층을 다음과 같이 기술한다.

a. (1) 사제들
b. (2) 레위인 및 종교 지도층(바리새인, 랍비 등)
c. (3) 이스라엘인(순수한 혈통, 평신도)
d. (4) 사제들의 사생아
   (5) 이방인 개종자들
   (6) 성전 노예의 개종자들
e. (7) 사생아
   (8) 창녀에게서 난 사생자들
   (9) 미아들
   (10) 인위적으로 거세된 자들
f. (11) 자연적으로 거세된 자들
   (12) 성 불구자들

(13) 양성(兩性) 소유자들

x. (14) 이방인, 세리들

참이스라엘은 a-c에 속하는 사람들이었고, d항의 사람들은 이스라엘에 속할 수는 있으나 종교적 지도층은 될 수 없었다. e항의 사람들은 완전하지 못한 계층으로 a-c의 계층과는 어울릴 수 없었다. f항의 사람들에게는 결혼조차 허용되지 않았고, x항의 사람들은 이스라엘의 대열에서 제외되었다. 이런 엄격한 사회 구조 속에서 사람들의 사회적 신분은 출생과 결혼을 통하여 결정되었다.

많은 빈민들은 억압과 소외를 견디지 못하여 도적이 되었다. 그들은 부유한 지주들이나 로마 제국에 의하여 파송된 자들을 공격 목표로 삼았으며, 주로 동굴에 은거하면서 다른 지역의 도적들과 연합 전선을 구성하여 게릴라 전법을 사용하였다. 이러한 도적떼의 두목들은 "왕"으로 자처하였으며, 자기를 "메시아"라고 부르는 자도 있었다(참조. 요세푸스, 『유대전쟁사』, 제1권).

III

예수 당시의 종교적 상황[1]

1. 배타적 유일신 신앙

기원전 587년 유대인들은 나라를 잃었다. 그들의 나라는 바빌로니아의 식민지가 되었고, 지도자들은 포로가 되어 바빌로니아로 끌려갔다. 예루살렘 성전은 파괴되었다. 예언자들과 지도자들은 이러한 그들의 재난이 야웨 하나님의 약함을 뜻하는 것이 아니라, 자기 백성의 불순종에 대한 그의 심판의 수단이라 선언하였다. 하나님은 이스라엘이 자신의 명령에 순종하지 않으면 결국 망하게 되리라는 것을 아모스, 호세아, 이사야, 예레미야 등과 같은 예언자들을 통하여 미리 경고하였다. 이스라엘의 멸망과 포로생활은 이 예언이 진리임을 입증하였다. 반면 제2이사야는(사 40-66장) 바빌로니아를 물리치고 패권을 장악한 페르시아의 키루스가 유대인에게 귀향을 허락한 것은 자기 백성에 대한 하나님의 변함없는 관심과 사랑의 징표라고 선언하였다. 이스라엘을 선택한 야웨 하나님만이 참된 신이

---

1) 아래 내용은 "예수 당시의 정치, 경제, 사회적 상황"에서 다룬 문헌에 의존함.

시고 온 우주의 유일한 주권자임을 바빌로니아 포로기의 예언자들은 담대히 외쳤다. 야웨 외에 다른 신은 없다. "나는 시작이요 마감이다. 나밖에 다른 신이 없다. 누가 나처럼 선언할 수 있으며, 미래를 예고할 수 있느냐? …"(사 44:6-7)

온 우주의 주권자 야웨 하나님은 왜 자기 백성에게 불행이 닥치는 것을 허용했는가? 그것은 야웨 하나님의 무력함 때문이 아니라 이스라엘의 불순종 때문이라고 답변되었다. 더 구체적으로 말한다면, "첫째, 유대인은 야웨만을 섬기지 않고 우상숭배에 빠졌으며 이방 신들을 섬겼다. 둘째, 그들은 야웨를 순결한 가운데 예배하지 않고 온갖 종류의 이방적 관행으로 예배를 타락시켰다. 셋째, 그들은 야웨가 그들에게 준 도덕적·제의적 계명을 지키지 않았다. 따라서 하나님은 그들을 정화하기 위해 포로로 보냈다는 것이다."[2]

이러한 반성과 함께 포로생활에서 돌아온 유대인들은 배타적 유대주의를 주장하기 시작하였다. 그들은 성전을 재건하고 율법을 강화하였다. 이로써 그들은 이스라엘 민족의 정신적 기초를 회복한 셈이다. 그들은 야웨 하나님만이 참된 신이요, 자신들은 야웨 하나님의 선택된 백성으로서 다른 모든 백성들과 구별된다고 확신하였다. 따라서 그들은 다른 신을 섬겨서는 안 되며, 외국인과 결혼해서도 안 된다고 가르쳤다. 에스라서와 느헤미야서는 이러한 배타주의의 형성 과정을 보여주고 있는데, 이미 이방인과 결혼한 사람은 민족의 "배신자"로 간주하고(스 10:10), 이방인 배우자와 이혼하고 그를 이스라엘 공동체에서 추방하라고 명령하였다. 안식일에 일하는 것이 철저히 금지되었다. 안식일은 평일과 구별되는 야웨의 날이라 생각하였기 때문이다. 이러한 배타주의는 하나님에 대한 유대인들의 철저한 신앙이 필연적으로 초래한 귀결이었으며, 그것은 이방인을 조롱하고 증오하는 구실로까지 발전될 수 있었다. 예수가 생존하던 시대에 이르기까지

---

2) H. C. Kee, 『신약성서 이해』, p. 68.

유대인들이 그리스-로마의 헬레니즘화와 로마 황제의 통치를 끝까지 거부하였던 이유는 야웨 하나님에 대한 그들의 배타적 신앙에 있었다.

2. 율법과 성전

예수 당시 유대인 사회는 여러 종파로 구성되어 있었다. 그러나 어떤 종파에 속하든 모든 유대인이 공유하고 있었던 것은 율법이었다. 율법은 하나님의 계약의 백성으로서 그들의 정체성을 구성하는 핵심적 요소였다. 율법(law)은 히브리어 토라(Torah)에 대한 적절한 번역어가 아니다. 그것은 계약의 백성에 대한 하나님의 "가르침"이란 뜻으로, 구약에 포함된 모든 책을 가리키는 포괄적인 용어다. 그러나 좁은 의미의 토라는 오경(구약성서의 처음 다섯 권의 책)을 가리키며, 더 구체적으로 그것은 오경에 기록된 하나님의 계명을 가리킨다.

　율법은 선택된 백성에 대한 하나님의 표명이었다. 그러므로 율법은 유대인에게 공통의 신앙과 행위의 기반을 제공해주었으며, 그들이 어디에 있든 그들을 결속시키는 내적 지주(支柱)가 되었다. 율법을 지키는 데 구원의 길이 있었다. 따라서 율법에 대한 지식은 그들에게 필수적인 것이었다. 그들은 율법으로써 일상생활의 모든 것을 규정하고자 하였다. 그러나 오경의 613가지 율법으로 일상생활의 모든 것을 규정한다는 것은 불가능하였다. 따라서 율법의 의미를 해석하는 일과 그것을 해석할 수 있는 권위자가 필요하였다. 포로기 이후의 초기에는 학식 있는 제사장들이 그 일에 적합한 권위자로 간주되었다. 기원전 3세기 말에는 평신도 가운데 학식 있는 사람들에게 토라의 문서들을 보존하고 그것을 공식적으로 해석할 수 있는 권한과 책임이 부여되었다. 여기에서 서기관과 율법학자들의 계층이 형성된 것으로 보인다. 그 당시 하나님은 더 이상 예언자들을 통하여 자신의 뜻을 계시하지 않는다는 생각이 널리 유포되어 있었다. 그의 뜻은 율법에 충분히 담겨져 있다고 믿었다. 그러므로 율법에 담겨져 있는 하나님의 뜻을 이해하고 해석하는 일이 서기관 내지 율법학자에게 위임된 것으로 간주되었으며, 이들은 자연히 스스로를 예언자의 계승자로 생각하였다.[3] 율법을 가르치고 전달하는 주요 기관은 회당이었다. 예수 당시 유대인들은 오경에 기록된 율법 외에 그것의 해석, 곧 할라카(Hallacha)도 오경의 율법과 동등한 권위를 가진 것으로 가르쳤다.

율법과 함께 이스라엘 민족의 정신적 구심점을 형성한 것은 예루살렘 성전이었다. 그것은 야웨의 "집"이었다. 디아스포라 유대인들은 해마다 성전으로 헌금을 보냈으며, 대다수 유대인은 일생에 한 번이라도 예루살렘 성전을 순례하고 싶은 희망을 가지고 있었다. 키(Kee) 교수에 의하면, "예배의 중심은 희생제물의 봉헌으로 이루어져 있었다. 제물은 매일 아침저녁으로 바쳐졌으며, 특별한 절기에는 특별한 제물이 바쳐졌고 제사 의식도 훨씬 복잡했다. 각 개인이 바치는 제물이 매일 줄을 이었기 때문에 토라가 요구하는 수많은 제물이 빠짐없이 다 바쳐졌다. 성전 지역은 제물을 바치는 제사장과 일반인, 희생에 쓰일 짐승과 그것을 파는 사람들로 늘 붐볐다."[4] 게다가 제사장들은 로마 황제의 초상이 새겨져 있는 로마 제국의 동전을 성전 안에서 사용하는 것을 금지하고 유대인 전용 동전만 사용할 것을 명령하였다. 그러므로 성전에는 언제나 환전상들이 나와 있었다. 예수 당시 제사용 헌물을 파는 상인들과 환전상들은 몇 배의 이익을 취하였으며, 그 이익 중 상당 부분은 제사장들과 레위인에게 뇌물로 바쳐졌다.

아론의 자손만이 제사장이 될 수 있었다. 레위 자손은 제사장들을 수행하고 보조하는 역할을 담당하였다. 제사장과 레위인은 평신도가 바치는 제물에 의지하여 살도록 율법은 규정하고 있었다. 대제사장은 먼저 이스라엘의 종교적 대표자였다. 그는 속죄일에 유대인의 대표로서 하나님 자

---

3) Ibid, p. 74.
4) Ibid, p. 77.

신이 임재하는 지성소에 들어갔다. 거기서 그는 백성이 그해에 저지른 모든 죄를 속죄하기 위해 희생제물을 바쳤으며, 이에 대한 응답으로 유대인에 대한 하나님의 계속적인 임재와 자비를 선포하였다. 이와 동시에 대제사장은 이스라엘의 정치적 대표자였다. 그는 이스라엘 민족의 명목상의 수장으로(실질적 수장은 로마 황제였다), 산헤드린의 의장이었다. 산헤드린은 로마에 대한 반역죄 등 중범죄에 대한 판결을 제외한 유대인의 자율적 통치기관이었다. 유대인은 세속법과 종교법을 구별하지 않았기 때문에, 산헤드린은 이스라엘 민족의 일상생활의 거의 전 부분을 통제할 수 있었다. 이러한 산헤드린의 의장인 대제사장은 유대인 사회에서 상당한 권한과 특권을 누릴 수 있었다. 그러나 대제사장은 예외 없이 부유한 귀족 가문 출신이었고 지배세력과 타협하였기 때문에, 일반 대중에게는 미움과 증오의 대상이었다.

3. 사두개파

예수가 생존하던 당시 유대사회를 지배하고 있던 일군의 사람들은 사두개파였다. 사두개라는 명칭은 솔로몬 왕에 의하여 대제사장으로 임명되었던 사독으로부터 유래함이 거의 확실하다(참조. 왕상 2:35). 에스겔 40-48장에 의하면, 사독의 후손들이 제사장의 직분을 감당하도록 규정되어 있다(참조. 겔 40:46; 43:19; 44:15; 48:11). 이에 근거하여 사독의 후손들은 포로기 이후 유대교의 형성에 중요한 역할을 담당하였으며, 법적 정당성을 부여받은 제사장으로서 성전의 제사를 집행하였다.

하스몬 왕가가 대제사장의 직분을 겸하고 있을 때, 이 왕가는 예루살렘에 있는 제사장들의 협조를 구하지 않을 수 없었다. 이때 일군의 제사장들은 하스몬 왕가의 요구에 응하여 그에게 협조하고 사회적 지위와 정치적 영향력을 행사하였던 반면, 다른 일군의 제사장들은 하스몬 왕가의 유혹을 거부하고 끝까지 율법에 충성할 것을 맹세하였다. 이 의로운 제사장들 가운데 일부는 예루살렘 성전을 버리고 사해 서쪽에 은거하면서 메시아를 기다리고 있었다.

복음서에 나오는 사두개인들은 하스몬 왕가에 협조한 제사장들의 자손들이다. 부유하고 귀족적인 제사장 가문 출신인 사두개파 사람들은 현실주의자요 타협주의자였다. 그들은 정치적 상황에 잘 적응함으로써 사회적 지위와 부를 누릴 수 있었다. 하스몬 왕가에 속한 살로메 알렉산드라가 바리새파의 서기관들도 산헤드린의 회원이 될 수 있도록 허용함으로써 사두개파의 세력이 약화되었다. 그렇지만 사두개파가 산헤드린의 다수를 차지하였다. 산헤드린의 최고의장인 대제사장은 사두개파 사람이었다. 그러므로 사두개파 사람들은 상당한 정치적 영향력을 행사할 수 있었다. 이스라엘 내부의 정치권력은 사실상 그들의 손에 있었다. 그들은 예루살렘 성전을 중심으로 구성된 제사권을 장악하면서 외세와 영합하고, 정치권력자의 편에 서서 민중을 억압하는 일에 동조하는 동시에 로마 제국의 그리스화 정책에 협조하였다. 그러나 상황에 따라 그들은 로마와 싸울 수도 있었다. 로마의 정치권력이 대제사장의 임무를 조종하거나 성전의 보물을 약탈할 때, 그들은 로마에 저항하기도 하였다.

사두개파는 율법의 글자 자체의 뜻을 고집하였고, 바리새파가 높이 평가하는 구전(oral tradition)을 율법과 같은 위치에 두는 것을 반대하였다. 그들의 냉철한 사고는 천사와 사탄의 존재를 허용하지 않았다(행 23:8). 그들은 "최후의 심판" 때 일어날 죽은 자들의 부활도 믿지 않았다(막 12:18). 그들은 바리새파보다 더 엄격하게 안식일을 지킬 것을 주장하였다. 그들은 모든 정치권력자들을 인정하였으며, 로마에 대한 유대인들의 적개심을 완화하려고 노력하였다. 그러므로 그들은 열심당원들의 적이었을 뿐 아니라, 마음속으로 외세를 거부하는 바리새파 사람들과도 긴장 관계에 있었다. 기원후 66년 반로마 혁명이 일어났을 때, 그들은 혁명을 무마시키려고 했으나 실패하고 말았다. 예루살렘 도시와 성전이 파괴될 때 그들도 죽임을 당하였다. 사두개파의 소멸은 그들의 경쟁자였던 바리새파의 승리를 뜻하였다. 이 재난에서 살아남은 바리새파 사람들이 제1차 반로마 혁명 이후 유대교 공동체를 회복하는 데 기여하였다.

4. 바리새파

"바리새"라는 말은 히브리어 "페루쉼"(*peruschim*), 아람어로 "페리샤야" (*perischajja*) 곧 "구별된 자"를 뜻한다. 바리새파 운동은 마카비 혁명으로 거슬러 올라간다. 마카비 일가가 그리스계 시리아 왕가에 맞서 혁명을 일으켰을 때, 율법에 충성하는 "경건한 자들" 곧 "하시딤"이 혁명에 가담하였다. 그들이 혁명에 가담한 것은 정치적 권력을 얻고자 함이 아니라, 하나님의 율법을 지키기 위해서였다. 그러나 마카비 일가가 하스몬 왕가를 세우고 정권에 눈이 어두워져 대제사장의 직분까지 찬탈했을 때, 하시딤 일파는 하스몬 왕가에 대한 협조를 거부하였다. 특히 하스몬 왕가의 마지막 왕녀 마리암네가 로마 황제가 팔레스타인 지역의 왕으로 임명한 헤롯과 결혼하자, 그들은 하스몬 왕가와 결별하였다. 이때 세속을 등지고 은둔의 길을 택한 사람들이 에세네파이고, 세속 안에 살면서 경건과 기도와 금식을 통하여 하나님의 새로운 대변혁을 준비하려는 사람들이 바리새파였다. 그들은 무력을 통하여 정치적 상황을 변화시키려는 일을 포기하였다. 그러므로 그들은 열심당과의 관계를 끊었다.

바리새파는 율법을 정확하게 지키고자 하였다. 그들은 특히 정결과 십일조의 계명을 엄격하게 지키고자 하였다. 부정한 것과 접촉하였거나 신체에서 부정한 것이 유출된 사람은 종교적 정결을 상실하였으므로, 정결의 목욕을 하거나 일정한 기간을 기다려야 했다. 그들은 식사기도를 드리는 손을 정결케 하기 위하여 식사시간마다 손을 씻었다(참조. 막 7:3 이하). 그들은 사람의 정결뿐 아니라 식사에 사용하는 그릇의 정결에도 유의하였다. 쥐가 접시로 지나가거나 생선 뼈 하나가 그릇에 떨어져도 부정하다고 생각하였다. 그러므로 잔과 접시도 정결하게 유지되어야 했다(참조. 마 23:25 이하). 또한 레위인이 먹고 살도록 하기 위하여 모든 소득의 십분의 일을 바쳐야 한다는 십일조 계명을 글자 그대로 지키고자 하였다. 그래서 바리새인들은 땅에서 나는 소산물은 물론 돈을 주고 사는 물건의 십분의 일도 바쳐야 하며, 조미료와 채소의 십분의 일도 바쳐야 한다고 주장하였다.

그들은 매주 두 번, 곧 월요일과 목요일에 자발적으로 금식하였으며, 구제금을 희사하였으며, 하루에 세 번씩 기도시간을 엄수했다. 길을 가다가 기도시간이 되면, 길가에서 몸을 예루살렘 성전 쪽으로 돌리고 기도하였다. 죄가 무엇인가를 자세하게 규정하고 이를 지키고자 하였다. 예를 들어 안식일에 얼마나 먼 길을 가도 좋은가, 무엇을 운반해도 좋은가, 무슨 일을 할 수 있으며 해서는 안 되는 일은 무엇인가, 안식일에 결혼식을 집행할 수 있는가, 안식일에 낳은 달걀을 먹어도 좋은가, 손을 어떻게 씻어야 하는가 등을 규정하고 이를 철저하게 지키고자 하였다. 이러한 바리새파의 모습을 복음서는 다음과 같이 보도한다. "저는 일주일에 두 번이나 단식하고 모든 수입의 십분의 일을 바칩니다"(눅 18:12). 이와 같이 바리새파는 소위 경건한 생활을 하려고 노력하는 반면, 그들과 같이 행동하지 않는 사람들을 구별하고 그들을 죄인으로 간주하였다. 그러나 일상생활에 바쁜 일반 서민들이 구약의 율법은 물론 율법의 해석(Hallacha)까지 외우고 그것을 지킨다는 것은 불가능하였다. 이리하여 율법을 지키지 않는 "죄인들", "율법 없는 자들"이 양산되었다. 그 당시 "죄인"이란 율법을 지키지 않는 사람들은 물론, 율법과 마찰을 일으키는 직업에 종사하는 사람들을 가리켰다. 세리와 창녀들도 죄인에 속하였다. 질병은 죄의 결과로 생각되었기 때문에, 병자와 장애인들도 죄인으로 분류되었다. 이러한 죄인들과 바리새파 사람들이 한 식탁에 앉아 음식을 나눈다는 것은 불가능하였다(막 2:14-17). 바리새파는 이러한 사람들과의 모든 접촉을 피하였다.

바리새파에는 소수의 제사장도 있었지만, 도시와 시골에 사는 농민들,

상인들, 수공업자들도 있었다. 서기관과 회당장의 대다수는 바리새파 사람들이었다. 정결에 관한 계명을 보다 더 철저히 지키기 위하여 그들은 함께 모여 식사를 하였다(참조. 눅 7:36; 11:37 이하). 십일조 규정을 정확하게 지키기 위하여 그들은 회원 상호 간에 물건을 사고팔았다. 요세푸스에 의하면, 그 당시 바리새파의 수는 약 6,000명이었다(*Jüdische Altertümer* XVIII, 42). 그들은 메시아의 오심과 죽은 자의 부활을 믿었다. 메시아는 다윗의 아들일 것이라고 믿었다. 그들은 다른 사람의 무거운 짐을 날라준다든지, 남의 집 장작을 쪼개어주는 등 선한 일을 하였다. 이는 그들의 죄를 상쇄받고 의를 얻기 위함이었다.

5. 열심당원

기원후 6년에 유대지역의 분봉왕 아르켈라오스가 로마 황제에 의하여 직위를 잃고 갈리아 지역으로 유배되었다. 로마 총독이 유대지역의 통치자로 파견되었다. 로마 총독은 세금 징수를 위하여 유대지역의 모든 주민에게 호적 등록을 하라고 명령하였다. 이에 대하여 율법에 "열심 있는 자들"(그리스어로 *Zeloten*), 곧 열심당원들은 분개하면서 저항하였다. 일군의 바리새파 사람들은 정치적 행동은 하지 않았으나 율법에 대한 열심 때문에 로마 총독에 대한 복종을 거부하였다. 열심당원들은 모든 이론에 있어 바리새파와 일치하였다. 그러나 그들은 "철저히 자유를 지켜야 하며 하나님만을 그들의 주와 왕으로 인정해야" 한다고 주장하였다. 로마 황제를 주로 인정하며 그에게 세금을 바치는 것은, 하나님만을 섬겨야 한다는 제1계명을 어기는 것으로 간주되었다.

그러므로 열심당원 곧 "젤로테스"는 로마 황제의 통치에 복종하고 그를 퀴리오스(주)라고 부르는 것을 거절하였다. 그들은 바리새파처럼 메시아의 구원을 기다릴 수 없었다. 오히려 그들은 폭력을 불사하는 적극적 행동을 통해 역사를 변혁시켜야 한다고 확신하였다. 그들은 언제나 품에 예리한 단검을 숨기고 다니면서 로마 군인이나 매국노를 찔러 죽이기도 하였다. 그들은 단검(라틴어로 *sica*)을 지니고 다녔으므로, 로마인들은 그들을 "시카리"(Sikarier)라 불렀다. 갈릴리 사람 유다가 예수가 태어난 직후 열심당을 세운 것으로 보인다(참조. 행 5:37). 로마 점령군에 대하여 그들이 공개적으로 대항한다는 것은 현실적으로 불가능하였다. 그러므로 그들은 로마 군대가 공격하기 어려운 유대 광야에 은신처를 정하고 산발적으로 로마 점령군에 대항하였다. 또한 로마에 협력하는 자들을 증오하고 끊임없이 민란을 꾀하였다. 로마 점령군에게 그들은 도적이나 노상강도로 보였을 것이다. 그러나 서민층 유대인들에게서 그들은 점점 더 큰 지지를 얻었다.

기원후 66년의 제1차 반로마 혁명의 주동자들은 열심당원이었다. 5년이나 계속된 반란은 기원후 70년 8월 로마 제국의 티투스 장군에 의하여 진압되었다. 예루살렘 도시와 성전(두 번째 성전)이 불에 타 훼파되었다. 이때 끝까지 저항하던 약 960명의 유대인들의 대부분은 열심당원이었다. 그들은 예루살렘을 빠져나와 유대 광야에 있는 마사다 요새(정상 부분의 크기는 길이가 약 600m, 가운데 폭은 약 250m)로 피신하였다. 엘레아자르 벤 야일(Eleazar ben Yair)을 지도자로 하는 이들은 마사다 요새에 올라가 진을 치고 저항을 계속하였다. 로마 제국의 실바(Silva)장군이 이끄는 제10군단은 험준한 지형 때문에 마사다 요새를 쉽게 함락시킬 수 없었다. 3년간의 포위공격 끝에 마사다 정상까지 이르는 토담 경사로를 만들어 기원후 73년 5월 로마 군대가 마사다 요새 안으로 진격했을 때, 그들은 놀랍게도 아무런 저항도 받지 않았다. 요새 안에는 무서운 정적만이 감돌고 있었다. 요새에서 저항하던 960명의 유대인들은 로마 군대가 진격하기 전, 모두 자결하였던 것이다. 요세푸스는 다음과 같이 증언한다.

로마 군대가 마사다 성벽을 부수기 시작한 날 밤, 유대인 지도자 벤 야일은 960여 명의 동지들을 모아놓고 마지막 연설을 했다. 비굴한 항복이냐, 로마인의 칼에 의한 죽음이냐. 벤 야일은 제3의 선택을 제시했다. 자유인으로서 죽음을 택하는 것이었다. 먼저 그들은 모든 소유물을 한데 모아 불살랐다. 그리고 남자들에게 가족 중 여자와 어린아이들의 목숨을 끊게 했다. 남자들만 남게 되었다. 그들은 열 사람을 뽑아 나머지 남자들을 죽이게 했다. 뽑히지 못한 남자들은 이미 죽은 부인과 아이들을 끌어안고 목을 내밀었다. 열 사람만 남게 되자 그들은 다시 제비를 뽑아 한 사람을 골랐다. 마지막 사람은 다른 아홉 명을 죽인 뒤 칼에 엎드려 자결했다.

요세푸스의 기록은 이렇게 계속된다.

로마 군대가 마사다를 함락시켰을 때, 동굴 속에 숨어 있던 두 명의 여자와 다섯 명의 어린이를 발견했다. 죽음을 피해 살아남은 마사다 최후의 증인들이었다.[5]

6. 에세네파

요세푸스는 사두개인들과 바리새인들 외에 당시 제3의 그룹으로서 에세네파가 이스라엘 사회 안에 있었다고 말한다. 사두개파와 바리새파의 이름은 복음서에 나타나지만, 에세네파의 이름은 복음서에 전혀 나타나지 않는다. 그러나 알렉산드리아의 필론(Philo)과 요세푸스의 저서에서(*Jüdischer Krieg* II, 119-161, *Jüdische Altertümer* XVII) 우리는 에세네파에 대한 자료를 얻을 수 있다. 에세네라는 이름은 아람어 "하사야"(*hasayya*), 곧 "경건한 자"에서 유래한 것으로 보인다. 에세네파도 바리새파와 같이 하시딤의 후예들이다. 그런데 하시딤이 하스몬 왕가를 떠날 때, 바리새파는 세속 안에 살면서

---

5) 박준서, 『성지순례』, 1992, p. 93에서 인용함.

세속의 개혁을 통하여 이스라엘의 구원을 꾀하였던 반면, 에세네파는 보다 더 강경한 입장을 취하였다. 에세네파는 세속과의 관계를 피하면서 경건한 생활을 하고자 하였다. 필론과 요세푸스의 기록에 의하면 그 당시 약 4,000명의 에세네파 사람들이 있었다고 한다. 그들은 주로 작은 마을에 모여 공동생활을 하였다. 그들은 모든 재산을 공동체에 바치고 공동체가 나누어주는 것으로 생활하였다. 그들은 결혼하지 않았으며 여자들과의 관계를 피하였다. 반면 결혼한 에세네파 사람들도 있었다. 그러나 그들의 결혼은 후손의 존속을 위한 것이었다. 임산부의 임신기간 동안 성관계는 엄격히 금지되었다. 공동체에 입단하고 싶은 사람은 먼저 1년간의 시험기간을 거쳐야 했고, 2년 후에야 정식 멤버가 되어 공동식사에 참여할 수 있었다.

그들의 하루 일과는 아침기도회로 시작되었다. 오전에는 들에서 노동을 하였고, 점심때가 되면 모두 찬물로 몸을 씻고 흰옷을 갈아입은 후 식당에서 함께 식사하였다. 오후에도 들에서 저녁때까지 노동하였다. 그들은 굶주림을 피할 만큼만 먹었다. 함께 모여 있을 때에는 침묵을 지켜야 했고, 말을 할 때에는 반드시 한 사람씩 말하도록 규정되어 있었다. 에세네파의 회원은 불의한 자를 증오하고 의로운 자의 편에 서야 했다. 또한 상급자에게 무조건 복종해야 했다. 안식일 계명들과 정결에 관한 계명들이 엄격하게 준수되었다. 계명을 어긴 자는 벌을 받았고, 중요한 계명을 어긴 자는 공동체에서 추방되었다. 그들의 신앙에 의하면 인간의 영혼은 하늘로부터 온다. 인간의 육체는 영혼이 그 안에 갇혀 있는 감옥이다. 인간이 죽을 때 영혼은 음부로 내려간다. 에세네파의 중심지는 사해 언덕에 있었다. 일부 에세네파 사람들은 반로마 혁명에 가담하였고 생포되어 죽음의 고문을 당하였다. 그러나 그들은 죽음을 두려워하지 않고 의연히 죽음을 맞이했다(Josephus, *Jüdischer Krieg* II, 152f.). 제1차 반로마 혁명의 실패와 함께 에세네파도 사라지고 말았다. 쿰란 문서에 에세네파라는 이름이 아무 데도 기록되어 있지는 않지만 쿰란 공동체가 에세네파의 중심지라는 의견이 지배적이다.

7. 쿰란 공동체

쿰란은 사해 서북쪽에 위치한 고원지대로서, 예수 당시 이 지역에 은둔하면서 공동생활을 하고 있었던 유대인들의 집단을 가리켜 우리는 쿰란 공동체라 부른다. 유대인의 제1차 반로마 혁명 때에 로마의 베스파시아누스 황제의 제10군단이 사해에까지 진군하였고, 이때 쿰란의 수도사들은 끝까지 저항하다가 전부 몰살된 것으로 보인다. 그러나 몰살당하기 직전 그들이 동굴에 숨겨둔 문헌들이 1947년 한 아랍인 목자에 의하여 우연히 발견되었다. 이 문헌이 그 유명한 쿰란 사본 혹은 쿰란 문헌이다. 이 지역에서 발굴된 동전을 감식한 결과, 쿰란 공동체는 기원전 약 150-140년에 세워졌으며, 동전이 심하게 불에 탄 흔적을 보아 무참히 파괴된 것으로 보인다. 가로 30미터 세로 37미터의 크기를 가진 중심건물, 함께 식사를 하였던 것으로 보이는 큰 강당, 그릇들, 서재실, 작업실, 도서관도 발견되었다. 그러나 침실이 보이지 않는 점으로 보아 수도사들은 그 주변에 널리 퍼져 있는 동굴에서 잠을 잤던 것 같다.

쿰란 공동체의 특징은 대략 다음과 같이 기술될 수 있다.

1) 속세로부터의 도피와 은둔생활: 바리새인들은 속세에 머물면서 이스라엘의 개혁을 꾀하였던 반면, 쿰란의 수도사들은 속세와의 모든 관련을 철저히 끊어버리고 은둔생활을 하였다. 이러한 그들의 모습은 그 당시 널리 유포되어 있었던 묵시사상과 관련되어 있다. 현존하는 세계는 구원의 가능성을 가지고 있지 않다. 그것은 멸망으로 끝날 수밖에 없다. 그러므로 쿰란의 수도사들은 세속을 떠나 은둔생활을 하면서 종말의 구원자를 기다렸다.

2) 빛과 어두움, 진리와 거짓의 이원론: 쿰란 공동체의 신앙에 의하면 하나님은 세계를 창조하실 때 선한 영과 악한 영, 진리의 세력과 거짓의 세력이 있게 하셨다. 역사는 두 영적인 세력 간의 싸움의 과정이다. 쿰란의 수도사들은 진리의 영에 가담하여 거짓의 영을 싸워 이겨야 한다. 각

사람의 삶은 결국 하나님의 인도하에 이루어지지만, 각 사람은 자기의 책임을 다해야 한다. 그는 회개하여 바른 길을 걸어야 하며 하나님의 율법을 지켜야 한다.

3) 엄격한 율법주의: 바리새인들은 율법의 규정들을 현실의 삶에 적용할 수 있도록 해석하고자 했던 반면, 쿰란 공동체는 율법 전부를 조금도 타협 없이 있는 그대로 지키고자 하였다. 이것은 안식일 법에 특히 잘 나타난다. "해가 뜬 다음 햇빛의 지름 길이만큼 햇빛이 문에서 떨어져 비치는 순간부터 일을 해서는 안 된다"(Damaskusschrift X, 15f.). "어리석은 말을 해서는 안 된다." "마을로부터 반팔 천 번의 거리를 나가서는 안 된다"(바리새인들의 규정에 의하면 반팔 이천 번의 거리). "우물이나 구덩이에 빠진 짐승을 건져주어서는 안 된다"(XI, 13f.).

4) 금욕생활: 쿰란의 수도사들은 성관계가 불결하다고 생각하여 일체의 성관계를 피하였으며 따라서 결혼하지 않았다. 또한 개인의 소유는 허용되지 않았다. 그들은 모든 소유를 공동체에 바치고 함께 나누어 사용하였다. 그들은 정기적으로 금식하였다. 쓸데없이 많이 먹는 것도 금지되었다. 배고픔을 해소하는 데 필요한 양의 음식만 먹었다. 반드시 필요하지 않은 말, 예를 들어 농담도 금지되었다. 큰소리로 웃는 것도 금지되었다.

5) 엄격한 계급제도와 상급자에 대한 복종: 어둠의 자녀들과 싸우기 위하여 공동체는 엄격한 계급제도와 질서를 가지고 있었다. 사독의 후손들인 제사장이 가장 윗자리에 있었고 그 아래에 레위인, 그 아래에 평신도 출신의 수도사, 그 아래에 수도사 지망생이 있었다. 공동체에 입단하기 위하여 2년의 시험기간을 거친 다음, 상위급 수도사들이 입단 여부를 결정하였다. 입단하는 사람은 입단식 때에 모세의 율법을 엄격히 지키기로 맹세하였으며 그의 모든 소유를 공동체에 바쳤다. 식사할 때에 제사장들이 상석에 앉도록 규정되어 있었다. 상급자에게 복종하지 않거나 공동체의 규칙을 지키지 않는 사람은 엄한 벌을 받았다. 자기의 소유를 거짓 신고하면 일 년 동안 매 끼니 음식량의 4분의 1을 받지 못했고, 필요 없이 웃

을 벗고 다니면 반년 동안, 어리석은 말을 하면 3개월 동안, 침묵의 시간에 침묵을 지키지 않으면 10일 동안, 회의 시간에 졸거나 크게 웃으면 30일 동안 음식물의 4분의 1을 받지 못했다. 심지어 추방당하는 일도 있었다. 추방당한 자는 공동체의 공동식사에 참여할 수도 없었지만, 바깥 세계로부터 음식물을 얻는 일도 금지되었다. 그것은 세속과의 불결한 접촉을 전제하기 때문이다. 그에게 남은 길은 공동체가 그를 다시 부를 때까지 광야에서 고통스러운 생활을 하거나 아니면 아무런 소유도 없이 다시 속세로 돌아가는 것뿐이었다.

이러한 특징을 가진 쿰란 공동체는 에세네파와 많은 공통점을 가진다. 예를 들어 제사장이 공동체를 지도하며, 제사장적인 정결을 유지하기 위하여 매일 몸을 씻으며, 의로운 자들의 공동체로서 종말의 구원자를 대망하고자 일반 사람들로부터 자신을 분리시키며, 사유재산이 없는 공동체 생활을 하는 것은 쿰란 공동체와 에세네파의 공통 요소다. 그럼에도 "에세네파"라는 이름이 쿰란 사본에 나타나지 않는 이유는, 에세네파라는 명칭이 외부인들로부터 주어진 것이기 때문이라고 볼 수 있다. 여하튼 쿰란 공동체와 에세네파는 자신을 참이스라엘로, 하나님이 그의 비밀을 계시한 거룩한 자 혹은 선택된 자로 이해하였다.

8. 서기관들

서기관들은 모세의 율법을 보존하고 가르치며 실생활에 적용할 수 있도록 설명하는 사람들을 가리키는데, 그 당시 이스라엘 사회에서 매우 중요한 영향력을 행사하였다. 그 당시 율법은 삶의 모든 영역과 관련되어 있었기 때문에, 서기관들은 종교적·신학적 문제뿐만 아니라 법적인 문제들, 예를 들어 결혼과 이혼의 문제, 부동산 매매의 문제에 대하여 답변해야 할 과제를 가지고 있었다. 그들은 율법에 매우 통달하였으므로 현자, 율법교

사 혹은 선생(랍비)이라 불렸다.

서기관의 직책은 세습제가 아니었다. 제사장이나 유력한 가문의 사람들 중에 서기관이 된 사람도 있었지만, 상업이나 수공업에 종사하던 서기관도 있었고 유대교로 개종한 이방인 출신도 있었다. 서기관은 자신의 생업을 통해 먹고살아야 했다. 이러한 시대적 상황 속에서 우리는 천막을 치는 사람으로서 자신의 생계를 유지한 바울의 모습이 그 당시에는 특별한 것이 아니었음을 알 수 있다.

서기관이 되고자 하는 사람은 선배 서기관 밑에서 다른 지원자들과 함께 오랫동안 도제생활을 하면서 율법을 외우고 율법의 해석을 배웠다. 이때 질문과 답변의 방법이 사용되었다. 예를 들어 생도가 선생에게 질문하면, 선생은 학생에게 "너는 율법에서 무엇이라고 읽었느냐?"라고 되묻는다(참조. 눅 10:25, 26). 생도가 자신이 율법에서 읽은 것을 답변하면, 선생은 그의 답변이 옳다고 말한다(참조. 눅 10:27, 28). 생도는 선생에게 계속 질문하여 더욱 깊은 통찰을 얻고자 한다. 마지막으로 생도 자신이 결론에 도달할 수 있도록 하기 위하여 선생이 생도에게 질문을 제기한다(참조. 눅 10:36). 생도가 성공적으로 수학을 끝내었다고 생각될 때, 선생은 그의 머리에 안수함으로써 생도가 선생이 되었음을 선언한다. 이제 그는 "랍비"라는 존칭을 얻으며(마 23:7 이하) 긴 옷을 입고 사람들의 존경과 인사를 받는다(막 12:38). 그는 산헤드린의 회원이 되어 국정에 참여할 수 있다.

예수 당시에 가장 유명한 서기관은 힐렐(Hillel)과 샴마이(Schammai)였다. 바빌로니아의 디아스포라 생활에서 돌아온 힐렐의 가르침은 온건하였던 반면, 샴마이의 가르침은 엄격하였다. 힐렐의 제자 중 한 사람이 가말리엘(Gamaliel)이었고, 바울은 가말리엘의 제자였다(행 22:3). 제1차 반로마 혁명 이후 유대교 공동체를 재건한 주도적 인물은 서기관이었으며, 그중에 랍비 요하난 벤 자카이(R. [Rabbi] Jochanan b. Zakkai)가 가장 유명하다. 기원후 2세기 바르 코크바(Bar Kochba)가 제2차 반로마 혁명을 일으켰을 때, 랍비 아키바(R. Aqiba)는 그를 메시아라고 선언하였다. 그러나 혁명이 실패로 돌아가고 바르 코크바가 살해됨으로 인하여 그의 선언이 잘못이라는 사실이 드러났지만, 그는 여전히 유대인들의 존경을 받았다. 바르 코크바의 죽음과 함께 아키바는 물론 많은 서기관들이 죽음을 당하였다. 그 가운데 유명한 인물은 랍비 이슈마엘(R. Ischmael)이다. 혁명이 실패로 끝나고 유대교 공동체가 산산조각이 났을 때, 랍비 예후다(R. Jehuda)는 율법의 해석들을 정리하는 일에 전력하였다. 이리하여 기원후 2세기 말에 미쉬나(Mischna)가 완성되어 모세의 율법과 함께 유대교 공동체 생활의 규범이 되었다.

9. 묵시사상

지금까지 고찰한 혼란스럽고 괴로운 상황 속에서 유대인들은 하나님의 약속이 언제 성취될 것인가를 질문하지 않을 수 없었다. 하나님의 구원의 약속이 성취되기는 고사하고 오히려 고난이 더욱더 커졌다. 그러므로 그들은 하나님의 약속이 이 세상 안에서는 성취될 수 없고, 이 세상의 종말에 성취될 것이라 믿었다.

본래 묵시사상(Apokalyptik)이란 "아포칼립시스"(apokalypsis), 곧 묵시 혹은 계시를 뜻한다. 그것은 이 세계의 과정이 어떻게 진행될 것인가를 하나님이 주신 꿈이나 환상을 통하여 보게 되었다 하여 묵시사상이라 불린다. 묵시의 내용을 기록한 문헌을 묵시문학이라고 부른다. 그런데 묵시를 받은 사람들은 그 내용을 자기 이름으로 기록하여 남기지 않고, 마치 에녹, 아브라함, 야곱과 그의 아들들, 모세, 예레미야의 서기 바룩, 다니엘, 에스라 등 위대한 신앙의 인물들이 묵시를 받은 것처럼 기록한다. 그 가운데 중요한 몇 가지를 열거한다면, 에디오피아어와 슬라브어로 기록된 「에녹의 묵시록」, 라틴어로 남겨진 「모세의 승천」, 시리아어로 남겨진 「바룩의 묵시록」, 「12족장의 유언」, 쿰란 문서 등이 있다. 그런데 예수가 사망하고 부활한 후에 생성된 그리스도인들이 묵시사상을 받아들이고, 예수가 묵시사상이 기다리는 메시아라고 주장하였다. 이러한 그리스도인들로부터 자신을 구분하고자 한 유대교는 묵시문학을 포기하였다. 유대교 회당은 그리스도인들이 읽는 묵시문학서를 아예 없애버렸다. 그리하여 극히 일부의 묵시문학서만이 히브리어로 남게 되었고, 대부분의 묵시문학서들은 그리스도인들이 속한 지역의 언어로 번역되어 전승되었다. 이러한 묵시문학서들의 주요 내용을 우리는 다음과 같이 기술할 수 있다.[6]

1) 묵시사상은 이원론적 역사 이해를 가지고 있다. 이원론적 역사 이해는 두 에온(Aeon), 곧 두 시대에 대한 신앙과 결합되어 있다. 하나님은 두 시대를 지으셨다(제4에스드라 7:50). 이 시대는 악한 영이 다스린다. 그러므로 그것은 죄악으로 끝날 수밖에 없고, 따라서 그것은 구원받을 수 있는 가능성을 전혀 가지고 있지 않다. 이 시대의 종말이 가까우면, 무서운 병들이 사람들을 휩쓸 것이며, 어린아이들이 노년의 흰 머리카락을 갖고 태어날 것이다. 기형아가 태어날 것이며 여자들은 아이를 낳지 못하게 될 것이다. 땅은 더 이상 열매를 맺지 않을 것이며, 비가 내리지 않아 땅이 메마를 것이다. 민족과 민족이 대항하여 싸울 것이며, 부모와 자식이, 형제와 형제가 서로 싸울 것이다. 그리하여 이 땅 어디에도 평화가 없을 것이다. 홍수, 전염병 등 천재지변이 일어날 것이며, 별들도 규칙적으로 움직이지 않고 그 궤도를 이탈할 것이다. 이와 같이 이 세대가 멸망으로 끝날 때, 하나님이 다스리는 새로운 세대가 올 것이다.

2) 묵시사상은 비관론적이고 결정론적인 세계관을 가지고 있다. 이 시대의 세계는 도저히 구원받을 수 없다. 시간이 가면 갈수록 인간은 더욱더 악하게 될 것이며, 죄악이 세상에 가득할 것이다. 이 시대의 운명은 고통과 멸망으로 결정되어 있다. 그러므로 예언자들은 이스라엘 백성의 회개를 열렬히 요구했던 반면, 묵시사상가들은 회개를 별로 요구하지 않는다.

---

6) 김균진, "구약성서의 역사이해", in : 『헤겔철학과 현대신학』, 1980, p. 320ff.

구원을 받을 의로운 사람과 멸망을 받을 불의한 사람이 미리 결정되어 있기 때문이다.

3) 묵시사상은 메시아의 오심과 최후 심판을 믿는다. 이 시대의 마지막에 메시아가 하늘로부터 오실 것이다. 그는 그 당시 살아 있는 사람들뿐만 아니라 이미 죽은 사람들까지 무덤에서 부활시킬 것이다(죽은 자들의 부활은 이러한 묵시사상으로부터 유래함). 그러므로 죽은 사람들도 하나님의 정의로운 심판을 벗어나지 못할 것이다. 하나님의 정의 앞에는 아무런 한계도 없을 것이다. 이 세상에 오신 메시아는 인간의 행위에 따라 "최후의 심판"을 내릴 것이다. 의롭다고 판단되는 자는 하나님 나라의 영원한 생명을 얻는 반면, 불의하다고 판단되는 자는 영원한 지옥으로 갈 것이다.

4) 묵시사상은 최후의 심판 다음에 올 영원한 하나님 나라를 믿는다. 죄악과 고통으로 가득한 이 시대의 세계가 최후의 심판과 함께 끝난 다음 하나님 나라가 올 것이다. 하나님의 정의와 평화가 다스리는 세계, 하나님의 영광이 모든 피조물 안에 나타나는 새로운 시대가 올 것이다. 이스라엘 민족은 정치적 억압과 고통에서 해방될 것이다.

5) 시간의 수를 계산하는 것이 묵시사상이 가진 또 하나의 특징이다. 하나님이 경건한 자들에게 역사의 과정의 시간을 가르쳐주셨기 때문이다. 예를 들어 6,000년 후에 안식일이 올 것인데, 이 안식일은 천 년 동안 계속될 것이다. 하나님의 백성에 대한 억압은 7의 절반인 3.5년간 계속될 것이다.

6) 하나님의 구원을 이 시대의 역사 내에서 기대하지 않고 이 시대의 역사 밖에서, 이 시대의 역사가 끝난 다음에 기다리는 것도 묵시사상의 특징이다. 이것은 구약성서의 전통적인 역사이해와 상치된다. 구약성서의 전통적인 역사이해는 하나님의 구원이 이 시대의 역사 안에서 일어날 것이라고 믿는다.

7) 묵시사상은 악한 영이 이 시대의 역사를 지배한다고 믿지만, 그럼에도 하나님이 역사의 주(主)이심을 믿는다. 하나님은 이스라엘 민족의 하나님인 동시에 온 세계의 하나님이다. 그는 온 세계의 창조주다. 악한 영

도 하나님의 허락과 계획하에서 움직인다. 그것은 하나님과 대등한 존재가 아니라 하나님의 권능 아래 있는 존재다. 이 시대는 물론 장차 올 시대도 하나님이 정하신 것이다. 하나님이 역사의 주님이며 섭리자다.

8) 이러한 생각과 함께 묵시사상은 유대교의 민족주의적 한계를 깨뜨려버린다. 하나님이 온 세계의 주님이면, 하나님의 구원은 이스라엘 민족에게 제한될 수 없다. 이스라엘이 모든 민족의 중심이 된다는 생각도 그 근거를 상실한다. 하나님의 궁극적 목적은 이스라엘 민족의 구원에 있는 것이 아니라, 이를 넘어서서 온 세계와 모든 민족의 구원에 있다. 묵시사상의 이러한 생각과 함께 이스라엘의 배타적 선민사상은 근거를 상실한다.

제2부

메시아 예수의 오심과 그의 인격

예수는 이스라엘이 기다리던 하나님의 메시아로 오셨다. 그러므로 예수의 탄생에 대한 복음서의 모든 이야기들은 메시아적 관점에서 파악되어야 할 것이다. 그렇지 않을 경우, 이 이야기들은 성서의 의도와 관계없는 고대인들의 신화나 목가적 전설로 들릴 것이다. 그러나 예수의 메시아적 인격은 처음부터 고정된 것이 아니라 "사회적 관계 속에서 그의 정체성에 이르는 되어감(Werden) 속에" 있으며, 십자가의 죽음을 통하여 증명될 수 있었다. 십자가의 죽음에 이르는 그의 "메시아적 삶"이 그의 "메시아적 존재"를 증명한다.

IV

하나님 나라의 담지자
메시아 예수의 오심

모든 사물은 처음부터 완성되어 있지 않다. 그것은 새로운 가능성과 잠재성과 함께 미래를 향하여 열려 있다. 고정되어 있는 것은 아무것도 없다. 모든 것은 유동적인 상태에 있다. 과거의 일도 마찬가지다. 과거의 일은 이미 다 결정된 것으로 보이지만, 그것은 우리 인간이 아직 인식하지 못한 그 자신의 새로운 가능성과 잠재성을 가지고 있다. 우리 인간은 과거에 일어난 일의 한 단면을 알 뿐이다. 따라서 과거의 일은 언제나 새롭게 보일 수 있고, 새롭게 인식될 수 있으며, 새롭게 해석될 수 있다. 그러므로 과거의 역사는 언제나 새롭게 해석되고 기술되어야 한다.

예수의 존재와 사건도 마찬가지다. 그의 역사적 존재와 사건은 과거에 속한다. 그러나 그것은 우리 인간이 아직 인식하지 못한 새로운 가능성과 잠재성과 함께 미래를 향하여 열려 있다. 그의 존재와 사건은 고정된 것이 아니라 되어감(becoming) 속에 있다. 그러므로 그의 존재와 사건도 언제나 새롭게 해석되어야 하고 기술되어야 한다.

이것은 이미 예수의 탄생에 대한 신약성서의 이야기 속에 일어나고 있다. 그의 존재와 사건은 다양한 가능성과 잠재성을 내포하고 있기 때문에,

그의 탄생도 다양한 각도에서 인식되고 해석되며 기술되고 있다. 마태복음은 유대인 예수의 족보에 관한 이야기와 함께 예수의 수태와 탄생을 이야기한다. 누가복음은 세례 요한의 탄생과 관련하여 예수의 수태와 탄생을 이야기한다. 이것은 예수의 존재와 사건이 세례 요한의 그것과 연관되어 있음을 암시하기 위함이다. 마태와 누가는 예수가 팔레스타인 땅에서 유대인 여자 마리아에게서 태어났다고 이야기한다. 마태와 누가는 예수가 마구간에서 태어났다고 이야기하는 반면, 요한은 영원한 로고스가 인간이 되었다는 성육신의 표상을 가지고 예수의 탄생을 이야기한다.

또한 신약성서는 하나님과 같은 본성이었던 분이 자기를 낮추어 종의 모습을 취하였다는 소위 케노시스, 곧 "자기비움"의 표상을 가지고 예수의 탄생을 이야기한다(빌 2:6 이하). 부유하신 분이 가난하게 되었다고 말하기도 하며(고후 8:9), 율법 아래서 한 여자에게서 태어났다고 말하기도 한다(갈 4:4). 이와 같이 신약성서는 여러 관점에서 예수의 오심을 해석하고 기술한다.

예수의 탄생에 관한 신약성서의 이런 말씀들은 초기 기독교 공동체의 신앙의 빛에서 기록된 것이다. 이들은 역사의 예수의 탄생에 관한 객관적 정보가 아니라, 그의 탄생에 관한 신앙의 증언들로서 신앙고백의 성격을 가진다. 그럼 이 증언들 내지 고백들은 역사적 근거가 전혀 없는 하나의 상상물(fiction)이거나 허구에 불과한가? 그렇게 생각하기는 어렵다. 초기 기독교 공동체는 예수를 직접 목격하고 그와 함께 활동했던 사도들의 증언에 근거하여 예수의 역사적 탄생에 관해 자신들이 믿는 바를 기록하였을 뿐이다. 여기서 어느 부분이 역사적 사실이고, 어느 부분이 신앙적 고백인지 구분되지 않는다. 양자는 하나로 결합되어 있다. 예수의 탄생에 관한 초기 기독교 공동체의 신앙고백은 역사의 예수 안에 담지되어 있는 바를 자신의 신앙적 관점에서 이해하고 이를 기술한 것이라 말할 수 있다.

그런데 복음서는 물론 신약성서 전체에 있어 공통된 점은, 예수를 하나님의 종말론적 메시아로 본다는 데 있다. 이것을 가장 분명히 나타내는 것은 신약성서가 사용하는 "그리스도"란 명칭에 있다. "그리스도"(*Christos*)는 본래 예수의 이름이 아니다. 그것은 히브리어 "메시아" 곧 "하나님의 기름 부음을 받은자"를 그리스어로 번역한 것이다. 따라서 "예수 그리스도"는 "메시아 예수"를 뜻한다. 즉 팔레스타인에서 태어났고, 로마 제국의 유다 총독 본디오 빌라도(Pontius Pilatus)에 의해 십자가의 죽음을 당한 역사적 인물 예수는 하나님의 "메시아"라는 뜻이다. 신약성서의 모든 문서들은 예수를 그리스도 곧 메시아라 부른다.

신약성서 외에 예수에 관한 역사 기록은 요세푸스가 『유대전쟁사』에서 기록한 짧은 한마디, 즉 팔레스타인에서 예수란 청년이 태어나 십자가의 형벌로 죽었다는 한마디밖에는 없다. 따라서 신약성서가 역사의 예수에 관한 유일한 자료다. 그러므로 신약성서 외에는 역사의 예수가 누구인지 알 수 있는 길이 없다. 그런데 신약성서의 기자들에게 역사의 예수는 메시아이고, 메시아는 곧 역사의 예수였다. 양자는 분리될 수 없이 하나로 결합되어 있다. 신약성서 본문의 뒤로 돌아가서, 메시아가 아닌 이른바 역사의 예수를 찾아낸다는 것은 불가능하다.

그러므로 우리는 먼저 예수의 탄생을 메시아의 빛에서 파악하고자 한다. 이를 가리켜 어떤 사람은 신앙적 자의(恣意) 내지 주관적 자기해석이라고 주장할 수 있을 것이다. 그러나 역사의 예수에 관한 유일한 자료인 신약성서에서 역사의 예수와 메시아는 하나다. 이를 따르지 않고 이른바 역사의 예수를 찾을 때, 우리는 예수를 단지 하나의 인간으로만 보게 될 것이다. 많은 사람에게 어쩌면 이것이 타당한 것으로 보일 수 있겠지만, 예수의 역사적 사실에 대한 왜곡 내지 축소가 될 수도 있을 것이다. 예수의 역사적 사실 속에 담긴 많은 측면들을 거부하고, 그를 단지 하나의 인간으로 축소시키는 것은 적절하지 않다. 하나의 역사적 사실은 그 속에 인과율(원인과 결과의 법칙)적으로 확정될 수 없는 많은 함의를 담지하기 때문이다. 이른바 "벌거벗은 사실"(*brutum factum*)은 우리에게 아무것도 말하지 않는다. 그것은 우리에게 아무런 의미가 없는 죽은 것에 불과하다.

1. 이스라엘의 전통에서 본 예수의 탄생[1]

신약성서는 그리스어로 기록되었으며 고대 그리스의 정신세계 속에서 편집되었다. 예수가 탄생하고 활동하던 그 당시 팔레스타인은 고대 그리스 문화, 곧 헬레니즘이 지배하는 로마의 속주였으며, 헬레니즘의 문물이 그 속에 들어와 있었다. 따라서 신약성서를 기록하고 편집한 사람들이 헬레니즘의 정신적 영향을 받을 수밖에 없었음은 자명한 사실이다. 인간은 어느 누구를 막론하고 자기 주변의 문화적 영향을 피할 수 없다. 요한복음 1장의 로고스 사상은 신약성서에 대한 고대 그리스 사상의 영향을 반영하는 대표적 예다. 이처럼 신약성서의 예수 탄생에 대한 기록에도 그리스적 사고방식과 표상들이 작용하고 있으며, 따라서 우리는 그리스적인 사고방식에 빠져버리기 쉽다. 그래서 예수의 모든 역사성을 간과하고, 그를 하늘에서 내려와 고난을 당하고 다시 하늘로 올라간 천상의 존재로 생각하기 쉽다. 그 결과 예수의 구원은 그가 속한 사회의 현실과 관계없는 소위 영적인 구원으로 오해될 수 있다(참조. 초기 그리스도교 공동체의 영지주의).

이러한 위험에 직면하여 공관복음서는 예수가 한 인간으로서 구체적인 시간에 구체적인 장소와 구체적인 역사적 상황 속에서 태어났고 활동한 "역사적 존재"임을 강조한다. 그래서 마태와 누가복음은 예수가 마리아에게서 태어났다는 것을 강조한다. 갈라디아서는 예수가 "율법 아래" 태어났다고, 곧 하나님의 계약의 표지로서 율법이 주어진 이스라엘 민족의 구체적 삶의 현실 속에서 태어났다고 말한다. 마태와 누가복음은 예수가 다

---

1) 이 입장은 오늘날 특별히 H. -J. Kraus, *Reich Gottes: Reich der Freiheit, Grundriß Systematischer Theologie*, 1975, S. 243ff., *Systematische Theologie, im Kontext biblischer Geschichte und Eschatologie* 1983 (한국어 역:『조직신학』, 박재순 역), S. 337ff.; J. Moltmann, *Der gekreuzigte Gott*, S. 95ff. 등 많은 신학자들에게서 강조됨. Pannenberg는 "예수의 역사적 삶"으로부터 그의 그리스도론을 출발하지만, 예수가 유태인이었으며 따라서 구약성서의 전통 속에서 파악되어야 함을 간과함.

윗의 혈통에서 태어난 "다윗의 아들"이라고 말한다(마 1장: 눅 1:69). 특히 누가복음 1:72-73은 하나님이 이스라엘과 맺은 "계약"과 아브라함에게 주신 그의 "약속"과 관련하여 예수의 탄생을 예고한다. 예수는 이스라엘 민족 가운데 한 사람이었다. 그는 분명히 유대인이었다. 따라서 예수의 탄생은 이스라엘의 전통 속에서 파악되어야 한다. 그것은 하나님이 이스라엘에게 주신 "약속과 성취"의 틀에서 이해되어야 한다.[2] 그럼 하나님이 이스라엘에게 주신 약속은 궁극적으로 무엇인가? 이 약속과 관련하여 예수의 탄생은 무엇을 뜻하는가?

하나님이 이스라엘에게 주신 약속은 궁극적으로 하나님이 지으신 온 세계의 메시아적 구원을 말한다. 곧 하나님 나라가 피조물의 세계 속에 세워지는 것을 말한다. 물론 이스라엘은 하나님의 약속을 민족주의적으로 축소시켜버렸다. 그래서 하나님의 약속을 이스라엘 민족의 정치적 해방으로 생각하였다. 그러나 구약성서 전체의 맥락에서 볼 때, 하나님의 약속은 이스라엘은 물론 온 세계 안에 하나님의 새로운 세계가 세워지는 데 있다. 온 세계를 지으신 하나님이 이스라엘 백성의 정치적 해방만을 약속하였다는 것은 논리적으로 성립되지 않는다. 이스라엘은 하나님의 보편적·우주적 구원을 위한 선구자로 불리움을 받았을 뿐이다. 하나님의 궁극적인 의도는 온 우주의 구원, 모든 피조물의 구원에 있다. 다음과 같은 이사야의 환상은 하나님의 우주적 구원의 약속을 보여준다.

광야와 메마른 땅이 기뻐하며,
사막이 백합화처럼 피어 즐거워할 것이다.
……
사막에서 꽃이 피며,
사람들이 주의 영광을 보며,

---

2) 이에 관하여 H. -J. Kraus, *Systematische Theologie*, S. 340.

우리 하나님의 영화를 볼 것이다(사 35:1-2).

하나님의 약속의 보편적 성격은 묵시사상에 분명히 나타난다. 묵시사상은 세계의 모든 민족에게 내릴 하나님의 보편적 심판과 하나님 나라를 기다린다.

이스라엘이 가지고 있었던 약속의 전통에서 볼 때, 예수의 탄생은 첫째, 이 약속을 성취할 분의 탄생을 뜻한다. 그것은 묵시사상이 역사의 종말에 오리라고 기다리던 하나님 나라를 세울 메시아의 탄생을 뜻한다. 그는 이스라엘에게 주신 하나님의 "약속의 성취자"다. 죄와 죽음이 다스리는 인간의 "메마른 땅과 사막"을 하나님의 영광이 넘치는 하나님 나라로 변화시킬 메시아가 탄생하였다. 이 메시아가 마리아에게서, 율법 아래서, 다윗의 후손으로 태어났다. 둘째, 성령의 활동으로 말미암은 하나님 나라의 시작을 뜻한다. 예수가 하나님의 메시아로 태어났다면, 그의 탄생은 메시아적 하나님 나라의 시작을 뜻할 수밖에 없다. 교회가 성탄절에 흔히 행하는 바와 같이, 마태와 누가복음의 예수 탄생 이야기를 우리는 천사들이 환호하고 동방박사들이 예방한 목가적(牧歌的) 이야기로 이해해서는 안 될 것이다. 목가적으로 들리는 이 이야기 뒤에는 십자가의 죽음을 당할 하나님의 메시아의 고난이 예고되고 있으며, 하나님 나라의 역사가 예시(豫示)되고 있다. 누가복음은 세례 요한의 아버지 스가랴의 입을 빌려 이것을 다음과 같이 노래한다.

찬미하여라, 이스라엘의 주 하나님을!
당신의 백성을 찾아와 해방시키셨으며,
우리를 구원하실 능력 있는 구세주를
당신의 종 다윗의 가문에서 일으키셨다.
......
이것은 우리 하나님의 지극한 자비의 덕분이라.

하늘 높은 곳에 구원의 태양을 뜨게 하시어

죽음의 그늘 밑 어둠 속에 사는 우리에게

빛을 비추어주시고

우리의 발걸음을 평화의 길로 이끌어주시리라(눅 1:68-79).

누가복음 2장은 하나님 나라의 담지자인 메시아 예수의 오심을 다음과 같이 이야기한다. 예루살렘에 시몬이라는 의롭고 경건한 사람이 있었는데, 그는 "그리스도(곧 메시아, 필자)를 보기 전에는 죽지 않을 것이라는 성령의 지시를 받은 사람"이었다. 이 시몬이 예수를 보았을 때 이렇게 노래한다.

주여, 이제는 말씀하신 대로

이 종은 편안히 눈감게 되었습니다.

주님의 구원을 제 눈으로 보았습니다.

만민에게 베푸신 구원을 보았습니다.

그 구원은 이방인들에게는 주의 길을 밝히는 빛이 되고

주의 백성 이스라엘에게는 영광이 됩니다(눅 2:29-32).

시몬의 이 말을 어떤 사람은 초기 기독교 공동체가 자신의 신앙의 관점에서 끼워 넣은 것이라 주장할 수 있을 것이다. 사실 이 말 속에는 팔레스타인 지역을 넘어 이방인의 세계로 확장되던 초기 기독교 공동체의 상황이 나타난다. 그러나 "만민"을 위한 메시아적 구원에 관한 시몬의 이 말이 허구라고 볼 수는 없다. 누가복음이 전해주는 시몬의 이 말은 초기 기독교 공동체의 자의적 조작품이 아니라, 예수 사건을 직접 보았던 제자들의 전승에 근거하며, 나아가 메시아의 구원에 관한 구약성서의 예언에 근거하기 때문이다.

2. 비천한 여자에게서 태어남

예수는 마리아라는 한 여자에게서 태어났다고 복음서는 보도한다. 이것은 조금도 의심할 수 없는 역사적 사실로 보인다. 이 점에서 네 복음서는 전혀 이의를 제기하지 않기 때문이다. 전능하신 하나님의 아들이 이 세상에 여자의 몸을 빌리지 않고 직접 올 수 있을 텐데, 왜 한 여자를 통하여 왔다고 복음서는 보도하는가? 물론 예수의 생애를 기술함에 있어 먼저 그의 탄생을 다룰 수밖에 없었기 때문에 이 이야기를 썼으리라고 생각할 수 있다. 그러나 마가복음과 요한복음은 예수의 탄생 이야기를 처음부터 기술하지 않는다. 단지 마태복음과 누가복음만이 그것을 자세히 기술한다. 특히 누가복음은 예수가 "비천한" 마리아에게서 태어났음을 강조한다. "그가 이 여종의 비천함을 보살펴주셨기 때문입니다"(눅 1:48). 여기에는 의식적이든 무의식적이든 분명히 어떤 의도가 있었을 것이다. 마태복음과 누가복음이 예수가 마리아에게서 태어났다는 것을 보도할 때, 그들이 의식적이든 무의식적이든 말하고자 하였던 것은 무엇인가?

모든 사람은 여자를 통하여 세상에 태어나며 또 여자의 보호와 보살핌 속에서 하나의 생명으로 자라난다. 이것은 모든 인간에게 주어진 삶의 조건이자 숙명이다. 예수가 한 여자를 통하여 이 세상에 왔다는 것은, 예수가 모든 인간의 보편적 조건을 받아들였다는 것을 말한다. 그는 인간의 역사 속으로 들어왔으며, 이 역사의 모든 제한성과 조건 속에서 살게 되었다. 그는 우리 인간과 다른 "하나님의 아들"이다. 그러나 그는 우리 인간과 동일한 조건 속에서 사는 "사람의 아들"로 이 세상에 왔고 실존하였다. 이 예수와 함께 하나님 나라가 이 세상에 들어왔다. 그렇다면 하나님 나라는 이 세상 밖에 있지 않고 이 세상 안에서 이루어지고자 한다는 것을 예수의 탄생은 말한다. 그것은 이 세상 밖의 어느 공간에 있는 현실이 아니라, 이 세상 안에 있는 새로운 하나님의 현실이다. 그것은 수직적으로 떨어지지 않고 인간을 통하여 이 세상에 들어온다. 그것은 마리아라고 하는 한 인간의 육적·물질적 조건을 통하여 들어온다. 하나님 나라는 인간의 육적·물질적 조건 속에서 이루어져야 할 새로운 세계다.

역사적으로 여자란 존재는 억압과 착취의 대상이었다. 여자는 남자를 위하여 존재한다. 여자가 남자의 성적 욕구를 충족시키며 남자아이를 낳아 가문의 대(代)를 이어주는 수단이요, 가사를 처리하는 노동수단이라는 생각은 오늘 우리 사회의 통념인 동시에 예수 당시 유대사회의 통념이었다. 오늘 우리 사회와 마찬가지로 예수 당시 유대사회도 남성위주의 사회였다. 두 남녀가 간음을 하다 붙들렸을 때, 남자는 아무런 추궁도 받지 않고 풀려났으나, 여자는 돌에 맞아 죽어야 했다. 그래서 요한복음 8장의 간음한 여자의 이야기는 간음한 남자에 대해서는 일절 언급하지 않고, 여자만 붙들려 예수 앞에 끌려온 것으로 소개한다.

모든 인간의 본향은 여자의 태반이다. 모든 인간은 엄마의 태반 속에서 하나의 생명으로 형성된다. 그래서 갓난아이는 엄마의 품에서 가장 평화롭게 잠을 잔다. 그럼에도 남자들은 여자를 천시하며 억압과 착취의 대상으로 생각한다. 아내가 남자아이를 낳지 않으면 남편은 다른 여자에게서 "씨"를 받는다. 여성에 대한 남성의 억압과 차별은 심지어 교회 안에서도 계속된다. 똑같이 신학을 공부하였음에도 불구하고 남자는 목사 안수를 받아 당회장이 되지만, 여자는 한평생 목사 안수를 받지 못하고 목사를 시중드는 전도사 생활을 하면서 당회장의 절반도 못되는 사례비를 받는 경우가 허다하다. 여자 교인이 전체 교인의 다수를 차지함에도 불구하고 여자 장로는 희귀하다.

이와 같이 억압과 착취의 대상이 되어온 여자를 통하여 하나님의 메시아가 이 세상에 오셨다는 것은 무엇을 말하는가? 이것은 남성 위주의 사회에 대한 하나님 나라의 거부를 뜻한다. 여자도 하나님의 피조물로서 "하나님의 형상"에 따라 창조되었다. 하나님 나라의 역사에 있어 여자는 남자보다 먼저 동참자와 협력자가 될 수 있다. 하나님 나라는 결코 남자들의 독점물이 아니다. 마리아에 의한 예수의 수태와 탄생은 여자의 존재에 대한 하나님의 "긍정"이요 "높이 들어 올리심"이다. 부모의 입장에서 볼 때, 아들이나 딸이나 모두 똑같이 사랑스럽고 귀중한 존재다. "씨받이"한다, "대를 물린다"는 것은 남성 위주의 지배체제의 산물이다. 외국에서는 딸에게 가문의 대를 물리기도 한다. 참하나님과 그의 세계를 알지 못하는 허무하고 죄악된 인간이 자기를 유지하고 자기를 확대시키며 그래도 이 세상에 무언가 자기의 것을 영원히 남기고 싶은 자기중심적 욕망에서 나온 것이 "씨받이 한다", "대를 물린다"는 생각이 아닐까! 하나님 나라는 한 남자에게서 시작하지 않고, 마리아라고 하는 한 여자에게서 시작한다. 하나님 나라는 남자들의 억압과 착취를 받아온 여자들을 그의 일꾼으로 쓰신다. 이로써 하나님 나라는 여자들을 억압하고 착취하여온 남자들을 부끄럽게 만든다.

마리아는 가난한 여자, "비천한" 여자였다(눅 1:48). 그녀는 단지 정신적으로 가난하고 비천한 것이 아니라 정치·경제·사회적으로 비천한 계층에 속한 가난한 여자였다. 하나님의 메시아 예수가 비천한 마리아를 통하여 태어난 것은, 우리 인간이 비천하다고 여기는 사람들이 하나님 나라의 역사를 위하여 귀하게 쓰일 수 있음을 말한다. 이것은 탄생 이후 예수의 삶을 통하여 증명된다. 예수는 그의 활동에 있어서 대개 그 사회의 비천한 사람들과 함께한다. 그의 제자들 대부분은 비천한 출신의 사람들이었다. 이 세상에서 귀하다고 여김을 받는 사람들은 대체적으로 그들의 소유에 집착한다. 하나님도 중요하지만 그들의 소유도 하나님 못지않게 중요하다. 그러므로 그들은 하나님 나라의 역사에 참여하기가 어렵다. 하나님이 "떠나라"고 명령할 때 떠나기 어렵다. 그러나 비천하다는 사람들은 가진 것이 없으므로 "떠나라"는 하나님의 명령에 복종하기가 쉽다. 예수의 제자들 대부분도 가진 것이 별로 없었던 것 같다. 그러므로 그들은 "나를 따르라"는 예수의 명령에 쉽게 복종하고 하나님 나라의 새 역사에 참여할 수 있었다.

하나님 나라에는 여자와 남자, 낮은 자와 높은 자의 차별이 없다. 거기에는 "유대 사람도 그리스 사람도 없으며, 종도 자유인도 없으며, 남자도 여자도 없다. 여러분 모두가 그리스도 예수 안에서 하나이기 때문이다"(갈 3:28). 예수는 이런 하나님 나라를 세워야 할 메시아로 이 땅에 오셨다. 이를 나타내기 위해 마태복음과 누가복음은 예수가 비천한 여자 마리아에게서 태어났음을 강조한다. 이것은 교주나 위대한 인물의 탄생을 신화화하는 고대의 많은 이야기들에서 볼 수 없는 특이한 현상이다.

3. 예수의 사회적 신분

여기서 우리는 예수의 사회적 신분이 어떠하였는가를 분명히 해둘 필요가 있다. 지금까지 신학은 예수의 사회적 신분에 대하여 거의 침묵하고, 그를 천상에서 내려온 거룩한 "하나님의 아들"로 묘사하든지, 아니면 "가장 이상적 인간"으로 묘사하였다. 이리하여 예수의 역사적·현실적 모습이 은폐되었으며, 따라서 그의 모든 말씀과 메시지가 당시의 사회에 대하여 어떤 의미를 가졌는가도 거의 은폐되었다. 그러나 복음서에 의하면 예수는 사회적으로 비천한 출신의 사람이었다. 복음서에 기록된 세 가지 사실이 이것을 증명한다.

첫째, 예수가 마구간에서 태어난 사건은 예수가 비천한 출신의 사람이었음을 증명한다. 누가복음은 예수의 부모가 호적등록을 하러 고향으로 가는 길에 어쩔 수 없이 마구간에서 잠을 자게 되었다고 말한다. 만일 예수의 부모가 사회적 신분이 높은 사람이었다면, 여관 주인은 이미 여관에 자리 잡은 천한 사람들 중 몇 사람을 마구간으로 보내고 예수의 부모를 깨끗한 방으로 모셨을 것이다. 이것은 그 당시 사회에서 얼마든지 가능하였을 것이다. 그러나 누가복음이 보도하는 호적등록은 역사적으로 증명되지 않기 때문에[3] 예수의 부모가 어쩔 수 없이 마구간에 잠자리를 얻게 되

---

3) 이에 관하여 A. Mayer, *Der zensierte Jesus, Soziologie des Neuen Testaments,*

었다는 것은 예수의 비참한 탄생을 미화하려는 하나의 변명으로 들릴 수 있다. 마태복음에서 예수의 비참한 탄생은, 역사적으로 고증되지 않는 동방박사들이 예수를 경배하였다는 이야기로 미화된다.

둘째, 예수의 부모가 가난하고 비천한 사람이었다는 것도 예수의 비천한 출신을 증명한다. 예수가 태어났을 때, 그의 부모들은 제사장에게 바쳐야 할 양 한 마리도 갖지 못한 것으로 보인다. 그들의 유일한 소유는 보잘것없는 집 한 채와 목수용 도구들뿐이었다. 예수는 적어도 네 명의 남자 형제와 여러 여자 형제를 가지고 있었다(막 6:3). 이렇게 형제가 많은 것은 가난의 결과인 것으로 보인다. 예수의 아버지(적어도 양아버지) 요셉은 목수였으며, 목수는 동서고금을 막론하고 비천한 계층에 속한다. 그의 어머니 마리아도 비천한 출신이었다.

셋째, 예수 자신도 본래 목수였다고 마가복음은 보도한다. "이 사람은 마리아의 아들 목수가 아닌가?"(막 6:3) 그는 요셉으로부터 일찍부터 목수의 일을 배웠음이 분명하다. 아버지 요셉은 일찍 죽은 것으로 보인다. 따라서 예수는 장자로서 그의 어머니와 형제들을 부양할 책임을 지고 있었다. 이러한 예수가 가정을 돌보지 않고 하나님 나라의 복음을 선포하면서 공적 생활을 시작하였을 때, 사람들은 예수가 "미쳤다", "바알세불이 들렸다"라고 생각하였다(막 3:22). 예수의 언어 사용은 낮은 계층에 속한 사람들의 특징을 보여준다. 그는 문법적으로 간단하고 단순한 문장들, "그러므로", "그래서" 등의 단순 접속사와 간단한 명령문과 의문문을 자주 사용한다.[4] 예수의 어록은 약 450개의 단어를 사용할 뿐이다. 그의 비유들과 이야기들은 낮은 계층에 속한 사람들의 세계를 반영하고 있다.

이러한 사실을 고려할 때 역사의 예수는 가난하고 비천한 계급의 사람이었음이 분명하다. 유대교 신학자 샬롬 벤 호린(Schalom Ben Chorin)도 이

1983, S. 23.
4) Ibid., S. 28ff.

것을 인정한다. 그는 예수의 사회적 신분을 가리켜 "다윗 왕가의 한 지류에 속한 가난하고 무산계급에 속한 사람"이라 말한다.[5] 하나님의 메시아 예수는 천군 천사를 거느리고 위풍당당하게 오지 않았다. 그는 다윗의 후손이지만, 왕으로 오시지 않고, 비천한 출신으로서 아무 힘도 없는 자로 오신다. 메시아 예수와 함께 출범한 하나님 나라는 예루살렘 성전에서 시작하지 않으며 이 세상의 소위 높다고 하는 곳에서 시작하지 않는다. 그것은 비천한 여자에게서 태어났으며 또한 비천한 신분에 속한 예수와 함께 시작한다. 예수께서 비천한 여자 마리아를 통하여 이 세상에 오신 사건은 하나님이 비천한 여자들을 그의 역사의 주체로 높이 올리시는 사건인 동시에 높은 사람들을 낮추시는 사건이다. 이것은 마리아 찬가에 잘 나타난다.

> 내 마음이 주님을 찬양하며 내 영혼이 내 구주 하나님을 높임은 주께서 이 여종의 비천함을 돌보셨기 때문입니다. 이제부터는 모든 세대가 나를 행복하다 할 것입니다. 주께서 그 팔로 권능을 행하시고, 마음이 교만한 사람들을 흩으셨으니, 제왕들을 왕좌에서 끌어내리시고 비천한 사람들을 높이셨습니다(눅 1:46-52).

4. 동정녀 수태와 예수의 무죄성

오늘날 많은 신학자에 의하면, 예수가 남자 경험이 없는 처녀의 몸에 수태되었든, 남자와의 결합에서 수태되었든, 그것은 중요한 문제가 아니다. 그것은 하나님의 구원의 역사에 있어서 아무런 결정적 요인이 아니다. 이 문제는 기독교 신앙이 서고 넘어지는 문제가 아니다. 중요한 것은 이 문제가

---

5) Ibid., S. 26에서 인용함.

아니라 예수의 말씀과 활동에 있다.[6]

전통적으로 예수의 동정녀 수태설은 예수의 무죄성에 대한 근거로 사용되었다. 예수는 남자를 알지 못하는 처녀에게 수태되었으므로 죄가 없다는 것이다. 이러한 가르침은 성을 죄악된 것으로 보는 아우구스티누스(Augustinus)의 원죄론의 영향을 받은 것이며, 영혼은 거룩한 것으로 보는 반면 육체는 더럽고 죄악된 것으로 보는 그리스의 이원론적 인간관에 기인한다. 아우구스티누스에 의하면 아담이 지은 원죄는 인간의 성관계를 통하여 유전된다. 인간의 성은 죄되고 더러운 것이므로, 성관계를 통하여 태어나는 모든 인간은 생리적으로 죄를 상속받는다. 이러한 아우구스티누스의 원죄 사상의 영향을 받아 기독교는 예수의 무죄성을 동정녀 수태에 있다고 보았다.

그러나 인간의 죄가 남녀의 성관계를 통하여 생리적으로 유전된다는 아우구스티누스의 생각은 미신적인 것이다. 원죄는 첫째, 인간이 피하려야 피할 수 없는 죄의 불가피성과, 둘째, 죄를 지으면서도 죄가 어디서 오는지 해명할 수 없는 죄의 비밀성과, 셋째, 모든 인간은 죄에 있어서 하나임을 말하는 것이지 죄가 인간의 성행위를 통하여 생리적으로 유전된다는 것을 말하는 것이 아니다. 그러므로 우리는 예수의 무죄성을 동정녀 수태와 결부시키지 않고, 오히려 예수가 우리 인간과 같이 유혹을 받았지만 죄를 짓지 않은 사실과 결부시킬 수 있다. "그는 모든 점에서 우리와 마찬가지로 시험을 받으셨지만, 죄는 범하지 않으셨습니다."

여기서 우리는 죄에 대한 편협한 이해를 지적하지 않을 수 없다. 예컨대 일반적으로 그리스도인들은 "죄"란 금지된 것을 범하는 것이라 생각한

---

6) E. Brunner, *Dogmatik II, Die Christliche Lehre von Schöpfung und Erlösung*, 3. Aufl. 1972, S. 377: "아버지 없이 태어난 자가 '참된 사람'인가? 그가 우리 모두와 같이 태어났다는 본질적인 것이 그에게 결여되어 있지 않은가? 이 표상 속에는 강한 가현설적 면모와 성적 생산에 대한 부정적 입장이 숨어 있다. 그러므로 이 표상은 언제나 다시금 금욕적이며 성에 대한 적대적 입장을 장려하는 데 기여하였다."

다. 훔치지 말라고 금지했는데 훔치는 것이 죄라는 것이다. 죄에 대한 이러한 이해는 소극적이며 협소한 것이다. 기독교가 죄를 이렇게 소극적으로 가르쳤기 때문에, 그리스도인들은 금지된 것을 범하지 않기만 하면 구원받을 수 있다고 믿게 되었고, 그리하여 예수의 사랑을 적극적으로 실천하는 일에 관심을 두기보다 금지된 것을 범하지 않으려는 소극적 자세를 취한다. 보다 근본적인 죄는 사랑과 자비를 베풀지 않음에 있다. 금지된 것을 행하는 것도 죄지만, 마땅히 행해야 할 바가 무엇인지 알면서도 그것을 행하지 않는 자기중심적 마음과 삶의 방식이 더 근원적 죄다. 그러므로 "사람이 해야 할 선한 일이 무엇인지 알면서도 하지 않으면, 그것은 그에게 죄가 된다"라고 야고보서는 말한다(약 4:17).

여기서 우리는 예수의 무죄성을 보다 적극적 의미로 파악할 수 있다. 즉 예수의 무죄성은 단지 하나님의 금지명령을 범하지 않은 데 있는 것이 아니라, 하나님이 명령하는 바를 행한 데 있다. 그의 무죄성은 동정녀 수태에 있다기보다 십자가의 자기희생에 있다. 그것은 자신의 목숨을 포기한 그의 무한한 사랑에 있다. 그는 하나님의 명령에 복종하였기 때문에 무죄하다. 그러므로 우리는 예수의 무죄성을 동정녀 수태와 관련시킬 필요는 없을 것이다. 처녀에게 수태되어 출생하는 사람도 죄를 지을 수 있을 것이다. 그의 무죄성은 동정녀 수태에 있는 것이 아니라, 우리 인간과 똑같은 본성을 가졌고 똑같은 실존의 조건과 상황 속에 있음에도 불구하고, 죽기까지 하나님에게 복종하여 자기를 희생한 그의 무한한 사랑의 실천에 있다. 십자가에 달려 "나의 하나님, 어찌하여 나를 버리셨나이까?"라는 그의 부르짖음 속에서 우리는 죄 없는 하나님의 아들을 본다.

5. 성령의 능력 가운데 태어남

마태복음은 마리아가 처녀인지 아닌지를 분명히 밝히지 않으면서 예수는

"성령으로 말미암아" 마리아에게 수태되었다고 말한다(마 1:20). 이에 비하여 누가는 마리아가 처녀임을 밝히면서 마리아의 임신은 성령이 그에게 와서 이루어질 것임을 예고한다(눅 1:34-35). 그래서 어떤 사람은 성령을 남성으로 생각하고, 남성인 성령과 여성인 마리아 사이에 어떤 신비한 관계가 이루어짐으로써 예수가 수태되었다고 생각한다.

그러나 복음서의 목적은 예수의 수태에 대한 산부인과적 정보를 우리에게 주려는 데 있지 않다. 중요한 문제는 예수의 동정녀 수태 여부에 있는 것이 아니라, 성령에 의한 예수의 수태가 무엇을 말하고자 하는가 그 의미에 있다. 성령 수태설이 말하고자 하는 바를 우리는 다음과 같이 기술할 수 있다.

1) 성령 수태는 예수가 그의 존재 자체에 있어 하나님의 메시아적 아들임을 말하고자 한다. 유대교 신앙에 의하면, 하나님의 메시아적 아들은 하나님의 영으로 충만하다. 그는 주의 영 가운데서 오시며, 주의 영을 이 세계 속에 가져온다. 예수는 이미 그의 수태에 있어 종말에 올 하나님의 메시아적 아들이다. 그의 삶은 처음부터, 즉 수태에 있어서부터 성령으로 충만하였고 성령으로 말미암은 것이다. 그의 존재는 종말에 올 창조자 영 (*Creator Spiritus*)과 하나다. 새로운 창조의 영으로 충만한 종말의 메시아가 예수와 함께 왔다. 그는 하나님의 아들이다. 그와 함께 하나님의 창조자 영이 이 세계 안으로 들어오며, 하나님의 자녀들의 사귐과 온 우주 안에 있게 되었다. 성령으로 말미암은 하나님의 메시아적 아들의 탄생은, 하나님의 영의 활동을 통하여 모든 피조물이 구원받게 될 미래의 시작이요 희망의 표지다.

2) 성령 수태는 하나님이 예수의 아버지임을 말하고자 한다. 하나님은 예수의 생애 어느 시점에 그의 아버지가 된 것이 아니라, 그의 수태에서부터 아버지다. 하나님이 그의 아버지라면, 예수의 육신적 아버지의 존재는 퇴색할 수밖에 없다. 그러므로 예수는 이렇게 말한다. "너희는 땅에서 아무도 너희의 아버지라고 부르지 말아라. 너희의 아버지는 하늘에 계신 분,

한 분뿐이시다"(마 23:9). 하나님이 예수의 아버지라면, "성령의 어머니 되심"을 우리는 생각할 수 있다. 도마복음도 성령을 그리스도의 "어머니"라고 부른다. 마리아가 생명의 원천이 아니라 성령이 생명의 원천이다. 마리아가 아니라 성령이 모든 신자들의 어머니요, 하나님의 지혜이며, 창조 안에 있는 하나님의 거하심이다. 그렇다면 마리아는 남성인 성령과 관계하여 임신하게 된 여자가 아니라, 그리스도의 신적 어머니인 성령의 인간적형태요 상징적 체현이라 말할 수 있다. 하나님의 메시아적 아들과 함께 활동하며 세계를 구원하는 이는 마리아가 아니라 성령이다. 마리아의 존재는 성령 안에서 일어나는 그리스도의 역사 속에 포괄되어야 한다. 마리아는 메시아 예수의 역사에 있어 봉사하는 기능을 가질 뿐이며, 독자적 숭배의 위치를 가질 수 없다. 따라서 마리아론은 성령론에 속한다.

3) 성령 수태는 예수의 사건이 한 인간의 사건에 불과한 것이 아니라, 삼위일체 하나님의 사건임을 시사한다. 성령 수태설에 의하면, 예수는 수태되면서부터 성령과 결합되어 있었다. 그가 요르단 강에서 세례를 받을때 비로소 성령을 받은 것이 아니라, 수태되면서부터 성령과 함께 계셨다. 그의 활동에 있어서는 물론 그의 존재 자체에 있어 그는 성령과 하나였다. 성령과 하나였다는 것은, 아버지 하나님과 하나 되었음을 뜻한다. 영-그리스도론은 바로 이것을 말한다. 성령은 아버지 하나님의 영이요, 예수의사건은 성령 가운데서 일어난 하나님의 사건임을 성령 수태는 암시한다.

4) 성령 수태는 예수의 사건, 곧 하나님 나라는 하나님의 주권적 행위로 말미암아 일어났다는 것을 시사한다. 물론 마리아라고 하는 한 인간의도움이 필요한 것은 사실이다. 하나님 나라는 스스로 아무것도 하지 않는게으른 자에게 오지 않는다. 그것은 열심히 일하여 열매를 맺는 자에게 온다. 자기의 소유를 팔아 밭에 감추인 보화를 사들이는 사람(마 13:44), 두달란트 혹은 다섯 달란트를 받아 장사하여 적절한 이윤을 얻는 사람에게(마 25:14-30) 하나님 나라는 온다. 그럼에도 불구하고 예수와 함께 일어나는 하나님 나라는 근본적으로 하나님 자신으로 말미암아 일어난다. 그것

은 인간의 활동의 결과가 아니다. 그것은 궁극적으로 성령의 능력으로 말미암은 것이다. 성령 수태설은 예수의 탄생에 관한 산부인과적 정보를 우리에게 주려는 것이 아니라, 하나님 나라는 결국 성령의 활동으로 말미암은 것임을 말하고자 한다.

6. 율법 아래 태어남

20세기 초엽 루터교회 신학자들에 의하면, 율법은 인간의 죄가 무엇인가를 깨닫게 하는 반면, 복음은 죄에 대한 하나님의 용서를 나타낸다. 율법은 죄인에 대한 하나님의 분노와 심판을 계시하는 반면, 복음은 죄인에 대한 하나님의 은혜와 용서를 계시한다. 그러나 율법과 복음의 이러한 이분법적 생각은 율법을 오해함으로써 온 것이다. 본래 율법은 히브리어로 토라(Torah) 곧 "가르침"을 뜻한다. 즉 인간과 사회의 행복한 삶을 가능케 하기 위하여 하나님이 주신 가르침을 말한다. 따라서 율법의 본래 목적은 죄인에 대한 하나님의 분노와 심판을 계시함에 있지 않고, 모든 피조물들이 하나님의 자비와 공의 가운데서 평화롭게 사는 세계를 형성함에 있다. 한마디로 그것은 하나님 나라를 이 세계 안에 세우는 데 있다.

이 같은 목적을 가진 율법은 하나님과 이스라엘 민족이 맺은 계약의 표지로 이스라엘 민족에게 주어진다. "나는 너희의 하나님이 되고 너희는 나의 백성이 되리라"는 계약은, 이스라엘 백성이 하나님의 율법을 지킬 때 유지된다. 그것은 계약의 표지요, 하나님의 선택된 백성에 대한 표지 곧 선택의 표지다. 구원의 길은 율법에 있다. 그러므로 후기 유대교는 율법을 철저히 지키는 데 전력을 다한다. 그러나 구약의 613가지 계명으로써 삶의 모든 문제들과 상황들을 다스린다는 것은 불가능하다. 그러므로 후기 유대교는 613가지 계명들을 해석하여 새로운 계명들을 만든다. 그렇게 해서 이루 말할 수 없이 다양하며 언제나 새롭게 변화하는 삶의 모든 상황에 적용되어야 할 율법의 거대한 체계가 형성된다. 율법의 본래 정신 곧 하나님의 자비와 공의를 실천하는 대신, 율법 조문들을 글자 그대로 지키고자 하며 그것을 지키지 못하는 사람을 정죄하는 율법주의가 등장한다.

이리하여 율법은 본래의 목적과 정신을 상실하고 인간을 부자유하게 하며, 율법을 지키는 "의로운 자" 혹은 "경건한 자"와 그것을 지키지 않는 "불의한 자" 혹은 "불경건한 자"의 사회 계층적 대립과 전자에 의한 후자의 사회적 소외가 일어난다. 전자는 후자에 대한 지배자로 군림하는 반면, 후자는 사회의 밑바닥에서 인간으로서의 가치와 존엄성을 상실한 "인간 쓰레기" 취급을 받는다. 이리하여 율법은 "의로운 자" 혹은 "경건한 자"의 의와 경건을 가능케 하며, "불의한 자" 혹은 "불경건한 자"에 대한 그들의 교만과 억압과 지배를 보장해주는 정치적 기능을 행사하게 된다. 이 문제에 대하여 우리는 아래 "율법을 완성하는 하나님 나라"에서 보다 더 자세히 고찰하게 될 것이다. 율법의 참된 정신인 사랑과 자비와 공의는 사라지고, 율법주의와 종교적 교만이 사회를 지배하게 된다. 율법을 지키는 "의로운 자"와 그것을 지키지 못하는 "불의한 자", "율법 있는 자"와 "율법 없는 자"의 사회 계층적 분열이 일어나며, 전자가 후자를 지배하는 현상이 일어난다.[7] 그런데 신약성서는 예수가 "율법 아래" 태어났다고 말한다(갈 4:4). 이것은 무엇을 말하는가?

1) 예수가 "율법 아래" 태어났다는 것은, 예수와 함께 일어난 하나님 나라는 무시간적으로 또는 보편적으로 이 세상에 온 것이 아니라, 율법으로 말미암아 인간이 인간을 소외시키는 구체적 상황 속으로 들어왔다는 것을 말한다. 하나님 나라는 무시간적·무역사적인 것이 아니다. 그것은 시간적이고 역사적인 것이며, 인간의 구체적 상황 속에서 일어나거나 일어나지 않는다. 그것은 아무런 갈등도 없는 해탈의 경지에 머물러 있지 않다. 그것은 갈등을 피하지 않는다. 오히려 그것은 갈등의 현실 속으로 들

---

7) 보다 더 구체적 내용에 관하여 아래 VIII "약한 자의 편에 서는 하나님 나라" 참조.

어와서 그 갈등에 개입한다. 이 개입을 통하여 하나님 나라는 구체적 사건이 되며, 사회를 역사화하고 또 그 자신이 역사화된다.

율법의 근본 목적은 인간을 타율적 계명으로 부자유하게 만드는 데 있지 않다. 오히려 그것은 하나님의 뜻, 곧 그분의 자비와 공의가 다스리는 하나님 나라를 세우는 데 있다. 하나님 나라가 율법의 목적이요 완성(telos)이다. 하나님 나라는 하나님께서 본래 율법을 통하여 인류에게 주시고자 하였던 것을 주기 위하여 하나님의 메시아 예수와 함께 이 세상에 들어온다. 그것은 어떤 "무시간적인 영원한 진리"를 주기 위하여 오는 것이 아니라, 하나님이 선택하였고 그의 약속을 주신 민족 속에 들어와서, 먼저 이 민족에게 하나님의 "구체적 진리"를 주기 위하여 이 세상에 온다. 그것은 무시간적인 것이 아니라 구체적 사건이다. 율법으로 말미암아 인간이 인간을 소외시키며 율법의 본뜻이 퇴색해버린 사회 속에서 하나님 나라는 구체적 사건으로서 현재화된다.

예수는 영원한 진리를 우리에게 주기 위하여 이 세상에 오셨다고 생각하기 쉽다. 그러나 복음서에서 예수는 영원한 진리를 말하지 않는다. 그는 구체적 상황 속에서 구체적인 말을 한다. 따라서 예수와 함께 들어온 하나님 나라는 영원히 보편타당한 그 무엇을 우리에게 주는 것으로 이해되어서는 안 된다. 오히려 그것은 우리의 구체적인 문제들에 대하여 구체적 대안을 제시하는 것으로 이해되어야 할 것이다. 하나님의 영 가운데서 구체적 문제에 대한 구체적 대안이 제시되는 거기에 하나님 나라가 일어난다. 율법으로 말미암아 인간이 소외되고 비인간화 되는 문제에 대하여, 하나님 나라는 율법을 상대화하는 동시에 그것을 완성하는 구체적 대안으로 제시되고 일어난다.

2) 하나님은 그의 율법을 이스라엘 민족에게 주셨다. 그러나 율법에 나타나는 하나님의 의지는 인간의 양심을 통하여 혹은 하나님이 지으신 피조물을 통하여 모든 인간에게 알려져 있다. "이 세상 창조 때로부터 하나님의 보이지 않는 속성, 곧 그분의 영원하신 능력과 신성은, 사람이 그

지으신 만물을 보고서 깨닫게 되어 있습니다"(롬 1:20). 그러므로 이스라엘 백성이 받은 율법은 다른 민족들에게 완전히 이질적인 것이 아니다. 그것은 보편적인 것이다. 다른 민족들도 하나님의 뜻이 무엇인가를 알고 있다. 우리 인간이 어떻게 살아야 하며, 무엇이 진리이고 무엇이 거짓인지 그들도 알고 있다. 그러므로 그들도 죄가 무엇인가를 안다. 물론 그들이 아는 것은 완전하지 못하다. 하나님이 이스라엘에게 주신 율법에 비하여 그것은 불완전하다. 그러나 모든 민족은 그들의 양심을 통하여 혹은 자연 만물을 통하여 참된 삶의 길을 알고 있으며 하나님의 뜻을 알고 있다.

그러나 그들이 하나님의 뜻을 실천하지 않을 때, 율법은 그들을 죄로 유혹하는 세력으로 나타난다. "간음하지 말라"는 계명을 들을 때, 인간은 간음의 유혹을 받는다. 이리하여 율법은 죄를 자극하고 유발하는 원인이 된다. "그러나 율법에 비추어보지 않고서는, 나는 죄가 무엇인지 알지 못하였을 것입니다. 율법에 '탐내지 말아라' 하지 않았으면, 나는 탐심이 무엇인지를 알지 못하였을 것입니다. 그러나 죄는 이 계명을 통하여 틈을 타서, 내 속에서 온갖 탐욕을 일으켰습니다"(롬 5:7-8). 율법이 자극하는 죄의 유혹을 이기지 못하여 죄를 지을 때, 율법은 죄지은 인간을 고발하고 저주한다. 이리하여 죄지은 인간은 끊임없이 마음의 고통을 당한다.

예수가 율법 아래 태어났다는 것은, 예수가 율법의 유혹과 고발과 저주가 다스리는 인간의 세계 속으로 오셨음을 말한다. 그는 율법으로 말미암은 유혹의 영역으로 들어왔다. 그는 유혹을 받을 수 있는 존재가 되었다. 그러나 그는 모든 유혹을 이기고 율법을 완성하기 위해 왔으며, 율법의 고발과 저주 아래 있는 인간을 구하기 위해(갈 4:5) 왔다. 그는 "우리와 똑같이" 율법이 지배하는 상황 속에 있으면서 "우리와는 달리" 율법을 완성하고, 율법의 고발과 저주가 다스리는 인간과 그의 세계를 구원하기 위하여 이 세상에 왔다. 거짓과 폭력과 억압과 고통과 가난과 질병과 좌절과 절망이 더 이상 없는 세계, 하나님의 "새 하늘과 새 땅"을 주시기 위하여 예수가 이 세상에 왔음을 갈라디아서는 시사한다.

이 예수와 함께 하나님 나라가 일어난다면, 하나님 나라는 율법의 완성을 뜻하는 동시에, 율법으로 말미암은 죄의 유혹과 저주의 폐기를 뜻한다. 예수 자신이 "(하나님의) 나라 자체"(*Autobasileia*, Origenes)다. 예수와 함께 일어나는 하나님 나라를 통하여 율법이 완성되며, 인간은 율법으로 말미암은 죄의 유혹과 저주로부터 해방된다. 이것을 가리켜 신약성서는 이렇게 말한다. 하나님의 아들 메시아 예수는 "율법 아래" 태어났다.

7. 하나님 나라의 물질화
　– 영원한 로고스의 성육신

메시아 예수의 탄생을 묘사하는 또 한 가지 중요한 표상은 요한복음 1:14의 로고스 곧 말씀의 성육신이다. 말씀 곧 "로고스"가 육신이 되었다는 성육신의 표상은 헬레니즘의 영향으로 알려져 있다. 로고스(*logos*)는 말 또는 세계를 지배하는 질서로서의 이성을 가리키는 고대 그리스 철학의 개념이기 때문이다. 또 요한복음이 사용하는 빛과 어두움, 진리와 거짓, 영과 육, 썩을 것과 썩지 않는 것 등의 개념들 역시 고대 그리스 철학의 이원론적 개념들이란 점도 이를 뒷받침한다.

그런데 구약성서에서도 말 혹은 말씀은 로고스와 마찬가지로 신적 인격을 가리키는 개념으로 사용된다. 하나님은 말씀으로 천지를 창조한다. "하나님이 말씀하시기를…"(창 1:3). 여기서 말씀은 하나님과 함께 세상을 지으신 공동창조자로 생각된다. "주님은 말씀으로 하늘을 지으시고…"(시 33:6). 또 구약성서는 지혜를 공동창조자로 생각한다. "주님은 지혜로 땅의 기초를 놓으셨고…"(잠 3:19). 지혜는 하나님처럼 스스로 말하고 행동하며, 지식과 분별력을 가진 하나의 독립된 신적 인격으로 생각된다. "지혜가 부르고 있지 않느냐?…지혜가 길가의 높은 곳과 네거리에 자리를 잡고 서 있다…"(잠 8:1-2), "나 지혜는…지식과 분별력을 가지고 있다"(잠 8:12). 바울은 이 지혜를 십자가에 달린 예수와 동일시한다. "이 그리스도는…하나님의 지혜다"(고전 1:24).

따라서 말씀의 성육신은 단지 헬레니즘의 영향에 불과한 것이 아니라 구약성서에 그 뿌리를 가진다. 그러므로 성육신은 단지 헬레니즘적 표상이 아니라, 말씀을 하나님과 동일한 독립된 신적 인격으로 보는 구약의 히브리적 표상과 헬레니즘적 표상의 결합이라고 말할 수 있다. 요한복음은 구약의 말씀 혹은 지혜를 고대 그리스 철학의 로고스 개념과 결합시키고, 말씀 곧 로고스의 성육신을 말한다.

말씀이 육신이 되었다는 성육신의 표상 속에는 예수의 메시아적 존재에 있어서 포기될 수 없는 진리의 요소를 담고 있다. 공동번역은 말씀이 "사람"이 되었다고 번역하는데, 그리스어 본문의 "사륵스"(sarx)는 사람이 아니라 육(肉) 곧 고깃덩이를 말한다. 그러므로 말씀의 성육신은 하나님의 아들 메시아 예수가 인간의 고깃덩이가 되었음을 말한다.

1) 말씀의 성육신은 메시아 예수의 영원한 선재(先在)를 전제한다. 말씀 곧 로고스는 천지가 창조되기 전부터 하나님과 함께 계셨다(요 1:1). 그는 영원 전부터 아버지 하나님과 함께 계신 하나님의 아들이다.

2) 말씀의 성육신은 메시아 예수가 인간의 모든 허무성과 제한성을 자신의 것으로 받아들였음을 말한다. 그리스어 "사륵스"는 중립적인 의미의 육을 뜻하는 것이 아니라, 제한되어 있고 허무한 세계 속에 있는 인간의 허무한 존재를 가리킨다. 하나님의 메시아는 이 세상에서 시간과 공간의 모든 제약을 초월한 어떤 신화적 존재로 실존하지 않았다. 그는 우리 인간과 똑같은 조건 속에서 실존하였다. 이로써 인간의 모든 허무성과 제한성이 그에 의하여 수납되고 극복된다.

3) 말씀의 성육신은 메시아 예수가 육을 가진 구체적이고 현실적인 인간이 되었음을 말한다. 여기서 가현설은 거부된다. 그는 반신반인(半神半人)이 아니라, 우리와 똑같은 진짜 인간이 되었다. 그는 우리 인간의 모든 실존적 조건들과 상황을 자신의 것으로 삼았고 그 속에서 살았다. 그는 우

리가 당하는 실존의 모든 기쁨과 슬픔, 고통과 행복을 경험하였다. 그는 우리보다 먼저 육적인 인간 존재의 모든 조건과 상황을 경험하였다. 그는 우리가 아직 당하여보지 못한 깊은 좌절과 절망과 하나님의 버림을 체험하였다. 이 모든 것을 체험한 그분이 우리의 주님이라면, 우리는 어떤 절망과 고통 속에서도 홀로 있지 않다. 우리의 절망과 고통 속에 그분이 함께 계신다.

4) 말씀의 성육신은 육을 가진 인간과 이 세계가 하나님에 의하여 긍정되었음을 뜻한다. 인간의 육, 세계의 물질 자체는 악한 것이 아니다. 그것은 하나님의 피조물이다. 악한 것은 인간의 육과 물질이 아니라, 인간의 영이다. 많은 종교들은 인간의 육과 물질을 무가치한 것, 저급한 것, 허무한 것으로 본다. 하나님의 메시아는 바로 이 인간의 육을 자기의 것으로 삼아 이 세계 안으로 들어온다. 이리하여 그는 인간의 육과 세계를 긍정한다. 그것은 본래 하나님 보시기에 아름다운 것이었다.

5) 말씀의 성육신은, 하나님 나라가 단순히 영적 세계에 불과한 것이 아니라, 육 곧 물질을 포괄하며 물질의 세계 속에서 구체화되어야 함을 시사한다. 하나님의 메시아적 나라는 단순히 예수의 영이나 정신과 함께 시작하는 것이 아니라, 예수의 육과 함께 시작한다. 그것은 영적·정신적인 것인 동시에 육적인 것이요 물질적인 것이다. 그러므로 우리는 단순히 영적·정신적 하나님 나라에 대하여 말할 것이 아니라, 육적·물질적 하나님 나라에 대하여 말해야 할 것이다. 영적·정신적 구원에 대해서는 물론, 육적·물질적 구원에 대해서도 말해야 할 것이다. 이천 년 동안 기독교는 영적·정신적 구원을 외치면서 인간이 그 속에서 먹고 마시며 살 수밖에 없는 육적·물질적 현실을 방치하여왔다. 그것을 세속의 권세에 맡겨버리고 그 속에서 자신의 안일을 향유하여왔다. 이에 반하여 하나님 나라는 예수 안에서 육, 곧 물질의 현실로 나타난다. 인간의 육을 포함한 물질 자체는 악하지 않다. 그것은 선하신 하나님의 피조물이요, 하나님의 사랑의 대상이다. 물질은 하나님 나라가 일어나는 구체적인 장(場)이다. 물질

의 세계 자체가 하나님 나라는 아직 아니다. 그러나 하나님 나라는 물질의 현실 속에서 구체적으로 일어난다. 하나님 나라는 물질을 통하여 육화되며 구체화된다. 그것은 이 세계의 현실 밖에 있는 어떤 다른 현실이 아니라, 이 세계의 물질적 현실 속에 있어야 할 현실이다. 그것은 이 세계의 물질적 현실 속에서 자기의 현실을 발견한다. 하나님 나라는 이 세계의 모든 물질적 조건 속에서 이 조건을 하나님의 진리에 따라 변화시킴으로써 이루어진다. 예수의 성육신은 "하나님 나라의 성육신", "하나님 나라의 물질화"(Materialisierung)를 말한다. 예수의 탄생은 이 같은 의미를 가진 하나님 나라가 이 세상 속에 들어왔음을 말한다.

8. 인간의 종이 되신 메시아

우리가 알고 있는 대부분의 종교는 그들이 믿는 신의 형상을 가지고 있다. 이 형상은 크게 세 가지로 분류된다. 첫째는 사람의 형상이요, 둘째는 짐승의 형상이며, 셋째는 사람과 짐승이 혼합되어 있는 형상이다. 이 신들의 형상은 대개의 경우 "높은 자리"에 앉아 있거나 서 있다. 인간은 그 아래에서 신에게 절을 하고 제물을 바쳐야 한다. 여기서 신은 인간에게 명령하는 자요, 인간은 신에게 복종하고 그를 섬겨야 할 자로 나타난다. 한마디로 신과 인간의 관계는 명령과 복종의 관계로 나타난다. 이에 반하여 빌립보서 2:6-8은 하나님의 아들 예수를 다음과 같이 묘사한다. "너희 안에 이 마음을 품으라. 곧 그리스도 예수의 마음이니 그는 근본 하나님의 본체시나 하나님과 동등 됨을 취할 것으로 여기지 아니하시고 오히려 자기를 비워 종의 형체를 가져 사람들과 같이 되었고…."

이 말씀에 의하면 예수의 탄생은 하나님의 본체였던 하나님 아버지의 아들이 높은 곳을 버리고 낮은 곳으로 내려와서 종의 모습을 취한 사건이다. 그분은 고고한 하늘에 홀로 계시고자 하지 않는다. 이 세상의 모든 것을 허망하고 속된 것으로 보고, 이 모든 것을 탈피하여 몰아지경에 있고자 하지 않는다. 해탈과 몰아지경에 있는 척하면서 인간의 섬김을 받으며 특정한 계층에게 특권을 부여하는 일을 행하지 않는다.

하나님의 아들 예수는 이런 거짓 신들과는 달리 자기를 비운다. 그는 자기의 영광스러운 자리를 포기한다. 그는 하늘의 영광을 버리고 속된 세상으로 들어온다. 그는 자기를 높이지 않고 자기를 낮춘다. 그는 낮은 자리 가운데서도 가장 낮은 자리를 택한다. 곧 종의 자리를 택한다. 그래서 예수는 종들이 출입하는 마구간에서 태어났으며, 여우도 굴이 있고 새도 보금자리가 있지만 그 자신은 "머리 둘 곳조차 없는"(마 8:20) 존재로 실존한다.

빌립보서 2장의 고백에 의하면 예수는 단순히 우리와 같은 한 인간이 된 것이 아니라, 우리 인간 중에서도 가장 천하다고 생각되는 종이 되었다. 그렇다면 그에게 가장 가까운 사람들, 그가 자신과 동일시하는 사람들은 종처럼 낮은 사람이라고 말할 수 있을 것이다. 복음서의 기록은 이것을 증명한다. 예수의 뒤를 따라다녔으며 그와 함께 삶을 나눈 사람들은 낮은 사람들이었다. "세리와 죄인들"이 예수의 "친구"였다.

여기서 우리는 하나님의 아들 예수가 종의 형체를 가졌다는 것을 단순히 종교적으로 이해할 것이 아니라 구체적으로, 사회학적으로 이해해야 할 것이다. 예수는 단순히 종교적·영적 의미에서 종의 형체를 취한 것이 아니라, 그가 속한 사회의 낮은 곳, 종들의 세계로 오셨으며, 억압과 가난과 고통 속에서 살아가는 종과 같은 존재로 이 세상에 오셨다. 그는 종들이 출입하는 마구간에서 태어났으며, 가난하고 멸시받는 목수의 가정에서 성장하였으며, 그 자신이 목수였다. 종은 섬기는 자다. 예수도 철저히 섬기는 자의 모습 곧 종의 모습을 보인다. 이것은 하나님의 철저한 자기 낮추심과 고난을 말한다. 하나님이 그의 아들 예수 안에서 이 세상의 가장 낮은 곳으로 오셨다. 곧 종의 신분에 속한 사람들의 고난과 울부짖음과 슬픔과 억압과 착취와 신음과 죽음이 있는 곳으로 오셨다.

여기서 우리는 메시아의 특별한 모습을 발견한다. 예수 안에 나타나는 메시아는 영광스럽고 권세 있는 메시아, 반로마 군사혁명을 일으킬 수 있는 지략과 능력을 가진 자가 아니라, 이 세상에서 아무 힘도 없고 영광도 받을 수 없는 종과 같은 자로 나타난다. 그의 구원의 능력은 세상적 권세와 영광에 있지 않고 그의 무력함과 고난에 있다(D. Bonhoeffer). 그의 무기력한 십자가의 죽음 속에 나타나는 하나님의 고난과 사랑이 이 세상을 구원하는 능력이다.

하나님 나라와 관련하여 이것은 무엇을 말하는가? 하나님 나라는 이 세상의 높고 영광스러운 곳으로 오지 않고 낮은 곳으로 온다. 하나님은 사랑이다(요일 4:8, 16). 그러므로 하나님은 이 세상의 힘없고 가난하고 병들고 굶주린 사람들을 먼저 사랑한다. 백인들에게 땅을 잃고 사멸의 위기 앞에 서 있는 아메리카 대륙의 인디언, 일본 군인의 성 노예 노릇을 하다가 생명을 잃은 한국의 여인들, 저임금 속에서 자본가의 착취를 당하는 제3세계의 노동자들, 이러한 사람들이 하나님의 가슴을 아프게 할 것이다. 이스라엘을 이집트의 억압과 착취와 고통에서 구원하신 하나님은 이들을 구원하고자 하실 것이다. 그의 구원은 소위 영적인 구원이 아니라 영혼 구원을 포함하는 현실적 구원이요 총체적 구원이다. 그것은 고난과 고통을 당하는 사람들, 종과 같은 사람들에게서 일어난다. 구약의 가장 대표적 구원 사건인 출애굽도 노예 상태에 있었던 이스라엘 민족에게서 일어났다. 그러므로 복음서에서 예수는 먼저 종과 같은 사람들 곧 "이스라엘의 잃어버린 자들"을 찾으면서 이렇게 말한다. "건강한 사람에게는 의사가 필요하지 않으나 병자에게는 필요하다. 나는 의인을 불러 회개시키러 온 것이 아니라 죄인들을 불러 회개시키러 왔다"(눅 5:32), "가난한 사람들아, 너희는 행복하다. 하나님 나라가 너희의 것이다"(눅 6:20).

하나님 나라는 메시아 예수와 함께 종과 같은 사람들이 있는 곳, 이 세상의 낮은 곳으로 오시며 낮은 곳에서 일어난다. 그것은 이 세상의 고난이 있는 곳에서 일어난다. 하나님의 메시아 예수가 비천한 마리아를 통하여 이 세상에 왔다는 소식 자체가 벌써 이것을 말하고 있다. 하나님 나라는 이 세상의 가난하고 고난당하는 자들을 구하기 위하여 먼저 그들을 찾으며 그들 안에 현존한다. 그 이유는 무엇인가? 그 이유는 하나님의 "자비"에 있다. 하나님은 자비로운 분이기 때문에, 그의 나라는 먼저 가난하고 힘없는 자들에게서 일어난다. 하나님은 "권세 있는 자들의 손아귀에서 약한 사람을, 수탈하는 자들에게서 가난한 이를 구하시는 분"이다(시 35:10). 거룩하신 하나님은 "고아들의 아버지, 과부들의 보호자"다(시 68:5). "그는 하소연하는 빈민을 건져주고 도움받을 데 없는 약자를 구해주며 약하고 가난한 자들을 불쌍히 여기고 가난에 찌든 자들을 살려주며 억울한 자의 피를 소중히 여겨 억압과 폭력에서 그 목숨을 건져줄 것이다(시 72:12-14). 고난과 고통을 당하는 자들이 하나님께 울부짖어 호소하면, 하나님은 그들의 호소를 들어줄 것이며, 그들을 울부짖게 만드는 자들을 칼에 맞아 죽게 할 것이다(출 22:23-24). 그는 자비로운 분이므로 약한 자의 부르짖음을 반드시 들어줄 것이다(출 22:27; 참조. 욥 34:28). 그러므로 메시아 예수와 함께 하나님 나라는 이 세상의 고난과 고통이 있는 곳, 울부짖음이 있는 곳에서 일어난다. 그것은 높은 자들을 낮추며 낮은 자들을 높인다(참조. 겔 21:26). 그것은 낮은 자를 높이고 슬퍼하는 자들을 일으켜 안전한 곳에 있게 한다(참조. 욥 5:11).

V

되어감 속에 있는
예수의 메시아적 인격

- 어머니와 같은 하나님

1. 예수의 메시아적 자기의식

앞서 우리는 예수의 탄생에 대한 신약성서의 고백들을 고찰하였다. 이 고백들은 예수 자신의 말씀이 아니라, 신약성서 기자들의 고백이요 처음 공동체의 신앙으로부터 유래한다. 복음서의 예수는 자기가 누구이며 이 세상에 오신 목적이 무엇인가를 분명히 말하지 않는다. 그는 자기 자신의 존재를 선포의 대상으로 삼지 않는다. 복음서에 기록된 그의 모든 말씀과 행위는 시간의 순서에 따라 연관성 있게 기술되어 있지 않다. 그러므로 복음서 자료를 기초로 예수의 생애에 대한 정확한 전기(biography)를 쓴다는 것은 불가능하다. 복음서에 있어 그의 유년시절과 소년시절은 베일에 가려져 있다. 그는 이방인들과 접촉하며 그들과 결혼하는 자들의 땅으로 멸시를 받던 갈릴리의 나사렛에서 성장하였다. 그의 가족은 마카비 혁명 이후 예루살렘 성전의 제의와 유대교의 율법을 지키는 유대인 계층에 속하였다. 그래서 그의 부모는 유대교의 규칙에 따라 매년 유월절을 지키기 위하여 예루살렘으로 갔다(눅 2:41).

예수의 탄생설화에 의하면 예수에게는 육신의 친아버지가 없었다. 그는 처녀의 몸에서 태어났기 때문이다. 그에게는 양아버지가 있을 뿐이었다. 그의 양아버지는 요셉이었다. 그는 목수였다. 예수 자신도 공생애를 시작하기까지 목수로 일하면서 그의 가족을 부양하였던 것 같다. 그의 남자 형제들은 야고보, 요셉, 유다, 시몬이라 불리었다(막 6:3). 그의 남자 형제들은 처음에 그를 믿지 않았으나(막 3:21, 31; 요 7:5), 나중에 기독교 공동체의 멤버가 되었고 이 공동체의 전도자가 되었다(행 1:14; 고전 9:5). 그에게는 여자 형제들도 있었다(마 13:56; 막 6:3). 예수의 일상용어는 히브리어가 아니라 아람어였다. 히브리어는 그 당시 일상용어가 아니라 종교적 영역에서만 사용되었다. 아마 예수는 히브리어를 이해하였던 것 같다. 그러나 그 당시 행정과 상업의 영역에서 통용되던 그리스어를 예수가 알았는가는 불확실하다. 그리스적 사고방식과 생활방식의 흔적은 예수의 삶에서 발견되지 않는다.

예수의 가족은 가난하였다. 그래서 예수는 형제들이 많았다. 그는 교육다운 교육을 받지 못하였으며, 사회적 지위와 명예는 그에게 아예 차단되어 있었다. 그는 로마에 대항할 만한 지지자들과 군사력을 갖고 있지 않았다. 자기의 뒤를 따르는 사람들을 먹일 만한 양식도 그에게는 없었다. 그의 뒤를 따르는 사람들은 반로마 혁명을 상상조차 할 수 없는 가난하고 배고픈 사람들, 지체 장애자, 한센병자, 귀신들린 사람, 눈먼 사람, 창녀들이었다. 그는 어떤 권위나 전통의 인정도 받지 못하였다. 그는 당시 유대사회의 어떤 세력권의 지지도 받지 못하였다. 한마디로 역사의 예수는 그 사회에서 아무 힘도 없는 존재였다. 예수의 제자 빌립이 나다나엘을 찾아가서 구약이 약속한 그분 곧 메시아를 만났다고 말하자, "나사렛에서 무슨 신통한 것이 나올 수 있겠소?"라고 나다나엘은 대답한다(요 1:46). 나다나엘의 이 말은 당시 유대사회에서 예수가 아무 의미도 없는 존재였음을 시사한다.

이와 같이 당시의 사회 속에서 미미한 존재였던 예수는 자기를 어떤 존재로 알고 있었을까? 그는 어떤 자기의식(selfconsciousness)을 가지고 있었을까? 전통적으로 신학은 이 문제에 대하여 교리적 전제 곧 예수는 영원한 로고스의 성육신이라는 전제로부터 출발하였다. 그리하여 예수는 자기를 하나님의 아들로 혹은 "사람의 아들"로 알았으며 이러한 자기의식을 가지고 있었다고 대답하였다. 이에 대한 증명으로서 요한복음 10:30, 36, 38이 인용되었다. "아버지밖에는 아들을 아는 이가 없으며"라는 구절이(마 11:27) 인용되기도 하였다.

그러나 이러한 구절들이 역사의 예수 자신으로부터 유래하는 것이 아니라, 예수의 부활 다음에 형성된 공동체에 의하여 역사의 예수가 말한 것으로 기록되었다는 것은 슈트라우스(D. F. Strauss) 이후 오늘에 이르기까지 권위 있는 신약학자들의 공통된 의견이다. 복음서에는 "하나님의 아들", "사람의 아들" 외에 예수에게 적용된 다양한 칭호들이 있으며, 이 칭호들은 예수가 누구였는가를 가리키고 있다. 그런데 예수는 이 다양한 칭호들을 스스로에게 적용하지 않았을 것이다. 그가 하나님의 아들이었다고 고백한 사람은 예수 자신이 아니라 귀신들린 사람과 십자가형을 집행한 로마의 백인대장이었다.

복음서에 따르면 예수는 우리와 똑같은 유한성을 가진 것으로 나타난다. 그는 유혹을 당하며, 예기치 못한 사건에 대하여 놀라며, 마지막 심판의 시간이 언제 올지 알지 못한다. 십자가의 고난을 당하면서, 그는 유한한 인간으로서 "나의 하나님, 어찌하여 나를 버리시나이까?"라고 절규한다. 그가 많은 일들을 알지 못하였다는 것은 많은 신학자들의 공통된 의견이다. 그는 하나님을 직접 볼 수 없는 우리 인간과 마찬가지로 믿음을 가지고 있었다. 그는 우리와 똑같은 인간이었다. 이러한 사실을 무시하고 예수가 태어나면서부터 자기를 명백히 메시아로 알고 있었으며 메시아적 자기의식을 가지고 있었다는 것은 무리한 주장이다. 몇 가지 성서구절에 근거하여 예수가 메시아적 자기의식을 가졌다고 주장하는 것은 타당하지 않다. 이 구절들을 반박하는 많은 구절들이 복음서에 기록되어 있기 때문이다.

여기서 우리는 예수의 자기의식에 대한 전통적 질문의 문제점을 지적

하지 않을 수 없다. 한 인간의 인격은 언제나 사회적 관계 속에 있으며, 그의 자기의식은 사회적 관계 속에서 형성된다. 그의 인격은 사회적 관계로부터 분리되어 그 자체로서 질문될 수 없다. 그것은 사회적 관계를 떠나 영원히 고정되어 있는 그 무엇이 아니라, 생동하는 관계들과 상호 작용 속에서 형성된다. 그의 정체성은 그 자체로서 완성된 것, 고정되어 있는 것이 아니라, 그의 삶의 역사를 통하여 되어가는 과정 속에 있다. 그러나 전통적으로 신학은 예수를 사회적 관계로부터 추상화되고 고립된 개체로 설정한 다음, 그의 인격이 무엇이며, 그가 어떤 자기의식을 가지고 있었는가를 질문하였다. 전통적으로 신학은 예수의 인격을 형이상학적 본성(Natur)의 개념, 곧 신성과 인성의 개념을 통하여 답변하였다. 그러나 이 답변은 적절하지 않다. 그것은 사회적 관계 속에 있었던 예수의 인격을 전혀 고려하지 않는다. 또 그것은 신성과 인성을 서로 반대되는 개념으로, 예를 들어 유한과 무한, 사멸과 불멸, 절대와 상대 등의 개념으로 정의하며, 양자가 어떤 상호 작용 속에 있는가를 파악하지 않는다. 예수의 사역을 설명하는 "세 직분설"의 개념들도 적절하지 않다. 왕, 제사장, 예언자의 개념들은 예수의 구체적이며 생동하는 관계들을 고려하지 않기 때문이다.

여기서 우리는 두 가지 인격 개념을 발견한다.[1] 첫째는 형이상학적 인격 개념이다. 이 개념은 인격을 고립된 개체로 보며 그 자체로서 완결되어 있는 것, 고정되어 있는 것으로 본다. 자기 자신 안에 고립된 개체로서의 인격이 자기를 어떻게 알고 있는가(self-awareness)를 기초로 하여 그것이 무엇인가를 정의하고자 한다. 이러한 인격 개념은 인간을 이성적 존재로 보는 고대 그리스 철학에서 유래하며, 계몽주의를 거쳐 근대 주체성의 철학에 이르기까지 전승되었다. 둘째는 관계적 인격 개념이다. 관계적 인격 개념에 의하면, 인격은 다양한 관계 속에서 되어져 가는 과정 속에 있는 것, 미래를 향하여 개방되어 있는 것으로 이해된다. 인격은 자기가 자기에

---

1) 이에 관하여 Jon Sobrino, S. J., *Christology at the Crossroads*, 1978, p. 73f.

대하여 아는 바에 따라 정의될 수 있는 것이 아니라, 그가 맺고 있는 사회적 관계를 통하여 자기의 면모와 정체성을 얻는다. 전통적으로 신학은 전자의 형이상학적 인격 개념에 근거하여 예수의 인격과 자기의식을 정의하였다. 그리하여 예수의 "자기의식" 자체가 무엇인가를 질문하였다. 이에 반하여 여기서 우리는 관계적 인격 개념에 근거하여 예수의 메시아적 인격과 자기의식을 파악하고자 한다. 예수의 존재는 "관계들 속에 있는 존재"(Sein-in-Beziehungen), 되어감 속에 있는 존재(Sein im Werden)였다. 그의 메시아 되심은 이미 완성되고 고정되어 있는 돌덩어리와 같은 것이 아니라, 사회적 관계 속에서 그의 정체성에 이르는 되어감(Werden) 속에 있었다.

2. 예수의 메시아적 권위

복음서에서 예수는 자기의 메시아 되심에 대하여 긍정하지도 않고 부정하지도 않는다. 자기를 가리켜 "하나님의 아들"이라 고백하는 자에게 예수는 침묵을 명령한다. 그러나 예수는 메시아적 권위를 가지고 말하며 행동한다. 그는 율법을 상대화한다. 이로써 그는 자기의 권위를 율법과 모세의 권위보다 더 높은 것으로 나타낸다. 그는 하나님만이 하실 수 있다고 믿는 죄의 용서를 행한다. 이로써 그는 자기의 권위를 하나님의 권위와 동등한 것으로 나타낸다. 그는 종말론적 구원이 자기에 대한 태도에 따라 결정된다고 말한다. "누구든지 나와 내 말을 부끄럽게 여기면, 인자(=그 사람의 아들)도 그를 부끄럽게 여길 것이다"(막 8:38), "누구든지 제 목숨을 구하고자 하는 사람은 잃을 것이요, 누구든지 나와 복음을 위하여 제 목숨을 잃는 사람은 구할 것이다"(막 8:35). 그는 하나님을 당시의 유대인들과는 달리 "나의 아버지"라고 부르며, 심지어 "아빠"라고 부른다. 이로써 그는 자신이 하나님과 절대적 신뢰와 복종의 관계에 있음을 보여준다.

예수는 많은 사람들에게 "예언자"로 인식되었다(마 21:11, 46; 막 8:28 등).

그러나 그는 예언자와 동일시되지 않는다. 그는 구약의 예언자들처럼 특별한 소명을 알지 못하며 자기를 예언자로 증명하려고 하지 않는다. 그는 묵시사상가들처럼 몰아의 경지에서 천상의 어떤 비밀스러운 계시를 보지 않는다. 그는 자기의 존재와 메시지에 대한 모든 증명을 거부한다. 그럼에도 불구하고 그는 이렇게 말한다. "나에게 의심을 품지 않는 사람은 행복하다"(마 11:6). 또 예수는 많은 사람들에게 "랍비"로 인식되었다(마 26:25; 막 9:5 등). 그 당시 랍비는 구약에 기록된 하나님의 말씀을 회당에서 선포하고 가르치며, 제자들을 양육하며, 서기관들과 율법에 대하여 토론하는 일을 담당하였다. 그러나 예수는 랍비와 동일시되지 않는다. 그는 당시 랍비들처럼 회당에서만 가르치지 않고 벌판에서, 호숫가에서, 동네 사람들의 집에서 가르친다. 그의 뒤를 따르는 사람들은 여자들과 어린이들, 세리와 죄인들이었다. 또한 그 당시 랍비들은 성서 주석의 전문가들이었다. 그들은 구약의 말씀을 주석하여 그 속에 숨어 있는 하나님의 뜻을 해석하였다. 그러나 예수는 구약 말씀의 해석을 가르치지 않는다. 오히려 그는 하나님이 바로 자기와 함께 계시는 것처럼 말하고 가르친다. 그는 하나님 자신의 뜻을 가르친다.

그러므로 그의 가르침은 권위가 있었다(마 7:29; 막 1:22). 많은 사람들이 그의 가르침을 듣고 놀라워하였다. 그는 그의 적대자들의 말문을 열기도 하고, 그들의 말문을 닫아버릴 수도 있었다(마 22:34). 놀라운 능력으로 그는 병자들을 고치며 귀신을 쫓아낸다. 그는 누구도 부인할 수 없는 권위를 가지고 말하며 행동한다. 그는 제자들에게 모든 것을 버리고 자기의 뒤를 따르라고 명령한다. 그는 모세의 율법은 물론 성전과 왕과 예언자의 권위보다 더 큰 권위를 가진 자로 나타난다. "율법보다 더 큰 이", "성전보다 더 큰 이", "요나보다 더 큰 이"가 여기에 있다고 장담한다. 그는 죄를 용서해줄 뿐 아니라 구원을 선포하기도 한다. "오늘 이 집은 구원을 얻었다"(눅 19:9). 그는 "나는~이다"(ego eimi)라는 위험스러운 말을 서슴지 않는다. "나는~이다"라는 말은 요한복음의 특이한 용어일 뿐 아니라, 공관복음서에서도 지울 수 없는 예수의 특이한 용어다. 그래서 예수는 산상설교에서 "그러나 나는 너희에게 이렇게 말한다"(ego de lego hymin)는 말을 서슴지 않는다.

또한 그 당시 유대인들은 기도의 마지막에 "아멘"을 말하였으나 예수는 "아멘"을 먼저 말한다. 그것은 기도하는 바가 지금 이루어지고 있음에 대한 예수의 확신을 나타낸다. 이로써 그는 랍비나 예언자의 권위를 넘어서는 자신의 권위를 나타낸다. 그는 그 사회의 기존 규범과 계명과 교리와 제도를 상대화한다. 그는 제의와 종교적 관습과 모든 형식과 의식을 상대화한다. 그는 율법과 도덕은 물론 가족과 지역과 민족과 혈통과 당파의 의미를 상대화한다. 특정 가문이나 지역이나 민족이나 인종의 소속성은 아무런 의미도 갖지 않는다. 이리하여 예수는 그가 속한 사회의 가치관과 체계를 혼란시킨다. 그는 의인과 죄인의 판단 기준을 바꾸어버린다. 당시 유대사회에서 예수의 특이한 모습은 하나님 나라에 대한 그의 선포에 있다. 세례 요한도 하나님 나라를 선포하였다. 그런데 예수는 하나님 나라를 선포할 뿐 아니라, 하나님 나라가 자신의 인격을 통하여 지금 여기에 일어나고 있음을 알고 있다.

이와 같이 예수는 그 당시 유대인들이 상상할 수 없는 권위를 가지고 행동한다. 그러나 그는 자기의 권위가 어디서 오는지, 그것이 어떻게 정당화될 수 있고 또 어디에 근거될 수 있는가를 제시하지 않는다. 대제사장들과 백성의 원로들이 그가 무슨 권한으로 성전을 정화하고 무화과나무를 저주하는가를 물었을 때, 그는 답변을 거절한다(마 21:23-27). 그는 근거되지 않는 권위를 가지고 말하며 행동한다. 그는 자기를 그 사회의 어떤 세력과도 일치시키지 않는다. 자기를 바리새인의 그룹과도 일치시키지 않으며, 사두개인들이나 열심당원들과도 일치시키지 않는다. 에세네파와 쿰란의 수사들과도 일치시키지 않는다. 그러므로 그는 질서를 유지하고 그 속에 안주하려는 사람, 곧 사두개인들에게는 사회 질서를 교란시키며 체제를 위험스럽게 만드는 자로 보인다. 율법의 형태 속에서 자신의 경건을 유지하려는 사람들, 곧 바리새인들에게 예수는 그들의 경건의 가식을 깨뜨리는 자로 나타난다. 역사와 세계를 비관적으로 생각하고 세속에서 도피하여 금욕생활을 하는 사람들, 곧 에세네파 사람들에게 그는 세속적이며 경건하지 못한 자로 나타난다. 혁명을 통하여 새로운 세계를 창조하려는 사람들, 곧 열심당원들에게 그는 폭력을 거부하고 원수도 사랑하라고 가르치는 비겁한 자로 나타난다.

이와 같이 예수는 그 당시 유대사회에서 아주 특이한 존재로 나타나지만, 결코 그 사회를 떠나지 않는다. 그는 끝까지 그 사회 속에서 말하고 행동한다. 그는 끝까지 사회적 존재로 실존한다. 이와 동시에 그는 하나님과의 관계 속에서 실존한다. 하나님은 그에게 "나의 아버지" 혹은 "아빠"다. 그와 하나님은 "아버지-아들의 관계" 속에 있다. 하나님 나라의 복음을 선포하는 예수의 삶 속에서 우리는 예수의 메시아적 자기의식을 발견한다. 그는 메시아처럼 말하고 행동한다. 여기서 우리는 예수의 메시아적 자기의식을 직접적으로 발견하는 것이 아니라, 하나님과 이웃과의 관계 속에서 메시아적 권위를 가지고 메시아적으로 말하며 행동하는 그의 말과 행동 속에서 발견한다.

3. 삶이 존재를 증명한다

그러나 예수는 자기가 이스라엘이 기다리는 메시아라고 말하지 않는다. 그가 메시아인지 아닌지는 그가 죽는 순간까지 하나의 비밀로 남는다. 이것을 가리켜 우리는 예수의 "메시아 비밀"(Messiasgeheimnis, Wrede)이라 부른다.[2] 마가복음 8:27-31에서 예수는 그의 제자들에게 "너희는 나를 누구라고 생각하느냐?"고 묻는다. 이에 대하여 베드로는 "선생님은 그리스

---

2) W. Wrede, *Das Messiageheimnis in der Evangelien*, 1901 참조.

도(=메시아)이십니다"라고 대답한다. 이 대답에 대하여 예수는 시인하지도 않고 부인하지도 않는다. 오히려 그는 자기의 고난을 예고하고 또 자기의 뒤를 따르라는 "부르심"으로써 답변한다. "나를 따르려는 사람은 누구든지 자기를 버리고 제 십자가를 지고 따라야 한다"(막 8:34). 고난의 예고(Leidensankündigung)와 자기의 뒤를 따르라는 부르심(Nachfolgeruf)이, 자기가 누구인가에 대한 예수의 답변이다.

예수가 이렇게 답변한 이유는 무엇인가? 첫째, 기존의 메시아상이 예수 자신에게 적절하지 않았기 때문이다. 그는 기존의 메시아상에 따라 자기의 메시아적 존재가 정의되기를 거부한다. 엘리야, 세례 요한, 사람의 아들, 메시아 등 기존의 표상들은 그의 참된 존재와 일치하지 않는다. 그는 이스라엘의 민족주의적 메시아도 아니고 다윗 왕조를 회복할 다윗의 아들도 아니다. 기존의 어떠한 개념이나 표상이나 직분이나 칭호도 예수의 존재를 적절히 나타낼 수 없다. 전통적으로 신학은 예수의 존재와 활동을 세 직분설 곧 예언자, 제사장, 왕의 직분으로 서술하지만, 예수는 예언자도 제사장도 왕도 아니었다. 그의 존재는 이러한 기존의 종교적 표상이나 직분이나 칭호들을 통하여 밝혀질 수 있는 것이 아니라, 십자가의 죽음으로 끝나는 그의 고난의 삶을 통하여 밝혀질 수 있다. 자기를 비우고 자기를 포기하며, 모든 힘과 가치와 관계를 상실하며, 자기의 목숨마저 상실하는 그의 삶이 그의 존재를 밝혀줄 것이다. 죽음에 이르기까지 하나님에 대한 그의 철저한 신뢰와 복종과 고난 속에서 그의 메시아적 존재가 드러날 것이다. 그의 정체성은 십자가의 죽음과 함께 드러날 것이다. 그것은 궁극적으로 하나님 자신에 의하여 증명될 것이다. 그러므로 예수는 베드로가 고백하는 메시아 칭호에 대해 침묵을 지키면서 십자가의 고난을 향하여 걸어간다. 예수의 메시아적 존재가 무엇인가는 그의 십자가의 고난 속에서 나타날 것이다.[3] "예수의 참된 '메시아 비밀'(Messiasgeheimnis)

---

3) M. de Tillesse, Gaëtan, *Le secret messianique dans l'Evangile de Marc*, 1968; B.

은 그의 고난의 비밀(Leidensgeheimnis)이다. 그는 메시아 되심을 '요구하지' 않았다. 오히려 그는 고난을 당하였다. 그의 고난을 통하여 '그는 복종을 배웠다'고 히브리서는 말한다. 이 '복종' 속에서 그는 자기 자신을 하나님의 아들과 메시아로 경험하였을 것이다."[4]

둘째, 예수는 결코 고립된 개체로서 실존하지 않았다. 오히려 그는 다양한 관계 속에서 실존하였고 하나님 나라의 복음을 선포하였다. 그는 먼저 하나님과의 관계 속에 있었다. 이와 동시에 그는 사회적 관계 속에서 살았으며, 이 관계 속에서 복음을 선포하였다. 이 관계 속에서 메시아 시대의 기적이 일어났으며, 제자들과의 관계 속에서 그는 자신의 메시아적 비밀을 발견하였다. 이와 같이 예수의 존재는 철저히 "사회적 존재"이자 "관계 속에 있는 존재"였다. 그의 인격은 고정된 것이 아니라, 다양한 관계들 속에서 자신의 정체성에 도달하는 과정 속에 있었다. 그것은 완결된 것, 끝나버린 것, 고정된 것이 아니라 미래를 향하여 열려 있는 것, 새로운 가능성으로 가득한 것, 자신의 정체성을 향하여 되어감 속에 있는 것(Person im Werden)이었다. 그것은 메시아라는 기존 개념으로 고정될 수 없었다. 그의 메시아적 인격은 기존의 개념으로 파악될 수 있는 것이 아니라, 생동하는 관계 속에 있는 그의 삶의 역사로부터 밝혀질 수 있었다. 그러므로 예수는 베드로의 고백에 대하여 침묵하시면서 십자가의 고난을 예고하는 동시에, 자기의 뒤를 따르라고 명령한다. 예수의 메시아 되심은 그의 뒤를 따르는 자, 그의 고난에 동참하는 자에게 밝혀질 수 있기 때문이다. 그의 메시아 되심에 대한 질문은 이론의 문제가 아니라 실천의 문제

Lauret, "Jesus, der Christus," in : P. Eicher(Ed.), *Neue Summe Theologie 1, Der lebendige Gott*, 1988, S. 173: 모든 복음서들은 예수에 대하여 말하기 위하여 혹은 그가 메시아라는 것을 말하도록 하기 위하여 예수의 죽음을 향하여 전개된다. 그러므로 예수의 메시아 되심은 그의 삶과 죽음으로부터 밝혀진다.

4) J. Moltmann, *Der Weg Jesu Christi, Christologie in messianischen Dimensionen*, 1989 (한국어 역: 『예수 그리스도의 길』, 김균진 역), S. 160.

다. 그의 뒤를 따르는 실천 속에서 그의 메시아 되심이 인식될 수 있고 고백될 수 있다.

판넨베르크(W. Pannenberg) 교수에 의하면[5] 예수는 그의 부활로 말미암아 메시아로 증명되었다. 그의 부활이 그의 메시아 되심을 증명한다. 만일 예수가 부활하지 않고 십자가의 죽음으로 끝나버렸다면, 그가 메시아라는 사실은 증명될 수 없었을 것이다. 최초의 그리스도교 공동체는 예수의 부활을 경험함으로써 지상에 살았던 예수가 메시아라는 사실을 인식하게 되었다는 것이다. 판넨베르크의 이러한 생각은 다음과 같은 오해를 일으킬 수 있다. 즉 역사의 예수는 메시아가 아니었는데, 예수의 부활을 경험한 최초의 그리스도교 공동체가 메시아적 존재를 역사의 예수 속에 투사시켰다는 것이다.

그러나 최초의 그리스도교 공동체가 예수를 메시아로 인식하고 고백하게 된 "근거"는 예수의 부활에 있다기보다, 역사의 예수 자신에게 있다고 보아야 할 것이다. 예수를 메시아로 인식하고 고백할 수 있는 근거가 역사의 예수의 삶 속에 있었기 때문에, 최초의 그리스도교 공동체는 부활한 예수를 메시아로 인식하고 고백하였을 것이다. 최초의 그리스도교 공동체는 역사의 예수 안에 있었던 것을 부활의 빛 속에서 인식하고 고백하였다.[6] 예수의 메시아 되심의 근거는 최초의 그리스도교 공동체의 케뤼그마에 있지 않고 역사의 예수 안에 있다. 그의 메시아 되심은 부활을 고백한 최초의 그리스도교 공동체의 신앙고백의 산물이 아니라, 십자가의 죽음으로 끝난 역사의 예수의 삶으로부터 유래한다. 메시아가 아닌 자가 부활의 경험으로 말미암아 메시아로 인식된 것이 아니라, 메시아였던 그분이 부활의 경험 속에서 메시아로 밝혀진다. 예수의 아직 은폐 상태에 있는

---

5) W. Pannenberg, *Grundzüge der Christologie*, 특히 S. 47ff.
6) 이 문제에 관하여 P. Stuhlmacher, *Jesus von Nazareth-Christus des Glaubens*, 1988, S. 27ff.

(implizit) 메시아성이 부활과 함께 명시적(explizit) 메시아성이 된다. "부활의 고백 속에서 드러나는 것은, 예수 자신을 통하여 이미 마련되어 있고 준비되어 있다."[7]

결론적으로 예수가 자기의 메시아 되심을 의식하였느냐 의식하지 못하였느냐의 문제에 대하여 예수는 말로 대답하지 않고 그의 삶의 역사를 통하여 대답한다. 그는 자기의 존재에 대하여 아무것도 요구하지 않고, 자기의 존재를 철저히 하나님의 일(Sache)과 일치시킨다. 그의 존재는 하나님의 일을 위하여, 하나님의 일 안에 있다. 십자가의 죽음을 당하기까지 자기의 존재를 하나님의 일과 일치시키는 삶 속에 그의 메시아 되심이 간접적으로 나타난다. 진리는 말에 있지 않고 삶에 있다. 그의 말이 그의 존재를 밝혀주는 것이 아니라, 그의 삶이 그의 존재를 밝혀준다. 거꾸로 예수는 메시아적 존재이기 때문에 메시아적 삶을 살아간다. 메시아 되신 예수의 존재는 메시아적 삶으로 나타나고, 그의 메시아적 삶이 그의 메시아적 존재를 증명한다. 그러므로 예수는 그의 메시아적 존재에 대하여 침묵하면서도 메시아적 권위를 가지고 행동하며 하나님 나라를 선포한다. 이 문제에 대하여 우리는 이 책의 마지막 장에서 예수의 삶의 역사 전체를 뒤돌아보며 다시 한 번 종합적으로 고찰할 것이다.

4. "아빠" 되신 하나님과 그의 아들 예수

메시아적 권위를 가지고 행동하는 예수는 하나님과의 특별한 내적 관계를 보여준다. 달리 말하여 예수는 하나님과 "아버지-아들"의 관계에 있음을 보여준다. 물론 다른 종교들도 신(神)을 아버지라 부른다. 바빌로니아의 달의 신인 신(Sin)은 모든 신들과 인간의 아버지라 불리운다. 우가리트

---

7) J. Moltmann, *Der Weg Jesu Christi*, S. 161ff.

문서는 창조의 신인 엘(El)을 아버지로 표상한다. 스토아 철학도 신성을 우주 곧 코스모스의 아버지로, 인간을 신과 근친관계에 있는 신의 자녀로 표상한다.

구약성서와 유대교도 하나님을 아버지라 부른다. 물론 구약성서와 유대교는 그리스 사상과는 전혀 다른 의미에서 하나님을 아버지라 부른다. 신과 인간의 존재론적 근친관계 내지 유사성이 여기서는 배제된다. 단지 하나님의 역사적 선택을 근거로 하나님을 아버지라 부른다. 하나님의 선택을 받은 이스라엘 백성은 하나님의 "맏아들"이요(출 4:22, 23), 하나님은 "이스라엘의 아버지"다(렘 31:9). 야웨께서 "우리의 아버지"다(사 63:16). 특별히 왕이 하나님의 아들이라 불리운다. 하나님이 다윗에게 후계자를 약속하면서 다음과 같이 말한다. "내가 친히 그의 아버지가 되고 그는 내 아들이 되리라"(삼하 7:14; 참조. 시 89:27). 왕이 등극할 때 하나님은 이렇게 선포한다. "너는 내 아들, 내가 오늘 너를 낳았노라"(시 2:7). 기도드릴 때 하나님을 "하늘 아버지, 우리의 왕"이라 부르는 것은 예수 당시 팔레스타인의 유대교에서 흔히 있는 일이었다. 이러한 사실을 고려할 때, 예수가 하나님을 아버지라 부르는 것은 신관에 있어 그다지 새로운 것이 아님을 볼 수 있다.[8]

그런데 예수는 하나님을 "아버지"라 부를 뿐 아니라, "나의 아버지"라 부른다. 이것은 예수 당시 팔레스타인 유대교의 일상생활 속에서 유례를 발견할 수 없는 일이다. 그뿐 아니라 예수는 하나님을 "아빠"(Abba)라고 부른다. 아람어 "아빠"(Abba)는 어린아이가 그의 아버지를 부를 때 쓰는 말로서, 아버지에 대한 어린아이의 무한한 신뢰를 나타낸다. 예수 당시의 유대교에서 "Abba"라는 아람어는 하나님을 부르거나 하나님을 나타낼 때 결코 사용되지 않았다. 그런데 예수는 어린아이가 아버지를 부르듯이 하나

---

8) W. G. Kümmel, *Die Theologie des Neuen Testaments*, 2. Aufl. 1972, S. 36; W. Pannenberg, *Das Glaubensbekenntnnis*, 2. Aufl. 1974, S. 39.

님을 "아빠"라 부른다.[9]

여기서 우리는 예수와 하나님의 내적 관계를 발견한다. 하나님은 예수의 아버지이고 예수는 그의 아들이다. 아버지 하나님과 그의 아들 예수는 분리될 수 없는 일치 속에 있다. 하나님이 예수 안에 현존하며, 예수는 하나님 안에 현존한다. 그러므로 하나님의 일은 예수의 일이요, 예수의 일은 하나님의 일이다. 요한복음은 이것을 다음과 같이 말한다. "나를 보았으면 곧 아버지를 본 것이다. 너는 내가 아버지 안에 있고 아버지께서 내 안에 계시다는 것을 믿지 않느냐?"(요 14:9-10) "거룩하신 아버지, 아버지와 내가 하나인 것처럼…"(요 17:11). 이와 같이 예수는 하나님과 한 몸을 이루고 있는 하나님의 아들이었기 때문에, 그는 누구도 부인할 수 없는 권위를 가지고 말하며 행동할 수 있었다.

이 예수와 함께 옛 시대가 지나가고 새로운 시대가 시작한다. 구약에서 하나님이 약속하신 것이 예수와 함께 성취된다. 모든 피조물이 신음하며 기다리는 하나님의 새로운 세계가 예수와 함께 일어난다. 물론 이 새로운 세계는 묵시사상가들이 기다리던 것처럼 우주적 재난의 드라마와 함께 일어나지 않는다. 그것은 예수의 존재와 함께 일어난다. 인간이 거기로부터 유래하는 과거는 예수와의 만남 속에서 아무런 의미도 갖지 못한다. 인간의 가정적·민족적·인종적 출신은 무의미하며, 과거의 죄는 용서받는다. 또한 인간이 꿈꾸는 미래도 예수와의 만남 속에서 보장되지 않는다. 유대인이 가지고 있었던 꿈은 예수와 함께 지양되며, 높은 자리를 기대하였던 제자들의 꿈도 무산된다. 높아지고자 하는 자는 낮아져야 하며, 섬김을 받고자 하는 자는 섬기는 자가 되어야 하기 때문이다. 인간이 기대하지 못하였던 새로운 하나님의 세계-피조물의 세계가 하나님의 아들 예수와 함께 시작한다. 예수의 권위의 궁극적 출처는 여기에 있다.

예수의 세례에 관한 마태복음의 보도는 예수와 하나님의 내적 관계

9) W. G. Kümmel, *Die Theologie des Neuen Testaments*, S. 36.

를 성령을 통하여 설명한다. 예수가 세례를 받을 때, 성령이 임하면서 "이는 내 사랑하는 아들, 내 마음에 드는 아들이다"라고 선언된다(마 3:17). 이리하여 예수는 성령으로 충만하게 되면서 하나님의 아들로 선언된다. 물론 예수는 처음부터 성령으로 말미암아 탄생하였으며 성령 가운데 있었다. 처음부터 예수 안에서 활동하고 있었던 성령이 요한의 세례와 함께 다시 한 번 새롭게 경험되면서 예수의 하나님 아들 되심이 선언된다. 창조자영(*Spiritus Creator*) 곧 성령 가운데서 하나님은 예수의 아버지이고, 예수는 새 창조를 일으키는 하나님의 메시아적 아들이다. 이와 같이 예수의 메시아적 인격은 하나님과의 신화적 본질의 동일성(Wesensgleichheit)에 있지 않고, 성령 가운데 있는 예수의 "메시아적 하나님 아들 되심"(Messianische Gottessohnschaft)에 있다. 그의 아버지 되신 하나님과의 분리될 수 없는 내적 일치 속에서 예수는 하나님 나라를 선포하며 자기가 속한 세계 속에 새 창조를 일으킨다.

사도 바울은 로마서 8:15, 갈라디아서 4:6에서 예수가 아람어로 기도할 때 사용하던 "아빠(아버지)"라는 표현을 인용한다. 이 표현은 최초의 공동체가 기도할 때 사용되었던 양식으로 보인다. 하나님을 "아빠 아버지"라고 불렀던 이 예수를 하나님의 메시아로 믿는 사람은 예수와 같이 하나님과의 내적 관계 안에 있게 된다. 하나님을 자기의 "아빠(아버지)"로 이해하였으며 자기를 이 하나님의 "아들"로 이해한 예수와의 사귐 속에서 그리스도인들은 "하나님의 자녀"다. 그러나 그들은 "직접"(unmittelbar) 그렇게 되는 것이 아니라, "예수의 아들 되심에 참여함으로써", 달리 말하여 후대의 교의학이 말하는 바와 같이 "본성"(Natur)에 의해서가 아니라 "입양 (Adoption)을 통하여" 하나님의 자녀가 된다.[10]

또한 사도 바울은 그리스도인들을 가리켜 "하나님의 상속자"라 부른다(롬 8:17). 그들은 "그리스도와 함께 상속을" 받을 것이다. 그들은 무엇을 상

---

10) W. Pannenberg, *Grundzüge der Christologie*, S. 177.

속받을 것인가? 그들은 하나님과 예수 사이에 있었던 아버지와 아들의 관계를 성령 가운데서 상속받을 것이다. 그래서 그들도 하나님을 "아버지"라 부를 것이며, 예수와 함께 일어난 메시아적 사귐(Gemeinschaft)과 메시아적 역사의 상속자가 될 것이다. 그들은 하나님의 "종"이 아니라 "하나님의 자녀"다. 그들은 예수의 "친구"다. 그들은 예수의 뒤를 따라 가족과 민족과 인종과 문화와 사회적 한계에 묶이지 않는다. 그들은 이러한 인간적 한계를 넘어서서 성령의 자유 가운데 하나님 나라의 미래로부터 산다. 그들은 "하늘에 계신 내 아버지의 뜻을 실천하는"(마 12:50) 사람들의 메시아적 사귐 속에서 산다.

이 사귐은 형제와 자매는 물론 "어머니"도 포함한다. 마가복음 10:29-30에 의하면, 예수의 뒤를 따르는 사람은 메시아적 사귐 속에서 그가 버렸던 것 곧 형제와 자매와 어머니와 자녀를 다시 얻게 되는데, 여기서 "아버지"는 빠져 있다. 이것은 다음의 사실을 뜻한다. 즉 메시아적 사귐 속에서 가부장적 지배체제(hierarchy)는 더 이상 존재하지 않으며, 그 대신 아버지 되신 하나님 앞에서의 모성과 형제자매애와 자녀애가 있을 것이다.[11] 아버지는 명령하고 자기 마음대로 할 수 있는 반면, 그 밖의 모든 사람은 아버지에게 복종해야 하는 명령과 지배의 체제는 메시아적 사귐 속에 존재하지 않는다. 그 대신 어머니와 같이 고난당하고 섬기는 사랑과, 형제자매 사이의 사랑과 자녀의 사랑이 지배한다. 모든 사람은 성령 가운데, "한 아버지"와 그의 아들 예수 안에서 모든 것을 함께 나누는 평등하고 자유로운 "형제와 자매"로 실존한다. "바깥 사람과 안 사람", "나와 당신"의 존재적 구분은 존재하지 않는다. 그들은 서로 자기를 낮추며 낮은 자리에 앉는다. "누구든지 자기를 높이는 사람은 낮아지고 자기를 낮추는 사람은 높아질 것이다"(눅 14:11).

---

11) G. Lohfink, *Wie hat Jesus Gemeinde gewollt?* 7. Aufl. 1987, S. 62.

5. 어머니와 같은 하나님

- 하나님상의 혁명

일반적으로 신(神)은 피안의 세계에 있거나, 이 세계를 초월하여 자기 자신과의 영원한 동일성 속에서 자기 안에 머물러 있는 존재로 생각된다. 또한 일반적으로 신은 아버지와 같이 무서운 존재, 무서워하면서 복종해야 할 존재로 생각된다. 그래서 다른 종교들이 믿는 신의 모습은 크게 두 가지로 나타난다. 즉 속세의 모든 것을 해탈하여 내면의 무한한 정적과 무감정 속에 있는 신의 모습과, 인간을 명령하고 인간의 섬김을 받는 무섭고 험상궂은 모습으로 나타난다.

이러한 신들의 모습에 반하여 예수가 "나의 아버지" 혹은 "아빠"라고 부르는 하나님은 무한히 가깝고 자비로운 모습을 보여준다. "나의 아버지" 혹은 "아빠"라는 호칭은 하나님의 무한한 가까우심과 자비를 나타낸다. 그 것은 "하나님의 아주 직접적인 현존, 임재하심, 자기를 현재적으로 드러내심"을 표현한다.[12] 그는 바로 우리 곁에 계시기 때문에, 우리가 무엇을 필요로 하는지를 우리가 간구하지 않아도 알고 계신다(마 6:8). 그의 뜻이 아니면 참새 한 마리도 땅 위에 떨어지지 않는다. 그는 우리의 머리카락까지 다 세어두셨다(마 10:30). 그러므로 우리는 두려워할 필요가 없으며, 내일 무엇을 먹을지, 마실지, 입을지 염려할 필요가 없다. 아버지께서는 이 모든 것을 다 알고 계신다. 그가 공간적으로 가까이 계신 만큼 그의 나라는 시간적으로 가깝다. 그의 나라가 너무도 가까이 있기 때문에, 예수는 그를 "아빠"라 부른다. 예수는 가난한 자들, 고난당하는 자들에 대한 그의 사랑과 자비를 통하여 하나님의 가까우심을 나타낸다.

또한 예수가 "나의 아버지" 혹은 "아빠"라고 부르는 하나님은 명령하고

---

12) G. Bornkamm, *Jesus von Nazareth*, 10. Aufl. 1975, S. 111 참조. 원문: "das ganz unmittelbare Dasein, Gegenwärtigsein und Sich-gegenwärtigerweisen Gottes".

강제하는 무서운 하나님이 아니라 우리를 돌보시는 자비로운 분이다. 그는 인간을 행위에 따라 심판하는 분이 아니라 무한히 용서하는 분이다. 그는 "눈은 눈으로, 이는 이로" 보복하는 분이 아니라 오히려 섬기는 분이다. 그는 억압하는 분이 아니라 자유를 허락하는 관대한 분이다. 그는 요구하기보다 자기를 내어준다. 그는 병들게 만들지 않고 오히려 고친다. 그는 아버지와 같은 분이라기보다 어머니와 같은 분이다. 한마디로 "하나님은 사랑이다"(요일 4:8, 16).

　고대의 많은 종교들은 신의 명령을 지키는 사람만이 신전에 들어갈 수 있다고 믿었다. 이스라엘 종교는 물론 바빌로니아, 그리스-로마의 종교 모두 마찬가지였다. 그러므로 신전에 들어가는 문 앞에 제사장이 서 있었고, 신전에 들어오려는 사람들이 종교적·윤리적 조건들을 지켰는가의 여부를 질문하였다. 예루살렘 성전의 문 앞에 제사장이 지키고 서 있었다. 성전에 들어가려는 순례자들은 성전에 들어갈 수 있는 조건이 무엇인가를 그에게 물었다. 제사장은 이렇게 대답하였다. "하나님의 율법을 지키며 그의 계명을 행하는 자", "죄 없는 손을 가지며 마음이 깨끗한 자", "그 마음에 거짓이 없으며 옳은 일을 행하는 자", "버림받은 자들을 멸시하지 아니하며 하나님을 경외하는 자를 존경하는 자", 이러한 자만이 성전에 들어올 수 있다고 제사장은 대답하였다.

　이에 반하여 예수는 하나님 앞에 나아갈 수 있는 어떠한 조건도 제시하지 않는다. 그는 세리와 죄인들을 영접한다. 먹고살 걱정 때문에 하나님의 계명을 지킬 수 없는 가난한 자들, 세상의 재물로 마음과 손이 더러운 부자들, 하나님과 사람 앞에서 선한 업적을 자랑할 수 있는 의로운 자들, 하나님과 사람 앞에서 자랑할 것이 없는 불의한 자들, 자기와 비슷한 사람들만을 허용하는 경건한 자들, 사회의 변두리에서 그 사회의 도덕적 기준과 조건들을 지킬 수 없는 불경건한 자들, 이 모든 사람들을 예수는 초대한다. 그는 종교가 하나님과 사람, 사람과 사람 사이에 만들어놓은 모든 간격을 허물어버리고 모든 사람을 초대한다. "수고하며 무거운 짐을 진 사람은 모두 내게로 오라. 내가 너희를 쉬게 하겠다"(마 11:28).

이러한 예수의 모습에서 우리는 어머니와 같은 하나님의 모습을 발견한다. 그는 인간의 지난 잘못을 묻지 않고 새로운 삶으로 초대한다. 그는 인간의 업적에 따라 상을 주거나 벌을 주지 않고, 인간을 있는 그대로 받아준다. 그는 본질적으로 은혜로운 하나님, 어머니와 같이 자비로운 하나님이다. 이것은 "탕자의 비유"에서 분명히 나타난다(눅 15:11-32).

이 아버지는 스스로 경건하며 의롭다고 하는 사람들을 찾지 않고, 경건하지 못하며 불의하다 불리우는 자들을 찾으신다. 거리의 거지들, 가난한 자들, 멸시와 버림과 조롱을 받는 자들을 잔치 자리에 초대한다. 그는 대열에서 낙오된 양 한 마리를 찾기 위하여 위험을 피하지 않는다. 그는 천하다고 하는 사람들의 발을 씻어준다. 그는 인간의 섬김을 받지 않고, 오히려 인간을 섬기기 위하여 고난의 길을 택한다. 그는 의로운 자에게는 물론 악한 자에게도 햇빛과 비를 주신다. 그는 지배하는 자들의 신이 아니라 억눌린 자들의 신이다. 그는 차안과 그 속에 사는 인간을 희생시키는 피안의 신이 아니라, 그들을 위하여 차안 속으로 들어와서 새 창조를 일으키는 "새 창조의 신"이다. 프로이트가 말하는 폭군적 초-자아(Über-Ich), 인간의 환상적인 유아기적 욕구를 투사시킨 존재(Wunschbild)가 아니라, 인간을 위하여 고난당하는 하나님이다. 그는 인간을 사랑하기 때문에 인간의 행복을 율법과 종교의 최우선적인 기준으로 세우며, 모든 인간적 차별을 거부한다. 그는 근엄한 아버지와 같은 하나님이 아니라, 무한히 자애롭고 자식을 위하여 생명까지 버릴 수 있는 어머니와 같은 하나님이다.

사실 하나님은 남성이 아니다. 그는 인간과 같은 성(性)을 갖지 않는다. 그는 다른 종교의 신들처럼 여자 신들을 거느리지 않는다. 그럼에도 불구하고 하나님을 "아버지"라 부르는 것은 남성 중심의 사회, 가부장적 사회의 산물이다. 오히려 근엄하고 무서운 아버지의 상보다 따뜻하고 인자하며 용서하고 말없이 섬기는 어머니의 상이 하나님에게 더 가깝다. 예수가 하나님에 대하여 사용한 "나의 아버지" 혹은 "아빠"라는 호칭은 남성적 하나님상보다 여성적 하나님상에 더 가깝다. 최초의 공동체는 예수의 뒤를 따라 하나님을 "아빠"라 부르기도 하였던 것으로 보인다. 바울은 로마와 갈라디아의 공동체가 예배드릴 때, 하나님을 "아빠"라 불렀다는 것을 알고 있었다. 그러나 "아빠"라는 양식과 "마라나타"(주여, 오소서)라는 양식은 교회의 삶에서 사라졌다. 그 반면 "아멘", "할렐루야"라는 히브리어는 교회의 삶 속에 정착되었다. "아빠"의 양식이 나타내는 하나님의 가까우심과 하나님 나라의 가까우심은 재림의 지연으로 인하여 불가능하게 되었다. 그 대신 로마 황제가 통치권을 대리하는 만유의 통치자 하나님, 명령하고 지배하는 남성적 하나님상이 로마 제국의 국가종교가 된 기독교를 지배하였다.

물론 예수의 말씀과 활동 속에 어머니와 같이 무한히 자애로운 하나님의 모습만 나타나는 것은 아니다. 전능하신 하나님, 불의를 비판하는 의로운 하나님의 모습도 나타난다. 그는 산을 들어 옮길 수도 있다. 그는 죽은 사람을 살릴 수 있다. 그는 그의 자녀들이 간구하는 것을 이루어주실 수 있다. 그는 지도자들 곧 바리새인과 서기관들의 거짓과 불의를 비판한다. 그러나 하나님의 전능하심과 의로우심은 그의 자비와 반대되는 것이 아니라 그것과 결합되어 있다. 그의 전능은 폭군적 전능이 아니라, 자녀들의 필요를 들어줄 수 있고 자기 자신을 희생할 수 있는 자비로운 어머니의 전능과 같다. 지도자들에 대한 그의 의로운 비판은, 그들로 말미암아 고통을 당하는 자들을 구하고자 하는 그의 자비의 나타남이다. 그의 의로우심은 분노와 심판으로 나타나지 않고 결국 십자가의 자기희생으로 나타난다.

이와 같이 어머니와 같이 자비로운 예수의 아버지 하나님은 구약에 나타나는 "고엘"의 하나님에 상응한다. 고엘(go'el)은 히브리어 가알(ga'al)이란 동사에서 유래하며 "원상을 복구하다"(wiederherstellen)는 의미를 가진다. 이러한 의미를 가진 동사 "가알"에서, 팔아버린 토지를 "무르다(되사다)"(레 25:25), 노예를 "속량하다"(레 25:48), 포로로 붙들린 사람(이스라엘)을 "풀어주다", "해방하다"(출 6:6), 가족이나 친척을 죽인 자에게 "복수하다"(민 35:12)라는 의미가 파생한다. "고엘"은 이러한 뜻을 파생한 동사 "가알"의

분사 형태로서 "무르는 자", "친척", "되사는 자", "해방(구속)자" 등의 의미를 가진다. 예수의 삶 속에 나타나는 하나님은 이러한 의미를 가진 "고엘"의 하나님이다.[13] 그는 인간 위에서 인간에게 명령하고 인간의 섬김을 받는 것이 아니라, 거꾸로 인간을 돌보시는 분이다. 그는 죄인이라 불리는 자들의 죄를 용서하고 병든 자를 고쳐준다. 그는 귀신들린 자를 자유롭게 하며, 소외된 자들을 용납한다. 이리하여 그는 인간의 존엄성과 기본 권리를 회복하며 그를 소외로부터 해방한다. 그는 인간이 본래 하나님 앞에 서야 할 그 자리에 인간을 돌아오게 한다. 그는 "주의 은혜의 해" 곧 희년을 선포함으로써 힘없고 가난한 자들, 노예로 팔린 자들이 인간으로서의 존엄성과 가치를 되찾아 인간답게 살 수 있는 세계를 회복하고자 한다. 예수의 아버지 하나님은 단순히 죄인을 영접하며 위로한다는 수동적 의미에서 어머니와 같은 하나님이 아니라, 인간의 상실된 가치와 존엄성을 회복하고 모든 인간이 평화롭게 살 수 있는 세계를 형성하는 보다 적극적 의미에서 어머니와 같은 하나님이다.

---

13) 임태수, "희년정신. 고엘정신. 연대정신. - 레위기 25:8-55", in : 『한국 기독교 장로회 회보』, 제322호, 1991, p. 5.

제3부

사회 속에 있는 하나님 나라

예수의 모든 말씀과 활동의 중심은 하나님 나라에 있었다. 그의 존재 자체가 하나님 나라의 현실(*Auto-Basileia*)이었다. 그러나 그가 선포한 하나님 나라는 천상의 세계나 피안의 세계가 아니라, 그가 속한 사회 안에서 구체적으로 나타나는 현실적이고 차안적인 것이었다. 그것은 철저히 사회 안에서 실현되어야 할, "사회적인 것"이었다. 그것은 희년의 정신을 실천하며, 약하고 소외된 자들의 가치와 존엄성을 회복하며, 물질을 함께 나누며, 서로 용서하고 섬기는 사랑의 구체적 실천 속에서 현실화되어야 하는 것이었다.

VI
예수와 함께 일어나는 하나님 나라

예수는 누구인가? 그가 하고자 하였던 일은 무엇인가? 병든 사람을 고치고 귀신을 내어쫓는 것이 그의 주요 활동이었던가? 아니면 물질적 축복을 주는 것이었던가? 아니면 불의한 사회체제 속에서 개인이 불가피하게 지을 수밖에 없는 죄를 용서하고 마음의 위로와 평화를 주는 것이 그의 주요 활동이었던가? 아니면 사회개혁이나 혁명이 그의 주요 활동이었던가? 오늘 한국교회에서 유행하고 있고 또 예수 자신이 행하였던 병고침과 귀신추방은 예수의 활동에 있어 어떤 의미를 가지는가?

1. 세례 요한과 예수, 예수의 광야 유혹

복음서는 예수의 공적 활동을 이야기하기 전에 먼저 세례 요한에 대하여 이야기한다. 마태는 여기에 예수가 광야에서 마귀의 유혹을 받은 이야기를 추가한다. 복음서가 예수의 공적 활동을 이야기 하기 전에 먼저 세례 요한에 대하여 이야기하는 것은, 예수의 선포와 모든 활동이 세례 요한의 회개운동과 세례운동으로부터 유래하며, 따라서 세례 요한의 회개운동과 세례운동이 예수의 선포와 활동에 대한 기초가 된다는 것을 암시한다. 복음서의 기록에 의하면, 예수는 세례 요한의 제자로서 그의 회개운동과 세례운동에 가담하였던 것 같다. 그러나 세례 요한이 갈릴리 지역의 영주 헤롯이 그의 동생의 아내 헤로디아와 결혼한 부도덕과 타락을 비판했다는 이유로 체포되자, 예수는 갈릴리로 돌아가서 하나님 나라를 선포하기 시작하였다. 이것을 마가는 다음과 같이 보고한다. "요한이 잡힌 뒤에 예수께서 갈릴리에 오셔서 하나님의 복음을 전파하시며"(막 1:14). 따라서 예수는 세례 요한을 대신하여 하나님 나라에 대한 종말론적 소식을 전하였다고 볼 수 있다.

그렇다면 세례 요한은 누구인가? 그는 광야에서 살면서 하나님 나라를 선포하였다. "회개하여라. 하늘나라가 다가왔다!"(마 3:2) 회개와 죄에 대한 표식으로 그는 요르단 강에서 세례를 베풀었다. 그는 "마지막 때"가 왔다는 것을 의식하였다. "도끼가 이미 나무 뿌리에 닿았으니 좋은 열매를 맺지 않는 나무는 다 찍혀 불 속에 던져질 것이다"(마 3:10). 하나님의 심판이 임박하였다. 이스라엘이 하나님의 선택된 백성이라는 것은 이 심판 앞에서 아무 의미도 없다. "아브라함이 우리 조상이다"라고 말해보았자 아무 쓸 데가 없다. 하나님은 돌을 가지고도 아브라함의 자녀를 만들 수 있다(마 3:9). 이와 같이 세례 요한은 하나님의 분노의 심판을 선포하고 회개를 요구한다.

세례 요한의 이러한 선포는 메시아적 선포이며, 그의 회개운동은 메시아적 운동이라 말할 수 있다. 이스라엘은 메시아와 함께 하나님 나라가 올 것이라 기다렸기 때문이다. "백성들은 그리스도(곧 메시아)를 기다리고 있던 터였으므로 요한을 보고 모두들 속으로 그가 혹시 그리스도가 아닐까 하고 생각했다"(눅 3:15). 예수는 메시아적 성격을 가진 세례 요한의 회개운동과 연관하여 하나님 나라를 선포한다. 따라서 하나님 나라에 대한 예수의 선포는 세례 요한의 선포와 맥락을 같이한다. 하나님 나라에 대한 두 사람의 선포는 메시아적 선포였다. 바로 여기에 세례 요한과 예수의 공통점이 있다.

두 사람이 선포하는 하나님 나라는 이스라엘 민족의 테두리를 넘어선다. 하나님 나라는 단지 이스라엘 민족에게 속한 것이 아니라 땅 위에 있는 모든 민족을 위한 것이다. "그리고 '아브라함이 우리의 조상이다' 하는 말은 아예 하지도 말라. 사실 하나님은 이 돌들로도 아브라함의 자녀를 만드실 수 있다"라는(눅 3:8) 세례 요한의 말은 이것을 암시한다. 이스라엘 민족이냐 아니냐의 문제는 하나님 나라 앞에서 아무 의미도 없다. 아브라함의 자손 곧 이스라엘 민족이라 할지라도 회개에 합당한 열매를 맺지 않으면 하나님의 심판을 면할 수 없다. 비록 아브라함의 자손이 아니라 할지라도 회개에 합당한 열매를 맺는 사람은 어느 누구를 막론하고 하나님 나라에 들어갈 수 있다. 하나님 나라의 이러한 보편적 성격은 하나님 나라에 대한 예수의 선포와 활동에도 나타난다. 자기의 종을 고쳐달라고 예수께 간청한 가버나움의 백인대장은 이방인이었고 신실한 믿음을 가지고 있다. 이 백인대장이 가진 것과 같은 믿음을 "이스라엘 사람에게서도 본 일이 없다"는(눅 7:9) 예수의 말씀은, 혈통과 민족과 인종을 초월한 하나님 나라의 보편성을 역설한다.

세례 요한이 임박한 하나님 나라를 선포하면서 회개를 요구할 때, 사람들은 "그러면 우리는 어떻게 해야 하겠습니까?" 하고 질문한다. 이 질문에 대하여 세례 요한은 이렇게 답변한다. "속옷 두 벌을 가진 사람은 한 벌을 없는 사람에게 주고 먹을 것이 있는 사람도 이와 같이 남과 나누어 먹어야 한다." 세리들은 "정한 대로만 받고 그 이상은 받아 내지 말아야" 하며, 군인들은 "협박하거나 속임수를 써서 남의 물건을 착취하지 말고 자기가 받는 봉급으로 만족해야" 한다(눅 3:11-14). 여기서 우리는 세례 요한과 예수가 선포한 하나님 나라가 어떤 것인가를 간파할 수 있다.

① 두 사람이 선포하는 하나님 나라는 충분히 가진 사람들이 가난한 사람들에게 소유를 베푸는 세계다. 달리 말하여 하나님의 자비가 실천되

는 세계다. ② 하나님 나라는 세무원들이 횡포를 부리지 않는 세계다. 뇌물을 주면 세금을 적게 낼 수 있고 뇌물을 주지 않으면 많은 세금을 내어야 하는 부패하고 타락한 세계가 아니다. 하나님 나라는 공직자들의 횡포와 부패와 타락이 없는 세계다. ③ 하나님 나라는 군인은 물론 모든 국민이 "자기가 받는 봉급으로 만족하는" 세계다. 그것은 공직자들의 속임수와 착취가 없는 세계다.

세례 요한과 예수가 가진 또 하나의 공통점은 두 사람 모두 기성종교 안에서 활동하지 않고 기성종교 밖에서 활동하였다는 것이다. 세례 요한이 광야에서 하나님 나라를 선포하였다는 것은 무엇을 말하는가? 그것은 당시의 유대교가 형식화되었으며 하나님 나라의 메시아적 선포를 상실하였음을 말한다. 이 종교 안에는 더 이상 희망이 없었다. 종교 지도자들은 경건과 제사의 형식은 가지고 있으나, 로마의 권력과 결탁하여 사회적 특권과 무사안일한 생활을 누릴 뿐이었다. 그러므로 세례 요한은 제도화된 종교 밖에서, 곧 "광야"에서 그 사회의 대각성운동을 일으켰다. 그의 운동은 제도화된 종교의 틀 속에 있는 지도자들에 대한 비판이었다. 이 종교의 지도자들은 사실상 민중에 대한 지도력을 상실하였으며 그들을 회개시킬 수 있는 힘을 갖지 못하였다.

왜 많은 사람들이 세례 요한에게로 갔던가? 그들은 세례 요한에게서 이스라엘의 희망을 발견하였기 때문이다. 광야에서 메뚜기와 석청을 먹고 살면서 하나님 나라를 선포하고 회개를 요구하는 세례 요한, 자기 동생 빌립의 아내 헤로디아를 데리고 사는 헤롯의 부도덕을 비판하며 하나님의 자비와 정의를 그 사회에서 실천할 것을 요구하는 세례 요한에게서 그들은 이스라엘의 희망을 발견하였기 때문이다. 그의 회개운동은 제도화된 기성종교에 대한 비판세력이었다. 예수가 이러한 세례 요한에게서 세례를 받았다는 것은, 예수의 모든 선포와 활동이 세례 요한의 그것과 맥을 같이한다는 것을 시사한다. 그러므로 예수도 회개와 더불어 하나님 나라를 선포하였고 제도화된 종교 밖에서 활동하였다. 따라서 예수의 활동도 예루살렘을 중심으로 형성되어 있는 기성종교에 대한 비판세력으로 보여질 수밖에 없다.

그러나 세례 요한과 예수 사이에는 중요한 차이점이 있다.

1) 세례 요한이 선포하는 하나님 나라는 인간의 행위에 대한 심판으로서 오는 것이라면, 예수가 선포하는 하나님 나라는 죄인을 용서하고 용납하는 하나님의 은혜로서 온다.

2) 삶의 모습에 있어서 두 사람은 차이를 보인다. 세례 요한은 광야에 기거하며 거기서 하나님 나라를 선포한다. 이에 반하여 예수는 광야를 떠나 성읍으로 들어간다. 그는 성읍 안에서 기거하고 거기서 하나님 나라를 선포한다. 세례 요한은 금욕생활을 한다. 그는 메뚜기와 석청을 먹으며 산다. 이에 반하여 예수는 특별한 금욕생활을 하지 않는다. 그는 일반 사람들이 먹는 음식을 같이 먹는다. 그는 "먹고 마시기를 탐하는 자"로(막 11:19) 비난받기도 한다. 세례 요한과의 차이를 예수는 이렇게 말한다. "너희는 세례 요한이 와서 빵도 먹지 않고 포도주도 마시지 않으니까 '저 사람은 미쳤다'고 하더니 사람의 아들이 와서 먹기도 하고 마시기도 하니까 '보아라, 저 사람은 즐겨 먹고 마시며 세리나 죄인들하고만 어울리는구나!'라고 말한다"(눅 7:33-34). 세례 요한과 그의 제자들은 단식을 하는 데 반해, 예수와 그의 제자들은 단식을 하지 않는다(마 9:14). 세례 요한은 회개의 세례를 베풀었으나, 예수는 어느 누구에게도 세례를 베풀지 않는다. 예수는 세례 의식 없이 죄를 용서하여준다.

3) 예수는 종말의 이론에 대하여, 묵시사상적 사변에 대하여 거의 관심을 갖지 않는다. 이에 반하여 세례 요한의 선포에는 묵시사상적 요소가 강하게 느껴진다.

세례 요한과 예수의 이러한 차이는 어디로부터 오는가? 이 차이는 예수의 메시아 의식으로부터 오는 것으로 보인다. 예수의 놀라운 이야기가 퍼지자, 요한의 제자 두 사람이 예수를 찾아와 질문한다. "오실 그분이(곧 메시아) 선생님이십니까? 그렇지 않으면 우리가 다른 분을 기다려야 합니까?"(눅 7:19) 이 질문에 대하여 예수는 이사야서의 메시아적 구절로 답변한다. "눈먼 사람이 보고, 다리 저는 사람이 걷고, 가난한 사람이 복음을 듣는다. 나에게 의심을 품지 않는 사람은 복이 있다"(눅 7:22-23). 곧 하나님 나라가 예수 자신의 존재와 함께 일어나고 있다는 것이다. 이로써 예수는 자기의 메시아 되심을 간접적으로 시인한다. 이와 같이 예수가 하나님 나라의 현재성을 자기의 존재 그리고 자기의 활동과 결부시킬 수 있는 이유는 무엇인가? 그 이유는 예수가 결코 "우리의 아버지"라 부르지 않고 "나의 아버지" 혹은 "아빠"라고 부르는 하나님과의 내적인 하나 됨에 있는 것 같다. 그는 하나님과의 "직접성"(Unmittelbarkeit, Käsemann) 속에 있다. 그는 이 하나님의 아들이요 메시아다. 그러므로 그는 하나님 나라의 현재성을 자신의 존재와 그리고 자기의 활동과 결합시킨다.

요한에게서 받은 예수의 세례는 이것을 잘 보여준다. 예수는 다른 이스라엘 사람들처럼 세례 요한의 세례를 받는다. 그런데 예수의 세례에 있어서 특이한 점은, "하늘이 열리면서" 성령이 비둘기처럼 예수에게 내려왔고, "너는 내 사랑하는 아들, 내 마음에 드는 아들이다"라는 소리가 하늘에서 들려왔다(막 1:11). "하늘이 열렸다"는 것은 새로운 구원의 시간이 시작되었음을 뜻한다. 그 새로운 구원의 시간의 시작이 예수가 하나님의 아들로 선언되는 일과 결합된다. 예수는 단지 하나님 나라를 선포하는 자가 아니라, "하나님의 아들"이다. 그에게 성령이 부어진다. 이제 성령이 예수 안에 거한다. 예수는 성령으로 충만하다. 성령으로 수태된 예수는 성령으로 충만한 하나님의 아들이다. 이로써 하나님의 영은 예수의 영이 된다. 성령의 역사는 예수의 역사와 결합된다. 예수는 모든 사람의 형제로서, 가난한 사람들의 친구로서, 교회 공동체의 머리로서, 새 창조의 메시아로서 성령을 받는다.

이스라엘의 메시아 전승에 의하면, 성령이 부어진다는 것은 기름 부음을 받는 자가 하나님의 아들로 세워진다는 것을 뜻한다. 이리하여 예수는 하나님의 아들로 선포되고, 하나님은 그의 아버지로 밝혀진다. 그의 아버지 하나님은 인간의 업적에 따라 심판하는 분이 아니라, 자녀의 모든 것을 무한히 용서하는 "아빠"다. 그러므로 예수는 하나님 나라를 심판으로 선포하지 않고 용서와 은혜로 선포하며, 하나님 나라를 자신의 존재와 활동과 결합시킨다. 그는 하나님의 가까이 계심을 위협과 금욕을 통하여 나타내지 않고, "죄인들의 용서"와 "병든 자들의 고침"을 통하여 나타낸다. 그는 슬퍼하지 않고 기뻐한다. 세례 요한은 문화생활을 포기하고 광야에 머무는 반면, 예수는 광야를 떠나 세속으로 들어와 세속 안에서 활동한다. 자신의 존재와 함께 일어나고 있는 하나님 나라는 세속 안에서, 인간의 현실적 삶의 세계로서 이루어져야 할 것이기 때문이다. 그것은 위협과 심판이 아니라 용서와 치유와 통합으로 일어난다.

예수가 세례 요한에게서 세례를 받고 성령을 받은 이야기 다음에, 광야에서 사탄에게 세 가지 유혹을 받은 이야기가 나온다(막 1:12, 13; 마 4:1-11; 눅 4:1-13). 마가, 마태, 누가의 보도에 의하면 예수는 영에 이끌려 광야로 갔고, 사탄이 그를 유혹하였으며, 천사가 그를 시중들었고, 그는 짐승들 가운데에 거하였다.

예수가 당한 세 가지 유혹은 그의 메시아적 선포와 활동의 틀을 형성한다. 그가 당한 첫째 유혹은 경제적 유혹이요, 둘째 유혹은 정치적 유혹이며, 셋째 유혹은 종교적 유혹이다. 사탄은 예수에게 하나님을 부인하고 자신을 섬기기만 하면 ① 굶주린 백성들을 충분히 먹일 수 있는 물질을 주겠다, ② 세계의 모든 것에 대한 지배권을 주겠다, ③ 하나님의 아들이 되게 하겠다고 유혹한다. 다시 말하여 그는 경제적인 힘, 정치적인 힘, 종교적인 힘을 주겠다고 예수에게 약속한다. 예수는 사탄의 이 유혹을 거절한다. 그는 메시아로서 그가 가질 수 있는 이 모든 힘을 포기한다. 그는 "힘없는 메시아", "힘없는 하나님의 아들"이 된다. 힘없이 십자가에 달려 죽은 그의 삶의 길이 벌써 여기에 나타난다. 성령에 충만한 하나님의 아들 예수는 그의 활동을 시작하면서부터 힘없는 자, 고난받는 자로 나타난다. 예수 안에 있는 성령은 그를 고난의 길로 인도하며, 이 길을 걸어가는 예수를 천사가 동반하며 섬긴다. 그가 선포하는 하나님 나라는 단지 먹을 것을 충분히 얻을 수 있는 나라도 아니고 정치적 권력이나 종교적 권력으로 얻을 수 있는 것도 아니다. 하나님 나라는 하나님과 자기를 철저히 일치시키고 하나님께 복종하는 예수의 존재와 함께 일어난다.

물론 광야 유혹의 이야기에는 예수가 정치적·경제적·종교적 권력을 추구하지 않았으며 따라서 그는 로마의 정치권력에 대하여 아무런 위험 인물이 아니었음을 보여주려는 의도가 전혀 없는 것은 아니다. 그러나 이 이야기는 예수의 십자가의 죽음과 관련하여 생각할 때 비로소 그의 선포와 모든 활동의 틀을 형성한다.

2. 예수의 사역의 중심

앞서 고찰한 바와 같이 예수는 하나님을 "나의 아버지" 혹은 "아빠"라고 부르면서 메시아적 권위를 가지고 행동한다. 그러나 예수는 자기가 누구이며 무엇을 위하여 이 세상에 왔는가를 체계적으로 설명하지 않는다. 그는 이러한 것을 설명하는 소위 "원리강론"이나 교리 체계를 남기지 않았다. 그는 자기가 누구인가에 대하여 침묵을 지킨다. 귀신과 베드로가 그를 "하나님의 아들" 혹은 "메시아"라고 고백할 때, 그는 침묵을 명령한다. 그가 세상에 오신 목적에 대하여 복음서는 단지 몇 구절에서 말할 뿐이다. "내가 세상에 평화를 주러 온 줄로 생각하지 말아라. 평화가 아니라 칼을 주러 왔다"(마 10:34), "사람의 아들은 잃은 사람들을 찾아 구원하러 온 것이다"(눅 19:10), "사람의 아들은 섬김을 받으러 온 것이 아니라 섬기러 왔고, 또 많은 사람들을 위하여 목숨을 바쳐 몸값을 치르러 온 것이다"(막 10:45).

이 모든 구절들이 과연 역사의 예수로부터 유래하는지 아니면 최초의 공동체의 신앙에서 유래하는지는 증명하기는 어렵다. 그러나 공관복음서의 한 가지 공통된 사실은, 예수는 그의 공적 활동을 "하나님 나라" 혹은

"하늘나라"를 선포하면서 시작한다는 것이다. "요한이 잡힌 뒤에 예수께서 갈릴리에 오셔서 하나님의 복음을 전파하시며 '때가 다 되어 하나님 나라가 다가왔다. 회개하고 이 복음을 믿어라' 하셨다"(막 1:15), "요한이 잡혔다는 말을 들으시고 예수께서는 다시 갈릴리로 가셨다.…이때부터 예수께서는 전도를 시작하시며 '회개하라, 하늘나라가 다가왔다'라고 말씀하셨다"(마 4:12-17). 누가는 여기에 "주의 은혜의 해" 곧 "희년"에 대한 선포를 덧붙인다(눅 4:18-19).

여기서 우리는 다음의 사실을 확정할 수 있다. 즉 역사의 예수는 그 자신을 선포하지 않고 희년의 계명을 포함하는 하나님 나라, 하늘나라를 선포하였다는 것이다. 이것은 더 이상 의심할 수 없는 "역사적 사실"로 보인다. 또한 역사의 예수는 단순히 "하나님"에 대하여 말하지 않고 "하나님 나라"에 대하여 말하였다는 것이다. 오늘날 대부분의 한국교회는 죄 용서, 영혼 구원, 물질적 축복을 선포의 주제로 삼고 있다. 그러나 역사의 예수는 희년의 계명을 포함하여 하나님 나라를 선포의 주제로 삼았다는 사실을 한국교회와 신학은 잊어서는 안 될 것이다.

복음서의 내용을 우리는 다음과 같이 크게 구분할 수 있다. ① 비유의 말씀들, ② 기적에 관한 이야기들, ③ 윤리적 가르침들, ④ 예수의 생애와 기타 활동에 관한 기록들. 이 모든 내용들의 중심에는 하나님 나라가 있다. ① 비유의 말씀들은 하나님 나라가 무엇인가에 대한 "말"로 하는 설명이요, ② 예수가 행한 기적들은 하나님 나라가 지금 사건화되고 있음을 "행위"로 보여주는 "표징"이요, ③ 윤리적 가르침은 하나님 나라의 자녀로서 인간이 어떻게 행동하고 살아야 하는가에 대한 가르침이요, ④ 그의 생애 전체는 하나님 나라의 "사건화"라고 말할 수 있다. 그러므로 예수의 모든 말씀과 활동의 중심(central focus)은 하나님 나라에 있다는 것이 오늘날 신학의 공통된 견해다. 하나님 나라가 그의 모든 말씀과 활동의 중심이기 때문에, 예수는 하나님 나라를 선포하면서 공적 활동을 시작한다.

예수가 선포하는 "하나님 나라" 혹은 "하나님의 왕국"(*basileia tou theou*)

은 구약에 그 뿌리를 가진다. 이스라엘 민족은 일찍부터 하나님을 그들의
왕이라 불렀으며 그의 주권적 통치를 고백하였다.

> 야웨여, 당신의 온갖 피조물들이 감사노래를 부르고
> 신도들이 당신을 찬양하게 하소서.
> 그들이 당신 나라의 영광을 들어 말하고
> ⋯⋯
> 당신 나라의 그 찬란한 영광을 알리게 하소서.
> 당신의 나라는 영원한 나라,
> 당신만이 만세에 왕이십니다(시 145:10-13).

> 야웨께서는 하늘에 옥좌를 차리시고
> 온 누리를 다스리신다(시 103:19).

이스라엘 민족은 매년 제의에서 하나님이 모든 민족의 왕으로 등극하
시며 모든 대적을 이기신다는 것을 찬양하였다.

> 문들아, 머리를 들어라.
> 오래 된 문들아, 일어서라.
> 영광의 왕께서 드신다.
> 영광의 왕이 누구신가?
> 힘세고 용맹하신 야웨이시다(시 24:7-8).

> 야웨께서 위엄을 옷으로 입으시고 왕위에 오르셨다.
> 야웨께서 그 위엄 위에 능력을 띠삼아 동이셨다.
> 세상을 흔들리지 않게 든든히 세우셨고,
> 당신의 왕좌는 처음부터 요지부동이오니.

처음부터 당신은 야웨시옵니다(시 93:1-2).

남북 왕국의 분열, 두 왕국의 몰락, 아시리아의 지배, 바빌로니아 포로 생활 등 민족적 재난 속에서 하나님의 왕권에 대한 이스라엘의 신앙은 종말론적 믿음으로 확대되었다. 이스라엘은 그의 상황이 근본적으로 변화될 새로운 미래와, 이 미래를 가져올 메시아에 대한 종말론적 희망을 가지게 되었다. 이 희망은 예언자들을 통하여 표현되었다(사 2:8; 25:8). 그것은 특히 제2이사야에게서 분명히 나타난다. "보아라, 내가 이제 새 하늘과 새 땅을 창조한다. 지난 일은 기억에서 사라져 생각나지도 아니하리라. 내가 창조하는 것을 영원히 기뻐하고 즐거워하여라"(사 65:17-18).

그러나 바빌로니아 포로생활에서 돌아온 이스라엘 민족은 나라의 주권을 되찾지 못하고 계속 강대국의 식민지가 되어 말할 수 없는 모욕과 억압을 당한다. 그 결과 하나님의 구원은 이 세계의 역사 안에서는 불가능하다는 생각과 함께, 이스라엘은 하나님의 구원을 역사의 종말에 올 것으로 기대하게 된다. 하나님의 구원이 역사의 종말로 미루어지는 동시에 세계사적 범위로 확대된다. 여기서 이스라엘의 민족적-역사 내적인 메시아니즘은 묵시사상적-보편적 메시아니즘으로 확대된다. 민족적-역사 내적인 메시아니즘에 의하면, 메시아는 역사의 과정 중에 올 것이며 이스라엘을 외세의 억압에서 해방시키고 온 세계의 중심으로 삼을 것이다. 그 다음에 하나님 나라가 이루어질 것이다. 그러나 묵시사상적-보편적 메시아니즘에 의하면, 이 시대는 구원의 가능성이 없다. 그것은 시간이 흐를수록 더욱 악해질 것이다. 전쟁, 기아, 살인, 천재지변 등을 통하여 그것은 몰락할 것이며, 세상의 종말이 올 것이다. 세상의 종말에 메시아가 와서, 살아 있는 자들은 물론 죽은 자들도 다시 살리셔서 심판하실 것이며, 그다음에 영원한 하나님 나라가 올 것이다. 메시아와 그의 구원, 하나님의 왕권에 대한 이러한 희망 때문에 이스라엘 민족은 역사의 모든 시련을 참고 이기며 외세에 저항할 수 있었던 것으로 보인다. 아리마대 사람 요셉이 하나님

나라를 기다리고 있었다는 마가와 누가의 보도는(막 15:43; 눅 23:51), 하나
님 나라를 기다리면서 역사의 모든 시련을 참고 이겨나가는 당시 이스라
엘 민족의 역사적 상황을 반영한다.

예수는 이와 같이 이스라엘 민족이 기다리고 있는 하나님 나라를 그
의 선포와 활동의 주제로 삼는다. 그가 하나님 나라를 선포할 때, 그것을
들은 사람들이 그것을 이미 잘 알고 있음을 복음서는 전제하고 있다. 그것
은 단순히 인간의 가능성과 노력으로 오는 것이 아니라, 하나님의 은혜로
서 온다. 그것은 예수의 존재와 함께 지금 일어나고 있다. 그것은 더 이상
"*utopia*"(no place)가 아니라 "*topia*"(place)다.[1] 그것은 단순히 인간 내면의
변화에 불과한 것이 아니라, 현실 세계의 모든 상황과 질서를 개혁한다.

여기서 우리는 예수가 단순히 "하나님"에 대하여 말하지 않고 "하나님
나라", "하나님 왕국"에 대하여 선포한다는 것을 유의할 필요가 있다. 하나
님에 대한 예수의 표상은 구약으로부터 유래한다. 구약의 하나님은 역사
속에서 행동한다. 그는 만물 속에 내재하며 정체되어 있는 그리스적 신이
아니라, 새로운 역사를 창조하며 역사의 새로운 미래를 열어주는 신이다.
그는 신현을 통하여 자기를 직접 알려주지 않고, 역사적 활동을 통하여 알
려준다. 따라서 "하나님이 존재한다"는 것은 "하나님이 행동한다", "하나
님이 다스린다"는 것을 뜻한다. 그러므로 "하나님 나라"(Kingdom of God)
는 "하나님의 다스림"(Reign of God)으로 번역되는 것이 더 적절할 것이다.[2]
하나님 나라는 두 가지 면을 가진다. 그것은 모든 인간이 하나님을 그들의
하나님으로 고백하며 그의 자녀가 되어 살아가는 종적인 면을 가진다. 이
와 동시에 그것은 인간과 세계의 모든 상황이 하나님의 의지에 따라 변화
되는 횡적인 면을 가진다.

---

1) L. Boff, "Salvation in Jesus Christ and the Process of Liberation," in : *Concilium*,
   1974, p. 38.
2) Jon Sobrino, S. J., *Christology at the Crossroads*, p. 43.

3. 예수의 묵시사상적 전통

하나님 나라에 대한 예수의 선포는 구약의 민족적-역사 내적 메시아니즘에 속한다기보다 묵시사상적-보편적 메시아니즘의 전통에 속한다. 그는 이스라엘 민족의 구원과 영광에 대하여 전혀 말하지 않는다. 그를 따르는 무리들과 제자들 가운데에는 이스라엘의 민족적 소망을 가진 사람들도 있었다. 예수가 예루살렘에 입성할 때 그를 열렬히 환영하였던 무리들은 이스라엘의 민족적 기다림과 희망을 가지고 있었던 것으로 보인다. 그래서 그들은 이렇게 외친다. "호산나! 주의 이름으로 오시는 이여, 찬미 받으소서! 우리 조상 다윗의 나라가 온다. 만세!"(막 11:10)

예수의 십자가에 달린 죄목 곧 "INRI"(Iesus Nazarenus Rex Iudaeorum, 나사렛 예수 유대인의 왕)도 이것을 시사한다.[3] 빌라도는 예수를 로마에 저항하면서 스스로를 메시아라고 불렀던 이스라엘의 민족주의적 민중 선동자의 한 사람으로 처형했음을 이 죄명은 암시한다.

예수의 제자들 가운데에도 예수를 이스라엘의 민족적 소망의 빛에서 파악하였던 사람들이 있었다. 그래서 예수가 십자가에 달려 죽은 다음 엠마오로 가던 두 제자는 이렇게 말한다. "우리는 그분이야말로 이스라엘을 구원해주실 분이라고 희망을 걸고 있었습니다"(눅 24:21). 또한 제자들은 예수에게 이렇게 질문하기도 한다. "주님, 주님께서 이스라엘 왕국을 다시 세워주실 때가 바로 지금입니까?"(행 1:6)

군중들과 제자들의 이러한 기대에 대하여 예수는 긍정적 반응을 전혀 보이지 않는다. 그는 외세를 물리치고 이스라엘을 정치적으로 해방시킬 다윗 왕조의 회복에 대하여, 그의 적들을 쳐부술 메시아 왕에 대하여 말하

---

3) M. -Th. Wacker, "Reich Gottes," in : P. Eicher(Ed.), *Neues Handbuch theologischer Grundbegriffe* 4, 1991, S. 385: 사복음서 기자가 보도하는 십자가의 "유대인의 왕"이란 명패는, 로마의 점령군이 나사렛 예수를 민족주의적·정치적 메시아 희망을 무력으로 실현하고자 하는 열심당 내지 시카리 반항자로 간주하였음을 보여준다.

지 않는다.

하나님 나라에 대한 예수의 선포는 묵시사상적-보편적 메시아니즘의 전통에 속한다. 그는 곧 다가올 세계 심판의 날과 세계의 종말에 대하여 (눅 17:26 이하), 세계를 심판할 사람의 아들에 대하여(막 8:38; 13:24 이하), 세계의 추수에 대하여(막 4:26 이하; 마 13:24 이하), 하늘 잔치의 기쁨에 대하여 (마 8:11) 말한다.

그러나 예수는 묵시사상의 기다림을 그대로 따르지 않는다. 그는 종말에 일어날 우주적 재난을 말하지 않는다. 그는 종말이 어떻게 일어날 것인가를 환상적으로 묘사하지 않는다. 그는 두 에온(시대)을 가르치지 않는다. 그는 우주적 사건들을 관찰함으로써, 혹은 환상적인 숫자풀이를 통하여, 혹은 세계사의 시대적 징조를 통하여 종말이 올 날짜를 계산하지 않는다. 그때가 언제 올지 아무도 알지 못한다.[4]

예수의 선포와 묵시사상적 기다림의 결정적 차이는 다음의 사실에 있다. 즉 묵시사상은 하나님 나라가 역사의 종말에 올 것이라 믿었다. 이에 반하여 예수는 하나님 나라가 가까이 왔을 뿐 아니라, 자기 자신과 함께 지금 이미 일어나고 있다고 말한다. "그러나 내가 하나님의 능력으로 귀신을 내쫓는 것이면, 하나님 나라가 너희에게 왔다"(눅 11:20). 예수가 있는 곳에 하나님 나라가 있다. "또 '보아라, 여기에 있다' 또는 '저기에 있다' 하고 말할 수도 없다. 보아라, 하나님 나라는 너희 가운데 있다"(눅 17:21).

"나는 사탄이 하늘에서 번갯불처럼 떨어지는 것을 보았다"라는(눅 10:18) 예수의 말씀은 묵시사상적 환상가의 말과 비슷하게 들린다. 그러나 예수는 묵시사상적 환상가처럼 하늘에 올라가서 언제 사탄의 세력이 몰락하고 하나님의 메시아적 영광이 나타날 것인가를 미리 내다보거나 계산하지 않는다. 그는 이 시대와 저 시대를 이원론적으로 나누지 않는다. 오히려 그는 이 시대의 것을 즐겁게 먹고 마시며 친구 관계 속에서 사람

---

4) G. Bornkamm, *Jesus von Nazareth*, S. 59f.

들과 사귐을 나눈다. 세계와 그 안에 있는 모든 것은 악한 것이 아니다. 그것은 하나님의 창조물이다. 그것은 하나님 나라가 그 속에서 일어날 장소다. 하나님 나라가 예수와 함께 지금 일어나고 있다. 예수가 있는 그곳에 하나님 나라가 있다. 그러므로 예수는 이 세계의 것을 향유한다. 예언자들이 기다렸던 시간이 이제 왔다. "때가 차서" 새로운 하나님의 세계가 죄와 죽음의 옛 세계 안으로 들어온다. "눈먼 사람이 보고, 저는 사람이 걷고, 나병환자가 깨끗해지고, 귀먹은 사람이 듣고, 죽은 사람이 살아나고, 가난한 사람이 복음을 듣는다. 나에게 걸려 넘어지지 않는 사람은 복이 있다"(마 11:5-6).

예수는 하나님 나라를 많은 사람들이 먹고 마시며 즐기는 잔치에 비유한다(마 22:2). 따라서 예수가 죄인과 세리들과 먹고 마시는 곳에 하나님 나라가 있다. 하나님 나라는 역사의 먼 미래가 아니라, 죄인들과 세리들과 함께 먹고 마시는 예수와 함께 지금 일어나고 있다. 그의 존재 자체가 하나님 나라의 사건이다.[5]

요한도 하나님 나라를 선포하였다. 예수는 하나님 나라를 선포할 뿐 아니라, 하나님 나라가 자기 자신과 함께 지금 현재화되고 있다고 말한다. 여기에 예수와 세례 요한의 차이가 있다. 그럼 예수와 함께 하나님 나라가 일어날 수 있는 까닭은 무엇인가? 그 까닭은 예수와 하나님의 내적인 관계에 있다. 예수는 하나님 나라의 선포인 동시에 하나님의 "아들"이요, 하나님은 그의 "아빠"다. 성령 가운데서 예수와 그의 아빠 하나님은 하나다. 그가 있는 곳에, 그의 아버지 하나님이 영 가운데 함께 계신다. 그는 아버지 하나님의 체현이다. 그러므로 예수가 있는 곳에는 하나님이 다스리는 하나님 나라가 일어난다.

---

5) 이에 관하여 예를 들어 Ibid., S. 60.

4. 병고침과 귀신추방의 신학적 의미
- 기적의 사회적·새 창조적 기능

예수가 귀신을 추방하였으며 병을 고쳐주었다는 것은 의심의 여지가 없는 역사적 사실로 보인다. 이러한 일은 오늘날에도 일어나고 있다. 여기서 중요한 것은 복음서에 기록된 기적들이 정말 예수가 행한 것이냐 아니냐를 증명하는 것이 아니다. 사실 예수가 행한 기적들 가운데 어떤 것은 부활의 빛에서 재구성된 것일 수도 있다. 예를 들어 풍랑을 잔잔케 한 기적과 빵 다섯 개와 물고기 두 마리로 장정만 오천 명을 먹였다는 기적이 이에 속한다. 부활 이전의 예수를 알지 못하는 바울은 예수의 기적들에 대하여 전혀 말하지 않는다. 예수의 부활과 그의 존재가 그에게는 가장 큰 기적이었기 때문이다. 그러나 복음서 기자들에게 예수의 기적은 예수가 선포한 하나님 나라의 기쁜 소식의 중요한 구성 요소였다.

오늘날 한국교회의 많은 신자들은 예수의 주요 사역이 병고침과 귀신추방에 있다고 생각한다. 많은 교회가 병고침과 귀신추방을 설교 시간에 강조하며, 이것을 위하여 기도한다. 많은 교인들이 병고침과 귀신추방의 기적에 대한 체험을 간증하기도 한다. 그 반면 정규 신학교육에서 병고침과 귀신추방은 현대사회의 과학기술과 조화되지 않는 미신으로 간주되며, 예수의 사역에 있어 별다른 의미를 갖지 못한 것으로 생각하는 현상을 볼 수 있다. 목회 현장에서 병고침과 귀신추방은 큰 의미를 가진 것으로 나타나는 반면, 정규 신학교육에서 그것은 무의미한 것으로 침묵되고 있다. 불트만, 푹스, 에벨링, 큉과 같은 신학자들도 기적의 의미를 절하한다.

복음서를 읽어볼 때, 예수의 병고침과 귀신추방은 사실이었던 것 같다. 그러므로 예수의 병고침과 귀신추방의 기적을 단순히 미신으로 간주하고 이에 대하여 침묵하는 것은 타당하지 않다. 사실 우리가 하나님께 간절히 기도하고 회개하여 새 사람이 될 때, 병고침과 귀신추방은 지금도 일어날 수 있다. 그 반면 병고침과 귀신추방을 예수의 사역의 핵심으로 생각하고,

이것을 교회의 선포와 활동의 초점으로 삼는 것도 타당하지 않다. 오히려 우리는 예수의 활동에 있어 병고침과 귀신추방이 지닌 신학적·사회적 의미를 바르게 파악해야 할 것이다.

병고침과 귀신추방은 미신에 불과한 것이 아니라 합리적으로 설명될 수 있다. 인간은 단순히 육적인 존재가 아니라 영혼과 육이 결합되어 있는 통일체다. 따라서 인간의 영혼이 병들 때, 그의 육신도 병들게 된다. 인체의 많은 병들의 원인은 단순히 신체적 결함에 있는 것이 아니라 인간의 영적 문제와 결합되어 있다. 가장 깊은 영혼의 병은 불신앙의 병이다. 하나님 없이 살아가는 인간의 영혼은 병들 수밖에 없다. 그는 하나님의 피조물로서 하나님의 뜻에 순종하며 살도록 창조된 그의 존재규정을 지키지 않기 때문이다. 병든 영혼은 불안, 초조, 공포, 죄책감, 삶의 무의미 등으로 인하여 육신의 병을 초래한다. 이러한 육신의 병은 단순히 의약을 통하여 치료될 수 있는 것이 아니라, 그의 병든 영혼이 하나님 앞에서 건강해질 때 치료될 수 있다. 여기서 소위 병고침의 기적이 일어난다.

흔히 말하는 귀신이란 인간적 실체가 아니라 흑암의 세력이요 죄의 세력이다. 그것은 본래 없는 것 곧 무(無)인데, 하나님이 유(有)의 세계를 창조하심으로 말미암아 그것과 대칭되는 것으로 설정된 것에 불과하다. 그것은 하나님 앞에서 아무 힘도 없다. 그러나 인간이 하나님 없이 살 때, 소위 말하는 귀신은 인간을 죄짓게 하고 그의 삶을 파괴하며 그의 정신을 착란시키는 무서운 세력으로 등장한다. 죄책감이나 삶의 무의미로 인하여 자살하는 사람, 정신착란에 걸리는 사람들이 나타나기도 한다. 그러나 하나님 앞에서 그것은 아무 힘도 없기 때문에, 하나님의 영 가운데 메시아 예수가 나타날 때 귀신은 물러날 수밖에 없다. 그것은 오늘의 현대사회에서도 일어날 수 있다.

그러나 예수를 소위 신유의 은사를 받아 직업적으로 병을 치료하여주는 사람(Heilpraktiker)으로, 혹은 직업적으로 귀신을 추방하는 자로 간주하는 것은 잘못된 일이다. 예수는 병치료와 귀신추방에 관한 이론을 세워 그것을 실행하지 않는다. "크리스천사이언스"(Christian Science)운동은 예수를 신앙의 힘을 통한 새로운 치료술의 모범으로 생각한다. 이것은 잘못된 생각이다. 예수의 병치료와 귀신추방은 규칙적으로 일어나지도 않았고, 미리 세운 계획에 따라 일어나지도 않았다. 그는 이러한 기적에 대한 아무런 이론도, 계획도 가지고 있지 않았다. 그는 이러한 기적을 일정한 계획에 따라 수행할 수 있는 건물이나 공공기관을 세우지 않았다.

예수 당시 이스라엘에 있어 병은 죄로 말미암은 것으로 보았으며, 죄는 마귀와 결부된 것으로 보았다. 특히 정신질환은 인간 안에 자리 잡은 마귀 때문에 일어나는 것이라 보았다. 이와 같은 마귀에 대한 신앙은 고대 세계에 있어 보편적 현상이었다. 우리나라에서는 지금도 마귀에 대한 신앙이 발견된다. 어떤 부흥사는 다양한 마귀들과 마귀들의 계급체제를 가르치고 있다. 이에 반하여 구약성서는 마귀 신앙에 대하여 거의 말하지 않는다. 그러나 기원전 538년부터 331년까지 이스라엘은 페르시아 제국의 식민지였고, 이때 이스라엘은 모든 선한 것의 원천이 되는 선한 신과, 모든 악한 것의 원천이 되는 악한 신의 이원론을 알게 되었으며 그 영향을 받았다. 이리하여 예수 당시의 유대인들도 귀신에 대한 신앙을 가지고 있었다.

그러나 예수는 소위 마귀 신앙에 대하여 관심을 갖지 않는다. 세계와 인간을 지배하기 위하여 서로 싸우는 하나님과 마귀의 이원론에 대하여 그는 무관심하다. 그는 사탄의 모양에 대하여, 천사의 타락에 대하여 무관심하다. 그는 마귀에 대한 이론을 전개하지 않으며 마귀의 계보를 가르치지도 않는다. 그는 마귀를 추방하기 위한 특별한 의식을 행하지 않으며, 주문을 외우지도 않는다. 그는 무당처럼 특별한 옷을 입고 굿을 하지 않는다. 그는 요즘 우리나라에서 흔히 일어나고 있는 것처럼, 금품을 받고 병을 고치거나 귀신을 추방하지 않는다. 그는 직업적 신앙의 거짓 옷을 입은 병치료자나 귀신추방자가 아니었다. 그는 아무 계획 없이, 단지 필요하다고 생각되는 경우 병을 고치고 귀신을 추방한다. 그럼 예수가 행한 병치료와 귀신추방의 기적은 어떤 기능을 가지고 있는가? 그것의 신학적 자리는 무엇인가?

1) 병치료와 귀신추방의 기적은 예수가 누구인가를 보여주는 "그리스도론적 기능"을 가진다. 예수가 귀신을 쫓아낼 때, 거의 예외없이 예수가 누구인지 고백된다. 달리 말하여 귀신추방은 예수의 존재에 대한 고백과 결합되어 있다. 예수가 가버나움의 회당에서 귀신들린 사람을 만났을 때, 그는 "하나님께서 보내신 거룩한 분"으로 고백된다(막 1:24). 거라사의 무덤에서 귀신들린 사람을 만났을 때, 그는 "가장 높으신 하나님의 아들"로 고백된다(막 5:7). 가버나움에서 귀신들린 사람을 고칠 때도 "하나님께서 보내신 거룩한 분"이라는 예수의 정체성이 고백된다(눅 4:34). 시몬의 집에서 귀신들이 많은 사람에게서 떠나가며 "당신은 하나님의 아들입니다"라고 고백한다. 그들은 예수가 "그리스도" 곧 메시아인 줄 알았기 때문이다(눅 4:41).

병고침의 기적은 "믿음"과 결부되어 있음을 볼 수 있다. 예수는 중풍병자의 "믿음을 보시고"(막 2:5) 그의 병을 고쳐준다. 혈루증에 걸린 여자에게 그는 "네 믿음이 너를 구원하였다"라고 선언한다(막 5:34). 또 어떤 병자에게는 "네가 믿느냐?"라고 질문한다. 여기서 "믿음"이란 먼저 병을 고쳐줄 수 있는 예수의 능력에 대한 믿음을 말한다. 예수가 병을 고쳐줄 수 있는 능력을 믿을 때, 병고침의 기적이 일어난다. 그러나 예수의 능력에 대한 믿음은 그의 존재에 대한 믿음을 전제한다. 곧 예수는 병을 고칠 수 있는 능력을 가진 "구원자"라는 믿음이 그 속에 숨어 있다. 귀신추방의 기적과 같이 병고침의 기적도 "기적을 행하는 자의…본질, 그의 정체성(Identität)에 대한 질문"을 제기한다.[6] "귀신을 내쫓고 병마를 물리칠 수 있는 그분은 하나님과 동등한 존재일 것이다"라는 믿음이 병고침의 기적과 결합되어 있다. 병고침의 기적에 있어서도 "예수 자신에 대한 믿음은 물론 하나

---

6) B. Lauret, *Systematische Christologie*, S. 187.

님에 대한 믿음이 문제되고 있다."[7] 이와 같이 예수가 행한 기적들은 그 자체로서 의미를 가진 것이 아니라, 예수를 하나님의 아들 혹은 메시아로 고백하는 기능을 가진다.

2) 병치료와 귀신추방의 기적은 예수가 선포하는 하나님 나라가 지금 일어나고 있음을 보여주는 "종말론적 기능"을 가진다. 예수는 직업적 마술사나 무당과 같은 사람이 아니었다. 그는 아무 계획 없이, 필요하다고 생각되는 경우 느닷없이 병을 고치고 귀신을 추방한다. 병치료와 귀신추방의 카리스마적 기적은 예수에게 있어서 그 자체가 목적이 아니라, 하나님 나라가 지금 일어나고 있으며 마귀의 통치가 몰락하고 있음을 시사하는 "표징과 선포"(Anzeichen und Ankündigung)다. 이 사실을 우리는 다음의 이야기에서 발견한다. "그리고 거기에 있는 병자들을 고쳐주며 '하나님 나라가 너희에게 가까이 왔다'라고 그들에게 말하여라"(눅 10:9). 이 구절에서 병치료는 하나님 나라의 선교와 결합되어 있다. 그것은 그 자체로서 의미를 가진 것이 아니라, 지금 일어나고 있는 하나님 나라를 나타내며 그것을 전하는 한에서 의미를 가진다. 그것은 하나님 나라가 고침을 받는 한 인간과 함께 지금 여기에서 일어나는 사건이다. 그것은 목적이 아니라, 가까이 온 하나님 나라를 사건으로서 나타내는 봉사의 역할을 가질 뿐이다. 예수의 존재 자체가 가까이 온 하나님 나라의 "표징"이다.[8] 따라서 예수가 행한 기적들은 하나님 나라에 대한 그의 말씀과의 관계에서만 의미를 가진다.

마가복음 1장에 의하면, 가버나움에서 예수가 하나님의 말씀을 선포하는 일과 귀신을 내어쫓는 일은 결합되어 있다. 예수가 행한 기적들은 그 자체로서 목적을 가진 것이 아니라, 예수가 선포하는 말씀에 대한 증명으로서 일어난다는 사실을 우리는 여기서 볼 수 있다. 예수는 직업적 마술

7) Ibid.
8) G. Bornkamm, *Jesus von Nazareth*, S. 61.

사처럼 병을 고치고 귀신을 추방하기 위하여 이 세상에 오신 것이 아니라, 하나님 나라를 세우기 위하여 오셨다. 병고침과 귀신추방은 하나님 나라가 예수의 말씀과 존재 안에서 지금 일어나고 있음을 증명하는 봉사의 역할을 할 뿐이다. 예수가 병고침을 받은 사람에게 침묵을 요구하는 이유도 여기에 있다. 그것은 그 자체로서 목적(Selbstzweck)이 아니라, 하나님 나라의 현재적 사건화의 표징에 불과하기 때문이다. 예수가 행한 기적은 불가사의한 "이적"(Mirakel)이라기보다, "표징"(Zeichen) 혹은 "표징을 주는 사건"(Zeichengebendes Ereignis), "놀라움을 일으키는 것"(das, was Verwunderung erregt)으로 이해되어야 할 것이다.[9]

신약성서는 호메로스(Homer)와 헤시오도스(Hesiod) 이후부터 일반적으로 사용한 이적(*thauma*)이란 그리스어를 한 번도 사용하지 않는다. 신약성서의 라틴어 번역 불가타(Vulgata)도 "*miraculum*"이란 단어를 한 번도 사용하지 않는다. 신약성서는 "*semeion*"이란 그리스어 단어를 사용하는데, 이 단어는 마술사가 행하는 불가사의한 이적이 아니라, "하나님으로부터의 표징", "어떤 일에 대한 표징이나 표식"을 뜻한다(a sign from the God, a sign or signal to do a thing). 그러므로 예수의 병치료와 귀신추방은 불가사의한 이적이 아니라, 하나님 나라에 대한 "표징" 혹은 "표징의 행위"로 이해되어야 한다.

이것은 특별히 귀신추방 이야기에 분명히 나타난다. 마가복음 1장에 의하면, 예수가 가버나움에서 하나님의 말씀을 선포하자, 마귀가 그의 정체를 드러내면서 소리 지른다. "나사렛 사람 예수님, 왜 우리를 간섭하려 하십니까? 우리를 없애려고 오셨습니까?"(막 1:24) 하나님 나라가 선포될 때, 이 세계의 더러운 것, 악한 것이 숨어 있지 못하고 자기의 정체를 드러낸다. 이 세계의 더러운 것들이 예수가 누구인가를 깨닫고 고백한다. "당신은 하나님께서 보내신 거룩한 분입니다", "당신은 하나님의 아들이십니

---

9) P. Tillich, *Systematische Theologie* I, 1956, S. 139.

다"(막 1:24; 막 3:11). 메시아 되신 예수의 오심과 함께 마귀는 그의 마지막 시간이 왔다는 것을 안다. 메시아가 오시면, 마귀와 우상들이 땅 위에서 사라지고 하나님이 땅 위에 거하셔야 하기 때문이다. 그러므로 귀신들은 예수가 가까이 올 때 괴로워한다. 이제 그들은 귀신들린 사람을 떠나야 하며, 이 땅에서 사라져야 하기 때문이다. 그래서 예수가 가까이 올 때 귀신들은 소리 지른다. "나사렛 사람 예수님, 왜 우리를 간섭하려 하십니까? 우리를 없애려고 오셨습니까?" "하나님의 아들이여, 때가 되기도 전에 우리를 괴롭히려고 여기에 오셨습니까?"(마 8:29) 마귀가 사람을 떠났을 때, 마귀들렸던 사람은 건강하게 되고 맑은 정신을 회복한다. 이와 같이 사람들이 악령의 고통에서 해방되어 건강하게 되는 바로 거기에 하나님 나라가 현재화된다.[10]

사실 교회에서 병고침과 귀신추방의 기적이 일어날 때, 이 사건들만 일어나는 것이 아니라, 죄인이 자기의 죄를 고백하고 하나님의 새로운 피조물로 변화되는 회개가 함께 일어난다. 죄의 세력에 묶여 죄의 종으로 살던 사람이 하나님의 통치 안에서 하나님의 자녀로 살게 된다. 바로 여기서 하나님 나라가 현재화된다. 이 세상의 가장 구체적인 곳, 곧 한 인간의 삶 속에 하나님 나라가 자리를 잡게 된다.

3) 병고침과 귀신추방의 기적들은 메시아 예수의 구원이 무엇인가를 해명하는 "신학적 기능"을 가진다. 병고침과 귀신추방의 사건에서 볼 때, 메시아 예수의 구원은 병을 "고치는 것", 악령에서 사람을 "깨끗하게 하는 것", "구하여 내는 것", "건강하게 하는 것"임을 볼 수 있다. 바울에 있어서는 "구원"이란 말이 주요 개념으로 사용되는 반면, 복음서에서 그것은 현

---

10) 신학에 있어서 복음서의 기적은 일반적으로 두 가지 기능을 가진다. 곧 예수는 하나님의 아들임을 증명하고자 하는 그리스도론적 기능과, 하나님 나라가 예수와 함께 지금 일어나고 있음을 증명하고자 하는 종말론적 기능을 가진다. 기적의 기능들에 대하여 H. Weder, "Wunder Jesu und Wundergeschichten," in : Verkündigung und Forschung I, 1984, S. 25ff.

실적 문제와 고통에서 "구하여내다"는 의미로 사용된다.[11] 그것은 한마디로 하나님 나라가 이루어지는 것을 말한다. 예수의 구원은 흔히 말하는 "영혼 구원"과 일치하지 않는다. 물론 병든 사람의 영혼도 구원을 받아야 함은 사실이다. 그러나 기적에 대한 복음서의 이야기들은 예수가 단지 병자의 영혼만 구원하였다고 보도하지 않는다. 오히려 예수가 그의 병을 고쳐주었으며 이리하여 병자를 현실적으로 도와주고 그를 곤경에서 구하여 내었다고 보도한다. 예수의 구원은 인간의 영혼은 물론 인간 전체에 해당한다. 그것은 인간의 영혼은 물론 신체의 건강도 포함하며, 인간이 건강하고 행복하게 살 수 있는 물질적 조건이 마련되는 것을 포함한다. 그러므로 복음서에 나타나는 예수의 "구원"은 여러 가지 고침들(Heilungen)의 요약이라 말할 수 있다.

따라서 예수의 구원은 죽은 다음에 갈 피안의 구원과 동일시되거나, 실존적 내면성이나 개체 인간의 본래성과 동일시될 수 없다. 또 그것은 죄 용서와 동일시될 수 없다. 물론 죄의 문제가 인간의 구원에 있어 중요한 문제임은 사실이다. 따라서 예수의 병고침과 죄 용서가 결합되어 있음을 우리는 복음서에서 발견한다. 그러나 예수의 구원 곧 기독교가 선포하는 구원은 죄 용서를 넘어서서 인간을 질병과 악령에서 구하여내는 것, 그를 자유롭고 건강하게 하는 것, 하나님의 새 피조물로서 행복하게 살 수 있는 현실적이며 물질적 조건을 마련하여주는 것을 말한다. 그것은 인간의 영혼은 물론 인간의 몸과 물질을 포함한다. 인간의 영혼과 신체가 예수의 능력으로 건강하게 되는 것은 물론, 영혼과 신체의 건강이 유지될 수 있는 물질의 세계가 이루어지는 거기에 예수의 구원이 있다. 인간의 신체와 물질적 차원이 빠진, 기독교의 소위 "영혼 구원"이란 비성서적이며 비기독교적 구원관이다. 거꾸로 죄악된 인간의 영혼 구원이 빠진, 이른바 "사회 구원" 혹은 물질적 차원의 구원도 비성서적이며 비기독교적 구원관이다. 예

---

11) B. Lauret, *Systematische Christologie*, S. 187.

수의 구원 곧 기독교의 메시아적 구원은 악한 인간의 영혼이 죄의 세력에서 해방되며, 그의 병든 신체가 건강하게 됨은 물론, 모든 피조물이 하나님 앞에서(coram deo) 건강하고 행복하게 살 수 있는 현실적이며 물질적 조건이 갖추어지는 데 있다. 병고침과 귀신추방의 기적은 이 같은 메시아적 구원관을 보여준다.

4) 병고침과 귀신추방의 기적은 소외된 자들, 인간 이하의 취급을 당하는 자들의 인간적 가치를 회복하고 그들을 사회로 통합시키는 "사회적 기능", "새 창조의 기능"을 가진다. 병고침과 귀신추방을 통하여 표징적으로 일어나는 하나님의 새 창조는 인간의 해방, 인간 가치의 회복과 함께 일어난다는 것을 이 기적은 보여준다. 병고침과 귀신추방에서 예수는 아무도 찾아주지 않는 사람들, 곧 병든 사람들과 사회에서 소외된 사람들을 찾는다. 동서고금을 막론하고 이러한 사람들은 귀찮은 존재, 가능한 멀리하고 싶은 존재로 취급된다. 그들은 이 사회의 "인간쓰레기들"로 간주된다. 쿰란의 수사들과 일부 랍비들은 이러한 사람들을 그들의 공동체에서 배제하였다. "어리석은 자들, 미친 자들, 무지한 자들, 정신이 나간 자들, 소경들, 신체가 마비된 자들, 절름발이들, 귀머거리들, 성숙하지 못한 자들, 이러한 자들은 공동체에 영입되어서는 안 된다. 거룩한 천사가 공동체의 한가운데 계시기 때문이다."[12]

복음서가 보도하는 예수는 이러한 사람들을 배제하지 않는다. 그는 이러한 사람들을 피하지 않는다. 그는 병든 사람들을 죄인으로 취급하지 않는다. 그는 사람을 건강과 소유와 능력에 따라 차별하지 않는다. 예수 당시 유대사회에서 병은 부정한 것으로 간주되었고 따라서 병든 사람들, 귀신들린 사람들은 사회에서 소외되었다. 예수가 병자를 고치고 귀신들린 자를 깨끗하게 한 것은, 소외된 사람의 권리 회복과 사회로의 통합을 뜻한다. 그것은 사회의 모든 선입견과 소외와 추방과 차별(Diskriminierung)과

---

12) H. Küng, *Christ Sein*, 8. Aufl. 1976, S. 226.

억압에서 인간을 해방하는 것을 말한다. 그것은 모든 종류의 인간 차별의 폐기다.

이와 같이 하나님 나라는 소외된 자를 사회로 통합시키고 모든 분열된 것을 하나 되게 함으로써 하나님의 창조를 건강하게 한다. 예수가 행한 기적들은 "자연의 세계 안에서 일어난 초자연적 이적들(Mirakel)이 아니라, 비자연적이고 악령에 붙들렸으며 상처받은 세계 안에서 일어나는 유일하게 '자연적인 일'이다."[13] 예수의 이 "자연적인 일"과 함께 창조의 회복이 일어난다. 하나님의 창조가 건강을 회복한다. 새 창조는 죄의 용서와 회개에 있음은 물론, 몸의 구원과 해방에 있으며 세계의 변화와 완성에 있다. 이러한 새 창조에 있어 예수는 선포자와 조언자(Verkünder, Ratgeber)일 뿐 아니라, 고치는 자, 도우는 자(Heilender, Helfender)로 활동한다. 그는 하나님 나라를 선포하는 동시에 기적의 사건들을 통하여 그것을 일으키고 표징적으로 보여준다. 예수 자신이 "말씀과 행위 속에서 미래를 통고하고 믿음을 세우는 표징"이다.[14] 여기서 "기적에 대한 믿음"이 요구되지 않고, "예수와 또 예수가 계시하는 자에 대한 믿음"이 요구된다.[15] 가장 중요한 기적은 하나님 없는 인간이 하나님을 믿고 하나님의 계명 안에서 살며, 이기적 욕정과 욕망의 노예가 되어 살던 인간이 하나님의 사랑을 행하는 사람으로 변화되며, 눈에 보이는 것을 희망하며 살던 사람이 눈에 보이지 않는 하나님 나라와 하나님의 정의를 희망하며 사는 사람으로 바뀌는 데 있다.

13) J. Moltmann, *Der Weg Jesu Christi*, S. 118f.
14) L. Schenke, *Die Wundererzählungen des Markusevangeliums*, 1974, S. 206: 예수의 나타남 전체를 우리는 기적으로 파악해야 한다.
15) H. Küng, *Christ Sein*, S. 228.

5. 하나님 나라의 비유들

자신의 존재와 함께 일어나고 있는 하나님 나라를 예수는 비유들을 통하여 설명한다. 이 비유들을 우리는 다음과 같이 분류할 수 있다.[16]

1) 성장을 나타내는 비유(The Growth Parables): 하나님 나라는 점차 성장하여 확장되는 것임을 설명하는 비유들 가운데 가장 대표적인 것은 씨 뿌리는 자의 비유다(마 13:3-6; 막 4:3-8; 눅 8:5-8). 어떤 씨는 길가에 떨어져서 열매도 없이 사라지고, 어떤 씨는 흙이 얕은 돌밭에 떨어져서 싹은 나지만 자라지 못하며, 가시떨기에 떨어진 씨앗도 제대로 자라지 못하지만, 좋은 땅에 심겨진 씨는 뿌리가 내리고 자라게 된다. 하나님 나라는 좋은 믿음을 가진 사람의 마음속에 하나님의 말씀이 떨어져 뿌리를 내리고 자라는 것에 비유될 수 있다. 하나님 나라는 작은 겨자씨와 같아서 처음에는 지극히 작고 미약해 보이지만 마침내 이웃에게 큰 유익을 끼치는 나무가 되며(마 13:31, 32; 막 4:31, 32; 눅 13:19), 떡 그릇에 넣은 누룩과 같아서 시간이 지나면서 점차 확산되어 전체 덩어리에 퍼지게 된다(마 13:33; 눅 13:21). 이 씨와 누룩이 은밀하게 자라는 것처럼 하나님 나라도 은밀하게, 사람이 식별하지 못하게 자라난다(막 4:26-29). 하나님 나라를 자라게 하는 분은 하나님이다.

2) 고귀함을 나타내는 비유(The Preciousness Parables): 하나님 나라는 밭에 감추인 보화와 같다. 그것을 발견한 사람은 모든 소유를 팔아서라도 그것을 차지해야 한다(마 13:44). 또한 하나님 나라는 장사꾼이 좋은 진주를 찾아 다니는 것에 비유할 수 있다. 우리는 모든 소유를 다 팔아서라도 그것을 사야 한다(마 13:45-46). 이와 같이 하나님 나라는 우리의 모든 소유를 포기해야 할 만큼 고귀하며 가치가 있는 것이다.

3) 잔치의 비유(The Banquet Parables): 하나님 나라는 임금이 자기 아들을 위하여 베푼 혼인잔치와 같다. 임금은 그의 종들을 보내어 이 잔치에

---

16) 박광철, "하나님 나라와 교회", in : 「목회와 신학」, 1991/6, pp. 58-62.

많은 사람들을 초청하였는데, 그들은 여러 가지 핑계를 대면서 잔치에 오지 않고 오히려 종들을 잡아 죽인다. 임금은 분노하여 살인자들을 진멸하고 거리에 나가 만나는 사람마다 잔치에 들어오도록 권한다. 그중에 합당한 예복을 입지 않은 사람은 잔치에 참여하지 못하고 오히려 책망을 듣는다(마 22:1-14). 이 비유에 의하면 밭을 구입한 사람, 겨릿소 다섯 쌍을 구입한 사람, 장가든 사람은 하나님 나라를 거부한다. 그들은 하나님 나라의 초대를 받았음에도 하나님 나라에 들어가지 않는다. 그러나 "가난한 사람, 불구자, 소경, 절름발이들"이 하나님 나라에 들어간다. 하나님 나라는 먼저 그들의 것이다. 또 하나님 나라는 어떤 사람이 잔치를 베풀고 많은 사람들을 초청하였으나 참여하지 않으므로, 사람들을 강권하여 빈자리를 채우게 하는 것과 같다(눅 14:16-24).

4) 청지기 비유(The Stewardship Parables): 하나님 나라는 어떤 주인이 먼 길을 떠나면서 그의 하인들에게 그 재능대로 금 한 달란트나 두 달란트나 다섯 달란트를 맡긴 것과 같다. 두 달란트와 다섯 달란트를 맡은 하인들은 그것을 밑천으로 삼고 장사하여 배의 이익을 얻었는데, 한 달란트를 받은 하인은 그것을 땅에 묻어두어 아무 이윤도 얻지 못하여 주인으로부터 심한 책망을 듣는다(마 25:14-30). 또한 하나님 나라는 한 귀족이 왕위를 받아 오려고 먼 길을 떠나면서 하인 열 사람에게 금화 한 개씩을 나누어준 것과 같다. 이 금화를 활용하지 않고 그대로 싸두었다가 주인에게 그대로 돌려준 하인은 책망을 받지만, 이것을 활용하여 많은 이윤을 얻은 하인은 큰 상을 받는다. "잘했다. 너는 착한 종이로구나. 네가 지극히 작은 일에 충성을 다했으니 나는 너에게 열 고을을 다스리게 하겠다"(눅 19:11-27). 이 비유에 의하면 그리스도인들은 하나님 나라의 성장과 확장을 위한 도구로서 청지기 의식이 필요하며, 충성심과 근면성, 신실성과 준비성이 요구된다. 열 처녀의 비유도 밤에 신랑을 기다리는 사람들의 신실성과 준비성의 중요함을 말한다(마 25:1-13).

5) 분리의 비유(The Separation Parables): 하나님 나라는 바다에 그물을

쳐서 온갖 것을 끌어 올리는 것에 비유할 수 있다(마 13:47-50). 어부가 그물에 고기를 가득 잡은 후, 그 가운데서 좋은 것은 그릇에 담고 못된 것은 내버릴 것이다. 하나님 나라에는 참된 믿음의 길을 걸어가는 사람들도 있지만, 불확실한 믿음을 가진 사람들도 있을 것이며, 마지막 심판 날에 이들은 알곡에서 분리될 것이다. "최후의 심판"에 대한 비유에서 예수는 이 분리의 기준이 무엇인가를 제시한다. "사람의 아들이 모든 민족들을 앞에 불러놓고 마치 목자가 양과 염소를 갈라놓듯이 그들을 갈라 양은 오른편에, 염소는 왼편에 자리 잡게 할 것이다"(마 25:31-32). 양과 염소를 구분하는 기분은 "너희가 여기 있는 형제 중에 가장 보잘것없는 사람 하나에게 해준 것이 바로 나에게 해준 것이다"라는 데 있다(마 25:40). 하나님 나라는 마치 예수를 섬기듯이 작은 형제들을 섬기는 세계다. 그것은 율법의 기본 정신인 하나님의 자비와 공의가 실천되는 세계다. 이 비유는 하나님 나라의 자녀들이 말씀의 "선포"는 물론 "사회적 책임"의 사역에도 힘써야 한다는 것을 말한다. 1974년에 개최된 "세계 복음화 국제 대회"(The International Congress of World Evangelization)에서 작성하여 발표한 "로잔 언약"(The Lausanne Convenant)에 의하면, 그동안 보수계열에 속한 그리스도인들이 전도와 사회참여를 지나치게 구별하여 서로 상관이 없는 것처럼 간주하였던 것을 뉘우치고 있다. 1989년 필리핀의 마닐라에서 열린 "제2차 세계 복음화 국제대회"(The Second International Congress of World Evangelization)에서 작성한 "마닐라 선언문"(The Manila Manifesto)은 이 문제에 대하여 다음과 같이 말한다. "참된 선교는 항상 성육신적이어야 하며, 그런 선교를 위해서는 겸허하게 그 사람들의 세계로 들어가서 그들이 겪는 사회적 현실, 비애와 고통, 그리고 압제의 세력에 항거하며, 정의를 위하여 투쟁하는 그들의 노력에 동참할 필요가 있다." 가라지 비유(마 13:24-30)도 "분리의 비유"에 속한다.[17]

---

17) Ibid., p. 60.

6) 찾는 비유(The Seeking Parables): 누가복음 15장에는 세 가지의 "찾는 비유"가 기록되어 있다. 하나님 나라는 양 백 마리 가운데 잃어버린 한 마리의 양을 찾아내어 친구들과 이웃 사람들과 함께 기뻐하는 것과 같다(눅 15:1-7). 하나님 나라는 은전 열 닢 가운데 잃어버린 한 닢을 찾아내어 친구들과 이웃 사람들과 함께 기뻐하는 것과 같다(눅 15:8-10). 하나님 나라는 어느 부유한 아버지의 둘째 아들이 자기의 상속받을 몫을 미리 받아 가지고 먼 나라에 가서 허비한 후에 자기의 잘못을 뉘우치고 다시 아버지의 집으로 돌아왔을 때, 그 아버지가 기뻐하여 잔치를 벌이는 것과 같다(눅 15:11-32). 이 비유들에 의하면 하나님 나라는 잃어버린 자들을 정죄하고 축출하는 세계가 아니라, 그들을 찾아서 모든 사람들이 함께 기뻐하는 세계다. 그것은 배제하는 세계가 아니라 포용하는 세계다. 판단하고 정죄하는 세계가 아니라 용서하고 서로 받아주는 세계다. 잃어버린 하나를 끝까지 찾는 세계다.

7) 일꾼의 비유(The Worker Parables): 이 비유는 "포도원 일꾼과 품삯"의 이야기를 말한다(마 20:1-16). 어떤 포도원 주인이 여러 일꾼들을 상이한 시간에 불러 일하게 함으로써 어떤 사람은 오래 일하고 다른 사람은 짧게 일하게 되었지만, 하루의 일이 끝났을 때 모든 일꾼들에게 똑같은 품삯을 준다. 포도원에 먼저 와서 오래 일한 일꾼들은 자기들보다 뒤에 와서 짧게 일한 일꾼들과 같은 품삯을 받고 주인에게 불평하지만, 주인은 약속을 지켰을 뿐이라고 말하면서 나중 된 자 가운데 먼저 된 자가 있을 것이라고 말한다. 이 비유에 의하면 하나님 나라는 하나님의 자비가 다스리는 세계다. 불가피한 사정과 형편으로 인하여 적게 일한 사람도 자기의 생존에 필요한 것을 나누어 받는 세계가 하나님 나라다. 많이 일한 사람은 적게 일한 사람에게 자비를 베풀어야 한다.

이와 같이 분류될 수 있는 예수의 비유들은 20세기 초엽 윌리허(A. Jülicher)의 저서 『예수의 비유 말씀』(Die Gleichnisreden Jesu)에 의하여 본격적으로 연구되기 시작하였다. 이 책에서 그는 비유들의 알레고리 해석을 거부하고, 예수 자신으로 소급되는 비유들의 역사적 핵심과 공관복음서 기자들의 이야기를 구분하였다. 윌리허 이후 비유들에 대한 연구는 두 가지 방향으로 발전되었다. 첫째 방향은 도드(C. H. Dodd)와 예레미아스(J. Jeremias)의 역사적(historical) 연구이며, 둘째 방향은 불트만(R. Bultmann)과 푹스(E. Fuchs)가 대표하는 비유들의 언어적 근원에 대한 연구다.

그럼 예수의 비유는 어떤 기능을 가지는가? 첫째, 예수의 비유는 하나님 나라가 무엇인가를 설명하는 동시에, 하나님 나라에 대하여 우리 인간이 어떤 태도를 취해야 할 것인가를 결단하도록 초대하는 기능을 가진다. 비유는 일상생활에서 일어나는 일들을 소재로 취하면서 매우 자연스럽게 전개된다. 비유를 듣는 사람은 비유를 듣는 중에 비유가 묘사하는 사건에 스스로 영입된다. 이리하여 비유가 묘사하는 하나님 나라에 대하여 자신의 태도를 취하도록 요구를 받는다. 예를 들어 "밭에 감추인 보화의 비유"는 그것을 듣는 사람이 농부와 같이 자기의 모든 것을 희생할지라도 하나님 나라를 취할 것을 요구한다. 그러나 비유는 강요하지 않는다. 그것은 하나님 나라를 취할 수도 있고 거부할 수도 있는 두 가지 가능성을 언제나 열어놓는다.

둘째, 예수의 비유는 단순히 이야기에 불과한 것이 아니라, 말의 형태로 일어나는 하나님 나라의 사건이다. 그것은 "말의 사건"(Sprachereignis, Fuchs)이 아니라 "하나님 나라의 사건"이다. 비유의 이야기 속에서 하나님 나라는 사건화된다. 비유 이야기는 하나님 나라의 오심에 대하여 인간이 긍정할 수도 있고 부정할 수도 있는 결단 앞에 그를 세운다. 인간을 이 결단 앞에 세우는 순간 속에서 하나님 나라가 사건화된다. 그것은 인간이 긍정하거나 아니면 부정해야 할 현실로서 인간 앞에 서 있다. 비유 이야기 속에서 하나님 자신의 부르심이 일어난다.

셋째, 비유 이야기 속에서 예수 자신의 존재가 문제된다. 잃은 양의 비유에서(마 18:12-14) 예수 자신이 잃은 양을 찾는 "이스라엘의 목자"로 부각된다. "씨 뿌리는 사람의 비유"에서 예수 자신이 말씀의 씨를 뿌리는 자로 나타난다. "큰 잔치의 비유"(눅 14:16-24)에서 예수 자신이 잔치의 주인으로 부각된다. "내가 너희에게 말한다. 초대를 받은 사람 가운데서는 아무도 나의 잔치를 맛보지 못할 것이다"(눅 18:24). 이 비유들에서 예수는 하나님과 동등한 위치에 있는 존재로 나타난다. 그는 하나님 나라의 초대자에 불과하지 않고, 하나님의 아들로서 그의 아버지 하나님과 함께 하나님 나라의 주인임을 비유는 나타낸다.

6. 하나님 나라의 "미래적 현재"와 "현재적 미래"

예수가 선포하는 하나님 나라는 병자들이 고침을 받고 소외된 자들이 인간으로서의 가치를 인정받으며 비유가 이야기되는 사건 속에서 지금 일어나고 있다. 예수가 하나님의 능력으로 귀신을 내쫓을 때, 하나님 나라는 이미 와 있다(눅 11:20). 이와 같이 예수는 하나님 나라가 지금 자신의 존재와 함께 일어나고 있다고 말하는 동시에, 미래에 올 것이라고 말한다. "나라가 임하옵시며"라는 주기도의 둘째 간구는 하나님 나라가 미래에 올 것임을 전제한다. 제자들과 최후의 만찬을 가질 때에도 예수는 하나님 나라가 아직 오지 않았음을 전제한다. "내가 진정으로 너희에게 말한다. 이제부터 내가 하나님 나라에서 새것을 마실 그날까지, 나는 포도나무 열매로 빚은 것을 다시는 마시지 않을 것이다"(막 14:25), "여기에 서 있는 사람들 가운데는, 죽기 전에 하나님 나라가 권능으로 오는 것을 볼 사람들도 있다"(막 9:1)는 예수의 말씀도, 하나님 나라가 미래에 올 것임을 암시한다.

종합적으로 말하여, 한편으로 예수는 하나님 나라가 지금 일어나고 있다고 말한다. 다른 한편으로 예수는 하나님 나라가 미래에 올 것임을 전제한다. 이것은 모순이 아닌가? 이 문제에 대한 신학자들의 답변들을 우리는 다음과 같이 정리할 수 있다.

첫째 답변은 심리학적 답변(psychological answer)이다. 이 답변에 의하면, 예수는 본래 하나님 나라를 미래에 올 것으로 기다렸다. 그러나 마음의 깊은 감격과 기쁨으로 인하여 예수는 하나님 나라가 이미 지금 현재화되고 있는 것으로 선포하였다. "현재와 미래의 간격은 그에게 더 이상 존재하지 않는다. 현재와 미래, 이상과 현실은 함께 결합되어 있다." 이 답변은 예언 자들의 시간 체험에 대한 설명과 비슷하다. 예언자들은 미래를 현재적으로 체험하였고, 미래의 일을 지금 일어나고 있는 것처럼 예언하였다.

둘째 답변은 전기적 답변(biographical answer)이다. 이 답변에 의하면, 예수의 생애에 있어서 생각의 변화가 있었기 때문에 이러한 모순이 일어 난다는 것이다. 본래 예수는 하나님 나라가 미래에 올 것이라고 생각하였 는데, 나중에 생각의 변화로 말미암아 하나님 나라가 지금 일어나고 있다 고 말했기 때문이라고 설명하는 신학자가 있는 반면, 본래 예수는 하나님 나라가 지금 일어나고 있는 것으로 확신하였는데 이에 대한 실망으로 인 하여 하나님 나라가 미래에 올 것으로 생각했기 때문이라고 설명하는 신 학자도 있다.

셋째 답변은 양식사적 답변("formgeschichtliche" answer)이다. 이 답변에 의하면, 하나님 나라의 현재성에 대한 말씀은 예수 자신의 말씀인데, 후기 기독교 공동체가 유대-묵시사상을 다시 받아들임으로써 이러한 모순이 일어난다는 것이다. 다시 말하여 하나님 나라의 현재성에 대한 말씀은 예 수 자신의 말씀이고, 하나님 나라의 미래성에 대한 말씀은 후기 기독교 공 동체가 유대-묵시사상에서 받아들인 요소라는 것이다.

그러나 이러한 답변들은 타당하지 않다. 예수가 단순히 미래의 일을 현재적으로 체험하였기 때문에 하나님 나라의 미래를 현재로 이야기했 든지, 단순히 생각의 변화로 말미암아 이렇게 이야기한 것을 나중에 저렇 게 이야기했다든지, 후기 공동체가 유대-묵시사상을 받아들임으로써 하 나님 나라의 미래성에 대한 말씀이 신약성서에 기록되었으며 그것은 본 래 예수 자신의 말씀으로 볼 수 없다는 설명은 적절하지 않다.

오히려 예수는 하나님 나라를 현재와 미래의 긴장관계 속에서 보았기 때문에, 그것을 현재적인 것으로 말하는 동시에 미래적인 것으로 말하였다는 설명이 적절할 것이다. 예수는 하나님 나라를 분명히 지금 자신의 존재와 함께 일어나고 있다고 보았다. 이와 동시에 하나님 나라는 이미 완성된 것이 아니라 미래에 올 것으로 보았다. 그에게 있어서 하나님 나라는 미래로부터 현재로 "오는 것"이었다. 그것은 미래에서 현재에 이르는 "도상에 있는 것"이었다. 그것은 예수와 함께 지금 여기서 일어나고 있는 동시에 미래로 머물러 있으며, 미래로 머물러 있으면서 현재화되고 있다. 그것은 "미래적 현재"인 동시에 "현재적 미래"다. 하나님 나라의 미래는 그것을 받아들이는 사람에게는 구원이지만, 그것을 받아들이지 않는 사람에게는 심판이다. 하나님 나라의 미래는 현재에 대한 하나님의 부르심이요, 현재는 결단의 시간이다. 하나님 나라는 지금 예수의 존재와 함께 일어나는 하나님의 선물인 동시에 인간에 대한 결단의 요구이며, 결단의 요구인 동시에 하나님의 선물이다. 그것은 지금 여기서 체험되는 동시에 약속으로 남아 있으며, 약속으로 남아 있는 동시에 지금 여기서 체험된다. 그것은 하나님의 자녀들 가운데 "나타나 있는" 동시에 온 우주에 걸쳐 실현된 미래로 "숨겨져" 있다. 그것은 믿음 가운데서 지금 체험되는 동시에, 장차 모든 사람들에게 인식될 것으로 남아 있다. 그 속에는 알곡도 있지만 제거되어야 할 쭉정이도 있다. 달리 말하여 그것은 성령의 능력 가운데 예수와 함께 지금 일어나고 있지만 그것의 완성은 미래에 있다. 그것은 성령의 능력 가운데 역사되고 있는 동시에 역사의 "새로움"으로 남아 있다. 그것은 세계 속에 있지만 세계 밖에서 세계를 역사화하는 동인으로 남아 있다. 예수가 하나님 나라를 현재적인 것으로 말하는 동시에 미래적인 것으로 말하는 이유는 여기에 있다.

신학은 하나님 나라를 하나님의 "주권" 혹은 "통치"(Herrschaft)라 번역하기도 하고 하나님의 "나라" 혹은 "왕국"(Reich)이라 번역하기도 하였다. 하나님의 통치가 하나님 나라의 현재적인 면을 가리킨다면, 하나님의 "나라" 혹은 "왕국"은 미래적인 면을 가리킨다. 하나님은 예수의 말씀과 행위

안에서 죄와 죽음의 세력을 물리치고 이 세계의 현실을 통치하기 시작한다. 그러나 죽음의 세력을 궁극적으로 물리치고 하나님이 모든 것 안에 계시며 모든 것 안에서 하나님의 영광이 나타날, 그리하여 "이제는 죽음과 슬픔과 울부짖음과 고통이 없는" 하나님의 왕국은 역사의 미래로 남아 있다. "통치"로서의 하나님 나라는 현재적이라면, "나라" 혹은 "왕국"으로서의 하나님 나라는 미래적이다. 그것은 역사의 미래로서 현재적으로 경험되고, 현재적으로 경험되는 동시에 역사의 미래로 남아 있다. 따라서 하나님 나라는 역사의 현실과 관계없는 피안의 것도 아니며, 인간이 이룩한 역사의 어떤 단계와도 동일시될 수 없다. "하나님의 통치는 그의 왕국의 현재이고, 하나님의 왕국은 그의 통치의 미래다."[18]

---

18) J. Moltmann, *Der Weg Jesu Christi*, S. 118.

VII

하나님 나라의 사회성

1. 종교의 일반적 특징

본회퍼(D. Bonhoeffer)는 그의 『옥중서신』에서 종교의 일반적 특징을 다음과 같이 설명한다.[1]

1) 종교의 일반적 특징은 이원론적 세계관에 있다. 이 세계는 허무하고 무의미하다. 이에 반하여 피안의 세계는 영원하고 가치 있는 세계다. 이와 같이 종교는 현실을 이 세계의 현실과 저 세계의 현실로 나누고, 이 세계의 현실은 일시적이고 허무한 것인 반면, 저 세계의 현실은 영원하고 참된 것이라 가르친다. 이러한 종교의 일반적 특징을 본회퍼는 "형이상학적" 특징이라 부른다. 일반 종교들은 현실적이고 물질적인 현실 저 너머 피안에 있는 종교적 상층구조를 설정하고, 이 상층구조를 인간의 종교적 욕구의 도피처로 생각한다. 따라서 종교는 피안의 세계, 저 세계의 현

---

1) D. Bonhoeffer, *Widerstand und Ergebung, Siebenstern-Taschenbuch 1*, 8. Aufl. 1974, S. 136ff.

실을 동경하도록 가르친다. 타계적인 신앙, 피안 지향적인 신앙이 여기서 생성된다.

2) 이리하여 종교는 이 세계, 곧 차안의 현실에 대한 무관심을 조성한다. 이 세계는 허무하고 무의미하므로 이 세계의 제반 문제에 대하여 관심을 가질 필요가 없게 된다. 그러나 이 세계에 대하여 무관심한 척하면서도, 이 세계에 대하여 집착을 가지고 이 세계의 것을 철저히 추구하는 것이 흔히 말하는 "종교적인 사람들"의 공통된 특징이다.

3) 종교의 일반적 특징은 소위 말하는 물질과 대립되는 의미의 영성(spirituality)에 있다. 종교는 물질과 관계없다. 종교는 인간의 정신적·영적 문제와 관계할 뿐이다. 물질은 허무하고 무가치한 반면, 인간의 영혼과 정신은 영원하고 참된 가치를 가지기 때문이다. 구원이란 영적·정신적 구원을 말하며 물질세계와는 무관하다. 이리하여 물질에 대하여 무관심하고 오직 영적·정신적 구원을 부르짖으면서도 물질적 욕심을 버리지 못하고 물질적인 것을 추구하는 것이 흔히 말하는 "종교적인 사람들"의 모습이다.

4) 개인주의는 또 하나의 일반 종교적 특징을 형성한다. 종교는 사회와 역사와 무관하다. 종교는 개인의 영적 문제와 관계한다. 개인의 정신적 평화, 영적 구원이 종교의 본래 문제라는 것이다. 사회와 역사로부터의 내적 도피가 여기서 생성된다.

5) 종교의 일반적 특징은 내면주의에 있다. 인간의 본래성과 구원은 인간의 내면적 문제다. 외계의 현실과 세계는 종교와 무관하다. 참된 종교인은 외부의 현실에서 눈을 돌려 내면의 세계로 들어와야 하며, 자신의 내면적 깊이와 평화를 찾음으로써 구원의 경지에 도달해야 한다는 것이다.

6) 종교는 "문제의 해결책"(*deus ex machina*) 역할을 한다. 종교는 인간과 세계의 현실에 대하여 적극적이고 긍정적 의미를 갖지 못하고, 그들이 해결할 수 없다고 생각되는 문제들, 예를 들어 죄의 문제, 삶의 의미의 문제, 행복의 문제들을 드러내고, 이러한 문제들이 오직 종교를 통해서만 해결될 수 있다고 가르침으로써 자신의 존립 근거를 확보한다. 이리하여 종

교는 현실의 구체적인 문제들과 관계하지 못하며 현실 한가운데서 의미를 갖지 못한다. 종교는 삶의 한복판으로부터 밀려나서, 인간과 세계가 자신의 힘으로 더 이상 해결할 수 없다고 생각되는 문제들과 관계함으로써 인간과 세계의 현실을 위한 들러리 역할을 할 뿐이다. 이리하여 종교는 현실 전체와 관계하지 못하고, 소위 종교적 문제들의 영역으로 자기를 폐쇄시키고 하나의 "국부적" 현상으로 전락한다.

본회퍼가 그의 『옥중서신』에서 말하는 유명한 개념 "데우스 엑스 마키나"(deus ex machina)는 종교의 이런 기능을 요약한다. "Deus ex machina"를 글자 그대로 번역한다면, "기계로부터의 하나님"(God from machine)을 말한다. 즉 우리 자신의 힘으로 해결할 수 없는 어떤 문제가 있을 때, 우리가 간구하면, 그 문제를 해결해주는 하나님을 가리킨다. 마치 커피 자동판매기에 동전을 집어넣으면 자동적으로 커피를 내어주는 것과 같은 하나님을 말한다. 우리의 힘으로 문제를 해결할 수 있을 때, 우리는 하나님을 찾지 않는다. 우리는 하나님 없이 살아간다. 그러다가 우리 자신의 힘으로 해결할 수 없는 문제에 부딪힐 때, 우리는 하나님을 찾고, 하나님에게서 문제의 해결을 얻고자 한다. 따라서 종교는 우리 자신이 해결할 수 없는 한계상황에서만 효력을 가지며, 우리의 삶과 세계와 역사의 현실에 대해서는 무의미한 것이 되어버린다. 이 같은 종교의 기능을 가리켜 본회퍼는 "deus ex machina"의 개념으로 요약한다.

2. 사회 안에서 일어나는 하나님 나라

위에 기술한 종교의 일반적 특징은 예수에게서 거부된다. 역사의 예수는 이원론적 세계관을 가르치지 않는다. 그는 현실 세계를 떠나 은둔생활을 하지 않는다. 오히려 그는 사람들이 그들의 문제와 함께 사는 성읍에서 활동하며, 그 속에서 하나님 나라를 선포하고 회개를 요구한다. 그는 현실의 구체적인 문제들을 망각하고 내면의 세계로 도피하지 않는다. 그는 소위 내적 명상가가 아니었다. 그는 세속의 세계를 등진 사막의 은둔자나 광야의 고행자가 아니었다. 오히려 그는 군중들과 많은 시간을 보내었기 때문에 자기의 현실에 대하여 잘 알고 있었다. 그러므로 그는 현실의 구체적인 문제들과 관계한다. 그는 소외된 사람들의 친구가 되며, 문둥병, 하혈병, 중풍병에 걸린 사람들을 고쳐준다. 당시 유대사회에서 질병은 죄에 대한 하나님의 벌로 간주되었기 때문에, 병에 걸린 사람들은 죄인으로 소외되었다. 예수가 이들의 병을 고쳐준 것은 사회적 소외로부터의 회복을 뜻한다. 그는 그 사회의 문제들과 관계한다. 그는 부패하고 불의한 지도자들을 비판한다. 그는 간음하다 붙들린 여인의 죄를 용서한다. 그는 "여우" 같은 헤롯에 대하여, 바리새인들과 서기관들의 종교적 가식에 대하여, "강도의 소굴"이 된 예루살렘 성전에 대하여, 여리고로 내려가다가 강도를 만난 사람에 대하여, 세례 요한의 죽음에 대하여, 하나님 나라에 들어가기 어려운 부자들의 횡포에 대하여, 로마 황제에게 바치는 세금에 대하여, 자기의 생활비 전부를 바친 어느 과부의 어려운 생활과 깊은 신앙심에 대하여 잘 알고 있었다.

그러나 우리는 다음의 사실을 유의할 필요가 있다. 즉 예수가 단순한 사회운동가가 아니었다는 사실이다. 역사의 예수는 직업적 사회운동가 내지 정치활동가가 아니었다. 그의 모든 사회적 활동은 성령 안에서 아버지 하나님과의 철저한 하나 됨에서 나오는 신앙적 활동이었다. 요한복음의 예수는 그의 아버지 하나님과의 하나 됨을 다음과 같이 말한다. "내가 아버지 안에 있고 아버지께서 내 안에 계시다는 것을, 네가 믿지 않느냐? 내가 너희에게 하는 말은 내 마음대로 하는 것이 아니다. 아버지께서 내 안에 계시면서 자기의 일을 하신다. 내가 아버지 안에 있고, 아버지께서 내 안에 계시다는 것을 믿어라. 믿지 못하겠거든, 내가 하는 그 일들을 보아서라도 믿어라"(요 14:10-11; 참조. 요 17:21, "아버지께서 내 안에 계시고, 내가 아버지 안에 있는 것과 같이…"). 때로 예수가 한적한 곳으로 가서 그의 아버지 하나님께 간절히 기도하였다는 복음서의 보도는(마 14:23; 막 1:35; 14:32; 눅 5:16; 6:12), 성령 안에서 예수와 그의 아버지 하나님의 삼위일체적 교통과 하나 됨을 시사한다.

그러나 성령 안에서 아버지 하나님과 내적으로 하나 됨 안에 있다 하여, 예수는 현실 세계에 등을 돌리지 않는다. 오히려 그는 성령과 아버지 하나님과의 하나 됨 안에서 현실 세계 안으로 들어가서 이 세계의 문제들에 개입하고 하나님 나라를 세우고자 한다. 그는 돈으로 더러워진 예루살렘 성전을 정화하며, 정치종교화된 성전 제의를 중지시킨다. 그는 철저히 사회 안에서 활동하였고 사회 안에서 마지막 죽음을 당한다. 그는 철저히 사회 안에 있는 존재, 사회의 현실과 갈등하는 존재였다. 그는 반사회적·비사회적 존재가 아니라 철저히 사회적 존재였으며, 비역사적·탈역사적 존재가 아니라 철저히 역사적 존재였다. 그는 종교적 명상과 환상 속에 살면서 환상적인 것을 가르치는 환상적 존재, 비현실적 존재가 아니라 철저히 현실적 존재였다. 그는 자기에게 주어진 현실을 어떤 형태로든 도피하지 않았다. 깊은 산 속에 수도원을 짓고 그 속에 칩거함으로써 자기의 현실을 외적으로 도피하지도 않았고, 깊은 명상이나 하나님과의 신비적 연합 속에서 현실을 내적으로 도피하지도 않았다. 그는 끝까지 현실 속에서, 현실과 함께 살았고, 현실과의 갈등 때문에 현실 한복판에서 죽음을 당하였다.

여기서 우리는 다음의 사실을 추론할 수 있다. 즉 예수가 선포한 하나님 나라는 어디까지나 구체적 현실 속에 있으며, 이 현실 속에서 이 현실의 모든 불의하고 불합리한 것을 개혁함으로써 확장되어간다는 것이다. 예수가 선포한 하나님 나라는 예수의 역사적·사회적 상황과 아무 관계없이 일어난 소위 종교적이고 신비한 그 무엇이 아니라, 그의 역사적·사회적 상황 속에서 실현되고자 한다. 그것은 이 상황을 있는 그대로 방치한 채 홀로 실현될 수 있는 것이 아니라 이 상황을 하나님의 뜻과 목적을 향하여 변화시킴으로써 실현된다. 그러므로 예수와 함께 일어난 하나님의

"구원"은 인간과 이 세계에 참으로 도움이 되는 구원이다. 예수가 선포하며 예수와 함께 사건화되는 하나님 나라는 인간을 위시한 모든 피조물들에게 구체적으로 도움이 되고자 한다. 그것은 그들의 생명을 보호하고 장려하며 비인간화된 모든 것을 인간화하고자 한다. 그것은 인간이 인간으로서의 가치와 기본 권리를 보장받으며 인간답게 살 수 있는 사회를 건설하고자 한다. 그것은 인간의 무한한 소유욕 때문에 무참하게 파괴되어 가고 있는 생태계를 보호하고 모든 피조물이 평화롭게 더불어 살 수 있는 세계를 건설하고자 한다. 그러므로 그것은 "구원"이다. 그럼 예수가 선포하는 하나님 나라는 구체적으로 인간을 위하여 무엇을 실천하고자 하는가? 그것은 당시의 상황에 대하여 구체적으로 무엇을 요구하였던가?

3. 사회개혁으로 구체화되는 하나님 나라
  – 예수의 희년 선포

마태와 마가에 의하면 예수는 그의 공생애를 하나님 나라 혹은 하늘나라의 기쁜 소식(복음)을 선포함으로써 시작한다. 그런데 예수는 하나님 나라 혹은 하늘나라가 구체적으로 무엇인가를 설명하지 않는다. 그것은 "규정되어 있지 않고 내용이 없는 것으로"(unbestimmt und inhaltsleer) 보인다. 그러므로 많은 그리스도인들은 예수가 선포한 하나님 나라 혹은 하늘나라는 죽은 다음에 갈 천당이라 생각한다. 또 어떤 신학자들은 그것이 인간의 심성 안에서 실현되어야 할 윤리적 내면세계라 생각하기도 한다.

　　그러나 우리는 하나님 나라를 우리 마음대로, 우리가 바라는 대로 생각할 것이 아니라 예수 당시의 역사적 배경 속에서 이해해야 할 것이다. 예수가 선포하였고 또 그것을 들은 유대인들이 생각하였던 하나님 나라, 하늘나라가 무엇인가를 우리는 파악해야 할 것이다. 그렇지 않을 때 하나님 나라, 하늘나라에 대한 우리의 생각은 예수의 생각과 아무 관계없이 우리 나름의 공상과 종교적 환상에 불과할 것이다.

앞서 말한 바와 같이 예수께서 선포하신 하나님 나라(*basileia tou theou*) 혹은 하늘나라(*basileia tou ouranou*)는 그 당시 유대인들의 종말신앙 혹은 묵시사상의 주요 내용이었다. 그런데 유대인들이 기다리고 있던 하나님 나라는 죽은 다음에 갈 피안의 세계나 소위 말하는 영적 세계 혹은 영계가 아니라 현실의 물질적 세계였다. 그것은 하나님이 다스리는 세계, 모든 억압과 착취와 소외가 사라진 세계, 모든 피조물이 하나님의 평화 속에서 함께 사는 세계 곧 메시아의 구원받은 현실을 말하였다. 이러한 하나님 나라를 선포하기 위하여 예수가 이 세상에 왔다는 사실을 우리는 누가복음 4장에서 발견한다. 누가는 예수가 다음과 같이 선포함으로써 그의 공생애를 시작한 것으로 기술한다.

주의 성령이 내게 임하셨으니
이는 가난한 자에게 복음을 전하게 하시려고 내게 기름을 부으시고 나를 보내사 포로된 자에게 자유를,
눈먼 자에게 다시 보게 함을 전파하며,
눌린 자를 자유케 하고
주의 은혜의 해를 전파하게 하려 하심이라
(눅 4:18-19; 참조. 사 61:1-2).

여기서 우리는 예수가 공생애를 시작하면서 선포한 첫 말씀이 마가와 누가에 있어서 다르게 나타난다는 사실을 발견한다. 그러나 오늘날 많은 신학자들에 의하면 누가복음 4장의 말씀은 마가복음 1:15, 마태복음 4:17의 말씀에 대한 설명이다. 누가복음 4장의 말씀은 마태복음과 마가복음이 말하는 "하나님 나라" 혹은 "하늘나라"가 무엇인가를 구체적으로 설명한다. 그것은 포로된 자들이 자유롭게 되며, 눈먼 자들이 보게 되며, 눌린 자들이 자유케 되고, "주의 은혜의 해"가 선포되는 현실이다. 이러한 공관복

음서의 기록에 의하면 예수의 모든 말씀과 활동에 있어서 하나님 나라의 오심에 대한 기쁜 소식 곧 복음이 그 중심점을 형성하고 있으며, 이 기쁜 소식은 "은혜의 해"에 대한 기쁜 소식과 결부되어 있음을 우리는 간파할 수 있다. 달리 말하여 임박한 하나님 나라에 대한 기쁜 소식은 "은혜의 해"에 대한 기쁜 소식으로 나타난다.[2]

그럼 예수가 선포한 "은혜의 해"는 무엇인가? 오늘날 많은 성서학자들의 견해에 의하면 누가복음 4장에 기록된 "주의 은혜의 해"는 레위기 25장에 기록되어 있는 "희년"을 말한다. "마가와 마태가 임박한 하나님 나라와 회개의 선포를 요약하여 말하는 바를, 누가는 구체적으로 이사야 61:1-2에 따라 레위기 25:10 이하가 명령하는 '주의 희년'으로 설명한다. 역사 속에서 하나님 나라의 현존은 희년과 그 계명의 형태를 취한다."[3] 성령으로 충만한 예수는 천상의 신비한 비밀이나 우주의 원리를 가르치는 것이 아니라 레위기 25장의 희년을 선포한다.

희년은 50년마다 돌아온다. "오십 년이 되는 이 해를 너희는 거룩한 해로 정하고 너희 땅에 사는 모든 사람에게 해방을 선포하여라. 이 해는 너희가 희년으로 지킬 해다"(레 25:10). 그럼 희년의 해방이란 구체적으로 무엇을 말하는가? 그것은 무엇보다 자기의 땅을 잃어버린 자에게 땅을 돌려주는 것이다. 땅은 본래 하나님의 것이요, 사람의 생존을 위하여 가장 기본적인 것이기 때문이다. "땅은 아주 팔아넘기는 것이 아니다. 땅은 내 것이요, 너희는 나에게 몸 붙여 사는 식객에 불과하다"(레 25:23). 또한 종이나 노예를 풀어주어야 한다. 빚 때문에 자기 자신의 몸은 물론 자기 가족의 몸을 채권자에게 판 사람, 인간으로서의 가치와 권리를 박탈당한 노예가 자유롭게 됨으로써 인간의 가치와 권리를 되찾아야 한다. 사람이 "종이

---

2) 이에 관하여 A. Trocmé, 『예수와 비폭력 혁명』; J. H. Yoder, *Die Politik Jesu-der Weg des Kreuzes*, 1981, 특히 S. 59ff.

3) J. Moltmann, *Der Weg Jesu Christi*, S. 140.

팔리듯이 팔려서는 안 된다"(레 25:42). 종의 해방은 그 종이 주인에게 짊어진 채무를 변제해주는 것을 뜻한다. 따라서 채무의 변제도 희년의 계명에 속한다. 신명기는 희년뿐 아니라 7년마다 오는 안식년에도 가난한 사람들의 채무를 변제할 것을 명령한다. "칠 년에 한 번씩 남의 빚을 면제해주어라"(신 15:1). "씨를 심지도 말고 절로 자란 것을 거두지도 말며 순을 치지 않고 내버려 두었는데 절로 열린 포도송이를 따지도 말라"(레 25:11, 19-23). 이 계명은 땅과 땅의 소산물을 일 년 동안 쉬게 하라는 것을 뜻한다. 이것은 희년뿐 아니라 안식년에도 지켜야 한다. "칠 년째 되는 해는 야웨의 안식년이므로 그 땅을 아주 묵혀 밭에 씨를 뿌리지 말고, 포도순을 치지도 말라. 그러면 너희 가축과 너희 땅에 사는 짐승도 땅에서 나는 온갖 소출을 먹고 살 수 있을 것이다"(레 25:4-7).

이러한 안식년과 희년의 계명은 가난한 사람들의 빚과 노예화와 자연의 착취를 극복하기 위한 일종의 "사회개혁 프로그램"(Sozialreform-programm)인 동시에 "생태계 개혁 프로그램"(ein ökologisches Reform-programm)이다. 그것은 "메시아적 시간의 시작"이요, 하나님 나라의 구체적 형태다.[4] 예수 당시 유대인들은 이 계명을 실천하지 않았다. 그러므로 가난하고 힘없는 사람들에 대한 부유한 사람들의 합법적·비합법적 착취와 억압이 계속되었고, 부익부 빈익빈의 현상이 심화되었다. 예수는 그의 공생애를 시작하면서 안식년과 희년법의 실천을 요구한다. 그가 선포하는 하나님 나라는 이 계명이 실천됨으로써 인간은 물론 모든 피조물이 평화롭게 살 수 있는 세계, 곧 "이제는 죽음과 슬픔과 울부짖음과 고통이 없는" "새 하늘과 새 땅"이다. 안식년과 희년의 실천에 대한 예수의 요구는 가난한 사람들에게 "기쁜 소식", "아름다운 소식"이었으나 부자들에게는 분노를 촉발시켰다. 그들의 소유와 이권이 위협을 받았기 때문이다.

그러므로 누가복음 4장에 의하면 예수에 대한 사람들의 태도가 두 가

---

4) Ibid., S. 140, 141.

지로 나타나는 것을 볼 수 있다. 예수를 "칭송"하는 사람들이 있었는가 하면(눅 4:14), 예수를 "산 낭떠러지까지 끌고 가서" 죽이려고 하였던 사람들이 있었다(눅 4:29). 수없이 많은 가난한 사람들이 예수의 뒤를 따라다녔던 반면, 니고데모와 같이 사회적 지위와 많은 소유를 가진 사람은 "밤에" 은밀히 예수를 방문하였고, 어느 부자 청년은 예수의 말씀을 듣고 "근심하며" 그의 곁을 떠날 수밖에 없었다. 물론 구약성서의 희년법을 오늘 우리의 시대에 글자 그대로 실천한다는 것은 하나의 환상이다. 그러나 예수가 희년법의 실천을 요구하면서 그의 공생애를 시작하였음은 틀림없는 사실이다. 예수의 많은 말씀은 희년법에 대한 그의 선포와 일치한다. "우리에게 빚진 사람들에게 우리가 면제하여주는 것같이 우리의 죄를 면제하여 주옵소서"라는 주기도의 다섯째 간구는 채무를 변제하여주라는 희년의 계명과 일치한다. 주기도는 "희년의 기도"다.[5] 자신의 큰 빚을 변제받았으나 자기가 다른 사람에게 빌려준 작은 빚을 변제해주지 않는 무자비한 종의 비유(마 18:23-35), 약은 청지기의 비유(눅 16:1-8) 등의 말씀도 희년의 계명과 관계된 것이다. 이와 같이 예수는 가난한 사람들, 인간의 가치와 권리를 잃어버린 사람은 물론 자연의 세계를 위한 희년법의 실천을 요구하였기 때문에 수많은 군중들이 예수에게 열광하고 광야까지 그의 뒤를 따라다녔으며 열심당원들도 예수의 제자가 되었던 반면, 산헤드린의 다수를 점하고 있던 사두개파와 바리새파 사람들과 백성의 원로들은 예수를 죽이고자 하였던 빌라도의 계획에 동참하였다. 이러한 맥락에서 볼 때 예수가 선포한 하나님 나라 혹은 하늘나라는 죽은 다음에 갈 피안의 세계나 종교적 환각의 세계가 아니라, 희년법이 실현된 세계, 모든 피조물이 하나님의 평화 속에서 더불어 사는 세계를 말한다.

한마디로 말하여 예수는 희년법의 정신에 입각한 정치·경제·사회적 개혁을 요구한다. 이것은 거의 틀림없는 역사적 사실로 보인다. 만일 그렇

---

5) J. H. Yoder, *Die Politik Jesu-der Weg des Kreuzes*, S. 61.

지 않다면, 우리는 누가복음 4:18-19의 말씀을 어떻게 해석해야 할 것인가? "포로된 자에게 자유를, 눌린 자를 자유케 하고 주의 은혜의 해를 전파하려 하심이라"는 구절을 또 다시 "영적으로" 해석해야 할 것인가? 그리하여 예수는 자신의 정치·경제·사회의 제반 현실에 대하여 아무 관심도 없었고 어떤 해결책도 제시하지 못한, 소위 영적인 구원만 외친 종교적 구원자로 파악되어야 하는가? 이러한 예수의 상(像)은 인간이 만들어낸 것이지, 역사의 예수의 모습과 일치하지 않는다.

지난 이천 년 동안 기독교는 가이사의 것과 하나님의 것, 물질적인 것과 영적인 것, 차안의 것과 피안의 것을 갈라놓고, 하나님의 구원은 단지 영적인 것, 피안의 것과 관계된 것이라고 가르쳤다. 그러나 가이사의 것도 사실상 하나님의 것이다. 물질과 온 세계가 하나님의 피조물이다. 따라서 하나님의 구원은 이 모든 것 안에서 일어나야 한다. 가이사의 것과 하나님의 것, 물질적인 것과 영적인 것을 갈라놓고, 예수를 물질적 현실과 관계없는 소위 영적·종교적 구원자로 보는 이원론적 사고는 구약성서로부터 유래하는 메시아 정신에 위배된다. 진리는 부분적인 것이 아니라 전체적인 것이다. 따라서 하나님의 구원도 부분적인 것이 아니라 전체적인 것, 총체적인 것이다. 온 세계가 하나님이 지으신 하나님의 것이기 때문이다 (시 24:1).

4. 사회적 관계와 갈등 속에 있는 예수

여기서 우리는 다음의 사실을 발견한다. 즉 역사의 예수는 해탈의 경지에서 자기가 속한 사회의 모든 문제와 갈등을 망각한 상태에서 살지 않고, 오히려 이 문제와 갈등 속에서 살았으며 사회적 관계 속에서 활동하였다는 것이다. 그는 남자와 여자, 어른과 어린이, 고귀한 자와 천한 자, 높은 자와 낮은 자, 힘이 있는 자와 힘없는 자의 갈등 속에서 살며, 이 갈등에 대한 해결책을 제시한다. 다른 종교의 많은 지도자들은 이 세계를 속된 것으로 보고 속된 세계와의 모든 관계와 그것의 갈등에서 벗어나려는 입장을 보여주는 반면, 예수는 세속의 관계들 속에서 하나님 나라의 기쁜 소식을 선포한다. 그는 갈등이 있는 인간의 현실에 대하여 "불을 주러" 왔다. 그는 갈등과 억압과 고통이 있는 인간의 현실을 망각하거나 그것을 은폐하지 않고, 오히려 이 현실을 하나님 나라의 빛으로 변화시킴으로써 갈등과 억압과 고통을 해결하고자 왔다는 것이다. 이러한 뜻에서 하나님의 메시아 예수는 "종교적 존재"인 동시에 철저히 "사회적 존재"다. 종교적 존재와 사회적 존재, 종교성과 사회성이 예수 안에서 분리될 수 없이 하나로 결합되어 있다.

흔히 우리는 종교인은 사회와 직결되지 않은 상태에서 살아야 한다고 생각한다. 그래서 종교인은 사회의 제반 갈등과 문제들에 직접 개입해서는 안 된다고 생각한다. 예수의 삶에 비추어볼 때, 이러한 생각은 잘못된 것이다. 하나님의 메시아 예수는 결코 사회를 떠나지 않으며, 사회적 갈등의 문제들을 망각하지 않는다. 오히려 그는 사회적 관계 속에서 살며, 그 사회의 문제들에 대한 해결의 길을 제시함으로써 하나님의 주권을 세속 안에 세우고자 한다. 따라서 그리스도인들과 교회는 "종교적 존재"인 동시에, 철저히 "사회적 존재"이어야 한다. 그들은 "하나님의 백성"으로서 이 사회 안에서, 사회의 문제들과 함께 살아야 한다. 이와 동시에 그들은 하나님의 말씀으로부터 출발하여 이 사회의 문제들에 대한 해결의 길을 제시함으로써 하나님의 주권을 세우는 "사회적 존재"이어야 한다. 제반 갈등속에 실존하였던 예수의 사회적 관계 내지 사귐(Gemeinschaft)을 우리는 다음과 같이 분석할 수 있다.

1) 여자 제자들과 남자 제자들과의 관계: 복음서는 예수에게 열두 명의 남자 제자들만 있었던 것으로 보도한다. 그러나 예수 주변에 있던 여자들의 활동을 고려할 때, 남자 제자들보다 여자들의 활동이 보다 더 중요한 의미를 가진 것으로 나타난다. 십자가의 고난을 끝까지 지켜본 사람들은

남자 제자들이 아니라 여자들이었다. 그의 부활을 처음으로 증언한 사람들도 여자들이었다. 이러한 사실을 고려할 때, 예수는 남자 제자들은 물론 여자 제자들과의 공동체적 관계와 사귐 속에서 살았다고 말할 수 있다. 그들의 관계는 명령과 지배와 복종의 관계가 아니라 자발적 섬김과 헌신의 관계였다. 이천 년 전 고대의 남성 중심 사회 속에서 예수가 여자 제자들 및 남자 제자들과 자발적 봉사와 헌신의 공동체적 삶을 나눈 것은 획기적 일이었다. 그의 공동체의 삶은 쿰란 공동체나 그 밖의 다른 공동체와는 아주 다른 모습을 보여준다. 그의 공동체 속에는 명령과 복종, 위와 아래로 구성된 지배체계(hierarchy) 대신, 평등한 형제들의 자유롭고 자발적 섬김과 헌신이 있다. 제자들의 발을 씻어주는 예수의 모습은 그의 공동체의 특징을 시사한다. 이로써 예수는 남자가 여자를 물건처럼 대하며 높은 자가 낮은 자를 지배하는 사회와 갈등에 빠진다.

2) 예수와 민중: 마가복음에 의하면 예수는 민중과 각별히 긴밀한 관계에 있었다. 민중은 가난한 사람들, 병든 사람들, 배고픈 사람들, 멸시와 천대를 받는 사람들, 소외된 사람들을 총칭한다. 그리스어 "라오스"(laos)가 하나님의 백성 이스라엘을 가리킨다면, "에트네"(ethnē)는 세계의 백성들을 가리킨다. 이에 비하여 "오클로스"(ochlos)는 민중을 가리킨다. 예수는 가난하고 힘없는 민중과 삶을 함께 나눈다. 그는 하나님의 이름으로 그들에게 나아갈 뿐 아니라, 그들 가운데 한 사람이었다. 그는 그들을 대표한다. 그는 사회적 신분에 있어 민중에 속하였다. 예수가 민중 가운데 한 사람이었다면, 그들을 푸대접하는 것은 예수를 푸대접하는 것이다(마 25:31-46). 가난하고 힘없는 민중과 예수의 연대(solidarity)는 땅 위에 있는 모든 민중들과 힘없는 피조물들을 포괄하는 보편성을 지닌다. 예수 당시 팔레스타인에 있었던 가난한 민중은, 땅 위에 있는 모든 민중의 일부인 동시에 그들을 비추어주는 거울이다. 하나님의 아들 예수는 "이 땅의 저주받은 자들"(Fr. Fanon)을 그의 가족으로 삼고, 하나님 나라의 새 창조를 그들 안에서, 그들과 함께 일으킨다. 이 "나중 오는 자들"이 "먼저 오는 자들"이 될

것이다. 하나님이 그들을 불쌍히 여기기 때문이다. 이로써 역사의 예수는 민중을 지배하고 억압하는 지배계층과 사회적 갈등에 빠진다. 그는 이 갈등 속에서 실존한다.

3) 예수와 그의 민족 이스라엘: 예수의 활동은 세례 요한과 마찬가지로 이스라엘 민족의 범위에 국한되어 있었다. 그는 유대인이었고, 유대인의 전통과 사회 속에서 살았다. 예수는 그를 따르는 많은 여자 제자들과 남자 제자들 가운데 특별히 열두 명을 뽑아 그의 메시아적 사명을 맡긴다. 12라는 수는 이스라엘의 12지파를 대변한다. 예수가 열두 명의 제자들만 가졌는지는 역사적으로 확증되기 어렵다. 여하튼 일군의 예수의 제자들과 함께 이스라엘은 하나님의 새 창조를 일으키는 그분의 종말론적 백성으로 변화되어야 한다. 예수와 이스라엘 민족의 연대는 땅 위에 있는 모든 민족들과 예수의 연대의 보편성을 지닌다.[6]

이와 같이 예수의 존재는 사적(private)·개체적 존재가 아니라, 사회적 관계 속에 있는 사회적 존재, 공적 존재다. 하나님의 아들은 사회와 관계없이, 사회로부터 해탈한 존재가 아니라, 사회적 존재로서 사회 안에 실존한다. 불트만(R. Bultmann)이 말하듯이 그는 탈세계화된(entweltlicht) 존재가 아니라, 철저히 사회 안에 있는 존재, 사회를 위한 존재다. 그리고 그의 사회적 존재는 철저히 당파적 존재로 나타난다. 그는 가난하고 힘없는 사람들의 형제와 친구이며, 고난당하는 사람들의 고난을 함께 나눈다. 그는 사회적 갈등을 회피하지 않는다. 그는 세속을 떠난 해탈의 경지에서 좌선을 일삼지 않는다. 오히려 그는 세속 안에서 힘없는 자들과 연대하며, 그들의 편에서 하나님의 진리를 선포하고 그 사회의 개혁을 요구한다. 여자를 노예처럼 취급하는 남성 위주의 사회 속에서 예수는 여자들을 그의 제자로 삼고, 여자들의 인간적 가치와 존엄성을 보호할 것을 요구한다. 이에 대하여 우리는 아래에서 고찰할 것이다.

---

6) 이에 관하여 G. Lohfink, *Wie hat Jesus Gemeinde gewollt?* S. 21.

5. 하나님 나라의 생태학적 차원

하나님은 인간의 영혼만을 창조한 것이 아니라, 그의 육체와 물질의 세계, 동물과 식물도 창조하였다. 이 모든 것이 하나님의 사랑과 구원의 대상이다. 예수는 이 모든 것의 구원자다. 그는 인간 영혼의 구원자인 동시에 "생태계의 구원자"다. 물론 예수는 생태계에 대하여 직접 말한 적이 없다. 역사의 예수는 "생태계"라는 말을 알지도 못하였을 것이다. 생태계의 오염과 파괴, 생태계 위기의 문제는 그 당시 유대인 사회가 전혀 알지 못하는 문제였다. 그러나 구약의 율법은 생태학적 계명들을 내포하고 있다. 안식년과 희년의 계명에 의하면 일 년 동안 씨를 심어서는 안 되며 절로 자란 것을 거두어서도 안 된다. 달리 말하여 땅의 생명력을 소생시켜야 한다. 고대사회에 있어서 땅은 인간의 삶의 터전이었다. 인간은 땅으로부터 오며 땅 위에서 살다가 땅으로 돌아가는 존재로 이해되었다. 그러므로 사람에 해당하는 히브리어 "아담"(adam)은 땅에 해당하는 "아다마"(adama)로부터 유래한다. 이것은 라틴어에 있어서도 유사하다. 사람에 해당하는 라틴어 "호모"(homo)는 땅에 해당하는 "후무스"(humus)로부터 유래한다. 이와 같이 인간의 삶에 있어서 가장 기본적인 땅의 생명력을 소생시키라는 하나님의 계명은 인간의 삶을 가능케 하는 자연계, 곧 생태계의 보호와 회복을 내포한다고 말할 수 있다. 만일 예수께서 오늘날 우리 사회 속에 오신다면, 그는 틀림없이 생태계의 보호를 요구할 것이다. 예수의 말씀에 의하면 공중의 새도 하나님이 먹이시고 들에 핀 들꽃도 하나님이 입히신다(마 6:26, 30). 자연의 모든 것이 하나님의 것이요 하나님의 영광을 나타낸다. 따라서 온 자연이 오염되고 파괴되는 것은 물론 수많은 동물들과 식물들이 멸종되고 있는 오늘의 현실을 예수가 보신다면, 그는 이러한 범죄를 저지르는 인간의 죄를 틀림없이 추궁할 것이며 생태계의 보전을 요구할 것이다.

사실 구약의 율법도 생태학적 의미를 지니고 있다. 구약의 율법은 인간 생명의 보존은 물론 자연의 보존을 요구하기 때문이다. 구약의 율법에 의하면 "눈은 눈으로, 이는 이로, 손은 손으로, 발은 발로, 화상은 화상으로, 상처는 상처로, 멍은 멍으로 갚아야 한다"(출 21:24-25). 다시 말하여 다른 사람이 나의 눈을 다치게 했으면 나도 그 사람의 눈을 다치게 해야 하며, 누가 나의 이를 부러뜨렸으면 나도 그 사람의 이를 부러뜨려야 한다. 다른 사람이 나의 손이나 발에 상처를 입혔으면 나도 그 사람의 손이나 발에 상처를 입혀야 한다. 이 계명의 근본정신은 보복에 있는 것이 아니라 인간 생명의 보호에 있다. "너희는 보복하라"는 뜻에서 하나님이 이 계명을 주신 것이 아니라, "너희가 다른 사람을 어떤 형태로든지 해치면 너희도 해침을 돌려받을 것이니, 너희는 아예 다른 사람을 해치지 말아라. 다른 사람의 생명을 보호하여라"는 뜻에서 이 계명을 주신 것이다. 가난하여 품을 파는 사람을 억울하게 다루어서는 안 되며, 해를 넘기지 말고 해지기 전에 그의 품삯을 주어야 한다(신 24:14-15). "나그네와 고아와 과부"의 인권을 짓밟지 말며 그들을 인간적으로 대하고 그들의 호소를 들어주어야 한다(신 24:17; 출 22:21). 희년이 오면 종을 그의 자식들과 함께 조상의 소유지로 돌아가게 해야 한다(레 25:41). "너희는 하나님 두려운 줄 알아 그를 심하게 부리지 말라"(레 25:43). 이 모든 계명들은 힘없는 사람들의 생명의 보존을 그 기본 정신으로 가진 율법의 정신을 나타낸다.

이렇게 율법은 인간 생명의 보호를 기본 정신으로 가질 뿐 아니라, 자연의 보호를 그 기본 정신으로 가지고 있다. 예를 들어 사람이 짐승을 잡아먹어도 좋지만 그 짐승의 피를 먹어서는 안 된다. 피는 모든 "생물의 생명"이기 때문이다(창 9:4; 레 17:14; 신 12:23). 이 계명은 무엇을 말하는가? 인간이 그의 생명을 유지하기 위하여 짐승을 잡아먹는 것은 불가피하다. 그러나 모든 짐승의 생명은 하나님께 속한 것이다. 생명의 소유권은 인간에게 있는 것이 아니라 하나님께 있다. 그것은 하나님이 지으신 것이기 때문이다. 그러므로 인간이 다른 짐승의 생명을 함부로 파괴해서는 안 된다는 것을 이 계명은 말한다. 인간이 다른 생명을 함부로 죽이는 것은 그 짐승의 가치와 존엄성을 파괴하는 행위인 동시에 하나님의 소유권에 대한 침해라 말할 수 있다. 그러므로 율법은 짐승의 생명의 가치와 존엄성을 지킬 것을 명령한다. "소나 양이나 염소는 태어난 후 칠 일 동안 제 어미 품에 두어야 한다"(레 22:27). "소나 양을 그 새끼와 함께 같은 날 죽이지 말라"(출 22:28). "염소의 새끼를 제 어미의 젖으로 삶아서는 안 된다"(신 14:21). 비록 원수의 소나 나귀라 할지라도 그것이 길을 잃었을 경우, 그것을 임자에게 데려다주어야 하며, "짐에 깔려 있는 것을 보면 내버려 두지 말고 그것을 일으켜 세우는 것을 반드시 도와주어야 한다"(출 23:4-5; 참조. 신 22:4). 소와 나귀를 한 멍에에 메워 밭을 갈아서는 안 된다(신 22:10).

안식일과 안식년의 계명도 생태학적 의미를 가지고 있다. 안식일이 되면 일을 해서는 안 된다. 사람은 물론 가축도 일을 시켜서는 안 된다(출 20:10). 즉 짐승의 생명을 보호해야 한다. 안식일에 일을 하지 못한다는 것은 무엇을 말하는가? 그것은 자신의 정신과 육체의 생명력을 보존할 뿐 아니라, 인간의 노동을 통하여 자연을 훼손하는 일을 중단하라는 것을 말한다. 안식일이 오면 자연도 휴식을 가지면서 자신의 생명력을 회복해야 한다. 이러한 안식일의 계명은 안식년의 계명으로 확대된다. 안식년이 되면 파종하지 말고 땅을 쉬게 해야 한다(레 25:2). 땅도 그 생명력을 회복하게 해야 한다.

예수는 유대인이었다. 그러므로 그는 이러한 율법을 알고 있었을 것이다. 그러나 그 당시 사회는 오늘날 우리 사회가 직면하고 있는 생태계의 문제를 전혀 알지 못하였기 때문에 예수는 이에 대하여 말씀하실 필요가 전혀 없었다. 그러나 예수가 선포한 하나님 나라는 이 땅 위에, 자연 안에 이루어져야 하기 때문에, 하나님 나라에 대한 예수의 선포는 생태학적 의미를 내포하고 있다. 하나님 나라는 자연 안에서 이루어질 수밖에 없다. 자연은 하나님 나라가 그 속에서 이루어지는 장(場)일 뿐 아니라 하나님 나라의 구성요소다. 자연 없는 하나님 나라는 있을 수 없기 때문이다.

VIII
약한 자의 편에 서는
하나님 나라

세속 한가운데서 하나님 나라를 선포하고 그것을 세우고자 하는 예수는, 그 사회의 힘없고 가난한 자들의 편에 선다. 그는 "세리와 죄인들의 친구"가 되며, 그들과 삶을 나눈다. 부유한 자들이 힘없고 가난한 자들에게 그들의 재물을 베풀 것을 그는 요구한다. 사회의 그늘 속에 살던 사람들이 그에게 나아와 그의 "친구"가 된다. 그는 가난한 자들에게 하나님 나라를 선포하며, 하나님 나라가 그들의 것이라 말한다. 이와 같이 예수 안에서 사건화되는 하나님 나라는 힘없고 가난한 사람들의 편에 선다. 그것은 중립적인 것이 아니라 당파적으로 나타난다.

1. 가난한 사람들에게 전해지는 하나님 나라

바롱(W. W. Baron)은 『이스라엘의 역사』(Histoire d'Israël)에서 예수 시대에 갈릴리에 살았던 한 농부가 빚으로 인하여 몰락해가는 과정을 다음과 같이 묘사한다.[1] 그 당시 헤롯 대왕은 백성들에게 많은 세금을 부과하였으며, 세금을 내지 않는 사람들의 재산을 몰수하였다. 그러므로 갈릴리의 이 농부는 그의 땅을 담보로 잡히고 고리대금업자에게서 빚을 얻어 세금을 내었다. 그가 담보 잡힌 땅은 곧 고리대금업자의 손에 떨어지고, 이 농부는 소작인이 되었다. 그럼에도 이 농부의 빚은 계속 늘어만 갔다. 고리대금업자는 소작인에게 그 자신의 몸은 물론 그의 아내와 자녀와 그가 가진 모든 것을 팔아서 빚을 갚으라고 요구하였다.

마태복음에 기록된 "무자비한 종의 비유"는 예수 당시의 이러한 상황을 시사한다. 왕에게 일만 달란트를 빚진 어떤 종이 왕 앞에 끌려 왔다. 그에게 빚을 갚을 길이 없기 때문에, 왕은 "네 몸과 네 처자와 너에게 있는 것을 다 팔아서 빚을 갚으라"고 명령한다. 종은 엎드려 왕에게 절하며 "조금만 참아주십시오. 곧 다 갚아 드리겠습니다"라고 애걸한다. 왕은 그를 가엾게 여겨 빚을 탕감해주고 놓아 보낸다. 그러나 곧이어 이 종은 자기에게 백 데나리온밖에 안 되는 빚을 진 동료가 조금만 참아달라고 애원하자, 그 애원을 뿌리치고 그를 감옥에 가두었다. 이 일을 들은 왕은 분개하여, 그 종이 빚을 다 갚을 때까지 그를 감옥에 가두게 하였다는 것이다(마 18:23-35).

예수 당시 농부들의 처지는 부재지주들로 인하여 더욱 어려웠다. 통행세 수납원, 징세 청부인, 세리, 관리인, 출납원들이 빚을 대신 받아내는 일을 맡았다. 이들은 소작인들이 갚아야 할 세금, 임대료 등을 지나치게 요구하여 터무니없는 액수를 갈취하였다. 그래서 가난한 사람들은 항상 죽을 지경이었다. 그들은 어느 누구에게도 도움을 청할 수가 없었다. 관리인들은 그들의 주인에게 허위 계산서를 제시했으며, 이를 통하여 그들은 예수가 "불의한 재물"이라 말했던 재산을 몇 년 안에 축적할 수 있었다. 관리인들의 이러한 부정부패는 누가복음 16:1-7에 나타난다. 이러한 상황 속

---

1) A. Trocmé, 『예수와 비폭력 혁명』, p. 60.

에서 복음서의 예수는 가난한 사람들에게 특별한 관심을 보인다. 하나님 나라의 기쁜 소식 곧 "복음"은 가난한 사람들에게 전하여진다(마 11:5; 눅 4:18; 7:22). 가난한 사람에 대한 축복이 마태의 산상설교와 누가의 평지설교의 앞머리에 나타난다. 가난한 사람에 대한 축복은 당시 유대교와 그리스의 문헌들 속에 자주 나타나는데, 대개의 경우 지혜문학적인 금언의 형태로 나타난다. 덕스러운 아내, 잘 교육받은 자녀, 인생의 성공과 행복을 얻는 사람은 복되다, 인생의 길을 행복하게 끝낸 사람들은 복되다 하는 식이다. 그러나 예수의 축복은 지혜문학적 금언이 아니라 예언자적 부르심과 약속의 형태를 가진다. "가난한 사람들아, 너희는 행복하다. 하나님 나라가 너희의 것이다"(눅 6:20; 참조. 마 5:3). 가난한 사람에 대한 예수의 축복은 다음과 같은 구약의 말씀과 동일한 맥락 속에 있다.

> 지극히 높으신 이, 보좌에 영원히 앉아 계시는 이,
> 거룩하신 분이라 불리는 이께서 말씀하신다.
> "나는 높고 거룩한 보좌에 앉아 있으면서도
> 얻어맞아 용기를 잃은 사람들과 함께 살며
> 잃은 용기를 되살려주고,
> 상한 마음을 아물게 해주리라"(사 57:15).

> 일어나소서. 야웨 나의 하나님, 저들을 내리치소서.
> 가련한 자들을 잊지 마소서.
> 악인들이 어찌 감히 당신을 깔보며
> "벌 받지 않는다"고 뇌까릴 수 있사오리까?
> 이 서러움, 이 억울함을 당신은 보셨습니다.
> 손수 그들을 붙들어 주시니
> 당신은 가엾은 자들의 의지이시며
> 고아들의 도움이시옵니다.

......

야웨여! 당신은 미약한 사람들의 호소를 들으시고
그 마음 든든하게 해주시옵니다. 귀를 기울이시어
억눌린 자 고아들은 권리를 찾게 하시고
다시는 이 땅에 겁주는 자 없게 하소서(시 10:12-18).

언제까지 너희는 불공평한 재판을 하려는가?
언제까지 악인에게 편들려는가?
약한 자와 고아를 보살펴주고
없는 이와 구차한 이들에게 권리를 찾아주며
가난한 자와 약자들을 풀어주어라.
악인의 손에서 구해주어라(시 82:2-4).

구약의 하나님은 특별히 가난한 자들, 인간으로서의 권리를 잃어버린
자들, 힘이 없는 자들, 배고픈 자들, 한마디로 말하여 "고아와 과부들"을
불쌍히 여기시고 그들을 돌보아줄 것을 명령한다. 그러므로 하나님의 메
시아 예수가 있는 곳에는 사회의 그늘진 곳에 사는 사람들이 나타난다. 잠
잘 곳이 없는 사람들(눅 14:21-23), 거리에 있는 거지들(마 11:2-5), 슬퍼하는
자들(눅 6:21), 배고픈 사람들, 직업이 없는 사람들, 병든 사람들, 귀신들린
사람들, 불구자, 소경, 절름발이들이 나타난다. 그들은 소송에 걸려 속옷까
지 빼앗기며(마 5:40), 빚을 갚지 못하여 자신의 몸은 물론 자기의 가족을
종으로 팔며(마 18:23-35), 생명을 유지하기 위하여 남자들에게 몸을 판다.
그들은 인간으로서의 기본 가치와 권리를 빼앗긴 자들이요, "비인간", "인
간 이하의 인간", "인간 재료들"이다.[2] 예수에게 오는 사람들은 "가난한 사
람들", 세상 어디에서도 위로를 받을 수 없는 "슬퍼하는 사람들", 하나님의

---

2) L. Schottroff/W. Stegemann, *Jesus von Nazareth-Hoffnung der Armen*, 1978.

의가 세워지지 않을 경우 세상 속에서 생존할 수 없는 "굶주리고 목마른 자들", 마음이 영악하지 못한 "자비로운 자들", "모욕과 박해를 받는 자들"이다.

하나님 나라가 먼저 이러한 사람들에게 전하여지는 까닭은 무엇인가? 그 까닭은, 하나님이 사랑이기 때문이다(요일 4:8, 16). 물론 하나님은 가난한 사람들만 사랑한다고 말할 수 없다. 부자들도 그의 피조물이요, 따라서 하나님의 사랑은 부자들에게도 해당한다. 그는 부자들에게도 햇빛을 주시고 비를 내리신다. 그러나 부모가 병들고 가난한 자식에 대하여 더 깊은 사랑을 가지듯이, 하나님도 가난한 사람들에 대하여 더 깊은 관심을 보이며 먼저 그들에게 그의 사랑을 보인다. 그들의 고난은 하나님 자신의 고난이요, 그들의 부르짖음이 그의 귀에 들린다(참조. 출 2:23; 3:9). 그러므로 하나님 나라는 먼저 가난한 사람들에게 전하여지며 그들의 것이 된다. 가난한 사람들의 가난은 단지 그들의 게으름과 잘못된 생활방식으로 말미암은 것이 아니며, 부자들에게도 책임이 있다. 부자들의 부는 상당 부분 가난한 사람들의 주머니에서 나온 것이다. 그러므로 그들의 부 가운데 상당 부분은 가난한 사람들에게 환원되어야 한다. 그러나 부자는 대개의 경우 그것을 거부하기 때문에, 인간으로서의 기본 가치와 권리를 상실한 가난한 계층이 생성된다. 그러므로 하나님 나라는 먼저 가난한 사람들에게 전하여지며 그들의 것이 된다. 그것은 가난한 사람들에게 편파적이다. "예수는 가난한 사람들, 우는 사람들, 배고픈 사람들에 대하여, 성공하지 못한 사람들, 힘이 없는 사람들, 의미 없는 사람들에 대하여 당파적(parteiisch)이었다."[3]

또한 하나님 나라는 서로 물질을 베풀며 나누는 세계다. 그것은 단순히 영적·정신적 세계가 아니라, 가난한 사람들의 생명이 보호받는 세계요, 하나님의 정의와 자비가 세워지는 세계다. 하나님 나라에 속한 사람들

---

3) H. Küng, *Die christliche Herausforderung*, 1980, S. 164.

은 "하나님과 재물"을 아울러 섬기지 않는다. 그들은 하나님만을 섬기며, 그러므로 재물에 집착하지 않는다. 그들은 재물을 베푼다. 그러므로 하나님 나라를 선포하는 예수는 이렇게 요구한다. "재물을 땅에 쌓아두지 말아라, 땅에서는 좀먹거나 녹이 슬어 못쓰게 되며 도둑이 뚫고 들어와 훔쳐 간다. 그러므로 재물을 하늘에 쌓아두어라"(마 6:19-21). 그들의 베풂 속에서 하나님 나라가 사건화된다. 베풀 때에는 그것이 자기의 공적이 되지 않도록 베풀어야 하며, 돌려받을 생각을 하지 말아야 한다. "너희가 만일 되받을 가망이 있는 사람에게만 꾸어준다면 칭찬받을 것이 무엇이겠느냐? 죄인들도 고스란히 되받을 것을 알면 서로 꾸어준다. 그러니 너희는 원수를 사랑하고 남에게 좋은 일을 해주어라. 그리고 되받을 생각을 말고 꾸어주어라. 너희의 아버지께서 자비로운 것같이 너희도 자비로운 사람이 되어라"(눅 6:34-36). 자선을 베풀 때에는 나팔을 불지 말고 오른손이 하는 일을 왼손이 모르게 해야 한다(마 6:3). 남에게서 바라는 대로 남에게 해주어야 한다(마 7:12).

하나님 나라의 이러한 요구는 동서고금을 막론하고 부자들이 받아들이기 어려운 것이다. 그러므로 부자 청년의 이야기처럼 부자들은 대개의 경우 예수를 떠난다. 그들은 돈과 권세와 지위와 명예를 그들의 하나님으로 삼고 살아간다. 그들이 하나님을 믿는다 하지만, 그들의 마음속에는 하나님 대신 돈과 권세와 지위와 명예에 대한 인간의 욕심이 중심 자리를 차지하고 있다. 그들은 많은 곡식을 저장하여두었다가 값이 오를 때 팔아 엄청난 이윤을 남긴다. 하나님께서 모든 피조물을 위하여 창조하신 땅을 사두었다가 값을 올려 팔아 엄청난 이윤을 남긴다. 이리하여 땅값과 집값이 올라가고 물가가 하늘 높은 줄 모르고 치솟는다. 그들은 로마 황제에게 많은 뇌물을 바쳐 권력의 자리에 오르며, 백성을 착취하며 치부한다. 그들은 가난한 사람들에게 돈을 빌려주고 비싼 이자를 받는다. 채무자가 빌린 돈을 갚지 못하면, 그의 땅과 집을 취하며, 그와 그의 가족을 노예로 삼기도 한다. 그들은 겉으로 경건하게 보이지만, 그들의 마음속에는 하나님의 의와 자비가 없다. 가난한 사람들이 굶주리고 가난 때문에 도적이 되고 창녀가 되며 심지어 자살하는 일이 일어나도, 그들은 가난한 사람들에게 자비를 베풀지 않는다. 그들은 입으로 하나님을 믿는다 하지만, 하나님을 믿지 않고 돈과 권세와 지위와 명예의 힘을 믿는다. 하나님의 말씀을 듣지만 그것을 받아들이지 않는다. 그들의 마음은 굳게 닫혀 있다. 그들에게는 그들의 재물과 권세와 지위와 명예가 기쁨이요 위로다. 그러므로 예수는 이렇게 말한다. "그러나 부유한 사람들아, 너희는 불행하다. 너희는 이미 받을 위로를 다 받았다"(눅 6:24).

하나님 나라가 먼저 가난한 사람들의 것이 되는 하나의 이유가 바로 여기에 있다. 부자들은 대개의 경우 하나님 나라를 거부한다. 그들은 소유에 집착한다. 그들이 하나님 나라에 들어가는 것은 낙타가 바늘귀로 빠져 나가는 것보다 더 어렵다(마 19:23-24). 이에 반하여 가난한 사람은 "받을 수 있고 나눌 수 있는 능력이 있다. 그들은 세계의 개혁에 대하여 열려 있다."[4]

일반적으로 사람들은 돈이 많이 있으면 행복해질 수 있으리라 생각한다. 돈이 있어야 집을 살 수 있고, 자동차를 살 수 있다. 돈이 있어야 여가 생활을 즐길 수 있다. 그래서 다들 더 많은 돈을 얻기 위해 열심히 노력하고 저축한다. 물론 우리에게는 돈이 필요하다. 돈이 없으면 우리는 살 수 없다. 그러나 돈, 곧 소유가 행복한 삶을 보장하지 못한다는 사실을 필자는 피부적으로 경험할 수 있었다.

1970년대 한국사회는 절대빈곤의 상태에 있었다. 부황으로 사람들이 목숨을 잃어버리는 보릿고개가 아직까지 극복되지 못한 상태였다. 대학을 졸업한 사람들이 먹고살기 위해 독일에 광부로, 간호사로 떠나야만 했다. 거의 모든 국민들이 생존의 위기 속에 있었다. 그러나 그 당시 한국사회에서 누가 자살하였다는 얘기는 거의 들을 수 없었다. 삶이 힘들었지만, 사람들의 얼굴에는 평화가 보였다. 이에 반해 국민소득이 연 30,000불에

---

4) B. Lauret, *Systematische Christologie*, S. 192.

가까운 오늘 한국사회는 어떤가? 일반적으로 우리는 사람들의 얼굴에서 평화를 발견하기 어렵다. 내일에 대한 불안, 나의 경제 상황에 대한 불만족, 이자에 이자를 더하는 빚에 대한 공포, 나보다 더 많이 가진 자들에 대한 미움, 부정과 부패를 통해 큰 부를 소유한 자들에 대한 증오, 살아남기 위한 경쟁심, 이런 것들로 인해 사람들의 얼굴은 어둡고 살벌하게 보인다. 밝고 친절한 얼굴 표정은 발견하기 어렵다. 통계청의 발표에 의하면, 2011년 한국의 자살 사망자 수는 15,681명으로, 인구수 대비 자살률이 세계에서 가장 높다.[5] 자살 사망자의 실제 수는 더 클 것이다. 통상 자기 집안에서 누가 자살하였다는 얘기를 피하기 때문이다.

여기서 우리는 경제적 부와 행복이 비례하지 않는다는 사실을 볼 수 있다. 아무리 큰 부잣집일지라도, 그 집안을 들여다보면, 그 누구에게 말할 수 없는 문제들과 고민들이 숨어 있다. 죽을 때까지 써도 다 쓸 수 없는 돈이 쌓여 있는데도, 삶의 의욕 상실과 우울증 때문에 침대에서 일어나지 못하는 부유층 주부들도 있고, 일정한 직업 없이 밤마다 나이트클럽을 전전하면서 돈을 탕진하는 자녀들도 있다. 고속도로에서 고급 외제차를 타고 곡예 하듯이 질주하는 새파란 젊은이들도 이와 비슷한 유에 속할 것이다.

그러므로 예수는 이렇게 말한다. "너희는 자기를 위하여 보물을 땅에다가 쌓아두지 말아라. 땅에서는 좀이 먹고 녹이 슬어서 망가지며, 도둑들이 뚫고 들어와서 훔쳐간다. 그러므로 너희를 위하여 보물을 하늘에 쌓아두어라…"(마 6:19-20). "보물을 하늘에 쌓아둔다"는 것은 어려운 형제자매에게 소유를 나누어주는 것을 뜻한다. 보물을 쌓아두어야 할 하늘은 어려운 형제자매들 가운데 있다. 바로 거기에 하나님이 계신다. 하나님이 그 안에 계신 어려운 형제자매들에게 소유를 나누어주는 바로 거기에 하나님 나라가 있다. 누가복음의 예수는 우리가 구해야 할 하나님 나라와 연

---

5) 한국의 자살 문제에 대한 분석과 교회의 대처 방안에 관해 곽혜원, 『자살 문제, 어떻게 할 것인가?』, 2011, 서울: 20세기 교회와 신학 포럼.

관하여 보다 더 직설적으로 말한다. "너희 소유를 팔아서 자선을 베풀어라. 너희는 자기를 위하여 낡아지지 않는 주머니를 만들고, 하늘에다가 없어지지 않는 재물을 쌓아두어라. 거기에는 도둑이나 좀의 피해가 없다"(눅 12:33).

2. 예수는 사회주의자였던가?

가난한 사람들에 대한 예수의 당파적 태도의 목적은 무엇인가? 이 문제를 서중석 교수는 아래와 같이 적절하게 설명한다. "가난한 자는 부자가 되어야 하고, 부자는 가난한 자가 되어야 한다는 말인가? 아니다. 지배자는 피지배자가 되고 피지배자는 지배자가 되어야 한다는 말인가? 결코 아니다. 오히려 사람과 사람 사이의 '평등'을 강조하려는 것이 그 궁극적인 목적이다. 이 점이 분명하게 인식되지 않는다면 예수의 역전 선포는 이내 난관에 부딪히게 될 것이다. 왜냐하면 만일 예수의 역전이 부자가 가난한 자로, 가난한 자가 부자로 뒤바뀌는 것을 목적으로 삼았다면, 전에는 부자였으나 이제 뒤바뀌어 가난한 자가 된 사람에게, 또는 전에는 가난한 자였으나 이제 부자가 된 사람에게 예수는 또다시 역전을 선포하지 않을 수 없었을 것이기 때문이다. 이러한 지속적인 악순환을 예수가 의도한 것은 아니다."[6] 역전의 궁극적 목표를 서 교수는 이사야 40:4을 통하여 분명하게 설명한다.

> 역전의 궁극적인 목표가 "평등"에 있다는 것을 보다 현저하게 부각시킨 구약의 전거를 찾는다면, 이사야 40:4이 대표적인 예가 될 것이다.…곧 "높은 산들은 낮아지고, 낮은 골짜기들은 높아지리라"는 것이다. 그런데 그 역전의 최종

---

6) 서중석, 『예수』, 1992, p. 186f.

목적이 그 다음에 분명한 형태로 제시되어 있다. 고르지 않은 곳이 평탄케 되며, 험한 곳이 평지가 되게 하기 위함이라는 것이다. 곧 그 목적은 "평지"를 만드는 데 있다는 것이다. 높은 산이 낮은 골짜기로 되어야 한다는 뜻이 아니다. 낮은 골짜기가 높은 산이 되어야 한다는 뜻이 아니다. 한쪽이 다소 깎이고, 다른 한쪽이 다소 돋우어져 그 둘이 합쳐져 평지가 되는 것이 그 최종 목표라는 것이다.[7]

그럼 이 "평지" 곧 부자와 빈자의 "평등"은 무엇을 말하는가? 그것은 소유의 철저한 공유, 곧 사회주의 체제를 말하는가? 복음서에서 예수는 모든 사람이 모든 소유를 똑같이 나누어 가져야 하며 모든 것을 공유해야 한다고 말하지 않는다. 이러한 뜻에서 그는 사회주의자가 아니었다. 그는 특정한 경제체제를 말하지 않는다. 그는 "무산계급의 혁명"이나 "사회주의 혁명"을 주장하지 않는다. 그는 착취자들에 대한 복수를, 억압자들에 대한 억압을 말하지 않는다. 삭개오가 그의 재산의 절반만 팔아 가난한 사람들에게 나누어주겠다고 말했을 때, 예수는 모든 것을 팔아 나누어주라고 요구하지 않는다. 오히려 그는 삭개오의 제안을 승낙하고 "오늘 구원이 너의 집에 임하였다"라고 선포한다. 부지런한 사람이 있는가 하면, 게으른 사람이 있다. 절약하고 저축하며 사는 사람이 있는가 하면, 땀 흘려 얻는 물질을 낭비하고 하루 저녁 노름판에서 날려버리는 사람이 있다. 그러므로 예수는 모든 사람이 재산을 똑같이 공유해야 한다는 사회주의를 말하지 않는다. 그는 모든 재산의 몰수와 무산계급의 통치를 주장하지 않는다. 그는 유산계급의 인민재판을 말하지 않는다. 그는 쿰란 공동체처럼 모든 소유를 팔아 공동체에 바쳐야 한다고 명령하지 않는다. 자기의 소유를 포기하는 자는 교회나 수도원 등의 기관에 넘겨줄 것이 아니라, 가난한 자에게 주어야 한다. 그러나 예수는 자기를 따르는 모든 사람들에게 소유를 포기

---

7) Ibid., p. 189.

하라고 명령하지 않는다.

"자기 소유를 다 버리지 않으면, 내 제자가 될 수 없다"는(눅 14:33) 예수의 말씀은 새로운 율법도 아니고, 모든 사람에게 해당하지도 않는다. 그를 따르는 남녀 제자들이 그들의 모든 소유를 팔아버렸는가를 예수는 확인하지 않으며, 복음서는 이에 대하여 전혀 보도하지 않는다. 사실 예수는 그를 따르는 사람들에게 그들의 모든 소유를 처분하라고 명령하지 않는다. 만일 이 세상의 모든 사람들이 그들의 소유를 포기한다면, 이 세상은 말할 수 없는 무질서에 빠질 것이다. 소유를 가진 사람들이 있었기 때문에, 예수와 그의 제자들은 음식과 숙소의 도움을 받으면서 활동을 계속할 수 있었다. 심지어 그는 부유한 바리새인들과 세리들의 초대를 받기도 하였다.

그러나 예수는 우리가 소유에 집착하지 말고 가난한 사람들에게 베풀어야 하며, 소수의 사람들에게 독점되어 있는 부가 사회로 환원되어야 함을 주장한다(참조. 희년의 계명). 소유의 차이는 있을 수밖에 없다. 그러나 소유가 아니라 자비를 베푸는 것이 삶의 가장 가치 있는 일로 생각되어야 한다. 부의 과도한 독점은 극복되어야 하며, 모든 인간의 존엄성과 기본 생존권이 보장받는 사회가 형성되어야 한다. 소유의 차이는 있으나 부의 과도한 독점이 사라지며 모든 인간의 존엄성과 기본 생존권이 보장받는 사회, 이것이 예수가 목적한 "평지"일 것이다.[8]

3. "가난한 사람들아 너희는 행복하다"

예수는 가난한 사람들에게 하나님 나라의 복음을 선포할 뿐 아니라, 하나님 나라가 가난한 사람들의 것이라고 말한다. "가난한 사람들아, 너희는

---

8) 이와 관련하여 아래 XII 3. "소유의 문제" 참조.

행복하다. 하나님 나라가 너희의 것이다"(눅 6:20). 복음서의 이 구절을 우리는 어떻게 이해해야 할 것인가? 가난한 사람은 모두 하나님 나라를 얻을 수 있다는 말인가? 가난한 사람들의 죄의 문제는 어떻게 되는가? 가난한 사람들은 모두 죄가 없으며, 그러므로 그들은 무조건 하나님 나라에 들어갈 수 있다는 말인가?

하나님은 사랑이다. 그러므로 하나님은 가난한 사람들 가운데 계시며 그들의 고난을 함께 나누신다. 그러나 가난하고 고난당한다 하여 무조건 하나님 나라의 보증을 받는다고 말할 수는 없다. 하나님 나라에 대한 예수의 선포는 "회개하라"는 전제를 가진다. 따라서 하나님을 삶의 중심으로 모셔 들이고 하나님을 신뢰하면서 살아가는 가난한 사람에게 하나님 나라가 속한다.

"하나님 나라가 너희의 것이다"라는 예수의 말씀은 회개하고 살아가는 사람에게 "위로"와 "약속"의 말씀이다. 이 사람에게 하나님 나라는 먼 미래가 아니라 이미 현재다. 그는 이 세상에서 고난을 당하며 살지만, 그는 영원한 생명의 나라에 속한다. 하나님을 삶의 중심으로 모시고 살아가는 사람은 지금은 배가 고프고 눈물을 흘리며 살지만, 언젠가 배부르게 먹을 수 있을 것이며 웃게 될 것이다. 지금 배고픔을 당하며 산다 하여 언제까지나 배고픔을 당하며 사는 것도 아니고, 지금 포식하며 산다 하여 언제까지나 포식할 수 있는 것도 아니다. 음지가 양지로 될 때가 있고, 양지가 음지로 될 때가 있다. 그러므로 배고프고 헐벗고 슬픔 속에서 사는 사람들아, 힘을 내어라! 언젠가 너희가 배부르게 될 것이요 웃을 날이 올 것이다. 또 하나님을 신뢰하며 살아가는 가난한 사람은 이미 하나님 나라의 백성이다. 하나님은 가난한 사람들의 아픔에 동참하신다. 그는 그들의 편에 계신다. "지금 가난하고 지금 우는 사람들에 대해 어떻게 행동하느냐에 따라서 인류는 사람이 되느냐, 파멸에 빠지고 마느냐가 결정된다. 가난한 사람들을 제쳐놓고 인류는 행복할 수 없고 성숙한 인간이 될 수도 없다. 가난한 사람들의 아픔 속에서만 인류는 하나님의 사랑을 만날 수 있고 참된 생명과 진실을 얻을 수 있다. 가난한 사람들의 고통 속에서 인류는 형제애를 찾을 수 있으며 풍부한 삶을 발견할 수 있다."[9]

또한 하나님 나라가 가난한 사람들의 것이란 예수의 말씀은, 하나님을 신뢰하며 살아가는 가난한 사람들이 가진 "역사의 주체성"을 암시한다. 하나님 나라가 가난한 사람들을 통하여 일어난다. 먼저 가난한 사람들에게 하나님 나라가 열린다. 가난한 사람들에게 선포되는 하나님 나라는 그들에 대한 하나님의 선물(Gabe)인 동시에 과제(Aufgabe)다. 하나님이 삶의 중심에 계시고 인간성이 넘치는 하나님 나라를 가난한 사람들은 확장시켜야 한다. 자기의 소유에 묶여 무덤과 같은 삶을 살아가는 비인간들에게 그들은 참된 인간성을 보여주어야 하며, 불의에 대하여 정의를 요구해야 한다. 하나님의 새 창조의 세계가 그들 안에서, 그들과 함께 일어난다. 그들은 하나님 나라를 단지 수동적으로 기다려야만 하는 것이 아니라 새 창조의 역사를 일으키는 역사의 주체가 되어야 한다는 뜻에서 예수는 가난한 사람들에게 "하나님 나라가 너희의 것이다"라고 말한다.

그런데 마태는 여기에 "마음이"라는 말을 첨가한다. 그래서 하나님 나라는 "마음이 가난한 사람들"의 것이라고 말한다. 이것은 가난한 사람은 물론 모든 사람에 대한 예수의 "요구"다. 사람은 누구를 막론하고 마음이 가난해야 한다. 물질적으로 가난할지라도 마음이 가난하지 못하면 하나님 나라의 백성이 될 수 없다. 그 마음속에 갖가지 욕심이 가득하고 남을 미워하는 마음이 가득하면 하나님 나라에 들어갈 수 없다. "마음이 가난하다"는 것은 모든 헛된 욕망으로부터의 "자유"를 뜻한다. 하나님을 외면하고 자신의 능력으로 자기의 삶을 보장하려는 불신앙으로부터의 "해방"을 뜻한다. 부자는 물론 가난한 사람도 이러한 불신앙에서 신앙으로 해방되어야 한다. 궁극적으로 "마음이 가난하다"는 것은 자기포기를 뜻한다. 참으로 자기를 포기하는 사람의 마음은 가난할 수 있다. 자기에게 붙들려 있

---

9) 박재순,『예수 운동과 밥상 공동체』, 1988, p. 16.

을 때, 끝까지 자기에게 집착하고 자기를 추구할 때, 그 마음은 가난하지 못하고 욕심으로 가득하다. 그 마음속에 하나님이 사라지고 욕심이 하나님의 자리를 대신 차지한다. 사람을 사람으로 보지 않고 자기를 위한 이용 대상으로 보게 된다. 하나님의 피조물들이 어떤 고난을 당하든지 개의하지 않고 자신의 번영과 소유에 몰두한다.

하나님의 새로운 창조는 단지 사회적 조건들의 변화에서 일어나는 것이 아니라, "마음이 가난한 사람들"에게서, 그들과 함께 일어난다. 마음이 가난하지 못한 사람들의 사회는 아무리 외적 조건이 변화되어도 또다시 비인간적인 사회로 변모한다. 공산주의 사회의 몰락은 이것을 입증한다. 그러므로 예수는 희년법의 실천을 통하여 그 사회의 부가 재분배되고 인간이 인간답게 살 수 있는 사회적 상황의 변화를 요구하는 동시에, 모든 사람들의 마음이 가난하게 될 것을 요구한다. 하나님 나라는 "마음이 가난한 사람들의 것"이다. 예수 자신도 철저히 자기를 비운, 마음이 가난한 사람이었다. 이처럼 마음이 철저히 가난한 예수가 하나님 나라의 새로운 창조자였다. 하나님 나라는 하나님의 새 역사를 일으킨다 하면서도 자신의 마음을 비우지 못하는 사람들에게서 일어나지 않는다. 오히려 그것은 철저히 가난한 마음을 가진 예수에게서 앞당겨 일어났다. 이 예수가 이제 우리에게 말한다. "마음이 가난한 사람은 행복하다. 하늘나라가 그들의 것이다"(마 5:3).

"가난한 사람들아, 너희는 행복하다"라는 예수의 말씀은 가난한 사람들을 가난 속에 머물게 하는 말로 들릴 수 있을 것이다. 따라서 이 말은 가난한 사람들에게 아편의 기능을 가진 것으로 해석될 수도 있다. 그러므로 흑인 민권운동가였던 말콤 엑스는 "가난한 사람들아, 너희는 행복하다"는 구절을 싫어하였다. 그러나 "가난한 사람들아, 너희는 행복하다"는 구절이 마태복음의 "마음이 가난한 사람들아, 너희는 행복하다"는 구절과 함께 해석될 때, 바르게 이해될 수 있을 것이다.

가난한 사람일지라도 그 마음이 가난하지 못하고 탐욕과 이기심과 분노와 저주로 가득하다면, 그는 행복할 수 없다. 그는 마음이 가난한 사람이 되어야 한다. 자기보다 많이 소유한 사람을 무조건 저주하고 미워하는 마음을 버려야 한다. 이와 동시에 부자도 마음이 가난한 사람이 되어야 한다. 마음이 가난할 때 그는 자기의 소유를 베풀 수 있다. 베풀 때에도 겸손한 마음으로 베풀 수 있다. 그의 마음이 가난하지 못할 때, 그의 베풂은 자기 업적과 공적이 되고, 그는 자기의 베풂을 받는 가난한 사람에게 교만한 사람으로 나타난다. 부자나 가난한 사람이나 모두 마음이 가난한 사람이 되어야 한다. 이때 이 세계에 평화가 깃들 것이다.

예수는 모든 사람이 그들의 소유를 똑같이 나누어야 한다고 말하지 않는다. 누가 얼마나 소유해야 하는가에 대한 분명한 선을 긋지 않는다. 사도행전에 나타나는 최초의 공동체도 "보편적인 소유의 포기"를 실시하지 않았다.[10] 사람의 생활 습관은 모두 다르다. 낭비하는 사람이 있는가 하면, 절약하며 사는 사람도 있다. 놀기를 좋아하는 사람이 있는가 하면, 열심히 일하기를 좋아하는 사람도 있다. 열심히 일하고 절약하며 사는 사람은 게으르고 낭비하는 사람보다 많이 소유할 수밖에 없다. 그러므로 예수뿐만 아니라 구약의 율법도 모든 소유를 똑같이 나누라고 명령하지 않는다. 그러나 부자는 가난한 사람들에게 자비를 베풀 것을 율법과 예수는 명령한다. 가장 중요한 것은 부자나 가난한 사람이나 모든 사람들의 마음이 가난하게 되는 것이다.

가난한 사람의 마음도 가난하게 되어야 한다. 자기의 가난에 대한 원망과 가진 자에 대한 증오로 가득한 마음을 가진 가난한 사람은 사실상 부자와 크게 다를 바가 없다. 그도 많이 소유하게 되었을 때, 자기의 소유에 집착하는 교만한 사람이 될 것이다. 물질적으로 가난한 동시에 마음이 가난한 사람, 그 사람이 행복하다. 그는 언젠가 많이 소유할지라도 사람다운 사람이 될 것이며, 자기의 것을 이름을 내세우지 않고 베풀 수 있을 것

---

10) H. Küng, *Die christliche Herausforderung*, S. 165.

이다. 비록 물질적으로 가난할지라도, 그에게는 순수한 인간성과 맑은 마음이 있고 하늘의 기쁨이 있다. 하나님이 그들 가운데 계시고 그들의 고난을 모두 아시며 그 고난을 함께 당하시기 때문이다. 옛 이스라엘 백성들이 이집트에서 고난당하고 있을 때 하나님께서 그들의 고난을 눈으로 보고 귀로 듣고 마음으로 알고 있었듯이, 지금도 하나님은 가난한 사람들의 고난을 보고 듣고 마음으로 함께 당하신다. 그러므로 가난한 사람들은 하나님을 거부하고 소유에 묶여 무덤과 같은 삶을 사고 있는 부자들에 비하여 행복하다.

그러나 예수는 질병이나 가난을 이상화하거나 그것을 찬양하지 않는다. 그는 이러한 것을 찬양함으로써, 질병과 가난 속에 있는 사람들에게 그것을 참을 수 있는 "아편"과 "환상적 위로"를(K. Marx) 제공하지 않는다. 가난과 질병은 제거되어야 한다. 그래서 예수는 질병을 고쳐주고, 가난한 자들에게 베풀 것을 부자들에게 요구한다. 이와 동시에 예수는 부자들에 대한 증오와 그들의 재산을 몰수할 것을 가르치지도 않는다. 근본 문제는 누가 얼마나 소유하고 있느냐에 있지 않다. 물론 이 문제도 중요한 문제이지만, 근본 문제는 사람의 마음에 있다. 그 마음이 재물에 있느냐 아니면 하나님에게 있느냐, 그 마음이 가난하느냐 아니면 욕심과 미움으로 가득하느냐에 있다. 부자는 물론 가난한 사람들의 마음도 가난해져야 한다. 예수가 말하는 마음의 가난은 소유욕으로부터의 자유를 말한다. 부자와 가난한 자를 포함한 모든 사람의 마음이 먼저 가난해져야 한다. 이기심과 탐욕과 증오와 미움으로부터 해방되어야 한다. 왕도 잔인할 수 있지만, 왕의 종도 잔인할 수 있다(마 18:21-35).

만일 부유한 사람이 이렇게 말한다면, 이 말은 가난한 사람에게 모욕으로 들릴 것이다. "나의 부와 너의 가난이 중요한 문제가 아니라, 마음의 가난이 중요한 문제다. 그러므로 너는 계속 가난하고 나는 계속 부유할 수 있다." 그러나 이 말은 그 자신이 철저히 가난했고 또 가난한 사람들의 편에 서서 그들과 함께 삶을 나누는 예수의 말씀이다. 자기의 소유는 물론 자기의 목숨마저 포기한 그분의 말씀이다. 부가 아무리 균등하게 분배된다 할지라도 사람들의 마음이 가난하지 못하면, 이 세계는 또 다시 부자와 가난한 사람의 두 계층으로 나누어질 것이다. 그러므로 "가난한 사람은 행복하다"라고 하신 예수의 말씀을, 마태는 "마음이 가난한 사람은 행복하다"라고 해석하였을 가능성이 크다. "마음이 가난한 사람은 행복하다"는 마태복음의 본문은, "가난한 사람들아 너희는 행복하다"는 누가복음의 본문을 단순히 영성화·내면화시킨 것이 아니라, 그것의 깊이를 나타낸 것이라 볼 수 있다.

가장 중요한 문제는 인간이 하나님의 말씀 없이 빵으로만 살려는 데 있다. 그러나 아무리 빵이 많을지라도 하나님의 말씀이 없으면, 이 세상에서 굶주림의 문제는 사라지지 않을 것이다. 빵도 중요하지만 하나님의 말씀이 있어야 한다. "먹는 것이 첫째 문제이고, 그 다음에 도덕이 있다"라고 (B. Brecht) 흔히들 말한다. 그러나 빵과 "함께" 하나님의 말씀이 있어야 한다. 이때 모든 사람이 고르게 빵을 먹을 수 있다. 너무 많이 먹어 배탈 나는 사람도 없고, 너무 적게 먹어 영양실조에 걸리는 사람도 없을 것이다. 그러므로 무엇보다 먼저 빵을 찾으려는 모든 사람들의 마음이 하나님 앞에서 가난해져야 한다. 빵만 있으면 된다고 생각하는 마음들이, "하나님 나라와 그의 의를" 먼저 구하는 마음 곧 "가난한 마음", "빈 마음"으로 변화되어야 한다.

4. 여자와 어린이의 인권을 회복하는 하나님 나라

하나님 나라의 당파성은 복음서에서 여러 가지 형태로 나타난다. 예를 들어 그것은 사회적으로 힘없는 자들, 억압과 고통을 당하는 자들과 예수의 연대, 그들의 인간적 가치와 존엄성을 회복하고자 하는 예수의 다양한 행동과 요구 속에 나타난다. 또한 그것은 인간으로서의 가치와 존엄성을 상실한 여자들 편에 서서 그들의 가치와 존엄성을 회복시켜주는 예수의 행위 속에 나타난다.

예수 당시 유대인 사회는 한마디로 남성 중심의 사회였다.[11] 교양 있는 집안의 여인들은 집 밖에 나갈 때 면사포로 얼굴을 가림으로써 자기를 알아보지 못하게 하였다. 면사포를 쓰지 않고 머리를 내놓은 채 밖에 나온 여인은 미풍양속을 해치는 자로 간주되었고, 남편은 이러한 부인을 내쫓을 의무가 있었다. 이때 남편은 이혼할 때 부인에게 지불하기로 혼인계약서에 규정된 돈을 주지 않아도 되었다. 여인들이 다른 남자와 이야기하는 것도 금지되어 있었다. 길거리에서 다른 남자와 이야기한 여자는 혼인계약서에 약조된 돈을 받지 못한 채 쫓겨났다.

특히 결혼하지 않은 처녀가 외출하는 것은 바람직하지 못하다고 생각되었다. 공적으로 말하고 행동하며 그 사회를 유지하는 일은 남자들의 일이었다. 집을 지키고 규방에 은폐되어 있는 것이 여자에게 적합한 일이었다. 그래서 한 유대인 어머니는 아들들에게 이렇게 말했다고 한다. "나는 정조를 지킨 처녀였으며 내 아버지 집의 문지방을 넘어선 적이 없었다." 기원전 217년 프톨레마이오스 4세가 예루살렘의 지성소에 들어가려고 했을 때, "규방에 틀어박혀 있었던 처녀들과 그 어머니들이 밖으로 쏟아져 나와 머리에 먼지와 재를 뿌렸고 온 거리는 그들의 통곡 소리로 가득찼다"라고 한다.

딸은 아들보다 낮은 위치에 있었다. 부모의 재산 상속에 있어서 아들이 우선권을 가지고 있었다. 여자들은 12세 이하의 소녀, 12세 이상의 성인 여자로 엄격히 구분되어 있었다. 12세에 도달하지 못한 딸은 아버지가 결정한 결혼을 거부할 권한을 가지고 있지 않았다. 아버지는 딸을 불구자에게 시집보낼 수도 있었고 노예로 팔 수도 있었다.

약혼은 처녀가 아버지의 지배에서 벗어나 남편의 지배를 받게 되는 것

---

11) 이에 관하여 J. Jeremias, 『예수 시대의 예루살렘』, p. 450ff.

을 의미하였다. 남자가 부인을 얻는 것은 이방인 노예를 얻는 것과 다를 바가 없었다. 그래서 어떤 랍비는 "도대체 부인을 얻는 것과 여자 노예를 얻는 것이 어떤 차이가 있는가?"라고 말하였다고도 한다. 부인은 여자 노예처럼 남편을 시중들어야 했다. 집안일은 물론 남편의 얼굴과 손과 발을 씻겨주어야 했다. 일부다처제가 허용되어 있었기 때문에, 부인은 남편이 첩을 얻는 것을 수용해야만 했다.

이혼할 권리는 남편에게만 있었다. 남편은 언제든지 그가 원할 때 부인을 내쫓을 수 있도록 허용되었다. 여자에게 이혼증서를 써주는 것만으로 충분하였다. 여자는 이혼의 권리를 갖지 않았다. 간음을 하였을 때 남자는 무죄로 인정받았던 반면 여자는 돌에 맞아 죽었다. 한마디로 여자들은 남자들의 종이었다. 그래서 여자들에게는 노예들과 마찬가지로 율법의 금지명령만 해당하였고, 적극적 명령은 해당되지 않았다. 그들에게는 율법을 공부할 의무가 부여되지 않았다. 예배드릴 때 여인들은 방청자에 불과하였다. 회당 예배실에서 여인들의 자리는 격자창으로 구별되었다. 여인들은 교사가 될 수 없었으며, 법정에서 증언할 수 있는 권리도 갖지 않았다. 아주 예외적인 경우에만 여인들은 법정에서 증언할 수 있었다.

이러한 남성 중심의 사회에서 예수는 여자들에 대하여 아주 다른 태도를 취한다. 누가복음 8:1-3, 마가복음 15:41에 의하면, 많은 여자들이 예수의 뒤를 따라다녔다. 이것은 예수가 살던 그 당시 유례가 없는 일이었다. 또 예수는 여자들과 자유롭게 이야기를 나눈다. 마르다와 마리아 이야기는 예수가 여자들과 얼마나 자유롭게 교제하였는가를 보여준다. 남자와 여자가 엄격히 구분된 사회에서 마르다는 예수를 자기 집에 초대한다.

사마리아 수가 성 여인과 예수의 대화는 여성에 대한 예수의 파격적 행보를 예시한다(요 4:1-6). 중동 지역에서 오래 활동한 한 신학자에 의하면, "중동 촌락에서는 여자들이 한낮의 열기를 피해 이른 아침과 해지기 직전에 마을 우물에 물을 길어온다. 여자들은 사람들 눈을 생각하여 늘 무리를 지어 우물로 오고간다.…그런데 이 이야기 속 여자는 대낮에 혼자 우물에 나타났다. 부끄러움을 모르는 이런 행동은 '조신하지 않은 여자'나 할 일이었다." 사실 이 여자는 여섯 번이나 남편을 바꾼 여자로(4:18), 그 마을에서 따돌림을 당하는 처지에 있었기 때문에, 혼자 우물로 나온 것으로 보인다.

그런데 예수는 "사람도 살지 않고 아무 증인도 없는 곳에서 여자에게 말을 건넴으로써 사회의 금기를 깨뜨리신다. 나는 중동에서 40년을 사는 동안 사회가 정해놓은 이 경계선을 한 번도 넘지 않았다. 촌락 사회에서는 이방인이 공공장소에서 여자와 눈도 마주치지 못한다."[12]

예수는 이 같은 사회적 관습을 깨뜨리고, 여자와 자유롭게 대화를 나눈다. 지인의 아내는 물론 자신의 아내와도 "말을 많이 하지 말라"는 미쉬나의 가르침에 비추어볼 때, 예수의 행위는 실로 파격적 행위였다. 사실 한국의 촌락에서도 낯선 남자가 우물가에서 동네 여자와 이야기를 나누는 것은 매우 어려운 일이다. 이 이야기에서 예수는 여자를 남자와 동등한 인격자로 대할 뿐 아니라, 따돌림 당하는 그 여자의 존엄성을 인정해준다.

또한 예수는 여자들도 그의 제자로 삼았던 것 같다. 물론 복음서는 열두 명의 남자들만 예수의 제자들이라 부른다. 그러나 실질적으로 여인들이 열두 명의 남자들보다 더 충성스러운 제자들이었음을 우리는 복음서에서 발견한다. 또한 예수의 뒤를 따라다녔던 여자들이 예수에게 행한 일들은, 예수가 그들에게 행한 일 못지않게 중요하다는 것을 공관복음서는 보여준다. 예수가 십자가의 고난을 당하고 있을 때 남자 제자들은 모두 그 자리를 피하였으나, "갈릴리에서부터 예수를 따라다니던 여자들"은 "멀리서서 이 모든 일을 지켜보고 있었다"(눅 23:49). 이 여인들은 예수의 죽음의 고통에 정신적으로 참여하였다.

예수의 부활을 가장 먼저 경험한 사람들도 여자들이었다. 이루 말할

---

12) K. E. Bailey, 『중동의 눈으로 본 예수: 고대 중동의 삶·역사·문화를 통해서 본 복음서』, 박규태 역, 2016, 312-313.

수 없는 슬픔과 비통 속에서 여자들은 예수의 몸에 향료를 발라드리려고 예수의 무덤으로 가서 그의 부활을 경험하였다. 그들이 부활의 첫 증인들이었다. 남자 제자들은 "여자들의 이야기가 부질없는 헛소리려니 하고 믿지 않았다"(눅 24:11). 만일 이 여자들이 없었다면, 죽음과 부활에 대한 믿을 만한 증인들이 없었을지도 모른다. 또한 지배냐 아니면 복종이냐의 양자택일 대신에 예수의 사역은 자발적 "섬김"이라고 공관복음서는 말하는데(참조. 막 10:45), 예수를 따르는 여자들에게 바로 이 "섬김"(*diakonia*)이라는 어휘가 적용되고 있다. 예수와 여자들은 지배와 복종이 없는 자발적인 상호 섬김 속에서 예수가 세상에 가져온 자유를 실현한다. 예수의 섬김과 죽음과 부활에 있어서 여자들의 존재는 여인들 자신에게만 중요한 것이 아니라 예수에게도 중요하다. 예수가 남자였다는 것은 여기서 별다른 의미가 없다. 예수와 여자들 간의 서로 섬기는 사귐 속에서 모든 것의 새 창조를 일으키는 "인간적인 것"이 나타난다.

예수와 여자들 간의 이러한 섬김과 사귐은 당시 유대인 사회에서 하나의 혁명적인 일이었다. 예수는 여자들과 자유롭게 교제를 나누는 불경건한 자로 보였을 것이다. 여자들도 마찬가지였을 것이다. 밖에 나갈 때 면사포를 써야 하고 길거리에서 남자와 자유롭게 이야기했다간 이혼을 당하는 사회 속에서, 이 여자들은 도저히 용납될 수 없는 자유분방하고 행실이 좋지 못한 여자들로 보였을 것이다. 여자들이 남자의 종과 같은 신분에 처하여 있던 사회 속에서 예수는 여인들을 남자와 동일한 인간으로 인정한다. 그들의 사회적 신분과 모든 인간적 조건, 과거와 죄, 이러한 것들을 전혀 묻지 않고 하나님의 귀중한 형상으로 그들을 인정한다.

여인들의 섬김을 받는 동시에 여인들을 섬기는 예수의 사역은 이혼 금지 명령에서 철저화된다. 당시 유대인들은 모세의 율법에 근거하여(신 24:1) 아내에게 이혼장을 써줌으로써 아내를 언제든지 버릴 수 있었다. 그러나 예수는 이 계명을 하나님의 뜻에 어긋나는 것으로 선언한다. 예수의 말씀에 의하면 모세가 이 계명을 준 것은 이스라엘 백성의 마음이 악하기 때문이다. 원칙적으로 이혼을 해서는 안 된다. "모세는 너희의 마음이 굳을 대로 굳어져서 이 법을 제정해준 것이다. 그런데 천지 창조 때부터 하나님께서는 사람을 남자와 여자로 만드셨다. 그러므로 사람은 그 부모를 떠나 자기 아내와 합하여 둘이 한 몸이 되는 것이다.…그러므로 하나님이 짝지어주신 것을 사람이 갈라놓아서는 안 된다"(막 10:5-9).

여기서 예수는 이혼장을 써주면 아내를 버려도 좋다는 힐렐(Hillel)의 견해를 거부하고, 이혼을 원칙적으로 반대하는 샴마이(Schammai)의 엄격한 입장을 대변한다. 그러나 마태는 이혼에 관한 예수의 말씀을 완화시킨다. 그리하여 "음행한 까닭 외에 아내를 버리고 다른 여자와 결혼하면 간음하는 것이다"라고 말한다(마 19:9; 5:32). 이 문제에 대한 마가와 누가의 병행구를 참조할 때, 마태의 말씀은 이혼에 대한 예수의 본래 말씀을 완화시킨 것이라 말할 수 있다. 다시 말하여 예수는 이혼을 원칙상 반대한다. "아내를 버리고 다른 여자와 결혼하는 사람은 간음을 행하는 것이며 버림받은 여자와 결혼하는 사람도 간음을 행하는 것이다"(눅 16:18).

예수의 이 말은 당시 남성의 횡포에 대한 정면 도전이요, 여성의 권리를 보호하기 위한 혁명적 선포라 말할 수 있다. 여자는 남자가 노예를 취하듯이 취할 수도 있고 버릴 수도 있는 물건이 아니다. 아내는 남편과 한 몸이다(창 2:23, "내 뼈에서 나온 뼈요, 내 살에서 나온 살이로구나"). 그러므로 남편은 아내를 자신의 몸을 대하듯이 대해야 한다. 원수도 용서하고 사랑해야 한다면, 음행한 아내도 용서하고 사랑해야 한다고 말할 수 있다. 물론 이것이 너무나 어렵기 때문에 마태는 "음행한 경우를 제외하고"라는 말을 첨가하는 것 같다.

아내를 버려서는 안 된다는 예수의 말씀에 제자들은 이렇게 대답한다. "남편과 아내의 관계가 그런 것이라면 차라리 결혼하지 않는 것이 좋겠습니다"(마 19:10). 제자들의 이 대답은 여자를 물건처럼 생각하고 자기 마음대로 살고 싶은 남자들의 태도를 대변한다. 여인들을 자기의 물건처럼 취급할 수 없다면, 차라리 결혼하지 않고 마음대로 살겠다는 것이다. 그러나 남자는 어디까지나 여자의 보살핌 속에서만 살 수 있다는 삶의 법칙을 그들은 간과하고 있다. 남자가 강한 것 같지만 여자를 통해서만 출생할 수 있고, 여자의 보살핌 속에서만 하나의 생명으로 양육될 수 있으며, 생명을 유지할 수 있다는 사실을 그들은 잊고 있다. 그들의 마음속에는 여자라고 하는 하나의 "생명에 대한 경외심"(Ehrfurcht vor dem Leben, A. Schweitzer)이 없다. 여자도 하나님의 피조물이요 "하나님의 형상"에 따라 창조되었다. 하나님 앞에서는 남자의 생명은 물론 여자의 생명도 중요하다. 그러므로 예수는 남자가 여자를 하나의 물건처럼 취급하는 것을 금지하며 그들의 존엄성과 권리를 보호한다.

이와 같이 예수는 여자들의 생명의 존엄성과 권리를 보호할 뿐 아니라, 더 놀라운 사실도 주장했다. 즉 여자들 중에서도 가장 더럽다고 하는 창녀가 남자들 가운데 가장 지도적 위치에 있다고 하는 남자들, 곧 대제사장들과 백성의 원로들보다 먼저 하나님 나라에 들어간다는 것이다. "나는 분명히 말한다. 세리와 창녀들이 너희보다 먼저 하나님 나라에 들어가고 있다. 사실 요한이 너희를 찾아와서 올바른 길을 가르쳐줄 때에 너희는 그의 말을 믿지 않았지만 세리와 창녀들은 믿었다"(마 21:31-32). 이렇게 말함으로써 예수는 여자들 가운데 가장 천하다고 하는 창녀들을 가장 높은 자리에 세운다.

예수의 이 말씀 속에는 다음과 같은 의미가 숨겨져 있다. 인간의 천함과 고귀함, 높고 낮음은 여자와 남자의 성별에 있지도 않고, 사회적 신분의 높고 낮음에도 있지 않다. 육체의 깨끗함과 더러움에도 있지 않다. 육체가 깨끗하고 사회적 신분이 높은 대제사장일지라도 그 마음속에는 음탕과 탐욕과 교만이 가득할 수 있다. 그는 하나님의 종이라 하지만, 하나님 보시기에 "세리와 창녀"보다 더 죄악된 존재다. 사회의 고귀한 자리에 앉아 있는 남자라 하여 가사를 돌보는 여자보다 더 귀하다고 말할 수 없다. 서로의 기능이 다를 뿐이다. 사회가 유지되기 위하여 가사를 돌보는 여자의 기능도 필요하며, 이 기능은 사회 유지를 위한 가장 기초적이며 본질적 기능이라 말할 수 있다. 소위 고귀한 자리에 앉아 있다는 사람은 그 아래 있다고 하는 사람들의 세금이나 헌금으로 사례비를 받고 생계를 유지한다. 예수의 말씀에 의하면, 사람의 천함과 고귀함은 하나님 나라의 기쁜 소식을 듣고 예수의 뒤를 따르느냐 아니면 자기중심적인 삶에 얽매이느냐, 사랑과 자비를 베푸는 자가 되느냐 아니면 무한히 소유하려는 자가 되느냐에 달려 있다.

여자에 대한 예수의 이러한 태도는 그 당시 유대사회에서 혁명적인 일이라 말할 수 있다. 그는 남자와 여자를 동등한 위치에 세울 뿐 아니라, 사회의 멸시를 받는 소위 천한 계층의 여자들이 그 사회의 고귀하다는 남자들보다 더 고귀한 존재일 수 있는 가능성을 열어준다. 이리하여 사회적 지위의 높고 낮음, 천함과 고귀함의 한계가 상대화된다. 예수의 이러한 태도는 남자들, 특히 그 당시 종교적·정치적 지도자의 위치에 있는 사람들의 분노를 일으킬 수밖에 없었다. 그 사회의 지도층에 있는 사람들, 특히 종교계의 지도자들이 창녀가 그들보다 먼저 하나님 나라에 들어간다는 예수의 이야기를 들었을 때, 그들은 분노할 수밖에 없었을 것이다. 예수는 그들의 사회적 신분과 자존심을 완전히 무시할 뿐 아니라, 그들을 세리와 창녀보다 못한 존재로 전락시키기 때문이다.

신약성서 후기 문헌은 여자에 대하여 예수와 반대되는 태도를 가르친다. 남자는 여자의 "머리"다(고전 11:3). 그러므로 여자는 남편에게 복종해야 한다(벧전 3:1). 여자가 다른 사람을 가르쳐서는 안 된다. 오히려 여자는 침묵을 지켜야 한다(딤전 2:12). 여자는 독립된 인격이 아니라 "남자의 영광"에 불과하다(고전 11:7). 여자에 대한 이러한 가르침은 여자에 대한 예수의 태도와 모순된다. 이것은 초기 기독교 공동체가 처했던 그리스-로마 세계의 윤리를 반영하고 있다.

약한 자의 편에 서는 하나님 나라는 어린이의 권리와 존엄성을 회복하는 예수의 사건에도 나타난다. 오늘날 한국사회처럼, 예수 당시 유대인의 사회에서도 어린이는 인간으로서의 권위와 존엄성을 갖지 못한 존재로 취급되었다. 그들은 어른에게 자유롭게 접근할 수 없었다. 그들은 부모가 마음대로 처리할 수 있는 소유물과 같은 존재였다. 아이들은 집안일은 물론 부모의 직업을 도와야 했다. 부모는 그들을 노예로 팔 수도 있었다. 딸은 아들보다 훨씬 더 비인간적인 취급을 받았다. 12세 이하의 딸은 아버지가 결정한 결혼을 거부할 권리를 가지고 있지 않았다. 앞서 기술한 바와 같이, 아버지는 12세 이하의 딸을 불구자에게 시집보낼 수도 있었고, 노예로 팔 수도 있었다.

그런데 예수는 어린이가 자기에게 오는 것을 막지 말라고 명령한다(눅 18:16). 예수의 이 명령은 어린이의 권리와 존엄성에 대한 예수의 인정을 말한다. 예수와 그의 아버지가 누구인가를 하나님은 "철부지 어린아이들에게" 드러내 주셨다(눅 10:21; 마 11:25). 어린이 하나를 영접하는 것은 곧 예수 자신을 영접하는 것이요, 나아가 그것은 예수의 아버지이신 하나님을 영접하는 것이다(막 9:37). 어린이들이 하나님 나라에 들어갈 수 있는 모범으로 제시된다. "너희가 돌이켜서 어린이들과 같이 되지 않으면, 절대로 하늘나라에 들어가지 못할 것이다", "하늘나라에서 가장 큰 사람"은 "어린이와 같이 자기를 낮추는 사람"이다(마 18:3-4). 어린이들은 소유에 집착하지 않는다. 그들의 마음은 착하다. 어려운 친구를 보면, 그들은 자기의 것을 나누어준다. 그들은 하나님과 이웃 앞에서 교만하지 않다. 가슴을 치며 자기의 죄를 통회하는 세리와 같이, 그들은 자기를 감추지 않고 있는 그대로 드러낸다. 그러므로 하나님 나라는 어린이와 같은 사람의 것이다.

IX

회개와 죄 용서 속에 있는 하나님 나라

1. 개인의 변화도 필요하다

예수는 철저히 사회적 존재였으며 당파적 존재였다. 그는 강한 자의 편에 서지 않고 약한 자의 편에 선다. 그의 아버지 하나님이 약한 자의 편에 서기 때문이다. 그는 고난받는 사람의 부르짖음을 모르는 체하지 않으시며 (시 9:12), 학대하는 자의 학대와 학대받는 자의 억울함을 살피시고, 고아를 도우신다(시 10:14). 그는 가난한 사람들의 하소연과 고통당하는 사람들의 부르짖음을 들으신다(욥 34:28). 예수의 희년 선포도 그의 당파적 존재를 드러낸다. 희년은 사회적 약자와 가난한 자의 가치와 존엄성을 회복하는 일종의 사회개혁 프로그램이기 때문이다. 그가 선포하는 하나님 나라는, 하나님의 계명에 따라 사회의 불의가 제거되고 공의가 세워지는 사회개혁 속에서 구체화된다.

그러나 하나님 나라가 단순히 사회개혁을 통하여 구체화된다고 생각하는 것은 속단이다. 사회개혁이 필요함은 다시 말할 필요가 없다. 소수의 사람에게 집중되어 있는 사회의 부를 50년을 단위로 사회에 환원하는 일도 필요하다. 옛날이나 지금이나 돈 가진 사람들이 돈을 더 쉽게 번다. 그리하여 시간이 흐를수록 사회의 부가 소수의 사람에게 편중된다. 1989년 2월 15일자 일간지 보도에 의하면, 우리나라의 국민 5퍼센트가 사유지 65퍼센트를 소유하고 있으며, 국민 10퍼센트가 사유지 76.9퍼센트를, 국민 25퍼센트가 사유지 90.9퍼센트를 소유하고 있다. 이러한 상황 속에서 토지와 여타 모든 부의 재분배를 실시하는 것이 마땅하다.

이와 동시에 각 사람이 하나님 앞에서 그의 죄를 깨닫고 회개하며 하나님의 자녀로 다시 태어나는 일이 병행되어야 한다. 불의한 사회체제가 사람을 죄인으로 만드는 것은 사실이다. 그러나 불의한 사회체제는 결국 사람이 만든 것이다. 그것은 하늘에서 떨어진 것이 아니라, 결국 인간이 자신의 손으로 만든 것이다. 그러므로 가장 철저한 문제는 인간에게 있다 (K. Marx). 새로운 인간으로의 변화가 없는 사회개혁이나 변혁은, 새로운 형태의 불의와 부패와 사회적 갈등의 악순환을 초래한다. 사회개혁과 함께 각 사람의 이기적이고 거짓된 본성이 변화되지 않을 경우, 죄와 불의와 고통의 악순환이 계속될 것이다. 에른스트 블로흐(Ernst Bloch)는 이것을 다음과 같이 말한다.

> 연로한 한 현자는 인간을 구원하는 것이 인간을 먹이는 것보다 더 쉽다고 한탄하며 말하였다. 장차 올 사회주의는 이 역설의 전통적인 전도(Umkehrung), 곧 인간을 먹이는 것이 인간을 구원하는 것보다 더 쉽다는 것을 특별히 어려운 문제로 직면할 것이다. 인간의 계속되는 자기 소외는 거짓된 사회 속에서 생성된 것인 동시에, 더 깊은 근원을 가지고 있다. 이것을 마르크스는 다음과 같이 말하였다. "급진적(radikal)이란 사물을 뿌리에서부터 파악하는 것을 말한다. 그러나 모든 (즉 사회적인) 일들의 뿌리는 인간이다."[1]

---

1) E. Bloch, *Atheismus im Christentum*, 1988, S. 350f.

물론 사회체제의 변혁 없이 개인의 변혁만을 요구하는 것도 일면적인 일이다. 그것은 개인이 지킬 수 없는 일을 요구하고 끝없는 죄책감 속에서 살아가는 "체제적 죄인들"을 양산하기 때문이다. 그러므로 예수는 희년법의 실천을 통한 사회개혁을 요구하는 동시에 각 사람이 철저한 회개를 통하여 하나님의 새로운 피조물로 다시 태어날 것을 요구한다.

개인은 이 세계로부터 분리된 추상적 존재가 아니다. 그는 어디까지나 사회적 존재요, 이 세계의 한 부분이다. 캐제만(E. Käsemann) 교수에 의하면 신약성서가 말하는 인간의 "몸"은 불트만(R. Bultmann)이 말하듯이 "자기 자신에 대한 인간의 관계"를 말하는 것이 아니라, "우리 자신인 세계의 한 부분"이다. 그것은 "세계성 안에 있는 인간"을 말하며, "우리의 세계 존재의 실재이며 우리의 공동 인간성의 가능성"이다.[2]

하나님 나라의 현실을 가장 직접적으로 또 인격적으로 나타낼 수 있는 것은 개인의 몸이다. 그것은 몸으로 살아가는 개인의 삶이다. 개인이 회개하고 하나님 나라의 자녀로서 새로운 삶을 시작하는 것은 단순히 개인적인 일이 아니라, 이 세계의 한 부분이 하나님 나라의 현실로 변화되는 것을 말한다. 회개하는 개인의 존재는 하나님 나라의 실재인 동시에 미래를 향한 새로운 가능성이다. 회개하고 하나님의 계명에 복종하는 개인의 존재와 삶 속에서 하나님 나라의 현실이 죄와 죽음의 세계 속에 자리를 잡게 된다. 따라서 예수의 뒤를 따르는 개인들은 현실의 세계 속에 있는 하나님 나라의 전위대요 거울이다.

개인은 결코 중립적 존재가 아니다. 그것은 이 세계와 마찬가지로 죄와 죽음의 세력에 의하여 지배되든지 아니면 하나님 나라의 세력에 의하여 지배된다. "그의 삶은 애초부터 하나님과 이 세계의 세력들 사이에 일

---

2) 원문: "Realität unseres Weltseins und die Möglichkeit etwa unserer Mitmenschlichkeit": E. Käsemann, "Zum Thema der urchristlichen Apokalyptik," in : E. Käsemann, *Exegetische Versuche und Besinnungen II*, 3. Aufl. 1970, S. 129.

어나는 투쟁이다"(E. Käsemann). 예수가 희년법의 실천을 요구하면서 개인의 회개와 복종과 "보다 나은 의"를 요구하는 이유는 바로 여기에 있다. 개인의 회개, 그것은 단순히 개인적인 일이 아니라 "하나님의 영이 효력을 발생시키는 가능성 속에서 이 세계의 조건하에 일어나는 새로운 삶의 앞당겨 옴(Vorwegnahme)이다. 회개는, 하나님 나라가 앞당겨 오는 가운데 있는 삶이다."[3] 참으로 회개하는 자는 병든 자, 가난한 자, 소외된 자들의 "친구"가 될 수밖에 없다. 회개를 요구하는 그분이 이러한 사람들의 친구가 되셨고 그들과 메시아적 사귐을 나누었기 때문이다.

2. 예수가 요구하는 회개

이와 같이 개인의 존재가 중요하기 때문에, 예수는 하나님 나라를 선포하는 동시에 각 사람의 거듭남 곧 회개를 요구한다(막 1:15). 물론 예수가 선포하는 회개는 다양하게 해석될 수 있다. 그것은 소유 중심의 존재에서 베풂 중심의 존재로의 변화라고 해석될 수 있다. 그러나 무엇보다 먼저 회개는 하나님 없는 삶에서 하나님 중심의 삶으로의 변화라고 말할 수 있다. 하나님을 부인하며 그를 경외하지 않음이 모든 악의 뿌리다. 하나님을 경외하지 않는 사람은 그의 계명을 지키지 않는다. 그는 결국 자기의 욕망의 노예가 된다. 이러한 사람이 하나님을 인정하고 그의 죄를 고백하며, 하나님의 계명을 지키는 사람으로 변화되는 사건 속에서 하나님 나라는 구체화된다. 근본 문제는 자기의 소유를 베푸느냐 베풀지 않느냐에 있지 않고, 마음과 뜻과 정성을 다하여 하나님을 사랑하고 자기의 이웃을 자기 몸과 같이 사랑하는 사람으로 변화되느냐 되지 않느냐에 있다.

예수가 선포하는 하나님 나라는 단순히 사회·정치적 개혁을 통하여

---

3) J. Moltmann, *Der Weg Jesu Christi*, S. 122.

이루어질 수 있는 것이 아니라, 하나님 앞에서 철저히 회개하는 사람을 통하여 이루어진다. 만일 하나님 나라가 단순히 사회·정치적 개혁을 통하여 이루어질 수 있다면, 하나님 나라를 실현하는 일은 얼마나 쉬운 일이겠는가! 각 사람이 회개하지 않을 때, 아무리 그 사회가 제도적으로 개혁된다 할지라도 하나님 나라는 오지 않을 것이다. 오히려 새로운 형태의 죄악이 일어날 것이고, 이 세계는 죄악의 악순환을 벗어날 수 없을 것이다. 그러므로 예수는 하나님 나라를 선포하는 동시에 회개를 요구한다.

이렇게 예수는 회개를 요구하지만 대관절 그 회개가 무엇인가를 설명하지 않는다. 복음서에는 회개에 대한 설명이 없다. 단지 회개의 행위들이 나열될 뿐이다. 그러므로 우리는 복음서의 내용을 고려하면서 예수가 요구하는 회개가 무엇인가를 생각하여보기로 하자.

1) 본래 회개 곧 그리스어 "메타노이아"(metanoia)는 삶의 방향을 바꾸는 것을 말한다. 잘못된 삶의 방향에서 올바른 삶의 방향으로 전환하는 것을 말한다. 그럼 예수가 요구하는 회개란 무엇인가? 예수가 요구하는 회개는 먼저 하나님을 자기의 생명과 온 세계의 주(主)로 승인하고 그분께 자기의 삶을 맡기는 것을 뜻한다. 그는 자기의 인간적인 계산에 따라 살지 않고 하나님께 삶의 길을 맡긴다. 그는 모든 염려를 하나님께 맡기며 하나님이 그에게 매일 주시는 것으로 살아간다. 자신의 인간적 능력을 신뢰하지 않고 하나님이 그에게 주시는 것 곧 하나님의 은혜로 살아간다. 그는 "무엇을 먹고 마시며 살아갈까, 또 몸에는 무엇을 걸칠까 하고 걱정하지 않는다." 하늘에 계신 아버지는 그에게 필요한 것이 무엇인가를 다 알고 계신다. 그러므로 그는 내일을 염려하지 않는다. 내일에 대한 모든 염려를 하나님께 맡기고, 오늘을 하나님의 뜻에 따라 살아간다(참조. 마 6:25-34). 참새 한 마리까지 낱낱이 세어두신 하나님은 그를 신뢰하는 자녀들의 "머리카락까지도 낱낱이 다 세어두셨다." 그러므로 그는 이 세상의 그 무엇도 두려워하지 않는다. 하나님이 그를 지키시며 돌보시기 때문이다(참조. 눅 12:7). 하나님은 자기를 신뢰하며 살아가는 자녀들이 생명을 유지하

기 위하여 간구하는 것을 들어주실 것이다. "구하라, 받을 것이다. 찾으라, 얻을 것이다. 문을 두드리라, 열릴 것이다. 누구든지 구하면 받고, 찾으면 얻고, 문을 두드리면 열릴 것이다. 너희는 악하면서도 자기 자녀에게 좋은 것을 줄 줄 알거든 하물며 하늘에 계신 너희 아버지께서야 구하는 사람에게 더 좋은 것을 주시지 않겠느냐?"(마 7:7-11) 어린아이가 자기를 완전히 부모에게 맡기고 부모가 그에게 주는 것으로 살아가듯이, 하나님의 자녀는 자기를 하나님에게 맡기고 하나님이 그에게 주시는 것으로 살아간다. 그는 하나님을 의지하며 살아간다. 그러므로 어린아이와 같은 자만이 하나님 나라에 들어갈 수 있다. "하나님 나라는 이 어린이들과 같은 사람들의 것이다. 잘 들어라. 누구든지 어린이와 같이 순진한 마음으로 하나님 나라를 맞아들이지 않으면 결코 거기 들어가지 못할 것이다"(눅 18:16-17; 참조. 막 10:14-15; 마 18:3). 예수가 요구하는 회개는 하나님을 부인하고 하나님 없이 자기의 인간적 계산과 계획에 따라 살아가던 삶의 방향을 버리고 온전히 하나님을 신뢰하는 삶으로 전환하는 것을 말한다.

하나님만을 신뢰하며 그분에게 자기의 모든 염려와 근심, 아니 삶 자체를 맡기는 것은 하나님만을 자기의 주(主)로 모시는 것을 말한다. 자기의 생명의 주는 자기 자신도 아니요, 이 세상의 그 무엇도 아니다. 그의 생명의 주인은 하나님뿐이다. 하나님만이 그의 생명을 주관하며 그의 생명을 다스린다. 그러므로 그는 하나님 외의 다른 주인을 섬길 수 없다. 그는 두 주인을 섬길 수 없다. 이 세상의 그 무엇도 하나님의 자리를 대신 차지할 수 없다. "한 종이 두 주인을 섬길 수는 없다. 한편을 미워하고 다른 편을 사랑하거나 또는 한편을 존중하고 다른 편을 업신여기게 마련이다. 하나님과 재물을 함께 섬길 수는 없다"(눅 16:13; 참조. 마 6:24). 예수가 요구하는 회개는 하나님만을 자기의 주인으로 섬기며 무엇보다 먼저 그의 뜻에 복종하며 사는 삶으로 전환하는 것을 말한다. 그것은 자기중심의 삶을 버리고 하나님 중심의 삶으로 전향하는 것을 말한다. "너희는 내 앞에서 다른 신을 모시지 못한다"(출 20:3)는 십계명의 제1계명이 요구하는 것도 바로 이것이다.

2) 하나님 중심의 삶은 이웃 중심의 삶과 분리될 수 없다. 철저히 하나님을 자기의 주님으로 섬기며 사는 사람은 이웃을 섬기는 사람이 될 수밖에 없다. 그는 이웃과의 관계에 있어서 먼저 하나님의 "소극적인 계명"을 지킨다. 그는 살인하지 않으며, 간음하지 않으며, 거짓된 증언을 하지 않는다. 그는 거짓말 하지 않으며, 이웃의 재물을 취하지 않으며, 혈기를 부리지 않으며, 이웃을 심판하지 않으며, 보복하지 않는다.

예수가 요구하는 회개는 이러한 소극적 계명은 물론 "적극적 계명"을 지키는 삶으로 전환하는 것을 말한다. 참으로 회개하는 사람은 안식일을 거룩하게 지킨다. 그리하여 그는 안식일에 교회에 가서 하나님의 말씀을 배울 뿐 아니라, 자기의 식객들과 가축들도 쉬게 하여 그들의 생명을 보호한다. 그는 부모를 공경하고 어려운 친척들과 이웃을 돌보며, 온유하고 겸손하고 가식이 없는 성품을 가진다. 그는 성실하고 정직하며 형제의 잘못을 무한히 용서한다. 예수가 요구하는 회개는 이러한 삶으로 전환하는 것을 말한다.

근본적으로 회개는 "마음을 다하고 목숨을 다하고 뜻을 다하여 주님이신 하나님을 사랑하며" 이웃을 자기 자신의 몸과 같이 사랑하는(마 22:37-39) 삶으로 전환하는 것을 말한다. 예수의 가르침에 의하면 사랑은 구체적 행위를 통하여 증명되어야 한다. 그것은 말이나 혀로 사랑하는 것이 아니라, 하나님과 이웃을 위하여 자기의 존재와 소유를 내어주는 것을 말한다. 자기의 있는 것을 다 털어 하나님에게 바치는 가난한 과부의 이야기(막 12:41-44), 삼백 데나리온이나 되는 향유를 예수의 머리에 부어드린 여자의 이야기(막 14:3-9), 선한 사마리아 사람의 이야기는(눅 10:25-37) 이것을 역설하고 있다.

회개의 전형적인 예는 삭개오의 이야기다. 삭개오가 보여주는 회개야말로 가장 모범적이고 예수께서 원하시는 회개라 말할 수 있다. 그는 과거의 지은 죄를 단순히 뉘우치거나 마음 아파하는 것이 아니라, "주님, 저는 제 재산의 반을 가난한 사람들에게 나누어주렵니다. 그리고 제가 남을 속여 먹은 것이 있다면 그 네 갑절은 갚아주겠습니다"라고 고백한다(눅 19:8). 하나님의 은혜를 깨닫고 불의한 재물을 내어놓는 것, 가난한 사람들을 위하여 재산의 반을 가난한 사람들에게 나누어주는 것이 예수께서 요구하는 회개다. 그러므로 신약성서는 이렇게 말한다. "누구든지 세상의 재물을 가지고 있으면서 자기의 형제가 궁핍한 것을 보고도 마음의 문을 닫고 그를 동정하지 않는다면 어떻게 그에게 하나님을 사랑하는 마음이 있다고 하겠습니까? 사랑하는 자녀들이여, 우리는 말로나 혀끝으로 사랑하지 말고 행동으로 진실하게 사랑합시다"(요일 3:17-18). 최후의 심판에 관한 예수의 말씀은(마 25:31-46) 작은 형제들에게 자기의 가진 것을 베푸는 구체적 행위를 통하여 사랑할 것을 가르친다. 곧 주린 형제에게 먹을 것을 주고, 목마른 형제에게 마실 것을 주며, 헐벗은 형제에게 입을 것을 주며, 감옥에 갇힌 형제를 찾아주는 행위를 통하여 사랑해야 한다. 예수가 요구하는 회개는 이러한 행위와 삶으로 전환하는 것을 말한다.

3) 참사랑은 자기와 상대방을 동일시하며 상대방의 행복을 위하여 자기를 포기하고 자기를 희생시킬 수 있음을 말한다. 바로 여기에 "율법의 완성"이 있다. 근본적으로 예수가 요구하는 회개는 자기를 비우고 자기를 포기하는 사람으로 변화되는 것을 말한다. 그것은 "그것으로부터 인간이 자기의 삶을 얻고자 하며 살아가고자 하는 모든 것에 대한 포기와 거절"을 뜻한다. 그것은 "자기 자신에 대한 포기, 삶의 내어줌"을 뜻한다[4] "누구든지 제 목숨을 살리려는 사람은 잃을 것이며 제 목숨을 잃는 사람은 살릴 것이다"(눅 17:33). 산상설교는 바로 이것을 말하고 있다. 오른뺨을 치거든 왼뺨마저 돌려대고, 속옷을 가지려고 하거든 겉옷까지 내어주며, 억지로 오 리를 가자고 하거든 십 리를 가주라는 예수의 말씀은(마 5:40-41) 단순히 자기의 뺨이나 옷을 포기하라는 것이 아니라 근본적으로 자기 자신

---

4) G. Bornkamm, *Jesus von Nazareth*, S. 74.

을 포기하라는 것이다.

용서한다는 것도 사실은 자기 자신을 포기하는 행위다. 자기를 포기하지 않고는 "일곱 번씩 일흔 번이라도"(마 19:22) 용서한다는 것은 불가능하다. 용서한다는 것은 상대방을 있는 그대로 받아주는 행위이며, 그의 과거를 없었던 것으로 간주하는 행위다. 자기를 비우지 않고는 이러한 행위는 불가능하다. 달라는 사람에게는 주고 빼앗는 사람에게는 되받으려고 하지 말라"(눅 6:30), 원수도 사랑하라, 너희는 먼저 하나님 나라와 그의 의를 구하라는 예수의 말씀도 자기 자신을 포기할 때 지켜질 수 있을 것이다. 예수의 여러 가지 윤리적 명령의 핵심은 자기 자신을 포기하고 하나님과 이웃을 섬기는 데 있다. 예수가 요구하는 회개는 자기를 비우고 자기를 포기하며 철저히 하나님과 이웃을 섬기는 삶으로의 전환을 말한다. 그것은 예수의 뒤를 따르는 데 있다.

예수의 뒤를 따른다는 것은 그의 고난에 동참하는 것을 말한다. 그것은 예수처럼 사는 것을 말한다. 따라서 회개란 예수의 뒤를 따라 하나님 나라를 이 땅 위에 세우는 사람으로 변화되는 것을 말한다. 그는 자기의 목숨이나 소유를 위하여 살지 않고, 하나님 나라와 그의 의를 위하여 산다. 그의 궁극적 희망은 이 세계에 속한 그 무엇에 있지 않다. 그의 희망은 이 세계를 변화시키고 구원하는 하나님 나라에 있다. 그는 하나님과 이웃을 사랑하며 하나님 나라와 그의 의를 기다리고 희망하기 때문에, 죄와 죽음의 세력에 대립한다. 그는 신음 속에서 살아가는 사람들과 자기를 동일시한다. 그는 예수와 같이 하나님 나라와 회개를 선포하고, 그 자신의 존재와 삶을 통하여 하나님 나라의 작은 현실이 된다. 이러한 의미에서 회개는 "삶의 방향의 전환"을 뜻한다. 그것은 자기 중심적인 삶을 버리고 그리스도 중심의 삶으로 바꾸는 것을 말한다.

3. 죄에 대한 예수의 침묵

이와 관련하여 우리는 죄 용서의 문제를 생각할 수 있다. 오늘날 우리나라의 기독교계 일부에서는 예수는 개인의 죄의 문제에 대하여 무관심하였으며, 단지 사회 정의와 사회개혁에 대해서만 관심을 가졌다고 생각하는 경향이 있다. 예수는 단지 사회개혁자 내지 민중운동가로 보인다. 그 반면 다수의 교역자들과 평신도들은 예수의 주요 관심이 개인의 죄의 문제에 있다고 생각한다. 하나님은 십자가의 보혈을 통하여 우리 인간의 죄를 용서하였다. 이것을 믿을 때 우리는 구원을 받는다. 하나님의 구원은 죄 용서를 말한다고 그들은 생각한다. 이와 같이 양립된 현상을 직시하면서, 우리는 개인의 죄에 대하여 예수가 어떤 입장을 취하였는가를 고찰하기로 하자.

먼저 분명한 사실은, 복음서의 예수는 죄와 죄 용서에 대하여 거의 말하지 않는다는 것이다. "내가 너희 죄를 용서하기 위하여 이 세상에 왔다"고 예수 자신이 복음서에서 말한 적이 거의 없다. "세상 죄를 지고 가는 하나님의 어린 양"이란 요한복음 1:29의 말씀은 예수 자신의 말씀이 아니라, 요한복음서 기자의 고백이다. 또 요한복음서 기자가 말하는 "세상 죄"는 개인의 죄는 물론 죄의 세계적·물질적·구조적 차원을 내포하고 있다. 또한 복음서의 예수는 신약성서 후기 문헌들처럼 죄의 목록을 길게 나열하지 않으며, 죄가 무엇인가를 이론적으로 설명하지도 않는다. 이와 같이 복음서의 예수가 개인의 죄에 대하여 거의 말하지 않는 이유는 무엇일까? 그 이유를 우리는 다음과 같이 분석할 수 있다.

1) 죄의 개념은 시대와 상황에 따라 다르게 생각된다. 어떤 시대에 죄라고 생각되지 않는 것이 다른 시대에는 죄라고 생각된다. 어떤 상황에서 죄라고 생각되는 것이 어떤 다른 상황에서는 죄로 간주될 수 없는 때도 있다. 본래 죄의 개념은 보편적으로, 모든 시대와 상황과 조건에서 추상적으로 정의될 수 있는 것이 아니다. 죄가 무엇인가에 대한 절대적 정의란

있을 수 없다. 그러므로 예수는 죄가 무엇인가에 대한 보편적·절대적 정의를 말하지 않는다.

2) 틸리히(P. Tillich)에 의하면, 인간의 자유와 운명은 상관관계에 있다. 인간은 자유로운 동시에 운명에 묶여 있고, 운명에 묶여 있는 동시에 자유롭다.[5] "그는 세계와 대칭하는 동시에 세계에 속한다." 인간의 많은 죄는 그의 운명으로 말미암아 일어난다. 불우한 가정환경과 성장과정을 거친 아이들 가운데 많은 아이들이 범죄의 길에 빠진다. 죄를 짓지 않을 수 없는 역사적 환경이나 유전적 성격 때문에 과오를 범하기도 한다. 잘못된 교육제도 때문에 오늘날 많은 청소년들이 범죄의 길에 빠진다. 자신의 힘으로 어찌할 수 없는 상황과 운명 때문에 죄를 짓는 경우가 허다하다. 물론 이유가 어디에 있든 죄를 짓는 사람은 죄인임이 틀림없지만, 그 모든 책임을 개인에게 돌리는 것은 어려운 일이다. 그러므로 예수는 개인의 죄와 죄의 용서에 대하여 거의 말하지 않는다.

3) 인간의 수많은 죄는 그 사회의 불의한 체제 때문에 어쩔 수 없이 일어나는 경우가 허다하다. 그 사회의 부가 소수의 사람들에게 편중되어, 많은 사람들이 가난을 이기지 못하여 죄를 짓는 경우가 많다. 뇌물을 주고받는 일이 만연된 사회, 뇌물을 주고받지 않으면 삶을 유지하기 어려운 사회체제 속에서는 어쩔 수 없이 뇌물을 주고받게 된다. 먹을 것이 없어서 남의 물건을 훔치는 경우도 있고, 뛰어오른 전세금을 마련하기 위하여 회사의 물건을 훔치는 경우도 있다. 물론 이 모든 일이 죄임은 사실이다. 그러나 하나님은 자비로운 분이다. 그는 죄의 결과만을 보지 않고, 그 원인을 본다. 죄를 짓지 않을 수 없는 사회체제와 조건과 역사적 배경을 함께 고려한다. 그러므로 예수는 개인의 죄가 무엇인가를 구체적으로 정의하지 않으며, 죄의 용서에 대한 이론을 전개하지 않는다. 오히려 예수는 소위 말하는 죄인들의 죄를 묻지 않고 그들의 죄를 용서한다. 예수는 남편을 다

---

5) P. Tillich, *Systematische Theologie I*, 제2부.

섯 명이나 바꾼 여자를 만났을 때도, 이 여자의 죄를 추궁하지 않는다. 간음하다 붙들린 여자의 죄도 추궁하지 않고 "다시는 죄를 짓지 말라"고 타이를 뿐이다. 세리의 허물을 추궁하지 않고 그들에게 새로운 자유를 허용한다. 죄를 짓지 않을 수밖에 없는 이유와 삶의 배경을 생각하지 않고, 그 행위만 보고 사람을 정죄하는 것은 사랑도 아니고 지혜로운 일도 아니다. 어느 사회를 막론하고 죄인 아닌 죄인들도 있고, 의인 아닌 의인들도 있다. 무서운 것은 의인 아닌 의인들이다. 이들의 횡포와 위선이 더 무섭다. 이들의 횡포와 억압 때문에 죄인 아닌 죄인들이 양산되는 경우가 허다하다. 그러므로 예수는 그 사회의 통념에 따라 죄가 무엇인지 말하지 않는다.

4) 일반적으로 우리는 죄악된 행위만을 죄라고 생각한다. 그러나 예수는 죄를 한 걸음 더 깊이 파악한다. 그는 죄악된 행위만을 보지 않고 인간의 죄악된 본성과 마음을 보신다. 인간은 죄악된 행위 이전에 이미 그 본성과 마음에 있어서 자기중심적이요 탐욕스러운 존재다. 간음의 행위도 죄지만 여자를 보고 음욕을 품는 것도 죄다(마 5:27-28). 사람을 죽이는 것만 살인이 아니라 사람을 미워하고 멸시하는 것도 일종의 살인이다(마 5:22). 그것은 상대방의 생명을 해치기 때문이다. 생명에 해가 되는 일체의 행위는 살인에 속한다.

따라서 누가 죄인이고 누가 죄인이 아니라고 판단하는 것은 간단한 문제가 아니다. 일반적으로 우리는 밖으로 드러난 행위만을 보고 어떤 사람이 죄를 지었다고 판단한다. 그러나 이것은 다시 한 번 생각해보면 매우 피상적인 일이다. 그 사회의 통념에 어긋나는 "죄"를 짓지 않음으로써 거룩하고 고상한 사람인 것처럼 보이지만, 그 마음은 이루 말할 수 없이 탐욕스러운 사람이 우리 주변에 허다하다. 또 그 사회의 법을 매우 잘 알기 때문에, 교묘하게 법 조문을 피하면서 범죄하는 사람들도 많이 있다. 반면 그 사회에서 죄인 취급을 받지만 마음이 천사처럼 아름다운 사람들도 있다. 그러므로 밖으로 드러난 행위만 가지고 어떤 사람이 죄인인지 아닌지를 판단한다는 것은 매우 어렵다. 간음한 여인도 죄인이지만, 그 여인을 돌로 쳐 죽이려는 유대인들은 그 여인보다 더 무서운 죄인일 수 있다.

중요한 문제는 겉으로 나타나는 죄악된 행위라기보다 마음속 깊이 숨어 있는 탐욕이다. 단순한 사람은 이 탐욕을 직접적으로 나타낸다. 그래서 공적 범죄인이 된다. 그러나 지능이 높은 사람은 이 탐욕을 법에 걸리지 않는 방법으로 추구한다. 몸은 깨끗할지 모르나 마음은 매우 더러운 사람들이 있는 반면, 몸은 더럽지만 마음은 천사처럼 아름다운 사람들도 있다. 도스토예프스키가 쓴 『죄와 벌』에 나오는 주인공 라스콜리니코프의 애인이자 창녀였던 소니아는 바로 후자에 속한다. 그녀는 가난 때문에 몸을 팔 수밖에 없었지만, 마음은 천사처럼 아름다운 사람이었음을 우리는 이 책에서 볼 수 있다. 그러므로 예수는 죄가 무엇이며 누가 죄인인가를 상세히 말하지 않는다. 그는 소위 "죄론"을 말하지 않는다.

4. 하나님 나라와 죄의 용서

위에서 기술한 바와 같이, 예수는 개인의 죄에 대하여 별로 말하지 않는다. 그러나 분명한 사실은, 복음서의 예수는 개인의 죄를 용서하여주는 분으로서 행동한다는 것이다. 잃어버린 아들의 비유에서(눅 15:7 이하) 예수는 하나님 아버지를 인간의 죄를 묻지 않고 아무 조건 없이 용서하여주는 분으로 묘사한다. 이러한 아버지의 상에 상응하여, 예수 자신도 개인의 죄를 조건 없이 용서하는 분으로 행동한다. 그는 병든 사람들의 지난 죄를 묻지 않고 그들의 병을 고쳐주는 동시에 그들의 죄를 용서한다. 예를 들어 마태복음 9장에서 예수는 어느 중풍병자에게 "네 죄를 용서받았다", "일어나 네 침상을 들고 집으로 가라"고 명령한다. 그의 병치료는 죄의 용서와 결합되어 있었고, 죄 용서의 표지였다. 또 예수는 행실이 좋지 않은 여자의 죄를 묻지 않고 그녀의 죄를 용서하면서, "어서 돌아가라. 그리고 이제부터 다시는 죄짓지 말라"고 부탁한다. 그는 "땅에서 죄를 용서하는 권한"

이 자기에게 있다고 말한다(마 9:5). 그는 일곱 번뿐 아니라 일곱 번씩 일흔 번이라도 용서해야 한다고 가르친다(마 18:22).

이러한 복음서의 내용을 고려할 때, 예수는 개인의 죄를 전제하고 있으며 죄를 용서하는 분으로 행동한다는 사실을 확정할 수 있다. 물론 그의 모든 활동의 중심은 하나님 나라다. 그는 죄의 용서를 선포하기보다, 하나님 나라를 선포한다. 그러나 그는 당시 유대교보다 인간의 죄를 더 깊이 파악하며, 인간의 죄를 용서하는 분으로 행동한다. 그가 선포하는 "하나님 나라"와 "죄의 용서"는 대립하지 않는다. 오히려 하나님 나라는 죄의 용서를 포괄하며, 죄의 용서는 하나님 나라가 확장되는 길이다. 한 인간이 그의 죄를 깨닫고 용서를 받으며, 죄를 짓지 않는 새로운 삶의 길을 시작하는 그 속에 하나님 나라가 일어난다.

하나님의 구원은 궁극적으로 "하나님 나라"가 이 땅 위에 이루어지는 것을 말한다. "이제는 죽음과 슬픔과 울부짖음과 고통이 없는" 세계, 하나님이 "모든 것 안에서 모든 것"이 되시는 "새 하늘과 새 땅"이 이루어지는 여기에 하나님의 "총체적 구원"이 있다. 하나님의 이 "총체적 구원"은 개인의 회개와 죄의 용서와 함께 일어난다. 인간 사회가 아무리 이상적으로 개혁된다 할지라도, 하나님 앞에서 자기의 죄악됨을 알지 못하는 인간 사회는 하나님 나라도 아닐 것이고 지상의 유토피아도 아닐 것이다. 그것은 결국 죄악된 인간의 사회요, 죄악된 사회일 것이다. 캐제만(E. Käsemann) 교수가 말하듯이 예수의 중심적인 문제는 임박한 하나님 나라에 대한 종말론적 선포이며, 개인의 죄와 윤리의 문제는 이 선포의 한 "구성적 요소" 곧 없어서는 안 될 요소다. 그는 "하나님의 통치", "하나님 나라"에 대하여 선포한다. 예수의 이 선포에 있어서 개인의 회개와 죄의 문제, 윤리의 문제는 아무런 의미도 갖지 않은 것이 아니라 "구성적 의미"를 가지고 있다.[6]

---

6) 이에 관하여 E. Käsemann, "Zur paulinischen Anthropologie," in : *Paulinische Perspektiven*, 2. Aufl. 1972.

그러므로 예수를 단지 개인의 죄의 문제와 관계된 분으로만 파악하는 것도 일면적이지만, 죄의 문제와 전혀 관계없는 사회개혁자나 민중운동가로 파악하는 것도 일면적인 일이다. 예수의 구원을 개인의 죄 용서, 영혼 구원과 동일시하는 것도 일면적이지만, 사회개혁과 동일시하는 것도 일면적이다. 예수가 선포하는 하나님 나라는 이 두 가지 면을 포괄한다. "회개하라"는 예수의 요구는 자기밖에 모르는 부유한 사람들에 대한 요구인 동시에, 죄 가운데 있는 가난한 사람들에 대한 요구이기도 하다. 가난하다 하여 인간의 죄악된 본성이 없고 회개할 필요가 없다고 결코 말할 수 없기 때문이다.

하나님 나라는 불의한 사회제도가 개혁되어 모든 피조물이 평화롭게 사는 세계인 동시에, 하나님을 부인하고 죄 가운데 사는 인간이 죄를 고백하고 하나님의 자녀로 새롭게 태어나는 세계다. 하나님 나라는 단순히 사회개혁만을 통하여 이루어지지 않는다. 사회개혁을 통하여 사회의 질서가 새로워진다 할지라도 개인의 철저한 변화가 없을 때, 사회는 새로운 혼란과 무질서에 빠지게 된다. 사회 질서를 운용하는 인간 자신이 새로워지지 않았기 때문에, 사회 질서는 바르게 운용되지 않으며, 최상의 사회 질서도 효력을 상실하기 때문이다. 그러므로 하나님 나라는 개인의 변화와 사회의 변화를 동시에 요구한다. 특히 부유하고 권세 있는 사람의 철저한 변화를 요구한다. 사회를 변화시킴으로써 모든 개인이 자의든 타의든 죄를 짓지 않고 살 수 있는 사회체제를 만들 수 있는 힘이 그들에게 있기 때문이다.

개인의 변화와 사회의 변화, 이 두 가지 면은 구약성서에서도 발견된다. 한편으로 구약성서는 모든 피조물이 평화롭게 사는 하나님의 새로운 세계를 기다린다. 불의한 사회체제를 개혁할 것을 구약성서는 요구한다. 희년의 계명은 이에 대한 가장 대표적 예다. 다른 한편으로 구약성서는 개인의 죄의 문제를 심각하게 생각한다.

하나님,

주의 한결같은 사랑으로

내게 자비를 베풀어주십시오.

주의 긍휼을 베푸시어

내 반역죄를 없애주십시오.

내 죄악을 말끔히 씻어주시고

내 죄를 깨끗이 없애주십시오.

내 반역죄를 내가 잘 알고 있으며,

내가 지은 죄가 언제나 내 앞에 있습니다.

주님께만, 오직 주님께만,

나는 죄를 지었습니다.

주의 눈앞에서,

내가 악한 짓을 저질렀으니,

주님의 유죄 선고가

마땅할 뿐입니다.

주님의 유죄 선고는 옳습니다.

실로, 나는 태어날 때부터 이미 죄인이었고,

어머니의 태 속에 있을 때부터 죄인이었습니다(시 51:1-5).

그러나 다른 종교도 죄 용서에 대하여 알고 있다. 예수 당시 유대교도 죄를 용서하는 하나님에 대하여 알고 있었다. 그러나 유대교에서 하나님은 참회하는 자, 율법을 지키며, 죄를 짓지 않기로 서약하며, 제물을 바치며, 자선금을 주는 등 여러 가지 공적을 통하여 죄를 상쇄하고 바르게 살아가는 것이 보이는 사람만 용서한다. 죄인의 상태를 벗어버리고 의인이 된 사람만 용서한다. 죄 가운데 머물러 있는 자는 하나님의 용서를 받지 못한다. 그에게는 하나님의 심판이 집행된다. 율법을 지키는 자는 상을 받고, 율법 없는 자들은 벌을 받아야 한다. 이것이 의라고 유대교는 생각한다.

이에 반하여 예수는 죄인에게 용서를 선언한다. 소위 경건한 자들, 의로운 자들에게 용서를 선언하지 않고, 경건치 못한 자들, 사기꾼들, 간음한 자들, 민족을 배반한 세리들에게 용서를 선언한다. 삶을 새롭게 시작할 수 있는 기회가 이러한 자들에게 주어진다. 죄악된 인간이 무엇을 행하기 전, 먼저 죄의 용서가 선언된다. 그는 이 은혜의 행위를 받아들이기만 하면 된다. 간음하다 붙들린 여인에게 예수는 아무것도 요구하지 않고 그녀의 죄를 용서한다. 그녀는 아무 조건 없이, 아무 공적 없이 용서받는다. 그러므로 예수가 선포하는 죄의 용서는 은혜. 죄 용서를 받을 수 있는 단 하나의 조건이 있다면, 그것은 죄를 용서하는 예수의 행위에 대한 전적 신뢰와 믿음이다. 여기서 예수 자신의 존재가 문제된다. 유대교의 신앙에 의하면 하나님만이 죄를 용서할 수 있다(참조. 눅 7:49). 그런데 예수가 죄를 용서한다. 따라서 예수는 하나님과 동등한 권위를 가진 자로 간주된다. 죄의 용서와 함께 예수 자신에 대한 전적 신뢰가 일어난다. 예수 자신이 신뢰의 대상이 된다.

소위 경건한 자들, 의로운 자들에게 죄의 용서가 선언되지 않는 이유는 무엇인가? 그들은 자기의 죄악됨을 깨닫지 못한다. 그들은 스스로 경건하며 의롭다. 그러므로 그들에게 죄의 용서가 선언된다 할지라도 그들은 그것을 받아들이지 않는다. 소위 불경건한 자들, 의롭지 못한 자들은 그들의 죄악됨을 인정한다. 적어도 이 점에 있어서 그들은 솔직하며 단순하다. 이에 반하여 소위 경건한 자들, 의로운 자들은 그들의 죄악됨을 인정하지 않는다. 그들은 율법이 요구하는 바를 지키는 그들의 공적에 근거하여 스스로 경건하며 의롭다고 생각한다. 그들은 자신의 죄악됨과 거짓을 은폐한다. 그들은 솔직하지 못하며 마음이 단순하지 못하다. 그들은 하나님과 이웃 앞에서 교만하며, 그들의 마음은 잔인하다. 그러므로 그들은 소위 불경건한 죄인들을 용서하지 않고 심판한다. 그러나 하나님 보시기에 더 가증스러운 죄인은 스스로 경건한 자들, 의로운 자들이다. 예수가 스스로 경건하며 의롭다 하는 자들에게 죄 용서를 선언하지 않는 이유는 여기에 있다.

예수 당시 소위 경건하며 의롭다는 자들은 대개의 경우 그 사회의 지도층 내지 권력층에 속한 바리새인들, 율법학자들, 제사장들이었다. 예수는 이러한 사람들에게 죄의 용서는 고사하고 오히려 그들의 거짓과 죄악을 예리하게 비판한다. 그들은 겉모양은 깨끗하게 보이지만, 마음속에는 불의와 탐욕이 가득하다. 그들은 성전에 대하여 관심을 가지기보다 성전의 금에 대하여 더 큰 관심을 가진다. "위선자들아, 너희에게 화가 있다! 너희가 회칠한 무덤과 같기 때문이다. 그것은 겉으로는 아름답게 보이지만, 그 안에는 죽은 사람의 뼈와 온갖 더러운 것이 가득하다. 이와 같이 너희도 겉으로는 사람에게 의롭게 보이지만, 속에는 위선과 불법이 가득하다"(마 23:27-28). "세리와 창녀들이 너희보다(=대제사장들과 백성의 장로들보다) 먼저 하나님 나라에 들어간다"(마 21:31).

지도층 내지 권력층에 대한 예수의 비판은 복음서의 여러 가지 이야기에 나타난다. "착한 사마리아 사람"의 이야기에서 예수는 사두개파에 속한 제사장과 성전에서 성직에 종사하는 레위인의 위선과 거짓을 폭로한다. 참으로 하나님의 말씀을 지키는 것은 그들이 아니라 혼혈종이라 비난받는 사마리아 사람이다. 지도층 내지 권력층에 속한 제사장과 레위인은 진리를 가르치지만, 자신이 가르치는 것을 지키지 않는다. 그들은 이중인격자들이다. 그러므로 예수는 바리새파 사람들의 "위선"을 경고한다. 그들은 정기적으로 열심히 기도하지만 그들의 기도는 헛되다. 하나님은 자기의 의를 자랑하는 바리새인의 기도를 듣지 않고 자기의 죄인 됨을 고백하는 세리의 기도를 들으신다. 하나님께 의롭다고 인정받는 사람은 바리새인이 아니라 세리다(눅 18:9-14).

부유층에 대해서도 예수는 매우 비판적이다. 부자들은 하나님께 많은 헌금을 바치지만, 그들의 헌금은 쓰고 남은 것의 일부에 불과하다. 그들은 자신들의 마음을 하나님께 바치지 않는다. 그들은 많은 헌금을 하나님께 바치지만, 그들의 마음은 하나님께 있지 않고 그들이 가진 재물에 있다. 그들의 많은 헌금보다 가난한 과부의 동전 두 닢이 하나님 보시기에 더 아름답다. 가난한 과부는 헌금과 함께 자기의 마음을 하나님께 바치기 때문이다(막 12:41-44). 그러므로 "부자가 하나님 나라에 들어가는 것보다는 낙타가 바늘귀로 빠져 나가는 것이 더 쉬울 것이다"(막 10:25).

"용서받은 죄 많은 여자"의 이야기는 부자들의 마음이 인색할 뿐 아니라 완악하다는 것을 보여준다. 죄 많은 여자는 자기에게 가장 귀한 것을 예수에게 바친다. 그러나 바리새인 시몬은 예수에게 "발 씻을 물도" 주지 않는다. 그는 이 여자를 경멸하고 소외시킨다. 그러므로 용서를 받을 사람은 바리새인 시몬이 아니라 죄 많은 여자다. "이 여자는 그 많은 죄를 용서 받았다. 그것은 그가 많이 사랑하였기 때문이다. 용서받는 것이 적은 사람은 적게 사랑한다"(눅 7:47). 이와 같이 예수는 시몬의 인색함과 사랑 없음을 폭로하면서 죄 많은 여자에게 죄의 용서를 선언한다. "네 죄가 용서함을 받았다"(눅 7:48).

"부자와 나사로"의 이야기에서 예수는 인색한 부자들의 결말이 어떠하리라는 것을 예고한다. 부자는 그의 집 대문간에 앉아 있는 거지 나사로를 돌보아주지 않는다. 종기투성이의 몸을 가진 나사로는 부자의 식탁에서 떨어지는 부스러기로 주린 배를 채운다. 개들까지 몰려와서 그의 종기를 핥는다. 얼마 뒤에 거지 나사로는 죽어서 아브라함의 품에 안기지만, 부자는 죽음의 세계에서 영원히 고통을 받는다(눅 16:19-31). 그러므로 예수는 부자들에 대하여 다음과 같이 선언한다.

그러나 너희 부유한 사람은 화가 있다.
너희가 너희의 위안을 이미 받았기 때문이다.
너희 지금 배부른 사람은 화가 있다.
너희가 굶주릴 것이기 때문이다.
너희 지금 웃는 사람은 화가 있다.

너희가 슬퍼하며 울 것이기 때문이다.

모든 사람이 너희를 좋게 말할 때에, 너희는 화가 있다.

그들의 조상이 거짓 예언자들에게 그와 같이 행하였다(눅 6:24-26).

지도층과 부유층에 대한 예수의 경고는 구약성서의 그것과 일치한다.

너희는 망한다!

시온이 안전하다고 생각하고

거기에서 사는 자들아,

......

상아 침상에 누우며

안락의자에서 기지개 켜며

양 떼에서 골라 잡은 어린 양 요리를 먹고

우리에서 송아지를 골라 잡아먹는 자들,

거문고 소리에 맞추어서

헛된 노래를 흥얼대며,

......

대접으로 포도주를 퍼마시며

가장 좋은 향유를 몸에 바르면서도,

요셉의 집이 망하는 것은

걱정도 하지 않는 자들,

이제는 그들이

맨 먼저 사로잡혀서 끌려갈 것이다.

마음껏 흥청대던 잔치는

끝장나고 말 것이다(암 6:1-7).

여기서 우리는 미묘한 대조를 발견한다. 복음서의 예수는 사회적으로 약한 자들의 죄를 구체적으로 언급하지 않는 반면, 사회 지도층과 부유층의 죄는 구체적으로 언급하고 있다는 사실이다. 그 까닭은 무엇일까? 그 까닭은, 사회적으로 약한 자들이 범하는 많은 범죄들은 사회 지도층과 부유층의 탐욕으로 인하여 일어나는 경우가 허다하며, 사회 지도층과 부유층의 마음속에 숨어 있는 탐욕과 거짓은 사회적 약자의 범죄 행위보다 더 악하기 때문이다. 먼저 죄의 책임을 물어야 할 자는 사회적 약자가 아니라 지도층과 부유층이다. 그들의 이기심과 탐욕으로 인하여 사회적 약자가 범죄하지 않을 수밖에 없는 사회체제가 형성되었기 때문이다.

빅토르 위고의 『레미제라블』에서 우리는 이것을 발견할 수 있다. 이 소설의 주인공은 굶주림을 견디지 못하여 빵을 훔치며, 그 빵 하나 훔친 죄로 이루 말할 수 없는 고난을 당하게 된다. 물론 빵을 훔치는 것은 죄다. 그러나 그의 죄에 대한 책임은 단순히 그에게 있는 것이 아니라, 그가 빵을 훔치지 않을 수 없도록 강요하는 사회체제에 있으며, 그러한 사회체제를 만든 사람들 곧 지배계층에 있다. 그러므로 우리는 이 소설을 읽으면서 빵을 훔친 주인공에 대하여 증오를 느끼는 것이 아니라 오히려 연민을 느끼게 된다. 예수도 마찬가지였을 것이다. 소위 "죄인"으로 취급받는 사람들, 사회적으로 약한 사람들에 대하여 예수는 연민을 느꼈기 때문에 그들의 죄에 대하여 침묵을 지키는 대신, 지도층과 부유층의 죄를 신랄하게 비판한다. 복음서의 예수는 사회적 약자들의 죄는 아무 조건 없이 용서한다. "나도 너를 정죄하지 않는다. 가라, 이제부터 다시는 죄를 짓지 말아라"(요 8:11). 그러나 사회 지도층과 부유층의 숨은 죄를 예수가 아무 조건 없이 용서하여 주었다는 기록은 복음서에서 발견되지 않는다.

5. 죄 용서의 사회적 의미

예수 당시 이스라엘 사회에서 병자들과 죄인들은 소외되었다. 병은 죄의 결과이며, 죄는 하나님의 계명을 지키지 않는 것을 뜻하기 때문이다. 그것은 하나님과의 단절이다. 그러므로 죄인은 사회에서 소외되어야 한다. 바리새인 시몬은 죄 많은 여인이 눈물로 예수의 발을 적시고 자기 머리카락으로 닦아줄 때, 마음속으로 이렇게 중얼거린다. "이 사람이 예언자라면, 자기를 만지는 저 여자가 누구며, 어떠한 여인인지 알았을 터인데! 저 여자는 죄인인데!"(눅 7:39)

예수가 죄인들의 죄를 용서한다는 것은 무엇을 말하는가? 그것은 당시 사회에서 어떤 의미를 가지는가?

첫째, 예수의 죄 용서는 예수가 당시 사회에서 죄인으로 취급받던 사람들의 편에 선다는 것을 뜻한다. 하나님의 메시아는 사회적 약자의 편에 선다. 그는 죄인들과 함께 식사를 나눈다. 그것은 결코 그들이 의롭기 때문이 아니다. 그들도 죄인이다. 그가 그들의 편에 서는 것은 그들에 대한 자비 때문이다.

둘째, 예수의 죄 용서는 죄인과 의인의 판단 기준을 뒤바꾸어버리며 죄인 취급을 받는 사람들을 해방시키는 의미를 가진다. 죄 용서는 죄인된 사람의 인간적 가치와 존엄성의 회복이다. 진짜 죄인은 죄인 취급을 받는 사람들이 아니라, 그들을 죄인으로 취급하는 지도층 내지 권력층임을 예수는 폭로한다. "예수는 종교적 규정에 근거된 사회적 제한들을 파괴하여 버린다. 그는 공적으로 법의 보호를 박탈당한 사람들, 곧 병자들(신체가 마비된 자들, 소경으로 태어난 자들), '불경한' 직업에 종사하는 사람들(세리들과 창녀들), 혹은 순간적 죄인들(간음한 여자)을 용서한다."[7]

셋째, 예수의 죄 용서는 당시 종교적 제도의 상대화를 내포한다. 예외적 경우를 제외하고 예수는 죄 용서를 위하여 율법이 요구하는 제도적 장치들을 지키지 않고 죄를 용서한다. 그는 죄 용서를 위하여 제물을 요구하지 않는다. 죄 용서에 있어서 그는 정결에 대한 계명과 십일조 계명을 상

---

7) J. Moltmann, *Der Weg Jesu Christi*, S. 189.

제3부 사회 속에 있는 하나님 나라

대화해버리며(막 7:1 이하; 마 23:23), 성전도 상대화한다(요 4:24; 8:1 이하; 참조. 행 7:44).

예수의 죄 용서는 당시 이스라엘 사회의 지배층 사이에 갈등(Konflikt)을 초래하는 원인이 되었다. 이 갈등은 종교적 성격의 것인 동시에 사회적 성격의 것이었다. 당시 유대인들은 하나님만이 죄를 용서할 수 있다고 믿었다. 그런데 예수는 자기의 권위의 출처를 밝히지 않은 채 죄를 용서한다. 이러한 그의 행위는 이스라엘 사회의 지배층의 분노를 일으키지 않을 수 없었다. "이 사람이 누구이기에 죄까지도 용서하여준다는 말인가?"(눅 7:49) 그는 하나님만이 하실 수 있다고 믿는 일을 스스로 행한다. 이로써 그는 "하나님을 모독하는 자"라는 비난을 받게 된다. "이 사람이 어찌하여 이런 말을 할까? 하나님을 모독하는구나. 하나님 한 분밖에, 누가 죄를 용서할 수 있는가?"(막 2:7) 예수의 죄 용서와 함께 제사장제도와 성전 제의가 뿌리에서부터 흔들리게 된다. 그것들은 더 이상 필요하지 않게 된다. 죄 용서의 길은 이제 예수에게 있기 때문이다. 유대교 지도자들이 예수를 "하나님을 모독하는 자"로 고발한 것은, 단순히 예수가 하나님의 권위를 모독하였기 때문이 아니라, 제사장제도와 성전 제의를 불필요한 것으로 만들어버렸기 때문이다.

예수는 죄 용서와 함께 사회적 약자의 편에 선다. 그의 죄 용서는 사회적으로 약한 자들 곧 불경건하며 불의하다는 자들에게 선언되며, 소위 경건하고 의로운 자들, 부유하고 지도자의 위치에 있는 자들은 혹독한 비판의 대상이 된다. 가난한 자에 대한 베풂과 청빈을 요구하는 그의 선포는 빚진 자들, 생활 근거를 잃어버린 자들의 지지를 받는 대신, 사회의 부유한 지배계층의 미움과 배척을 받지 않을 수 없었다. 그 마지막 귀결은 십자가의 죽음이었다.

X

하나님 나라의 물질성

- 굶주림이 없는 하나님 나라

서러움 중에 가장 큰 서러움은 배고픈 서러움이다. 배고픔을 면하는 것, 허기진 배를 채우는 것이야말로 인간 삶의 가장 중요한 문제다. 그래서 블로흐(Ernst Bloch)는 굶주린 배를 채우고자 하는 것이 인간의 삶과 행동의 가장 기본적인 동기라고 말한다. 아버지는 직장을 잃어버리고 아이들은 학교에도 가지 못한 채 여러 날 동안 밥을 제대로 먹지 못하여 늘어져 누워 있을 때, 가장 시급한 일은 굶주린 배를 채우는 일이다. 배가 고프면 아무것도 할 수 없고 생존 자체가 위험하게 된다. 사람은 몇 년 동안 성생활 없이 살 수 있지만, 며칠이라도 밥을 먹지 않으면 살 수 없다. 블로흐의 말에 의하면, 성에 굶주린 사람에 대해서는 동정심을 별로 느끼지 않지만 굶주린 사람에 대하여 쉽게 동정심을 느끼는 것은, 굶주림이야말로 인간의 생존과 가장 밀접하게 관계된 기본적 문제이기 때문이다.

하나님의 말씀도 먼저 허기진 배를 채운 다음에야 들을 수 있을 것이다. 이것은 불경건한 말로 들릴 수 있겠지만, 아마 가장 정직한 말일 것이다. 며칠 굶은 사람에게 먼저 필요한 것은 밥이다. 먼저 먹어야 한다. 그다음에 하나님의 말씀도 있고 성도 있다. 배고픈 사람에게 "사람이 밥으로

만 살 것이 아니요 하나님의 말씀으로 살 것이다"라고 말하는 것은 하나의 폭력으로 비칠 것이다. 물론 밥만 먹으면 잘 살 수 있다는 말은 결코 아니다. 우리 사회와 이 세계의 근본 문제는 밥이 정말 없기 때문이 아니라, 밥은 충분히 있지만 하나님의 말씀이 없는 데 있음을 우리는 잘 알고 있다. 물론 하나님의 말씀도 있어야 한다. 그러나 배고픈 사람을 먼저 먹이는 것이 하나님의 사랑이다.

1. 하나님 나라는 굶주림이 없는 세계다

복음서는 예수께서 그의 뒤를 따르는 가난하고 배고픈 사람들과 함께 식사를 하셨다는 것을 자주 보도한다. 보리떡 다섯 개와 물고기 두 마리를 가지고 장정만 오천 명을 먹였다는 이야기는 가장 대표적인 이야기다. 이 이야기는 네 복음서 모두 말하고 있다(막 6:30-44; 마 14:13-21; 눅 9:10-17; 요 6:1-14). 그만큼 이 이야기는 예수의 활동에 대한 보도에 있어서 중요성을 가진다.

보리떡 다섯 개와 물고기 두 마리가 어떤 방법으로 늘어나서 장정만 오천 명을 먹일 수 있게 되었을까? 우리는 이 기적을 여러 가지로 설명할 수 있다. 예를 들어 "예수가 자신이 지닌 적은 양식을 기꺼이 나누어주자, 다른 사람들도 주머니에서 그들의 음식을 꺼내어 모두 배부르게 먹었다"라고 설명할 수 있다(J. Gnilka). 아니면 예수가 성령의 능력을 사용하여 보리떡 다섯 개와 물고기 두 마리를 장정만 오천 명이나 먹을 수 있을 만큼 부풀렸다고 설명할 수도 있을 것이다. 그런데 요한복음에 의하면 어느 아이가 보리떡 다섯 개와 물고기 두 마리를 가지고 있었다. 이 아이는 자기가 먹을 양식을 모두 내놓았다. 아이의 착한 마음에 감동되어 모든 사람들이 각자 자기를 위하여 숨겨놓은 음식을 내놓았다. 그래서 장정만 오천 명이 먹고도 남는 음식이 열두 광주리나 되었다. 문제는 물질의 결핍에 있지 않고, 자기만을 위하여 물질을 쌓아두는 인간의 이기심과 탐욕에 있음을 이 이야기는 시사한다.

여하튼 이 이야기에 의하면, 예수는 그를 따르는 가난하고 배고픈 사람들에게 먹을 양식을 마련해주었고 그들과 함께 풀밭에 앉아 밥을 먹었다. 이 이야기는 예수가 행한 신비한 기적을 이야기하기보다, 예수가 선포한 하나님 나라가 어떤 것인가를 묘사한다. 이 이야기 외에도 복음서는 예수께서 주변 사람들과 함께 밥을 먹는 장면을 보도하고 있다(막 2:15; 14:3 등). 예수가 얼마나 많이 먹고 마셨는가는 중요한 문제가 아니다. 중요한 문제는 예수가 가난하고 소외당한 사람들과 자주 식사를 하였다는 사실이다. 그래서 그는 그의 적대자들로부터 "먹기를 탐하고 마시기를 좋아하는 자"요 "세리와 죄인들의 친구"라는 비난을 받았다(막 2:16; 마 11:19; 눅 7:34). 그럼 복음서가 예수께서 가난하고 소외당한 사람들과 밥을 먹었다는 사실을 자주 보도하는 동기는 무엇일까?

그 동기는 예수가 선포한 하나님 나라를 묘사하는 데 있다.[1] 하나님 나라는 부유한 사람이나 가난한 사람이나 모두 함께 밥을 먹는 나라다. 여기에는 자리의 높고 낮음이나 물질의 많고 적음의 차이가 없다. 모든 사람이 한자리에 앉아 같은 음식을 나눈다. 예수 자신도 높은 자리에 앉지 않고 다른 사람들과 똑같이 "풀밭에" 앉아 함께 식사를 나눈다. 하나님 나라에는 배를 두들겨가면서 포식하는 사람도 없고 배고파 죽는 사람도 없다. 모든 사람이 모든 것을 함께 나누는 곳이 하나님 나라다. 물론 이러한 세계를 현 세계 속에서 글자 그대로 실현하려는 것은 하나의 이상이요, 현실성 없는 꿈에 불과하다. 이기적 본성을 가진 죄인들의 세계 속에서 이러한 세계는 결코 이루어질 수 없다. 그러나 하나님 나라는 소유의 차이가 없으며 지위의 높고 낮음이 없는 세계다. 그곳은 굶주림이 없는 세계다. 그곳

---

1) G. Bornkamm, *Jesus von Nazareth*, S. 72: 세리와 죄인들과의 만찬은 "다가오는 하나님의 주권의 선포와 깊은 연관 속에 있다."

은 배고픔의 서러움이 없는 세계다. 예수가 선포한 하나님 나라는 먼저 배고픔의 서러움을 당하는 사람이 먹을 것을 얻으며 그들의 서러움을 위로 받는 곳이다. 그래서 예수는 가난하고 배고픈 사람들, 세리와 죄인들과 함께 식사를 나누며 그들에게 먹을 것을 마련해준다. 부유한 사람들은 이 세상에서 위로를 받을 데가 많다. 그러나 가난하고 배고픈 사람들은 이 세상에서 위로를 받을 데가 없다. 그러므로 하나님의 아들 예수는 먼저 그들과 함께 식사를 나누며 그들을 위로한다. 그는 하나님 나라를 선포할 뿐 아니라 그들의 굶주린 배를 채워준다. 그들이 예수와 함께 식사를 나누는 그곳에 하나님 나라가 현존한다. 하나님 나라는 말씀만 있는 곳이 아니라 물질이 있는 곳이다. 그곳은 누구는 먹고 누구는 굶는 세계가 아니라 함께 나누어 먹는 세계다. 예수가 밥을 함께 먹었다는 것은 그 밖에도 여러 가지 의미를 가지고 있다.

2. 밥을 함께 먹은 사건의 의미

1) 밥을 함께 먹는다는 것은 한 동아리에 속한다는 연대의식과 공동체 의식을 나타낸다. 가족이란 밥을 함께 먹는 사람들의 모임이다. 그래서 우리는 가족을 식구(食口), 곧 "음식을 먹는 입"이라 부른다. 밥을 함께 먹는 사람은 한 공동체에 속한다. 함께 밥을 먹을 때 우리는 한 동아리에 속한 것으로 느낀다. 그래서 함께 먹는 것이 즐겁다. 산해진미도 혼자 먹으면 맛이 없고 재미도 없다. 함께 먹어야 맛도 있고 소화도 잘 된다. 함께 먹는 그 속에는 연대감과 동질성과 공동체 의식이 있기 때문이다. 예수가 가난하고 소외당한 사람들과 함께 밥을 먹는 것은, 예수가 자기를 그들과 동일시하며 그들과 연대하는 것을 나타낸다. 성령으로 충만한 하나님의 메시아적 아들 예수는 배고픈 사람들, 고통 속에서 살아가는 사람들과의 연대성 속에서 존재한다. 그는 그들과 함께 밥을 먹으면서 그들을 위로하고 그

들과 삶을 나눈다.

그러므로 예수가 가는 곳마다 가난한 사람들, 배고픈 사람들, 병든 사람들, 귀신들린 사람들이 모여든다. 예수는 "목자 없는 양과 같은" 그들을 불쌍히 여기며(막 6:34), 그들과 함께 밥을 먹으면서 그들을 위로한다. 그들은 정체성이 없으며 발언권도 없고 세력도 없다. 그들은 고향이 없으며 마음 편하게 쉴 수 있는 자기 소유의 땅 한 평도 없는 사람들이다. 그들은 군중(oklos)이다. 예수가 이들과 함께 밥을 같이 먹는다는 것은 그들을 자기의 "가족"으로(막 3:34) 인정함을 뜻한다. 그는 "이 땅의 저주받은 사람들"(Fr. Fanon)과 결속한다. 이들에 대한 그의 "자비"는 소위 말하는 동정이 아니라, "불의한 세계 속에서 일어나는 하나님의 의의 형식"이다. 메시아 예수는 그들과 자기를 동일시한다. 그들은 그의 가장 작은 형제들이다(마 25:40).

2) 밥을 함께 먹는다는 것은 삶을 함께 나누는 것을 말한다. 삶에서 가장 기본적인 일은 먹는 일이다. 먹지 않고는 살 수 없기 때문이다. 그래서 같이 밥을 먹는다는 것은 그들과 삶을 나누는 것을 말한다. 하나님의 메시아는 입으로 하나님의 말씀을 선포하기만 하는 것이 아니라, 그것을 듣는 사람들과 함께 삶을 나눈다. 그는 그들의 운명에 참여한다. 그는 그들이 당하는 배고픔의 서러움을 함께 나누는 동시에, 밥을 먹는 즐거움도 공유한다. 그들의 슬픔은 물론 기쁨도 함께 나눈다. 그들의 운명이 곧 예수 자신의 운명이다. 예수가 그들과 밥을 함께 먹는다는 것은, 그들과 같은 운명공동체 안에 있다는 것을 시사한다. 하나님의 메시아가 낮은 곳으로 내려와서 배고픈 사람들의 운명을 자신의 운명으로 받아들이고 그들과 운명을 같이한다. 그의 십자가의 죽음은 그가 택한 운명의 정점(culmination)을 뜻한다.

3) 예수는 사람들에게 하나님 나라를 선포하는 동시에 배고픈 사람들에게 먹을 것을 마련하여준다. 그는 그들의 굶주린 배를 채워준다. 물론 그들에게 하나님의 말씀을 전하는 일도 필요하다. 그러나 하나님의 말씀은 인간의 굶주린 배를 채워줄 수 있는 물질과 무관한가? 그것은 단지 정

신적인 것인가? 물론 하나님의 말씀은 물질이 아니다. 그것은 우리가 먹을 수 있는 밥이 아니다. 그러나 하나님의 말씀은 배고픈 사람들도 충분히 먹을 수 있는 현실을 창조한다. 그러므로 그것은 살아 계신 하나님의 말씀이다. 그것은 무에서 만물을 창조할 수 있다. 먹을 양식이 없어서 굶주리는 곳에 먹을 양식이 있게 할 수 있다. 문제는 정말 물질이 없어서가 아니라, 물질이 한곳에 쌓여 있기 때문이다. 그래서 한쪽에서는 포식하는데 다른 한쪽에서는 굶어 죽는 일이 생긴다. 하나님의 말씀은 이러한 인간의 현실을 고칠 수 있다. 정말 살아 계신 하나님의 말씀이 있다면, 한편의 사람들은 포식하는 반면 다른 한편의 사람들이 굶어 죽는 일이 일어날 수 없다. 정말 하나님의 말씀이 있는 곳에는 모든 사람들이 필요로 하는 만큼의 물질이 공유되기 마련이다.

떡 다섯 개와 물고기 두 마리로 장정만 오천 명을 먹이고도 열두 광주리가 남았다는 이야기는 바로 이것을 말한다. 처음에는 먹을 것이 없다고 모두 걱정했다. 그러나 말씀이 육신이 된 예수께서 그 상황을 주관하실 때, 모든 사람이 먹고도 열두 광주리가 남았다. 하나님이 살아 계신 그곳에 물질이 없어서 염려하는 일은 사라진다. 하나님의 메시아가 계신 그곳은 모든 사람이 밥을 함께 나누어 먹는 곳이다. 예수는 하나님의 살아 계신 말씀이다. 그는 하나님 말씀의 대언자가 아니라 인간의 몸을 입은 하나님의 말씀 자체다. 그러므로 예수가 있는 곳에는 굶주림의 문제가 사라진다.

물론 예수는 부유하고 배부른 사람들의 식사 초대를 받기도 한다. 그는 그들의 초대를 거절하지 않는다. 그러나 대개의 경우 예수는 배고픈 사람들과 함께 밥을 먹는다. 그래서 예수는 "보아라, 저 사람은 즐겨 먹고 마시며 세리나 죄인들하고만 어울리는구나!"라고 비난받는다.

4) 예수는 하나님 나라를 많은 사람들이 먹고 마시며 즐기는 잔치에 비유한다(마 22:2; 눅 14:15-24). 이 비유에 의하면 예수가 선포하는 하나님 나라는 먼저 배부르게 먹을 수 있는 곳이다. 거기는 배불러 병나는 사람도 없고, 배고파 병나는 사람도 없다. 그곳은 하나님이 다스리는 세계다. 모든

사람이 평등하게 한자리에 앉아 먹고 마신다. 높은 자리도 없고 낮은 자리도 없다. 다만 기능의 차이가 있을 뿐이다. 이런 하나님 나라가 예수와 함께 왔다. 그러므로 예수는 세리와 죄인들과 함께 식사를 나누며 친교를 가진다. 낮고 천하다는 사람들과 어울려 먹고 마시는 하나님의 아들, 그들과 삶을 나누며 결국 자기의 생명까지 내어주는 하나님의 아들, 바로 여기에 "하나님의 지혜"가 있으며 "길과 진리와 생명"이 있다. 배고픈 사람들과 함께 나눈 예수의 식사는, 예수가 선포한 하나님 나라에 그 근원을 가진다. 그것은 하나님 나라의 앞당겨 일어남을 뜻하였다. 모든 사람이 한자리에 앉아 함께 나누어 먹는 하나님 나라가 예수와 함께 앞당겨 일어났기 때문에, 예수는 그들과 식사를 나누었던 것이다. 사도행전에 묘사된 초기교회의 생활은 예수가 선포한 하나님 나라의 현실을 다음과 같이 기술한다.

> 믿는 사람은 모두 함께 지내며 그들의 모든 것을 공동 소유로 내어놓고 재산과 물건을 팔아서 모든 사람에게 필요한 만큼 나누어주었다. 그리고 한 마음이 되어 날마다 열심히 성전에 모였으며 집집마다 돌아가며 같이 빵을 나누고 순수한 마음으로 기쁘게 음식을 함께 먹으며 하나님을 찬양하였다(행 2:44-47).

> 그들 가운데 가난한 사람은 하나도 없었다. 땅이나 집을 가진 사람들이 그것을 팔아서 그 돈을 사도들 앞에 가져다 놓고 저마다 쓸 만큼 나누어 받았기 때문이다(행 4:34-35).

예수가 세리와 죄인들과 함께 식사를 하였다는 복음서의 보도는 당시 로마 귀족들의 생활과는 매우 대조적이다. 아우구스투스 황제가 로마 제국을 평정하여 전쟁이 그치자, 귀족들은 할 일이 없어져 서로 번갈아 가며 향연을 벌이고 호사스럽게 놀고먹는 게 일이었다(이것이 로마가 몰락하게 된 근본 원인이다). 하루에 여러 차례 향연에 참석하려면 대식가가 되어야 했다. 그러나 아무리 큰 대식가라도 밥통과 창자가 한정되어 있기 때문에,

그들은 향연장 밖으로 나가서 입에 손을 넣어 먹은 것을 토해내고는 다시 먹곤 하였다. 이에 비하여 보리떡 다섯 개와 물고기 두 마리로 오천 명을 먹인 예수의 이야기는 전혀 다른 삶의 현실을 우리에게 보여준다.

3. 예수와 가난한 사람들의 식사가 주는 교훈

위에서 우리는 예수가 배고픈 사람들과 함께 밥을 먹었다는 사건이 예수 자신에 대하여 무엇을 말하는가를 기술하였다. 이제 우리는 이 사건이 우리 자신에게 말하는 가르침이 무엇인가를 생각하여보기로 하자.

　1) 이 사건은 예수가 선포한 하나님 나라의 물질성을 보여준다. 하나님 나라는 단지 영적인 세계가 아니라 물질적 세계이기도 하다. 그것은 단지 영적 현실이 아니라 먹고 마시는 현실의 세계다.

　2) 이 사건은 예수가 선포한 하나님 나라는 인간에 의한 인간의 소외와 차별이 없는 세계임을 보여준다. 소위 높다고 하는 사람이나 낮다고 하는 사람이나 모두 하나님의 동등한 자녀들이다. 기능상의 차이가 있을 뿐 인간적 차이가 없으며, 계급이나 지위의 차이가 인정되지 않는다. 모두 같은 식탁에 앉아서 같은 음식을 나눈다.

　3) 이 사건은 세계의 모든 공동체와 사회가 어떠해야 하는가를 암시한다. 가정이나 교회나 정당이나 교육기관이나 인간의 모든 공동체는 한 식탁에서 같은 음식을 먹는 형제자매의 공동체가 되어야 한다. 하나님의 아들 예수가 "섬기는 자"로 나타나듯이, 모든 공동체의 다스리는 기능을 담당한 사람들은 섬기는 자가 되어야 한다. 그들은 제자들의 발을 씻어주며 자기의 목숨을 희생하는 예수를 모범으로 가져야 한다. 남편은 아내를 지배하는 자가 아니라 섬기는 자가 되어야 하며, 모든 공직자들은 국민을 섬기는 자가 되어야 한다.

　4) 이 사건은 하나님의 아들이 우리에게 주시고자 하는 구원의 물질적

차원을 시사한다. 예수의 구원이란 단순히 영적 구원이 아니라, 모든 사람이 한 식탁에서 같은 음식을 먹는 세계가 이루어지는 것을 말한다.

5) 이 사건은 교회가 무엇을 해야 하는가를 시사한다. 교회는 ① 모든 교인들이 성별과 직업과 지위와 학력과 출신 배경의 차이를 떠나 한 형제가 되어 한 식탁에 앉아 같은 음식을 먹는 사랑의 공동체가 되어야 함을 보여준다. ② 이와 동시에 교회는 복음을 선포하며 "세리와 죄인들"과 식탁을 같이해야 한다는 것을 보여준다. 소외되고 배고픈 사람들이 일용할 양식을 얻을 수 있는 근본 대책을 세우지 않으면서 교회가 사랑을 이야기한다면, 그것은 종교적 위선으로 보일 것이다. 예수는 그렇게 하지 않았다. 그는 배고픈 사람들에게 먹을 것을 마련해주는 것은 물론, 그들을 위하여 자기의 목숨까지 버린다.

4. 세리와 죄인들과의 만찬과 최후의 만찬

일반적으로 우리는 예수의 최후의 만찬을 예수와 그의 제자들이 마지막으로 나눈 "이별의 만찬"으로 생각한다. 아니면 "유월절 만찬"으로 생각한다. 물론 이 두 가지 해석은 타당하다. 예수의 최후의 만찬은 사랑하는 제자들과 마지막으로 나눈 "이별의 만찬"이었다. 이와 동시에 그때가 마침 유월절이었으므로 이 만찬은 "유월절 만찬"일 수도 있었다. 그러나 우리는 한 걸음 더 나아가 예수의 최후의 만찬을 예수께서 평소에 소외된 사람들과 함께 나눈 만찬과의 연속선상에서 생각할 수 있다. 그 까닭은 무엇인가?

예수는 하나님 나라를 잔치 혹은 만찬에 비유한다. 하나님 나라는 모든 사람들이 초대되는 잔치와 같다(마 22:2). 하나님 나라에서 사람들은 "잔치"에 앉게 될 것이다(마 8:11; 눅 13:29). 하나님 나라에서 잔치 자리에 앉을 사람은 참으로 행복하다(눅 14:15). 이러한 예수의 말씀을 고려할 때, 예수와 소외된 사람들이 함께 나눈 만찬은 단순히 먹고 마시는 자리가 아니라, 하나님 나라가 앞당겨 일어나는 자리라고 말할 수 있다. 그러므로 "리마문서"는 예수가 그의 지상의 활동 중에 가졌던 식사는 "하나님 나라의 가까움을 선포하고 드러낸다"라고 말한다(성찬). 실로 예수의 만찬은 하나님 나라에 대한 예언자 이사야의 "약속"의 지평 속에 있다.

> 이 산 위에서 만군의 야웨, 모든 민족에게 잔치를 치러주시리라. 야웨, 나의 주께서 모든 사람의 얼굴에서 눈물을 닦아주시고, 당신 백성의 수치를 벗겨주시리라. 이것은 야웨께서 하신 약속이다(사 25:6-8).

그런데 예수는 최후의 만찬에서 "하나님 나라가 올 때까지"(눅 22:18), "하나님 나라에서 새 포도주를 마실 때까지"(막 14:25) 만찬을 갖지 못할 것이라 말한다. 따라서 최후의 만찬은 단순히 "이별의 만찬"이나 "유월절 만찬"이 아니라, 예수가 평소에 나눈 만찬과 같이 하나님 나라의 지평 속에 있다. 여기서 우리는 예수의 최후의 만찬과 평소 소외된 자들과의 만찬이 연결되어 있음을 발견한다. 죄인과 세리들과 같이 나눈 예수의 만찬과 최후의 만찬은 하나님 나라의 지평 속에 있는 "종말론적 만찬"이었다.

물론 최후의 만찬은 평소의 만찬과 비교되기 어려운 깊은 의미를 지닌다. 예수께서 평소의 만찬에서 현재화한 하나님 나라가 최후의 만찬에서는 예수 자신의 신체적 인격(Leibliche Person)으로 집약된다. 만찬을 베푸는 예수가(Geber) 만찬의 음식(Gabe)이다. 떡과 포도주와 함께 예수는 자기의 몸을 내어준다. 최후의 만찬의 이러한 독특한 의미에도 불구하고 우리는 최후의 만찬과 평소의 만찬의 연속성을 부인할 수 없다. "가난한 사람들에게 하나님 나라의 가치를 가져오며 죄인들과 세리들에게 하나님의 의롭게 하는 의를 나타내는 그분은 굶주린 자들을 하나님 나라의 식탁으로 초대하며 그들에게 하나님의 식탁의 사귐을 나타내는 메시아적 '목자'다."[2]

---

2) J. Moltmann, *Der Weg Jesu Christi*, S. 136.

5. 성찬식의 역사적 유래와 의미

일반적으로 기독교의 성찬식은 예수의 최후의 만찬에서 유래한다고 말할 수 있다. 최후의 만찬 때에 예수께서 떡과 포도주를 자신의 몸과 피에 비유하고 이것을 제자들에게 나누어주면서 그가 오실 때까지 이 예식을 반복하라고 명령하였기 때문이다.

물론 성찬식의 일차적 근원은 이 예식을 반복하라는 예수의 "반복 명령"에 있다. 그러나 반복하여 거행하라는 최후의 만찬이 예수께서 평소에 소외된 자들과 함께 나눈 만찬과 연결되어 있다면, 성찬식의 근원을 우리는 단순히 최후의 만찬에서 찾을 것이 아니라, 소외된 자들과 함께 나눈 평소의 만찬에서 찾아야 할 것이다.

이에 반하여 튀빙엔 대학교의 신약학자인 슈툴마허(P. Stuhlmacher)는 기독교의 성찬식이 소외된 자들과의 만찬과 연결되어 있음을 부인한다. 기독교의 성찬식은 부활하신 주님의 감사제물의 만찬(Dankopfermahl)에 불과하다고 그는 주장한다.[3] 그러나 첫째, 최후의 만찬은 하나님 나라의 현실을 앞당겨 오는 사건이었기 때문에, 예수는 하나님 나라가 다시 올 때까지 만찬을 다시 갖지 못할 것이라 말하였고, 둘째, 죄인들과 세리들과의 만찬 혹은 잔치를 하나님 나라에 비유하였다. 이 두 가지 점을 고려할 때 우리는 성찬식의 역사적 근원을 최후의 만찬에서는 물론 죄인들과 세리들과의 만찬에서 발견할 수 있다. 이때 기독교의 성찬식은 예수의 고난에 대한 "회상의 만찬"과 "슬픔의 만찬"을 넘어서 보다 더 포괄적인 지평을 얻게 된다. 그럼 최후의 만찬은 물론 죄인들과 세리들과 함께 나눈 만찬을 함께 고려할 때, 기독교의 성찬식은 무엇을 말하는가? 여기서 우리는 성찬식의 의미를 상세히 논할 수 없다. 단지 죄인들과 세리들과의 만찬과 관

---

3) P. Stuhlmacher, "Das neutestamentliche Zeugnis von Abendmahl", in : *Theol. Rundschau*, 1987, Ⅰ, S. 18.

련하여 성찬식이 시사하는 바를 간단히 제시하고자 한다.

1) 예수가 죄인들과 세리들과 함께 나눈 만찬을 고려할 때, 기독교의 성찬식은 기독교 공동체가 이 세상의 배고픈 사람들, 소외된 사람들에게 하나님 나라의 복음을 선포하고 그들과 함께 밥을 나누어 먹는 사건이 되어야 함을 시사한다. 기독교 공동체는 예수의 뒤를 따르는 사람들의 모임이다(Bonhoeffer). 그것은 종교인들의 집단 곧 "교회"가 아니라, 예수의 제자들의 모임이다. 그렇다면 공동체는 예수의 뒤를 따라 가난한 사람들, 가난 때문에 불의한 자가 되어버린 사람들에게 "하나님 나라가 너희들의 것이다"라고(마 5:3; 눅 6:20) 선포하고 그들과 함께 먹고 마시며 그들의 기쁨과 슬픔을 함께 나누어야 한다는 사실을 성찬식은 시사한다. 예수는 "이 불의한 자들과 함께 하나님 나라의 의로운 자들의 만찬을 앞당겨 오며… 하나님 나라의 큰 잔치에 초대하였다는 것을 그 자신의 인격을 통하여 나타낸다.…예수는 그 시대의 차별 대우를 받는 자들과 함께 메시아 시대의 만찬을 나눈다."[4] 이 예수가 하나님의 "메시아적 아들"이요 "하나님 자신의 태도"를 나타낸다면, 또 공동체가 이 예수를 그의 "주"로 고백하고 이 하나님을 그의 "아버지"라고 부른다면, 공동체는 예수가 행한 이 일을 뒤따라 행할 수밖에 없을 것이며, 그의 아버지 되신 하나님의 태도를 닮을 수밖에 없을 것이다.

2) 성찬식은 단순히 예수의 고난을 기념하는 "기념의 만찬"에 불과한 것이 아니라, 인간에 의한 인간의 소외와 차별이 없는 하나님 나라가 앞당겨 일어나는 것을 시사한다. "가난한 사람, 불구자, 소경, 절름발이들"(눅 14:21), "나쁜 사람 좋은 사람 할 것 없이"(마 22:10) 하나님의 한 백성으로서 평등하고 평화롭게 살며 모든 것을 함께 나누는 하나님 나라가 성찬식을 통하여 미리 경험되고, 이 경험 속에서 앞당겨 일어난다. 많이 먹는 사람도 없고 적게 먹는 사람도 없다. 모두 똑같은 양의 음식을 나눈다. 높은

---

4) J. Moltmann, *Der Weg Jesu Christi*, S. 136.

자리에 앉아 먹는 사람도 없고 낮은 자리에 앉아 먹는 사람도 없다. 모두 같은 자리에 앉아 같은 신분으로서 먹는다. 여자와 남자, 유색인종과 백인종, 높다는 사람과 낮다는 사람, 이 모든 사람들이 한 식탁에 앉아 음식을 나눈다(참조. 갈 3:28). 성찬식은 이러한 하나님의 미래가 역사의 현재 속에 앞당겨 일어나는 사건이다.

3) 이러한 의미를 가진 성찬식을 거행하는 교회는 모든 사람이 형제자매가 된 새로운 인류의 공동체다. 그것은 하나님 나라의 전조(前兆)다. 이 공동체 안에는 모든 인간이 형제자매이며 인간적 차별이 있을 수 없다. 이 교회는 굶주리고 목마르고 병들었고 헐벗은 사람들, "가난한 사람, 불구자, 소경, 절름발이들"의 고난에 동참하며 그들의 비참을 제거하기 위하여 노력한다. 이러한 노력이 없는 성만찬은 이런 사람들과 함께 밥을 먹었고 또 그들 안에 현존하는 메시아 예수와 관계없는 종교적 형식으로 전락한다. 그러므로 칼뱅은 성찬식에 참여하는 형제들의 고통이 우리의 것이 되지 않는다면, 성찬식에서 이루어지는 성도의 친교는 그리스도를 멸시하는 거짓된 속임수라고 말한다. 그래서 그는 고리대금업자와 폭군이 성찬식에 참여하는 것은 그리스도의 몸을 모욕하는 행위라고 비판하였다.[5]

---

5) 오영석, "성만찬의 신학적 이해", in :「한국 기독교 장로회 회보」312호, 1980, p. 21.

XI
하나님 나라의 인간성
- 인간다운, 참으로 인간다운 하나님의 아들

예수는 거룩한 하나님의 아들이요 온 인류의 구원자다. 그러므로 그는 속된 세상의 문제들에 관여하지 않으며, 세상의 속된 자들과 교제하지 않고, 고고한 종교적 경지에서 도를 닦으며 살았을 것이라고 생각할는지 모른다. 그러나 역사의 예수는 이와 같은 일반적인 종교적 표상과는 전혀 다른 모습을 보여준다. 그는 세속의 문제들과 관여하며, 세상의 속된 자들과 교제한다. 그는 특별한 행동 양식과 특별한 어법을 가지며 특별한 단어와 표현들을 사용하는 소위 "종교적" 인물이 아니라, 극히 평범한 인간다운 인간으로 나타난다. 그는 이 세상의 높은 자들을 찾기보다 먼저 낮은 자들을 찾으며 그들의 친구가 된다. 그는 그들과 먹고 마시며 삶을 나눈다. 그는 용서받을 수 없는 자라고 인정받는 자들을 용서하고, 그들을 용서받을 수 없는 죄인이라 정죄하면서 자신의 의로움을 내세우는 자들의 교만과 거짓을 폭로한다. 이러한 예수의 인간다운 모습에서 우리는 그가 선포하는 하나님 나라의 인간성을 발견한다.[1] 예수가 선포하는 하나님 나라는

---

1) 이에 관하여 H. Küng, *Christ Sein*, 8. Aufl. 1974, S. 261f.

세속에서 분리된 어떤 종교적으로 신비한 특별영역(Sonderbereich)이 아니라, 세속 안에서 인간이 참으로 인간다운 인간으로 변화되고 인간다운 인간들이 모여 사는 세계임을 예수는 시사한다.

1. "세리와 죄인들의 친구"

복음서의 예수는 부유한 상류층과 중산층의 사람들을 피하지 않는다. 그는 상당한 부를 소유하고 있었던 세리장 삭개오의 초대를 거절하지 않으며, 세리였던 레위를 자기의 제자로 삼기도 한다. 그는 한 부자 청년의 방문을 거절하지 않으며, 바리새파 사람 시몬의 초대에 기꺼이 응한다. 그는 중병으로 거의 죽게 된 백인대장의 종을 고쳐주며, 회당장 야이로의 죽은 딸을 다시 살린다. 이러한 사실을 고려할 때, 우리는 예수의 활동 범위를 가난한 사람의 영역으로 제한시킬 수 없다. 부유한 사람들, 권력층에 속한 사람들도 선교의 대상이요, 하나님 나라의 백성이 될 수 있다. 그들도 하나님의 용서를 필요로 한다.

　　그러나 복음서에 의하면 예수의 뒤를 따라다니면서 그와 삶을 나눈 대부분의 사람들은 하혈병, 문둥병, 간질병, 중풍 등 각종 병으로 신음하는 자들, 귀신들린 자들, 그 사회의 그늘 속에 사는 힘없고 가난한 사람들이다. 마태는 이것을 다음과 같이 보도한다. "예수의 소문이 온 시리아에 퍼졌다. 그리하여 사람들이 갖가지 질병과 고통으로 앓는 모든 환자들과 귀신들린 사람들과 간질병 환자들과 중풍병 환자들을 예수께로 데려왔다. 예수께서는 그들을 고쳐주셨다. 그리하여 갈릴리와 데가볼리와 예루살렘과 유대와 요르단 강 건너편으로부터, 많은 무리가 예수를 따라왔다"(마 4:24-25).

　　예수가 병자들, 절름발이들, 귀신들린 자들을 돌보며, 여자와 어린이들이 자기에게 오는 것을 허용하며, 가난한 사람들의 편에 서는 것은 그래도 이해될 수 있다. 기가 막힌 것은, 예수가 도덕적으로 낯을 들 수 없는 소위 비도덕한 자들과 불경건한 자들과 교제를 가진다는 사실이다. 한마디로 그는 "세리와 죄인들의 친구"가 된다(마 11:19). 그는 "먹보요, 술꾼이요, 세리와 죄인들의 친구"다(눅 7:11). 그는 "세리들과 죄인들과 어울려서" 음식을 먹는다(막 2:16). 그는 이스라엘의 "잃은 자들"을 찾으며(눅 19:10), 의로운 자를 찾지 않고 죄인을 찾는다(막 2:17).

예수 당시 세리는 세금을 거두어 로마 제국에 바치는 대신, 중간에서 상당 부분을 착복하는 부패한 사기꾼이요 도적이자 매국노로 간주되었다. 그들은 누구를 얼마나 속였는지 알 수 없을 정도로 부정을 범하였기 때문에, 회개할 수도 없으며 지배자에게 봉사함으로써 부를 누리는 민족의 배반자였다. 그들이야말로 정말 죄인들이었다. 또한 그 당시 "죄인들"은 유대교 지도자들이 요구하는 모든 율법과 율법 해석을 지키지 않는 사람들, 곧 "율법 없는 자들", 경건치 못한 자들을 말하였다. 병은 죄의 결과로 간주되었으므로, 병자들도 죄인으로 간주되었다. 예수는 이와 같은 부도덕한 자들, 불경건한 자들, 그 사회의 점잖고 경건한 자들이 좋아하지 않는 자들과 삶을 나눈다. 사회의 멸시를 받는 창녀들과도 예수는 교제를 가진다. 소위 "의로운 자들"에 의하여 희생물이 된 모든 사람들이 그의 "친구"가 된다.

여기서 우리는 역사의 예수가 과연 어떤 인물이었는가를 분명히 알 수 있다. 그는 소위 "점잖은 사람" 혹은 "경건한 사람"이 아니라, 그 사회의 부도덕한 자들, 불경건한 자들과 어울려 함께 먹고 마시는 그런 사람이었다. 그는 "먹고 마시기를 탐하는 자"였다. 예수는 무엇을 마셨을까? 그는 틀림없이 알콜 성분이 들어 있는 포도주를 마셨을 것이다. 만일 그가 숭늉을 마셨다면 "먹고 마시기를 탐하는 자"라는 비난을 받지 않았을 것이다. 그는 "무법자들 속에 끼어서 같은 무리로 몰렸다"는(눅 22:37) 구약의 말씀을 자기 자신에게 적용한다. 이 말씀을 고려할 때, 예수는 그 사회의 무법자 중의 한 사람으로 간주될 만큼, 그 사회의 낮은 사람들, 소외된 사람들, 부도덕하며 불경건한 사람들과 교제하였음이 틀림없다. "높은 사람들"을 가까이 하려는 사람은 많다. 그러나 "낮은 사람들"을 가까이 하려는 사람은 많지 않다. 그런데 예수는 대부분의 사람들이 꺼려하는 "낮은 사람들"의 친구가 된다. 이러한 그의 인간적인 모습에서 우리는 하나님 나라의 인간성을 발견한다. 하나님 나라는 이 세계의 낮은 사람들, 멸시와 천대를 받는 사람들이 하나님의 용서를 받고 새 사람으로 변화되며, 인간으로서의 가치와 존엄성을 인정받는 세계다.

오늘날 한국교회는 점점 더 중산층의 교회로 되어간다고 한다. 흰 와이셔츠를 입은 점잖은 사람들, 교회가 요구하는 각종 헌금을 바칠 수 있고, 한국사회에서 도덕적이며 경건한 자로 인정되는 사람들이 모이는 교회로 되어간다는 것이다. 그 대신 한국사회에서 비도덕적이며 불경건한 자로 간주되는 사람들, 지능이 좀 모자라고 흰 와이셔츠를 입을 수 없으며 교회가 요구하는 각종 헌금을 바치기 어려운 노동자 계층은 교회에서 점차 사라진다는 분석을 들을 수 있다. 한국교회의 이러한 모습은 역사의 예수의 삶을 역행한다. 예수의 뒤를 따라다녔으며 그와 함께 음식을 나누었던 사람들은 성전 제사장이 요구하는 모든 제물을 바칠 수 없는 가난한 사람들, 병자들, 그 사회의 부도덕하고 불경건한 자들로 낙인찍힌 사람들, 그 사회의 변두리로 소외된 사람들이었다.

2. 인간의 기본 생존권이 보장되는 하나님 나라

마태복음에만 기록되어 있는 포도원 일꾼과 품삯 이야기(마 20:1-16)는 하나님 나라의 인간적인 면을 묘사하는 또 하나의 이야기다. 이 이야기에 의하면, 포도원 주인은 아침 아홉 시에 데려다가 일을 시킨 일꾼이나, 저녁 다섯 시에 데려다가 일을 시킨 일꾼이나 똑같은 품삯을 지불한다. 인간적인 계산에 의하면 이것은 매우 불합리하다. 일을 많이 한 사람에게 많은 품삯을, 일을 적게 한 사람에게 적은 품삯을 지불하는 것이 정상이다. 그러나 포도원 주인은 비정상적인 일을 한다. 그는 일을 많이 한 사람이나 적게 한 사람이나 차별을 두지 않고 똑같은 품삯을 지불한다. 이러한 일은 일하지 않고 먹으려고 하는 무위도식자를 양산할 수 있지 않을까? 많이 일한 사람과 적게 일한 사람에게 똑같은 품삯을 지불하는 것은 불의하고 어리석은 일이 아닌가?

하나님 나라에 대한 예수의 이 비유는 당시의 사회적·경제적 배경에서 이해할 때, 그 의미를 바르게 파악할 수 있다. 그 당시 유대사회에는 많은 노예들과 날품팔이꾼들이 있었다. 예루살렘의 한 부자는 날품팔이꾼들 가운데 한 사람을 먹여주는 것 외에 하루 평균 한 데나리온의 품삯을 주었는데(마 20:2, 9), 한 데나리온은 밀가루 약 13리터의 값이었다. 그러나 흉년이 들면 물가는 10~15배로 폭등하여, 한 사람이 매일 필요로 하는 1리터의 곡물 값은 1.25데나리온이나 되었다. 팔레스타인의 열악한 기후 조건 속에서는 흉년이 자주 찾아왔기 때문에, 품을 팔아 연명하는 날품팔이꾼들의 고통은 말할 수 없이 컸다. 지금부터 약 이천 년 전, 팔레스타인 땅에 날품팔이꾼들이 마음대로 품을 팔 수 있을 만큼 충분한 일자리가 없었음은 거의 확실하다. 품을 팔 수 없는 날품팔이꾼들은 걸식을 하는 거지가 될 수밖에 없었다. 요세푸스에 의하면, 예수 당시 팔레스타인 땅에는 이러한 거지들이 떼를 지어 다녔다. 기원후 66년 이들은 열심당원들과 합세하여 예루살렘의 문서고를 방화하고 그곳에 보관된 채무증서들을 폐기하기도 하였다.[2]

이러한 사회적 상황이 본문의 이야기에 나타난다. 포도원 주인이 원하는 바에 따라 언제든지 구할 수 있을 만큼 날품팔이꾼들이 있었음을 본문은 전제하고 있다. 포도원 주인은 그들을 아침에는 물론 정오에도 구할 수 있었고, 저녁에도 구할 수 있었다. 그들은 품을 팔고 싶었지만 일할 자리

---

2) 위의 내용에 관하여 J. Jeremias, 『예수 시대의 예루살렘』, pp. 441-450 참조.

가 없었다. 그래서 포도원 주인이 "왜 당신들은 하루 종일 이렇게 빈둥거리며 서 있기만 하오?"라고 물었을 때, 그들은 "아무도 우리에게 일을 시키지 않아서 이러고 있습니다"라고 대답한다.

그럼 포도원 주인이 아침에 일을 시작한 사람이나 오후 늦게 일을 시작한 사람이나 구분하지 않고 똑같은 품삯을 주었다는 것은 무엇을 말하는가? 포도원 주인의 이 행위는 하나님 나라의 인간성을 나타내고 있다. 한마디로 하나님 나라는 일자리를 얻지 못하여 빈둥거릴 수밖에 없는 사람에게 먹고살기에 필요한 최소한의 품삯을 제공하는 곳이다. 포도원 주인이 품꾼들에게 준 한 데나리온의 품삯은 가난한 사람들이 먹고살기 위하여 필요로 하는 최소한의 임금이었던 것 같다. 그러므로 포도원 주인은 일을 일찍 시작한 사람이나 늦게 시작한 사람이나 가리지 않고 똑같은 임금을 주었던 것이다. 그렇다 하여 포도원 주인이 불의한 일을 하였다고 말할 수 없다. 그는 아침에 일을 시작한 품꾼들에게 약속한 임금을 주었다. 그러나 이 임금은 최저 생계비의 수준이었기 때문에, 그는 일을 늦게 시작한 사람에게도 똑같은 임금을 지불하여 그 사람이 생존할 수 있도록 한 것이다.

물론 일자리가 충분히 있음에도 일하기가 싫어서 일을 적게 한 사람에게 똑같은 임금을 줄 필요는 없다. 이러한 행위는 고급 실업자를 양산할 뿐이다. 일자리가 있고 일할 수 있는 능력이 있음에도 불구하고 일을 하지 않는 사람은 먹지도 말아야 할 것이다. 그러나 일하고 싶어도 일자리가 없어서 일을 하지 못하는 사람이나, 일할 수 있는 신체적·정신적 능력이 부족한 사람에게 최소한의 일이 주어지고 그들의 생계에 필요한 최소한의 임금이 주어지는 곳이 하나님 나라다. 하나님 나라는 능력이 있는 사람이나 능력이 없는 사람이나 어느 누구를 막론하고 기본 생존권을 보장받으며 인간의 가치를 인정받는 인간적인 곳임을 이 비유는 시사하고 있다.

3. 가치체계를 상대화하는 하나님 나라

하나님 나라의 인간성은 의와 불의, 선과 악, 의인과 악인을 구분하는 그 사회의 가치체계를 상대화하는 예수의 행위에도 나타난다.

소위 말하는 성자 곧 거룩한 자는 속세의 모든 갈등에 대하여 초연한 자라고 생각한다. 그러나 성령으로 충만한 하나님의 메시아 예수는 "세리와 죄인들의 친구"가 됨으로써 그 사회의 갈등에 관여한다. 그는 자신의 내적 평안을 위하여 갈등을 회피하지 않고, 오히려 그들의 편에 섬으로써 의로운 자와 불의한 자, 선한 자와 악한 자 사이의 갈등에 개입한다. 어느 사회를 막론하고 의로운 자가 있는 반면 불의한 자가 있다. 선한 자가 있는 반면 악한 자가 있다. 무엇이 의롭고 무엇이 불의한가, 무엇이 선하고 무엇이 악한가를 판단하는 가치체계는 그 사회의 모든 구성원에게 동일하다. 모든 사람이 동일한 가치체계의 적용을 받는다. 그러나 이 가치체계는 냉혹하다. 그것은 개인의 형편과 삶의 배경과 문제의 원인을 고려하지 않는다. 어떤 사람이 왜 그것을 지킬 수 없는가를 묻지 않고, 나타나는 결과만을 가지고 그 사람이 의로운지 아니면 불의한지, 선한지 아니면 악한지를 판단하며, 악하며 불의하다고 판단되는 자를 소외시킨다.

예수 당시 유대인 사회도 그러하였다. 바리새인들은 너무도 가난하여 율법을 지키고 싶어도 지킬 수 없었던 서민들의 상황을 고려하지 않고 그들을 불의하고 악한 "죄인"으로 간주하였다. 그들을 "땅의 백성"(am baarez)이라고 멸시하였다. 소위 의로운 자들은 창녀들 곧 자신의 몸을 파는 것 외에는 다른 생계의 길을 갖지 못하였던 여자들을 율법을 지키지 않는다 하여 "죄인들"이라 불렀다. 주어진 사회체제 속에서 세금을 징수하여 로마에 바쳤던 세리들을 부패한 자라고 멸시하였다. 불의하며 악하다고 하는 사람들이 왜 그렇게 할 수밖에 없는지, 그 동기와 원인을 그들은 고려하지 않았다. 이리하여 의로운 사람들과 불의한 사람들, 선한 사람들과 악한 사람들의 사회적 갈등과 대립이 굳어져 버린다. 그러나 이 가치체계는 대개의 경우 자기가 의롭다고 자처하면서 그 사회의 가치체계를 관철하고자 하는 소위 의롭고 선한 사람들, 부와 힘을 가진 사람들에 의하여 결정된다. 그래서 부유하고 권세 있는 사람이 의롭고 선한 반면, 빈곤한 사람은 불의하고 악하다는 가치판단이 통용된다. 그러나 라가츠(L. Ragaz)에 의하면, 죄인들에 대한 책임은 바리새인들에게 있다.[3] 바리새인들은 죄인들을 율법에 대하여 무관심한 채로 살아갈 수밖에 없는 그 사회의 변두리로 몰아내 버렸고, 자신의 의를 주장함으로써 그들을 불의한 자로 처리하여버렸기 때문이다. 불의한 죄인들에 대한 책임은 "의로운 자들"에게도 있으며, 창녀들에 대한 책임은 "점잖은 자들"에게도 있다. 그러나 선하고 의로운 사람들, 점잖은 사람들은 그들 자신의 불의와 악을 보지 않는다. 그들은 다른 사람들을 불의한 자들, 악한 자들, 더러운 자들로 구별하면서 자신의 의를 주장한다.

이러한 당시 사회 속에서 예수는 불의하고 악하며 더럽다고 여김받는 사람들의 친구가 된다. 이리하여 그는 그 사회의 가치체계를 상대화한다. 그는 세리들과 죄인들과 창녀들을 받아들이며 그들과 삶을 나눈다. 물론 그는 그들의 죄와 부패와 매춘을 정당화하지 않는다. 그러나 그는 소위 의롭고 선한 사람들의 인간 차별과 사회적 대립의 악순환을 깨어버린다. 이 사람들을 불의하고 악하며 더럽다고 하는 사람들이 사실은 더 불의하고 악하다. 그들의 마음이 더 더러울 수 있다. 그들은 자기의 의를 주장할 수 없으며 선을 가지고 있다고 말할 수 없다. 만일 그들이 정말 의롭고 선하다면 다른 사람을 소외시키는 일을 중지해야 할 것이며, 모든 인간이 인간답게 살 수 있는 사회 건설을 위하여 노력해야 할 것이다. 예수는 소위 불의하고 추한 사람들의 편에 섬으로써 악한 자들을 선하게, 추한 자들을 깨끗하게 만드는 하나님의 메시아적 의를 나타낸다. 이것은 그 사회의 도덕에 관한 강한 도전이며, 그 사회의 기초를 위험스럽게 만드는 행위다. 의

---

3) L. Ragaz, *Gleichnisse Jesu*(1943), 1971, S. 109.

와 불의, 선과 악의 구별이 흔들릴 때, 그 사회의 기초도 흔들리게 된다.

이러한 예수의 태도는 시몬이란 바리새파 사람의 집에서 일어난 죄 많은 여인의 이야기에 나타난다(눅 7:37-50). 여기서 의롭다고 하는 시몬과 행실이 나쁜 죄악된 여인이 대조된다. 이 여자의 과거를 본문은 분명히 알려주지 않는다. 그러나 이 여인은 남에게 말할 수 없는 비참한 인생의 길을 걸으면서 멸시와 천대와 고통 속에서 살아왔음이 틀림없다. 아마 이 여인은 몸을 팔아 목숨을 유지해왔던 것으로 보인다. 이것은 참으로 고통스럽고 수치스러운 일이었다. 그래서 이 여인이 예수를 만났을 때, 아무 말도 하지 못하고 눈물로 예수의 발을 적시고, "자기 머리카락으로 닦고 나서 발에 입 맞추어 향유를 부어드렸다." 예수는 이 여인에게 더 이상의 조건을 요구하지 않고 그녀의 죄를 용서한다. 이 여인은 자기의 가장 중요한 것을 예수에게 바친 반면, 발 씻을 물도 자기에게 주지 않은 "의로운 자"의 인간 차별과 인색함과 자기 의를 예수는 꾸짖는다. 그리고 병고침을 받은 사람에게 하시던 말씀을 이 여인에게도 말한다. "네 믿음이 너를 구원하였다. 평안히 가라."

삭개오의 이야기에도 의로운 사람과 불의한 사람, 선한 사람과 악한 사람의 대립이 나타나는 동시에, 이 대립에 대한 예수의 입장이 나타난다. 삭개오는 여리고에 사는 의로운 자들에게 "죄인"으로 지목되었고, 그의 집은 "죄인의 집"으로 알려져 있었다(눅 19:7). 그럼에도 불구하고 예수는 삭개오의 초대를 받아들이고 그의 집에 들어간다. 그는 아무 조건 없이 삭개오를 받아주신 것이다. 여기서 죄인과 의인, 의와 불의의 가치체계가 상대화된다. 이때 삭개오는 회개한다. "주님, 저는 제 자신의 반을 가난한 사람들에게 나누어주렵니다. 그리고 제가 남을 속여 먹은 것이 있다면 그 네 갑절을 갚아주겠습니다"(눅 19:8). 그러자 예수는 삭개오에게 구원을 선포한다. "오늘 이 집은 구원을 얻었다." 이로써 예수는 불의한 자를 의롭게 만드는 하나님의 메시아적 의를 계시하며, 그 사회의 의와 불의, 선과 악, 강한 자와 약한 자의 구분과 분리를 상대화해버린다. 과연 누가 의로운 자이고 누가 불의한 자인가? 누가 선한 자이고 누가 악한 자인가? 누가 깨끗한 자이고 누가 더러운 자인가?

예수의 산상설교도 이 대립과 분리를 상대화한다. 여자와 간음한 자만이 여자를 범한 것이 아니라, "여자를 보고 음란한 생각을 품는 사람은 벌써 마음으로 그 여자를 범했다"(마 5:28). 살인한 자만이 죄인이 아니라, 형제를 멸시하고 형제에게 화를 내는 자도 죄인이다(마 5:22). 따라서 누가 의롭고 불의한 자인지 우리는 외적 행위를 가지고 판단하지 말아야 한다. 우리가 남을 판단하면 우리 자신이 하나님의 판단을 받을 것이요, 남을 저울질하는 대로 저울질당할 것이다. 우리는 먼저 우리 자신의 악과 불의를 보아야 하며 그것을 고쳐야 한다(마 7:1-5).

그 사회에서 통용되는 가치체계의 상대화는 지배와 피지배의 통념을 상대화하는 데에도 나타난다. 일반적으로 지배자는 피지배자의 위에서 피지배자의 섬김을 받으며, 피지배자는 지배자의 아래에서 지배자를 섬기는 자로 생각된다. 예수는 지배자와 피지배자의 이러한 관계를 거꾸로 뒤집어버린다. 참된 지배자는 위에서 섬김을 받는 자가 아니라 아래에서 섬기는 자다. 자기를 높이고 섬김을 받는 자는 낮아지는 반면, 자기를 낮추고 피지배자를 섬기는 사람이 높임과 존경을 받을 것이다. 참된 지배자는 위에서 섬김을 받는 자가 아니라 자기를 낮추고 섬기는 자다. "너희 사이에 누구든지 높은 사람이 되고자 하는 사람은 남을 섬기는 사람이 되어야 하고, 으뜸이 되고자 하는 사람은 모든 사람의 종이 되어야 한다"(막 10:43-44). "너희 중에 으뜸가는 사람은 너희를 섬기는 사람이 되어야 한다. 누구든지 자기를 높이는 사람은 낮아지고 자기를 낮추는 사람은 높아진다"(마 23:11-12). "너희 중에서 제일 높은 사람은 제일 낮은 사람처럼 처신해야 하고, 지배하는 사람은 섬기는 사람처럼 처신해야 한다"(눅 22:26). 섬김과 섬김을 받음의 이러한 관계를 예수는 자기의 존재에 근거시킨다. 하나님의 아들은 인간의 섬김을 받지 않고 오히려 자기를 낮추어 인간을 섬긴다. 그의 십자가의 죽음은 섬김과 섬김을 받음, 지배와 피지배, 높음과 낮음의 대립을 극복하는 궁극적 근거다. "사람의 아들도 섬김을 받으러 온 것이 아니라 섬기러 왔고, 또 많은 사람들을 위하여 목숨을 바쳐 몸값을 치르러 온 것이다"(막 10:45). "식탁에 앉은 사람과 심부름하는 사람 중에 어느 편이 더 높은 사람이냐? 높은 사람은 식탁에 앉은 사람이 아니냐? 그러나 나는 심부름하는 사람으로 여기에 와 있다"(눅 22:27).

의와 불의, 의인과 악인, 선과 악의 사회적 기준의 상대화는 다음과 같은 예수의 말씀에 가장 철저하게 나타난다. "나는 분명히 말한다. 세리와 창녀들이 너희보다 먼저 하나님 나라에 들어가고 있다"(마 21:31). 스스로 거룩하다고 자처하며 의롭다는 인정을 받는, 그리하여 백성들의 지도자로 군림하는 대제사장과 백성의 원로들이 아니라, 죄인이요 불의한 자요 악을 행하는 자로 손가락질을 받는 세리와 창녀들이 하나님 나라에 먼저 들어간다는 것이다. 의와 불의, 의인과 악인, 선과 악의 사회적 구분과 분리의 기준이 여기서 완전히 무너져버린다. 불의하며 죄인이라 불리우는 자들이 의로우며, 선인이라 불리우는 자들보다 먼저 하나님 나라에 들어가기 때문이다. 이 기준은 사회적 통념에 있지 않다. 이 기준은 오늘 여기에서 일어나는 하나님의 말씀에 대한 태도에 있다. 하나님의 말씀을 믿는 자는 소위 의롭다고 하는 자보다 먼저 하나님 나라에 들어간다. 자기의 의를 내세우는 자가 아니라 자기의 불의함을 솔직하게 인정하고 하나님의 말씀을 마음으로 받아들이는 자가 하나님 나라에 먼저 들어간다. 사실 도덕적 완전성을 따질 때, 누가 더 의롭고 누가 더 불의한가를 사람이 판단할 수 없다. 소위 의롭다고 인정을 받는 자가 더 불의할 수 있고, 소위 불의하다고 손가락질을 받는 자가 더 의로울 수 있다. 그러므로 의와 불의, 선과 악, 의인과 악인의 분별 기준은 사회적 통념에 있는 것이 아니라 하나님의 말씀에 대한 태도 여하에 있다. "사실 요한이 너희를 찾아와서 올바른 길을 가르쳐줄 때에 너희는 그의 말을 믿지 않았지만 세리와 창녀들은 믿었다. 너희는 그것을 보고도 끝내 뉘우치지 않고 그를 믿지 않았다"(마 21:32).

이리하여 예수는 "세리와 죄인들의 친구"가 되는 반면, 가진 사람들의 적이 될 수밖에 없었다. 물론 바리새인들과 사두개파 사람들, 율법학자들과 백성의 원로들 가운데도 예수를 존경하는 사람들이 있었다. 그러나 예수를 존경하는 사람들은 침묵을 지킬 수밖에 없었다. 그들이 할 수 있는 일이란 예수를 아무도 모르게 방문하거나, 식사에 한번 초대하거나, 그의 장례식을 치러주는 것뿐이었다. 그들은 그들의 가진 것을 포기할 수 없었기 때문에 예수의 뒤를 따를 수 없었고, 예수에게 더 이상의 호의를 베풀 수 없었다. 더 이상의 호의는 그들의 소유와 사회적 지위를 위험스럽게 만들기 때문이다. 이리하여 예수는 결국 죽음을 당하게 된다. 그의 죽음은 그의 삶이 도달할 수밖에 없는 필연적 귀결인 동시에 그의 삶의 완성이다.

4. 지역적 대립을 극복하는 하나님 나라

하나님 나라의 인간성은 지역적 대립을 넘어서는 예수의 삶에 나타난다. 그 당시 남쪽의 유대와 북쪽의 사마리아는 심한 대립 상태에 있었으며, 이 대립은 오랜 역사적 유래를 지니고 있었다. 기원전 722년 아시리아가 북이스라엘을 정복하고 이방 민족을 사마리아 지역에 강제 이주시켰다. 사마리아 사람들은 정복자 아시리아의 문물에 자기를 개방하지 않을 수 없었으며, 그들의 땅에 이주한 이방인들과 결혼하는 사람들도 있었다. 이리하여 그들은 소위 이스라엘 민족의 혈통적 순수성과 민족적 정통성을 잃어버렸다. 그러므로 남쪽 유대 지역의 사람들은 사마리아인들을 천시하였다. 유대 지역 사람들은 사마리아인들을 "구다인" 곧 페르시아와 메디아에서 이주해온 이방인의 후손이라 불렀다. 이것은 사마리아인들에게 참기 어려운 모욕이었다. 남쪽 유대 지역의 사람들은 사마리아인들이 예루살렘 성전으로 와서 제사 지내는 것을 허용하지 않았다. 그리하여 사마리아인들은 그리심 산에 그들 자신의 성전을 세우고 제사를 지냈다. 그러나 기원전 128년 남쪽 유대의 히르카누스 왕이 그리심 산에 세운 사마리아인들의 성진을 파괴함으로써 두 지역의 감정은 더욱 악화되었다.

예수 당시에도 두 지역의 사람들은 서로 왕래하지 않았다. 유대인들은 사마리아인들이 아브라함의 자손이 아니라고 주장하였다. 유대 지역의 사람이 북쪽으로 여행할 경우, 사마리아 지역을 피하여 우회로를 취하였다. 사마리아 땅에 들어갔다가 맞아 죽는 일이 종종 일어났기 때문이다. 유대 지역 사람들은 "사마리아 사람"이란 말을 "미친 놈"과 같은 의미로 사용하였다. 이러한 두 지역의 대립은 복음서에 나타난다. 예수께서 예루살렘으로 가실 때, 사마리아 땅을 거쳐 가고자 하였다. 이 소식을 들은 사마리아인들은 예수에게 숙식을 제공하지 않았으며(눅 9:52-53), 마실 물도 주지 않았다(요 4:9). 그래서 화가 난 야고보와 요한이 "주님, 저희가 하늘에서 불을 내리게 하여 그들을 불살라 버릴까요?"(눅 9:54) 하고 예수께 물을 만큼 예수의 제자들도 사마리아인에 대하여 적대감을 가지고 있었다. 또 유대인들이 예수를 비난하면서 다음과 같이 말한다. "당신은 사마리아 사람이며 마귀들린 사람이오"(요 8:48). 이 구절에도 사마리아인에 대한 유대 지역 사람들의 멸시와 증오가 나타난다.

기원후 1세기 초부터 사마리아인들은 유대 지역 사람들에 의하여 이방인 취급을 받았다. 미쉬나의 한 규정은 사마리아인들로부터 성전세, 속죄제물, 산모나 대하증에 걸린 여인들이 바치는 희사물은 받아도 좋다고 명령하였다. 이방인들도 서원제물과 자발적 희사물을 바칠 수 있었기 때문이다. 랍비 예후다는 사마리아인이 유대 지역 사람에게 할례를 베풀 수 없다고 규정한다. 유월절에 사마리아 사람들의 무교병을 먹어서도 안 된다고 기원전 90년경 랍비 엘레아자르는 명령한다. 한 보도에 의하면, 사마리아 여인들은 "천성적으로" 부정한 자, 부정을 타게 만드는 자로 간주되어야 한다. 이러한 보도는 유대 지역 사람과 사마리아 여인들 사이의 결혼을 막으려는 의도에서 비롯된 것으로 보인다. 신구약 중간기에 유대 지역 사람으로서 사마리아 여인과 결혼한 정치 지도자는 헤롯 대왕뿐이었다.

기원전 150년경 랍비 시몬은 "그들에게는 계명은커녕 계명의 잔재조차 없다. 그러므로 그들은 의심스러운 자들이요 타락한 자들이다"라고 말한다. "당신은 유대인이고 저는 사마리아 여자인데 어떻게 저더러 물을 달라고 하십니까?"라고 예수께 말한 어느 사마리아 여인의 말은, 예수 당시 유대와 사마리아의 대립 관계를 보여준다.[4]

복음서의 예수는 이러한 지역감정과 지역 대립에 대하여 초연한 태도를 취한다. 그는 유대를 떠나 혼혈종들이 사는 사마리아 땅에 들어간다(요 4:5). 사마리아의 수가라는 마을에서 그는 한 여인의 대립에 부딪힌다. "우리 조상은 저 산(그리심 산)에서 하나님께 예배를 드렸는데, 선생님들은 예배드릴 곳이 예루살렘에 있다고 합니다"(요 4:20). 이 대립에 대하여 예수는 예배드릴 장소를 상대화해버린다. "사람들이 아버지께 예배를 드릴 때에 '이 산이다' 또는 '예루살렘이다' 하고 굳이 장소를 가리지 않아도 될 때가 올 것이다"(요 4:21). 중요한 문제는 어디에서 예배를 드리느냐에 있지 않고, 정신적으로 참되게 예배드리는 데에 있다. 이 예배는 그리심 산에서 드릴 수도 있고 예루살렘에서 드릴 수도 있다. 어디에서나 예배를 드릴 수 있다. 이렇게 말하는 예수에게서 사마리아 여인은 이스라엘이 기다리는 메시아를 경험한다.

한 걸음 더 나아가 예수는 선한 사마리아 사람 이야기에서 사마리아 사람을 모범적 인물로 삼는다. 예루살렘에서 여리고로 가다가 강도를 만나 사경을 헤매는 사람에게 제사장도 레위인도 참된 이웃이 되지 못하였다. 그들은 종교 지도자에 속하며 하나님의 율법을 가르치지만 율법을 지키지 않는다. 이에 반하여 사마리아 사람이 참된 이웃이 되어주었으며, 율법이 명령하는 자비를 베풀었다. 하나님의 계명을 지킨 사람은 제사장이나 레위인이 아니라, 그들로부터 멸시를 받는 사마리아 사람이다. 따라서 참된 하나님의 백성은 그들이 아니라 사마리아 사람이다.

---

4) 이에 관하여 J. Jeremias, 『예수 시대의 예루살렘』, p. 450 참조.

여기서 예수는 지역 대립을 넘어설 뿐 아니라, 참아브라함의 자손이 아니라고 멸시를 받는 사마리아인들의 편에 선다. 예루살렘을 중심으로 사회적 명예와 지위와 특권을 누리는 종교적·정치적 지도자들은 강도를 만난 사람들의 참된 이웃이 아니다. 그들은 입으로는 하나님의 율법을 가르치지만, 그들은 참된 지도자가 아니다. 깨끗함을 얻은 나병환자 열 사람 가운데 예수께 돌아와 그의 발 앞에 엎드려 감사를 드린 사람은 사마리아 사람 한 명뿐이었다. 이 사마리아 사람에게 예수는 이렇게 말한다. "'하나님께 찬양을 드리러 온 사람은 이 이방인 한 사람밖에 없단 말이냐!' 하시면서 그에게 '일어나 가거라. 네 믿음이 너를 살렸다'고 말씀하였다"(눅 17:18-19).

여기서 우리는 다음의 사실을 추론할 수 있다. 즉 예수가 선포하는 하나님 나라는 인간의 지역적 감정과 대립은 물론 인간의 모든 파벌에 얽매이지 않으며, 오히려 이 대립과 분리에 있어서 약한 자의 편에 선다는 것이다. 북쪽의 사마리아 사람들은 이스라엘 민족에 속하면서도 남쪽 유대인들에 의하여 "이방인" 내지 "잡종"으로 소외되었다. 하나님이 볼 때, 남쪽 유대인이 북쪽 사마리아 사람에 비하여 인간적으로 나을 것이 조금도 없다. 같은 민족을 소외시키는 것 자체가 죄악이요, 사마리아인의 피에 이방인의 피가 섞였다는 것이 하나님에게는 아무 의미도 없는 일이다. 그러므로 하나님 나라는 사마리아 사람을 영접하고 통합시킴으로써, 지역적 대립을 위시한 인간의 모든 대립과 분열을 극복한다. 한편의 인간이 자신의 업적과 의를 주장하면서, 다른 한편의 사람을 소외시키고 그들의 인간적 가치와 권리를 짓밟는 일을 철폐한다. 모든 인간적 차별 (Diskriminierung)이 하나님 나라에서는 철폐된다. 하나님 나라는 모든 인간적 대립과 파벌이 사라지고, 모든 사람들이 더불어 평화롭게 사는 사회이다.

5. 구약의 하나님상과 일치하는 하나님 나라의 인간성

예수가 "세리와 죄인들의 친구"가 되며, 그 사회의 가치체계를 상대화하며, 지역적 대립을 무시하는 것은, 그가 선포하는 하나님 나라의 인간성에 기인한다. 하나님 나라는 종교적 율법과 가치체계를 만들어놓고, 그것을 지키는 자는 경건하고 의로운 자로 인정되는 반면, 그것을 지키지 않는 자는 불의하고 불경건한 자로서 배척되는 세계, 그리하여 인간에 의한 인간의 소외와 억압과 착취가 일어나는 세계가 아니다. 하나님 나라는 먼저 자신의 죄성을 인정하고 소위 불의하며 불경건한 자를 용서하고 용납하는 세계다. 그것은 일정한 율법 체계나 가치체계에 따라 인간을 판단하고 심판하는 세계가 아니라, 서로 이해하고 용서하며 용납하는 세계다. 그것은 특정 지역의 사람들을 소외시키고, 다른 특정 지역의 사람들이 기득권을 향유하는 비인간적이며 비도덕적인 세계가 아니라, 인종과 혈통과 지역을 초월하여 모든 사람들이 더불어 사는 인간적인 세계다.

예수가 그의 "아빠"라고 부르는 하나님은 인간적인, 참으로 인간적인 하나님이다. 그는 인간을 행실에 따라 판단하지 않고, 무한히 이해하고 용서하며 용납한다. 하나님이 참으로 인간적인 분이기 때문에, 그가 다스리는 그의 나라도 인간적인 나라다. 예수는 성령 가운데서 그의 아버지 하나님과 한 몸을 이루고 있다. 성령 가운데서 아버지 하나님과 한 몸을 이루고 있는 예수의 존재 안에 하나님 나라의 현실(reality)이 있다. 그의 존재 안에서 하나님 나라가 일어난다. 이 하나님 나라는 성령의 능력 가운데서 일어난다. 성령은 자비와 공의의 영이다. 따라서 성령의 능력 가운데서 일어나는 하나님 나라는, 하나님의 자비와 공의가 다스리는 현실이다. 그러므로 예수 안에 앞당겨 일어나는 하나님의 종말론적 나라는, 이 세상의 낮은 자들, 소외된 자들, 의로운 자들에 의하여 희생물이 된 자들을 불쌍히 여기며, 그 사회의 공의를 요구할 수밖에 없다. 그것은 먼저 "이스라엘 백성 중의 길 잃은 양들"(마 10:5), "길 잃은 양과 같은 이스라엘 백성"을 찾을 수밖에 없다.

신약성서에 의하면 "하나님은 사랑이다"(요일 4:8, 16). 그는 사랑이기 때문에 이 세상의 강한 사람들, 의롭다고 인정받는 사람들보다는 약한 사람들, 불의한 자로 인정받는 사람들을 더 불쌍히 여길 수밖에 없다. 그것은 약한 사람들이 강한 사람들보다 반드시 더 도덕적이기 때문은 아닐 것이다. 약한 사람들 가운데에도 강한 사람들보다 더 마음이 악한 사람도 있을 것이다. 하나님이 약한 사람들을 더 불쌍히 여기는 것은, 그들이 당하는 고난과 고통이 하나님의 마음을 아프게 하기 때문이다. 강한 사람들은 하나님이 돌보시지 않아도 이 세상에서 잘살 수 있다. 그들은 위로받을 데가 많다. 그러나 약한 사람들은 하나님이 돌보시지 않으면 살아가기가 어렵다. 그들은 이 세상에서 위로를 받을 데가 없다. 그래서 가난과 질병을 이기지 못하여 자살하는 일이 지금도 도처에서 일어나고 있다.

하나님의 아들 예수가 지금 이 세상에 오신다면, 그는 먼저 누구를 찾으시겠는가? 그는 사랑이신 하나님의 아들이요 사랑의 영으로 충만하기 때문에, 힘없고 가난하며 굶주림과 질병에 시달리는 사람들을 먼저 찾을 수밖에 없을 것이다. 그는 먼저 이러한 사람들의 친구가 되며, 그들의 기본 생존권을 요구하며, 그들에 대한 모든 종류의 인간 차별을 거부할 것이다. 복음서에서 예수는 강한 사람들, 부유한 사람들을 한 번도 자기의 "친구"라 부른 적이 없다. 그러나 가난뱅이 나사로를 예수는 "우리의 친구"라 부른다(요 11:11). 그는 바리새파 사람들의 위선을 경고하면서, 거기 모인 사람들을 "나의 친구들아"라고 부른다(눅 12:4). 복음서의 예수는 많은 소유와 권력을 가진 사람들의 탐욕과 허영과 삶의 무가치함과 교만과 내적 불안에서 그들을 구하기 위하여, 이와 동시에 소외된 사람들의 상실된 인간성과 생명의 존엄성을 회복하기 위하여, 강하고 부유한 사람들에게 소유를 베풀 것을 요구하는 반면, 가난하고 소외된 사람들의 친구가 된다.

권세 있고 부유한 사람들에게는 많은 친구들이 있다. 그들의 친구가 되려는 사람은 얼마든지 있다. 그러나 가난하고 힘없는 사람들의 친구가 되려는 사람은 별로 없다. 권세 있고 부유한 사람들에게서는 얻을 것이 있지만, 가난하고 힘없는 사람들에게서는 얻을 것이 없다. 그래서 예로부터 부잣집 문턱을 드나드는 사람은 많으나, 가난한 사람의 집은 냉기가 돈다. 그런데 역사의 예수는 가난하고 힘없는 사람들의 편에 설 뿐 아니라, 그들을 자기의 "친구"라고 부르면서, 그들의 상실된 인간성과 존엄성을 회복하고자 한다. 그는 외아들의 죽음을 슬퍼하여 애곡하는 나인 성 과부를 불쌍히 여겨 "울지 말라"고 위로하시며 그녀의 아들을 다시 살린다(눅 7:11-15). 그는 자기에게 데려오는 병자들을 거절하지 않고 고쳐준다. 그러나 돈은 일절 받지 않은 것 같다. 이러한 예수의 삶 속에서 우리는 인간다운 인간의 모습을 보는 동시에, 그와 함께 일어나는 하나님 나라의 인간성을 발견한다. 하나님 나라는 이상한 형태의 종교적인 세계가 아니라, 우는 자들과 함께 울고 슬퍼하는 자들과 함께 슬퍼하며, 웃는 자들과 함께 웃고 기뻐하는 자들과 함께 기뻐하는 곳이다. 하나님 나라는 인간성이 있는 곳이다.

예수가 보여주는 하나님 나라의 인간성은 구약성서에 나타나는 하나님의 인간성과 일치한다. 흔히 말하기를 신약의 하나님은 은혜와 용서의 하나님이요, 구약의 하나님은 분노와 심판의 하나님이라고 한다. 그러나 이것은 잘못된 이분법적 사고다. 구약에서도 하나님은 은혜와 용서의 하나님, 자비롭고 인간적인 하나님으로 나타난다. 하나님이 그의 백성으로 선택한 이스라엘 민족 곧 "히브리인들"은 고대 근동의 기록에 등장하는 "하비루"의 한 무리였다. 그 당시 하비루는 "고대 근동 지역 전역에 걸쳐서 어느 사회에서도 존재하였던 사회계층의 사람들", "그 당시 안정된 사회에 뿌리박지 못하였던 하층의 주변 인간들"을 총칭하는 말이었다. 따라서 하나님은 그 당시 세계에서 힘 있고 부유한 민족을 자기의 백성으로 선택하지 않고, 힘없고 가난하며 사회의 저변에서 인간 이하의 대우를 받고 있던 "하비루"의 한 무리를 그의 백성으로 선택하신 것이다.

이것은 하나님이 힘 있고 부유한 사람들을 무조건 증오하기 때문이 아니다. 힘 있고 부유한 사람들도 하나님의 피조물이다. 그러나 그의 사랑과 자비는 먼저 힘없고 약한 자들, 고난과 고통을 당하는 자들에게로 향한다. 그것이 사랑의 본성이다. 하나님은 자비와 사랑의 하나님이기 때문에, 이 세상 어디에서도 위로를 받지 못하는 사람들을 더욱 가슴 아파하시며, 그들을 자기의 백성으로 선택한다.

힘없고 가난한 사람들을 불쌍히 여기시는 하나님의 인간적인 모습은 율법에도 나타난다. 일반적으로 "율법"은 부정적으로 생각되기 쉽다. 그것은 우리의 자유를 제한하는 것, 우리의 자유의지를 억압하는 것, 기껏해야 우리의 죄를 깨닫게 하며, 죄에 대한 하나님의 저주와 심판을 깨닫게 하는 것이라 생각한다. 그러나 구약의 율법을 다시 한 번 읽어볼 때, 율법은 참으로 인간적이라는 사실을 발견할 수 있다. 율법은 크게 나누어 종교의식에 관한 법과 자비에 관한 법으로 구성되어 있다. 자비에 관한 법은 힘없고 가난한 사람들과 짐승들, 곧 하나님의 모든 피조물들에게 자비와 공의를 베풀 것을 명령한다. 자비에 관한 수많은 계명들 가운데 몇 가지만 인용하기로 하자.

너희는 가난한 자가 낸 소송 사건에서 그의 권리를 꺾지 말아라. 허위 고발을 물리쳐라. 죄가 없고 올바른 사람을 죽이지 말고 악한 사람에게 무죄를 선고하지 말아라. 너희는 뇌물을 받지 말아라. 뇌물은 멀쩡한 눈을 가리워 올바른 사람들의 소송을 뒤엎는다(출 23:6-8).

사람에 대해서는 물론 짐승에게도 자비를 베풀 것을 하나님은 명령한다.

너희는 동족의 나귀나 소가 쓰러져 있는 것을 보고 모른 체해서도 안 된다. 반드시 동족을 도와 거들어주어야 한다. 길을 가다가 나무 위나 땅 바닥에서 새끼나 알이 들어 있는 새집을 보았을 때 어미가 새끼나 알을 품고 있거든 어미째 새끼를 잡지 말라. 소와 나귀를 한 멍에에 메워 밭을 갈지 말라(신 22:4-10).

흔히 우리는 안식일 계명을 종교적 계명이라 생각한다. 안식일에 우리는 아무 일도 해서는 안 된다. 그날은 하나님을 기억하고 교회에 가서 예배를 드려야 한다. 그것이 안식일을 "거룩하게" 지키는 것이라 생각한다. 그러나 우리는 안식일 계명을 끝까지 읽어보아야 한다. 안식일에는 자기 자신과 자기의 자녀들은 물론 "남종 여종뿐 아니라 가축이나 집안에 머무는 식객이라도 일을 하지 못한다"(출 20:8-10). 다시 말하여 안식일에는 힘없고 가난한 "남종, 여종, 식객"은 물론 "가축"들도 쉬게 해야 한다. 그들의 생명을 보호해야 한다. 물론 교회에 가서 하나님께 예배드리고 그의 말씀을 배워야 한다. 이와 동시에 힘없는 피조물들의 생명을 보호해야 한다. 그것이 안식일을 "거룩하게" 지키는 것이다.

이와 같이 구약의 율법은 힘없고 가난한 사람들과 모든 피조물들에 대한 자비를 중요한 요소로 가지고 있다. 형벌에 관한 계명들은 인간의 잘못된 행위를 벌하는 것을 그 목적으로 가진 것이 아니라, 인간은 물론 다른 피조물들의 생명을 보호하는 것을 그 목적으로 가진다. "파상은 파상으로, 눈은 눈으로, 이는 이로" 갚아주며 "남에게 손상을 입힌 대로 그에게 그렇게 하라"는(출 24:20) 계명의 목적은 "복수"에 있지 않다. 오히려 그것은 "그러므로 너희들은 남의 생명에 해가 되는 일을 아예 하지 말라"는 데 있다. 다시 말하여 형벌에 관한 율법의 궁극 목적은 "복수"에 있지 않고 "생명에 대한 경외"(A. Schweitzer)와 "생명의 보호"에 있다. 하나님은 복수하도록 하기 위하여 형벌에 관한 법을 주신 것이 아니라, 모든 피조물의 생명을 보호하고 정의를 세우기 위하여 형벌에 관한 법을 주신 것이다. 또한 인간이 하나님을 경외하고 그의 말씀을 배울 때 이웃에게 자비를 베풀고 이웃의 생명을 보호할 수 있기 때문에, 하나님은 종교의식에 관한 법을 주신다. 종교의식의 목적은 단지 하나님을 섬기는 데 있지 않다. 그것은 하나님을 섬김으로써 다른 피조물을 돌보고 그들에게 자비와 공의를 베풀도록 하는 데 있다. 하나님에 대한 경외가 모든 피조물에 대한 자비와 공의의 원천이다.

힘없고 가난한 사람들은 물론 모든 피조물을 돌보시려는 하나님의 의지는, 안식년과 희년의 계명에 가장 분명히 나타난다. 안식년이 되면 땅을 묵혀야 한다. 그래서 땅의 생명력을 보호하고 그것을 장려해야 한다. 안식년에 땅을 묵혀서 저절로 나는 것을 거두어들여서는 안 된다. 그것은 그 땅에 사는 가난한 사람들과 짐승들의 것이다. "그해에는 밭에 씨를 뿌려도 안 되며, 포도원을 가꾸어도 안 된다. 거둘 때에, 떨어져 저절로 자란 것들은 거두지 말아야 하며, 너희가 가꾸지 않은 포도나무에서 저절로 열린 포도도 따서는 안 된다. 이것이 땅의 안식년이다. 땅을 이렇게 쉬게 해야만, 땅도 너희에게 먹을거리를 내어줄 것이다. 너뿐만 아니라, 남종과 여종과 품꾼과 너와 함께 사는 나그네에게도 먹을거리를 줄 것이다. 또한 너의 가축도, 너의 땅에서 사는 짐승까지도 땅에서 나는 모든 것을 먹이로 얻게 될 것이다"(레 25:5-7). 희년 계명은 가장 대표적인 약자 보호법이요 자비의 법이다. 희년이 오면 가난한 자의 빚을 탕감해주어야 하며, 종을 풀어주어야 하며, 땅을 본래의 주인에게 되돌려주어야 한다. 땅은 인간의 삶을 가능케 하는 가장 기본적 조건이다.

이와 같이 구약의 하나님은 가난하고 힘없는 사람들은 물론 모든 피조물을 불쌍히 여기시며 그들을 보호하는 분으로 나타난다. 이 하나님이 예수의 아버지다. "하나님의 일"이 곧 "예수의 일"이다. 그러므로 구약에 나타나는 하나님의 모습은, 복음서에 나타나는 예수의 모습과 일치한다. 복음서의 예수도 먼저 그 사회의 "잃어버린 자들"을 찾으시고 그들의 상실된 인간적 가치와 존엄성을 회복하고자 한다.

XII

사랑의 구체적 실천 속에
있는 하나님 나라

예수는 사랑의 위대한 행위나 순교나 희생을 요구하기 전에, 일상생활 속에서 사랑을 구체적으로 실천할 것을 요구한다. 사랑은 이데올로기가 아니다. 사랑은 작은 일에서부터 구체적으로 일어나야 한다. 먼저 일상생활의 작은 일들 속에서 구체적으로 실천되지 않는다면, 그것은 참된 사랑이 아닐 것이다. 예수가 우리에게 요구하는 사랑의 구체적 실천 가운데 몇 가지를 다음과 같이 기술할 수 있다.

1. 서로 용서하여라

사랑은 용서 속에서 구체화된다. 원수 사랑은 원수의 잘못을 용서하는 행위 속에서 구체적으로 실천된다. 그럼 얼마나 많이 용서해야 하는가? 예수는 "일곱 번씩 일흔 번이라도" 용서해야 한다고 대답한다(마 18:21). 490번 용서해야 한다는 것이다. 그러나 누가 490번을 헤아려가며 용서할 수 있겠는가? 그러므로 "일곱 번씩 일흔 번이라도" 용서하라는 말은, 무한히 용서하라는 말이다.

물론 예수는 공적 차원에서의 용서를 말하지 않는다. 권력의 자리에 앉아 국민을 억압하고 착취하는 자들, 불의하게 권력을 얻은 자들, 불의한 방법으로 재산을 축적한 자들을 용서하라고 예수는 가르치지 않는다. 이러한 자들에 대하여 예수는 비판적·대립적 태도를 취한다. 불쌍한 거지 나사로에게 자비를 베풀지 않은 부자는 지옥에 갈 것이라고 예수는 말한다. 그는 국민을 억압하고 착취하는 갈릴리 지역 영주 헤롯 안티파스를 "여우"라 부른다. 그는 외세와 결탁하여 국민을 억압하는 정치 지도자들과 종교 지도자들의 거짓과 위선을 비판한다. 이러한 지도자들은 의로운 사람인 척한다. 그들은 스스로 죄 없다 하지만, 그들의 마음속에는 탐욕이 가득하다. 그들은 하나님의 율법을 지킨다고 하지만, 참으로 율법이 요구하는 것을 행하지 않는다. "죄 없는 자의 죄"(Schuld der Unschuldigen)는 이것을 말한다. 유전무죄(有錢無罪)는 이러한 사람들에게 해당한다. 그들은 죄가 있지만, 돈으로써 그들의 죄를 무효화한다. 예수는 이러한 사람들을 용서하라고 말한 적이 없다. 그는 용서를 남발하지 않는다.

그러나 살다 보면 개인의 생활 속에서 서로 용서하고 용서받아야 할 일들이 너무나 많다. 법이 적용될 수 없으며, 법으로써 해결할 수 없는 문제들이 헤아릴 수 없이 많다. 또한 원치 않게 죄를 짓는 경우가 허다하다. 먹고살 길이 없기 때문에 자기의 몸을 파는 여자들도 있다. 전쟁이나 반로마 저항운동으로 남편을 잃은 여자가 젊음을 이기지 못하여 실수하는 일도 있다. 개인과 개인의 관계에 있어서 상대방의 마음을 상하게 하는 경우가 허다하다. 공적으로는 죄인이라 하지만, 사실은 죄가 없는 사람들도 있다. 불의한 사회체제 속에서 죄를 짓지 않을 수 없는, 그러나 자기의 죄를 솔직하게 인정하며 통회하는 사람들도 있다. "죄인의 죄 없음"(Unschuld der Schuldigen)은 이러한 사람들에게 해당한다. 일곱 번씩 일흔 번이라도 용서해주라는 예수의 말씀은 이들에게 해당한다.

용서는 상대방과 나 사이의 막혔던 담을 허문다. 용서함으로써 상대방과 나는 화해되며 하나가 된다. 용서 속에는 기쁨이 있다. 상대방에 대한 분노와 정죄가 사라지기 때문이다. 용서는 상대방을 있는 그대로 받아주는 행위다. 용서는 상대방을 과거에 묶어두지 않고 새로운 가능성과 미래를 향하여 열어준다. 그는 새롭게 시작할 수 있다. 그러므로 용서 속에는 사랑이 있다.

흔히 우리는 삼 세 번 용서하겠다고 말한다. 그러나 예수는 490번이라도 용서하라고 명령한다. 사람이 어떻게 490번이나 용서할 수 있는가? 그것은 우리 죄인에 대한 하나님의 용서를 알며, 자기를 포기할 때 가능하다. 자기가 무엇이나 된 줄로 생각하면, 상대방을 용서하기 어렵다. 그의 마음속에는 교만이 있기 때문이다. 교만한 사람은 다른 사람을 용서할 수 없다. 그는 언제나 자기를 주장하며, 자기의 기준으로 상대방을 측정하기 때문이다. 그러나 나의 삶이란 하나님의 선물이요 언젠가 죽음으로 끝나며, 나라는 존재는 아무것도 아니라고 생각할 때, 우리는 이웃을 있는 그대로 받아줄 수 있을 것이다. 아무것도 아닌 나를 하나님이 용납하시고 나의 모든 죄와 허물을 용서하신다는 것을 알 때, 우리는 이웃을 무한히 용서할 수 있을 것이다. 하나님이 우리의 죄를 무한히 용서하시고 우리를 용납하시기 때문에, 우리도 우리에게 죄지은 사람의 죄를 무한히 용서하고 그를 용납해야 한다. 우리가 받은 하나님의 사랑과 용서를 이웃에게 베풀어야 한다. 이웃의 죄를 용서하지 않으면서, 하나님의 무한한 용서를 받는다는 것은 불가능하다. 그러므로 예수는 이렇게 말한다. "너희가 다른 사람의 죄를 용서하면, 하늘에 계신 너희 아버지께서도 너희를 용서하실 것이다. 그러나 너희가 다른 사람의 죄를 용서하지 않으면, 너희 아버지께서도 너희 죄를 용서하지 않으실 것이다"(마 6:14-15; 참조. 막 11:25-26). 서로 용서함으로써 화해하고 이웃의 새로운 가능성을 열어주는 거기에 하나님 나라가 있다.

2. 자기를 낮추고 서로 섬겨야 한다.

- 참된 지배자는 자기의 목숨을 희생하는 자

소위 위에 있다고 하는 사람은 섬김을 받으며, 아래 있다고 하는 사람은 윗사람을 섬기는 것이 일반적인 행태다. 위에 있는 사람, 강한 사람, 능력이 있고 지위가 있는 사람은 지배하는 자, 섬김을 받는 자이고, 아래 있는 자, 약한 자, 능력과 지위가 없는 자는 지배를 받는 자, 섬겨야 할 자로 생각된다. 전자는 명령하고 후자는 복종해야 한다. 우리는 이러한 세속적 질서에 매우 익숙해 있다. 그래서 이 질서를 당연한 것으로 생각한다. 소위 다스린다는 자는 자기를 위에 있는 자로 생각하고 아래 있는 국민의 복종과 섬김을 받아야 할 존재로 생각한다. 그러나 그의 월급은 국민의 세금으로부터 그에게 지불된다. 따라서 다스린다는 자는 사실상 국민을 섬겨야 할 자다. 그는 국민에게 월급을 받고 국민을 섬겨야 할 "국민의 하인"이요 "국민의 공복"이다. 그는 국민을 섬겨야 한다. 그러나 그는 자기가 국민 위에 있으며, 국민의 섬김을 받아야 할 존재로 착각한다. 정치인이나 공직자들의 고자세는 이러한 착각으로 말미암은 것이다.

복음서의 예수는 소위 위에 있다고 하는 자들의 착각을 깨어버리고 그들의 참된 신분이 무엇인가를 가르쳐준다. "너희 중에서 제일 높은 사람은 제일 낮은 사람처럼 처신해야 하고, 지배하는 사람은 섬기는 사람처럼 처신해야 한다"(눅 22:26). 그들의 신분은 지배자의 신분이 아니라 섬기는 자의 신분이다. 그들은 지배하고 착취하려는 자세를 가질 것이 아니라 섬기는 사람처럼 처신해야 한다. "민족들을 지배하는 왕들은 백성들 위에 군림한다. 그리고 백성들에게 권세를 부리는 자들은 은인으로 행세한다. 그러나 너희는 그래서는 안 된다. 너희 가운데서 가장 큰 사람은 가장 어린 사람과 같이 되어야 하고, 또 다스리는 사람은 섬기는 사람과 같이 되어야 한다"(막 10:43-44).

다른 사람의 섬김을 받고 싶은 것이 인간의 보편적 본성이다. 섬김을 받는 길은 다른 사람 위에서 다른 사람을 지배하는 위치에 올라서는 것이다. 그래서 인간은 누구를 막론하고 지배자의 위치를 희망한다. "대통령이 되겠다", "장관이 되겠다"는 어린이들의 철없는 희망은 인간의 이러한 보편적 본성을 반영한다. 이웃의 섬김을 받고 싶어하는 보편적 본성에도 불구하고 어떻게 이웃을 섬기는 자로 변화될 수 있는가? 이것은 인간이 자기 자신을 아무것도 아니라고 여길 때 가능하다. 자기가 무엇이나 된 줄로 아는 사람은 자기를 낮출 수 없으며 이웃을 섬길 수 없다. 그의 마음속에는 사랑이 없다. 그 속에는 이웃에 대한 교만이 가득하다. 자기를 낮추고 이웃을 섬기고자 하는 마음 대신, 이웃을 지배하고 섬김을 받고자 하는 마음이 그에게 숨어 있다.

그러므로 본회퍼는 이렇게 말한다. "섬기는 것을 배우고자 하는 자는 먼저 자기 자신이 아무것도 아니라는 것을 배워야 한다."[1] 자기가 무엇이나 된 것처럼 생각하고 자기를 높이는 자는 결국 낮아질 것이다. 그 반면 자기는 하나님과 이웃 앞에서 아무것도 아니라고 생각하며 자기를 낮추는 자는 높아질 것이다. 하나님은 눈에 보이지 않지만 살아 계신다. 그러므로 그는 교만한 자를 낮추시고 겸손한 자를 높이실 것이다. "누구든지 자기를 높이는 사람은 낮아질 것이요, 자기를 낮추는 사람은 높아질 것이다"(눅 14:11). 참으로 높은 사람은 자기가 무엇이나 된 것으로 생각하는 사람이 아니다. 그는 자기가 아무것도 아니라 생각하면서 자기를 낮추는 사람이다. 그래서 결국 참으로 높은 자가 높게 되고, 낮은 자는 낮게 될 것이다.

또한 인간은 자기가 하나님 앞에 설 수 없는 죄인이라고 생각할 때, 자기를 낮추고 이웃을 섬길 수 있을 것이다.[2] 자기를 의롭다고 생각하는 사람의 마음속에는 교만이 있다. 이러한 사람은 죄인이라 생각되는 사람을 섬길 수 없다. 이것을 복음서의 예수는 다음과 같이 말한다.

---

1) D. Bonhoeffer, *Gemeinsames Leben*, 13. Aufl. 1979, S. 81.
2) Ibid., S. 82.

두 사람이 기도하러 성전에 올라갔다. 하나는 바리새파 사람이고, 다른 하나는 세리다. 바리새파 사람은 서서, 혼잣말로 이렇게 기도하였다. "하나님, 감사합니다. 나는 토색하는 자나 불의한 자나 간음하는 자 같은 다른 사람들과 같지 않으며, 또는 이 세리와도 같지 않습니다. 나는 이레에 두 번씩 금식하고, 내 모든 소득의 십일조를 바칩니다." 그런데 세리는 멀찍이 서서, 하늘을 우러러 볼 엄두도 못 내고 가슴을 치며 "아, 하나님. 이 죄인에게 자비를 베풀어주십시오"라고 말하였다. 내가 너희에게 말한다. 의롭다는 인정을 받고서 자기 집으로 내려간 사람은 저 바리새파 사람이 아니라, 이 세리다. 누구든지 자기를 높이는 사람은 낮아지고, 자기를 낮추는 사람은 높아질 것이다(눅 18:10-14).

자기 낮춤과 섬김을 예수는 자신의 존재에 근거시킨다. 예수 자신이 자기를 낮추고 섬기는 존재로 이 세상에 왔다. 그러므로 우리도 예수의 뒤를 따라 우리 자신을 겸손히 낮추고 이웃을 섬겨야 한다. "너희 가운데서 으뜸이 되고자 하는 사람은 너희의 종이 되어야 한다. 사람의 아들은 섬김을 받으러 온 것이 아니라 섬기러 왔으며, 많은 사람을 위하여 자기 목숨을 대속물로 내주러 왔다"(마 20:27-28). 그의 삶은 철저히 자기 낮춤과 섬김으로 규정되어 있다. "누가 더 높으냐? 밥상 앞에 앉은 사람이냐? 시중드는 사람이냐? 밥상 앞에 앉은 사람이 아니냐? 나는 시중드는 사람으로 너희 가운데 와 있다"(눅 2:27).

제자들과 마지막 만찬을 나누면서 예수는 그가 말한 바를 실천한다. 그는 제자들의 음식 시중을 받지 않고, 오히려 자신이 제자들에게 음식 시중을 든다. 그의 섬김의 실천은 제자들의 발을 씻어주는 데서 더 분명히 나타난다. 제자들이 선생의 발을 씻어주지 않고, 선생이 제자의 발을 씻어준다. 이것은 고대 어느 종교에서도 볼 수 없는 현상이다. 사람이 메시아의 발을 씻어주지 않고, 메시아가 사람의 발을 씻어준다. 이와 같이 예수 자신이 먼저 섬김을 실천하면서 우리도 서로 섬기라고 부탁한다. "내가 너희 주와 선생이 되어 너희 발을 씻어주었으니, 너희도 서로 발을 씻어주어야 한다. 내가 너희에게 한 일을 너희도 실천하게 하려고 내가 모범을 보였다"(요 13:14-15).

최후의 만찬과 제자들의 발 씻음뿐 아니라, 예수의 삶 전체는 연약한 자를 위한 섬김 자체였다. "세리와 죄인들의 친구"가 되며 그들과 삶을 나누는 것도 섬김의 한 형태였다. 이와 같이 역사의 예수는 섬김을 받는 자가 아니라, 철저히 섬기는 자로 나타난다. 여기에 다른 종교들과 기독교의 차이가 있다. 다른 종교의 신들은 인간의 섬김을 받는 반면, 하나님의 아들 예수는 인간을 섬기는 분으로 나타난다. "사랑"이신 하나님이(요일 4:8, 16) 예수의 섬김의 삶 속에서 나타난다. 그의 섬김은 단순히 "말씀의 섬김"이 아니라, 그 사회의 소외받은 자들, 불의한 자로 낙인찍힌 사람들을 용서하고 용납하며 그들의 상실된 가치와 존엄성을 회복시켜주려는 그의 삶에 있다. 그는 성전 안에서 인간을 섬기기보다, 세속 한가운데서 인간을 섬긴다. 그의 섬김은 종교적 섬김이라기보다 세속적 섬김이다. 그의 섬김은 하나님 나라를 세우기 위한 총체적 섬김이다.

예수의 섬김은 십자가의 죽음에서 가장 극적으로 나타난다. 여기서 그의 섬김은 세속 한가운데서 고난을 당하는 형태로 나타난다. 그것은 성문 밖 골고다에서 십자가의 죽음으로 일어난다. 그러므로 예수는 이렇게 말한다. "나는 섬김을 받으러 온 것이 아니라 섬기러 왔으며, 많은 사람의 몸값을 치르기 위해 내 생명마저 주려고 왔다"(눅 10:45). 참된 섬김은 하나님 나라와 그의 의를 이 땅 위에 세우기 위하여 자기의 존재를 내어주는 삶에 있다. 예수는 이것을 자신의 삶과 죽음으로 실천하면서 우리도 섬기는 자가 되라고 말한다. 참선생, 참통치자는 명령하고 지배하는 자가 아니라, 자기의 목숨을 내어주는 자다. 자기의 목숨을 내어주는 예수의 삶 속에 하나님의 사랑이 나타난다. 참사랑은 자기의 목숨을 내어주는 섬김에 있다. 예수의 십자가가 모든 섬김의 원형이다. 십자가의 고난과 죽음을 통하여 하나님의 섬김을 실천한 분으로서 예수는 이렇게 말한다. "내가 너희를 사랑한 것처럼 너희도 서로 사랑하여라. 이것이 내 계명이다. 친구를 위해 자기 목숨을 버린다면 이보다 더 큰 사랑은 없다. 내가 명령하는 것을 너희가 실천하면 너희는 바로 내 친구다"(요 15:12-14). 예수의 뒤를 따라 이웃과 세상을 섬기는 그리스도인들은 예수의 "종"이 아니라 예수의 "친구"다. 그들은 자신의 죽음을 통하여 이 세상을 섬긴 예수를 그들의 주님으로 삼고 예수와 함께 이 세상을 섬기는 사람들이다. 사랑은 섬김을 받는 데 있지 않고 섬기는 데 있다. 십자가에서 이 세상을 섬기는 하나님, 이 하나님이 "사랑"이다.

3. 자기의 소유를 베풀어야 한다
– 소유의 문제

예수가 선포하는 하나님 나라는 단순히 사회개혁의 프로그램이 아니라, 각자가 자기의 소유를 베푸는 사랑 가운데서 구체화된다. 사람은 누구를 막론하고 소유 없이 살아갈 수 없다. 소유가 있을 때 삶이 보장된다. 그래서 많은 사람은 소유를 자기의 목숨처럼 사랑한다. 수단과 방법을 가리지 않고 소유를 증대시키려고 하며, 이리하여 사회의 부가 재능을 가진 소수의 사람들에게 편중되는 현상이 나타난다. 소유에 따라 인간의 가치가 결정된다. 소유가 있으면 어디를 가든 인간 대우를 받고, 소유가 없으면 어디를 가나 푸대접을 받는다. 소유가 있는 자들과 없는 자들의 계층이 분리되어 사회적 대립과 갈등이 나타난다. 역사의 예수가 생존하던 유대사회도 이러하였다. 이런 사회 속에서 예수는 자기의 소유를 가난한 사람들에게 베풀어야 한다고 선포한다. 이는 오늘 한국교회에서 참으로 듣기 어려운 말씀이다. 여기서 우리는 소유에 대한 예수의 태도를 다시 한 번 생각하지 않을 수 없다.

예수 자신은 무산계급에 속하였으며, 공생애 동안 그는 아무 소유 없이 여기저기를 순회하며 희년을 선포하고 하나님 나라의 기쁜 소식을 전하는 유랑 설교자의 모습을 보인다. 그는 소위 "당회장"이 아니었다. 예수 자신은 물론 그의 뒤를 따르는 제자들도 소유를 완전히 포기하였던 것으로 보인다. 그러나 예수는 사람들에게 그들의 모든 소유를 포기하라고 요구하지 않는다. 삭개오도 그의 모든 소유를 내어놓지 않았다. 그는 자기 재산의 절반만 내어놓았다. 그럼에도 불구하고 예수는 삭개오에게 구원을 선포한다. 앞서 기술한 바와 같이 예수와 그의 제자들은 소위 "사회주의자"가 아니었다. 그들은 계획경제를 주장하지 않으며, 모든 재산의 공동소유와 공동 사용을 주장하지 않는다. 복음서에서 예수는 각 사람이 자신의 재산을 가지는 것을 허용한다.

그러나 예수는 사람들이 소유에 집착하며 결국 소유의 노예가 되는 것을 경고한다. 소유가 우리의 목숨을 보장할 수 없다. 우리 인간은 언제 죽을지 모르는 허무한 존재다. 어리석은 부자의 비유는 바로 이것을 말한다. 많은 소유를 얻은 어리석은 부자는 혼자 이렇게 말하였다. "이렇게 해야겠다. 내 곳간을 헐고서 크게 짓고, 내 곡식과 물건들을 다 거기에다가 쌓아두었으니, 너는 마음을 놓고, 먹고 마시고 즐겨라." 그러나 하나님께서 그에게 말씀하셨다. "어리석은 사람아, 오늘 밤에 네 영혼을 네게서 도로 찾을 것이다. 그러면 네가 장만한 것들이 누구의 것이 되겠느냐?"(눅 12:18-20) 사람은 자기의 조물주를 자기의 하나님으로 섬겨야지, 재물을 하나님으로 섬겨서는 안 된다. 둘을 똑같이 섬길 수는 없다. "한 종이 두 주인을 섬기지 못한다. 그가 한쪽을 미워하고, 다른 쪽을 사랑하거나, 한쪽을 떠받들고, 다른 쪽을 업신여길 것이다. 너희는 하나님과 재물을 함께 섬길 수 없다"(눅 16:13).

하나님만을 신뢰하며 살 때, 하나님이 우리의 삶을 보장해줄 것인가? 이에 대하여 예수는 이렇게 답변한다. 하나님은 너희의 필요가 무엇인지 다 아신다(마 6:32). 그는 "너희의 머리카락까지도 다 세고 계신다"(눅 12:7). 재물을 먼저 구하지 말고 하나님 나라와 그의 의를 먼저 구하여라. 하나님께서 너희가 굶어 죽도록 내버려두지 않을 것이다. 그는 너희의 생명에 필요한 것을 주실 것이다. 그러므로 정말 너희에게 필요한 것을 "구하여라, 주실 것이요. 찾아라, 찾을 것이요. 문을 두드려라, 열어주실 것이다. 너희 가운데서 아들이 빵을 달라고 하는데 돌을 줄 사람이 어디에 있으며, 생선 을 달라고 하는데 뱀을 줄 사람이 어디에 있겠느냐? 너희가 악해도 너희 자녀에게 좋은 것을 줄 줄 알거든, 하물며 하늘에 계신 너희 아버지께서 구하는 사람에게 좋은 것을 주시지 않겠느냐?"(마 7:7-12)

이와 같이 하나님의 자녀들은 하나님만을 신뢰하면서 그들의 소유를 가난한 사람들에게 베풀어야 한다. 소유를 가난한 사람들에게 베푸는 것 은 하늘에다 재물을 쌓는 것과 같다. 자기의 소유를 가난한 사람들에게 베 풂으로써 자기의 마음이 소유에 있지 않고 하나님에게 있다는 사실이 증 명된다. "너희는 소유를 팔아서 자선을 베풀어라. 너희는 스스로를 위하 여 낡아지지 않는 주머니를 만들고, 하늘에다 없어지지 않는 재물을 쌓아 두어라. 거기는 도둑이나 좀의 피해가 없다. 너희의 재물이 있는 곳에 너 희의 마음도 있을 것이다"(눅 12:33-34). 비록 부자일지라도 가난한 자에게 소유를 베풀지 않으면 죽은 다음 지옥으로 가서 영원한 고통을 받는 반면, 거지는 아브라함의 품에서 영원한 위로를 받을 것이다(눅 16:19-31).

중요한 것은 자기의 소유를 얼마나 많이 베푸느냐에 있지 않고, 자기 의 마음이 어디 있느냐에 있다. 하나님이 보시는 것은 사람의 마음이지 구 제금의 많고 적음이 아니다. 부자들의 많은 헌금보다 가난한 과부의 렙 돈 두 닢이 하나님에게 더 귀중하다(눅 21:1-4). 예수가 자기 재산의 "절반" 만 팔아서 가난한 사람들에게 나누어주겠다는 삭개오에게 구원을 선포하 는 반면(눅 19:8-9), 부자 청년에게는 가진 재산을 "다 팔아서" 가난한 사람 들에게 나누어주라고 명령하는(눅 18:22) 이유도 여기에 있다. 삭개오는 소 유에 집착하지 않는다. 필요한 경우 그는 더 많은 소유를 팔아 가난한 사 람들에게 나누어줄 수 있는 마음의 자세가 준비되어 있다. 이에 반하여 부 자 청년은 소유에 집착한다. 그는 하나님의 율법을 잘 지켰다고 하지만 율 법의 참된 정신을 이해하지 못하였으며, 설령 이해하였다 할지라도 그것을 실천하지 않았을 것이다. 그는 뻔뻔스럽게 자기의 불신앙을 위장한다. "나는 이 모든 것을 어려서부터 다 지켰습니다"(눅 18:21). 예수는 이 청년의 뻔뻔스러움과 불신앙을 간파하시고 그를 율법의 마지막 요구 앞에 세운다. "네가 가진 것을 다 팔아서 가난한 사람들에게 나누어주어라. 그러면 네가 하늘에서 보화를 차지하게 될 것이다"(눅 18:22). 이 요구 앞에서 청년은 좌절한다. 그의 불신앙이 폭로되며, 그의 마음이 하나님께 있지 않고 소유에 있음이 드러난다. 이 청년의 좌절을 보면서 예수는 말한다. "재산을 가진 사람이 하나님 나라에 들어가기는 참으로 어렵다. 부자가 하나님 나라에 들어가는 것보다 낙타가 바늘귀로 들어가는 것이 더 쉽다"(눅 18:24-25).

4. 예수의 궁극적 요구

예수가 궁극적으로 요구하는 것은 단순히 소유의 포기와 베풂에 있지 않고 우리의 삶과 존재를 하나님께 완전히 내맡기는 것이다. 자기를 포기하고 하나님께 자기를 완전히 내맡길 때 재산도 포기할 수 있고 이웃을 참으로 사랑할 수 있다. 자기를 포기하는 자만이 참으로 하나님과 이웃을 사랑할 수 있다. 자기를 포기하지 못할 때, 사랑은 결국 자기 사랑이요, 모든 종교적 경건은 가식과 자기 업적이 되고 만다. 그는 사실상 하나님과 이웃 앞에서 교만하다. 바로 여기에 많은 종교인들의 이중적 모습이 나타난다. 그들은 하나님을 믿는다 하지만 자기를 포기하지 않는다. 그래서 하나님과 이웃 앞에서 자기의 업적을 자랑하고 자기를 내세운다. "하나님, 나는 이레에 두 번씩 금식하고, 내 모든 소득의 십일조를 바칩니다"(눅 18:11-12).

예수는 우리가 가진 그 무엇 중에 일부를 포기하기에 앞서 우리 자신을 포기할 것을 요구한다. 예수의 이 요구는 제자들에 대한 부르심에 나타난다. "너희 가운데서 누구라도 자기 소유를 다 버리지 않으면, 내 제자가 될 수 없다"(눅 14:33). 여기서 자기 소유를 다 버린다는 것은 자기를 포기하고 자기를 하나님과 그의 아들 예수에게 완전히 내맡김을 뜻한다. "제 목숨을 얻으려는 사람은 목숨을 잃을 것이요, 나를 위하여 제 목숨을 잃는 사람은 목숨을 얻을 것이다"(마 10:39). 중요한 문제는 우리가 소유한 그 무엇을 포기하느냐 하지 않느냐, 어떤 계명을 지키느냐 지키지 않느냐, 경건의 훈련을 하느냐 하지 않느냐가 아니다. 한 주일에 몇 번 금식을 하고 매일 몇 번 기도하느냐, 얼마나 많은 헌금을 교회에 바치느냐도 아니다. 이러한 것은 경건하다는 바리새인도 잘 지켰을 것이다. 중요한 것은 하나님과 이웃 앞에서 자기를 비우고 포기하며 하나님께 자기를 완전히 내맡기는 것이다.

산상설교에서 예수가 요구하는 것은 바로 이것이다. 곧 우리의 존재를 포기하고 하나님께 그것을 완전히 맡기는 것이다. 그가 진정으로 요구하는 것은 오른 뺨을 때린 사람에게 왼편 뺨도 돌려대는 것이 아니라, 우리 자신을 포기하는 일이다. 자기를 포기하고 하나님께 자기를 맡기는 사람만이 오른 뺨을 때린 사람에게 왼편 뺨도 돌려댈 수 있으며 원수를 사랑할 수 있다. 자기를 포기하는 자만이 이웃을 진심으로 사랑할 수 있다. 자기를 포기하지 않으면, 이웃을 섬기는 일도 자기 교만과 자기 업적과 자기 주장이 되고 만다. 이러한 사람은 자기의 모든 재산은 물론 자기의 몸을 내어줄지라도 "울리는 징이나 요란한 꽹과리"에 불과하다. 그의 마음속에는 하나님의 사랑이 없다.

사랑의 궁극적 형태는 자기포기에 있다. 참사랑은 자기를 포기할 때 가능하다. 사랑은 자기를 내어줌이다. 서로 자기를 내어줌으로써 하나로 어우러지는 것이 사랑이다. 너는 너로, 나는 나로 구분되지만, 너와 내가 하나로 녹아져서 내가 나를 네 안에서 발견하고 네가 너를 내 안에서 발견하는 것이 사랑이다. 그리하여 모든 것을 함께 나누고 모든 기쁨과 슬픔과 고통과 행복을 함께 나누는 것이 참사랑이다. 이러한 사랑은 자기를 포기할 때 가능하다. 그러므로 예수가 궁극적으로 요구하는 것은 자기포기다. 그는 이것을 요구할 뿐 아니라 스스로 실천한다. 그는 소유를 포기한다. 그는 소유로부터 자유롭다. "여우도 굴이 있고, 하늘을 나는 새도 보금자리가 있으나, 인자는 머리 둘 곳이 없다"(마 8:20). 그는 소유를 포기할 뿐 아니라 자기 자신을 포기하고 자기를 완전히 하나님에게 맡긴다. 십자가의 죽음 속에 그의 철저한 자기포기와 하나님에 대한 완전한 신뢰가 나타난다.

5. 부의 포기를 요구한 설교가들

오늘날 우리나라의 중산층 교회에서 부에 대하여 설교하는 것은 매우 어렵다. 예수의 말씀을 따르면 설교가는 부유한 사람들에게 가난한 사람들을 위하여 그들의 부를 내어놓으라고 말할 수밖에 없지 않을까? 그러나 자기의 부를 내놓기를 좋아하는 교인은 매우 드물다. 그래서 많은 설교가들은 부의 약속과 축복을 설교하지만 부의 베풂에 대해서는 거의 침묵을 지킨다. 그러나 초기교회의 처음 4세기 동안 설교가들은 다음과 같이 부의 문제에 대하여 단호하게 설교한다.[3]

　기원후 2세기 중반에 로마에서 설교를 하였던 헤르마스(Hermas)는 커다란 탑을 지닌 건물 곧 교회를 꿈속에서 보았던 것에 대하여 다음과 같이 설교한다. 교회 건물을 쌓기 위해서 가져온 돌들 가운데, 어떤 돌은 보기에 아주 좋고 하얀 것들이 있었지만 둥글기 때문에 그 건물에 맞지 않았다. 이러한 돌들은 옆에 방치되어 있었다. 헤르마스는 그의 안내자에게 이 돌들이 무엇을 나타내는가를 물었다. 안내자는 대답하기를 이 돌들은 믿음의 행위는 있으나 또한 세상의 부를 지닌 사람들을 나타낸다고 말했다. 그

---

3) 이에 관하여 후스토 L. 곤잘레스, "초기 기독교인들이 가르치는 소유와 청지기직", in : 「목회와 신학」, 1991/6, p. 210f.

러나 헤르마스는 다시 물었다. "언제 그 돌이 쓸모가 있을까요?" 안내자는 아주 단호하게 대답하였다. "현재 그들을 유혹하고 있는 부유함이 제거될 때 그들은 하나님께 유용하게 될 것이다. 왜냐하면 둥근 돌의 부분부분들이 깎여 내던져지지 않으면 네모난 돌이 될 수 없는 것처럼, 부자들도 그들의 재물이 깎여지지 않는다면 주님께 유용하게 될 수 없기 때문이다."

약 2세기 후에 암브로시우스는 밀라노에서 그 도시의 부자들이 많이 섞여 있는 회중에게 다음과 같이 설교하였다. "당신들은 사람들의 옷을 벗겨서 당신들의 벽을 치장했다. 헐벗은 가난한 사람들이 당신의 문 앞에서 울부짖고 있지만 당신은 어떤 대리석으로 포장을 할 것인가에만 열중하고 있다. 빵을 구하고 있는 사람들이 있는 반면, 당신의 말들은 금을 한 입씩 가득 씹고 있다. 다른 사람들은 먹을 것이 없는데도 당신들은 값비싼 장식들을 즐거워한다. 혹독한 심판이 당신들을 기다리고 있다. 오 부자들이여!"

수십 년이 지난 후 로마 제국의 중간쯤에 위치한 다른 부유한 도시에서 요한 크리소스토모스는 이렇게 설교한다.

그렇다면 당신들이 어떻게 부자가 되었는가를 나에게 말하라. 그것의 원천은 부정임이 틀림없다. 왜냐하면 하나님께서 태초에 한 사람은 부자로, 한 사람은 가난하게 만들지 않으셨기 때문이다. 그후에도 그분은 보화를 취해서 한 사람에게는 보여주고, 다른 사람에게는 그것을 찾을 권리를 부정하는 그러한 일을 행하신 적이 없다. 그분은 모든 사람에게 세상에서 똑같은 권리를 갖도록 하신 것이다. 만일 재물이 공동의 것이라면, 당신의 이웃은 그 일부분도 취하지 못하고 있는데 어째 당신들은 그렇게 많은 에이커의 땅을 가지고 있는가? 당신들이 가난한 사람들을 삼키고 해치는 일을 그만두지 않는 한, 나는 당신들의 그러한 행동을 책망하지 않을 수 없을 것이다. 내 양들을 그대로 놓아두라. 내 신도들을 못살게 하지 말라. 그들을 해치지 말라. 그래도 당신들이 그렇게 행한다면 내가 당신들을 책망하는 것에 대하여 불평하지 말라. 나는 부자들을 반대하는 것이 아니다. 오히려 그들을 위하려 하는 것이다. 당신들이 혹시 그렇게 생각한다 할지라도 나는 당신들을 위해서 말하는 것이다. 왜냐하면 나는 당신들을 뇌물로부터 자유롭게 하며, 약탈자의 삶으로부터 자유롭게 하여 당신들을 모든 사람의 친구로 만들고, 모든 사람에 의해 사랑받는 이들로 만들기 때문이다.

초기 기독교의 설교자들은 부를 교회에 바치라고 말하지 않는다. 그들은 부를 가난한 사람들에게 주라고 설교한다. 아주 많은 사람들이 그들의 부를 교회에 가져와서 교회가 그들의 기부를 관리하는 데 너무 많은 시간을 허비해야 하기 때문에, 그들은 기부를 교회에 바치지 말고 가난한 사람에게 주라고 말한다. 아우구스티누스는 교회가 교인들이 바친 부를 관리하는 데 너무 많은 정열을 빼앗기지 않도록 교회에 대한 기부를 거절하였다. 그 대신 그는 그들의 부를 가난한 사람들에게 기증할 것을 권고하였다. 암브로시우스는 생활이 어려운 사람들을 돕기 위해 금으로 만든 꽃병을 팔았다. 어떤 사람이 그를 비난하자 그는 이렇게 대답하였다. "사도들을 재물 없이 파송하신 분이 또한 재물을 지니지 않은 교회들도 함께 파송하셨다. 교회는 쌓아두기 위해서가 아니라 풀어서 (형편이) 딱한 이들을 돕기 위하여 재물을 지니는 것이다."

바실리오스는 가난한 사람들을 위하여 기부를 받았다. 그러나 얼마 후에 카이사레아 시 바로 외각에 정말 가난한 사람들이 있음을 발견하였다. 그는 그가 기부받은 모든 것을 그들에게 바쳤으며, 가난한 사람들은 의식주와 일자리를 교회로부터 제공받았다. 아우구스티누스는 십일조를 기독교인의 최소한의 의무라고 가르쳤다. 여기서 그는 교회에 대한 의무보다는 가난한 사람들에 대한 의무를 말하였다.

6. 사회의 부를 재분배하는 사랑

재물을 많이 가진 사람이 재물을 적게 가진 사람보다 더 많은 수익을 얻는다는 것은 상식에 속한다. 100만 원을 가진 사람과 1억 원을 가진 두 사람이 동일한 조건에서 거의 동일한 근로 의욕을 가지고 일하였을 때, 1억 원을 가진 사람이 훨씬 더 많은 돈을 번다는 것은 불을 보듯 뻔한 일이다. 더구나 1억 원의 돈을 가진 사람이 통치권력과 유착될 때, 부의 차이는 기하급수적으로 늘어난다. 그러므로 어느 사회를 막론하고 일정한 시간이 지나면, 그 사회의 부가 소수의 사람에게 집중된다. 지금 우리나라의 현실도 마찬가지다. 우리나라 국민 5퍼센트가 전 국토의 65퍼센트를 소유하고 있으며, 20퍼센트의 국민이 국토의 85퍼센트를 소유하고 있다. 시중은행과 제2금융권에 예치되어 있는 수조 원의 예금도 극히 소수의 국민에게 속한다.

이것은 우리나라의 현실인 동시에 전 세계의 현실이다. 지구 북반구에 속한 소수의 선진국들의 인구수는 세계 전체인구의 20퍼센트 미만이다. 20퍼센트 미만의 이 사람들이 세계 경제의 80퍼센트를 소유하고 있으며, 지구의 남반구에 속한 약 80퍼센트의 사람들이 세계 경제의 20퍼센트를 소유하고 있다.

예수 당시의 유대사회도 마찬가지였다. 종교권력 및 정치권력과 결부되어 있는 소수의 사람들은 부유하였던 반면, 대다수의 서민들은 가난을 면치 못하였다. 그들은 빚을 갚지 못하여 땅을 팔기도 하였고, 자기는 물론 자기의 가족을 채권자에게 노예로 팔아 생명을 유지하였다. 고향을 버리고 도적의 무리에 가담하는 사람들도 있었다. 그래서 요세푸스는 당시의 팔레스타인 땅을 가리켜 "도적의 무리가 우글거리는 땅"이라 불렀다.

이러한 상황 속에서 쓰다 남은 물질 가운데 일부를 가난한 사람들에게 베푸는 것은 근본적 해결책이 되지 못한다. 그것은 극히 부분적이고 일시적인 도움이 될 뿐이다. 물론 개인적으로 혹은 공적으로 도움을 베푸는 일도 필요하다. 그러나 가난한 사람들을 참으로 돕는 길은 소수의 사람에게 집중된 부를 사회에 환원하여 사회 전체를 위하여 사용하는 일이다.

그러므로 예수는 "주의 은혜의 해" 곧 희년을 선포한다(눅 4:19). 각 개인이 자기중심적 욕망에서 자유로워지며 가난한 사람에게 자기의 소유를 베푸는 일도 필요하다. 이와 동시에 사회의 편중된 부를 재분배하여 모든 사람의 삶의 기본 조건과 가치와 존엄성을 회복해야 한다. 레위기 25장에 기록된 희년 계명은 사회의 편중된 부를 50년 단위로 재분배할 것을 명령한다. 희년이 되면 사들인 땅을 원주인에게 돌려주어야 하고, 종을 풀어주어야 한다. 그래서 땅을 잃어버린 사람, 종이 된 사람들의 인간적 기본 가치와 존엄성을 회복해야 한다. 정말 가난하여 갚지 못하는 빚은 탕감해주어야 한다. 그래서 눈덩이처럼 늘어나는 빚 때문에 땅을 팔고, 자신은 물론 온 가족을 채권자에게 파는 일을 피하게 해주어야 한다. 이러한 희년 계명을 지키지 않고 부가 계속하여 소수의 사람에게 편중될 때, 사회 계층의 대립과 갈등이 더욱 심화된다. 사회의 내적 결속은 불가능해진다. 그 사회는 내적으로 깨어져 있다. 부자들에 대한 가난한 자들의 증오 때문에, 부자들도 편하게 잠을 잘 수 없는 사회가 형성된다. 그래서 부자들은 경보장치를 만들고 맹견을 두 마리, 세 마리 키우지만 마음은 언제나 불안하다. 따라서 희년 계명은 단지 가난하고 힘없는 사람들만을 위한 것이 아니라, 부자들 자신을 위한 것이다. 그것은 사회 전체의 장기적 안녕과 발전을 위한 것이다.

물론 희년 계명을 현대사회 속에서 글자 그대로 지킬 수는 없다. 고대사회의 노예제도는 현대사회에 존재하지 않는다. 그러나 희년 정신은 새로운 시대적 상황 속에서 적절한 법적 장치를 통하여 융통성 있게 실천되어야 한다. 이것은 하나님의 뜻이다. 희년 정신을 오늘 우리 시대에 적용할 때, 경제력의 집중을 가능한 피해야 한다. 기업가와 공직자가 유착하여 공직자가 불의한 뇌물로 치부하고, 기업가는 그 대가로 특혜를 받는 일을 피해야 한다. 이러한 일은 온 나라를 부패시키며 국민의 도덕성을 타락시킨다. 대기업 외에 중소기업의 지반이 확대되어야 한다. 기업을 개인 구멍가게와 같은 것으로 생각해서는 안 된다. 기업주는 단순히 자기 개인의 소

유를 증대시키기 위하여 기업을 하겠다는 생각을 버리고, 국가와 사회의
번영을 위하여 기업을 해야 한다는 정신을 가져야 한다. 이러한 정신으로
기업을 운영하는 기업가는 참된 애국자다. 기업의 이윤은 기업주 개인의
아이디어와 창의적 노력만으로 이루어지지 않는다. 그것은 기업에 속한
모든 사람의 수고와 땀을 통하여 이루어지며, 그것은 결국 소비자들의 주
머니에서 나온다. 그러므로 기업의 이윤은 공공성을 가진다. 그것은 기업
주의 개인 소유물이 될 수 없다. 그것은 기업에 속한 모든 사람의 이익과
새로운 기술개발과 시설 확장에 투자되어야 한다. 회사원 사주제도를 통
하여 기업의 소유가 기업주에게 집중되는 것을 피하고 전 사원에게 그것
을 분배함으로써 부의 분산을 꾀해야 한다. 모든 토지를 국가에 환원하고,
모든 국민이 토지를 국가로부터 빌려 쓰는 제도를 도입할 수도 있다. 현재
이스라엘 외에 몇 나라가 이 제도를 이미 실시하고 있다. 이와 같이 예수
가 말하는 사랑은 개인적 차원을 넘어서서 사회적 차원을 가진다. 그것은
정치·경제·사회를 포함한 정책적 차원에서 실천되어야 한다. 하나님 나
라는 이러한 실천 속에서 구체화된다.

지금까지 기술한 바와 같이 예수는 사랑의 구체적 실천을 요구한다.
사랑이 율법의 완성이요 목적이며, 하나님 나라가 그 속에 있기 때문이다.
그는 사랑의 실천을 요구할 뿐 아니라 그 자신이 사랑을 실천한다. 그는
부유한 사람들에게 그들의 소유를 가난한 사람들에게 베풀라고 요구할
뿐 아니라 스스로 자기의 소유를 포기한다. 그는 "머리 둘 곳조차 없는" 존
재로 살아간다. 그의 삶 자체가 사랑의 구체적 실천이다. 그는 자기의 소
유를 포기할 뿐 아니라 자기의 목숨까지 포기한다. 그의 죽음은 사랑의 가
장 궁극적 실천이다. 그는 우리에게 무한히 용서하라고 요구할 뿐 아니라
우리를 무한히 용서한다. 그의 십자가의 죽음은 우리의 허물과 죄에 대한
무한한 용서다. 그는 우리가 서로 섬길 것을 요구할 뿐 아니라 스스로 자
기의 이웃을 섬긴다. 그의 삶 자체가 섬김이요, 그의 죽음은 섬김의 완성
이다. 그것은 하나님 나라를 세움이었다.

제4부

종교와 하나님 나라

예수가 자신의 몸으로 앞당겨 일으키는 하나님 나라는, 종교의 형식에 얽매이지
않는다. 종교의 형식들이 인간을 위하여 있는 것이지, 인간이 종교의 형식들을 위
하여 있는 것이 아니다. 하나님 나라는 인간의 행복한 삶을 목적으로 삼는다. 하나
님 나라는 인간의 행복한 삶을 위하여 모든 종교적 형식들을 상대화한다. 이를 통
하여 그것은 종교적 형식들의 본래 목적을 성취한다. 예수는 율법을 상대화함으
로써 율법의 본래 목적을 완성한다. 그가 가르친 "주의 기도"는, 하나님 나라에 속
한 하나님의 자녀들의 궁극적 희망과 삶의 길이 무엇인가를 제시한다.

XIII
종교의 형식을 넘어서는
하나님 나라

우리는 예수를 엄격한 종교적 관습이나 규율에 얽매여 사신 분으로 생각하기 쉽다. 그는 정해진 시간에 기도하였을 것이며 구별된 옷을 입고 다녔을 것이다. 그의 행동양식은 세속인들의 그것과 구별되는, 특별히 종교적인 행동양식이었을 것이다. 그는 우리 인간과 구별되는 "하나님의 아들"이기 때문이다. 그러나 복음서의 예수는 특별한 종교적 관습이나 규율에 얽매이지 않으며, 매우 단순하고 자유로운 분으로 나타난다. 그는 당시 유대교가 가지고 있었던 종교적 관습이나 그 사회의 일반적 규율에 얽매이지 않고 자기의 방식으로 행동한다. 그는 어느 종교 집단과도 자기를 동일시하지 않으며 그 집단의 질서를 따르지 않는다. 그는 당시 유대교 사회에서 특이한 인물로 나타난다. 그 구체적 내용을 우리는 다음과 같이 기술할 수 있다.

1. 종교적 관습에 대하여 자유로운 예수

먼저 예수는 사회적으로 아주 평범한 사람으로 나타난다. 그의 가정은 가난한 목수의 가정이었다. 예수 자신도 목수의 직업을 가지고 있었던 것으로 보인다. 그는 그 당시 유대사회 속에서 권세를 누리면서 그 사회의 기존 체제를 위하여 봉사하던 제사장 출신이 아니었다. 그는 세습적으로 제사장이 될 수 있는 레위 지파에 속하지 않았고, 율법학자나 서기관이 될 수 있는 정규교육을 받았다는 기록도 복음서에 전혀 없다. 그는 어느 랍비 밑에서 몇 년간 공부한 적도 없었다. 사람들이 그를 존경하여 "랍비"라 부르기도 하였으나(막 9:5 등) 그는 랍비 안수를 받은 적이 없다. 예수는 그 당시 유대사회의 종교적 특권층에 속하지 않았다.

예수의 이야기 솜씨는 매우 소박하였고 단순하였다. 그는 비유나 설화를 이용하여 자기의 생각을 나타내었다. 그러나 그는 언제나 문제의 핵심을 파악하였다. 그는 신앙고백서의 공식이나 교리를 외우게 하지 않았으며, 하늘의 신비스러운 비밀에 대하여 심오한 명상을 하지도 않았다. 인생과 우주의 어떤 심오한 법칙이나 "원리"를 말하지도 않았다. 그는 짧은 격언이나 이야기, 일상생활에서 나오는 비유들을 가지고 하나님 나라를 설명한다.

이와 같이 단순하고 소박한 모습을 보이는 예수는 그 당시 종교 지도자들이 지켰던 모든 종교적 관습에 대하여 자유스러운 태도를 취한다. 그는 그들이 지킬 것을 요구하는 종교적 관습을 상대화한다. 그는 사두개파 사람들과 바리새파 사람들처럼 십일조를 강조하지 않는다. 그 당시 십일조는 종교적·정치적 특권층을 부양하는 수단으로 전락하였다. 예수에게 중요한 것은 십일조를 바치느냐 바치지 않느냐의 문제가 아니라, 오로지 하나님만 신뢰하고 하나님의 의와 자비를 지키느냐 지키지 않느냐의 문제였다. 그러므로 예수는 이렇게 말한다. "너희는 박하와 회향과 근채에 대해서는 십분의 일을 바치라는 율법을 지키면서 정의와 자비와 신의 같은 아주 중요한 율법은 대수롭지 않게 여긴다. 십분의 일을 바치는 일도 소홀히 해서는 안 되겠지만 정의와 자비와 신의도 실천해야 하지 않겠느냐?"(마 23:23) 많은 헌금을 바치는 것 자체가 중요한 것이 아니라, 먼저 자기의 마음을 하나님께 바치며 자기의 삶 전체를 하나님에게 맡기는 것이 더 중요하다. 그러므로 부자의 많은 헌금보다 가난한 과부의 작은 동전 두 닢이 더 귀중하다. "저 사람들은 모두 넉넉한 데서 얼마씩을 예물로 바쳤지만 이 과부는 구차하면서도 가진 것을 전부 바친 것이다"(눅 21:4).

또한 예수는 특별한 종교적 표시가 달린 의복을 입고 다니지 않는다. 그에게는 아무 가운도 없다. 평상시에 입는 옷과, 예배드리거나 말씀을 가르칠 때 입는 옷이 따로 없다. 그는 평상복 차림으로 하나님의 말씀을 선포하고 가르친다. 그는 바리새파 사람들처럼 하나님의 말씀이 기록된 깃을 옷에 달고 다니지 않는다. 그는 아주 평범한 옷차림을 하고 다닌다. 하나님의 아들이라 하여, 성직자라 하여, 특별히 비싼 옷을 입지 않는다. 바리새인들은 매주 월요일과 목요일마다 정기적으로 금식하였으나, 예수가 정기적으로 금식하였다는 기록이 복음서에는 전혀 없다. 요한의 제자들과 바리새파 사람들이 금식하고 있는데 당신의 제자들은 왜 금식을 하지 않느냐고 사람들이 물었을 때, 예수는 신랑이 함께 있는 동안에는 금식을 할 필요가 없다고, 오히려 즐겁게 먹고 마시며 지내야 한다고 대답한다(눅 5:33-39).

당시 바리새인들은 하루 세 번씩 기도하였다. 길을 가다가 기도시간이 되면 몸을 예루살렘 성전이 있는 방향으로 돌리고 길에 선 채로 기도하였다. 그러나 예수는 이러한 관습을 지키지 않는다. 복음서의 기록을 볼 때, 예수께서 기도 생활을 하였음은 틀림없다. 그러나 그는 자신을 고정된 틀에 묶어버리지 않는다. 그는 필요할 때 또 가능할 때 시간과 장소를 가리지 않고 기도하였던 것 같다. 그는 사람들이 보는 데서 기도하지 않는다. 다른 사람에게 보이기 위한 모든 종교적 행위는 가식이요 거짓이다. 그러므로 예수는 골방에 들어가서 기도하며(마 6:6), 자선을 베풀 때에는 "오른손이 하는 일을 왼손이 모르게" 해야 하며(마 6:3), 금식을 할 때에도 "남에게 드러내지 말고 보이지 않는 네 아버지께" 금식을 해야 한다고(마 6:18) 가르친다. 중요한 것은 종교적 형식 자체가 아니라 하나님의 뜻을 행하는 것이다. 이웃에게 자비를 베풀며 하나님의 정의를 세우는 일이 하나님에게 더 중요한 일이다. 종교의 형식들은 그 자체를 위하여 존재하는 것이 아니라, 이웃에게 자비를 베풀며 하나님의 정의를 세우기 위하여 존재한다. 이 목적 앞에서 종교적 형식들은 절대적 의미를 상실한다. 그것들은 절대화될 필요가 없다.

2. 율법을 상대화하는 예수

유대인들에게 가장 중요한 것은 예루살렘 성전과 율법이었다. 율법은 하나님의 계약과 그분이 택한 백성에 대한 표지였다. 그것은 하나님이 모세를 통하여 주신 "구원의 길"이었다. 따라서 율법은 유대사회에서 최고의 권위를 가지고 있었다. 그들은 율법을 수호하기 위하여 목숨을 내걸고 투쟁하였다. 따라서 유대교 지도자들이 율법을 엄격하게 지키고자 하였음은 당연한 일이다.

그러나 삶의 상황과 조건들은 너무나 다양하며 언제나 새롭게 변화하기 때문에, 613가지의 계명을 삶의 모든 새로운 상황에 적용한다는 것은 불가능하였다. 그러므로 구약의 율법에 대한 거대한 해석 체계가 형성되었다. 이 체계는 할라카(Hallacha)라 불리었다. 지도자들은 할라카도 율법과 동일한 것으로 보고, 이것도 지켜야 한다고 가르쳤다. 그러나 율법을 가지고 삶의 모든 상황을 통제한다는 것은 불가능한 일이다. 이 상황 속에서 타당한 율법이 저 상황에서는 타당하지 않을 수 있다. 이리하여 율법이 율법을 낳고 또 새로운 율법을 낳는 모순이 생기게 되었다. 마침내 율법은 모든 피조물의 행복을 실현해야 할 본래의 목적을 상실하고, 오히려 인간을 억압하는 종교적 계율과 인간적 습관으로 전락하였다. 율법이 인간을 위하여 존재하는 것이 아니라, 거꾸로 인간이 율법을 위하여 존재하는 모순된 현상이 일어났다.

또한 그 당시 율법은 종교적·정치적 지도자 계층의 전유물이 되어 있었다. 율법을 전수하고 해석하며 가르치는 것은 율법학자들, 서기관들, 랍비들, 그 밖의 바리새인들의 소관이었다. 제사장들도 예루살렘 성전 제의와 함께 율법을 모든 백성이 지킬 것을 가르쳤다. 그러나 언제나 새롭게 변화하는 삶의 다양한 현실 속에서 613가지나 되는 계명들과 그 해석들(할라카)을 모두 외우고 그것을 지킨다는 것은 일반 서민들에게는 불가능하였다. 더구나 가난과 질병과 굶주림에 허덕이는 가난한 사람들이 이 모든 것을 외우고 지킨다는 것은 불가능하였다. 그들에게는 이런 일을 할 수 있는 정신적·시간적·물질적 여유가 없었다. 그들에게는 먹고사는 것이 가장 급한 일이었다. 할라카에 의하면, 닭이 안식일에 낳은 달걀은 먹지 못하도록 규정되어 있었다. 그러나 헐벗고 배고픈 사람은 이 계명을 지킬 수 없었다. 그에게 이 계명은 무의미한 것이었다. 이리하여 율법을 수호하고 해석하며 가르치는 계층과, "율법 없이" 살아가는 서민층이 형성되었으며, 서민층의 사람들은 "율법 없는 자들", "죄인"으로 간주되었다.

이러한 상황 속에서 예수는 율법을 상대화한다. 예를 들어 그는 정결과 관계된 율법을 상대화한다. 정결과 관계된 율법들은 구원의 문제와 관계없기 때문이다. 입 속으로 들어가는 것이 사람을 더럽게 만드는 것이 아니라, 입에서 나오는 것이 사람을 더럽게 만든다. 그러므로 정결한 음식과 부정한 음식에 관한 유대교의 구분을 예수는 폐기한다. 외형적 종교의식의 정확성에 대하여 그는 무관심하다. 사람을 하나님 앞에서 깨끗하게 만드는 것은 사람의 마음에 있지, 외형적 절차나 형식에 있지 않다. 또한 예수는 안식일 계명을 지키지 않는다. 안식일이 인간을 위하여 있는 것이지, 인간이 안식일을 위하여 있는 것이 아니다. 안식일에 금지된 39가지의 노동을 하느냐 하지 않느냐가 중요한 것이 아니라, 하늘에 계신 아버지의 뜻을 행하는 것이 중요하다.

예수에게 중요한 것은 율법 자체가 아니다. 가난하고 힘없는 사람들과 피조물들에게 자비를 베풀며 하나님의 정의를 세우는 것이 중요한 일이다. 어떠한 도덕적 규범과 관습도 그 자체를 위하여 존재하지 않는다. 그것들은 인간과 모든 피조물들의 행복을 위하여 존재한다. 도덕적 규범이나 관습들, 교리 체계, 율법 등이 인간을 위하여 존재하는 것이지, 인간이 이것들을 위하여 존재하지 않는다. 인간이 소위 말하는 절대적 규범이나 제도의 희생물이 될 수 없다. 물론 이것들이 폐기될 필요는 없다. 그러나 이것들은 인간의 행복을 위하여 도움이 되느냐 되지 않느냐는 기준에 따라 판단되어야 한다. 만일 그것들이 인간의 행복을 위하여 도움이 되지 않을 경우, 그것들은 절대화될 수 없다. 오히려 그것들은 새롭게 해석되어야 한다. 인간이 율법의 기준이다. 이 문제에 대하여 우리는 아래 "율법을 상대화하는 하나님 나라"에서 보다 더 자세히 고찰할 것이다.

3. 예루살렘 성전과 제의의 상대화

모든 종교의 생명은 그 종교가 가르치는 진리 체계, 곧 말씀과 성전에 있다고 말할 수 있다. 진리의 체계 곧 말씀은 그 종교의 내용이요, 성전은 그 종교의 형식이다. 그러므로 종교들은 진리의 체계와 성전을 그들의 생명처럼 생각한다. 예수 당시의 유대교도 마찬가지였다. 유대교도 진리의 체계 곧 율법과 성전을 자신의 생명처럼 생각하였다. 그런데 예수는 율법을 상대화할 뿐 아니라, 예루살렘 성전과 이 성전에서 거행되는 제의를 상대화한다. 이것은 유대교 지도자들에게 참을 수 없는 일이었다. 율법과 성전과 성전 제의의 상대화는 그들의 사회적·정치적 특권은 물론 그들의 생계를 위험스럽게 만드는 일이었기 때문이다.

예루살렘 성전과 제의의 상대화는 예수가 예루살렘에 입성한 다음, 무화과나무를 저주하고 성전의 상행위를 금지하는 사건에서 나타난다. 잎사귀는 있으나 열매가 없는 무화과나무를 예수는 이렇게 저주한다. "이제부터 너는 영원히 열매를 맺지 못하여 아무도 너에게서 열매를 따먹지 못할 것이다"(막 11:14). 여기서 무화과나무는 예루살렘 성전을 나타낸다.[1] 예루살렘 성전은 잎사귀 곧 형식은 있으나 열매를 맺지 못하는 종교적 형식으로 전락하였다. 그것은 본래의 의미와 목적을 상실하였다. 그것은 하나님께 버림받았다. 예루살렘 성전에서는 아무 열매도 기대할 수 없다. 이것은 예루살렘 성전의 상대화를 넘어서서, 예루살렘 성전의 포기를 뜻한다. 중요한 문제는 어디에서 예배를 드리느냐에 있지 않다. 예루살렘에서 예배를 드릴 수도 있고, 들이나 산에서 드릴 수도 있다. 직장의 사무실에서 예배를 드릴 수도 있고, 가정의 안방에서 드릴 수도 있다. 특정한 장소, 곧 예루살렘 성전이나 그리심 산에서 예배드리는 것이 중요한 문제가 아니다. "사람들이 아버지께 예배를 드릴 때에 '이 산이다' 또는 '예루살렘이다' 하고 굳이 장소를 가리지 않아도 될 때가 올 것이다"(요 4:21). 중요한 문제는 "영적으로 참되게" 예배드리는 것이다(요 4:24). 예배의 형식이 아무리 장엄하고 아름다울지라도, "신령과 진리로" 예배드리지 않으면 그 예배는 헛된 것이요 하나의 형식에 불과하다.

이로써 성전 제의는 그 절대성을 상실한다. 성전을 유지하며 제의를 정확하고 장엄하게 지키는 것이 구원을 보장하지 못한다. 성전 곧 교회 제도가 구원에 대한 기준이 될 수 없다. 성전과 예배와 예배의식이 절대화될 필요가 없다. 이것들이 인간을 위하여 존재하는 것이지, 인간이 이것들을 위하여 존재하지 않는다. 인간이 성전 제도의 희생물이 되어서는 안 된다. 인간과 모든 피조물의 행복에 도움이 되느냐 되지 않느냐, 이것이 성전과 모든 예배의 기준이다. 인간의 행복에 도움이 되지 않고 오히려 그것에 해가 될 때, 이 모든 것들은 상대화되어야 한다.

---

1) 서중석, 『예수』, p. 58.

예수는 예루살렘 성전과 제의를 상대화하면서, 믿음과 기도와 용서를 강조한다. 예수와 그의 제자들이 이른 아침 저주받은 무화과나무 곁을 지나다가, 그 나무가 뿌리째 말라 있는 것을 보았다. 이때 베드로가 "선생님, 저것 좀 보십시오! 선생님께서 저주하신 무화과나무가 말라버렸습니다"라고 말한다. 베드로의 이 말에 대하여 예수는 이렇게 대답한다. "하나님을 믿어라.…누구든지 마음에 의심을 품지 않고 자기가 말한 대로 되리라고 믿기만 하면 이 산더러 '번쩍 들려서 저 바다에 빠져라' 하더라도 그대로 될 것이다.…너희가 기도하며 구하는 것이 무엇이든 그것을 이미 받았다고 믿기만 하면 그대로 다 될 것이다. 너희가 일어서서 기도할 때에 어떤 사람과 서로 등진 일이 생각나거든 그를 용서하여라. 그래야만 하늘에 계신 너희의 아버지께서도 너희의 잘못을 용서해주실 것이다"(마 11:23-25). 중요한 것은 믿음과 기도와 용서이지, 교회 제도와 예배 자체가 아니라는 것을 예수는 시사한다.[2] 하나님에게 중요한 것은 인간이지 종교 제도 자체가 아니다. 절대화된 종교 제도 대신에 인간이 등장해야 한다. 성전에서 제물을 바치기 전, 먼저 이웃과 화해해야 한다(마 5:24). 화해와 이웃을 위한 일상생활 속의 봉사가 예배보다 더 중요하다.

또한 예수는 예루살렘 성전 안에서 이루어지는 일체의 상행위를 금지한다. 그 당시 예루살렘 성전의 제사장들은 제사에 바치는 모든 제물을 성전 안에서 살 것을 요구하였다. 이스라엘 백성들이 먼 곳에서 가져오는 짐승이나 곡식은 정결하지 못한 경우도 있기 때문에, 성전 상인들이 깨끗이 관리하였다가 파는 제물들을 사서 바칠 것을 요구하였다. 이것을 빌미로 성전 상인들은 하나님께 바칠 제물들을 일반 시중 가격보다 네 배 내지 다섯 배나 더 비싼 값으로 판매하였다. 그럼에도 예루살렘에 제사드리러 온 유대인들은 울며 겨자 먹기 식으로 이것을 살 수밖에 없었다. 여기서 우리는 성전 상인들과 제사장들의 결탁을 상상할 수 있다.

---

2) Ibid., p. 59.

또한 제사장들은 성전 안에서 로마의 은화를 사용하는 것을 금지하고 두로의 은화를 사용할 것을 명령하였다. 그러나 이스라엘이 로마의 식민지가 되어 있었던 그 당시 사회에서 통용되는 화폐는 로마의 화폐였다. 그러므로 이스라엘 백성은 두로의 화폐를 쉽게 구할 수가 없었다. 두로의 은화는 그들 사회에서 통용되지 않았기 때문이다. 그러므로 제사장들은 성전 안에 환전상들을 두어서 모든 외국 화폐를 두로의 은화로 바꾸어주게 하였다. 그런데 환전상들은 정상 환율보다 두 배 내지 세 배의 비싼 환율로 환전하여주었다. 여기서도 우리는 성전 환전상들과 제사장들의 결탁을 상상할 수 있다. 이들 성전 상인들과 환전상들은 시중 가격보다 훨씬 더 비싼 값으로 제물을 팔고 환전해주는 특혜를 제사장들로부터 얻는 대가로 제사장들에게 뇌물을 희사하였을 것이다. 이러한 뇌물을 가지고 제사장들은 가룟 유다를 매수할 수 있었고, 바라바를 풀어주고 예수를 죽이라고 고함지르는 군중들을 동원할 수 있었다.

그런데 예수는 "물건들을" 나르느라고 성전 뜰을 질러 다니는 것을 금하였다고 마가는 보도한다. 여기서 "물건들"(skeuos)은 제사에 사용되는 "기구들" 혹은 "장비들"(vessel, furniture, equipment)을 뜻한다. 제사에 사용되는 기구들을 나르는 것을 예수가 금지하였다는 것은 제사 행위 자체를 금지한다는 것을 뜻한다. 이로써 예수는 성전의 상업적 기능은 물론 종교적 기능, 제사의 기능마저 중단시킨다. 하나님의 집이 "강도의 소굴"로 변질되었기 때문이다. 여기서 예수는 단지 성전을 정화하는 것이 아니라 "성전 체제의 무효화"를 선언한다.[3] "만민이 기도하는 집"으로서의 성전의 기능은 사라지고, 하나님과 인간을 매개하는 여러 가지 매개물 곧 제사장 계급과 제사에 사용되는 여러 가지 기구들과 형식들만이 가득하였기 때문이다.

이와 관련하여 우리는 예수가 운명하는 순간 성전 휘장이 위에서 아래

---

3) Ibid., p. 69.

까지 두 폭으로 찢어졌다는 복음서의 보도를 유의할 필요가 있다. 이 사건은 공관복음서 전체가 보도하고 있다(막 15:38; 마 27:51; 눅 23:45). 당시 예루살렘 성전은 이방인, 여인, 이스라엘 남자, 레위인, 대제사장만 들어갈 수 있는 장소가 각기 구분되어 있었다. 법궤가 있는 지성소에는 대제사장만이 들어갈 수 있었다. 그리고 각 장소는 휘장으로 구분되어 있었다. 이 휘장이 두 폭으로 찢어졌다는 것은, 하나님과 인간을 중재하는 대제사장의 중재 행위가 불필요하게 되었으며, 하나님의 백성은 모두 하나라는 것을 시사한다.

4. 이스라엘의 혈통, 의와 불의의 판단 기준의 상대화

예수를 통한 종교적 형식과 제도의 상대화는 하나님의 선택과 약속의 공동체인 이스라엘의 혈연적 존재를 상대화하며, 의와 불의, 경건과 불경건의 판단 기준을 상대화하는 데까지 확대된다. 이스라엘 민족이 하나님의 선택과 약속의 선별된 민족이라는 확신은 후기 유대교에 있어서 완전히 확고한 것은 아니었다. 물론 이 확신은 예수 당시에도 있었고, 초기교회 시대에도 계속되었다. 그러나 땅 위에 있는 현실의 이스라엘 민족이 참이스라엘과 동일시될 수 없다는 생각이 후기 유대교 시대에 깨어나기 시작하였다. 이리하여 서로의 방향과 성격을 달리하는 다양한 종교 집단들 곧 "경건한 자들", "분리된 자들"(바리새인들), "빛의 자녀들", "계약 공동체" 등이 생성하여, 참이스라엘의 "그루터기", "남은 자들"이 되고자 노력하였다. 이들은 의로운 자들을 그들의 공동체 안에 영입하여 세력을 확장시키고자 하였다. 예수 당시의 바리새파, 에세네파, 쿰란 공동체는 대표적 예라고 말할 수 있다.

이러한 사회적·종교적 상황 속에서 예수는 독특한 인물로 나타난다. 그는 거룩한 자들, 경건한 자들을 모아 세속으로부터 구별되는 특별한 공동체를 형성하지 않는다. 오히려 그는 "세리와 죄인들의 친구"가 된다(마 11:19). 그는 "이스라엘 집의 잃어버린 양"을 찾는다(마 15:24). 그는 "제사"를 원하지 않고 가난한 사람들, 병든 사람들, 소외된 사람들에 대한 자비와 "긍휼"을 원하며, 자칭 의인이라는 사람들을 부르러 온 것이 아니라, 죄인이라 불리는 사람들을 부르러 왔다고 말한다(마 9:13; 막 2:17). 여기서 예수는 자신이 구약 예언자의 전통에 서 있음을 보여준다. 그러므로 예수는 예언자로 간주되기도 한다. "사람들은 그가 갈릴리의 나사렛에서 나신 예언자 예수라고 말하였다"(마 21:11).

복음서에서 예수의 활동은 이스라엘 민족에 제한되어 있다. 그의 말씀을 전할 제자들도 먼저 이스라엘 민족에게로 파송된다. "이방인의 길로도 가지 말고 사마리아 사람의 도시에도 들어가지 말고 이스라엘 집의 잃은 양 떼에게로 가거라"(마 10:5). 물론 예수는 온 인류를 포괄하는 하나님 나라의 이상을 설교하지 않는다. 그는 먼저 이스라엘 민족을 그의 선교의 대상으로 삼는다. 그러나 이스라엘 백성이 확신하는 선택된 민족의 특권을 예수는 여지없이 뒤흔들어버린다.

가버나움의 한 백인대장의 하인을 예수가 고쳐준 사건은, 예수의 활동이 이스라엘 민족에 제한되지 않음을 시사한다. 이 백인대장은 로마 사람이었기 때문이다. 한 걸음 더 나아가 예수는 이스라엘 민족의 특권의식을 거부한다. "내가 너희에게 말한다. 많은 사람이 동과 서에서 와서, 하늘 나라에서 아브라함과 이삭과 야곱과 함께 잔치 자리에 앉을 것이다. 그러나 이 나라의 아들들은 바깥 어두운 데로 쫓겨나서, 거기에서 울며 이를 갈 것이다. 그리고 예수께서 백인대장에게 '가거라. 네가 믿은 대로 일이 될 것이다' 하고 말씀하셨다"(마 8:11-13). 혼인 잔치의 비유도 이것을 시사한다. 잔치의 주인은 잔치를 준비한 다음 손님을 초대하였으나, 처음 소개받은 사람들은 초대를 거절한다. 노한 주인은 그들 대신에 가난한 사람들, 불구자, 소경, 절름발이들을 초대한다. 그래도 자리가 남았기 때문에, 주인은 길거리나 울타리 곁에 서 있는 사람들을 데려오게 한다(눅 14:16-24;

마 22:1-10). 처음 초대받은 사람들은 이스라엘 민족과 그들의 지도자를 가리키며, 나중에 초대받은 사람들은 이스라엘 민족의 소외 계층과 이방인들을 가리킨다. 먼저 된 자가 나중 되고, 나중 된 자가 먼저 될 것이다(마 22:16). 하나님의 구원에 있어서 이스라엘의 혈통이냐 아니냐의 문제는 여기서 아무런 의미도 갖지 못한다.

이와 동시에 예수는 의와 불의, 경건과 불경건의 사회적 판단 기준을 상대화한다. 먼저 된 자들 곧 자칭 의롭고 경건한 자들이 나중 될 것이고, 소위 불의하고 불경건한 자들이 먼저 될 것이다. 그렇다면 자칭 의롭고 경건한 자들은 사실상 불의하고 불경건한 자들이요, 소위 불의하고 불경건한 자들이 사실상 의롭고 경건하다고 추론할 수밖에 없다. 행실이 나쁘다고 소문난 여자는 그의 죄를 용서받는 반면, 의롭다고 하는 바리새파 사람 시몬은 그의 인색함 때문에 책망을 받는다. "내가 네 집에 들어왔을 때에, 너는 내게 발 씻을 물도 주지 않았다. 그러나 이 여자는 눈물로 나의 발을 적시고, 자기 머리카락으로 닦았다.…너는 내 머리에 기름을 발라주지 않았으나, 이 여자는 내 발에 향유를 발랐다. 그러므로 내가 네게 말하거니와, 이 여자는 그 많은 죄를 용서받았다. 그것은 그가 많이 사랑하였기 때문이다. 용서받는 것이 적은 사람은 적게 사랑한다. 그리고 예수께서 그 여자에게 '네 죄가 용서함을 받았다'라고 말씀하셨다"(눅 7:44-48). 남쪽 유대 사람들이 부정하다 여기고 상종을 거부하는 북쪽 사마리아 사람은 하나님의 기뻐하심을 얻는 반면, 종교 지도자에 속하는 제사장과 레위인은 이중인격자로 드러난다(눅 10:30-37).

이것은 "바리새파 사람의 기도와 세리의 기도"에 대한 이야기에도 나타난다. 바리새파 사람은 이렇게 기도한다. "하나님, 감사합니다. 나는 토색하는 자나 불의한 자나 간음하는 자 같은 다른 사람들과 같지 않으며, 또는 이 세리와도 같지 않습니다. 나는 이레에 두 번씩 금식하고, 내 모든 소득의 십일조를 바칩니다"(눅 18:11). 이렇게 기도드리는 바리새파 사람은 분명히 경건하고 의로운 사람이라 말할 수 있다. 정기적으로 금식하고 모든 소득의 십일조를 하나님께 바치는 사람은 많지 않을 것이다. 그러나 중요한 것은 금식이나 십일조와 같은 종교적 형식 그 자체가 아니다. 진짜 중요한 것은 율법의 골자인 하나님의 의와 자비를 행하는 데 있다. 의와 불의, 경건과 불경건의 기준은 종교적 형식을 지키느냐 지키지 않느냐에 있지 않고, 하나님의 의와 자비를 행하느냐 행하지 않느냐, 하나님 앞에서 자기를 겸손히 낮추느냐 낮추지 않느냐에 있다. 종교적 형식을 잘 지킨다 해도, 그 마음속에는 탐욕이 가득할 수 있다. 그는 종교적 형식을 잘 지키는 것을 자기의 공로로 생각하고 하나님 앞에 교만한 사람이 될 수 있다. 그는 종교적 형식을 잘 지킨다는 구실로 하나님의 의와 자비를 행해야 할 의무를 살짝 비켜 가면서 자기의 의를 주장할 수 있다.

예수는 바리새파 사람의 이 위선과 거짓과 교만을 비판한다. "율법학자들과 바리새파 사람들아, 위선자들아, 너희에게 화가 있다! 너희는 박하와 회향과 근채의 십일조는 드리면서, 정의와 자비와 신의와 같은 율법의 더 중요한 요소들은 버렸다"(마 23:23). 그들은 겉으로 깨끗하고 점잖게 보이지만, 마음속에는 "탐욕과 방종으로" 가득하다(마 23:25). 그들은 "겉으로는 아름답게 보이지만, 그 안에는 죽은 사람의 뼈와 온갖 더러운 것이 가득한" "회칠한 무덤"과 같다. 그들은 "겉으로는 사람에게 의롭게 보이지만, 속에는 위선과 불법이 가득하다"(마 23:27-28).

이에 반하여 일반적으로 불의한 죄인으로 간주되는, 그러나 하나님 앞에서 자기의 죄를 자복하고 통회하는 세리가 의로운 자로 선언된다. "세리는 멀찍이 서서, 하늘을 우러러볼 염두도 못 내고, 가슴을 치며 '아, 하나님, 이 죄인에게 자비를 베풀어주십시오'라고 말하였다. 의롭다는 인정을 받고서, 자기 집으로 내려간 사람은 저 바리새파 사람이 아니라, 이 세리다"(눅 18:13-14).

물론 예수는 모든 종교적 형식들과 계명들이 필요 없다고 말하지 않는다. 그는 종교적 관습들을 모두 거부하지 않는다. 올바른 형식들과 계명들은 지켜져야 한다. 박하와 회향과 근채의 십일조도 행해야 한다(마 23:23).

그러나 중요한 것은 종교적 형식들과 계명들 그 자체가 아니라, 하나님과 이웃 앞에서 겸손하고 정직하며, 하나님의 의와 자비를 실천하는 일이다. 의와 불의, 경건과 불경건, 구원과 멸망의 기준은 바로 여기에 있다. 종교적 형식과 계명의 준수, 이스라엘 민족 공동체에 대한 혈연적 소속성이 구원의 보장이 될 수 없다. 이로써 예수는 의로운 자와 불의한 자, 경건한 자와 불경건한 자, 선택받은 자와 선택받지 못한 자의 장벽을 철폐한다. 그는 불의하고 불경건하며 선택받지 못하였다고 하는 자에 대한 사회적 억압과 소외를 철폐하며, 비인간화된 자들의 인간화와 비인간화된 사회의 인간화를 꾀한다.

이것을 우리는 부자 청년의 이야기에서도 본다. 부자 청년은 "간음하지 말라, 살인하지 말라, 도둑질하지 말라, 거짓 증언하지 말라, 네 부모를 공경하라"는 계명들을 "어려서부터" 다 지켜왔다. 인간의 눈으로 볼 때, 그는 그 사회에서 흠 잡을 데가 없는 경건하고 의로운 사람이다. 그는 구원의 보장을 받은 사람으로 간주된다. 그러나 하나님의 눈으로 볼 때, 이 청년은 의롭지도 못하고 경건하지도 못하다. 구원의 길이 그에게 사실상 막혀 있다. 그 이유는 무엇인가? 첫째, 이 청년은 자기의 의를 자랑한다. 그는 하나님과 이웃 앞에서 교만하다. "어려서부터 저는 이 모든 것을 다 지켜왔습니다"(눅 18:21). 둘째, 이 청년은 하나님의 계명을 어려서부터 잘 지켜왔다고 말하지만, 하나님의 참뜻을 사실상 거부하고 있다. 그래서 예수가 "있는 것을 다 팔아 가난한 사람들에게 나누어주어라. 그리고 와서 나를 따르라"고 말하자, 슬픈 얼굴이 되어 예수를 떠난다. 셋째, 이 청년은 율법의 참뜻을 회피하면서도 경건한 척, 의로운 척한다. 이것은 오늘날 많은 그리스도인들의 모습이다. 이 청년은 율법의 핵심을 슬쩍 피하면서 어려서부터 율법을 잘 지켜왔다고 말함으로써 자기의 거짓과 위선과 교만을 폭로한다. 경건하며 의로운 척하는 그의 위선과 가식이야말로 그를 하나님으로부터 분리시키며 그의 구원을 불가능케 만드는 무서운 죄다. 그는 정기적으로 금식하고 기도하였을 것이며 정확하게 십일조를 바쳤을 것이다. 그는 정기적으로 제사에 참여하였을 것이다.

그러나 이 모든 종교적 형식들은 그의 구원에 있어서 결정적 요소가 되지 못한다. 예수는 이 청년의 위선과 가식, 그의 교만과 자기 의를 드러내기 위하여, 그를 마지막 기준 앞에 세운다. "있는 것을 다 팔아 가난한 사람들에게 나누어주어라. 그리고 와서 나를 따르라." 의와 불의, 경건과 불경건, 구원과 멸망의 궁극적 기준은 종교적 형식을 지키는 것 그 자체에 있지 않고, 모든 것을 포기하고 예수의 뒤를 따르는 데 있다. 이 마지막 기준 앞에서 청년은 좌절하고 만다. 의롭고 경건하다는 자들의 위선과 교만과 거짓, 그들의 불의와 불경건이 여기서 폭로된다. 의와 불의, 경건과 불경건을 구분하며 이로써 그 사회를 비인간화하는 종교적 규범과 기준이 상대화되어버린다.

의와 불의, 경건과 불경건의 기준의 상대화는 예수의 구원의 선포에도 나타난다. 복음서에서 예수는 "구원"에 대하여 거의 말하지 않는다. 오히려 그는 하나님 나라에 대하여 말씀하신다. 하나님 나라가 세워지는 것이 구원이기 때문이다. 그러나 예수는 병자를 고쳐줄 때, 삭개오처럼 진심으로 회개하며 자신의 마음을 자기에게 맡기는 자에게 구원을 선포한다(참조. 막 5:34; 10:52; 눅 7:50; 17:19; 19:9). 예수가 구원을 선포할 때, 당시 사회에서 통용되던 의와 불의, 경건과 불경건의 기준이 구원의 조건으로 전혀 제시되지 않는다. 예수는 이 기준을 무시하고 구원을 선포한다. 구원은 그 사회에서 통용되는 기준에 달린 것이 아니라, 예수 안에 나타나는 하나님의 구원하는 능력을 믿느냐 믿지 않느냐, 예수에게 자기를 전폭적으로 맡기느냐 맡기지 않느냐, 삭개오처럼 구체적으로 회개하느냐 하지 않느냐에 달려 있다. 이로써 예수는 구원받을 자와 멸망 받을 자, 의인과 죄인의 기준을 상대화한다.

예수의 이러한 태도는 오늘 우리 사회에도 해당한다. 일반적으로 우리는 사회의 밑바닥에 있는 사람들을 불의하고 불경건한 자들로 간주하는 반면, 사회의 지도층에 있는 사람들을 의롭고 경건한 자들로 간주한다. 감옥에 갇힌 사람들은 불의한 자로 간주하는 반면, 감옥에 들어간 적이 없는 사람들은 의로운 사람으로 간주한다. 그러나 사회의 지도층에 있는 사람들은 지능적으로 불의하고 불경건한 반면, 사회의 밑바닥에 있는 사람들은 서투르게 불의하고 불경건하다는 것을 우리는 발견할 수 있다. 더 악랄한 사람들은 지도층에 속한 사람들, 감옥을 요령 있게 피하면서 입 하나로 먹고사는 사람들일 경우가 많다. 만일 예수가 이러한 우리 사회에 오신다면, 그는 틀림없이 우리 사회에서 일반적으로 통용되는 의와 불의, 경건과 불경건의 기준을 상대화할 것이다.

5. 에세네파, 쿰란 공동체와 예수의 차이

이와 같이 예수는 예루살렘 성전과 제사제도, 의와 불의와 판단 기준, 이스라엘 민족에의 혈연적 소속성을 상대화하면서, 모든 종교적 형식들로부터 자유로운 삶의 모습을 취한다. 복음서를 다시 한 번 읽어볼 때, 예수의 생활 모습은 매우 평범하였고 자연스러웠다는 사실을 발견할 수 있다. 그는 특별한 종단이나 섹트를 만들지 않았으며, 엄격한 종교적 규칙이나 규율을 가지지 않았다. 그는 세속 안에서 그의 제자들과 함께 자연스럽고 평이한 생활을 하면서, 하나님 나라와 희년의 계명을 선포한다. 이러한 예수의 생활 모습은 그 당시 에세네파와 쿰란 공동체의 생활 모습과 비교할 때 한층 더 분명히 구별된다.

앞서 고찰한 바와 같이, 그 당시 에세네파 사람들 가운데 극단적인 사람들은 쿰란 고원에 수도원을 짓고 고행과 은둔생활을 하였다. 그러나 예수는 쿰란 공동체와 무관하였던 것으로 보인다. 그는 수도원이나 기도원을 짓지 않았으며, 거기서 고행과 은둔생활을 하지 않았다. 그는 십여 년간 가만히 앉아서 좌선을 하지도 않았다. 한 부자 청년이 어떻게 하면 영원한 생명을 얻을 수 있는가를 물었을 때, 예수는 그 청년에게 수도원으로 가라고 명령하지 않는다. 오히려 자기의 모든 재산을 가난한 사람들에게 나누어주라고 말한다. 물론 때에 따라 우리는 수도원에 가서 명상과 기도의 시간을 가질 수 있다. 예수 자신도 때로 한적한 곳에 가서 하나님께 간절히 기도드리는 시간을 가진다. 그러나 중요한 것은 하나님 나라와 그의 의를 이 땅 위에 세우는 것이다. 그러므로 예수는 결코 세속을 떠나지 않으며, 십여 년간 가만히 앉아서 고행을 주업으로 삼지 않는다. 참된 경건과 의는 세속을 떠난 은둔생활과 고행에 있는 것이 아니라, 하나님의 의와 자비를 실천하며 하나님 나라를 세우는 데 있다. 이에 반하여 쿰란의 수도사들은 이 세계를 도피하여 수도원에서 고행과 은둔생활을 하면서 세계의 종말을 기다리고 있었다. 이러한 쿰란의 수도사들 또 에세네파 사람들과 예수는 어떤 차이점을 가지는가?[4]

첫째, 에세네파 사람들은 이 세계의 모든 속된 것을 피하기 위하여 속세의 사람들로부터 자신을 분리시킨다. 가장 극단적인 사람들은 쿰란의 수도사들이었다. 그들은 쿰란에 수도원을 세우고 속세와의 모든 관계를 끊은 채 은둔생활을 하였다. 이에 반하여 예수는 속세를 떠나지 않는다. 그는 세속 안에서 세속의 사람들, 그 가운데에서도 가장 속되다고 하는 사람들과 함께 살면서 그들에게 하나님 나라의 복음을 선포한다. 그는 마을에서, 거리에서 활동하며 하나님의 말씀을 이야기한다.

둘째, 쿰란의 수도사들은 세계를 이원론적으로 구분한다. 쿰란 수도원 안에는 진리와 빛이 있고 구원이 있다. 쿰란 수도원의 바깥 세계, 특히 이방인들과 율법에 불충실한 이스라엘 사람들에게는 어두움이 있다. 그들에게는 구원이 없다. 애초에 하나님은 두 가지 부류의 사람들을 지으시고 한 부류의 사람들에게는 진리와 빛의 영을, 다른 부류의 사람들에게는 거짓과 어두움의 영을 주셨다. 그러므로 두 부류의 사람들, 곧 빛과 진리의 자녀들과 거짓과 어두움의 자녀들은 서로 싸울 수밖에 없다. 하나님께서는

---

4) 아래의 내용에 관하여 H. Küng, *Christ Sein*, S. 188ff.

종말에 이 싸움을 끝내실 것이다.

예수는 쿰란의 이러한 이원론을 알지 못한다. 그는 사람들을 두 가지 부류로 구분하지 않는다. 본래 모든 사람이 하나님의 자녀들이다. 하나님은 본질적으로 분노와 복수의 신이 아니라 자비로운 분이다. 그러므로 하나님은 죄인들에게 복수의 심판을 내리지 않는다. 그는 죄인들이 오기를 기다린다. 그들이 돌아올 때 그는 그들의 죄를 용서한다. 그의 사랑과 자비하심은 무한하다. 그러므로 우리도 그렇게 되어야 한다. 원수를 미워하지 말고 오히려 사랑해야 한다고 예수는 가르친다.

셋째, 에세네파 사람들은 바리새파 사람들보다 더 엄격하게 율법을 지켰다. 이것이 두 파의 분열의 원인이기도 하였다. 특히 안식일 계명을 그들은 엄격하게 지켰다. 안식일에 먹을 음식은 그 전날에 미리 준비하였다. 아무리 작은 일도 그들은 안식일에 하지 않았다. 생명을 구하는 일도 하지 않았다. 쿰란의 수도사들도 마찬가지였다. 안식일에는 아무것도 운반해서는 안 되며 약을 먹어서도 안 된다. 안식일에 짐승이 분만할 경우 조산(助産)해서도 안 된다. 구덩이에 떨어진 것을 끌어내어서도 안 된다.

이러한 에세네파 사람들이 볼 때, 예수는 죽음의 벌을 받아야 할 율법 위반자요 불경건한 자였다. 예수가 율법에 대하여 매우 자유로운 태도를 취하였기 때문이다. 이에 관하여 우리는 아래에서 자세히 고찰하기로 하자.

넷째, 에세네파 사람들은 금욕 생활을 하였다. 성관계는 불결하다고 생각하여 에세네파의 지도급에 속한 인물들은 결혼을 하지 않았다. 일반 회원들에게는 결혼이 허용되었다. 그러나 결혼의 목적은 후손의 생산에 있었다. 임신 기간 중에 성관계는 금지되었다. 또한 개인의 소유는 공동체에 바쳐야 했다. 배고픔을 해소하는 데에 필요한 양의 음식만을 먹었다. 이에 반하여 예수는 금욕주의자가 아니었다. 그가 금식하였다는 이야기는 복음서에 40일간 금식하였다는 기록이 단 한 번 있을 뿐이다. 그는 자기의 제자들에게도 금식을 요구하지 않았던 것 같다. 그래서 세례 요한의 제자들이 왜 당신의 제자들은 금식하지 않느냐고 묻는다(마 9:14). 이때 예수는 지금은 금식할 필요가 없다고 자기의 제자들을 변호한다. 그는 재산을 바치라고 요구하지 않는다. 순교를 요구하지도 않는다. 결혼은 부정한 것이 아니라 하나님의 창조 질서에 속한 극히 자연스럽고 아름다운 것이라 한다. 그러므로 그는 스스로 결혼식에 참여하고 포도주를 마련해준다(요 2:1-11). 그는 속되고 죄악된 사람들로 낙인찍힌 사람들과 함께 먹고 마신다. 광야에서 금욕 생활을 하는 세례 요한과 비교해볼 때 예수는 참으로 "먹고 마시기를 탐하는 자"로 보였다.

그러나 이것은 예수가 과음 과식하는 등 무절제한 생활을 하였다는 식으로 오해되어서는 안 된다. 결혼 생활이나 음식은 본래 하나님이 인간에게 주신 복이기 때문에 예수는 이것을 강압적으로 금지하거나 피할 필요가 없다는 입장을 취하였을 뿐이다.

다섯째, 쿰란의 수도사들은 계급질서를 가지고 있었다. 뒤에 입단한 사람은 선임자에게 복종해야 했다. 종단을 지도하는 사람의 가르침과 명령에 무조건 복종해야 했다. 쿰란 수도원의 계급제도는 이보다 더 엄격하였다. 식사할 때 제사장 계급이 언제나 상석에 앉도록 규정되어 있었다. 상급자에 대한 불복종은 엄한 벌을 받았다. 자기의 소유를 거짓 신고하면 일 년 동안 매 끼니 음식량의 4분의 1을 받지 못했고, 필요 없이 옷을 벗고 다니면 반년 동안, 어리석은 말을 하면 3개월 동안, 어리석게 크게 웃거나 집회를 하는 동안 잠을 자면 30일 동안, 침묵의 시간에 침묵을 지키지 않으면 10일 동안 음식물의 4분의 1을 받지 못했다. 심지어 추방당하는 일도 있었다.

이에 반하여 예수는 계급질서를 알지 못한다. 어떤 잘못에 대하여 어떤 벌을 주어야 할지 그는 벌의 목록표를 가지고 있지 않다. 그는 하나님의 뜻에 대한 복종을 요구할 뿐이다. 그는 윗자리를 좋아하는 자를 꾸짖는다(마 23:6). 상급자와 하급자의 질서는 예수에게서 거꾸로 나타난다. 즉 위에 있는 자가 아래에 있는 자를 섬겨야 한다. "너희 사이에서 높은 사람이 되고자 하는 사람은 남을 섬기는 사람이 되어야 하고, 으뜸이 되고자 하는 사람은 종이 되어야 한다"(마 20:26-27). 예수께서 그의 제자들의 발을 씻기셨다는 이야기는 에세네파의 계급질서와는 다른 윤리를 보여주고 있다.

여섯째, 쿰란의 하루 생활은 엄격하게 규칙화되어 있었다. 먼저 기도를 드린 다음 밭에 나가서 노동을 하고, 점심때가 되면 몸을 씻은 다음 함께 식사를 하고, 식사 후에 다시 노동을 하였으며, 저녁에도 함께 식사를 하였다. 함께 모였을 때에는 침묵을 지켜야 했다. 새로운 회원이 입단하려면 먼저 2년 내지 3년 동안의 수련기간을 거쳐야 했다. 신입 회원은 입단식 때 규약을 지킬 것을 맹세하였다. 모든 회원들은 특히 공동식사 때에 흰옷을 입었는데 흰옷은 죄가 없는 깨끗한 사람이라는 것을 상징하였다.

이에 비하여 예수의 공동체에는 수련기간이나 입단식이나 입단의 맹세나 규칙적인 영성훈련이나 긴 기도의 시간이 없었던 것으로 보인다. 또 예배의식의 성격을 가진 식사나 목욕이 없었고 특별히 구별되는 복장도 없었다. 예수는 그의 공동체의 규칙이나 규약을 만들지 않았다. 그의 공동체에는 엄격한 규칙 대신에 자유가 있었고 강제성 대신 자발성이 있었다. 그의 공동체는 외형적인 삶의 형식에 있어서 세속의 삶과 크게 구별되지 않았던 것으로 보인다. 예수의 공동체는 세속 안에 머물러 있으면서 겉으로 보기에 평범한, 그러나 내용에 있어서는 세속의 삶과 엄격히 구별되는 삶을 살면서 하나님 나라의 기쁜 소식을 선포한다.

6. 종교의 형식들을 상대화하는 이유

그럼 예수가 일체의 종교적 형식과 제도는 물론 하나님의 계약 백성인 이스라엘 민족의 존재를 상대화하는 이유와 목적은 무엇인가? 그 이유 내지 목적을 우리는 여기서 좀 더 자세히 고찰하기로 하자.

1) 근본적인 원인은 예수가 선포하며 앞당겨 일으키는 하나님 나라가 당시 유대인들이 가지고 있던 기다림과 일치하지 않았기 때문이다. 예수

가 선포하는 하나님 나라는 당시 유대인들이 가지고 있었던 민족주의의 틀을 넘어선다. 그것은 이스라엘 민족에 제한될 수 없다. 그것은 땅 위의 모든 민족은 물론 자연의 세계까지 포함하는 보편적이며 우주적인 것이다. 그러므로 예수는 하나님의 선택받은 민족인 이스라엘 민족의 존재를 상대화한다. 이스라엘 백성뿐 아니라 "사방에서 많은 사람들이 모여들어 하나님 나라의 잔치에 참석할 것이다." 하나님의 선택을 먼저 받은 이스라엘 백성이 꼴찌가 되고, 하나님의 선택을 받는 이방인들이 먼저 하나님 나라에 들어갈 것이다. "지금은 꼴찌지만 첫째가 되고 지금은 첫째지만 꼴찌가 될 사람들이 있을 것이다"(눅 13:29-30).

2) 종교의 본래 목적은 그 자체에 있지 않고 하나님 나라를 땅 위에 세우는 데 있다. 예루살렘 성전과 그 안에 있는 모든 장치들, 제사제도, 제사장제도, 이 모든 것은 그 자체를 위한 것이 아니라 하나님 나라를 세우기 위한 수단과 방편에 불과하다. 하나님 나라 앞에서 그것은 절대적 의미를 갖지 않는다. 그것은 상대적 의미를 가질 뿐이다. 그것은 본질상 하나님 나라 앞에서 상대화될 수밖에 없다. 본래 이스라엘의 하나님은 특정한 공간에 묶여 있는 "공간의 신"이 아니라 "시간의 신"이다. 그는 특정한 공간에 묶이는 것을 거부한다. 그는 그의 피조물이 있는 곳에는 어디에나 계시며 그의 현실을 이루고자 한다. 하나님이 궁극적으로 원하시는 것은 "이웃에게 베푸는 자선"이지 성전에서 드리는 제사가 아니다(마 12:7).

하나님께 중요한 문제는 고대종교에서 볼 수 있는 바와 같이 거대한 신전을 짓는 것이 아니라, 그의 "뜻이 하늘에서 이룬 것같이 땅 위에서도 이루어지는" 일 곧 하나님의 주권, 하나님 나라가 이루어지는 것이다. 따라서 예루살렘 성전은 본래 하나님의 뜻에 어긋나는 것이다. 더구나 성전 혹은 그것과 관계된 모든 제도가 절대화되고 부패할 때 그들의 상대화는 불가피하다. 본회퍼(D. Bonhoeffer)의 표현을 빌린다면, 종교의 모든 형식들과 제도들은 비종교화되어야 한다. 다시 말하여 그들의 모든 절대성을 포기하고 하나님 나라를 이루기 위한 수단으로 자기를 상대화해야 한다. 모든 인간적 거짓과 교만과 자기주장을 버려야 한다. 예수는 하나님의 뜻을 땅 위에 이루고 하나님 나라를 세우고자 하셨기 때문에, 부패에 빠진 예루살렘의 성전종교 자체를 상대화할 수밖에 없었다.

한 걸음 더 나아가 복음서는 예루살렘 성전과 유대교의 모든 제도를 상대화하는 근거를 예수의 존재에서 발견한다. 성전보다 더 큰 이가 오셨다. 그러므로 성전은 상대화될 수밖에 없다. "잘 들어라. 성전보다 더 큰 이가 여기에 있다"(마 12:6). 어떤 의미에서 예수는 성전보다 더 큰 분인가? 성전의 목적이 예수에게서 성취된다는 뜻에서 예수는 성전보다 더 큰 분이다. 성전의 목적은 인간의 죄가 희생제물을 통하여 용서받고, 하나님과 인간의 관계가 회복되며, 하나님의 뜻이 모든 것을 다스리는 하나님 나라가 실현되는 데 있다. 이러한 성전의 목적이 예수에게서 성취된다. 이제 이스라엘 민족이 지은 성전을 통해서가 아니라 예수를 통하여 이스라엘 민족의 죄는 물론 모든 인간의 죄가 용서를 받으며, 이스라엘 민족은 물론 모든 피조물과 하나님의 관계가 회복된다. 예수와 함께, 예수를 통하여 하나님 나라가 이스라엘 민족 안에서는 물론 모든 피조물 안에서 일어나기 시작한다. 이러한 뜻에서 예수는 성전보다 더 크다. 이제 성전은 구원의 매개체로서의 의미를 상실한다. 아니, 한 걸음 더 나아가 성전은 하나님의 뜻을 거부할 뿐 아니라 불의를 행하는 곳으로 하나님의 버림을 받을 수밖에 없다고 예수는 선언한다. "예루살렘아! 예루살렘아! 너는 예언자들을 죽이고 하나님께서 보내신 사람들을 돌로 치는구나! 암탉이 병아리를 날개 아래 모으듯이 내가 몇 번이나 네 자녀들을 모으려 했던가! 그러나 너는 응하지 않았다. 너희 성전은 하나님께 버림을 받을 것이다"(눅 13:34).

3) 의와 불의, 경건과 불경건을 구분하는 기준은 종교의 특정한 형식을 지키느냐 지키지 않느냐에 있지 않다. 물론 우리는 종교의 모든 형식을 폐지할 필요는 없다. 그러나 의와 불의, 경건과 불경건을 구분하는 참된 기준은 종교의 형식에 있는 것이 아니라 하나님의 뜻을 지키느냐 지키지 않느냐, 하나님 나라를 세우느냐 세우지 않느냐에 있다. 사람이 종교의

형식들을 아무리 잘 지킨다 할지라도 그의 마음이 하나님께 있지 않으면 그것은 쓸데없다. 하나님을 섬기지 않고 세상 재물이나 영광을 섬기며 하나님의 뜻을 행하지 않으면 그것은 헛된 일이다. 하나님께 아무리 장엄한 "제사"를 드린다 해도 하나님이 원하시는 "긍휼"을 행하지 않으면 그 제사는 아무 쓸데없다. 정기적으로 금식하고 기도하는 그 자체가 나쁘다고 할 수 없다. 그러나 이러한 종교적 관습을 지키면서 하나님의 뜻을 추구하기보다 돈과 지위와 명예를 탐한다면 그 모든 것은 헛된 것이다. 예수에게 중요한 것은 종교적 관습이나 형식들을 지키는 그 자체가 아니라 하나님의 뜻을 행하고 하나님 나라를 세우는 것이었기 때문에, 그는 모든 종교적 관습과 형식들을 상대화할 수밖에 없었다.

4) 어느 사회를 막론하고 그 사회의 종교가 요구하는 모든 관습들과 형식들을 지킬 수 없는 사람들이 있다. 의와 불의, 경건과 불경건의 기준을 지킬 수 없는 사람들이 있다. 죄를 지은 사람은 하나님께 속죄의 제물을 바쳐야 한다. 그러나 죄를 지었음에도 불구하고 제물을 바칠 수 없는 사람들이 있다. 모든 교인은 교회가 요구하는 십일조를 바쳐야 한다. 그러나 십일조를 바칠 수 없는 사람들이 있다. 십일조 외에 선교헌금, 건축헌금, 각종 감사헌금을 바쳐야 한다. 그래야 의를 얻을 수 있고 교회 생활을 유지할 수 있다. 그러나 이러한 헌금을 바칠 수 없는 사람들이 있다. 안식일에 낳은 달걀을 먹어서는 안 된다. 그러나 먹을 것이 없어서 이 계명을 지킬 수 없는 사람들이 있다. 간음을 하지 말아야 한다. 그러나 몸을 팔지 않고서는 도저히 연명할 수 없는 사람들이 있다.

이러한 사람들은 종교의 세계에서 의롭지 못한 사람, 경건하지 못한 사람으로 낙인찍히기 마련이다. 종교가 요구하는 것을 한두 번 지키지 않을 수 있지만, 계속 지키지 않으면 그 종교에 소속될 수 없다. 그들은 결국 그 종교의 세계에서 소외되어버린다. 유대교의 경우와 같이 한 특정한 종교가 그 사회의 지배종교 내지 국가종교로 군림할 때, 이러한 사람들은 사회로부터 소외되어버린다. 그들은 결국 그 사회의 그늘 속에서 살게 되며 경건치 못한 자, 불의한 자로 인정된다. 인간으로서의 가치와 존엄성을 박탈당한다. 종교의 목적은 모든 인간의 상실된 가치와 존엄성을 회복하는 데 있음에도 불구하고 그들은 오히려 이것들을 상실한다. 반면 그 사회의 지배종교가 요구하는 바를 지키는 사람은 의로운 사람, 경건한 사람, 정상적인 사람으로 군림한다. 이러한 사람들은 대개의 경우 그 사회의 상층계급을 형성한다. 이리하여 그 사회의 지배종교가 요구하는 바를 지키어 그 사회의 상층계급을 형성하는 의롭고 경건한 사람들과, 이것을 지키지 못함으로써 그 사회의 하층계급을 형성하는 불의하고 불경건한 사람들의 두 계급이 형성된다. 그리고 하층계급에 대한 상층계급의 억압과 지배와 착취가 일어난다. 인간에 의한 인간의 비인간화, 비인간적인 사회가 여기서 형성된다. 그럼에도 불구하고 이 사회는 하나의 "종교적인" 사회로 자처하며 종교는 그 사회의 지배종교로 군림한다.

이러한 상층계급의 사람들은 종교적 가식에 사로잡히는 경우가 많다. 참으로 지켜야 할 것은 지키지 않으면서 자기를 의로운 자, 경건한 자로 생각하기 쉽다. 예수가 요구하는 것, 곧 자기의 소유를 팔아 가난한 사람들에게 나누어주며 잔치를 베풀었을 때 부자를 초대하기보다 가난한 사람들을 초대하라는(눅 14:13) 예수의 말씀을 지키지 않으면서 자기의 의와 경건을 확신하기 쉽다. 철저히 자기의 관심과 욕심에 사로잡혀 있으면서 의롭고 경건한 척한다. 그러면서 소위 하나님의 계명을 지키지 않는 사람들을 불의한 죄인으로 취급하며 그들을 소외시킨다. 그들은 사실상 그들이 소외시키는 그 사람들 덕분으로 생계를 유지한다. 이들이 담당하는 소위 천하다고 하는 모든 종류의 육체 노동, 물질의 생산과 유통, 그들이 지불하는 조세를 통하여 살아간다. 그럼에도 불구하고 그 사회가 요구하는 의와 불의의 기준을 지키지 않는다는 이유 때문에 그들을 소외시키며 사실상 그들을 착취한다. 그리고 불의한 죄인이라는 명목으로 그들에 대한 착취를 정당화하면서 억압과 착취의 체제를 유지시킨다. 상놈은 상놈이기 때문에 사회의 밑바닥에서 괄시와 억압과 고통을 당하며 살아야 한다. 양

반은 이 상놈들의 노동과 희생의 대가로 그들의 사회적 위치를 유지한다.

이러한 사회체제를 상대화하고 소외된 사람들을 자유롭게 하며 그들의 상실된 인간적 가치와 존엄성을 회복하기 위해 예수는 모든 관습과 형식들, 기존의 가치체계, 의와 불의의 기준을 상대화할 수밖에 없었다. 종교적 관습들과 형식들, 의와 불의의 기준을 상대화한 예수의 행위는 사실상 인간 해방의 사건이요, 비인간화된 사회를 인간화하는 사건이었다.

5) 예수가 선포하는 하나님 나라는 모든 인간이 하나님 앞에서 즐겁고 행복하게 사는 세계다. 그곳은 인간의 생명이 보호를 받는 세계다. 이 세상에 생명보다 더 귀중한 것은 없다. 모든 제도와 질서도 인간의 생명을 보호하고 장려하기 위하여 존재한다. 종교도 마찬가지다. 어느 종교를 막론하고 인간을 위시한 모든 피조물의 생명이 억압당하고 착취당할 경우, 그 종교는 잘못된 종교다. 그것은 인간을 위한 종교가 아니라 신의 이름으로 인간을 착취하는 종교다. 신에 대한 섬김과 봉사는 인간에 대한 섬김과 봉사로 나타나야 한다. 신에 대한 섬김과 봉사 때문에 인간의 생명이 억압당하고 착취당하는 것은 종교의 타락에 불과하다. 그러므로 성경은 하나님에 대한 사랑과 이웃에 대한 사랑을 결합시킨다. 양자는 결코 분리될 수 없다. 이웃 사랑 없는 하나님 사랑은 거짓이다. 그 반면 하나님 사랑 없는 이웃 사랑은 그의 초월적 근거를 상실하고 자기 사랑으로 전락한다.

예수가 선포하는 하나님 나라는 하나님을 위한다는 명목으로 인간의 생명이 억압과 고통을 받는 세계가 아니라, 인간은 물론 모든 피조물의 생명이 하나님 앞에서 보호받고 장려되는 세계다. 그곳은 모든 피조물이 건강하고 행복하게 사는 세계다. 종교적 모든 관습들과 형식들은 이것을 위하여 존재한다. 즉 그들은 모든 피조물이 하나님 앞에서 건강하고 행복하게 사는 세계를 이루기 위하여 존재한다. 그들의 존재 이유와 존재 목적은 그들 자신에 있는 것이 아니라, 하나님 앞에 있는 모든 피조물의 건강과 행복에 있으며, 이를 통한 하나님의 영광과 하나님의 기쁨에 있다. 그러므로 모든 종교적 관습들과 형식들은 물론 모든 종교적 제도는 전체 피조물의 건강과 행복이라는 궁극적 목적 앞에서 상대화될 수밖에 없다. 그것은 피조물의 건강과 행복을 위하여 지켜져야 할 때도 있고 반드시 지킬 필요가 없을 때도 있다. 그것을 지키느냐 지키지 않느냐의 문제는 상황과 형편에 따라 결정될 문제지 절대화될 수 있는 문제가 아니다. 예를 들어 금식 자체가 나쁘다고 말할 수 없다. 때에 따라 금식을 해야 할 필요도 있다. 그러나 금식을 절대적 구속성을 가진 관습으로 간주할 필요는 없다. 만일 금식이 절대적 구속성을 가진 종교의 관습으로 제도화된다면, 그것은 인간의 생명을 보호하고 장려하는 것이 아니라 오히려 인간의 생명을 억압하고 괴롭히는 것이 되고 만다. 예수와 그의 제자들이 금식에 대하여 자유로운 태도를 취한 이유는 바로 여기에 있다.

예수께서 당시 유대인들의 율법 체계를 상대화한 이유도 여기에 있다. 율법의 목적도 하나님 앞에 있는 모든 피조물의 건강과 행복에 있다. 율법은 이 목적을 위한 수단에 불과하지 목적 자체가 아니다. 그러므로 율법은 그의 목적 앞에서 상대화될 수밖에 없다. 그것은 근본적으로 피조물의 건강과 행복을 위한 것이 되어야 한다. 그렇지 않을 때 율법은 피조물의 생명을 보호하고 장려하는 것이 아니라 오히려 그것을 억압하는 것으로 전락한다. 예수가 안식일에 대한 당시 유대인들의 율법을 상대화한 이유도 인간을 위시한 피조물의 생명을 보호하고 장려하며 그들의 건강과 행복을 위함이다. 안식일에 자기는 물론 다른 피조물도 쉬게 하는 것이 하나님의 뜻이다. 그러나 다른 피조물의 생명을 보호하고 장려하며 그 생명에 도움이 되는 일이라면 안식일에 노동을 할 수 있다. 그러므로 안식일에 노동을 하지 말아야 한다는 계명은 절대화될 수 없다. 그것은 상황과 형편에 따라 결정될 수밖에 없다. 그러므로 예수는 이렇게 질문한다. "안식일에 선을 행하는 것과 악을 행하는 것, 생명을 구하는 것과 죽이는 것, 어느 것이 옳으냐?"(막 3:4) 이 문제에 대해 우리는 나중에 보다 더 자세히 고찰하기로 하자.

XIV

율법을 완성하는 하나님 나라
- 율법과 예수

앞서 우리는 "율법을 상대화한 예수"를 기술하면서 율법에 대한 예수의 입장을 간단히 언급하였다. 여기서 우리는 "하나님 나라"와 관련하여 율법에 대한 예수의 입장을 보다 더 상세히 그리고 체계적으로 관찰하고자 한다.

1. 율법의 본래 목적과 전도(顚倒)

전통적으로 신학은 율법의 기능이 죄와 죄에 대한 하나님의 심판을 깨닫게 하는 데 있다고 가르쳤다. 종교개혁자들도 이렇게 가르쳤다. 루터에 의하면, 하나님은 율법을 통하여 인간을 심판하는 반면, 복음을 통하여 인간을 구원한다. 율법은 죄를 깨닫게 함으로써 그리스도의 용서와 구원에 이르게 하는 "몽학선생"이요 준비자다. 율법은 하나님의 비본래적 사역(*alienum opus*)에 불과하다. 하나님의 본래적 사역(*proprium opus*)은 죄의 용서와 구원을 주는 그리스도의 복음이다. 율법과 복음의 관계에 대한 이러한 이분법적 사고와 함께 지금까지 신학은 율법을 부정적으로 가르쳐 왔다. 20세기 루터 르네상스의 대표자들, 특히 엘러트(W. Elert)도 이와 같은 견해를 주장하였다. 율법은 죄와 하나님의 분노를 계시하는 반면, 복음은 하나님의 은혜와 죄의 용서와 구원을 계시한다는 것이다.[1]

율법에 대한 이러한 부정적 이해는 구약성서에 대한 부정적 시각으로 이어진다. 구약성서의 중심은 율법이기 때문에, 율법을 부정적으로 볼 때 구약성서 자체를 부정적 시각에서 보게 된다. 율법과 구약성서에 대한 부정적 판단은 구약성서를 유일한 경전으로 가진 유대인들을 부정적으로 보게 하며, 이리하여 히틀러에 의한 유대인들의 학살을 지지하게 된다. 달리 말하여 율법과 구약성서에 대한 부정적 해석은 단순히 신학적 문제가 아니라 하나의 정치적 문제로서, 유대인들을 학살한 히틀러에 대한 신학자들의 정치적 입장을 반영하는 것이다. 히틀러에 대한 신학자들의 정치적 입장이 구약성서와 신약성서, 율법과 복음의 관계에 대한 그들의 입장으로 나타났다. 히틀러를 지지하는 신학자들은 유대인들의 경전인 구약성서와 율법을 부정적으로 판단하였고, 히틀러를 반대하는 신학자들, 예를 들어 바르트(K. Barth), 본회퍼(D. Bonhoeffer)와 같은 신학자들은 구약성서와 율법을 긍정적 시각에서 판단하였다. 여기서 우리는 어떤 신학적 문제에 대한 신학자들의 입장은 사실상 그들의 정치적 입장을 반영한다는 사실을 발견한다. 여하튼 기독교 역사 2천 년 동안 계속된 율법과 구약성서에 대한 부정적 판단은 유대인 배척주의(antisemitism)의 이론적 근거가 되었다.

율법에 대한 부정적 판단은 이미 신약성서에 나타난다. 바울에 의하면 율법이 요구하는 행위로 구원받을 사람은 아무도 없다. 율법은 우리에게 "죄의 깨달음"을 줄 수 있을 뿐이다(롬 3:20). 구원은 율법의 행위에 있지 않고, 그리스도에 대한 믿음에 있다(롬 3:28). "율법의 행위에 속한 자들

---

1) W. Elert, *Der christliche Glaube*, 3. Aufl. 1956, S. 139ff.

은 저주 아래"(갈 3:10) 있으며, 그리스도는 "율법의 저주에서 우리를 속량" 하셨다(갈 3:13). 여기서 율법과 복음은 이분된다. 율법은 인간을 저주 아래 있게 하는 반면, 복음은 인간을 율법의 저주에서 구원하는 기능을 가진 것으로 나타난다. 바울 서신의 이러한 구절들에 근거하여 서구의 국가교회가 된 기독교는 2천 년 동안 율법을 부정적으로 가르쳐왔으며 유대인을 소외시키고 학살할 수 있는 이론적 기초를 제공하였다. 여기서 우리는 서구의 유대인 배척주의와 이로 말미암아 유태인들이 2천 년 동안 당한 고난과 박해의 뿌리가 이미 신약성서에 있음을 발견한다. 그러나 "율법도 거룩하며 계명도 거룩하며 의로우며 선하도다"(롬 7:12), "율법은 신령하다 (pneumatikos: 영적이다)"는(롬 7:14) 바울의 말씀은 2천 년 동안 거의 침묵하고 있다.[2]

그러나 우리가 율법을 다시 한 번 생각해볼 때, 율법은 바울이 말한 바와 같이 참으로 "신령하다"는 사실을 발견할 수 있다. 크게 나누어 율법은 하나님에 대한 제의나 종교적 의식에 관한 종교법(cultic law)과 이스라엘 공동체의 사회생활에 관한 도덕법(moral law 혹은 civil law)으로 구성되어 있다. 이렇게 구성되어 있는 율법의 기본 정신은 하나님에 대한 "경외"와 이웃과 자연에 대한 "사랑"이라 말할 수 있다. 하나님을 경외하는 자가 참으로 이웃과 자연에 대하여 자비를 베풀 수 있으며, 이웃과 자연에게 자비를 베푸는 자만이 참으로 하나님을 경외하는 것이다. 그러므로 하나님에 대한 경외와 이웃과 자연에 대한 경외 혹은 사랑이 율법의 기본 정신을 형성한다. 따라서 율법은 하나님을 섬기는 종교적 의무를 지킬 것을 요

---

2) 이 문제에 대하여 M. Welker, *Gottes Geist, Theologie des Heiligen Geistes*, 1992, S. 236ff. 이와 관련하여 B. Klappert, "Eine Christologie der Völkerwelt zum Zion", in : B. Klappert u. a., *Jesusbekenntnis und Christusnachfolge*, S. 74: 레오 벡(Leo Baeck)에 의하면, 고대 이스라엘 주변의 나라들은 "가진 자의 입장에서" "그의 소유를 보장하기 위하여" 율법을 만들었다. 이에 반하여 구약의 율법은 "작은 자, 연약한 자, 고통을 당하는 자의 입장에서" 쓰였다.

구하는 동시에 인간과 자연의 생명을 보호하며 특히 약한 자들의 기본 권리를 보호하라고 명령한다. "가난하기 때문에 품을 파는 사람을 억울하게 다루어서는 안 된다"(신 24:14), "너희는…나귀나 소가 쓰러져 있는 것을 보고 모른 체해도 안 된다"(신 22:4).

흔히 우리는 십계명 가운데 제4계명 곧 안식일 계명을 "하나님께 대한 우리의 의무"를 다루는 계명 곧 "첫 번째 돌판"(*tabula prima*)에 속한 것으로 분류하고, 제5계명부터 제10계명까지를 이웃과의 관계에서 지켜야 할 의무를 다루는 계명 곧 "두 번째 돌판"(*tabula secunda*)으로 분류한다.[3] 십계명의 이러한 분류는 잘못된 것이며, 그것은 율법의 기본 정신을 충분히 파악하지 못한 것이다. 안식일 계명은 "안식일을 기억하여 거룩하게 지켜라.…이렛날은 하나님 야웨 앞에서 쉬어라"는 명령으로 끝나지 않는다. 안식일 계명은 계속하여 다음과 같이 말한다. "너희와 너희 아들 딸, 남종 여종뿐 아니라 가축이나 집안에 머무는 식객이라도 일을 하지 못한다"(출 20:10). 이 구절에 의하면 안식일을 거룩하게 지키는 것은 자기 혼자 일하지 않고 교회에 나가 하나님을 기억하는 것을 뜻하지 않는다. 오히려 그것은 남종이나 여종이나 식객(가정부, 운전사 등)은 물론 말 못하는 가축까지 쉬게 하는 데 있다. 즉 힘없는 자들을 쉬게 하고 그들의 생명을 보호하는 것이 안식일을 거룩하게 지키는 것이다. 여기서 우리는 제4계명이 하나님에 대한 종교적 계명이라기보다 이웃과 자연에 대한 도덕적 계명에 속한다는 사실을 발견한다.

안식년과 희년 계명은 개인윤리적 차원에서는 물론 사회제도적 차원에서 약자의 권리와 생명을 보호할 것을 명령한다. 부를 많이 가진 사람일수록 더 많은 부를 쌓게 된다는 것은 자본주의의 일반 상식이다. 이리하여 시간이 흐를수록 그 사회의 부가 소수의 사람에게 독점되는 현상이 불가피하게 일어난다. 가난한 사람들이 가난을 극복하기 어려운 구조적 원인

---

3) W. Barclay, 『율법과 예수』, 이희숙 역, 1987, p. 7 참조.

이 생성된다. 이때 가난은 흔히 부자들이 말하는 것처럼 반드시 가난한 사람들 자신의 죄가 아니라 부자들의 죄이며 가난을 야기하는 사회구조의 죄다.[4] 그러므로 하나님은 안식년과 희년 계명을 통하여 그 사회의 편중된 부를 정의롭게 재분배하고 약자의 권리를 회복하라고 명령한다. 가난을 이기지 못하여 자기와 자기 가족의 몸을 채권자에게 팔아버린 노예들을 풀어주고, 가난한 자의 채무를 변제하며, 땅을 본래의 소유자에게 값을 따져 돌려주라고 명령한다. 바로 여기에 구약 율법의 특징이 있다. 고대이스라엘 주변의 나라들은 "가진 자의 입장에서", "그의 소유를 보장하기위하여" 법을 만들었다. 이에 반하여 구약의 율법은 "작은 자, 연약한 자, 고통을 당하는 자의 입장에서" 쓰였다.[5]

이러한 점을 고려할 때, 율법의 근본 목적은 죄에 대한 하나님의 분노와 심판을 깨닫게 하는 데 있지 않고, 인간을 위시한 모든 피조물의 평화로운 삶의 세계를 실현하는 데 있음을 볼 수 있다. 한마디로 율법의 본래목적은 하나님의 정의와 자비가 다스리는 하나님 나라를 세우는 데 있다. 그러므로 바울은 "율법도 거룩하며 계명도 거룩하며 의로우며 선하다"(롬 7:12), "율법은 신령하다"라고(롬 7:14) 말한다. 죄에 대한 하나님의 분노를 깨닫게 하는 것은 율법의 부차적 작용에 불과하다. 자비로운 하나님께서 단지 죄에 대한 하나님의 분노를 깨닫게 하기 위하여 인간에게 무거운 율법을 주었을 리가 없다. 인간이 하나님의 정의와 자비를 실천하여 모든 피조물이 하나님의 평화 속에서 행복하게 사는 하나님의 세계를 이루기 위하여 율법을 주신 것이다.

그러나 유대교는 율법의 본래 목적을 망각하고 그릇된 율법주의에 빠진다. 구원의 길은 율법을 지키는 데 있다고 생각하므로, 유대교는 인간의

---

4) 박재순, 『예수운동과 밥상공동체』, p. 249.
5) 이에 관하여 B. Klappert, "Eine Christologie der Völkerwelt zum Zion", in : B. Klappert u. a., *Jesusbekenntnis und Christusnachfolge*, S. 74.

모든 행위를 율법으로 규정한다. 삶의 모든 일들이 율법에 계시되는 하나님의 뜻에 따라 이루어져야 한다. 그리하여 유대교는 인간의 아주 작은 행위까지 개인의 판단에 맡기지 않고 그것을 율법으로 규정한다. 요세푸스에 의하면, 유대교의 율법교사들은 "아무것도, 아주 작은 일도 (개인의) 자유로운 의지의 결단에 맡기지 않았다. 그것은 우리가 그 아래서 (곧 율법 아래서) 아버지와 주인 아래서와 같이 살며 의식적이든 무의식적이든 죄를 짓지 않게 하기 위함이었다."

그러나 삶의 상황은 동일하지 않다. 그것은 때와 장소에 따라 다르다. 지금의 상황 속에서 타당한 일이 다른 상황에서는 타당하지 않을 수 있다. 또 삶 속에서 일어나는 일들은 너무도 다양하기 때문에, 구약에 기록된 613가지의 계명으로 인간의 모든 삶과 행동을 규정한다는 것은 불가능하다. 그러므로 유대교 지도자들은 구약의 한 가지 계명이 삶의 구체적 상황 속에서 어떻게 적용될 수 있는가를 해석하지 않을 수 없었다. 예를 들어 십계명의 제4계명은 안식일을 거룩하게 지킬 것을 명령한다. 그러면 어떻게 하는 것이 안식일을 거룩하게 지키는 것인가? 안식일을 거룩하게 지키기 위해, 몇 킬로미터 이상 길을 가서는 안 되며, 병자도 고쳐주어서는 안 되며, 안식일에 낳은 달걀을 먹어서도 안 된다는 등 수없이 많은 계명을 유대교는 만들었다. 이리하여 한 가지 계명은 수많은 해석들을 가지게 되었고, 이 해석들 곧 할라카(Hallacha)도 구약의 율법과 동등한 권위를 가진 것으로 인정되었다. 구약의 율법은 율법의 전부가 아니라 단지 한 부분으로 간주되었다. 인간이 만든 규례와 관습이 하나님의 율법과 동일시되었다. "그들은 사람의 훈계를 교리로 가르치며"(마 15:9), "너희는 하나님의 계명을 버리고, 사람의 관습을 지키고 있다"(막 7:8; 참조. 막 8:13; 마 15:6)는 예수의 말씀은 바로 이것을 가리킨다.

이리하여 율법은 구약의 율법은 물론 입으로 전해지는 할라카를 포함하여 거대한 체계를 이루게 된다. 율법의 본래 목적은 사라지고, 이루 말할 수 없이 많은 율법의 세부 조항들을 지키느냐 지키지 않느냐가 주요 문제로 간주된다. 정의와 자비를 베풀어야 할 하나님의 뜻에 대한 복종은 율법 조항에 대한 문자적 복종과 혼동된다. 이리하여 하나님의 뜻에 대한 복종의 형식주의(formalism)가 형성된다. 율법의 본래 뜻인 정의와 자비를 행하지 않아도, 율법의 세부조항들을 지키기만 하면 된다고 생각하게 된다. 하나님 나라는 사라지고 인간의 모든 행동을 규정하는 복잡한 율법 체계가 등장한다. 이제 인간은 하나님의 정의와 자비를 이루는 데 관심을 갖기보다, 자기의 행동 하나 하나가 율법의 조항에 어긋나지 않는가를 조심스럽게 계산해야 한다. 그의 모든 행동이 율법의 규제를 받게 된다. 율법은 인간과 모든 피조물의 행복한 삶을 가능케 하는 것이 아니라, 인간의 모든 행동을 규제하는 타율과 억압이 된다. 인간의 삶의 상황은 헤아릴 수 없을 만큼 다양하며 끊임없이 변화한다. 그러므로 이 상황에 타당한 율법 조항이 저 상황에서는 타당하지 않을 수 있다. 그럼에도 불구하고 그것은 "하나님의 법"으로서 강제성을 가진다. 변화된 상황 속에서 그것을 지키지 않는 사람은 "죄인"이 된다. 이리하여 율법은 죄인을 양산하게 된다. 율법은 정의와 자비를 이루고자 하는 하나님의 뜻으로부터 분리되며 또 인간의 구체적 상황으로부터 분리된 독자적 권위 체계로 변질한다. 율법을 통하여 실현되어야 할 하나님의 뜻은 인간이 만든 율법 체계로, 종교적·도덕적 관습으로 전도되어버린다.

그뿐 아니라 율법은 인간이 하나님 앞에서 자기의 업적과 의를 주장할 수 있는 수단이 된다. 율법을 지킴으로써 인간은 하나님 앞에 내어놓을 수 있고 자랑할 수 있는 업적을 얻게 된다. 그는 자기의 의를 주장할 수 있게 된다. 물론 율법을 지킬 때, 이러한 위험은 언제나 도사리고 있다. 그러나 율법의 참뜻을 잊어버리고 율법주의에 빠진 사람은 자기의 행위를 계산하고 자기의 업적과 의를 주장하게 된다. 그는 율법의 참뜻을 행하지 못한 자기의 죄를 보지 못하고, 부차적인 율법 조항들을 지킨 자기를 주장한다. 이리하여 그는 하나님과 이웃 앞에서 교만한 인간이 된다. 그는 율법을 잘 지킨다 하지만, 율법의 참뜻을 모르고 있다. 그는 하나님 앞에서 자기를 포기하지 않으며, 자신의 적나라한 모습을 보지 않으려고 한다. 이러한 사람을 구원하는 것은 자기를 죄인이라 인정하는 사람을 구원하는 것보다 훨씬 더 어렵다. 그는 하나님의 구원을 받지 못한 상태에 있음에도 불구하고 구원을 받았다고 확신하기 때문이다. 그러므로 예수는 "세리와 창녀들이 너희보다 먼저 하나님 나라에 들어가고 있다"고 말한다(마 21:31). 세례 요한이 그들을 찾아와서 올바른 길을 가르쳐주었지만 그들은 그의 말을 믿지 않았다. 그들은 스스로 의로운 자라고 확신하였기 때문이다. 그러나 의롭지 못하다고 하는 세리와 창녀들은 요한의 말을 믿고 구원에 이르렀다(마 21:32)

이러한 인간의 모습을 누가복음은 성전에서 기도하는 한 바리새파 사람을 통하여 보여준다. "오, 하나님! 감사합니다. 저는 다른 사람들과는 달리 욕심이 많거나 부정직하거나 음탕하지 않을뿐더러 세리와 같은 사람이 아닙니다. 저는 일주일에 두 번이나 금식하고 모든 수입의 십분의 일을 바칩니다"(눅 18:11-12). 이 교만한 바리새인은 율법을 잘 지킨다고 자부하지만 율법의 본래 목적을 지키지 못함은 물론 하나님으로부터 분리되어 있다. 남들이 보는 앞에서 선행을 하는 사람(마 6:1), 자선을 행하면서 나팔을 부는 사람(마 6:2), 남에게 보이려고 회당이나 한길 모퉁이에 서서 기도하는 사람(마 6:5), 사람 앞에서 침통한 표정을 지으며 금식하는 사람(마 6:16)도 하나님의 율법을 지킨다고 하지만 그들은 사실상 하나님으로부터 분리되어 자기의 업적을 자랑하는 교만한 인간의 모습을 나타낸다. 여기서 율법은 하나님과 인간의 참된 사귐을 가능케 하는 것이 아니라 양자의 관계를 분리시키고 인간을 자기교만에 빠지게 하는 기능을 행사하게 된다.

율법주의적 자기교만에 빠진 인간은 다른 사람에 대하여 무자비하기 마련이다. 그의 마음속에는 하나님의 의와 자비가 없기 때문에, 그는 자기의 실수에 대하여 관대하지만 다른 사람의 실수에 대하여 무자비하다. 그는 자기의 눈 안에 있는 들보는 보지 않으면서 다른 사람의 눈 안에 있는 티끌을 보고 그것을 비방한다. 그는 자기의 교만은 보지 않는다. 그는 하

제4부 종교와 하나님 나라

나님으로부터 사실상 분리되어 있는 자신의 불신앙은 보지 않고 다른 사람의 실수에 대해서는 냉혹하다. 그는 용서할 줄 모른다. 다른 사람의 실수를 용서하지 않으면서, 그는 하나님을 잘 믿는다고 확신하며 하나님의 자비와 은혜를 가르치고 설교한다. 간음하다 붙들린 여자를 돌로 때려죽이려는 유대인들은 하나님의 율법을 잘 지킨다고 자부하면서, 한 인간의 존엄성을 완전히 무시하고 그를 돌로 때려죽일 수 있는 잔인한 인간의 모습을 보여준다. 율법주의의 모순과 거짓과 잔인성이 그들에게서 나타난다. 이러한 사람은 하나님을 섬긴다는 미명하에 자기 자신을 섬긴다.

또한 율법주의는 율법을 지킨다는 미명 아래 하나님의 참뜻을 교묘하게 피할 수 있는 가능성을 제공한다. 일정한 시간에 기도를 하며, 일주일에 두 번씩 금식을 하며, 안식일에는 노동하지 않으며, 음식을 먹기 전에 반드시 손을 씻으며, 십일조를 정확하게 바치는 등의 율법은 지키지만 율법의 본뜻을 비켜간다. 율법의 본뜻은 하나님을 경외하며 이웃과 피조물에게 의와 자비를 실천하는 데에 있다. 율법주의는 인간적인 계명들과 그 사회의 통념적 윤리와 도덕을 지킴으로써 율법의 본뜻을 지켰다고 착각하게 할 수 있는 위험성을 가진다. 그리고 하나님이 정말 원하시는 것을 외면하는 자기를 정당화시킬 수 있는 길을 제공한다. "하나님, 하나님이 정말 원하시는 것은 제가 이러이러한 사정 때문에 행하지 못하지만, 그러나 이러이러한 계명은 제가 지키지 않았습니까? 그러므로 하나님 이것만은 용서해주실 수 있겠지요." 이렇게 자기를 정당화시킬 수 있다. 이것을 우리는 주변에서 가끔 경험할 수 있다. 인간적인 계명들과 사회의 통념적 윤리와 도덕을 지키지만 하나님이 요구하는 의와 자비는 충분히 실천하지 않는, 그러면서도 자기를 의로운 자로 착각하는 사람이 다른 사람의 과실을 보았을 때 그를 무섭게 정죄하는 것을 볼 수 있다. 자기 자신의 부족을 알지 못하고 다른 사람의 과실에 대하여 냉혹한 태도는 하나님 앞에서 상대방의 과실 못지않게 무거운 죄일 것이다. 과실을 범한 사람에게 자비를 베풀지 않으며 그의 과실을 용서하지 않는 것 자체가 하나님 앞에서 죄다. 이는 똥 묻은 개가 겨 묻은 개를 나무라는 것과 다를 바 없다. 그러므로 예수는 율법학자들과 바리새파 사람들을 이렇게 비판한다. "너희는 박하와 회향과 근채에 대해서는 십분의 일을 바치라는 율법을 지키면서 정의와 자비와 신의 같은 아주 중요한 율법은 대수롭지 않게 여긴다. 십분의 일세를 바치는 일도 소홀히 해서는 안 되겠지만 정의와 자비와 신의도 실천해야 하지 않겠느냐?"(마 23:23)

2. 율법의 정치적 기능

일반적으로 율법의 문제는 종교적 문제로 간주된다. 물론 구약의 율법이 먼저 종교적인 것은 사실이다. 그것은 본래 종교의 영역에 속한다. 그러나 예수 당시 율법은 정치적 의미와 기능을 가지고 있었다. 그 당시 유대사회는 종교와 정치가 결합되어 있었고, 종교 지도자는 그 사회의 사회적·정치적 지도자의 위치를 차지하고 있었다. 복음서에 나오는 사두개파 사람들, 바리새인들, 제사장들, 율법학자들, 서기관들은 유대교의 지도적 위치에 있음은 물론 그 사회의 지도적 위치에 있었다. 로마 총독의 통치를 보좌하는 기능을 행사하였던 산헤드린은 70인으로 구성되어 있었는데, 그 대다수는 사두개파에 속한 제사장들과 바리새파의 율법학자들이었고 최고의장은 대제사장이었다. 이와 같이 당시의 종교 지도자들은 직간접으로 로마의 정치권력과 결탁된 정치 지도자의 위치에 있었다.

물론 그들 가운데는 반로마적 인물도 있었다. 바리새파의 다수는 소시민들이었다.[6] 그러나 어느 사회를 막론하고 그 사회의 상층계급은 정치권력과 직간접으로 결탁되어 있기 때문에, 그 당시 유대교의 상층계급도 빌라도와 결탁되어 있었음을 우리는 쉽게 추리할 수 있다. 아니면 그들은 최

---

6) J. Jeremias, 『예수 시대의 예루살렘』, p. 336.

소한 빌라도의 권력을 묵인하였을 것이며, 이 묵인을 통하여 그들의 사회적 위치를 유지할 수 있었을 것이다.

이러한 유대인 사회를 내적으로 결속시키는 힘은 율법에 있었다. 율법이 그 사회의 가장 중요한 구심점을 형성하였다. 요세푸스의 사기(史記)에 기록된 바와 같이, 수많은 유대인들이 율법을 위하여 로마에 대항하였고 목숨을 잃었다. 율법은 그들에게 최고의 권위를 가지고 있었다. 그것은 선택된 백성의 유일한 구원의 길이요, 이스라엘 백성의 선택과 계약의 표식이었다.

그런데 율법은 그 당시 종교 지도자의 전유물이 되어 있었다. 율법을 해석하고 가르치는 것이 그들의 과제였다. 예루살렘 성전을 중심으로 형성되어 있는 제의를 담당하였던 사두개파 계열의 제사장들도 율법의 권위를 인정하였으며 율법을 지킬 것을 백성들에게 요구하였다. 그러나 일상생활에 바쁜 서민들이 6백 가지가 넘는 율법 조항과 이 율법에 대한 해석들(할라카)을 외우고 실생활 속에서 지킨다는 것은 불가능하였다. 예를 들어 전쟁이나 민란으로 인하여 남편을 잃고 몸을 파는 길 외에 다른 생계수단을 갖지 못한 여인은 "간음하지 말라"는 율법을 지킬 수 없었다. 그 결과 율법을 보존하고 발전시키며 그것을 지킬 수 있는 계층과 그것을 도저히 지킬 수 없는 계층이 양분될 수밖에 없었다. 율법을 수호하고 가르치는 종교적 특권층과 세속 직업에 종사하면서 "율법 없이" 살아가는 평민 계층, 특히 율법을 지키지 못하여 그 사회에서 소외된 계층이 형성되었다.

이리하여 율법은 종교적 지도층 내지 특권층의 전유물로서 그들의 사회적 신분과 특권을 보장해주는 기능을 가지게 되었다. 율법은 그 당시 직간접으로 로마의 권력과 결부되어 있는 유대교의 지도층이 서민들을 구속하고 기존의 사회체제 속에 묶어두는 도구의 기능을 지니게 되었다. 결론적으로 종교적 지도층이 수호하는 율법은 단순히 종교적 기능만 가진 것이 아니라, 로마의 식민지였던 팔레스타인의 지배체제를 유지하는 정치적 기능을 가지고 있었다. 사실 어느 사회를 막론하고 정치적으로 완전히 중립적인 종교가 없다는 사실을 고려할 때, 우리는 이것을 쉽게 이해할 수 있다.

예수가 율법을 생명처럼 여기는 바리새과 사람들과 율법학자들을 "위선자들", "독사의 자식들"이라고 가혹하게 비난하는 이유도 여기에 있었을 것이다. 먼저 예수는 그들이 율법을 가르치면서도 자신은 그것을 지키지 않았다든지 율법의 본뜻을 망각하였기 때문에 그들을 비난하였을 것이다. 그러나 보다 더 근본적인 원인은, 그들이 그 사회의 기존 체제를 유지하고 그들의 사회적 위치와 특권을 보호하는 데에 율법을 이용하였기 때문이었을 것이다. 만일 그렇지 않다면 선하신 예수가 "위선자들", "독사의 자식들", "겉과 속이 다른 자들"이라는 모욕적인 말을 하지는 않았을 것이다.

3. 율법의 상대화
– 사회체제의 상대화

이와 같이 종교적 기능과 더불어 사회적·정치적 기능을 가지고 있었던 율법체계에 대하여 예수는 자유로운 태도를 취한다. 그는 당시의 종교 지도자들이 가르치던 율법 체계에 얽매이지 않고, 그 자신의 생각에 따라 율법을 새롭게 해석하고 자기의 판단에 따라 행동한다. 이러한 예수의 태도는 종교 지도자들에게 불경건한 것으로 보였을 것이다. 곧 모세와 모세 율법을 모독할 뿐 아니라, 율법을 주신 하나님 자신을 모독하는 것으로 보였을 것이다. 그러므로 예수는 결국 하나님을 모독하였다는 죄로 체포당한다 (마 26:65). 당시의 율법 체계에 대한 예수의 자유로운 태도를 우리는 다음과 같이 구체적으로 기술할 수 있다.

1) 예수는 정결에 관한 할라카를 상대화한다. 할라카는 율법을 해석하여 만든 새로운 계명들을 말하는데, 예수는 이에 대하여 자유로운 태도를 위한다. 손을 씻지 않고 음식을 먹어도 좋다. 무슨 음식이든지 먹어도 좋

다. 이로써 예수는 정결한 음식과 부정한 음식에 대한 구약의 구분을 폐기한다. 그는 제의적인 정결과 정확성에 대하여 관심을 갖지 않는다. 중요한 문제는 제의적인 정결이 아니라 마음의 정결이다. 모든 음식은 뱃속에 들어갔다가 뒤로 나가버린다. "참으로 사람을 더럽히는 것"은 뱃속으로 들어갔다가 뒤로 나오는 음식이 아니라, 사람의 "안에서 나오는 것" 곧 음행, 도둑질, 살인, 간음, 탐욕, 사기, 방탕, 시기 등이다(막 7:17-23). 이로써 예수는 거룩한 것과 속된 것의 제의적 구분을 폐기한다. 이것은 "하나의 종교 사학적 전환"이라[7] 말할 수 있다.

2) 예수는 안식일에 대한 할라카를 상대화한다. 바빌로니아 포로시대 이후 유대인들은 할례와 안식일을 가장 중요한 "계약의 표식"(Bundeszeichen)으로 생각하였다. 안식일을 얼마나 엄격하게 지키느냐의 문제는 모세의 율법을 얼마나 엄격하게 지키느냐의 문제와 거의 동일시되었다. 안식일을 얼마나 거룩하게 지키느냐에 따라 이스라엘의 구원의 문제가 결정되는 것으로 생각하였다. 그러므로 유대인들은 안식일에 대한 자세한 계명들을 만들었다. 그런데 예수는 이런 안식일 계명에 대하여 자유로운 태도를 취한다. 안식일에 배가 고플 경우 밀 이삭을 따먹어도 좋다. 안식일의 계명에 대하여 예수는 자유로운 태도를 취할 뿐만 아니라 어떤 안식일의 계명은 하나님의 뜻에 배치된다고 말한다. 할라카의 안식일 계명에 따라 병자를 고치지 않는 것은 사람을 죽이는 일이다. 예수의 병자 치료는 거의 안식일에 일어난다. 안식일이 사람을 위하여 있는 것이지 사람이 안식일을 위하여 있는 것이 아니다. 이로써 예수는 안식일에 대한 인간의 자유를 선포한다. 안식일은 더 이상 종교적 자기목적이 아니다. 인간이 안식일의 목적이다. 안식일에 아무것도 하지 말아야 하는 것이 아니라 올바른 일을 해야 한다. 할라카가 가르치는 것처럼 안식일에 짐승의 생명을 구해주어야 한다면, 사람의 생명을 안식일에 구해주어야 한다는 것은

---

7) H. Zahrnt, *Jesus aus Nazareth*, 1987, S. 157.

다시 말할 필요가 없다. 안식일에 대한 이러한 해석을 통하여 예수는 율법과 인간의 관계를 새롭게 정립한다. 인간이 율법을 위하여 존재하는 것이 아니라 율법이 인간을 위하여 존재한다. 율법의 기준은 인간이다. 율법에 대한 예수의 이러한 태도는 당시의 정통 유대인에게는 율법에 대한 모독으로 보일 뿐 아니라 율법의 폐기로 보였을 것이다.[8]

이와 같이 예수는 할라카를 상대화하는 동시에, 할라카를 지키지만 하나님의 참뜻을 지키지 않는 종교-정치 지도자들의 위선을 비판한다. 그들은 할라카를 지키는 것 같지만 "교묘하게 하나님의 계명을 어기며" 하나님의 참뜻을 저버린다(막 7:9-13). 그들은 부엌에 쓰는 양념의 십일조는 바치면서 율법 가운데 더 중요한 "정의와 자비와 믿음"을 저버린다. 그들은 하루살이는 걸러내고 낙타는 통째로 삼킨다. 그들은 정결에 관한 계명들을 지킴으로 겉은 깨끗하게 보이지만 마음속에는 탐욕과 방탕이 가득하다. 그들의 경건은 사람들의 인정을 얻기 위함이다. 그들은 회칠한 무덤과 같다. "회칠한 무덤이 겉은 아름답게 보이지만 속은 해골과 더러운 것으로 가득 차 있다"(마 23:27).

예수는 할라카의 계명들을 상대화할 뿐만 아니라, 율법과 모세의 권위보다 자기의 권위를 더 높이 세우고 모세의 계명을 상대화하는 입장을 취한다. 이것은 산상설교의 여섯 가지 반대 명제(Antithese)에 나타난다. 모세의 율법은 이렇게 말하지만 "나는 이렇게 말한다"는 어구로써 예수는 하나님의 뜻에 대한 자신의 해석을 앞세워 율법과 모세의 가르침을 상대화한다. "눈에는 눈으로, 이에는 이로" 보복하라는 모세의 율법에 반하여 예수는 누가 오른뺨을 때리거든 왼뺨도 돌려대고, 고소하여 속옷을 빼앗고자 하는 사람에게 겉옷까지 주며, 억지로 오 리를 가자 하거든 십 리를 가 주라고 말한다. "네 이웃을 사랑하고 원수를 미워하라"는 모세의 율법에 반하여 예수는 네 원수를 사랑하고 너를 핍박하는 자를 위해 기도하라고

---

8) H. Küng, *Die christliche Herausforderung*, S. 112.

말한다.

율법에 대한 예수의 자유로운 태도와 율법의 상대화는 예루살렘 성전과 성전을 중심으로 세워진 제의와 모든 종교적 규정들을 상대화하는 데까지 확대된다. 반드시 예루살렘 성전에서 하나님께 예배를 드릴 필요가 없다. 중요한 것은 어디에서 어떤 종교적 규칙에 따라 제사를 드리느냐, 얼마나 많은 헌금을 바치느냐의 문제가 아니라, 신령과 진리로 제사를 드리는 데 있다. 부자들의 많은 헌금보다 가난한 과부의 렙돈 두 푼(156원 정도)을 하나님께서 더 기뻐하신다(눅 21:1-4). 가장 중요한 문제는 종교적 형식이나 제물의 많고 적음에 있지 않고, 마음과 뜻과 정성을 다하여 하나님과 이웃을 사랑하는 데 있다. 종교적 형식이나 많은 제물이 구원을 보장하지 못한다. 이로써 성전과 성전을 중심으로 한 모든 종교적 체계들이 그 밑바닥에서부터 흔들리게 된다.

그런데 당시 유대사회는 종교와 정치가 결합된 사회였다. 역사상 어느 사회를 막론하고 종교 없는 정치가 없으며, 비정치적 종교도 없다. 종교의 영역을 혼란스럽게 하는 자는 정치의 영역 역시 혼란스럽게 한다. 초기 그리스도인들도 그러하였다. 그들은 그리스도만을 그들의 주님으로 고백하면서 로마의 황제 숭배를 거부하였다. 이로써 그들은 로마의 국가종교적 체제를 혼란케 하였다. 로마의 국가종교적 체제의 혼란은 곧 로마의 평화(Pax Romana)의 혼란을 뜻하였다. 초기 그리스도인들이 로마 제국의 박해를 받은 것은 단순히 황제 숭배를 거부한 종교적 이유 때문이 아니라, 황제 숭배에 기초한 로마의 평화를 위험스럽게 만들었기 때문이다. 예수의 경우도 마찬가지였다. 그는 종교의 영역을 위험스럽게 만듦으로써, 정치의 영역을 위험스럽게 만들었다. 예수로 말미암은 율법과 성전의 상대화, 모든 종교적 체계들의 상대화는 사회·정치적 체제의 상대화이기도 하였다. 예수는 종교를 동요시킴으로써 그 사회를 동요시켰고, 이 사회의 지도적 위치에 있는 사람들의 지위와 모든 특권을 위험스럽게 만들었다.

성전을 헐고 3일 만에 다시 짓겠다는 말이 정말 역사의 예수의 말씀인지 증명하기 어렵다. 그것은 예수의 부활을 경험한 제자들이 예수의 부활을 가리킨 말일 수 있다. 여하튼 이 말씀은 현존하는 성전에 대한 거부인 동시에, 성전을 중심으로 형성되어 있는 사회적·정치적 체제와 이 체제를 이끌어가는 지배체제에 대한 거부를 뜻한다. 그 당시 종교 지도자들인 동시에 사회적·정치적 지도자의 위치에 있었던 인물들이 예수를 고발한 것은, 단지 종교적 이유 때문이 아니라, 예수로 말미암아 일어난 사회적·정치적 혼란 때문이었다. 율법과 성전을 상대화한 예수의 태도는 율법과 성전을 중심으로 형성되어 있는 사회체제에 대한 도전이요, 이 체제 속에 있는 그들의 사회적·정치적 지위와 명예와 특권과 부에 대한 도전이었다.

한스 큉 교수도 율법의 사회정치적 기능을 간파한다. 그는 율법에 대한 예수의 상대화는 율법을 중심으로 구성되어 있는 유대사회의 체제에 대한 상대화를 내포함을 지적한다. "예수는 율법을 상대화한다. 이것은 모든 종교적·정치적·경제적 질서, 모든 사회적 체제를 상대화하는 것을 뜻한다."[9]

4. 왜 예수는 율법을 상대화하는가?

예수가 율법을 상대화하는 이유를 우리는 다음과 같이 분석할 수 있다.

1) 예수 당시 유대인들은 하나님의 뜻을 율법과 동일시하였다. 율법이 명령하는 바를 행하며 율법이 금지하는 것을 행하지 않는 것이 곧 하나님의 뜻을 행하는 것이라고 지도자들은 가르쳤다. 그러나 율법은 하나님의 뜻이 무엇인지 가르쳐주기도 하지만, 율법을 지킴으로써 하나님의 뜻을 거역하는 수단이 될 수도 있다. 나는 율법이 명령하는 것을 행하기만 하면 된다. 그 이상의 것을 행할 필요는 반드시 없다. 그 반면 율법이 금지하지

---

9) Ibid., S. 147.

않는 것을 나는 해도 좋다. 이와 같이 인간은 율법을 피하여 얼마든지 범죄할 수 있고 참으로 해야 할 바를 교묘하게 피할 수도 있다. 따라서 무엇을 해야 하고 무엇을 하지 말아야 하는가를 모두 계명으로 규정할 필요가 있게 되며, 이로 인하여 수없이 많은 계명들이 생겨나게 된다. 이러한 일을 하는 것, 곧 삶의 구체적인 상황과 경우(kasus)에 따라 무엇을 해야 하고 무엇을 하지 말아야 하는가를 궁리하여 새로운 계명을 만드는 것을 결의론(Kasuistik)이라 부르며, 유대인들을 이 결의론을 크게 발전시켰다. 그들은 결의론을 발전시키지 않을 수 없었다. 삶의 상황은 매우 다양하고 언제나 새롭게 변화하기 때문에, 상황이 변화할 때마다 무엇을 해야 하고 무엇을 하지 말아야 하는가를 새롭게 규정하는 새로운 규명들이 필요하였기 때문이다.

그러나 무엇을 해야 하고 무엇을 하지 말아야 하는가에 대한 계명을 세우면 세울수록 정말 인간이 해야 하는 바가 감추어져버린다. 분명히 명령되지 않은 것은 반드시 행할 필요가 없다고 생각할 수 있기 때문이다. 이리하여 하나님의 참뜻은 사라진다. 인간의 행동을 규제하는 계명들이 율법의 본래 의도와 목적을 가려버리며 하나님의 뜻을 실현하는 것을 불가능하게 만들어버린다.

2) 또한 율법이 명령하는 바를 지켰을 때, 이에 상응하는 하나님의 상(償)을 기대할 수밖에 없다. 선한 일에는 상이 따르기 마련이다. 또한 내가 행해야 할 바 그 이상의 것을 행하였을 경우에는 특별한 상을 기대할 수 있다. 이 특별한 상은 내가 율법을 지키지 않음으로써 받아야 할 벌에 대한 상쇄 수단이 될 수 있다. 이리하여 나는 율법의 본래 목적을 추구하지 않고, 그 대신 율법을 행함으로써 얻게 되는 플러스(plus) 점수와 율법을 지키지 않음으로써 얻게 되는 마이너스(minus) 점수를 계산하여 하나님의 벌을 피하고 나의 의를 얻기 위한 끝없는 계산에 빠질 수 있다.

3) 예수는 율법의 본래 목적을 실현하기 위하여 율법을 상대화한다. 달리 말하여 율법을 상대화하는 목적은 "하나님의 요구의 철저

화"(Radikalisierung)에 있다.[10] 중요한 것은 율법의 모든 계명들을 지키는 데 있지 않고 하나님의 뜻을 행하는 데 있다. 율법의 본래 목적은 하나님의 뜻을 이루는 데 있다. 언제나 변화하는 새로운 상황 속에서 하나님의 뜻을 어떻게 실현할 수 있는가를 글자로 규정한다는 것은 불가능한 일인 동시에 무의미한 일이다. 아무리 많은 규정을 만들어도 그것을 시시각각 변하는 인간의 모든 상황에 적용할 수 없다. 중요한 문제는 새로운 상황에 적용될 수 있는 새로운 계명을 만드는 일이 아니라, 구체적 상황 속에서 하나님의 뜻을 행하는 데 있다.

그러므로 예수는 당시의 율법 체계를 상대화하지만, 아무런 새로운 율법을 만들지 않는다. 그는 포괄적인 도덕 원리를 선포하지 않으며, 삶의 모든 영역과 상황에 보편적으로 적용될 수 있는 새로운 율법 체계를 세우지 않는다. 그는 영원히 변할 수 없는 윤리적 자연법을 말하지 않으며, 세계의 법칙 내지 도(道)를 가르치지 않는다. 또한 예수는 "계시된 신의 율법"을 말하지도 않는다. 영원 전부터 신에게 있었고 마지막 예언자 무함마드가 원계시(Uroffenbarung)를 회복할 때까지 다른 예언자들을 통하여 모든 민족에게 알려져 있는 계시의 율법을 예수는 알지 못한다. 그러나 교회사는 언제나 다시금 예수를 "새로운 율법의 시여자"로 생각하였고 복음을 "새로운 율법"으로 이해하였다. 그러나 복음서의 예수는 "새로운 율법"을 말하지 않는다. 그는 새로운 "율법의 시여자"(Gesetzgeber)가 아니었다.

물론 예수는 율법을 거부하지 않는다. 율법 그 자체는 본래 하나님의 뜻을 알려준다. 율법은 하나님의 은혜와 성실하심을 알려준다. 율법은 그의 백성에 대한 하나님의 사랑과 자비를 계시한다. 예수는 새로운 율법을 가지고 옛 율법을 대체하고자 하지 않는다. 그는 무정부주의적 무질서의 대변자가 아니었다.

그러나 중요한 것은 율법의 글자가 아니라 율법의 정신이다. 율법이

---

10) G. Bornkamm, *Jesus von Nazareth*, S. 91.

본래 목적하는 하나님의 뜻을 이루는 것이 중요한 문제다. 하나님이 우리에게 원하는 일은 새로운 율법 체계를 만드는 것이 아니라, 하나님의 뜻을 행함으로써 율법의 본래 목적을 실현하는 일이다. 그러므로 예수는 새로운 율법을 만들지 않는다. 그는 유대인들의 결의론(Kasuistik)을 행하지 않는다. 우리가 언제 어떻게 기도하고 금식해야 하며, 어떤 거룩한 시간과 절기와 장소를 어떻게 지켜야 할 것인가를 규정하지 않는다. 중요한 것은 모든 상황 속에서 하나님의 뜻을 실행하는 데 있다. 여기에 율법의 본래 목적이 있으며, 예수는 이 목적을 성취하고자 한다. 달리 말하여 예수는 율법을 완성하고자 한다. "내가 율법이나 예언서의 말씀을 없애러 온 줄로 생각하지 말아라. 없애러 온 것이 아니라 오히려 완성하러 왔다"(마 5:17).

4) 그럼 율법의 본래 목적, 곧 하나님의 뜻은 무엇인가? 주기도문을 외울 때, 우리는 "뜻이 하늘에서 이룬 것같이 땅에서도 이루어지이다"라고 외운다. 이때 우리가 말하는 하나님의 "뜻"은 무엇인가? 하나님의 뜻은, 하나님이 모든 피조물 가운데 계시며, 모든 피조물이 하나님의 자비와 정의와 평화 속에서 더불어 행복하게 사는 데 있다. 하나님의 뜻은 이 세계로부터 분리된 종교적 집단을 만들어 자신들만의 폐쇄된 공동생활을 하는 데 있지 않다. 그의 뜻은 세속의 모든 것을 망각하고 무아지경 속에서 하나님과 신비적으로 연합하여 이 세계를 등진 상태로 살아가는 것도 아니다. 하나님의 뜻은, 하나님의 자비와 정의와 평화가 다스리는 세계를 세우는 데 있다. 곧 하나님 나라를 이 세계 안에 세우는 것이 하나님의 뜻이요 목적이다. 바로 여기에 율법의 본래 목적이 있다.

따라서 하나님에게 중요한 것은 율법 조문 자체가 아니라, 모든 피조물이 하나님 앞에서 행복하게 사는 것이다. 어떤 생명도 다른 생명을 억압하거나 파괴해서는 안 된다. 모든 생명의 행복과 자유를 위하여 어떠한 규범이나 질서도 절대화될 수 없다. 규범과 질서는 그 자체를 위하여 존재하는 것이 아니라 모든 피조물의 행복과 자유를 위하여 존재한다. 그러므로 예수는 이렇게 말한다. "안식일이 사람을 위하여 있는 것이지, 사람이 안식일을 위하여 있는 것이 아니다"(막 2:27).

물론 모든 규범과 질서가 철폐될 수 없다. 그렇게 되어서도 안 된다. 예수도 유대교의 모든 율법과 질서를 완전히 철폐해야 한다고 주장하지 않는다. 인간의 공동생활을 위하여 규범과 질서와 법적 체계는 필요하다. 그러나 율법은 모든 피조물의 행복을 위하여 존재한다. 인간을 위시한 모든 피조물의 생명이 모든 규범과 질서와 율법의 기준이지, 규범과 질서와 율법이 피조물의 생명에 대한 기준이 될 수 없다. 규범이나 질서나 율법이 피조물의 행복을 위하여 봉사하지 않고 오히려 피조물의 생명을 억압하고 파괴하는 기능을 가질 때, 그것은 상대화되어야 한다. 율법주의나 제도주의(legalism, institutionalism) 대신에, 인간과 세계의 인간성(humanity)이 장려되어야 한다. 인간성이 모든 율법과 제도보다 더 중요하다.

성전과 교리와 종교 의식도 인간을 위시한 모든 피조물의 행복을 위하여 존재한다. 만일 이들이 피조물들의 행복을 저해할 때, 이들은 존재 이유를 상실한다. 인간은 소위 절대적 구속력을 가진 종교적 관습이나 교리의 희생물이 되어서는 안 된다. 인간이 종교의 모든 형식들의 기준이지, 종교의 형식들이 인간 위에서 인간을 통제하고 규제하는 기준이 되어서는 안 된다. 하나님께 중요한 것은 종교적 형식들이 아니라, 인간을 위시한 모든 피조물의 행복이다. 교리주의, 형식주의, 제의주의, 의식주의, 성례주의(dogmatism, formalism, ritualism, liturgism, sacramentalism) 대신 인간과 사회의 인간성(humanity)이 장려되어야 하며, 모든 피조물들의 행복이 신장되어야 한다. 하나님의 인간성이 인간과 인간 세계의 인간성을 요구한다. 인간성의 파괴는 참된 예배를 불가능하게 한다. 인간과 사회의 인간화가 참된 예배의 전제다. 참된 예배(Gottesdienst)는 인간을 위한 봉사(Menschendienst)이기도 하며, 참된 인간 봉사는 하나님을 향한 예배이기도 하다. 이와 관련에서 예수는 다음과 같이 말한다. "그러므로 네가 제단에 제물을 드리려고 하다가, 네 형제나 자매가 네게 어떤 원한을 품고 있다는 생각이 나거든, 너는 그 제물을 제단 앞에 놓아두고, 먼저 가서 네 형제나 자매와 화해하여라"(마 5:23-24).

5) 예수 당시 유대사회는 종교적 사회였고, 성전과 더불어 율법이 그 사회의 기초를 형성하고 있었다. 율법이 이 사회의 최고 규범이었다. 이러한 사회 속에서 인간으로서의 가치를 박탈당하고 소외된 사람들을 해방시키고자 할 때, 예수는 이 사회의 기초를 형성하는 율법을 상대화할 수밖에 없었다. 그는 "율법 없는 자들"의 가치와 존엄성을 회복하기 위하여 율법을 상대화했다. 그러므로 예수는 율법을 상대화하면서 "세리와 죄인들의 친구"가 되며, 율법에 따라 용서받을 수 없는 자들로 간주되는 자들의 죄를 용서한다. 죄의 용서는 죄인으로 간주되는 자들의 인간적 가치와 존엄성을 인정하는 행위이며, 그들이 사회에 통합될 수 있는 길을 열어 준다. 소외된 자들의 친구가 되는 것도, 그들의 인간적 가치와 존엄성을 인정하고 회복하는 행위이며 그들의 사회 통합을 뜻한다. 이와 같이 예수는 죄인으로 간주되는 자들의 죄를 용서하고 소외된 자들의 친구가 되면서, 그들을 정죄하고 소외시키는 모든 율법과 종교의 형식들을 상대화한다. 이러한 예수의 행위는 당시의 지배체제를 위험스럽게 만드는 행위였다.

5. "사랑이 율법의 완성이다"

한 율법학자가 예수를 시험하기 위하여 모세의 율법 중에 가장 큰 계명이 무엇이냐고 질문한다. 이 질문에 대하여 예수는 이렇게 답변한다. "'네 마음을 다하고 네 목숨을 다하고 네 뜻을 다하여 주 너의 하나님을 사랑하여라' 하셨으니, 이것이 가장 중요하고 으뜸가는 계명이다. 둘째 계명도 이것과 같은데, '네 이웃을 네 몸같이 사랑하여라' 한 것이다. 이 두 계명에 모든 율법과 예언자들의 본뜻이 달려 있다"(마 22:27-40). 이 답변에서 예수는 하나님과 이웃을 사랑하는 것이 율법의 본래 목적이요, 율법의 완성임을 말한다. 율법은 "사랑의 이중계명"(Doppelgebot der Liebe)으로 집약된다.

예수 당시의 유대교도 하나님 사랑과 이웃 사랑의 관련성에 대하여 말하였다. 그러나 예수는 그 당시 유례를 찾아볼 수 없을 만큼 철저히 모든 계명들을 "사랑의 이중계명"으로 환원시키고 집약시키며, 하나님 사랑과 이웃 사랑의 통일성(unity)을 제시한다.

물론 예수는 하나님 사랑과 이웃 사랑을 동일시하지 않는다. 양자는 구분된다. 하나님과 인간이 구분되기 때문이다. 하나님은 절대자요, 세계와 인간의 주(主)이시다. 그는 불트만의 제자 브라운(H. Braun)이 말하듯이, 인간애(Mitmenschlichkeit)로 폐기되지 않는다. 하나님에 대한 사랑이 선도적 위치를 차지한다. 하나님에 대한 사랑이 있을 때, 이웃을 사랑할 수 있는 초월적 근거를 가진다. 그러므로 마음과 목숨과 뜻을 다하여 하나님을 사랑하는 것이 "가장 중요하고 으뜸가는 계명"이다.

그러나 하나님 사랑은 이웃과 세계의 고통이 심각하게 고려되지 않는 하나님과 인간의 신비적 연합이나 결합을 뜻하지 않는다. 예수가 말하는 하나님 사랑은 철저히 이웃 사랑과 결합되어 있다. 아니, 하나님 사랑은 이웃 사랑을 통하여 증명된다. 이웃 사랑 없는 하나님 사랑은 거짓이다. 하나님을 사랑하는 사람은 하나님이 사랑하는 사람들 곧 그의 이웃을 사랑하지 않을 수 없다. 그는 하나님을 사랑하기 때문에 이웃을 사랑하며, 이웃을 사랑함으로써 그의 하나님 사랑을 증명한다. 그러나 하나님 때문에 이웃을 사랑하는 것은 아니다. 이웃의 고통이 자기의 고통으로 느껴지기 때문에 이웃을 사랑한다. 인간에 대한 단순한 자비와 사랑 때문에 이웃을 사랑하는 것이지, 반드시 종교적 원인 때문에 이웃을 사랑하는 것은 아니다.

이것을 예수는 선한 사마리아 사람의 이야기에서 예시한다. 선한 사마리아 사람은 아무 종교적 이유 없이 강도 만난 사람에게 사랑을 베푼다. 그의 마음속에는 죽어가는 사람을 살려야겠다는 생각뿐이다. 마지막 심판 때 축복을 받은 사람들도 종교적 이유 때문에 자비를 베풀지 않았다. 그들이 먹을 것과 마실 것과 입을 것을 주었고 잠 잘 곳을 마련해준 사람들 속에서 주님을 만났다는 것을 그들은 알지 못하였다. 그들은 이러한 종교적 이유 없이 사랑을 베풀었다. 이에 반하여 심판을 받은 자들은 주님 때문에 가난한 이웃에게 사랑을 베풀었다고 말한다(마 25:44). 그러나 그들은 주님을 진정으로 사랑하지도 않았고, 또한 이웃을 진정으로 사랑하지도 않았다. 종교적 이유 때문에 이웃에게 사랑을 베푸는 것은 이미 하나의 계산이지, 참사랑이 아니다. 참사랑은 아무런 이유를 갖지 않는다. 참으로 사랑하는 사람은 고통당하는 사람에게 아무런 이유 없이 사랑을 베푼다.

예수는 사랑에 대한 이론이나 학설에 대하여 무관심하다. 그가 말하는 사랑은 흐뭇한 사랑의 감정이나 느낌이 아니다. 그것은 행위로 실천되어야 한다. 그는 우리에게 사랑의 관념이나 느낌을 요구하는 것이 아니라, 구체적인 사랑의 실천을 요구한다. 그는 인간 일반에 대한 보편적 사랑을 요구하기 전에, 먼저 바로 곁에 있는 이웃을 사랑할 것을 요구한다. 고난 당하는 이웃에게 구체적으로 자비의 손길을 베풀 것을 요구한다. 온 인류와 피조물에 대한 사랑을 이야기하는 것은 쉽지만, 바로 곁에서 고난을 당하는 이웃에게 구체적으로 자비를 베푸는 것은 어려운 일이다. 북아메리카의 고난당하는 인디언들, 인종 차별을 당하고 있는 남아프리카 공화국의 흑인들, 굶주림과 질병으로 죽어가는 수많은 아프리카 사람들을 불쌍히 여기는 것은 쉽지만, 바로 곁에서 전세금 때문에 자살을 하며 생계가 막막하여 몸을 파는 여자들에게 자비를 베푸는 것은 어려운 일이다. 우리가 사랑해야 한다고 말하는 이웃이 멀리 있으면 있을수록, 이웃 사랑은 추상적인 빈말이 되기 쉽다. 그러므로 예수는 먼저 내 곁에 있는 이웃을 사랑하라고 요구한다. 율법의 완성은 여기서부터 시작한다.

그럼 이웃을 얼마나 사랑해야 하는가? 예수는 이렇게 답변한다. 너 자신을 사랑하듯이 이웃을 사랑하라! 여기서 예수는 우리 인간이 자기 자신을 사랑한다는 것을 전제하며, 이것을 부인하지 않는다. 자기 자신에 대한 사랑이 이웃 사랑의 기준이 되어야 한다. 자기 자신에 대한 관계가 이웃과의 관계를 결정하는 기준이 되어야 한다. 우리 자신이 이웃의 대접을 받고 싫어하는 그대로 이웃을 대접해야 한다. 바로 이것이 예수가 가르치는 황금률(golden Rule)이다. 예수는 다른 종교가 가르치듯이 자기를 망각하라고 가르치지 않는다. 무아지경 속에서 자기의식을 포기하라고 가르치지 않는다. 아무리 무아지경에 빠진다 해도, 인간의 자아는 없어지지 않는다. 예수는 이러한 것을 가르치지 않고, 우리의 자아가 철저히 이웃을 향할 것을 요구한다. 이웃을 향하여 깨어 있어야 하며, 열려 있어야 한다.

이웃에 대한 이러한 태도는 자기 자신으로부터 해방될 때 가능하다. 먼저 자기 자신으로부터 자유롭게 되어야 한다. 자기 자신으로부터 해방되어 자기를 위하여 살지 않을 때, 하나님과 이웃을 향하여 열려 있을 수 있고, 하나님과 이웃을 사랑할 수 있다. 자기 자신으로부터 해방되어 자기를 사랑하지 않는 것이 참으로 자기를 사랑하는 길이요, 이러한 사람만이 하나님과 이웃을 사랑할 수 있다. 하나님은 우리의 이웃 안에서 우리를 만나며, 우리의 헌신을 요구한다. 그는 하늘 위에서 우리를 부르지 않는다. 그는 우리의 이웃 안에서, 고난당하는 작은 형제들 안에서 우리를 부른다.

그럼 예수가 말하는 이웃은 누구를 말하는가? 그 이웃은 단지 내 주변에 있는 사람들만을 뜻하지 않는다. 나의 가족, 나의 친구들, 나의 민족을 가리켜 이웃이라 말할 수 없다. 선한 사마리아 사람의 이야기에 의하면, 지금 나의 도움을 필요로 하는 사람이 곧 나의 이웃이다. 이 사람은 나의 가족일 수도 있고, 나의 동족일 수도 있지만, 전혀 알지 못하는 낯선 사람일 수도 있다. 외국인일 수도 있다. 예수는 온 인류와 피조물에 대한 보편적 사랑을 요구하기 전, 지금 내 곁에서 나의 도움을 필요로 하는 이웃에게 사랑을 베풀 것을 요구한다. 율법의 완성은 사랑과 함께 시작한다. "사랑이 율법의 완성이다"(롬 13:10). 남을 사랑하는 사람은 이미 율법을 완성하였다(롬 13:8).

이제 예수는 이웃을 사랑하라고 요구할 뿐 아니라, 한 걸음 더 나아가 원수까지도 사랑하라고 요구한다(마 5:43-48). 예수가 요구하는 사랑은 원수 사랑에서 극에 달한다. 고난당하는 이웃을 사랑할 수는 있지만, 자기의 원수를 사랑하고 그에게 자비를 베푼다는 것은 참으로 어려운 일이다. 그것은 인간의 힘으로 거의 불가능한 일이다. 예수는 인간의 힘으로 하기 어려운 바로 이것을 요구한다. 그는 한계가 없는 사랑을 요구한다. 바로 여기에 예수의 독특한 점이 있다.

구약성서도 이웃 사랑에 대하여 말한다(레 19:18). 유대교도 황금률을 가르친다. 예수가 태어나기 전에 생존하였던 유대교의 위대한 랍비 힐렐(Hillel)은, 자기가 대접받고 싶은 대로 남에게 대접하라는 황금률이 율법의 총화라고 말하였다. 장자도 일종의 인간 사랑에 대하여 말하였으며, 황금률을 알고 있었다. 그러나 장자는 원수 사랑은 옳지 않다고 가르친다. 선에 대해서는 선으로 대해야 하지만, 악에 대해서는 의로 대해야 한다고 가르친다. 유대교는 원수에 대한 증오를 허락하였다. 그래서 이에는 이로, 눈에는 눈으로 갚아주라고 가르쳤다. 쿰란의 경건한 수사들은 어두움의 자식들을 증오해야 한다고 가르침을 받았다. 그러나 예수는 원수도 사랑해야 한다고 가르친다. 그가 가르치는 사랑은 한계가 없다. 한계가 없는 사랑의 실천, 바로 여기에 율법의 완성이 있다. 이로써 예수는 "네 이웃을 네 몸과 같이 사랑하여라"(레 19:18)는 구약의 율법을 철저화하며, "네 원수를 증오하라"는 쿰란 공동체의 가르침을 완전히 수정한다. "너희가 너희를 사랑하는 사람만 사랑하면, 그것이 너희에게 무슨 장한 일이 되겠느냐? 죄인들도 자기네를 사랑하는 사람들을 사랑한다. 너희를 좋게 대하여 주는 사람들에게만 너희가 좋게 대하면, 그것이 너희에게 무슨 장한 일이 되겠느냐? 죄인들도 그만한 일은 한다. 도로 받을 생각으로 남에게 꾸어주면, 그것이 너희에게 무슨 장한 일이 되겠느냐? 죄인들도 고스란히 되받을 요량으로 죄인들에게 꾸어준다. 그러나 너희는 너희 원수를 사랑하고, 좋게 대하여 주고, 또 아무것도 바라지 말고 꾸어주어라. 그러면 너희는 큰 상을 받을 것이요, 너희는 가장 높으신 분의 자녀가 될 것이다.…너희의 아버지께서 자비하신 것과 같이, 너희도 자비로운 사람이 되어라"(눅 6:33-37).

예수의 사랑은 혈통과 인종과 민족과 국경과 종교와 교파의 한계를 초월한다. 이러한 한계를 넘어서지 못하는 사랑은 참사랑이 아니다. 그것은 세상의 모든 한계를 넘어선, 인간 자체에 대한 사랑이다. 하나님은 이 모든 한계를 초월하여 인간을 사랑한다. 그는 모든 인간을 사랑한다. 혈통과 인종과 민족과 국경과 종교와 교파의 한계는 하나님에게 아무런 의미도 없다. 인간에 대한 하나님의 사랑은 보편적 사랑이다. 그는 선한 자나 악한 자나, 흑인이나 백인이나 황인이나, 의로운 자나 불의한 자나, 모든 인간을 사랑한다. 그는 "악한 사람에게나 선한 사람에게나 똑같이 해를 떠오르게 하시고, 의로운 사람에게나 불의한 사람에게나 똑같이 비를 내려주신다"(마 5:45).

이와 같이 하나님의 사랑은 보편적 사랑이기 때문에 이웃에 대한 그의 자녀들의 사랑도 보편적이어야 한다. 이웃에 대한 그들의 사랑은 세상의 모든 한계를 초월한 보편적 사랑이어야 한다. 이와 같이 예수는 사랑의 보편주의(universalism)를 요구한다. 모든 인간에 대한 하나님의 사랑의 보편성이, 인간에 대한 인간의 사랑의 보편성에 대한 "근거"와 "요구"가 된다. 하나님의 사랑의 보편성 때문에 그리스도교는 이스라엘 민족의 범위를 넘어, 모든 민족들의 세계 종교로 발전하게 된다. 이에 결정적으로 기여한 인물은 바울이지만, 그 내적 근거는 구약성서의 하나님 신앙과 예수가 선포한 하나님 나라의 보편성에 있다.

구약성서의 빛에서 볼 때, 예수가 가르치는 이웃 사랑은 사회정치적 차원을 가진다. 그것은 단순히 개인과 개인 사이에 일어나는 사적인 것이 아니라, 사회정치적 차원에서 실천되어야 할 공적인 것이기도 하다. 억압과 착취를 당하는 이웃을 돕고자 하는 사람은, 그들을 억압하고 착취하는 세력에 대하여 저항할 수밖에 없으며, 억압과 착취의 상황을 변화시키고자 한다. 그것은 불의한 세력을 거부하며, 불의한 제도와 질서를 개혁하고자 하는 노력으로 나타날 수밖에 없다. 그러므로 예수는 인간과 사회를 비인간화하는 율법을 상대화하고, 당시의 지배자들에 대하여 비판적 입장을 취한다(마 23장). 그는 갈릴리 지역의 영주 헤롯 안티파스를 "여우"라고 부른다. 아마도 예수가 그에 대하여 매우 비판적 태도를 취하였기 때문에, 그는 예수를 죽이려고 하였다(눅 13:31). 또한 예수는 땅을 본래의 주인에게 돌려주고, 노예를 풀어주며, 가난한 사람들의 빚을 탕감해주어야 할 희년 곧 "주의 은혜의 해"를 선포한다(눅 4:19). 이웃 사랑은 사회의 부를 재분배하여, 부익부 빈익빈의 현상을 중단시키는 사회개혁적 프로그램으로 실천되어야 함을 예수는 시사한다. 그것은 오늘날 한 사회의 질서는 물론, 온 세계의 불의한 정치적·경제적·군사적 질서들을 개혁하려는 실천으로 나타날 수밖에 없다.

또한 예수가 가르치는 이웃 사랑은 오늘 우리의 세계에서 생태계의 차원으로 확대될 수밖에 없다. 사람만이 우리의 이웃이 아니라, 하나님이 지으신 모든 것이 우리의 이웃이다. 인간이 소유욕 때문에 죽어가는 하늘과 땅과 바다의 모든 생물들은 물론, 생명력을 잃어가고 있는 자연 전체가 우리의 이웃이다. 해와 달과 별들도 우리의 이웃이다. 한마디로 말하여, 생태계 전체가 우리의 이웃이다. 오늘날 생태계 전체가 인간의 끝없는 탐욕으로 인하여 파멸의 위험 속에 있다. 하나님의 모든 피조물이 신음하면서, 하나님의 자녀들이 나타나 그들을 구하여줄 것을 기다리고 있다(롬 8:18-22). 따라서 이웃 사랑은 생태계 전체를 인간의 무한한 소유욕으로 인한 오염과 파멸에서 구하고자 하는 생태학적 프로그램으로 실천될 수밖에 없다.

6. 예수 자신이 율법의 완성이다

예수는 그 당시 유대교의 율법 체계를 상대화했다. 그러나 그것은 앞서 말한 바와 같이 결코 율법을 폐기하기 위한 것이 아니라 율법을 완성하기 위함이었다. 달리 말하여 율법의 본래 목적, 곧 하나님에 대한 사랑과 이웃에 대한 사랑을 실현하기 위함이었다. 한마디로 말하여 예수가 율법의 체계를 상대화한 것은 율법의 근본 목적인 하나님 나라를 세우기 위함이었다. 그 당시 율법의 체계는 하나님 나라를 실현하는 것을 방해하였기 때문에, 예수는 그것을 상대화하지 않을 수 없었다. 하나님 나라는 율법이 목적하는 "하나님에 대한 사랑"과 "이웃에 대한 사랑"이 완성된 세계다. 하나님 나라는 "하나님이 거하시는 곳"이 피조물들 가운데 있으며, 이리하여 "죽음과 슬픔과 울부짖음과 고통이 더 이상 존재하지 않는" 새로운 세계 곧 "새 하늘과 새 땅"이다(계 21:1-5). 이 새로운 세계를 땅 위에 세우기 위하여 예수는 세상에 오셨다. 그러므로 그는 하나님 나라와 회개와 희년을 선포하였으며 당시 유대교의 율법 체계를 상대화했다. 예수의 궁극적 목적은 삶의 모든 상황에 적용될 수 있는 율법 체계를 만들어 결국 인간을 율법 체계의 노예로 만드는 데 있지 않고, 하나님의 의와 자비를 실천하며 하나님의 뜻이 다스리는 현실 곧 하나님 나라를 세우는 데 있다. 하나님 나라가 율법의 궁극 목적이요 율법의 완성 혹은 "율법의 마침"(telos nomou, 롬 10:4)이다.

그런데 예수는 율법의 완성을 요구할 뿐만 아니라 그 자신의 삶과 죽음으로써 율법을 완성한다. 철저히 하나님을 사랑하기 때문에 철저히 작은 형제들을 사랑하는 그의 삶 속에서 율법이 완성된다. 궁극적으로 율법은 예수의 십자가의 죽음에서 완성된다. 십자가의 죽음 속에서 예수는 하나님에 대한 그의 사랑과 이웃에 대한 그의 사랑을 증명한다. 십자가의 죽음은 하나님을 사랑하기 때문에 이웃을 사랑하는 예수의 자기 증명이요, 율법의 궁극적 완성이다. 소외된 자들을 가까이 하며 그들을 자기의 친구로 삼는 자는 언젠가 소외될 수밖에 없다. 그럼에도 불구하고 예수는 소외된 자들의 친구 곧 "세리와 죄인들의 친구"가 된다.

정의를 외치는 자는 불의한 자들에 의하여 제거될 수밖에 없다. 그럼에도 불구하고 예수는 정의를 외친다. 곧 예수는 불의한 자들이 거부하는 "주의 은혜의 해"(희년)의 계명을 지킬 것을 요구한다. 가진 자들의 가진 것을 위험하게 만드는 자는 가진 자들에 의하여 제거될 수밖에 없다. 그럼에도 불구하고 예수는 희년법의 실천을 요구함으로써 가진 자들의 가진 것을 위험스럽게 만든다. 그는 영원한 생명을 얻고자 하는 자는 자기의 가진 것을 팔아 가난한 사람들에게 나누어주어야 한다고 주장한다. 율법을 아무리 잘 지켰다 할지라도, 이것을 지키지 않으면 영원한 생명을 얻을 수 없다. 율법이 그 사회의 체제를 유지하는 근간이 되며 권력계층의 전유물이 되어 있는 사회 속에서 율법을 상대화하는 자는 권력계층에 의하여 제거될 수밖에 없다. 그럼에도 불구하고 예수는 율법을 상대화한다. 마지막 결과는 십자가의 죽음이다. 그러나 예수는 이 결과를 회피하지 않는다.

그 까닭은 무엇인가? 그 까닭은 하나님에 대한 사랑과 이웃에 대한 사랑에 있다. 하나님을 사랑하고 이웃을 자신의 몸과 같이 사랑하기 때문에, 예수는 십자가의 길을 피하지 않고 이것을 능동적으로 받아들인다. 그의 삶의 필연적 귀결이었던 십자가의 죽음 속에서 하나님과 이웃에 대한 그의 사랑이 완성되며, 사랑이 완성되는 그곳에서 율법이 완성된다. 십자가의 길을 스스로 택하였으며 십자가의 죽음을 당한 예수가 율법의 완성 내지 목적(*telos*)이다(롬 10:4). 하나님과 이웃에 대한 사랑 때문에 스스로 죽음의 길을 택한 예수 안에 요한복음이 말하는 "영원한 생명"이 있다. 여기에 "길과 진리와 생명"이 있고 인간의 모든 지혜보다 더 높은 하나님의 참 "지혜"가 있다(고전 1:24).

XV

주의 기도

- 하나님 나라 자녀들의 기도

주의 기도는 마태복음 6:9-13, 누가복음 11:2-4에 기록되어 있다. 누가복음의 본문은 주기도가 어떻게 유래되었는가에 대한 단서를 보여준다. "예수께서 어떤 곳에서 기도하고 계셨는데, 기도를 마치셨을 때에, 제자들 가운데 하나가 말하였다. '주님, 요한이 자기 제자들에게 기도하는 것을 가르쳐준 것과 같이 우리에게도 그것을 가르쳐주십시오.' 예수께서 그들에게 말씀하셨다. '너희는 기도할 때에 이렇게 말하여라.' '아버지'"(눅 11:1-2). 예수 당시 거의 모든 종교집단들은 나름의 기도 형식을 가지고 있었다.[1] 세례 요한과 그의 제자들의 그룹도 기도의 형식을 가지고 있었음을 누가복음은 시사하고 있다. 기도는 그 집단의 가르침을 요약한 것이요, 그 집단에 연대성과 정체성을 부여하는 일종의 신조와 같은 기능을 가지고 있다. 따라서 예수가 그의 제자들에게 가르쳐준 기도, 곧 주의 기도는 예수의 목적과 사명의 정수를 요약한 것이라 말할 수 있다. 그의 기도를 드리는 공동체는 자기 자신을 예수가 세운 종말론적 공동체로 느꼈을 것이

---

1) J. Jeremias, *The Prayers of Jesus*, 1978, pp. 89-91.

다. 주기도 안에서 하나님에 대한 예수의 생각과 그의 선포와 가르침의 핵심이 요약되어 있다. 그것은 "요약되어 있는 복음, 호두 속의 알맹이"라고 말할 수 있다.[2]

마태복음과 누가복음에 기록되어 있는 두 가지 형태의 주기도는 예수가 말한 그대로 복원할 수 있는, 예수의 기도 자체는 아닌 것으로 보인다. 오히려 그것은 초기의 여러 그리스도인 공동체들 속에서 전수되고 다양한 형식으로 융합된 것으로 보인다. 그러나 주기도의 간결성을 고려할 때, 그리고 주기도의 내용을 예수의 가르침과 비교할 때, 우리는 주기도의 기본 골격이 예수 자신에게서 유래한다는 것을 부인하기 어렵다. 마태복음의 본문과 누가복음의 본문을 비교할 때, 우리는 두 본문이 다른 형태로 전승되었다는 사실을 발견한다. 마태의 본문은 길고 누가의 본문은 짧다. 두 본문 가운데 어느 것이 더 초기의 형태이며 원형에 가까울까? 누가의 본문은 마태의 본문이 더 확장된 형태로 말하는 모든 것을 포함하면서도 더 간단한 형태를 가진다. 그러므로 누가의 본문이 원형에 더 가깝다고 말할 수 있다. "짧은 편집문이 긴 편집문 속에 완전히 다 실려 있다면, 짧은 것이 더 원래적인 것으로 간주될 수밖에 없다."[3]

마태의 본문은 최초의 공동체의 기도에 관한 교리문답으로서 초신자들을 가르치기 위하여 사용되었던 것으로 보인다. 누가의 본문은 다른 형태로 기록된 교리문답인 것으로 보인다. 마태의 본문은 기도하는 법을 이미 알고 있기 때문에 어떻게 올바르게 기도할 것인가를 배우기만 하면 되는 유대인들을 그 대상으로 하는 반면, 누가의 본문은 기도할 줄 모르고 따라서 처음으로 기도 생활을 시작할 수밖에 없는 이방인들을 그 대상으로 하고 있다. 그러므로 마태의 본문은 예식적으로 다듬어져 있으며 확장되어 있는 반면, 누가의 본문은 짧은 문장 형태로 핵심적 내용에 집중하고

---

2) H. Zahrnt, *Jesus aus Nazareth*, S. 146.
3) J. Jeremias, *The Prayers of Jesus*, S. 89.

있다. 두 본문 모두 시적 운율과 형식을 가지고 있는데, 아마도 이것은 최초의 기독교 공동체가 함께 소리 내어 읽기 위함이었을 것이다.

주기도는 하나님을 부르는 말과 일곱 가지 간구로 구성되어 있다. 처음의 세 가지 간구는 "위의 것"에 관한 간구이며 "하나님의 하나님 되심"에 관한 것인 반면, 그다음 네 가지 간구는 "아래의 것"에 관한 간구이고 "인간의 인간됨"에 관한 것이라 분류하는 신학자도 있다.[4] 그러나 이러한 분류는 매우 인위적이며 잘못된 것이다. 물론 주기도는 하늘의 차원 곧 초월의 차원을 가지고 있다. 그러나 하늘의 차원은 첫 간구에서부터 땅의 차원과 결합되어 있다. 하나님 나라가 이루어지고 하나님의 이름이 거룩히 여김을 받아야 할 장소는 주기도에 있어서 하늘이 아니고 땅이다. 이 땅 위에 하나님의 뜻이 이루어져야 한다. 하나님의 하나님 되심은 인간이 인간답게 될 때 가능하다. 그러므로 주기도의 전반부 세 가지 간구는 "위에 관한 것"이요, 후반부의 네 가지 간구는 "아래에 관한 것"으로 분류하는 것은 잘못이다. 오히려 주기도의 일곱 가지 간구는 하늘의 것이 땅 위에서 이루어지기를 바라는 간구다. 땅 위의 것을 위한 기독교의 모든 간구와 기도는 하늘의 차원을 가져야 하며, 하늘의 차원을 지향하는 기독교 신앙은 땅 위의 것을 위한 간구와 기도로 나타나야 한다. "신앙의 눈은 두 개다. 하나는 하나님을 우러르고 그의 빛을 응시하며, 다른 하나는 땅을 향하면서 어둠의 비극을 분별한다. 한편으로 우리는 (하나님을 향해) 위로 치닫는 내적 인간(영혼)의 충동을 느끼고, 다른 한편으로 (땅을 향해) 밑으로 치닫는 외적 인간(육신)의 무게를 경험한다."[5] 주기도 속에는 하늘 곧 하늘에 계신 우리 아버지를 향한 무한한 갈망과 땅 위의 평화로운 삶을 향한 갈망이 결합되어 있다.

주기도는 하나님과 그의 나라에 대한 지식을 전제하는 동시에 땅 위의

---

4) 예를 들어 H. Zahrnt, *Jesus aus Nazareth*, S. 146은 이렇게 분류함.
5) L. Boff, 『주의 기도』, pp. 79-85 참조.

현실에 대한 지식을 요청한다. 땅 위의 현실에 대한 지식이 없을 때, 주기도는 땅의 현실과 관계없는 추상적이며 소위 종교적인 기도가 되고 만다. "죽음과 슬픔과 울부짖음과 고통"으로 가득한 이 세계의 모든 비극을 인식할 때, 주기도는 하나님 나라를 향한 자유와 해방과 하나님의 자비를 약속하는 기도가 된다. 이와 동시에 주기도는 하나님과 그의 나라에 대한 지식을 가질 때, 우리가 이 땅의 비극에 관심을 가지며 땅의 문제를 기도할 수 있음을 보여준다.

1. 하늘에 계신 우리 아버지

마태복음의 본문에는 "아버지 우리의/하늘에 계신"(pater hēmōn ho en tois ouranois)으로 기록되어 있다. 여기서 "아버지"라고만 기록되어 있는 누가복음의 본문이 더 근원적인 것으로 보인다. "아버지"라는 이 부름은 복음의 핵심이라 말할 수 있다. 일반적으로 아버지는 무서운 분, 명령과 매로 다스리는 두려운 분으로 생각된다. 그러나 주기도가 가르치는 "아버지"(아람어로 "아빠", Abba)는 하나님과 하나님 나라의 가까우심, 땅 위의 모든 피조물과 인간에 대한 하나님의 무한한 자비와 인자하심과 돌보심, 그의 관심과 사랑을 나타내는 동시에, 이 아버지에 대한 무한한 신뢰를 나타낸다. 하나님은 우리의 "아빠"이시고 우리는 그의 "자녀들"이다. 따라서 주기도를 외우는 그리스도인들은 하나님의 자녀임을 고백하며 하나님과 "아버지-자녀의 관계"에 있게 된다.[6] 이 아버지는 멀리 계시지 않고 가까이 계신다. 그는 우리의 모든 필요를 아시며 그것을 채워줄 수 있다. 그는 우리의 기도를 들으시며 우리를 어머니와 같이 돌보아 주신다. 하나님에 대한 이러한 생각은 구약성서에 그 뿌리를 가진다. 자비롭고 은혜로운 아버지

---

6) W. Grimm, *Die Motive Jesu, Das Vaterunser*, 1992, S. 30.

되신 하나님은 하나님에 대한 구약성서의 기본 표상이다(사 63:16; 렘 3:4; 시 89:26).[7]

아버지 되신 하나님을 신뢰하고 그의 전능하심과 인자하심을 확신하면서 간구할 때 그는 우리의 간구를 들어주신다. "구하여라, 주실 것이요. 찾아라, 찾을 것이요. 문을 두드려라, 열어주실 것이다. 구하는 사람마다 받을 것이요, 찾는 사람마다 찾을 것이요, 문을 두드리는 사람에게 열어주실 것이다. 너희 가운데서 아들이 빵을 달라고 하는데 돌을 줄 사람이 어디에 있으며, 생선을 달라고 하는데 뱀을 줄 사람이 어디에 있겠느냐? 너희가 악해도 너희 자녀에게 좋은 것을 줄 줄 알거든, 하물며 하늘에 계신 너희 아버지께서, 구하는 사람에게 좋은 것을 주시지 않겠느냐?"(마 7:7-11)

하나님을 자기의 어머니처럼 친근하고 인자하며 자기를 돌보아 주시는 분으로 믿는 사람은 자기의 경건을 사람들에게 보일 필요가 없다. 오히려 그는 그의 아버지 하나님만이 아시는 은밀한 곳에서 경건을 훈련할 것이다. 그는 자선을 베풀 때 오른손이 하는 일을 왼손이 모르게 베풀 것이다. 그는 기도할 때 골방에 들어가 문을 닫고 기도할 것이다. 그래도 숨은 일을 다 보시는 아버지께서 그의 기도를 들으실 것이다. 그는 금식할 때 얼굴을 씻고 단정한 모습으로 금식할 것이다. "그러면 숨은 일도 보시는 아버지께서 갚아주실 것이다"(마 6:18).

이 아버지 하나님은 "우리 아버지"다. 그는 땅 위에 있는 모든 사람들의 아버지다. 땅 위의 모든 사람은 "한 아버지"를 가진다. 사회적 출신과 계급, 국가, 민족, 인종, 남녀의 성, 문화, 이러한 인간적 구분은 하나님을 아버지라 부르는 사람들에 있어서 아무런 의미를 갖지 않는다. 그들은 이러한 구분을 인정하지 않으며 이러한 것으로 말미암아 서로를 분리시키지 않는다. 그들은 한 아버지 하나님의 형제자매다. 따라서 어떠한 인간도 다른 인간을, 어떠한 인종도 다른 인종을 억압하고 착취할 수 없다. 그

---

7) Ibid., S. 28.

들은 서로의 것을 함께 나누며 서로 도와주어야 한다. 그들은 한 아버지의 형제자매로서 함께 살아야 한다. 다른 형제와 자매가 불행할 때, 그들 자신도 행복할 수 없다.

"우리 아버지"로서 어머니처럼 우리를 돌보시는 하나님은 우리 곁에 계신 동시에 "하늘에" 계신다. 우리는 땅에 있고 하나님은 하늘에 계신다. 인간과 하나님은 혼동될 수 없다. 인간은 인간이고 하나님은 하나님이다. 그는 우리가 신뢰하고 함께 있어야 할 분인 동시에 우리가 경외해야 할 분이다. "하늘에 계신"이란 구절은 인자한 하나님에 대한 우리 인간의 경외(Ehrfurcht)를 나타낸다. 하나님은 우리 곁에, 우리 가까이 계시고 우리의 기쁨과 슬픔, 행복과 불행을 함께 나누시는 동시에 "하늘에" 계신다. 그러므로 이 세계는 그 자체로서 전부가 아니다. 우리의 삶도 그 자체로서 전부가 아니다. 세계와 우리의 삶은 하나님의 하늘을 향하여, 곧 하나님의 미래를 향하여 열려 있다. 우리에게는 눈에 보이는 지금의 세계가 전부가 아니라, 이 세계에 속하지 않은, 그러나 이 세계가 지향해야 할 미래가 있다. 미래가 있기 때문에 현재에 머물거나 좌절하지 않고 하나님의 새로운 세계를 창조할 수 있는 용기와 희망이 있다. 무의미하게 보이는 우리의 삶과 세계와 역사는 이 미래를 통하여, 이 미래를 현재 속으로 앞당겨 옴으로써 의미와 가치를 가진다. 이 세계는 모든 피조물들이 하나님을 "우리 아버지"라고 부르며 하나님의 자비와 은혜로 살아가는 미래의 세계를 향하여 열려 있다. "하늘에 계신"이란 구절은 이 미래를 향한 역사의 개방성(열려 있음)을 말하는 동시에 이 미래를 향한 그의 자녀들에 대한 하나님의 부르심이다.

2. 첫째 간구: 당신의 이름을 거룩하게 하옵소서

우리나라의 공동번역은 첫째 간구를 "온 세상이 아버지를 하느님으로 받들게 하시며"라고 번역한다. 그러나 본문은 "당신의 이름이 거룩하게 하옵소서"(hagiasthe-to to onoma sou)라고 말한다. "거룩하다"는 말이 하나님께 적용될 때, 그것은 두 가지 의미를 가진다. 첫째, 그것은 세계에 대한 하나님의 절대 타자성과 구별성, 그의 초월을 의미하는 동시에, 둘째, 그것은 정의롭고 자비로운 하나님의 윤리성, 그의 사랑을 의미한다.

보프(L. Boff)의 표현을 따른다면, "거룩하다"는 말은 세계로부터 무한히 구별되는 하나님의 "특별한 존재 양태"를 나타내는 동시에 "정의롭고 선하며, 완전하고 순수한" 하나님의 윤리적 존재를 나타낸다. 첫째 차원은 하나님의 "존재"를 규정하며, 둘째 차원은 그의 "행위"를 규정한다. 전자는 "존재론적 질문"과 관계되고, 후자는 "윤리적 질문"과 관계된다.[8]

먼저 하나님의 거룩하심은, 하나님은 그가 창조한 모든 피조물들과 전혀 다른 존재임을 나타낸다. 하나님은 이 세계의 한 부분이나 원리나 연장(extension)이 아니다. 그는 이 세계의 모든 것들의 존재와는 근원적으로 다른 존재다. 이 세계의 모든 것들은 그의 피조물이요, 그는 창조자다. 그는 신(神)이고 이 세계의 모든 것들은 신이 아니다. 이러한 뜻에서 그는 전적으로 우리를 벗어나 있다. 그는 우리가 가까이 갈 수 없는 빛 속에 거한다(출 15:11; 삼상 2:2; 딤전 6:16). 아버지 하나님을 "하늘에 계신" 분이라고 부를 때, 하늘이란 하나님의 이러한 절대 타자 되심과 미래성을 나타낸다. 그것은 인간이 접근할 수 없는 것, 무한히 구별된 것의 표현이다.

이와 같이 하나님은 이 세계의 모든 것과는 전적으로 다른 존재이기 때문에 어떤 종류의 우상숭배도 허용될 수 없다. 우상숭배란 이 세계에 속한 그 무엇을—그것이 사람이든지 아니면 짐승이든지—하나님으로 예배하는 것이기 때문이다. 또한 종교적 권력자나 정치적 권력자에 의하여 하나님이 조작되는 일도 허용될 수 없다. 하나님에 대한 인간의 올바른 태도는 조작이 아니라 놀라움과 경외와 숭배의 태도다. 그러므로 구약성서

---

8) L. Boff, 『주의 기도』, pp. 79-85 참조.

는 인간이 하나님을 목도하면 죽게 될 것이라고 말한다. 모세는 하나님이 현존하는 곳에 더 가까이 갈 수 없었다. "이리로 가까이 오지 말아라. 네가 서 있는 곳은 거룩한 땅이니, 너는 신을 벗어라"(출 3:5). 그는 "하나님을 뵙기가 두려워서, 얼굴을 가렸다"(출 3:6). 예언자 이사야가 환상 중에 하나님을 뵈었을 때, 그는 이렇게 고백한다. "재앙이 나에게 닥치겠구나! 이제 나는 죽게 되었구나! 나는 입술이 부정한 사람인데, 왕이신 만군의 주님을 만나 뵙다니"(사 6:5). 이와 같이 하나님의 거룩하심은 인간과 세계에 대한 하나님의 철저한 구별을 뜻한다.

이와 동시에 하나님은 인간과 세계에 대하여 가장 가까운 분이다. 그는 자기와 다른 존재와 함께 계시며 그와 사귐을 갖기를 원하므로 자기와 다른 피조물을 창조한다. 그는 이스라엘을 자기의 백성으로 선택하며 그들을 통하여 모든 피조물들과 사귐을 갖기를 원한다. 그는 그의 백성이 당하는 고난을 함께 당한다. "나는 이집트에 있는 나의 백성이 고통받는 것을 똑똑히 보았고, 또 억압 때문에 괴로워서 부르짖는 소리를 들었다. 그러므로 나는 그들의 고난을 분명히 안다"(출 3:7). 그는 정의와 자비를 사랑하고 불의와 냉혹함을 미워한다. 인간이 근접할 수 없는 하나님은 그의 빛의 세계를 떠나 인간의 육을 입고 인간의 세계 속에서 실존한다. 그는 인간과 자기를 동일시하며 피조물의 모든 조건을 자신의 것으로 받아들인다. 그는 피조물과 함께 존재하며 그들을 구원하고자 한다. 이와 같은 그의 뜻과 목적, 의로우심과 자비에 있어서 하나님은 거룩하다.

그럼 하나님의 이름이 거룩하게 되는 길은 무엇인가?

첫째, 그것은 인간이 모든 종류의 우상숭배와 하나님을 조작하는 것을 버리고 참하나님을 하나님으로 인정하며 그의 성품을 닮는 데에 있다. 하나님은 그가 거룩한 것같이 인간도 거룩해지기를 원한다. "내가 거룩하니, 너희도 거룩하게 되어야 한다"(레 11:44). "너희의 하늘 아버지께서 완전하신 것과 같이, 너희도 완전하여라"(마 5:48). 인간은 하나님의 성품을 닮아야 한다. 죄 가운데 살던 인간이 자기의 죄를 고백하고 하나님처럼 정의롭고 선하며 완전하고 순수한 존재가 될 때, 하나님의 이름이 이 땅 위에서 거룩하게 될 것이다.

둘째, 하나님의 이름은 이 땅 위에 있는 피조물과 온 우주가 거룩하게 될 때 거룩하게 될 것이다. 땅과 땅 위에 있는 피조물과 온 우주가 인간의 탐욕으로 인하여 더러워지고 있으며 사멸의 위협을 당하고 있다. 인간의 모든 탐욕과 폭력과 억압과 착취와 죄악이 사라지고 모든 피조물이 고난에서 해방될 때, 하나님의 이름이 온 땅과 우주 속에서 거룩하게 될 것이다. 더 이상 "죽음과 슬픔과 울부짖음과 고통"이 있지 않으며, 온 우주가 하나님이 그 안에 계신 하나님의 처소로 변화될 때, 하나님의 이름이 거룩하게 될 것이다.

오늘날 이것은 모든 생명을 경외하고 생태계를 회복하려는 노력으로 나타나야 할 것이다. 지구의 수많은 사람들과 어린이들이 굶주림과 질병으로 죽어가고 있으며 수많은 피조물들이 인간의 탐욕으로 인하여 죽음의 위협을 당하고 있다. 이러한 세계 속에서 하나님의 이름이 거룩하게 되는 길은 "생명에 대한 경외"(A. Schweitzer)에 있다. 곧 모든 생명을 하나님의 피조물로 인정하고 그것을 존중하며 보호하는 데에 있다. 창조자에 대한 경외는 그가 지으신 모든 피조물들의 생명을 경외하고 그것을 보호하며 장려할 것을 명령한다. 창조자 하나님은 생명을 사랑하는 분이기 때문이다. 이러한 사명을 망각하고 수백억 원의 돈을 드려 기도원을 짓고 이를 통하여 하나님의 이름을 거룩하게 하려는 것은 하나님의 뜻이 아닐 것이다. 하나님에 대한 경외는 "인간성을 상실한 맹목적인 종교적 광신주의로" 빠질 것이 아니라, 생명을 지키시고 보호하시고자 하는 하나님의 뜻을 실현하려는 노력으로 나타나야 할 것이다. 이러한 노력 가운데서 하나님의 이름이 거룩하게 될 것이다.

이와 관련하여 우리는 다음과 같은 슈바이처의 이야기를 들을 수 있다.

물에 빠져 허우적거리는 불쌍한 곤충을 보고 무관심하게 지나가 버리지 마십시오. 오히려 익사와 사투한다는 것이 무엇을 뜻하는지 생각해보시고, 갈고리나 나무 막대기로 그 곤충을 끌어내주십시오. 구함을 받은 곤충이 날개에 묻은 물기를 털 때, 무언가 놀라운 일이, 곧 생명을 구하여주었다는, 하나님의 사명과 그의 능력의 완전함 가운데서 행동하였다는 행복이 당신에게 일어났음을 알아야 하겠습니다.[9]

3. 둘째 간구: 당신의 나라가 오소서

이 간구는 주기도의 핵심을 형성한다. 예수의 궁극적 의도와 목적이 여기에 나타난다. 하나님 나라가 이 땅 위에 오게 하는 것이 예수의 궁극적 의도였으며, 따라서 그의 선포의 중심은 하나님 나라에 있었다. 앞에서 우리는 하나님 나라에 대하여 이미 기술하였기 때문에, 여기서는 단지 이 간구와 관련된 몇 가지 내용을 보완하고자 한다. 예수 당시 묵시사상가들은 하나님 나라가 역사의 종말에 저절로 올 것으로 기다렸던 반면, 열심당원을 위시한 열광주의적 집단은 폭력을 사용하여서라도 하나님 나라를 앞당겨 와야 한다고 확신하였다. 엄격한 경건주의자였던 바리새인들은 하나님의 율법을 엄격하게 지킴으로써 하나님 나라의 도래를 가속화시킬 수 있다고 생각하였다. 이러한 상황 속에서 예수는 선포한다. "때가 찼다. 하나님 나라가 가까이 왔다. 회개하고 이 복음을 믿으라"(막 1:15). 이렇게 하나님 나라를 선포하는 예수와 함께 하나님 나라는 이미 앞당겨 현재화되고 있다고 복음서는 보도한다.

예수의 비유에 의하면 하나님 나라는 밭에 감추어져 있는 보물과 같다. 그것을 얻기 위하여 자기의 모든 것을 포기할 수 있어야 한다(마 13:44). 그것은 모든 것을 희생하여 획득해야 할 값진 진주와 같다(마

---

9) W. Grimm, *Die Motive jesu*, S. 45에서 인용함.

　　제4부 종교와 하나님 나라

13:45). 그것은 장차 큰 나무로 자라서 새들이 그 안에 둥지를 치게 될 작은 씨앗과 같다(마 13:31; 막 4:26-42). 그것은 모든 것을 변혁시키는 누룩과 같다(마 13:33). 하나님 나라에 대하여 가장 자주 사용되는 비유는 사람들이 앉아서 먹고 마시는 잔치 자리다(눅 22:30; 마 8:11). 이 자리에 참여한 사람들은 "이 나라의 아들들"이다(마 8:12). 모든 사람들, 종들과 불구자들과 사회 변두리에 사는 사람들이 이 자리에 초대된다(마 22:1-10). 그들은 동쪽과 서쪽에서 와서 식탁에 앉는다(마 8:11). 그곳에는 있을 곳이 많다(요 14:2).

이렇게 묘사되는 하나님 나라는 예수가 사탄을 추방함으로써 세워진다(눅 11:30). 악의 세력 곧 사탄은 개인의 마음속에도 있지만 삶의 모든 영역 속에 있다. 그러므로 하나님 나라는 개인의 마음과 삶의 모든 영역 속에 숨어 있는 악의 세력을 추방함으로써 건설된다. 복음서에 의하면 하나님 나라는 먼저 가난한 사람들 가운데 선포되고 또 그들에게 현재화된다. 그들 속에 하나님의 새로운 현재가 앞당겨 일어난다. 그래서 배고픈 사람들, 병자들, 가난한 사람들이 예수의 뒤를 따라다닌다. "너희 가난한 사람은 복이 있다. 하나님 나라가 너희의 것이다"(눅 6:21). 이렇게 하나님 나라가 이들 가운데 먼저 현존하게 되는 것은 그들이 도덕적이기 때문이 아니라, 그들이 불의와 억압과 가난과 굶주림과 질병의 희생물들이요, 하나님은 이들을 불쌍하게 여기기 때문이다. 이와 관련해서 그리스도인들은 다음과 같이 기도한다. "당신의 나라가 오소서."

이 간구는 "당신의 이름이 거룩하게 하옵소서"라는 앞의 간구를 보완한다. 하나님이 이 세계의 모든 불의한 세력을 추방하고 그의 나라를 세울 때, 하나님의 이름이 온 땅 위에서 거룩하게 되고 그의 영광이 나타날 것이다. 현재의 세계는 악하다. 그러나 이 세계는 포기될 수 없다. 그리스도인들이 이 세계를 떠나 머물 수 있는 어떤 다른 세계는 존재하지 않는다. 이 세계야말로 하나님 나라가 그 속에 이루어져야 할 유일한 공간이다.

이 간구는 역사의 모든 좌절과 실망에도 불구하고 새로운 미래를 가리키며 이 미래를 향한 희망과 용기를 부여한다. 현재의 세계는 점점 더 악하여지고 점점 더 살기 어려운 세계로 변하여가고 있다. 환경이 오염되고 생태계의 위기가 점점 더 확실하게 나타난다. 그래서 많은 사람들은 새로운 세계에 대한 희망과 용기를 잃어버린다. 이 세계는 결국 파멸할 것이라고 좌절한다. 이러한 상황 속에서 예수는 우리에게 이렇게 기도하라고 가르친다. "당신의 나라가 오소서."

4. 셋째 간구: 당신의 뜻이…땅 위에서도 이루어지소서

우리말 개역성경은 당신의 뜻이 "이루어지이다"라고 번역했는데, 마태의 그리스어 본문은 "당신의 뜻이 일어나소서"(*genēthētō to thelēma sou*)라고 말한다. 예수께서 가르친 이 간구는 인간과 이 세계가 하나님의 뜻을 행하지 않고 오히려 그것을 역행하고 있음을 전제하고 있다. 만일 그렇지 않다면 예수는 이 간구를 제자들에게 가르쳐주지 않았을 것이다. 인간의 역사는 한마디로 하나님의 뜻에 대한 저항의 역사다. 인간과 그의 세계는 하나님의 뜻에 복종하기를 거절하고 있다. 정의는 침묵당하고 불의가 세계를 지배하는 것 같다. 거짓과 사기와 폭행과 납치와 고문과 살인이 세계 곳곳에서 일어나고 있다. 힘 있는 자가 결국 이긴다는 원리가 사회는 물론 세계의 현실을 지배하고 있다. 자기의 부와 지위와 명예를 위하여 수단과 방법을 가리지 않는다. 부유한 국가와 부유한 사람들이 증대시키는 부는 결국 가난한 국가와 가난한 사람들의 주머니에서 나온 것이다. 이리하여 부유한 사람들과 부유한 나라들의 부는 더욱더 늘어나는 반면, 가난한 사람들과 가난한 나라들은 부유한 자들을 위한 "재료"와 "시장"으로 전락하고 있다. 힘없고 가난한 사람들의 원한과 하늘을 향한 부르짖음이 땅 위에 가득하다. 어린 자녀들의 굶주림과 죽음을 지켜보는 부모의 고통, 어린 자녀들을 죽이고 자신의 목숨을 끊는 부모의 한이 하늘에 사무친다. 그들의 부르짖음과 원한은 결국 이 세상의 힘 있고 부유한 자들에게 돌아가지 않겠는가?

이러한 상황 속에서 예수가 말하는 "당신의 뜻" 곧 "하나님의 뜻"은 무엇을 말하는가? 산상설교에서 예수는 "하늘에 계신 내 아버지의 뜻을 행하는 사람이라야" 하나님 나라에 들어갈 것이라고 말한다. 이 구절에서 예수가 말하는 "하나님의 뜻"은 무엇인가? 하나님의 뜻은 한마디로 "하나님의 사랑"이다.[10] 하나님의 사랑과 공의가 이 세계 안에 이루어지는 것이 하나님의 뜻이다. 이 세상에 죄악이 사라지고 하나님의 사랑과 공의가 실현되며 그리하여 모든 피조물들이 평화로이 함께 사는 하나님의 새 세계가 이루어지는 것이 하나님의 뜻이다. 하나님의 새로운 세계는 먼저 개인의 삶 속에서 이루어져야 한다. 예수 그리스도를 자기의 주님으로 고백하며 "육신의 남은 때를 인간의 욕정대로 살지 말고, 하나님의 뜻대로" 살아가는 사람들의 삶 속에서 하나님의 새로운 세계가 일어나기 시작한다. 이와 동시에 사회와 세계의 불의가 폐기되고 모든 피조물들이 하나님의 사랑과 공의 가운데서 평화롭게 사는 현실이 이루어짐으로써 하나님의 새로운 세계가 이루어진다. 개인의 마음은 물론 피조물의 세계 전체가 죄와 불의에서 해방되어 하나님의 평화로운 세계로 변화되는 여기에 하나님의 뜻이 있다. 그러므로 "당신의 뜻이 이루어지이다"라는 셋째 간구는 그 이전의 간구, 곧 "당신의 나라가 오소서"라는 둘째 간구의 반복이요 강화라고 볼 수 있다.

그러나 현실의 세계는 하나님의 사랑 대신에 인간의 잔인함이, 하나님의 공의 대신에 인간의 불의가 난무한다. 하나님의 영광 대신 죄와 고난과 죽음이 세계에 가득하다. 이러한 세계 속에서 "당신의 뜻이 이루어지이다"라고 간구하는 것은, 세계의 죄와 불의에 대한 항거의 부르짖음이요, 하나

---

10) G. Otto, *Vaterunser, Eine Auslegung für Menschen unserer Zeit*, 1986, S. 72.

님의 나타나심과 역사하심을 요구하는 부르짖음이기도 하다.[11]

또한 "당신의 뜻이 이루어지이다"라는 간구는 자신의 계획을 관철시키거나 그것이 관철되지 않을 때 좌절하는 것이 아니라, 하나님의 계획에 자기를 맡기는 것을 뜻한다. 역사의 현실을 직시할 때, 우리는 하나님의 뜻이 왜 신속히 실현되지 않는가를 질문하지 않을 수 없다. 세계가 점점 더 혼란스러워지고 교활한 자들이 득세하는 현실을 보면서 그리스도인들은 질문한다. "하나님, 왜 당신의 뜻이 속히 이루어지지 않습니까?" "당신의 뜻이 이루어지이다"라는 간구는 우리 자신의 한계와 유한성을 인정하고 역사의 모든 것을 하나님께 맡기는 것을 뜻한다.

따라서 이 간구는 "하나님, 나의 계획과 뜻대로 마옵시고 당신의 뜻대로 하소서"라는 말과 같다. 여기에는 불평이나 실망이나 좌절이나 절망의 요소가 없다. 이렇게 간구하는 사람은 어린아이가 자기를 자비로운 어머니에게 맡기는 것같이, 하나님의 뜻에 자기의 존재와 역사의 모든 것을 맡긴다. 우리 자신의 생각과 모든 관점과 판단이 유한하다는 것을 인식하고 역사의 알파와 오메가인 하나님께 우리 자신을 위탁하며 그의 손에 역사의 모든 여정을 맡긴다. "당신의 뜻이 이루어지이다"라는 간구는 인간의 참된 중심은 "나"가 아니라 하나님 "당신"임을 전제한다. "나"가 아니라 하나님 "당신"이 인간의 중심이 될 때, 인간은 자기 자신과 세계로부터 자유로울 수 있고 하나님의 뜻이 이루어지며 하나님 나라가 올 것이다. 이러한 삶의 태도를 우리는 예수에게서 발견한다. 그의 삶은 철저히 하나님의 뜻에 맡겨져 있다. 그의 삶의 중심은 "나"가 아니라 "하나님"이다. 그는 하나님의 뜻이 일어나도록 하기 위하여 자기를 포기한다. "아버지, 만일 아버지의 뜻이면, 내게서 이 잔을 거두어주십시오. 그러나 내 뜻대로 되게 하

---

11) 이와 관련하여 W. Grimm, *Die Motive Jesu*, S. 74: "예수와 함께 '당신의 뜻이 이루어지이다'라고 기도하는 자는 숨어 계신 하나님이 나타나서 그의 계획을 수행할 것을 추구한다."

지 마시고, 아버지의 뜻대로 하십시오"(눅 22:42).

"하늘에서와 같이 땅 위에서도"(hos en ouranō kai epi gēs)라는 말은 무엇을 뜻하는가? 성서에 있어서 "하늘과 땅"은 온 우주에 대한 하나님의 주권을 나타낸다. 하나님은 "하늘과 땅의 주"이시다(마 11:25). 하나님은 하늘을 창조하여 펼치시고 땅을 밟아 늘이시며 땅 위에 사는 백성에게 입김을 주시고 거기 움직이는 것들에게 숨결을 주신다(사 42:5). 부활한 그리스도는 하늘과 땅을 다스리는 권위를 받는다(마 28:18). 따라서 "하늘에서와 같이 땅 위에서도"라는 구절은 다음의 사실을 뜻한다. 하나님 나라는 이 세계의 한 특정한 영역에 제한되지 않고 오히려 이 세계 전체를 포괄한다. 하나님 나라로 말미암은 새 창조와 변혁에서 제외될 수 있는 영역은 없다. 죽음과 슬픔과 울부짖음과 고통이 없는 새 하늘과 새 땅을 불러일으키는 새 창조는 이 세계의 모든 영역에서 일어나야 한다.[12] 여기서 우리는 다음의 내용을 통찰할 수 있다.

첫째, 영과 물질의 이원론은 거부된다. 하나님의 뜻은 인간의 영 안에서는 물론 물질의 현실 속에서도 이루어져야 한다.

둘째, 하늘과 땅이 구분되는 동시에 양자의 이원론적 분리가 거부된다. 여기서 하늘은 공간을 말한다기보다 시간적 미래를 가리키며, 땅은 현재의 세계를 가리킨다. 하나님의 미래와 현재의 세계는 혼동될 수 없다. 양자는 엄격히 구분된다. 양자가 혼동될 때, 현재의 세계가 하나님의 영원한 나라로 조작되어 절대화될 것이며 역사는 폐기될 것이다. 하나님의 미래는 이 세계 속에 현재화되지만 언제나 이 세계 앞에 서 있다. 그것은 아직 도달되지 않는, 현재의 세계가 아직 경험하지 못한 미래로 존속한다. 그러나 하늘과 땅 곧 하나님의 미래와 현재의 세계는 이원론적으로 나누어지지 않는다. 현재의 세계는 하나님의 미래가 현재화되어야 할 유일한 장소다. 하나님의 미래는 바로 현재의 이 세계 속에서 일어나야 한다. 양

---

12) J. Kegler, *Und ich sah einen neuen Himmel und eine neue Erde*, 1988, S. 185ff.

자는 구분되지만 결코 분리되지 않는다.

셋째, 이 구절은 땅 없는 하늘도 거부하지만 하늘 없는 땅도 거부한다. 곧 땅의 현실 없는 하나님의 현실은 없으며, 하나님의 현실 없는 땅의 현실도 없다. 하나님의 현실은 땅의 현실과 관계없이 홀로 존재하는 것, 따라서 추상적인 것이 아니라, 어디까지나 땅의 현실과 관계되어 있다. 그것은 땅의 현실에 대한 새로움이요 부정이다. 거꾸로 땅의 현실도 하나님의 현실과 관계없이 홀로 존재하는 것, 폐쇄된 것, 따라서 추상적인 것이 아니라 어디까지나 하나님의 현실 앞에 있다. 그것은 하나님의 현실이 현실화되어야 할 유일한 장소다. 땅은 하나님의 현실 앞에서 그의 부정적인 것이 부정됨으로써 언제나 새롭게 창조되어야 한다.

본회퍼(D. Bonhoeffer)의 표현을 따르면, 하나님의 현실이 그 속에 실현되어가는 세계의 현실이 있을 뿐이다. 그리스도 안에서 하나님과 세계가 하나로 결합되었다. "예수 그리스도 안에서 하나님과 현실이 이 세계의 현실 속으로 들어 왔다." "세계의 현실 없는 하나님의 현실을 나는 결코 경험하지 않으며, 하나님의 현실 없는 세계의 현실을 결코 경험하지 않는다."[13]

하나님의 뜻은 "땅" 위에서도 이루어져야 한다. 땅은 하나님의 뜻이 그 위에 이루어지는 장(場)이다. 본래 땅은 하나님의 것이지 사람의 것이 아니다. 따라서 사람은 땅을 사용할 수 있을 뿐이지 소유할 수 없다. 그것은 모든 사람의 생존을 위하여 하나님이 모든 사람에게 맡겨주신 것이다. 그것은 남자들만의 것도 아니다. 그것은 특정한 인종의 것도 아니다. 그것은 남자는 물론 여자를 포함한 모든 인간의 생존을 위하여 하나님이 맡겨주신 것이다. 그것은 사람과 모든 생물들이 그들의 생명을 유지할 수 있는 가장 기본적 조건이다. 그들의 기본 가치와 존엄성을 지킬 수 있는 기본 전제다. 그러므로 하나님은 아브라함과 이스라엘 민족에게 무엇보다도 땅을 약속하였다. 땅이 없는 사람은 생명의 가치와 존엄성을 잃어버린 "나그

---

13) D. Bonhoeffer, *Ethik*, 8. Aufl. 1975, S. 207, 208.

네요 우거하는 자"다. 따라서 땅의 사유와 독점, 땅의 투기를 통한 치부는 하나님의 뜻이 아니다. 땅이 모든 사람에게 환원되며 이리하여 모든 사람이 생명의 기본 가치와 존엄성을 다시 찾는 것이 "하나님의 뜻"이다.

또한 이 간구는 생태학적 의미를 가지고 있다. 하나님의 뜻은 인간의 마음과 공동체 안에서는 물론 "땅 위에서도" 이루어져야 한다. 하나님의 정의와 자비와 평화가 땅 위에서, 다시 말하여 이 세계 안에 있는 모든 것 안에서 이루어져야 한다. 인간은 물론 모든 자연 속에 하나님의 주권이 세워져야 하며 하나님의 영광이 나타나야 한다. 이를 위하여 땅을 포함한 자연에 대한 인간의 파괴와 착취는 중지되어야 한다. 땅과 그 안에 있는 자연을 파괴하는 것은 결국 인간 자신의 생명을 파괴하는 행위요, 하나님의 소유권을 침해하는 행위다. 자연 안에 있는 모든 피조물이 평화롭게 더불어 살 수 있는 세계가 이루어져야 한다. 이러한 생태학적 관련에서 우리는 "뜻이 하늘에서 이루어진 것같이 땅 위에서도 이루어지이다"라고 간구해야 한다.

5. 넷째 간구: 오늘 우리에게 일용할 양식을 주옵소서

지금까지 고찰한 세 가지 간구는 주기도의 전반부를 형성한다. 이 세 가지 간구는 하나님이 온 우주의 하나님이 되시고 우주는 하나님의 세계가 되는 데에 공통의 목적을 가진다. 이러한 세 가지 간구 다음에 일용할 양식에 대한 간구가 나온다. 이 간구는 주기도의 전환점을 이룬다. 이 간구와 함께 주기도는 땅 위에 있는 인간의 구체적인 문제들에 대하여 관심을 돌린다. 곧 삶의 필수적인 양식의 문제, 죄에 대한 용서의 문제, 유혹에 대항하는 힘의 문제, 악으로부터의 구원의 문제에 관심을 돌린다. 전반부의 세 가지 간구의 중심이 하나님 나라에 있다면, 후반부의 네 가지 간구의 중심은 하나님 나라에 속한 백성들의 구체적인 삶의 문제에 있다. 넷째 간구도 마찬가지다. 그것은 하나님 나라에 속한 백성들의 삶의 길을 하나님께 맡기는 삶의 태도를 예시한다. 따라서 일용할 양식에 대한 간구는 하나님 나라와 하나님의 뜻에 대한 간구와 결합되어야 한다. 하나님 나라에 대하여 무관심하면서 일용할 양식을 간구하는 기도는 단지 자기의 목숨을 위한 자기중심적 기도가 될 것이다.

양식이란 단어는 그리스어 본문에 "빵"(ton arton)으로 기록되어 있다. 우리말로는 "밥"으로 번역될 수 있을 것이다. 서양인들에게는 빵이 주식이지만, 우리에게는 밥이 주식이기 때문이다. 그러나 본문이 말하는 빵은 양식 일반을 총칭하는 것이므로 "양식"으로 번역되어도 무리는 없을 것이다. 그것은 먹을 양식은 물론 생존에 필요한 물질을 총칭하는 개념이다.

양식은 인간의 삶을 유지하는 가장 기본적 물질이다.[14] 그것은 인간의 삶을 가능케 하는 모든 물질 가운데 가장 직접적으로 필요하다. 양식이 없으면 우리는 살 수 없다. 생존이 불가능하다. 인간은 한 덩어리의 밥, 한 잔의 물, 곧 한 줌의 물질에 의존한다. 아무리 고상한 사람이라 할지라도 먹지 않고는 살 수 없다. 물질적 하부구조는 인간의 존립과 생존과 인간다움을 가능케 하는 기본 조건이다. 인간의 정신적 활동도 물질적 하부구조에 의존하는 경우가 많다. 이 점에 있어서 마르크스는 인간의 진리를 간파하였다. 아무리 좋은 설교도 굶주린 사람의 배고픔을 가라앉힐 수 없다. 먼저 먹어야 한다. 하나님은 인간의 영혼에 대해서는 물론 굶주린 사람들의 배고픔과 비어 있는 위(胃)에 대하여 관심을 가진다. 그는 사랑이기 때문이다. 우리의 간구를 듣고 굶주린 사람들의 배를 채워주는 것이 하나님의 뜻이다. "기름이 부어져야 할 첫 등잔은 위다."[15]

이러한 물질이 간구의 대상이라면, 이 물질이 인간의 손안에 있지 않다는 사실을 넷째 간구는 전제한다. 인간은 물질을 변형할 수 있고 변화시

---

14) 아래 내용에 관하여 L. Boff, 『주의 기도』, p. 130ff.
15) E. Bloch, *Das Prinzip Hoffnung*, 제2부, 13장.

제4부 종교와 하나님 나라

킬 수 있다. 그러나 인간은 물질을 창조할 수 없다. 물질은 하나님께서 창조한 것이며 하나님의 소유다. 인간은 물질을 영원히 소유할 수 없다. 그는 물질을 당분간, 80년 남짓 사용할 수 있을 뿐이다. 물질은 본래 하나님의 소유다. 물질의 영원한 소유자는 하나님이다. 그러므로 유대인들이 암송하던 식탁기도의 첫머리는 다음과 같이 시작된다. "세상의 왕, 우리 주 하나님을 찬양할지어다. 당신의 선하심으로 온 세상을 먹이시는 분, 당신의 은총, 사랑, 자비로 모든 피조물에게 양식을 주시니, 당신의 자비는 영원합니다." 물론 양식은 인간의 노동에 의하여 생산된다. 그러나 인간의 노동만으로 양식이 생산되는 것은 아니다. 창조자 하나님께서 해와 비와 맑은 공기를 주시며 노동할 수 있는 힘을 주시고 씨앗을 자라게 하기 때문에 양식이 생산된다. 한 덩어리의 밥이 만들어지기까지 인간의 손보다도 하나님의 손길이 더 많이 간다. 인간은 노동을 통하여 이 세계를 변화시킬 수 있으나 이 세계를 창조할 수는 없다.

그러므로 인간은 궁극적으로 그의 물질적 기초 곧 하부구조에 있어서 하나님에게 의존한다. 많이 가진 사람이든 적게 가진 사람이든 그의 삶의 가장 기본적 조건에 있어서 그는 하나님에게 의존한다. 그러므로 그는 자신의 능력을 의지할 것이 아니라 하나님께 의지해야 할 존재 곧 "의존적 존재"다. 이스라엘 백성이 광야에서 그날 먹을 메추라기를 매일 하나님에게서 받아먹고 살았던 것처럼, 하나님의 자녀는 하나님께서 매일 주시는 것으로 살아야 한다. 그들은 어린아이가 자기를 완전히 어머니에게 내맡기고 어머니를 바라보듯, 매일 하나님을 바라보면서, 하나님을 신뢰하면서 살아야 한다. 매일의 양식을 하나님에게서 기다리고 하나님의 은혜로 받는 삶의 자세야말로 가장 기본적인 신앙의 자세다. 자기의 양식을 자기의 능력으로 얻었다고 생각하는 것이 모든 교만의 뿌리다.

하나님이 매일 주시는 양식으로 살아가는 사람은 자기의 양식을 위한 염려와 근심에서 해방될 수 있다. 하나님이 이스라엘 백성에게 매일 만나와 메추라기를 주신 것같이, 그에게도 매일 양식을 주시기 때문이다. 그는 내일을 염려할 필요가 없다. 내일을 위한 염려, 자신의 물질적 기초를 위한 염려는 다른 사람의 물질적 기초를 위한 염려, 하나님 나라와 그의 의를 위한 염려로 바뀐다. 사람이 밥으로만 사는 것이 아님을 깨닫는 하나님의 자녀는 굶주리는 사람들의 밥 문제를 염려한다. 그는 자신을 위한 염려에서 해방되었기 때문에 다른 작은 형제들을 염려할 수 있다. 자기 자신으로부터 해방된 사람만이 참으로 다른 사람을 염려할 수 있고 그를 사랑할 수 있다. 사람이 밥으로만 사는 것이 아님을 절실히 깨닫는 사람이 많아질 때, 이 세계에는 더 많은 밥이 있게 될 것이다. 그래서 떡 다섯 개와 물고기 두 마리로 오천 명 이상의 사람들이 먹고도 남는 기적이 일어날 것이다. 참 기적은 모든 사람이 자신을 위한 밥의 염려에서 해방되어 더 많은 밥을 가지게 되는 데 있다.

하나님의 자녀는 단지 자기의 양식을 위하여 간구하지 않고 "우리의" 양식을 위하여 간구한다. 물질은 온 인류를 위한 하나님의 선물이다. 그러므로 인류는 물질을 나누어야 한다. 양식은 하나님의 것이다. 그러므로 양식은 나누어 먹어야 한다. 굶주린 사람들 앞에서 혼자 밥을 먹는 것이야말로 가장 무서운 죄다. 다른 사람들의 비참한 상황을 보면서 혼자 물질을 소유하고 소비하는 것은 비인간적인 행동이다. 그것은 배고픈 다른 동료들을 밀어내고 자기 혼자 밥그릇을 독점하는 개나 다른 짐승들과 다를 바 없다. 그러므로 하나님은 나의 양식만을 구하는 기도를 듣지 않으실 것이다. 하나님과 바른 관계 속에 있을 때, 우리는 이웃과 온 인류의 양식을 위하여 간구하지 않을 수 없다. 하나님과의 바른 관계는 이웃과의 바른 관계를 필연적으로 수반하며 또 그것을 요구한다. 모든 사람은 똑같은 욕구와 필요를 가진다. 누구를 막론하고 배고플 때 먹어야 하고 목마를 때 마셔야 하며 추울 때 입어야 한다. 이러한 욕구와 필요를 공동으로 함께 충족시킬 때 우리는 형제자매가 되며, 하늘에 계신 하나님께서 기뻐하실 것이다. 우리가 먹는 밥이 다른 사람에게서 빼앗은 것이라면, 그 밥은 하나님께서 축복하신 밥이 아닐 것이다. 그 밥은 육신에 필요한 화학적 성분을 우리의 육체에 공급하겠지만, 인간다운 생명을 키우지 못할 것이며 인간의 세계속에 평화를 가져오지 못할 것이다. 불의한 밥, 착취의 결과로 얻은 밥은 하나님의 축복이 아니다. 그것은 다른 사람의 밥을 훔친 것이다. 그러므로 중세기의 위대한 신비가 에크하르트(Eckhart)는 이렇게 말한다. "남의 것을 돌려주지 않는 사람은 자신의 빵을 먹는 것이 아니다. 그는 자신의 빵과 함께 다른 사람의 빵도 먹어치우고 있는 것이다."[16]

떡 다섯 개와 물고기 두 마리로 오천 명 이상의 사람을 먹인 이야기는 바로 이것을 시사한다. 각자가 자기의 먹을 것만 염려했을 때, 거기에는 먹을 것이 절대적으로 부족하였다. 많이 가진 사람들도 있었겠지만, 그들은 자기의 목숨만 생각하기 때문에 배고픈 사람들을 위하여 내놓지 않았다. 그러나 하나님의 메시아 예수와 함께 그들이 "함께" 먹을 양식 곧 "우리의" 양식을 염려할 때, 오천 명 이상의 사람들이 충분히 먹고도 남은 것이 열두 광주리를 채웠다. 오늘도 수많은 사람들이 생활필수품을 얻기 위하여 쓰레기더미를 뒤지고 있으며, 수많은 어린이들이 굶주림으로 죽어가고 있다. 이러한 상황 속에서 그리스도인들은 자신의 양식뿐 아니라 "우리의" 양식을 간구한다. 성 바실리오스(St. Basil)는 이렇게 훈계한다. "너희 집에서 썩어가고 있는 양식은 굶주린 자의 것이다. 너의 침상 밑에서 곰팡이가 슬고 있는 구두는 아무것도 갖지 못한 자의 것이다. 너의 옷장 속에 쌓여 있는 의복은 헐벗은 자의 것이다. 너의 금고에서 값이 떨어지고 있는 돈은 가난한 자의 것이다!" 하나님이 기뻐하는 금식은 "굶주린 사람에게 너의 양식을 나누어주는 것"이다(사 58:7).

주기도는 "일용할" 양식을 간구하라고 가르친다. "일용할"에 해당하는 그리스어는 "에피우시오스"(epiousios)다. 이 단어는 세 가지로 해석될 수 있다.[17] ① 이 단어가 "에피"(epi[on, upon, beyond, towards])와 "우시

16) L. Boff, 『주의 기도』, p. 136.
17) 이 해석은 Ibid., p. 137ff. 의존함.

아"(*ousia*[that which is one's substance, property, essence])에서 유래하는 것으로 볼 때, 이 단어는 "생존에 필요한, 생존을 위해 필수적인 양식", "본질적인 양식"을 뜻한다. ② 이 단어가 "에피우사"(*epiousa*[*hemere*]) 곧 "내일"에서 유래하는 것으로 볼 경우, 이 단어는 "내일을 위한, 오고 있는 날을 위한 양식", "미래의 양식"을 뜻한다. ③ 이 단어가 "에피"(*epi*) + "에이나이"(*einai*[to be, to exist])에서 유래하는 것으로 볼 경우, 이 단어는 "오늘 필요한 양식, 매일 매일 제공되는 양식", 곧 "매일의 양식"을 뜻한다. 한마디로 "*epiousios*"는 "본질적인 양식", "미래의 양식", "매일의 양식"으로 해석될 수 있다. 이 세 가지 해석은 서로 대립하는 것이 아니라, 하나님이 우리에게 주시는 양식의 의미를 보완하여 설명한다.

첫째, 우리는 "매일의 양식" 곧 오늘 하루를 살 수 있는 정도만을 간구해야 한다. 우리는 하나님이 매일 주시는 것으로 살아야 한다. 달리 말하여 하나님의 섭리에 자신을 맡겨야 한다. 그러므로 예수는 "내일을 위하여 염려하지 말라"(마 6:34), 무엇을 먹을까 입을까 염려하지 말라고 가르친다(마 6:25). 그는 제자들을 파송하면서 이렇게 충고한다. "빵이나 자루도 지니지 말고, 전대에 동전도 넣어 가지 말고"(막 6:8).

둘째, 우리는 "미래의 양식" 곧 하나님 나라의 잔치 자리에서 먹을 양식을 간구해야 한다. "매일의 양식"은 "미래의 양식"의 앞당겨 일어남(Vorwegnahme)이다. 하나님께서 매일 주시는 양식을 먹으면서 우리는 "미래의 양식"을 앞당겨 경험한다. 매일의 양식을 하나님의 은혜로 받아 그것을 먹고 살아가는 삶은 하나님 나라에서 하나님의 은혜로 살아가는 미래의 삶을 앞당겨 일으킨다. 오늘 하나님께서 우리에게 주시는 양식을 먹으면서 우리는 하나님 나라의 양식을 기다리고 그것을 간구한다. 모든 사람들이 함께 나누어 먹는 양식, 독식하여 병나는 사람도 없고 너무 적게 먹어 병나는 사람도 없는 "공의로운 양식"을 기다린다. 눈물과 함께 밥을 먹는 사람이 없는 세계, 모든 사람이 함께 앉아 웃으며 밥을 나누어 먹는 세계를 기다린다.

셋째, 우리는 "본질적인 양식"을 간구해야 한다. 본질적인 양식, 우리의 생존에 필수적인 양식은 먼저 물질적인 양식이다. 먹지 않고는 아무도 생존할 수 없다. 이와 동시에 본질적인 양식은 예수 그리스도 곧 하나님의 말씀이다. 예수 그리스도가 "생명의 빵"이다(요 6:35). 이 생명의 빵은 "누구든지 그것을 먹으면 죽지 않는다"(6:50). 그것은 영원히 살게 하는 빵이다(6:51). 이 생명의 양식 곧 하나님의 말씀이 없을 때, 물질적 양식은 한쪽에서는 너무 많아 썩는 반면, 다른 쪽에서는 너무 부족하여 사람들이 굶어죽는 일이 일어난다.

끝으로 우리는 하나님 나라를 주제로 삼고 있는 주기도의 전반부와 "일용할 양식"에 대한 넷째 간구가 결합되어 있음을 주시할 필요가 있다. 하나님의 뜻이 이루어지는 곳, 곧 하나님 나라는 모든 사람들이 매일의 양식을 하나님께로부터 받아 함께 먹으며 평화롭게 사는 곳이다. 배가 너무 불러 배 터져 죽는 사람도 없고, 배가 너무 고파 굶어 죽는 사람도 없는 곳이다. 하나님 나라는 물질이 하나님의 자비와 공의에 따라 나누어지는 곳이다. 그러므로 주기도는 "나의 양식"이 아니라 "우리의 양식"을 간구하라고 가르친다. "제자들이 간구하는 빵은 공동의 빵이다. 아무도 그것을 독차지해서는 안 된다. 또한 그들은 하나님께서 온 땅 위에 있는 그의 모든 자녀들에게 매일의 빵을 줄 것을 간구한다. 그들도 신체상 그들의 형제들이기 때문이다."[18]

6. 다섯째 간구: ···우리의 죄를 용서하옵소서

우리나라의 교회는 이 구절을 이렇게 번역한다. "우리가 우리에게 죄지은 자를 사하여 준 것같이 우리 죄를 사하여 주옵시고." 그러나 "죄"로 번역된

---

18) D. Bonhoeffer, *Nachfolge*, 9. Aufl. 1967, S. 142.

마태복음 본문의 "오페일레마타"(*ofeilēmata*[단수형: *ofeilēma*])는 "죄"가 아니라 "짊어진 것, 빚"(that which is owed, a debt)을 뜻한다. 나의 마음에 상처를 주는 일들, 나에게 손해를 입힌 일들도 다른 사람이 나에게 보상해야 할 "짊어진 것, 빚"으로 볼 수 있을 것이다. 이 경우에 *ofeilēmata*는 "죄들"로 번역될 수 있을 것이다. 이와 동시에 그것은 경제적으로 갚아야 할 "빚"을 뜻하기도 한다. 70인 역에서 이 개념은 구약 신명기 24:10에 나타나는데, 여기서 그것은 "빚"을 뜻한다. 또한 마태복음 본문의 "사하여주옵소서"로 번역된 "아페스"(*afes*)의 원형 "아피에미"(*afiemi*)는 종교적인 죄의 용서를 뜻한다기보다, "면제하여주다, 탕감하다, 포기하다"(discharge, let fall, give up, remit)를 뜻한다. 이러한 사실을 고려할 때, 마태복음의 본문은 단순히 죄의 용서로 해석될 것이 아니라 다음과 같이 해석될 수 있을 것이다. "우리가 우리에게 갚을 것이 있는 사람들에게 갚을 것을 면제하여주는 것처럼, 우리가 하나님께 갚을 것을 면제하여주소서."[19]

누가복음 11:4은 "오페일레마타" 대신 "하마르티아스"(*hamartias*) 곧 "죄들"이라는 개념을 사용한다. 따라서 누가복음의 본문은 이렇게 해석될 수 있을 것이다. "하나님, 우리는 당신 앞에 지은 '죄들'이 많고 당신에게 갚아야 할 것이 많습니다. 그러나 우리가 우리에게 갚을 것이 있는 모든 사람들의 갚을 것을 면제하여주신 것을 참작하시고 우리의 '죄들'을 면제하여주옵소서."

두 본문에 있어 공통된 것은 우리가 하나님께 갚아야 할 것을 면제받는 길 곧 우리의 죄를 용서받는 길은, 다른 사람이 우리에게 갚아야 할 것을 면제하여주는 데에 있다. 다른 사람이 우리에게 갚아야 할 것은 소위말하는 "죄"일 수도 있고 경제적 "빚"일 수도 있다. 여하튼 우리는 다른 사람에게 자비를 베풀어야 하나님의 용서를 받을 수 있다. 나에 대한 이웃의

---

19) 이 해석은 다음과 같은 독일어 번역과 일치한다. "Und erlass uns unsere Schuld, wie auch wir erlassen (haben) unsern Schulnern": W. Grimm, *Die Motive Jesu*, S. 81.

죄를 용서하지 않으며 가난한 이웃의 빚을 면제하여주지 않으면, 하늘에 계신 아버지도 우리의 허물과 죄를 용서하지 않을 것이다.

이 해석은 구약의 율법과 상통한다. "매 칠 년 끝에는 빚을 면제하여주어라. 면제 규례는 이러하다. 누구든지 이웃에게 돈을 꾸어준 사람은 그 빚을 면제하여주어라. 주께서 면제를 선포하셨기 때문에 이웃이나 친족에게 빚을 갚으라고 다그쳐서는 안 된다. 너희 가운데 가난한 사람이 없게 하여라"(신 15:1-4). "육 년이 지난 빚은 모두 면제해준다"(느 10:31; 비교 느 5:10-12). 하나님은 우리에게 은혜로우시며 자비로우시다. 그러므로 우리도 우리의 이웃에게 은혜와 자비를 베풀어야 한다. "너희의 아버지께서 자비하신 것과 같이, 너희도 자비로운 사람이 되어라"(눅 6:36). 자비로운 사람이 되는 길은 나에 대한 이웃의 죄를 용서하는 동시에 빚을 갚을 능력이 전혀 없기 때문에 빚을 갚지 못하는 이웃의 빚을 면제하는, 달리 말하여 그에게 은혜와 자비를 베푸는 데 있다. 이와 같이 구체적으로, 물질적으로 이웃에게 자비를 베풀어야 하나님의 자비와 축복을 받을 수 있다(참조. 신 15:5). 이것은 빚을 면제하여주라는 희년 계명과 일치한다. 따라서 "주기도"는 "진짜 희년의 기도"다.[20]

인간은 용서받으며 살 수밖에 없는 존재다. 그는 죽는 순간까지 완전하지 못하며 크고 작은 실수와 죄를 지으며 살 수밖에 없다. 그러므로 그는 죽는 순간까지 용서를 필요로 한다. 용서한다는 것은 무엇인가? 용서한다는 것은 죄지은 사람을 그의 죄악된 과거에 고정시키지 않고 미래의 새로운 가능성을 열어주며, 그 사람을 있는 그대로 용납함으로써 그 사람과 다시 화해하는 것을 말한다. 상대방에 대한 심판과 증오 대신 자비와 사랑의 영이 양자를 결합시킨다. 분리 대신 일치와 결합이 등장한다. 상대방의 잘못을 용서하지 않을 때, 나와 상대방은 분리 상태에 있게 된다. 나는 상대방을 그의 과거에 묶어버리고 그를 정죄한다. "너는 이러이러한 자

---

20) J. H. Joder, *Die Politik Jesu-der Weg des Kreuzes*, S. 61.

다." 이러한 태도 속에는 자기 교만과 자기 의가 숨어 있다.

소위 경건하다는 사람들이 이러한 태도를 취하는 경우가 많다. 그들은 자기가 잘 지킨다고 생각하는 도덕적 기준에 따라 자기를 의롭다고 여기는 반면, 상대방을 판단하고 상대방을 자기의 눈금 막대기에 묶어버린다. 상대방을 있는 그대로 용납하지 않으며 그에게 미래의 새로운 가능성을 허용하지 않는다. 이러한 태도는 돌아온 탕자를 아무 조건 없이 용납하는 아버지의 태도와는 반대된다. 그들은 "정의와 자비와 신의와 같은 율법의 더 중요한 요소들"은 지키지 않으면서(마 23:23) 자기는 의롭다고 생각한다. 그들은 자신이 죄인임을 깨닫지 못하는 죄인이다. 그들은 용서를 구해야 할 이유가 없다고 생각하며, 그렇기 때문에 하나님의 용서를 받지 못한다. 자비를 베푸는 사람만이 자비를 받을 것이다. 그러므로 예수는 이렇게 가르친다. "너희가 남의 잘못을 용서해주면, 너희의 하늘 아버지께서도 너희를 용서해주실 것이다. 그러나 너희가 남을 용서해주지 않으면, 너희 아버지께서도 너희의 잘못을 용서해주지 않으실 것이다"(마 6:14-15).

어느 사회를 막론하고 "의로운 사람들"과 "불의한 사람들"이 있다. 그런데 의와 불의가 무엇인가를 판단하고 이에 대한 규범을 세우는 사람들은 거의 예외없이 그 사회의 "의로운 사람들"이다. 그들은 그들의 사회에서 통용되는 규범을 잘 지키는 사람들이요 지배자들이다. "불의한 죄인들" 가운데 많은 사람들은 그들의 희생물이다. 예수 당시에도 "의로운 사람들"과 "불의한 죄인들"이 있었다. 불의한 죄인들은 세 가지 범주로 분류되었다.[21] ① 회개하고 하나님께 접근할 수 있는 유대인들. 그들은 하나님의 자비를 얻을 수 있는 자들로 간주되었다. ② 회개하고 돌아올 수 있으나 용납되리라는 희망이 별로 없는 이방인들. 이들은 하나님의 자비가 미칠 수 있는 범위 밖에 있는 자들로 간주되었다. ③ 이방인들처럼 되어버린 유대인들. 이들은 회개해도 하나님의 용납을 받을 희망이 전혀 없는 사람들 곧 잃

---

21) 아래 내용에 관하여 L. Boff, 『주의 기도』, p. 160f.

어버린 자들로 간주되었다. 목동, 창녀, 문둥병자, 중풍병자, 세리 등의 사람들은 세 번째 부류에 속하였다. 그런데 예수는 이 세 번째 부류에 속한 중풍병자에게 이렇게 선언한다. "아들아, 네 죄가 용서함을 받았다"(막 2:5). 이렇게 예수는 그 당시 불의한 자로 간주되던 사람들에게 용서를 선언하면서 우리도 용서해야 한다고 가르친다. 우리 사회의 소위 "불의한 자들"을 불쌍히 여기고 그들의 허물과 죄를 용서하며 그들이 인간적으로 살 수 있는 삶의 여건을 조성할 때, 우리도 하나님의 자비와 용서를 받을 수 있다는 것이다. "자비한 사람은 복이 있다. 그들이 자비함을 입을 것이다"(마 5:7).

다섯째 간구는 하나님의 용서를 받기 위한 인간의 업적과 조건을 전제하는 것처럼 보인다. 마태복음의 본문에서 이것은 "우리가 면제하여주는 것처럼(hōs kai)"으로 나타나며, 누가복음의 본문에서 이것은 "우리가 면제하여주기 때문에(kai gar)"라는 형식으로 나타난다. 이것은 하나님과 인간의 협상인가? 하나님은 인간의 업적을 전제로 그의 죄를 용서하시는가? 이것은 결코 인간의 공로사상을 말하는 것이 아니다. 우리가 이웃의 허물을 용서하고 갚을 것을 면제하여주기 때문에 하나님이 우리의 허물을 용서하는 것이 아니라, 하나님이 우리의 허물을 아무 전제 없이 용서하기 때문에 우리도 이웃의 허물을 용서하고 그가 갚을 것을 면제해주어야 한다는 것이다. 하나님이 먼저 우리에게 자비를 베푸시기 때문에 우리도 이웃에게 자비를 베풀어야 한다. 무자비한 종의 비유는 바로 이것을 설명한다. 자기의 빚을 왕에게서 면제받은 종은 자기에게 더 적은 빚을 지고 있는 이웃의 빚을 면제하여주지 않는다. 그러므로 왕은 이렇게 말한다. "이 악한 종아, 네가 간청하기에, 내가 네게 그 빚을 다 탕감해주었다. 내가 너를 불쌍히 여긴 것처럼, 너도 네 동료를 불쌍히 여겨야 할 것이 아니냐?"(마 18:32-33) 이웃의 허물에 대한 우리의 용서가 하나님의 용서에 대한 전제와 근거가 되는 것이 아니라, 우리의 허물에 대한 하나님의 용서가 이웃에 대한 우리의 용서의 전제와 근거가 된다. 우리가 하나님의 자비와 무조건적 용서를 받았기 때문에, 우리도 이웃에게 자비와 무조건적 용서를 베풀어야 한다. 바울은 이 순서를 명확하게 말한다. "주께서 여러분을 용서하신 것과 같이, 여러분도 서로 용서하십시오"(골 3:13).[22]

우리가 용서받아야 할 죄란 무엇인가? 일반적으로 우리는 죄를 소극적으로 생각한다. "~하지 말라"고 금지된 것을 지키지 않는 것을 죄라고 생각한다. "술 마시지 말라", "담배 피우지 말라"고 했는데 술 마시고 담배 피우는 것을 죄라고 생각한다. "도둑질하지 말라"고 했는데 도둑질하는 것을 죄라고 생각한다. 그러나 먹고살 것이 없어서 죽게 되었을 때, 빵 하나 훔치는 것도 죄라고 말할 수 있을까? 빅토르 위고의 『레미제라블』에 나오는 주인공을 우리는 죄인이라 말할 수 있을까? 이 세상에는 혀와 펜과 종이를 가지고 엄청난 죄를 짓는 사람들이 얼마나 많은가? 성서는 죄를 적극적으로, 포괄적으로 정의한다. 생명을 사랑하지 않으며 보호하지 않는 것이 죄다. "사람이 선한 일을 할 줄 알면서도 하지 않으면, 그것이 그에게 죄가 됩니다"(약 4:17).

다섯째 간구는 "우리의 죄"를 면제하여줄 것을 간구하라고 가르친다. 물론 그리스도인들은 자기 자신의 죄의 용서를 간구해야 할 것이다. 그러나 그들은 그들이 속한 공동체의 죄의 용서를 간구해야 한다는 것을 다섯째 간구는 가르친다. 인간은 어디까지나 공동체적 존재이며 관계 안에 있는 존재다. 관계의 본질은 사랑이요, 사랑은 한 몸 됨을 가리킨다. 모든 인간은 그 본질에 있어서 하나다. 인간의 죄가 인간을 서로 분리시켰을 뿐이다. 다른 사람의 기쁨과 고통은 나 자신의 기쁨과 고통이다. 다른 사람의 죄에 대하여 나 자신도 책임이 있다. 그들은 서로 연대되어 있기 때문이다. 그러므로 그리스도인들은 자기 자신의 죄의 용서는 물론 "우리의 죄"의 용서를 간구해야 한다. 그들은 서로를 대리해야 한다. 그들은 서로에 대하여 대리자다. 서로를 위하여 죄의 용서를 간구해야 한다. 예수 그리스도는 그들 모두의 죄를 대신 짊어지고 그들의 죄의 용서를 아버지께 간구

---

22) 위의 내용에 관하여 Ibid., p. 164f. 참조.

하는 대리자다.

7. 여섯째 간구: 우리를 시험에 들지 않게 하옵소서

우리가 그 속에 빠지지 않게 해달라고 간구하는 "시험"(*peirasmos*; temptation, trial, test)은 하나님으로부터 오는 시험과 사탄으로부터 오는 시험으로 구별된다. 하나님은 아브라함의 복종을 시험하시며(창 22:1), 이스라엘의 믿음을 시험하시며(출 16:4), 가나안 땅을 차지한 이스라엘 백성의 신실을 시험하신다(삿 3:1-4). 그는 인간의 뜻과 마음을 시험하신다(시 26:2). 하나님이 인간에게 주시는 시험을 통하여 인간은 자기의 신실함과 의를 증명할 수 있으며, 이러한 시험은 인간을 단련시킨다. 이 단련을 극복하는 사람은 하나님의 축복을 얻는다. "이것이 다 너희를 단련시키고 시험하셔서, 나중에 너희가 잘되게 하시려는 것이었다"(신 8:16; 참조. 약 1:12).

그러나 시험 가운데는 사탄으로부터 오는 시험도 있다. 예수가 광야에서 받은 시험은 이에 대한 대표적 예다. 고린도전서 7:5도 사탄으로부터 오는 시험을 인정한다. 예수가 받은 시험은 불의한 소유에 대한 시험, 자기의 초인적 능력에 대한 시험, 악의 세력에 대한 굴종과 이를 통하여 얻게 되는 자기 영광에 대한 시험으로 풀이될 수 있다. 물질을 소유하고 싶은 것은 인간의 원초적 본능에 속한다. 물질은 인간의 삶을 보장한다. 물질이 없으면 인간은 생존할 수 없다. 그래서 인간은 누구를 막론하고 보다 더 많은 물질을 소유하고자 한다. 마침내 인간은 물질의 노예가 되어 수단과 방법을 가리지 않고 보다 더 많은 물질을 가지고자 한다. 정치권력을 통한 불의한 소유의 증식, 불의한 경제 행위를 통한 소유의 증식 등을 통하여 사회의 부가 소수의 계층에게 독점된다.

또한 인간에게는 자기의 능력을 드러내 보이고자 하는 본능이 숨어 있다. 사탄은 인간을 유혹하여 인간으로 하여금 자기의 능력을 과시하고자 하는 시험에 빠지게 한다. 이리하여 수많은 사람이 전쟁의 희생물이 될지라도 자기의 초인적 능력을 과시하려는 일이 일어난다. 그러므로 자기에게 맡겨진 일이 바르게 수행되지 않는 경우가 많다. 이것도 인간의 모든 공동체를 내적으로 와해시키고 그들의 구성원들에게 고통을 가져오는 심각한 사탄의 시험에 속한다. 자기의 능력을 과시하고자 하는 한 사람 때문에 국가의 재정이 낭비되고, 온 세계가 전쟁의 참화를 당하는 일도 일어난다.

또한 인간에게는 많은 사람들로부터 영광을 얻고 싶은 욕망이 있다. 정당한 영광은 죄될 것이 없다. 그러나 불의한 세력에 굴종하고 불의한 일을 함께 행하면서 세상의 영광을 누리는 것은 죄악된 일이요, 이러한 일은 사탄의 시험으로 말미암은 것이다. 그 사람은 "네가 나에게 엎드려서 절을 하면, 이 모든 것을 네게 주겠다"(마 4:9)는 사탄의 시험에 빠진 것이다.

사탄의 유혹과 시험은 인간을 그림자처럼 따라다닌다. 그러나 사탄의 시험을 물리칠 수 있는 인간의 힘은 너무도 약하다. 그에게 양심이 있다고 하지만, 그의 양심은 사탄의 유혹과 시험 앞에서 너무도 약하다. 본능적 욕망 앞에서 인간의 양심은 대개의 경우 힘없이 무너지고 만다. 악의 유혹과 시험을 이길 수 있는 힘의 원천은 하나님에게 있다. 하나님의 영이 우리 안에 있을 때, 우리는 사탄의 유혹과 시험을 이길 수 있다. 그러므로 예수는 이렇게 간구하라고 가르친다. "우리를 시험에 들지 않게 하옵소서."

8. 일곱째 간구: 악에서 구하옵소서

일곱째 간구는 그 이전의 간구 곧 "우리를 시험에 들지 않게 하옵소서"를 강화할 뿐만 아니라 주기도의 정점을 형성한다. 인간의 마음과 세계 속에 아직도 악이 다스리고 있다. 이 악으로부터 구하여달라는 간구는 궁극적으로 악을 폐기함으로써 하나님의 이름이 거룩하게 되며, 하나님 나라가 땅 위에 오며, 하나님의 뜻이 이루어지게 하여달라는 간구와 상통한다. "구한다"는 말은 먼저 소극적으로 해석될 수 있다. 그리스어 "뤼사이"(rysai[구하소서])는 "위험에서 끄집어내다, 구출하다, 구하다"(draw out of danger, rescue, save)를 뜻한다. 그러므로 악에서 구한다는 것은, 악을 그대로 내버려둔 채 우리를 악에서 자유롭게 하는 것(liberate, 라틴어 *liberare*)으로 해석될 수 있다. 그러나 이 간구는 적극적으로 해석될 수 있다. 즉 악을 추방하고 폐기시킴으로써 우리를 악에서 자유롭게 하는 것으로 해석될 수 있다. 바울에 의하면 마지막으로 "멸망받을 원수"는 죽음이다(고전 15:26). 악은 멸망되어야 한다. 악이 멸망될 때 인간은 악에서 자유롭게 될 수 있다. 하나님이 "모든 것 안에 모든 것"이(고전 15:28) 되시는 "새 하늘과 새 땅"이 올 때, 악은 더 이상 있지 않을 것이다. 그러므로 "죽음과 슬픔과 울부짖음과 고통"이 더 이상 없을 것이다(계 21:4).

그럼 악이란 무엇인가? 성서는 악을 다양하게 정의한다.[23] "시험하는 자"(마 4:3), "원수"(마 13:39; 눅 10:19), 큰 용(계 12:9; 20:2), 뱀(고후 11:3), 애초부터 살인자며 진리 안에 있지 않은 자(요 8:44; 요일 3:8), 악마(마 13:39; 눅 8:12; 행 10:38), 사탄(막 3:22, 26; 4:15; 눅 13:16), 바알세불(마 12:24, 27; 막 3:22; 눅 11:15, 18, 19), 이 세상의 통치자(요 12:31; 고후 4:4; 엡 2:2) 등으로 정의한다. 악이란 거짓과 미움과 질병과 죽음의 원인이다(막 3:22-30; 눅 13:16; 행 10:38; 히 2:14). 자기의 형제와 자매를 사랑하지 않거나 정의롭게 대하지 않는 사람은 가인이나(요일 3:12) 유다처럼(요 5:70; 13:2, 27) 악마의 자식으로 간주되어야 한다. 여하튼 오늘의 신학에서 악 혹은 사탄은 인격적 실체로 생각되기보다 악한 세력으로 이해된다.[24] 악의 정체는 무엇이며 어디로부터 오는가에 대하여 우리는 정확한 정보를 갖고 있지 않다. 그러나 우리는 악을 어둠에 비유할 수 있다. 어둠은 실체가 아니다. 전등을 켜면 어둠은 사라져버린다. 본래 그것은 아무 힘도 없다. 그럼에도 불구하고 어둠은 존

---

23) 이에 관하여 Ibid., p. 193f.
24) 이에 관하여 H. Haag, *Abschide vom Teufel*, 1967.

재하며 인간을 엄습하여 공포의 대상이 된다. 악도 마찬가지다. 빛 곧 하나님이 있을 때 악은 사라져버린다. 그것은 빛 앞에서 아무런 힘도 없다. 그러나 빛이 없을 때, 그것은 인간을 유혹하고 두려움의 대상이 된다.

이 세상에서 악은 수없이 많은 형태로 나타난다. 한마디로 말하여 그것은 죄와 죽음의 세력으로 나타난다. 죄는 하나님과 이웃과 자연 세계로부터의 단절을 말한다. 모든 것은 자기를 위하여 존재한다. 자기가 모든 것의 중심이 되어야 하며 모든 것을 지배해야 한다. 재물에 대한 집착(눅 12:13-21; 16:13), 내일을 위한 지나친 근심과 걱정(마 6:19-34), 자기중심적 태도, 타인에 대한 판단과 정죄, 권력과 명예와 영광에 대한 희구, 과장되고 상투적인 경건, 당파심, 시기심, 이 모든 것에 대한 책임은 인간 자신이 짊어질 수밖에 없지만, 이것들은 악의 작용으로 말미암아 일어난다.

자기 자신에게 집착하는 사람은 타인의 죽음에 대하여 냉담하다. 자기만 잘 먹고 잘 살면 된다. 다음 세대를 생각할 필요도 없다. 다음 세대의 우리 자손들과 인류가 어떤 고난을 당하든지 상관할 필요가 없다. 오염되고 파괴된 자연 속에서 그들이 어떤 고통을 당하든, 기형아를 낳든, 방사능과 중금속으로 오염되든 개의할 바 아니다. 내가 사는 동안 즐겁고 풍요롭게 살기만 하면 된다. 그러므로 그는 이웃과 자연 세계의 고통과 죽음에 대하여 무감각하며 무관심하다. 그는 약한 자들에 대하여 냉담하다. 그는 그들과 연대할 수 없다. 그들과 연대하는 것은 위험한 일이다. 그것은 그의 사회적 지위와 명예와 특권을 빼앗아갈 수 있다. 그래서 백인은 백인끼리, 부유한 사람은 부유한 사람끼리, 신체적으로 건강한 사람은 건강한 사람끼리 연대한다. 이리하여 흑인종과 황인종은 이 세계의 변두리로 밀려난다. 가난한 사람들, 힘없는 사람들, 신체적으로 장애를 가진 사람들은 사회의 그늘 속으로 소외된다. 오늘 이 세계를 병들게 하는 원인은 고난당하는 사람들과 자연 만물과 다음 세대에 대한 무감각과 무관심, 연대성의 결여, 사랑의 결핍에 있다. 악은 이러한 무감각과 무관심, 연대성의 결여, 사랑의 결핍으로 나타난다.

또한 악은 구조적으로 나타난다. 사회적 책임에는 무관심한 채 불의에 가담하는 사람들, 소수의 사람들의 수중에 부와 특권을 축적케 하는 사회 체제들이 이 세계 도처에 있다. 세계의 독재자들이 익명으로 스위스, 벨기에, 네덜란드의 은행에 예금해두었다가 살해당함으로 인하여 엄청난 액수의 달러가 이 나라들의 소유가 되어버리는 "합법적인 불법"이 지금도 일어나고 있다. 북아메리카, 남아메리카, 오스트레일리아, 대만, 남아프리카공화국 등 세계 도처의 원주민들이 자기들의 땅에 들어온 이주민들에 의하여 사회 변두리로 혹은 소위 "보호구역"으로 추방되어 멸시와 천대와 가난과 질병과 마약중독과 알콜중독 속에서 살고 있다. 제2차 세계대전 때, 일본에 강제 징용당한 한국인들이 지금도 일본인들의 멸시와 차별을 받으면서 소위 저속한 직업에 종사하며 살고 있다. 정치권력과 경제권력이 결탁하여 나라의 경제를 파탄에 빠뜨리는 구조적 악이 수많은 나라에서 지금도 일어나고 있다. 소수의 부가 증대 일로에 있는 반면, 다수의 빈곤은 악화 일로에 있다. "우리 시대에 있어서 하나님에게 저항하고 인간성을 파괴하는 악마는 가난한 대다수 민중과 연대하지 않는 엘리트주의적·배타적 사회체제 속에 구현된 집단적 이기주의의 형태로 모습을 드러내고 있다.…돈, 특권 그리고 국가안보라는 이름 아래 악마는 인간을 공포 가운데 묶어놓고 있다. 많은 사람들이 감옥에 갇히고 고문당하고 죽임을 당한다."[25]

악의 경제적 구조는 한 나라는 물론 온 세계를 빈부격차와 고통과 죽음으로 인도한다. 선진국들은 새로운 기술을 발견하여 새로운 상품과 무기를 개발하고 그것을 후진국에 판매하여 부를 증대시키는 반면, 후진국들은 그들의 자원과 부를 선진국에 빼앗기고 있다. 이리하여 후진국에서는 매시간 수백 명의 어린이들이 굶주림과 질병으로 죽어가고 있다. 언제나 보다 더 많은 이윤을 추구하는 자유시장 경제제도는 생태계의 오염과 파괴와 위기를 가속화시킨다.

---

25) L. Boff, 『주의 기도』, p. 204.

또한 악은 불합리한 전통과 인습과 사고방식의 형태로 나타난다. 남자가 그 가정의 대(代)를 잇는다는 생각은 반드시 성서적 생각이라 할 수 없다. 남자는 물론 여자도 "하나님의 형상"에 따라 창조되었기 때문이다. 여자도 가정의 대를 이을 수 있다. 남자가 가정의 대를 잇는다는 생각은 남성 중심의 사회를 형성하며 여자를 대물림의 수단으로 전락시킨다. 남자가 모든 것을 지배해야 하며, 여자는 남자에게 복종해야 한다. 여자의 가치는 남자의 가치 아래 있다. 이리하여 여자아이 낳는 것을 꺼려한다. 부모가 결혼한 딸의 가정 곧 사위 집에 사는 것을 치욕스러운 일로 생각한다. 결혼식 날 신랑의 집에는 웃음꽃이 만발하지만, 신부의 집은 슬픔과 눈물로 가득하다. 신부가 신랑 집에 만족할 만한 혼수를 가져가지 않으면, 신랑 집에서 괄시를 당하고 심지어 남편에게 얻어맞기도 한다. 분하고 억울하여 자살하는 젊은 부인도 있다. 또 공직자는 국민의 세금에서 월급을 받는 국민의 "고용인"임에도 불구하고, 자기가 국민 위에 있고 국민을 지배하며 억압할 수 있는 권리를 가진 것으로 착각한다. 그의 전도된 지배자 의식으로 인하여 국민들이 억울함과 고통을 당한다.

이와 같이 악은 온 세계의 모든 사회 속에서 정치적·경제적·사회적 구조로, 불합리한 인습과 사고방식으로 나타나면서 인류와 세계를 불의와 분열과 고통과 죄와 죽음으로 끌어가고 있다. 가는 곳곳마다 "죽음과 슬픔과 울부짖음과 고통"이 가득하다. 모든 피조물이 "다 함께 신음하며 진통을 겪고 있다"(롬 8:22). 악은 모든 피조물을 그의 노예로 삼고 그들의 세계를 파멸시키고자 한다. 그러므로 성서는 이렇게 말한다. "정신을 차리고 깨어 있으십시오. 여러분의 원수인 악마가 우는 사자같이 삼킬 자를 찾아 두루 다닙니다"(벧전 5:8).

악에서 구하여달라는 기도는 우리 자신이 악한 일들을 하지 않고 오히려 선한 일을 하게 해달라는 기도인 동시에, 하나님께서 이 세상의 모든 악을 폐기하고 그의 나라가 이루어지기를 간구하는 기도이기도 하다. 또한 악을 폐기하고 그의 나라를 이루고자 하는 하나님의 역사에 동참하리라는 결단의 표현이기도 하다. 악이 활동하는 세계 한가운데서 그리스도인들은 매일 아버지 하나님께 기도한다. "우리를 악에서 구하옵소서! 선으로부터 이탈하지 않도록 우리를 보호하소서. 아버지, 우리가 당신을 버리지 않도록 하옵소서!"[26]

우리 사회의 모든 구조 속에 숨어 있는 악을 제거하기 위해 먼저 필요한 것은 우리 자신이 악의 유혹에 빠지지 않는 데 있다. 사회의 구조적 악을 제거할지라도, 우리 자신이 악의 유혹에 빠지면, 구조적 악은 새로운 형태로 나타나게 된다. 구조적 악은 결국 우리 자신이 만드는 것이기 때문이다.

악의 유혹에 빠지지 않을 수 있는 길은 무엇인가? 그것은 먼저 악의 실체, 곧 성서가 말하는 사탄의 실체를 인정하고 이를 경계하는 데 있다. 현대인에게 이것은 비과학적인 미신으로 들릴 수 있을 것이다. 그러나 우리 인간은 언제나 다시금 악의 유혹 곧 죄의 유혹을 받는다는 것은 부인할 수 없는 사실이다. 악은 우리 인간의 본성 속에 깊이 숨어 있다. 예수도 인정한 것으로 보도되는 사탄은(마 4:10 등) 고대시대의 미신이나 신화가 아니라, 인간의 본성 속에 숨어 있으면서 인간의 존재와 이 세계를 파괴하고자 하는 악의 세력을 인격화시킨 것이다. "사탄이 밀처럼 너희를 체질하려고 너희를 손아귀에 넣기를 요구하였다"는(눅 22:31) 말씀은, 언제나 사탄의 유혹 속에 있는 인간의 보편적 존재를 나타낸다.

우리는 이 사탄의 실체를 인정하고 이에 맞서야 한다. 죄를 지으라는 사탄의 간지러운 유혹을 뿌리치고 성령의 도우심을 간구해야 한다. 예수처럼 "사탄아, 물러가라"고(마 4:10) 외쳐야 한다. 이 유혹에 빠질 때, 우리는 사탄의 세력 혹은 죄와 죽음의 세력의 노예가 되며, 하나님의 빛과 진리 속에 머물지 않고, 어둠과 거짓의 세계 속에서 살게 된다는 것을 알아야 한다. 죄 가운데 사는 사람의 얼굴 표정이 어둡고 험악하게 보이는 까

---

26) 이 내용에 관하여 Ibid., p. 204f.

닭이 여기에 있다.

악의 유혹을 받을 때 우리는 결단해야 한다. 악의 세력 곧 "사탄의 권세"에 속한 사탄의 노예가 될 것인가, 아니면 하나님의 자녀가 될 것인가? 요한복음이 말하는 어둠의 세계에 속한 어둠의 자식이 될 것인가, 아니면 빛의 세계에 속한 빛의 자녀가 될 것인가? 하나님과 이웃 앞에서 떳떳한 존재가 될 것인가, 아니면 그들 앞에서 얼굴을 들지 못하는 거짓되고 위선적인 존재가 될 것인가? 한 번밖에 없는 자기의 삶을 후회없이 살다가 자랑스러운 모습으로 죽을 것인가, 아니면 부끄러움과 후회 때문에 고통을 당하며 죽을 것인가? 세상을 밝히는 세상의 빛과 소금이 될 것인가, 아니면 "너도 별 수 없는 놈이구나"라는 세상 사람들의 눈에 보이지 않는 비웃음 속에서 그들의 발길에 차이는 존재가 될 것인가를 결단해야 한다. 이 같은 결단 앞에 선 우리에게 예수는 말한다. "너희는 세상의 소금이다.… 너희는 세상의 빛이다…"(마 5:13-14). 사탄의 유혹을 물리치고 세상의 빛과 소금이 되는 거기에 하나님 나라가 있다.

제5부

십자가와 부활 속에 있는 하나님 나라

예수의 십자가의 죽음은 정치·경제·사회·종교적 원인을 가진다. 그의 죽음에 있어서 빌라도는 과연 무죄하였던가? 예수의 죽음과 함께 하나님 나라는 실패로 끝나버렸던가? 십자가의 사건은 하나님 나라의 실패가 아니라 궁극적 완성의 사건이다. 예수의 죽음 속에서 인류의 죄가 용서받으며, 하나님 나라가 관철된다. 이 사실이 부활을 통하여 증명된다. 부활은 죽었던 예수의 재활이 아니라, 보편적 부활의 시작이요 하나님 나라의 새로운 시작이다. 그것은 소위 "역사적으로" 증명될 수 있는 사건이 아니라, "역사를 열어주는" 사건이다. 역사는 영원한 "되어감"(becoming)이 아니라, 하나님 나라가 미래로부터 현재 속으로 들어오는 (coming) 과정으로 밝혀진다.

XVI

십자가의 고난 속에 있는
하나님 나라
- 십자가 죽음의 정치·경제·사회·종교적 원인

예수의 삶의 역사는 십자가의 죽음으로 절정(culmination)에 도달한다. 그의 삶의 역사는 고난을 향한 길이었을뿐 아니라 고난 자체였다. 복음서의 기록은 예수의 삶의 역사를 십자가의 죽음이라는 초점을 향하여 전개된다. 복음서의 모든 보도는 십자가의 죽음과 부활의 관점에서 형성된 것이다. 마르틴 캘러(Martin Kähler)에 의하면, 복음서들은 "상세한 입문을 가진 수난의 이야기들"이다.[1] 십자가의 죽음은 운명이나 숙명이 아니라, 예수 자신이 스스로 결단한 삶의 귀결이었다. 그의 마지막 예루살렘 입성은 죽음의 자발적 선택이었다.

기독교는 2천 년 동안 예수가 "우리 죄를 위하여" 희생의 죽음을 당하였다고 고백하였다. 속죄제물 사상에서 유래하는 이 고백에 의하면, 예수의 죽음의 원인은 우리 죄를 용서하기 위한 하나님의 사랑에 있는 것으로 제시된다. 이것은 역사비평적 방법이 등장하기까지 계속되었다. 예수

---

1) M. Kähler, *Der sogenannte historische Jesus und der geschichtliche, biblische Christus*, 3. Aufl. 1961, S. 59f.

의 죽음의 정치·경제·사회적 원인은 고려되지 않았으며, 이로 인하여 신학은 내적 빈곤을 피할 수 없었다. 사도신경도 그의 죽음의 사회적·역사적 원인에 대하여 침묵한다. 사도신경은 사회적 관계들과 갈등 속에서 일어난 예수의 역사적 삶 자체에 대하여 침묵한다. "마리아에게 나시고"를 고백한 다음, "본디오 빌라도에게 고난을 받으사 십자가에 못 박혀 죽으시고"라고 고백한다. 마리아에 의한 탄생과 십자가의 죽음 사이에 일어난 예수의 역사적 삶은 사도신경에 완전히 빠져 있다. 십자가 죽음의 역사적·사회적 원인도 전혀 언급되지 않는다.

거의 2천 년 동안 신학은 예수의 죽음의 역사적·사회적 원인에 대하여 무관심한 채, 그의 죽음의 의미를 "구원"의 개념들을 가지고 설명하고자 노력하였다. 이 노력에 있어 신학은 영과 육의 이원론에 기초한 형이상학적 개념의 틀을 사용하기도 하고, 속죄제물이라는 제의적 개념의 틀을 사용하기도 하고, 보상 혹은 만족이라는 법적인 개념의 틀을 사용하기도 하고, 신화적 개념의 틀을 사용하기도 하였다. 그러나 역사비평적 방법의 도움으로 오늘의 신학은 예수의 십자가 죽음의 정치·경제·사회·종교적 원인들을 분석하고 있다. 이 원인들은 다음과 같이 기술될 수 있다.

1. "신성 모독자" = "사회체제의 혼란자"

메시아적 드라마의 정점을 형성하는 예수의 죽음을 복음서는 이야기 형식으로 보도한다. 이 보도의 목적은 그의 죽음에 관한 객관적 자료를 제공하는 데 있지 않고, 십자가에 달려 죽은 예수는 부활하신 그리스도 곧 메시아이며, 부활하신 메시아는 십자가에 달려 죽은 지상의 메시아라는 처음 공동체의 신앙을 증언하는 데 있다. 그것은 "객관적 보도"가 아니라 "신앙의 증언"이다. 복음서가 증언하는 예수의 죽음은 예수의 삶에 있어서 가장 확실한 역사적(historical) 사건이요, 그것이 일어난 날짜는 예수의 삶의 사건들 중 가장 정확하게 계산될 수 있다. 로마의 티베리우스 황제와 유대 총독 필라투스(빌라도)의 이름, 기원후 27년에 일어난 세례 요한의 활동의 시작, 31년과 34년 사이에 일어난 바울의 회개를 고려할 때, 예수의 죽음은 30년, 니산월 14 혹은 15일에 일어난 것으로 추정된다. 보다 더 정확하게 계산한다면, 기원후 30년 니산월 15일 곧 4월 7일에 일어난 것으로 추정할 수 있다.

예수는 그 당시 유대교와의 관계에서 "하나님을 모독한 자"로서의 죽음을 당하였다고 복음서는 보도한다. "그가 하나님을 모독하였소"라는(마 26:65) 대제사장의 선언은 이것을 증명한다. 그는 할라카는 물론 구약의 율법을 자유롭게 해석하며 그것을 상대화한다. 그는 율법과 모세의 권위보다 자기의 권위를 더 높이 세운다. 그뿐 아니라 그는 하나님만이 하실 수 있는 죄의 용서를 행함으로써 자기를 하나님과 동등한 위치에 세운다. 죄를 용서할 때 그는 유대교가 요구하는 종교적 제도를 지키지 않는다. 그는 종교적 제도를 무시한다. 그는 죄 용서를 위하여 아무런 제물도 요구하지 않는다. 제사장제도와 속죄제물의 제도가 무시된다. 아니, 이러한 제도들은 불필요한 것으로 드러난다. 죄인을 하나님과 화해시키는 제사장과 속죄제물 대신 예수 자신이 등장한다. 죄인과 하나님의 중재자는 제사장과 속죄제물이 아니라 예수 자신이다.

당시 유대교 지도자들에게 참으로 견딜 수 없는 것은 예수가 예루살렘 성전과 성전 제의를 상대화한 일이었다. 중요한 것은 신령과 진리로 예배드리는 것이지, 어디에서 예배를 드리느냐의 문제가 아니다. 그 장소는 남쪽 유대인들이 증오하는 사마리아의 그리심 산일 수도 있다. 예수는 성전은 물론 성전 제사를 상대화한다. "내가 바라는 것은 나에게 동물을 잡아 바치는 제사가 아니라 이웃에게 베푸는 자선이다"(마 12:7). 제의에 바쳐지는 제물을 수입원으로 삼고 있던 제사장들과 레위인들에게 제의의 상대화는 그들의 수입원을 위험스럽게 만드는 일이었다. 사람은 누구를 막론하고 자신의 생계와 사회적 지위가 위험스럽게 되면 매우 공격적으로 변한다. 당시 유대교 지도자들도 마찬가지였을 것이다. 예수는 그들의 생계와 사회적 지위를 위태롭게 만드는 인물이었다.

성전에 대한 예수의 비판적 태도는 성전 정화 사건에 나타난다. 성전에 있던 상인들은 제의에 바칠 제물들을 성전 구역 안에서 팔았다. 이익을 남기고 팔았음은 다시 말할 필요가 없다. 환전상들은 성전을 찾아온 디아스포라 유대인들에게 로마 황제의 상이 새겨진 로마 제국의 화폐를 성전 안에서만 통용되는 화폐로 바꾸어주고 최소한 두 배 이상의 이익을 취하였다. 이들의 상행위는 성전 지도자들의 허가를 받을 때에만 가능하였다. 상인들과 환전상들은 상행위를 허락받기 위하여 제사장들과 레위인들에게 적지 않은 뇌물을 제공하였다. 예수 당시 예루살렘 성전에 근무하는 제사장은 약 7,200명, 레위인은 약 9,600명, 합계 약 18,000명으로 추산된다.[2] 18,000명에 달하는 성전 지도자들을 위하여 바쳐지는 뇌물의 액수는 상당하였을 것이다.

유대교의 지도자들이 예수를 고발할 수밖에 없었던 가장 큰 원인은 성전 정화와 더불어 성전에 대한 예수의 폐기 선언에 있다. 성전보다 더 큰 이가 여기에 있다(마 12:6). 예수가 성전보다 더 크다. 이제 구원의 길은 성전에 있지 않고 예수에게 있다. 제사장이 아니라 예수가 하나님과 인간의 중재자다. 무화과나무의 이야기는(마 21:18-19) 이것을 말한다. 열매를 맺지 못하는 예루살렘 성전은 말라 죽을 것이다. 그것은 "돌 하나도 돌 위에 남지 않고 다 무너질 것이다"(막 13:2). 예수가 성전의 자리에 등장한다. 하나님의 약속은 성전에서 예수에게로 옮겨진다. 이제 구원의 길은 성전에 있지 않고 예수에게 있다.

이것은 예수가 그리스도 곧 메시아인가를 물은 대제사장의 질문에 대한 예수의 답변에 나타난다. 마태복음에서 예수는 이 질문에 대하여 명백하게 긍정한다(마 26:64). 누가복음에서 그는 명백하게 긍정하지도 않지만

---

2) J. Jeremias, 『예수 시대의 예루살렘』, p. 264f.

부정하지도 않는다(눅 22:67-68). 이것은 대제사장이 이해하는 메시아상과 예수가 생각하는 메시아상이 달랐기 때문이었을 것이다. 여하튼 예수는 자기가 메시아라는 것을 부정하지 않는다. 누가복음은 "네가 하나님의 아들이냐?"고 물은 대제사장과 율법학자들의 질문에 대하여 예수가 긍정한 것으로 보도한다. 여기서 마태와 누가가 실제 있었던 사실을 그대로 보도하는지, 아니면 부활의 빛에서 그들이 이해하였던 것을 보도하는지, 실사적으로(historisch) 증명하기 어렵다. 그러나 대제사장이 예수에게 "네가 그리스도 곧 메시아이냐"라고 물었다는 것과, 이 질문에 대하여 예수가 최소한 부정하지 않았다는 것은 마태와 누가의 공통된 점이다.[3] 이와 같이 예수는 자기가 메시아임을 부정하지 않음으로써 유대교의 폐기를 암시한다. 이제 하나님의 구원의 역사는 유대교를 통하여 일어나지 않고 메시아 예수를 통하여 일어난다는 것을 복음서는 시사한다.

이와 관련하여 예수는 경건과 불경건, 의와 불의, 구원받을 수 있는 자와 구원받을 수 없는 자의 기준을 뒤집어버린다. 그는 율법을 알지 못하는 사람들, 경건하지 못하며 구원받을 수 없다는 사람들에게 먼저 하나님 나라의 복음을 선포하며, 하나님 나라는 그들의 것이라고 말한다. 용서받을 수 없다고 간주되는 사람에게 예수는 용서를 선포한다. 그는 소위 경건하며 의롭다는 사람들 곧 힘 있는 사람들의 편에 서지 않고, 경건하지 못하며 불의하다는 사람들, 힘없고 가난한 사람들의 편에 서서 그들의 "친구"가 된다. 그는 율법 없는 자들, 율법 위반자들로 낙인찍힌 사람들을 자기의 제자로 받아들이며, 이로써 율법의 하나님, 성전의 하나님을 "하나님 없는 자들과 희망 없는 자들의 하나님"으로 비하시킨다. 이로써 예수는 당

---

3) 예수의 메시아 되심에 대한 시인 그 자체는 유대교의 입장에서 볼 때 성전과 토라에 대한 모욕처럼 죽음의 죄에 해당하지 않았다. 따라서 예수를 종교적 이유로 빌라도에게 고발하는 것은 아무 효과도 없기 때문에, 유대교 지도자들은 예수를 그 당시 자기를 메시아라 부르면서 로마에 저항하였던 많은 메시아들 중 한 사람으로 고발하였다. Th. Schneider(Ed.), *Handbuch der Dogmatik I*, 1992, S. 280.

시의 유대교가 하나님의 구원 역사에 있어 실패하였음을 시사한다.

또한 예수는 명령과 복종의 지배체제로 구성된 사회 속에서 새로운 공동체의 모습을 제시한다. 그는 지배체제의 형태가 아니라, 친구들 혹은 형제자매들로 구성되어 있으며 서로 자발적으로 섬기는 사회의 형태를 실천한다. 그는 이혼을 금지함으로써 여자의 법적·사회적·인간적 권리를 회복시킨다. 집안에 머물면서 남자를 섬겨야 하는 여자들을 하나님 나라의 역사를 위한 적극적 동역자로 삼는다. 이리하여 예수는 남성 중심의 사회체제를 상대화한다. 그는 계급질서와 가족과 지역과 인종의 모든 제한을 철폐한다. 이로써 예수는 기존의 사회체제를 혼란시킨다.

이러한 예수를 가리켜 대제사장은 "하나님 모독자"라고 정죄한다. 실로 예수는 자기를 하나님과 동등한 자리에 세우며 유대교의 기초를 위험스럽게 만들었기 때문이다. 그러나 예수가 "하나님 모독자"로 정죄당한 것은 단순히 "성전과 토라의 모독"이라는 종교적 이유 때문이 아니라 사회적·경제적 이유 때문이었다. 예수 당시 유대사회는 종교적 사회였으며, 율법과 성전이 사회의 기초를 형성하고 있었다. 그러므로 율법과 성전을 상대화하는 것은 그 사회의 기초와 전체 체제를 뒤흔드는 행위였다. 그것은 기존 사회체제의 몰락을 뜻하였다.

한스 큉(Hans Küng)에 의하면, 율법과 성전과 성전 제의를 상대화한 예수의 행위는 "지배체제의 기초를, 모든 신학과 이데올로기를" 상대화하며 모든 종교적 질서들, 예배는 물론 예배 의식과 교리와 규칙들과 규범들을 상대화하는 행위였다.[4] 그러므로 예수는 단순히 "하나님 모독자"에 불과한 것이 아니라, "사회체제의 혼란자"요 지배계급에 대한 "도전자"였다. 율법과 성전과 성전 제의의 상대화에서 지배자들은 그들의 사회적 지위와 특권이 위험스럽게 되는 것을 보았다. 그들은 이것을 견딜 수가 없었다. 그러므로 그들은 예수를 단지 "하나님 모독자"로 빌라도에게 고발하지 않

---

4) H. Küng, *Christ Sein*, S. 242f.

고 백성의 "선동자"로 고발한다. "그 사람은 갈릴리에서 시작해서 여기에 이르기까지 온 유대를 누비며 가르치면서, 백성을 선동하고 있습니다"(눅 23:5).

2. 정치적 죄명으로 처형당한 예수

예수 당시 유대사회는 종교와 정치가 결합된 사회였다. 그 사회는 종교를 구심점으로 형성되어 있었다. 따라서 종교의 영역이 교란될 때, 정치의 영역도 교란될 수밖에 없었다. 예수가 로마의 정치권력과 직접 대립하였다는 증거를 우리는 복음서에서 발견하기 어렵다. 그는 정치권력을 추구하지 않았다. 그는 사회주의 혁명가도 아니었다. 그러나 예수는 그 사회의 종교적 권력과 대립함으로써, 그 사회를 지배하는 정치권력과 대립하는 결과를 초래할 수밖에 없었다. 어느 시대를 막론하고 역사상 "종교 없는 정치"도 없지만, "비정치적 종교"도 없다. 정치는 종교를 자신의 지지 세력으로 가질 뿐 아니라, 종교를 통하여 통치권을 정당화시킨다. 왕권신수설은 이에 대한 대표적 예다. 그 반면 종교는 정치를 지지하고 통치권을 종교적 형태로 정당화시킴으로써 그 사회의 특권을 누리는 "정치종교"로 변질한다. 이것은 역사의 법칙이라 하여도 지나친 말이 아닐 것이다. 예수 당시 유대교의 지도자들에 있어서 정치와 종교의 관계는 이러한 역사의 법칙을 벗어나지 못하였다.

따라서 예수와 유대교 지도자들 사이의 갈등은 필연적으로 로마의 정치적 지배세력과의 갈등을 이미 그 속에 내포하고 있었다.[5] 갈릴리 지역의 왕

---

5) 로마의 정치권력과 예수 사이의 갈등은 예수의 종교적 갈등의 "(그 자체에 있어 필연적이 아닌) 귀결"이라고 보는 한스 큉의 생각에 동의할 수 없다. H. Küng, *Die christliche Herausforderung*, S. 205.

헤롯이 예수를 죽이려 하였고, 예수가 헤롯을 "여우"라고 불렀던 사실은(눅 13:31-32) 예수와 정치적 지배세력의 갈등을 암시하고 있다. 하나님 나라와 "주의 은혜의 해"에 대한 예수의 선포는 정치적 지배세력과의 충돌을 초래할 수밖에 없었다. "주의 은혜의 해" 곧 희년 계명이 실천될 경우, 노예가 해방되어야 하며, 땅을 본래의 주인에게 되돌려주어야 하며, 가난한 사람들의 빚을 탕감해주어야 한다. 하나님의 자비와 공의가 다스리는 현실 곧 하나님 나라가 땅 위에 세워져야 한다. 모든 불의와 억압과 착취는 폐기되어야 한다. 따라서 하나님 나라와 "주의 은혜의 해"에 대한 예수의 선포는 단순히 종교적 선포에 불과한 것이 아니라, 사회적·정치적·경제적 요구였다. 따라서 예수는 정치적·경제적·사회적 지배세력과 충돌할 수밖에 없었다.

여기서 우리는 예수에 대한 대제사장과 산헤드린의 심문과 빌라도의 심문이 다르다는 사실을 유의해야 한다. 마태, 마가, 누가에 의하면 대제사장은 예수가 하나님의 아들 혹은 메시아인가를 질문한다. 마태는 빌라도가 두 가지를 결합하여 질문한 것으로 보도한다. "그대가 하나님의 아들 그리스도(=메시아)요?"(마 26:63) 하나님의 아들 혹은 메시아라는 죄명은 정치적 죄명이 될 수 없을 것이다. 그런데 빌라도는 세 복음서에서 똑같이 "당신이 유대인의 왕이요?"라고 질문한다(마 27:11; 막 15:2; 눅 23:3). "유대인의 왕"이라는 죄명은 분명히 정치적 죄명이다. "당신이 유대인의 왕이오?"라는 질문은 분명히 "하나의 정치적 질문"이었다.[6] 예수 당시 로마에 대항하여 싸웠던 많은 유대인들의 집단의 두목들은 "왕"이라 불렸다. 따라서 왕이란 칭호는 로마의 평화를 교란하며 로마 황제를 반대하는 정치적 모반자를 뜻한다. 따라서 "당신이 유대인의 왕이오?"라는 빌라도의 질문은, "너도 반로마 반란을 꾀하는 정치적 선동자인가?"라는 뜻으로 해석될 수 있다. 당시 열심당원에 의하여 끊임없이 민란이 일어나고 있던 상황 속에서(참조. 막 15:7) 빌라도의 질문을 우리는 능히 이렇게 해석할 수 있다.

---

6) H. Zahrnt, *Jesus aus Nazareth*, S. 215.

"당신이 유대인의 왕이오?"라는 빌라도의 질문에 대하여 예수는 "당신이 그렇게 말하였소"라고 대답한다(마 27:11). 곧 "그 말은 당신의 말이지 나의 말이 아니오"라고 대답한다. 이로써 예수는 자기가 열심당원과 같은 정치적 선동자나 반란자가 아니라고 항변한다. 그러나 빌라도에게 예수는 백성의 선동자로 보였던 것 같다. 그러므로 빌라도는 예수를 종교적 죄명으로 처형하지 않고, 정치적 죄명으로 처형한다. 예수의 십자가에 달린 죄명 곧 "INRI"(Iesus Nazarenus Rex Iudaeorum, 나사렛 예수 유대인의 왕)은 예수가 정치적 범죄자로 처형되었음을 증명한다. 누가에 의하면 유대교의 지도자들은 예수를 빌라도에게 넘겨줄 때, 종교적 죄명으로 넘겨주지 않고 정치적 죄명으로 넘겨준다. "우리가 보니, 이 사람이 우리 민족을 오도하고, 황제에게 세금 바치는 것을 반대하고, 자칭 그리스도 곧 왕이라고 하였습니다"(눅 23:2). 이 구절은 예수가 빌라도에게 넘겨질 때, 벌써 정치적 명목으로 넘겨졌음을 보여준다. 또 예수는 폭동을 일으키고 살인을 한 바라바와 같은 취급을 당한다(막 15:7). 이것은 예수가 빌라도에게 바라바와 같은 정치적 선동자로 보였음을 시사한다.

예수가 당한 십자가의 형벌은 로마 제국에서 종교적 형벌이 아니라 정치적 형벌이었다. 그 당시 로마 제국에서 십자가의 형벌은 로마 제국에 반대하여 저항이나 혁명을 일으킨 반란자들, 군대를 이탈하여 도주하다가 붙들린 노예들이 당하는 가장 잔인하고 무서운 형벌이었다. 반로마 민란과 혁명에 가담한 수많은 유대인들도 정치적 반란자로서 예루살렘 성벽 맞은편에 세워진 십자가에 달려 죽었다. 스파르타쿠스(Spartakus)가 일으킨 노예혁명이 실패로 끝났을 때, 약 7,000명의 노예들이 십자가에 달려 죽었다. 그런데 예수는 노예가 아니었다. 그렇다면 예수의 십자가 형벌은 로마의 지배를 거부하는 정치적 선동자 내지 위험인물로 판결받고 당한 정치적 형벌이라는 결론이 내려진다.[7] 만일 예수가 단순히 하나님 모독자

---

7) 이에 관하여 J. Moltmann, Der gekreuzigte Gott, S. 129: "당시 십자가형은 로마 제국

라는 종교적 죄명으로 처형을 당하였다면, 그는 유대교의 관습에 따라 돌에 맞아 죽어야 했을 것이다.

여기서 우리는 하나님 나라에 대한 예수의 선포를 유의할 필요가 있다. 예수는 단순히 하나님을 선포하지 않고 하나님 나라를 선포하였다. 구약에서 하나님 나라는 하나님과의 인격적 화해와 인간 상호간의 사회적 화해를 포괄한다. 사회적 화해는 그 사회의 정치적·경제적 질서의 변화를 통해서만 가능하다. 그러므로 예수는 그 사회의 조직과 정치적·경제적 질서에 대하여 무관심할 수 없었다. 물론 예수는 직업적 정치가가 아니었다. 그러나 그가 선포하는 하나님 나라는 예수를 사회정치적 문제들과 대면시키지 않을 수 없었다. 그러므로 예수는 종교의 이름으로 행하여지는 모든 억압은 물론, 사회정치적 질서의 미명으로 행하여지는 모든 억압을 저주한다. 그는 개인의 이기주의를 공격하기보다, 하나님 나라와 모순되는 집단적 이기주의를 공격한다. "너희 부유한 사람은 화가 있다…"(눅 6:24 이하). 그는 바리새인들이 정의를 지키지 않음을 비판하며(마 23:23), 율법선생들이 백성들에게 무거운 짐을 지우는 것을 비판한다(마 23:4). 그는 통치자들의 억압과 횡포를 거부한다. "너희가 아는 대로, 민족들을 통치하는 사람들은 그들을 마구 내리누르고, 고관들은 세도를 부린다. 그러나 너희끼리는 그렇게 해서는 안 된다"(마 20:25-26). 그는 "지식의 열쇠"를 가로챈 지식인들을 비판한다(눅 11:52). 복음서는 정치에 대한 예수의 태도를 더이상 명백히 서술하지 않는다. 그것은 예수가 정치에 대하여 무관심했기 때문이 아니라, 복음서가 쓰여지던 당시의 그리스도인들이 예수의 사명을 총체적으로 이해하지 못하였기 때문이었다. 혹은 우리가 가진 복음서는 기원후 313년 기독교가 이미 로마의 공인종교가 된 4세기 말에 편집되었으며, 이때 복음서 편집자는 로마 제국과 기독교의 원만한 관계를 원하였

(*Imperium Romanum*)의 사회 질서와 정치 질서에 대한 반란자에게 부여되는 정치적 형벌이었다."

기 때문에 정치에 대한 예수의 비판적 태도와 말씀을 복음서에서 제외시켰다고 추측해볼 수 있다.

이러한 사실을 고려할 때, 예수는 결코 비정치적이 아니었다. 그는 철저히 정치적이었다. 그가 선포하는 하나님 나라가 정치적 귀결을 가질 수밖에 없기 때문이다. 하나님 나라는 세속의 정치와 무관한 "종교적인 것"이라 생각하기 쉽다. 물론 하나님 나라는 특정한 정치 질서와 동일시될 수 없다. 그러나 인간이 인간에 의하여 억압과 착취를 당하는 불의한 세계 속에서 하나님 나라는 약한 자의 편에서 불의에 대립할 수밖에 없다. 그것은 냉혹함과 불의가 지배하는 세계 속에서 구체적으로 실현되어야 하기 때문에, 정치적일 수밖에 없다. 그것은 억압받는 자들과 함께하며 그들의 상실된 가치와 존엄성을 회복하는 반면, 억압하는 자들에게는 그들에 대한 대항 세력으로 나타난다.

하나님 나라는 하나님의 사랑과 자비와 정의가 다스리는 세계다. 하나님의 사랑이 있는 곳에 하나님 나라가 있다. 그러나 하나님의 사랑은 결코 감상적인 것이 아니다. 쓰다 남은 물질 중에 약간의 물질을 베푸는 사적인 것에 불과한 것이 아니다. 그것은 인간을 비인간화하는 자들의 불의를 거부하고 그들에 의하여 비인간화된 자들의 인간성을 회복시키는 공적인 것이다. 그것은 생태계를 파멸의 위기로 몰고 가는 세력을 거부하고 하나님의 창조를 보전하고자 하는 생태학적인 것이다. 그것은 인간을 억압하고 착취하며 생태계를 파괴하는 자들과 대립할 수밖에 없다. 이리하여 예수는 결국 억압하는 자들에 의하여 정치적 죄목으로 처형당한다. 그의 십자가의 형벌은 단순히 인간의 죄를 용서하기 위한 종교적 죽음이 아니라, 구체적 상황 속에서 하나님의 사랑과 정의를 실현하고 하나님 나라를 세우고자 할 때 당할 수밖에 없는 정치적 귀결이었다. 이 사실은 예수와 열심당원의 관계에서 다시 한 번 분명히 드러날 것이다.

3. 빌라도는 예수의 죽음과 무관하였는가?

- Antisemitism의 원인

예수는 체포된 다음 먼저 대제사장의 심문을 받는다. 그러나 대제사장은 사형선고를 내릴 수 있는 권한을 가지고 있지 않았다. 이 권한은 로마 총독 빌라도에게 있었다. 또 밤에 사형선고를 내리는 것을 당시의 재판법은 금지하였다. 그러므로 그다음날 아침 산헤드린 총회가 열린다. 산헤드린도 사형선고의 권한을 갖지 않았으므로 예수를 빌라도에게 넘겨준다. 이때 예수는 정치적 죄목으로 넘겨진다(눅 23:2). 누가복음에 의하면 빌라도는 이때 마침 예루살렘에 와 있던 갈릴리 지역의 통치자 헤롯에게 예수를 넘겨준다. 예수는 갈릴리 사람이었고, 갈릴리는 헤롯의 통치구역에 속하였기 때문이다. 그는 "뜨거운 감자"를 슬쩍 헤롯에게 넘긴 것이다. 그러나 "여우" 같은 헤롯이 이 뜨거운 감자를 떠안을 리가 없다. 그는 예수라는 이 뜨거운 감자를 다시 빌라도에게 넘겨준다. 이제 마지막 판결을 빌라도가 내리게 되었다. 예수의 죽음에 대한 모든 책임이 빌라도에게 떨어지게 되었다.

바로 이 순간 복음서는 빌라도가 예수의 죽음에 대하여 아무 책임이 없는 것으로 묘사한다. 빌라도가 예수를 심문한 결과, 그를 사형해야 할 근거를 발견하지 못한 것으로 복음서는 보도한다. "이 사람은 사형을 받을 만한 일을 하나도 저지르지 않았소. 그러므로 나는 이 사람을 매질이나 해서 놓아주겠소"(눅 23:15-16). 그는 세 번이나 예수를 사형에서 구하려고 시도한다. 그러나 유대인들은 예수를 끝까지 죽일 것을 고집한다. 바라바를 놓아주고 예수를 죽이라고 그들은 외친다. 이리하여 예수의 죽음에 대한 모든 책임을 유대인들이 뒤집어쓰게 된 것이다.

마태는 이것을 보다 더 드라마틱하게 묘사한다. 빌라도의 아내가 예수의 재판에 관여하지 말라고 빌라도에게 당부한다(마 27:19). 아내의 당부에 따라 빌라도는 예수를 석방하려고 노력한다. 그러나 빌라도는 "민란이 일어나려는 것을 보고" 예수를 처형하기로 결심한다. 빌라도는 "물을 가져다가 무리 앞에서 손을 씻고 말하기를 '나는 이 사람의 피에 대하여 책임이 없으니, 알아서 하시오' 하였다. 그러자 온 백성이 대답하여 말하였다. '그 사람의 피는 우리와 우리 자손에게 돌아올 것이오'"(마 27:24-25). 빌라도에 대한 유대인들의 대답은 매우 공식적이요 문학적으로 세련되어 있다.

요한복음은 빌라도가 어쩔 수 없이 예수를 처형하였고 따라서 그는 예수의 사형에 대하여 책임이 없다는 것을 공관복음서보다 더 강조한다. 빌라도의 죄보다 예수를 그에게 넘겨준 유대인들의 죄가 더 크다고 예수 자신이 말한 것으로 요한복음은 보도한다(요 19:11). 이 말을 들은 빌라도는 다시 한 번 예수를 놓아주려고 애쓴다(요 19:12). 그러나 유대인들은 빌라도를 협박한다. "이 사람을 놓아주면, 총독님은 황제 폐하의 충신이 아닙니다. 자기를 가리켜서 왕이라고 하는 사람은, 누구나 황제 폐하를 반역하는 자입니다"(요 19:12). 유대인들의 이러한 협박을 이기지 못하여 빌라도는 예수를 십자가의 죽음에 내어주었다고 요한복음은 보도한다. 이로써 예수의 죽음에 대한 책임은 완벽하게 유대인들에게로 돌아간다. 로마 총독 빌라도는 예수의 죽음에 대한 책임을 완전히 면한다. 그는 아무 책임이 없다. 오히려 그는 예수에게 호의를 가지고 있었으며, 그를 구하고자 최선을 다하였다. 모든 책임은 유대인들에게 있다. 그들이야말로 "하나님의 살인자들"이다.[8] 바로 여기서 "Antisemitism" 곧 유대인 배척주의가 시작된다. 복음서의 이러한 기록과 함께 유대인들은 인류의 구원자 예수를 죽인 민족으로 낙인찍혔고, 어느 나라를 가든지 멸시와 천대와 박해를 받게 된다. 히틀러 치하에서 600만 명의 유대인들이 가스실에서 살해되기도 하였다.

그럼 로마 총독 빌라도는 예수의 죽음에 대하여 아무 책임이 없는가? 그는 과연 예수를 살려주고자 하였던가? 그는 그만큼 선하고 의로운 사람이었던가? 역사가들은 빌라도에 대하여 복음서와 전혀 다르게 보도한다.

---

8) B. Lauret, *Systematische Christologie*, S. 213에서 인용함.

유대인 철학자 필론(Philo)에 의하면, 빌라도는 "냉혹하며 자기 고집을 유화시킬 수 없는" 사람이었다.[9] 요세푸스(Josephus)의 사기(史記)에 의하면, 빌라도는 매우 교활하고 잔인하며 지능적이고 간사한 사람이었다. 그는 정치적 수완에 있어 매우 능숙하였다. 그렇지 않고는 로마 총독의 지위를 유지하기 어려웠다. 물론 빌라도의 벼슬자리는 로마 제국에서 매우 작은 변방의 작은 자리에 불과했다. 그러나 유대지역은 로마 황제에게 가장 골치 아픈 지역이었으므로, 이 지역의 평화를 유지할 경우 출세의 길이 보장될 수 있는 자리였다. 따라서 상당한 정치적 수완 없이 그 자리를 지킨다는 것은 당시의 로마 제국 상황 속에서 불가능하였다. 다른 사람이 황제에게 많은 뇌물을 바칠 경우, 빌라도는 언제든지 면직되고, 뇌물을 바친 사람이 총독으로 임명될 수 있었다. 그러므로 빌라도에 대한 요세푸스의 기록이 타당할 것이다.

유능한 정치가는 정적을 자신의 손으로 죽이지 않는다. 그는 어떤 정책을 자신의 소신에 따라 수행하는 경우도 많지 않다. 그는 여론에 떠밀려 "어쩔 수 없이" 그것을 수행하며, 또 다른 적의 손을 빌려 적을 죽인다. 이리하여 그는 정적의 죽음에 대한 책임을 또 다른 적이 지게 한다. 이로써 그는 자기의 책임을 면하는 동시에 또 다른 적마저 살인죄로 제거하여버린다. 동서고금을 막론하고 이것은 정치의 기초 상식이다. 빌라도에게 예수는 물론 유대인들도 위험한 존재였다. 그러므로 그는 위험한 인물 예수를 유대인들이 죽이게 함으로써 예수를 제거하는 동시에, 예수의 사형에 대한 책임을 유대인들에게 뒤집어씌운다. 이리하여 자기 자신은 선하고 의로운 사람으로 나타난다. 그 반면 유대인들은 무죄한 예수를 죽인 잔악한 족속이 되어버린다. 유대인 예수의 죽음에 대한 책임은 유대인들에게 있다. 그 결과 예수의 사형집행에 분노하는 민중들의 폭동과 민란의 가능성이 사라진다. 칼뿌리는 빌라도를 향하지 않고 유대교 지도자들에게 돌

---

9) 이에 관하여 G. Bornkamm, *Jesus von Nazareth*, S. 145.

려진다.

여기서 우리는 예수를 십자가에 못 박아 죽이라고 외친 군중들이 누구인가를 분석할 필요가 있다. 복음서를 무비판적으로 읽을 때, 우리는 예수의 예루살렘 입성을 환영한 군중들과, 예수를 십자가에 못 박으라고 외쳤던 군중들을 동일 인물로 보기 쉽다. 그래서 우리는 교회에서 이런 설교를 들을 수 있다. 인간은 하루아침에 마음이 변할 수 있는 존재다. 예수의 예루살렘 입성을 환영하였다가, 하루아침에 돌변하여 그를 죽이라고 외칠 수 있는 존재가 우리 인간이다. 예수는 이러한 우리 인간의 죄를 위하여 희생제물의 죽음을 당하였다!

두 부류의 군중들이 동일 인물인지 아닌지 복음서는 전혀 구분하지 않는다. 그러나 비판적으로 생각할 때, 우리는 두 무리의 군중들이 동일 인물이 아니라고 말할 수 있다. 갈릴리로부터 예수의 뒤를 따르던 가난한 군중들이, 갑자기 유대교 지도자들의 편에 서서 예수를 십자가에 못 박아 죽이라고 외쳤다는 것을 우리는 상상하기 어렵다. 갈릴리로부터 예수의 뒤를 따라 예루살렘에 온 가난한 군중들, 또 그들과 합세한 군중들은 예수가 체포되자 침묵을 지킨다. 그들에게는 유대교 지도자들의 권력과 로마 군대의 무력에 대항할 만한 힘이 전혀 없었다. 그들은 침묵 속에서 예수의 재판 과정을 지켜보고 있었을 것이다. 그럼 예수를 십자가에 못 박아 죽이라고 외친 군중들은 누구인가? 그들은 빌라도에게 매수된 사람들 혹은 당시의 권력구조에 직간접으로 연루된 사람들이었을 것이다. 또 성전의 제사장들과 레위인들, 바리새파 사람들의 종들도 이에 합세하였을 것이다. 갈릴리로부터 예수의 뒤를 따라 온 사람들 또 그들과 합세한 사람들에게 빌라도와 산헤드린의 지도자들은 압제자와 매국노였다. 그들이 압제자와 매국노의 편에 갑자기 가담하여 예수를 죽이라고 외쳤다는 것을 우리는 상상하기 어렵다. 예수를 죽이라고 외친 사람들은 그들이 아니라, 빌라도와 산헤드린의 사주를 받은 어리석은 자들이었을 것이다. 돈과 권력에 매수되어 권력자의 하수인 노릇을 하는 자들은 어느 사회에나 있으며, 권력자들은 이들을 교묘하게 이용한다.

이러한 관점에서 볼 때, 빌라도가 군중들 앞에서 예수와 바라바를 세워놓고 누구를 놓아줄 것인가를 물어본 것은 유치한 정치적 연극이었다고 말할 수 있다. 그것은 예수의 죽음에 대한 책임을 유대인들에게 돌리기 위한 빌라도의 간교한 술책이었을 것이다.

우리는 세례 요한의 죽음도 이러한 관점에서 파악할 수 있다. 갈릴리 지방의 통치자 헤롯이 그의 동생의 아내 헤로디아를 데리고 사는 것을 세례 요한이 비판하였다. 헤롯은 그를 죽이고 싶었으나, 군중들의 민란이 두려워 죽이지 못하였다. 그 무렵에 헤롯의 생일잔치가 가까웠다. 헤롯은 헤로디아와 그녀의 딸 살로메와 모든 것을 모의한다. 드디어 생일잔치가 벌어졌을 때, 살로메는 계획에 따라 춤을 춘다. 헤롯은 살로메에게 무엇이든지 청하는 대로 주겠다고 약속한다. 살로메는 세례 요한의 머리를 달라고 말한다. 헤롯은 "마음이 괴로웠지만, 이미 맹세를 하였고, 또 손님들이 보고 있는 앞이므로"(마 14:9) 세례 요한의 목을 베어 오게 한다. 이리하여 세례 요한은 제거되고, 헤롯은 약속을 지키는 의로운 인물로 부각된다. 예수의 죽음도 이러한 관점에서 파악할 수 있다. 빌라도는 예수의 사형에 대한 책임을 유대인들에게 넘기기 위하여 모든 것을 준비한다. 그는 유대인들의 요구와 협박을 이기지 못하여 예수를 십자가에 못 박아 죽인다. 이리하여 예수의 죽음에 대한 책임은 유대인들에게 넘어간다. 빌라도는 예수를 놓아주려고 노력한 선하고 의로운 사람으로 부각된다.

우리는 빌라도가 예수를 놓아주고 싶어하는 현실적이고 합리성 있는 근거를 발견하기 어렵다. 그가 단순히 인간적 동정심과 의리 때문에 예수를 살려주고자 하였다는 것은 거의 불가능하다. 동서고금을 막론하고 정치가가 인간적 동정심과 의리 때문에 중요한 결단을 내리는 일은 매우 드물다. 철저히 자기의 이익과 출세와 명예를 위한 계산에 따라 행동하는 것이 정치의 세계요 세속 직업의 세계다. 고도의 정치적 수완과 기술이 필요하였던 로마 제국의 정치적 상황 속에서 빌라도도 결코 예외가 아니었을 것이다. 예수가 선포한 하나님 나라와 희년에 대한 요구는 정치적·경제적·사회적 개혁에 대한 요구였다. 몰트만(J. Moltmann)에 의하면, 예수가 선포한 "하나님 나라"는 "하나의 현실적 사회개혁 프로그램과, 생태계의 개혁 프로그램과 결합되어 있었다."[10] 정치가는 이런 개혁을 원하지 않는다. 기존 체제의 개혁을 원하는 정치권력자는 매우 드물다. 개혁은 주어진 체제를 동요시키고, 기득권자의 권리를 약화시키며, 정치권력자 자신의 권력을 약화시키기 때문이다.

더구나 갈릴리로부터 예수를 따라온 군중들 곧 가난한 자들, 병든 자들, 소외된 자들, 죄인들, 창녀들은 빌라도에게 매우 위험한 자들로 보였을 것이며, 그들의 선봉자 예수 역시 그에게는 위험인물로 나타났을 것이다.[11] 그 땅에는 반로마 민란이 끊임없이 일어났기 때문이다. 예수 덕분에 살아남은 바라바는 민란과 살인으로 체포된 사람들 가운데 하나였다. 그러므로 빌라도는 예수를 제거할 수 있는 기회를 노리고 있었을 것이다. 예수는 그에게 한마디로 위험하고 귀찮은 존재였을 것이다. 빌라도의 이러한 태도는 유대교 지도자들의 관심과 일치하였다. 판넨베르크(W. Pannenberg)도 예수가 "로마인들에게 선동자의 혐의를 받은 것으로 보인다"고 말한다.[12]

예수가 갈릴리 나사렛 출신이라는 사실은 이것을 뒷받침한다. 갈릴리 지방은 팔레스타인 북부에 위치한 변두리 지역이었다. 이 지역의 주민들은 순수 유대인의 혈통이 아니었다. 바빌로니아 포로 기간 동안 페니키

---

10) J. Moltmann, *Der Weg Jesu Christi*, S. 141.

11) 이 문제에 관하여 H. Schürmann, *Gottes Reich-Jesu Geschick*, 1983; N. Lohfink, *Das Königtum Gottes und die politische Macht: Das Jüdische am Christentum*, 1987, S. 71-102; M. -Th. Wacker, *Reich Gottes*, S. 385: 나사렛 예수는 로마 점령군에게 폭력적 반로마 투쟁을 동반하는 민족주의적이며 정치적 메시아 희망을 실현코자 하는 젤롯-시카리 저항자로 간주되었다. 예수의 제자 중에 열심당원이 있었기 때문에, 예수는 이러한 오해를 피할 수 없었을 것이다.

12) W. Pannenberg, *Glaubensbekenntnis*, S. 88.

아인, 아랍인, 그리스인이 이 지역을 소유하였다. 바빌로니아 포로생활에서 돌아온 유대인들은 그들과 결혼하여 혼혈아를 낳았고 그들과 함께 살았다. 그러므로 소위 순혈 유대인들은 갈릴리를 "이방인의 땅"이라 불렀으며, 갈릴리 사람들을 "암 하아레츠" 곧 "땅의 백성"으로 분류하고 그들을 멸시하였다. 부모들은 자녀들이 갈릴리 사람과 결혼하는 것을 금하였다. 갈릴리 지방의 사람들의 말투는 매우 거칠었다. 이렇게 갈릴리 지방은 멸시와 천대를 받는 곳이었으므로, 쉽게 반로마 반역자들 곧 열심당원들의 본거지가 될 수 있었다.

이러한 맥락에서 우리는 빌립이 나다나엘에게 메시아를 보았다고 말했을 때, 나다니엘이 갈릴리 지방 "나사렛에서 무슨 신통한 것이 나올 수 있겠소?"라고(요 2:46) 답변한 것을 쉽게 이해할 수 있다. 바리새인들이 "도대체 율법도 모르는 이따위 무리는 저주받을 족속이다"라고 예수와 그의 무리를 비방한 것에 대해 니고데모가 예수를 변호하자, "당신도 갈릴리 사람이오? 갈릴리에서 예언자가 나온다는 말은 없소"라고(요 7:52) 바리새파 사람들은 니고데모를 반박한다. 이 이야기도 갈릴리 지방이 유대인들의 멸시와 천대를 받고 있던 당시의 상황을 반영한다. 이렇듯 예수는 갈릴리 지방 출신이었기 때문에, 그는 빌라도에게 새로운 반로마 민란을 일으킬 수 있는 위험인물로 보였을 것이다.[13]

여하튼 복음서 기자들은 로마 총독 빌라도에게 호의를 보이는 반면, 유대인들에게 적대적 태도를 보인다. 그 이유는 무엇인가? 우리가 가진 복음서는 기원후 4세기 말 정경으로 편집되었다. 이때 기독교와 유대교는 적대관계에 있었다. 유대인 출신 기독교인들은 기원후 66년과 132년에 일어난 반로마 혁명에 적극 가담하지 않았기 때문에, 유대인들은 그들을 증

---

13) 이와 관련하여 A. Trocmé, 『예수와 비폭력 혁명』, p. 88: "로마인들의 눈에는 예수가 왕권을 주장하는 것으로 비쳤음이 틀림없다. 군인들이 예수를 조롱한 것도 바로 그 때문이었다. 그들은 예수에게 왕의 옷을 입히고…왕궁에서 하듯이 그 앞에 무릎을 꿇고 말했다. '유대인의 왕 만세'"(마 27:29).

오하였다. 그 반면 기독교는 로마의 국가 종교의 특권을 누리고 있었다. 이러한 상황 속에서 복음서 편집자들이 로마 총독 빌라도에게 호의적 태도를 보이는 반면, 유대교 지도자들에게 적대적 태도를 보이는 것은 매우 자연스러운 일이다. 이러한 태도는 제4복음서에 더욱 명백하게 나타난다. 유대인 배척주의(antisemitism)의 근원은 바로 여기에 있다. 그 책임은 기독교에 있다. 다음과 같은 오리게네스(Origenes)의 말은 유대교 배척주의에 대한 기독교의 책임이 얼마나 큰가를 보여준다. "예수의 피에 대한 책임은 예수와 같은 시대에 살았던 사람들에게만 있는 것이 아니라, 세계의 마지막까지 장차 올 유대인들의 자손들에게 있다."

4. 열심당원과 예수의 공통점과 차이점

하나님의 선택된 백성과 하나님의 성전을 짓밟는 로마인들에 대한 저항감, 로마인들과 결탁하여 자신의 특권을 유지하고 부를 축적하는 고위 성직자들과 협력자들에 대한 분노, 더욱더 심해지는 경제적 착취와 빈곤, 이러한 요인들 때문에 예수 당시 유대 땅에는 민란의 가능성이 언제나 잠재하여 있었다. 사실 기회가 있을 때마다 크고 작은 민란이 끊임없이 일어났다. 민란의 주동자들은 주로 열심당원들이었다. 그러므로 유대 땅은 로마 황제에게 가장 골치 아픈 식민지였다.

　이러한 상황 속에서 그 당시 많은 유대인들, 특히 멸시와 천대를 받던 갈릴리 사람들은 예수가 어떤 방법을 사용하든지 그들을 종교적·사회적·경제적·정치적 압제로부터 해방시켜주기를 기대하였을 것이다. 그들은 예루살렘을 중심으로 한 성전체제가 예수를 통하여 무너지고 하나님 나라가 곧 나타나지 않을까 하는 기대에 부풀어 있었다. "그들이 이 말씀을 듣고 있을 때에, 예수께서 덧붙여서 비유를 하나 말씀하셨다. 이 비유를 드신 것은, 예수께서 예루살렘에 가까이 이르신 데다가, 사람들이 하나님 나라가 당장에 나타날 줄로 생각하고 있었기 때문이다"(눅 19:11). 하나님 나라와 희년 계명에 대한 예수의 선포는 억압과 소외를 당하는 사람들에게 새로운 희망을 주었다. 수많은 사람들이 예수의 예루살렘 입성을 열렬히 환영한 것은, 예수와 함께 하나님 나라가 곧 나타나리라고 기대하였기 때문이다.

당시 많은 유대인들은 하나님의 메시아적 구원 곧 하나님 나라를 기다리고 있었다. 이것은 세례 요한의 아버지 사가랴의 노래에 잘 나타난다. "주 이스라엘의 하나님은 찬양받으실 분이시다. 그분은 우리를 위하여 권능의 구원자를 당신의 종 다윗의 집에서 일으키셨다.…주께서 말씀하신 대로, 우리를 원수들에게서 구원하시고, 우리를 미워하는 모든 사람의 손에서 건져내셨다.…우리를 원수들의 손에서 건져주셔서, 두려움이 없이 주님을 섬기게 하시고…"(눅 1:68-75). 예수를 장사한 아리마대 사람 요셉도 "하나님 나라를 기다리는 사람"이었다(막 15:43). 예수의 뒤를 따르던 사람들은 폭력의 방법을 사용하여 그들을 로마의 억압과 지배자들의 착취에서 해방시켜줄 메시아를 예수에게서 기대하였던 것 같다. 그러므로 열심당원들도 예수의 제자가 되었다. 예수의 제자 시몬은 분명히 열심당원이었던 것으로 누가복음은 보도한다(눅 6:15). 예수를 배반한 가룟 사람 유다도 열심당원으로 추측된다. 그는 예수가 폭력의 방법을 사용하여 반로마 혁명을 일으킬 것으로 기대하였다. 그러나 그의 기대가 무산되는 실망감 때문에 가룟 유다는 예수를 팔아버린 것으로 추측할 수 있다.

베드로도 열심당원으로 추측된다. "천둥의 아들"이라 불리었던 세베대의 아들 야고보와 그의 동생 요한도(막 3:17; 참조. 눅 9:51-65) 열심당원으로 추측된다. 열심당원들은 평소에 단검을 몸에 숨기고 다녔다. 그래서 그들은 "시카리" 곧 "단검의 사나이들"이라 불리었는데, "시카리"(Sikarier)는 라틴어 "시카"(sica, 칼)에서 유래한다. 그들은 단검을 품고 다니다가, 로마 주둔병이나 로마에 협조하는 자들을 찔러 죽이고 도주하였다. 그런데 예수는 제자들에게 "옷을 팔아서 칼을 사라"고 하면서 이렇게 말한다.

"내가 너희에게 말한다. '그는 무법자들 속에 끼어서 같은 무리로 몰렸다'고 기록된 이 성경 말씀이 내게서 반드시 이루어져야 한다.…" 제자들이 예수에게 말하였다. "주님 보십시오, 여기에 칼 두 자루가 있습니다." 예수께서 그들에게 "넉넉하다"라고 말씀하셨다(눅 22:37-38).

예수가 체포될 때, 그의 제자들은 "주님, 우리가 칼을 쓸까요?"라고 묻는다. 그중에 한 사람이 칼을 빼어 대제사장의 종을 쳐서, 그의 오른쪽 귀를 잘라버린다(눅 22:49-50). 마태복음에 의하면, 칼을 쓴 사람은 베드로로 나타난다. 그는 적어도 예수가 체포되던 날 밤, 몸에 단검을 지니고 있었다. 이 단검은 사람의 귀만 잘라 버릴 수 있는 예리한 칼이었다(마 26:51). 베드로는 어두운 밤에도 사람의 귀만 잘라버릴 수 있는 뛰어난 칼 솜씨를 보여준다.

이러한 복음서의 기록들을 고려할 때, 예수와 열심당원 사이에는 상당한 유사점이 있었던 것으로 추측된다. 하나님 나라가 세워져야 하며, 이를 위하여 사회정치적 질서가 변화되어야 한다는 확신에 있어서 그들의 생각은 일치하였던 것 같다. 그러므로 예수는 쉽게 열심당원의 한 사람으로 보여질 수 있었으며, 빌라도는 예수를 그렇게 보았던 것 같다. 예수의 고향 갈릴리는 열심당원들의 혁명운동의 본거지였다는 사실과, 복음서에서 다른 종교 지도자들에 대한 예수의 비판은 발견되지만, 열심당원들에 대한 비판은 전혀 발견되지 않는다는 사실은 이것을 뒷받침한다. 그러므로 오스카 쿨만(Oscar Cullmann)에 의하면, 예수의 모든 활동은 "열심당과 지속적 관계 속에 있었다.…그는 열심당원으로서 형을 받았다." 또 예수가 빌라도의 심문을 당할 때, "유대인의 왕"이라는 정치적 혐의로 심문당한다 (참조. 막 15:2, 9, 12, 18; 마 27:11, 29, 37; 눅 23:3, 37, 38; 요 18:33, 37, 39 등). 이것은 예수가 열심당원처럼 정치적 이유로 처형되었음을 시사한다.

이러한 사실에 근거하여 라이마루스(S. Reimarus)와 오스트리아의 사회주의 지도자 카우츠키(K. Kautsky)로부터 시작하여 오늘날 카미하엘(J.

Carmichael)과 브란든(S. G. F. Brandon)에 이르기까지 예수는 정치적-사회적 혁명가였다고 주장하기도 한다. 세례 요한과 열심당원들처럼 예수도 사회적 제반 상황의 철저한 변화를 요구하면서 임박한 하나님 나라를 선포한다. 불의와 부패와 억압이 가득한 이 사회는 철저히 변화되어야 한다. 그러므로 예수는 지배계층과 부유계층을 날카롭게 비판한다. 그는 가난한 자, 억압당하는 자, 박해받는 자, 소외된 자를 위하여 사회의 불의와 냉혹함을 거부한다. 그는 궁중에서 "화려한 옷을 입은 사람들"을 비판하며(마 11:8), 백성들에게 권세를 부리면서 그들의 은인으로 자처하는 왕들을 비꼰다(눅 22:24). 그는 땅 위에 평화를 주러 온 것이 아니라 "칼을 주러" 왔으며(마 10:34) 세상에다가 "불을 지르러 왔다"고 말한다(눅 12:49). 이렇게 말하는 예수는 흔히 교회에서 가르치듯 온유하고 부드러운 사람이 아니라, 비판적이며 저항적인 사람이었음이 틀림없다. 그는 기존하는 사회체제에 대하여 비판적이었다. 그는 소위 체제 타협적 종교인이 아니었다.

그러나 복음서 전체를 다시 한 번 고려할 때, 예수가 무력이나 폭력을 통한 정치적 혁명을 기도한 것 같지는 않다. 물론 이러한 인상은 복음서 편집자들의 의도로 말미암은 것일 수도 있다. 기원후 4세기 복음서 편집자들은 로마 황제와의 평화로운 관계를 유지하기 위하여 예수가 정치적 이유로 사형을 당하였다는 인상을 가능한 한 약화시키고, 예수를 정치적으로 아무 위험성이 없는 소위 "종교적" 인물로 부각시키고자 노력하였을 것이다. 그러나 이 점을 고려할지라도 예수가 폭력을 동원한 정치적 혁명을 꾀하였다는 것은 무리한 주장으로 보인다. 기존하는 정치 질서와 정치체제의 총체적 전복을 예수가 꾀하였다는 것을 복음서에서 발견하기 어렵다. 그는 정치적으로 오해받을 수 있는 메시아와 다윗의 아들 칭호를 피한다. 그는 유대인들의 민족주의를 내세우지 않으며, 권세와 영광 가운데 있는 다윗 왕조의 회복을 말하지 않는다. 역사성이 없는 예수의 광야 유혹은 이것을 시사한다. 사탄은 예수에게 자기에게 절만 하면 세계의 모든 것을 주겠다고 유혹한다. 곧 세계 지배권을 예수에게 주겠다는 것이다. 예수는 이 유혹을 거부함으로써 세속의 정치적 메시아니즘을 거부한다. 그는 자기를 "왕"이나 "두목"으로 세우게 하지 않는다. 그는 임박한 하나님 나라를 선포하지만, 그것을 폭력적으로 세우고자 하지 않는다. 역사적 사실 여부를 증명할 수 없으나, 예수가 나귀를 타고 예루살렘에 입성하였다는 이야기도 이것을 시사한다. 그는 개선장군의 백마를 타지 않고, 가난한 자들, 힘없는 자들이 이용하는 나귀를 타고 입성한다. 그는 적을 증오하고 섬멸하라고 가르치지 않고, 적을 사랑하라고 가르친다. 원수를 갚지 말고 조건 없이 용서하라고 가르친다. 악에 대하여 악을 갚지 말고, 박해하는 사람을 위하여 기도하라고 가르친다(마 5:44; 참조. 눅 6:27 이하).

예수는 폭력의 사용을 거부한다. 그는 "칼을 쥐고 나를 따르라"고 말하지 않고, "너희 십자가를 지고 나를 따르라"고 말한다. 그는 열심당원들처럼 칼을 가지고 다니지 않았던 것 같다. 그는 저항 한 번 하지 않고 체포당하며 십자가의 죽음을 당한다. 그는 베드로의 폭력 사용을 금한다. "칼을 쓰는 사람은 모두 칼로 망한다"(마 26:52). 이것은 역사의 진리다. 예수가 폭력을 사용한다 할지라도, 그것은 승산이 없는 무모한 짓이었을 것이다. 그의 뒤를 따라다니는 군중들은 배가 고파 싸울 기력조차 없었으며, 군자금을 공급할 수 있는 재력가도, 용병가도 예수에게는 없었다. 그에게는 잘 훈련된 군인도, 군대조직도 없었으며, 로마 주둔병과 싸울 수 있는 무기도 없었다. 폭력에 의한 혁명은 승산이 없다는 사실이 그 후의 이스라엘 역사를 통하여 증명된다. 유대인들은 예수가 죽은 후 두 번이나 반로마 혁명을 일으켰다. 결과는 패배와 죽음과 국가의 멸망, 2천 년에 달하는 유랑생활과 박해였다. 또 만일 예수가 폭력을 사용하였다면, 그의 존재는 이름도 없이 역사에서 사라졌을 것이다.

그러나 예수가 폭력을 거부한 것은 단지 승산이 없다는 판단 때문이 아니라, 폭력이 그 속에 포함하고 있는 문제 때문이었을 것이다. 또 예수가 선포한 하나님 나라는 "원칙상" 폭력을 통하여 이루어질 수 없는 성격의 것이었기 때문으로 보인다. 그것은 원칙상 서로 간의 용서와 사랑과 자발적 봉사와 헌신과 자기희생 가운데서 이루어지는 것이지, 폭력을 통하여 이루어질 수 없다. 폭력에는 용서 대신 인간에 대한 인간의 심판이, 사랑 대신 증오가 숨어 있다. 인간의 자기의(自己義)가 스며든다. 물론 어떤 상황에서도 폭력을 사용할 수 없다는 원칙론은 불가능하다. 폭력을 사용하지 않을 수 없는 불가피한 상황도 있을 수 있다. 공공의 질서와 번영을 위하여 공권력이 폭력을 사용하는 것도 이러한 경우에 속한다. 따라서 폭력 사용의 문제는 "절대적으로 가능하다", "절대적으로 불가능하다"고 결론 내려질 수 없다. 그것은 상황에 따라 결정되어야 할 문제다. 그러나 "원칙상" 예수는 폭력을 거부한다. 그의 십자가의 죽음은 폭력에 맞서 폭력으로 대항하지 않겠다는 예수의 의도를 분명히 보여준다.

폭력을 당했을 때, 인간은 대개의 경우 폭력으로 대응하든지 아니면 상대방의 폭력으로부터 도피한다. 그러나 예수는 폭력으로 대응하지도 않지만, 폭력 앞에서 도피하지도 않는다. 그는 폭력도 도피도 아닌 제3의 길을 택한다. 그는 폭력을 비폭력으로 대한다. 문제의 근본 해결은 폭력을 사용하는 상대방을 폭력으로 진압하고 또 다시 폭력을 사용하는 새로운 질서를 세우는 데 있는 것이 아니라, 십자가에서 일어난 하나님 자신의 고통 속에서 폭력 속에 숨어 있는 악의 순환이 깨어지고 하나님의 질서가 세워지는 데에 있기 때문이 아니었을까? 그러므로 예수는 산상설교에서 이렇게 말한다. "'눈은 눈으로, 이는 이로 갚아라' 하고 이른 것을 너희가 들었다. 그러나 나는 너희에게 말한다. 악한 사람에게 맞서지 말아라. 누가 네 오른쪽 뺨을 치거든, 왼쪽 뺨마저 돌려대어라"(마 5:38).

예수가 폭력을 거부하는 이유는 그가 아버지라고 부르는 하나님의 표상에 기인하는 것 같다. 예수가 묘사하는 하나님은 폭력에 대하여 폭력으로, 죄에 대하여 벌로 응징하는 복수의 신, 응징의 신이 아니라, 죄인이 돌아오기를 기다리는 분이요, 악한 사람에게나 선한 사람에게나 똑같이 햇빛과 비를 주시는 자비의 하나님이다. 그는 원칙적으로 폭력을 거부한다. 그러므로 예수는 이렇게 말한다. "네 이웃을 사랑하고, 네 원수를 미워하여라' 하고 이른 것을 너희가 들었다. 그러나 나는 너희에게 말한다. 너희의 원수를 사랑하고, 너희를 박해하는 사람을 위하여 기도하여라. 그래야만, 너희가 하늘에 계신 너희 아버지의 자녀가 될 것이다. 아버지께서는 악한 사람에게나 선한 사람에게나 똑같이 해를 떠오르게 하시고, 의로운 사람에게나 불의한 사람에게나 똑같이 비를 내려주신다"(마 5:43-45).

폭력에 대하여 폭력으로 대응하지 않는 것은 폭력을 행하는 자를 방기하는 것을 뜻하지 않는다. 오히려 그것은 폭력을 행하는 자를 하나님의 심판에 맡기는 것을 말한다. 원수에게 원수를 갚지 않고 그에게 선으로 대응하는 것은 "그의 머리 위에다가 숯불을 쌓는 것이 될 것이다"(롬 12:20).

혁명가들은 대개 이렇게 말한다. "정의를 실천하기 위하여 폭력은 불가피하다. 굶주린 자의 비극이 너무 참담하고 착취당한 자의 해방이 너무나 시급하기 때문에, 우리는 일시적인 폭력의 사용이 낫다고 확신한다. 지금 수천 명을 희생시키는 것, 그것은 '축복된 내일'을 준비하는 것이다."[14] 혁명 세력이든 아니면 반동 세력이든 간에 폭력을 선택할 때, "일시적", "당분간"이라는 꼬리표를 붙인다. "보다 나은 미래"의 이름으로 수십, 수백만 명의 사람들이 피를 흘리는 일이 "준비 작업"으로 승화된다. 그러나 "보다 나은 미래"를 위한 그 많은 생명의 희생이 인간을 과거보다 더 속박하고 억압하는 체제를 초래하며 새로운 권력자의 정치적 욕구에 봉사하는 사태는 역사상 빈번히 있었다. 예수는 인간의 죄악된 본성과 결합되어 있는 이러한 가능성을 간파하였기 때문에, 폭력을 거부하고 십자가의 고난을 택한 것이 아닐까? 바로 이 점에서 예수는 열심당원과 결별할 수밖에 없었으며, 그의 뒤를 따르던 많은 유대인들에게 실망을 안겨주었던 것 같다.

여하튼 예수의 지상의 삶은 십자가의 죽음으로 끝났다. 그의 죽음은 단순히 우리의 죄를 위한 종교적 죽음이 아니라, 정치·경제·사회·종교적 원인 때문에 일어난 죽음이었다. 그는 두 명의 다른 정치범들 곧 반란자들

---

14) Ibid., p. 227.

과 함께 사형선고를 받은 직후, 무거운 횡목(가로로 된 나무기둥)을 짊어지고 예루살렘 성 앞에 있는 언덕으로 가야했다. 이 언덕은 해골의 모양을 가지고 있었으므로, 골고다 곧 해골산이라 불리었다. 그것은 예루살렘 성 앞에서 눈으로 직접 보면서 십자가에 달린 반란자들을 경멸할 수 있는 거리에 있었다. 그러나 예수는 거의 탈진하였으므로, 골고다까지 횡목을 짊어지고 갈 힘이 없었다. 그래서 로마 군인들은 마침 성안으로 들어오고 있던 키레네 사람 시몬을 붙들어 예수의 횡목을 대신 짊어지고 가게 한다. 골고다에 도착하였을 때, 사형 집행자들은 쓸개를 탄 포도주를 예수에게 권한다. 이 포도주는 고통을 느끼지 못하게 하는 마취제의 효력을 가지고 있었다. 예수는 이 포도주를 거절한다.

그다음 예수는 땅에 누운 상태에서 횡목에 두 손을 못 박힌다. 이 횡목은 그곳에 언제나 서 있는 기둥에 밧줄을 당김으로써 어른 키만큼 높이의 움푹 패인 곳에 들어가서 고정된다. 기둥의 약 1미터 되는 높이에 나무 발판이 있고, 예수의 발은 이 발판에 받쳐진다. 그래서 몸이 십자가에 힘없이 늘어지지 않게 함으로써, 금방 죽지 않고 죽음의 고통을 오래 당하게 한다. 이 고통은 무섭다. 낮과 밤의 기온 차이가 크기 때문에, 낮에는 뜨거운 햇빛과 갈증에 고통을 당하고, 밤에는 추워서 고통을 당한다. 못 박힌 손에서 흐르는 피와 체액으로 인하여 기력이 점점 약해진다. 금방 숨이 끊어지는 것이 오히려 나을 것이다. 그러나 십자가 죽음의 고통은 약 3일 동안 계속된다. 빌라도는 예수의 죄목을 "나사렛 예수 유대인의 왕"(Iesus Nazarenus Rex Iudaeorum)이라고 명패에 써서 십자가 위에 달게 한다. 대제사장들이 빌라도에게 "자칭 유대인의 왕"이라 써 붙여야 한다고 주장하지만, 빌라도는 "한 번 썼으면 그만이다"라고 거절한다. 로마 군인들은 예수의 옷을 제비뽑아 나누어 가진다. 한 군인은 예수에게 신 포도주를 권하면서, "네가 유대인의 왕이라면 자신이나 살려보아라"고 빈정거린다. 예수의 남자 제자들은 모두 달아나버리고 보이지 않는다.

예수의 어머니와 이모, 갈릴리에서 예수를 따라왔던 몇몇 여자들은 멀리 서서 예수의 마지막 고통과 죽음을 지켜본다. 자기의 몸으로 낳은 아들의 죽음의 고통을 지켜보는 예수의 어머니 마리아의 고통은 처절하였을 것이다. 하나님도 아무 말이 없다. 이 무서운 고통과 고독과 침묵 속에서 예수는 하루를 넘기지 못하고 숨을 거둔다. "나의 하나님, 나의 하나님, 어찌하여 나를 버리셨습니까?"(막 15:34) 이 광경을 지켜보던 로마 군대의 백인대장이요 사형집행관이었던 사람이 고백한다. "참으로 이분은 하나님의 아들이셨다"(막 15:39).

이로써 예수의 생애는 끝난다. 그의 모든 요구는 실현되지 않는다. 그의 생애는 아무 결실도 맺지 못한 것으로 끝난다. 그의 무덤이 무거운 돌로 막히면서, 예수의 모든 "일"도 무덤 속에 갇혀버리고 만다. 갈릴리에서 시작한 그의 모든 일은 없었던 것처럼 되어버리고, 세상은 옛날 그대로 돌아간다. 그래서 예수가 죽자, 그의 제자들은 일상생활로 돌아간다. 역사의 새로움이 사라진 것이다. 세상은 그 입구가 돌로 폐쇄된 무덤과 같은 것으로 되돌아간다.

십자가의 죽음으로 끝난 예수의 삶에서 우리는 다음의 사실을 추론할 수 있다. 즉 하나님 나라는 폭력 앞에서 폭력의 길을 통하여 이루어지는 것이 아니라, 고난의 길을 통하여 이루어진다는 것이다. 예수가 선포한 하나님 나라는 그 사회의 기존 질서와 충돌할 수밖에 없었다. 그것은 그 사회의 약자의 편에 서서 가진 자들의 소유의 포기와 부의 재분배를 요구하였으며, 그 사회의 근간을 형성하는 율법과 성전을 포함한 모든 종교적 형식과 제도를 상대화했기 때문이다. 이 충돌에 있어서 하나님 나라는 고난과 희생의 길을 택한다. 자기를 실현하기 위하여 폭력에 폭력으로 대응하지 않는다.

어떤 동기이든, 폭력 그 자체는 원칙적으로 하나님의 뜻에 위배된다. 다른 사람의 생명을 파괴하는 일 그 자체는 어떤 동기에서든 정당화될 수 없다. 하나님 나라를 세우기 위하여 다른 사람의 피를 흘리게 할 수는 없다. 악인도 하나님의 피조물이요, 그의 생명은 하나님의 것이다. 악한 사람이든 선한 사람이든, 다른 사람의 피를 흘리게 하는 자는 언젠가 자기의 피를 흘리게 된다. "사람은 무엇을 심든지 자기가 심은 것을 그대로 거둘 것이다"(갈 6:7). 그러므로 악인은 언젠가 패망하지만, 힘없이 고난의 길을 택하는 하나님 나라는 승리한다. 진리는 폭력 앞에서 무력하게 보이지만, 폭력을 행하는 자는 언젠가 자기의 폭력 때문에 패망하고, 진리가 승리한다. 그러므로 예수는 폭력의 길을 택하지 않고 십자가의 죽음의 길을 택한다. 그가 참으로 우리를 도울 수 있는 길은 폭력이 아니라 십자가의 무력함과 고난이다(D. Bonhoeffer).[15]

5. "나의 하나님, 어찌하여 나를 버리셨나이까?"

역사에 등장했던 많은 철인들과 현자들은 오래 살았다. 때로 좌절과 고난을 당하기도 하였으나, 많은 제자들과 지지자들의 애도 속에서 세상을 떠났다. 이러한 점에서 그들의 삶은 성공적이었다. 모세는 120세까지 장수하였고, 석가모니는 80세를 넘어 그의 제자들이 지켜보는 가운데 행복한 최후를 맞이하였다. 장자는 고난을 당하기도 하였으나, 그의 사상을 전수할 많은 귀족 출신의 제자들을 양성한 다음, 영광의 자리를 되찾고 세상을 떠났다.

그 반면 순교의 죽음을 당한 현자들도 있다. 이들 가운데 많은 현자들과 철인들은 늠름한 태도로 죽음을 맞이한다. 소크라테스는 태연자약한 태도로 독배를 마신다. 폴란드의 작가 센케비치가 쓴 『쿼바디스』(원명: *Quo vadis, Domine*)에서 주인공 남자의 삼촌 되는 로마의 귀족은 잔치를 벌인

---

15) D. Bonhoeffer, *Widerstand und Ergebung, Siebenstern-Taschenbuch 1*, 8. Aufl. 1974, S. 178: "성서는 인간에게 하나님의 무력함과 고난을 가리킨다. 고난당하는 하나님만이 도우실 수 있다."

가운데, 자기가 사랑하는 여자 노예를 옆에 앉혀두고 동맥을 끊어 유유히 잔치를 즐기며 죽음을 맞이한다. 이러한 죽음의 태도는 그리스의 이원론적 인간관에 근거한다. 그리스의 세계관에 의하면 죽음은 영혼이 육체의 감옥을 벗어나서 영원한 신의 세계로 돌아가는 것을 뜻한다. 그러므로 그들은 늠름하고 태연한 자세로 죽음을 맞이할 수 있었다.

스토아 철인들도 늠름한 자세로 죽음에 임하였다. 자신들은 죽지만, 그들의 사상은 영원히 남을 것이라 확신하였기 때문이다. 로마 제국의 박해를 받던 많은 그리스도인들은 찬송가를 부르면서 혹은 기도를 드리면서 사자에 찢겨 죽거나 십자가에 달려 죽는다. 이제 그들은 죄와 고통으로 가득한 이 땅을 떠나, 사랑하는 주님과 완전히 하나 될 수 있기 때문이다.

이에 반하여 공관복음서, 특히 초기에 속한 복음서의 보도에 의하면, 예수는 처절하고 절망적인 죽음의 모습을 보인다. 그의 뒤를 따르던 사람들은 물론 자기와 삶을 함께 나누던 제자들도 보이지 않는다. 그들은 모두 숨어버렸다. 그의 어머니와 이모, 갈릴리에서 그의 뒤를 따르던 몇 사람의 여인들이 멀리서 숨을 죽이고 그의 죽음의 고통을 지켜볼 뿐이다. 그러나 그 누구도 죽음의 고통을 나눌 수 없다. 그는 서서히 죽어간다. 죽음의 고독을 그는 홀로 당한다. 하나님마저 보이지 않는다. 그가 "아빠"라고 불렀던 하나님, 자기의 삶의 길을 완전히 맡겼던 하나님은 한마디 말도 없다. 그는 끝까지 침묵한다. "네가 유대인의 왕이거든, 너나 구원하여보아라"라고 로마 군인들은 그를 조롱한다. 그가 선포하였고 요구하였고 실천하였던 모든 것이 좌절로 끝나는 것 같다. 그는 사람들의 버림을 받은 가운데서(Menschenverlassenheit) 죽음의 고통을 당할 뿐 아니라, 하나님의 버림을 받은 가운데서(Gottverlassenheit) 죽음의 고통을 당한다. 이러한 고통과 고독과 좌절 속에서 예수는 부르짖는다. "나의 하나님, 나의 하나님, 어찌하여 나를 버리셨습니까?"(막 15:34; 마 27:46)

"나의 하나님, 나의 하나님, 어찌하여 나를 버리셨습니까?"라는 예수의 마지막 부르짖음은 예수에 대한 모든 합리적 설명을 무색한 것으로 만들어버린다. 예수와 관계된 모든 것을 하나의 수수께끼로 만들어버린다. 하나님 나라에 대한 그의 선포는 아무 쓸데없는 것으로 되어버린다. 그의 메시아적 행위와 요구도 해결할 수 없는 수수께끼가 되어버린다. 그의 삶은 완전히 실패와 좌절로 끝난 것으로 나타난다. 속죄제물의 사상도 여기서는 침묵할 수밖에 없다. 만일 예수가 자기의 죽음을 속죄제물의 죽음으로 알았다면, 그는 늠름한 자세로 죽음을 맞이하였을 것이다. 하나님의 아들, 메시아 등의 칭호도 무색한 것으로 나타난다. 하나님의 아들, 메시아가 좌절과 절망의 죽음을 당한다는 것을 우리는 생각하기 어렵다. 양성론도 무색하게 된다. 예수 안에 신성이 있었다면, 그 신성이 예수를 죽음에서 구해주었어야 할 것이다. 아니면 최소한 십자가의 죽음이 무슨 의미를 가졌는가를 예수에게 가르쳐주었을 것이다. 그러나 예수의 마지막 부르짖음에 비추어볼 때, 예수는 자기의 죽음에 대한 어떤 신학적 지식이나 해석을 가지고 있지 않은 것으로 보인다.

그러나 예수의 처절한 죽음을 미화하려는 경향성을 우리는 신약성서에서 발견한다. 복음서 가운데 가장 원래의 것으로 보이는 마가복음의 보도에 의하면, 십자가에 달린 예수는 시편 22:1을 인용하여 "나의 하나님, 나의 하나님, 어찌하여 나를 버리셨습니까?"라고 절규한다. 마지막에 그는 "큰소리를 지르시고서 숨지셨다"(막 15:37). 이와 같이 처절한 예수의 죽음의 모습은 겟세마네 동산에서 예수가 보여주는 고뇌와 상응한다(막 14:34-42). 마태복음은 마가복음과 똑같이 예수의 죽음을 묘사한다. 그러나 누가복음은 예수의 죽음을 미화한다. 누가복음은 시편 22:1을 시편 31:5의 말씀으로 대치시킨다. "아버지, 내 영혼을 아버지의 손에 맡깁니다." 요한복음은 예수가 모든 과정을 미리 아시고 늠름하게 죽은 것으로 묘사한다. "이제 다 이루었다"(요 19:30). 마가복음과 마태복음에서 예수는 고통스럽고 격정적인 죽음의 모습을 보이는 반면, 요한복음에서 그는 태연자약하고 조용한 죽음의 모습을 보여준다.

여기서 우리가 주목해야 할 사실은 예수의 죽음을 해석하려는 가장 초기의 신학적 노력에서부터 그의 죽음은 미화되며 역설적 성격을 상실하고 있다는 점이다. 바울과 히브리서 기자는 십자가의 죽음의 역설적 성격을 유지한다(고전 1:23; 히 5:7). 그러나 전체적으로 신약성서는 예수의 죽음을 아름다운 죽음으로 묘사하고자 노력한다. 부활의 빛에서 하나님의 아들 메시아로 밝혀진 예수가 아무 힘없이 처절하고 고통스러운 죽음을 당했다는 것을 신약성서의 기자들은 인정하기 어려웠을 것이다.

이것은 예수의 존재를 묘사하는 칭호들에 나타난다. 신약성서는 예수를 메시아, 주, 하나님의 아들, 영원한 로고스 등으로 묘사한다. 그런데 예수가 누구인가를 해석하는 작업이 진행됨에 따라, 땅 위에서 그가 행한 일들을 묘사하는 칭호들은 차츰 사라지는 경향이 나타난다. 그 가운데 가장 대표적인 것은 야웨의 고난받는 종이라는 칭호다. 이 칭호는 예수의 존재를 설명하는 가장 기본적인 칭호이며, 그의 십자가의 고난과 죽음을 상기시킨다. 그러나 이러한 칭호는 점차 사라지고, 하늘에 올라간 그의 영광스러운 존재를 강조하는 칭호들, 예를 들어 하나님의 아들, 로고스 등의 칭호들이 지배적 위치를 차지한다. 예수 자신이 사용한 것으로 보이는 "사람의 아들"이란 칭호도 십자가의 죽음으로 끝난 인간 예수를 상기시키기 때문에, 공관복음서 외에 다른 신약성서의 문헌에서 사라진 것으로 보인다.[16) 이리하여 예수의 십자가는 세 가지 면으로 추상화된다.

첫째, 그것은 예수의 지상의 삶으로부터 추상화된다. 그것은 예수의 삶과 그의 모든 선포와 활동과 연결되어 파악되지 않고, 그것과 관계없이 소위 구원론적으로 파악된다.

둘째, 예수의 십자가는 예수 당시의 정치·경제·사회·종교적 상황으

---

16) Jon Sobrino, S.J., *Christology at the Crossroads*, p. 185: 기독교는 십자가에서 예수의 버림받음을 간과하기 쉽다. "아버지가 예수를 부활시켰다면, 그가 예수를 십자가에서 버렸다는 것을 생각한다는 것이 어려워진다." 이리하여 메시아, 주, 하나님의 아들, 로고스 등 예수의 인격적 위엄과 사명의 본질을 나타내는 칭호들은 남게 되었으나, 땅 위에서 이루어진 그의 활동들을 묘사하는 칭호들은 신학의 사전에서 사라지는 경향이 나타난다.

로부터 추상화된다. 십자가의 죽음이 일어나게 된 모든 현실적 원인은 무시되고, 단순히 하나님의 목적과 계획에 따라 일어난 것으로 파악된다(행 2:23; 4:28; 막 8:31). 누가복음은 한 걸음 더 나아가 메시아의 십자가 죽음은 필연적인 것으로 본다(눅 24:26). 심지어 예수의 죽음은 성서에 예언되어 있으며 이 예언을 성취하는 것으로 소개된다(눅 24:25; 고전 15:4).

셋째, 예수의 십자가는 예수가 아버지라 불렀던 하나님 자신으로부터 추상화된다. 하나님에 대하여 십자가가 어떤 의미를 가지는가의 문제는 간과되고, 예수의 죽음은 단지 아버지 하나님께 바치는 속죄제물의 죽음으로 파악된다. 이리하여 예수는 우리의 죄를 소멸하기 위하여 죽었다고 고백된다(막 10:45). 그는 우리를 위하여 그의 피를 흘렸다(막 14:23 이하; 눅 22:20). 그는 속죄제물로서 죽었다(롬 3:25). 이러한 표상들은 구약성서의 속죄제사로부터 유래하며, 십자가의 죽음과 죄의 용서의 내적 관계를 드러내고자 한다. 또한 예수의 죽음은 새 언약으로 파악된다(막 14:24; 마 26:28). 예수는 모든 인간이 감당해야 할 율법의 고발을 스스로 받으며 십자가의 형벌을 받는다. 죄 없는 그의 피로써 그는 인간을 율법의 고발에서 해방하며(갈 3:13), 율법의 고발을 소멸시킨다(골 2:13 이하; 엡 2:14 이하). 이로써 예수는 하나님과 모든 인간 사이에 새 계약을 맺는다는 것이다.

그러나 역사비평적 견지에서 볼 때, 신약성서의 이러한 진술들은 예수의 죽음에 대한 해석이지, 예수 자신의 말씀이 아니다. 예수 자신은 희년 계명을 포함하는 하나님 나라를 선포하였지, 자기의 죽음에 대한 이러한 해석들을 선포하지 않았다. 따라서 그의 죽음은 누가복음과 요한복음이 소개하는 것처럼 늠름하고 태연자약한 죽음이 아니라, 고통 가운데서 일어난 매우 인간적인 죽음이었을 것이다.

그럼 "나의 하나님, 나의 하나님, 어찌하여 나를 버리셨습니까?"라는 부르짖음을 우리는 어떻게 이해할 수 있을까? 이 부르짖음은 자기의 죽음 앞에서 아무 말도 없는 하나님에 대한 예수의 실망을 나타내는가? 이 부르짖음은 하나님이 글자 그대로 예수를 버렸다든지 아니면 포기하였다는 것을 나타내는가? 아니면 예수가 그의 삶을 내걸고 싸워온 하나님 나라의 역사가 수포로 돌아갔음에 대한 예수의 실망과 좌절을 나타내는 것인가? 즉 이 부르짖음은, "하나님, 당신은 어찌하여 당신의 일을 포기하셨습니까? 어찌하여 당신은 실패하십니까?"라는 것을 뜻하는가? 그렇다면 예수는 마지막 죽음의 순간에 하나님의 능력을 의심하였단 말인가? 그는 마지막 죽음의 순간에 하나님과의 관계를 끊어버렸는가? 그는 하나님 없는 절대적 고독 속에서 홀로 죽음의 고통을 당하였단 말인가?

이러한 추측을 우리는 인정하기 어렵다. 겟세마네 동산의 기도에서 예수는 자기가 당할 죽음이 얼마나 무서운 것인가를 미리 알았다. 겟세마네 동산에 대한 복음서의 보도가 최초의 공동체에서 유래한다고 가정할지라도, 예수는 자기가 걸어가는 삶의 마지막 계산서가 "죽음"이라는 것을 알았을 것이다. 그는 하나님 나라를 선포하다가 결국 죽음을 당한 세례 요한의 운명을 잘 알고 있었다.

그럼에도 불구하고 예수는 자기의 삶의 길을 바꾸지 않았다. 그는 고난을 피하지 않고 오히려 그것을 향하여 나아갔다. 그의 고난은 어쩔 수 없이 당한 운명이나 숙명이 아니라, 그 자신이 예견하면서 적극적으로 받아들인 능동적 수난(passio activa)이었다. 그의 마지막 예루살렘 입성은 죽음을 각오한 행동이었다.

십자가의 죽음에 대한 예수의 적극적 태도는 "므나의 비유"에(눅 19:11-28) 나타난다. 이 비유에서 예수는 무참히 처형되는 세 번째 종을 자기에게 비유하면서, 자기의 입장을 설명한다. "내가 예루살렘에 가는 것은 바로 이 세 번째 종처럼, 너희들이 입이 있어도 말하지 못했던 억울한 사정을 너희들 대신 표출시키고 그리고 처형되려는 것이다. 곧 내가 예루살렘에 가는 것은 죽으러 가는 것이다. 영광의 왕이 되기 위해서가 아니다. 그 종처럼 수난의 종이 되기 위해서다."[17]

17) 서중석, 『예수』, p. 247.

그럼 예수는 무슨 힘으로 이 수난의 길을 피하지 않고 그것을 능동적으로 받아들였을까? 이 힘의 근원은 예수와 그의 아빠 하나님의 하나 됨에 있는 것으로 보인다. 그는 그의 아빠 하나님과 한 몸 된 가운데서 활동하였다. 그는 아버지 안에, 아버지는 그 안에 계셨다(요 14:23; 17:11, 21, 22). 따라서 예수를 보는 것은 그의 아버지 하나님을 보는 것이다. 그의 말은 곧 아버지 하나님의 말씀이다(요 15:8-10). 아버지 하나님의 생각이 곧 그의 생각이요, 그의 생각이 아버지 하나님의 생각이다. 양자는 그들의 의지에 있어서 하나였다. 이것은 아버지가 예수를 죽음에 내어주는 동시에 아들이 자기를 죽음에 내어주는 데서 가장 첨예하게 나타난다. 로마서 8:32에 의하면, 아버지는 "우리 모든 사람들을 위하여" 그의 아들마저 아끼지 않고 죽음에 내어주었다(paredoken). 바울은 이것을 좀 더 강하게 말한다. "우리를 위하여 하나님께서는 죄를 모르시는 그리스도를 죄 있는 분으로 만들었다"(고후 5:21). 그는 우리를 위하여 "저주"가 되었다(갈 3:13). 이와 동시에 아들도 자기를 내어준다. 내어줌에 있어 아버지와 아들의 의지는 일치한다. 예수는 내어줌의 대상(object)인 동시에 주체(subject)다. 그는 자기를 "종의 신분"으로 낮추시고 십자가에 달려 죽기까지 순종하였다(빌 2:6-7).

아버지 하나님과 예수의 "의지의 하나 됨"(Willenskonformität)은 십자가의 죽음 속에서도 유지되었을 것이다. 죽음의 순간에도 예수는 자기를 하나님께 완전히 맡기고 성령 가운데서 아버지 하나님과 하나 된 가운데 있었을 것이다. 그렇다면 "나의 하나님, 나의 하나님, 어찌하여 나를 버리셨습니까?"라는 예수의 부르짖음을 우리는 어떻게 이해해야 할 것인가?

먼저 이 부르짖음은 하나님의 옳으심에 대한 예수의 질문(Theodizeefrage)으로 해석될 수 있다.[18] "나의 하나님, 어찌하여 나를 이 죽음의 고통에 내

---

18) 이와 관련하여 J. Moltmann, *Der gekreuzigte Gott*, S. 143f.: "나의 하나님, 어찌하여 나를 버리셨나이까?"라는 부르짖음과 함께 "예수의 개인적 실존은 물론 그의 신학적 실존과 그의 모든 하나님 선포가 문제되고 있다." 그의 죽음과 함께 예수 자신의 존재와 모든 선포와 함께 그의 "아버지와 하나님의 하나님 되심이 문제되고 있다." 그러므

어주시고 침묵하십니까? 불의한 자들이 나를 처형하고 나를 비웃음으로 써, 사실상 '너의 하나님이 어디 있느냐?'고 당신을 비웃지 않습니까? 왜 당신은 당신의 일을 포기하십니까?" 이와 동시에 예수의 마지막 부르짖음은 하나님에 대한 예수의 무한한 신뢰로 해석될 수 있다. 그의 마지막 부르짖음은 하나님에 대한 원망도 아니요 거부도 아니다. 그것은 죽음의 고통 속에서도 자기를 하나님에게 맡기며 하나님께 복종하는 행위를 나타낸다. 예수에게 있어서 아버지 하나님은 죽음의 순간에도 "나의 아버지"다. 그는 죽음 속에서도 "영원한 영을 통하여" 자기를 아버지 하나님에게 바친다(히 9:14). 예수와 하나님과의 깊은 단절로 보이는 이 부르짖음 속에서 우리는 양자의 분리를 보지 않고 오히려 양자의 깊은 하나 됨을 본다. 이 부르짖음 속에서 하나님은 예수의 아버지로, 예수는 그의 아들로 나타난다. 이 부르짖음에 연이어 백인대장이 고백한다. "참으로 이분은 하나님의 아들이셨다." 마가복음 1:1에 기록된 "그리스도(=메시아), 하나님의 아들"이란 칭호들의 의미가 십자가의 이 부르짖음 속에서 드러난다. 예수의 메시아적 비밀이 십자가에서 해결되기 시작한다. 십자가의 고통과 죽음, 예수의 마지막 부르짖음이 예수의 메시아 되심을 증명한다. 예수 안에 나타나는 메시아는 이스라엘이 기대하던 것과 전혀 다른 모습으로 나타난다. 그는 철저히 고난당하는 자로 나타난다.

로 "나의 하나님, 어찌하여 나를 버리셨나이까?"라는 예수의 부르짖음은, "나의 하나님, 어찌하여 당신은 당신을 버리셨나이까?"라는 부르짖음으로 이해될 수 있다.

XVII
왜 십자가는 구원의 사건인가?

1. 속죄제물 사상의 문제점과 타당성

역사의 예수의 삶은 십자가의 죽음으로 끝났다. 그의 십자가의 죽음은 누구도 의심할 수 없는 역사적 사건이다. 그 당시 십자가의 형벌은 가장 잔인한 것이었다. 사형 가운데 잔인한 것으로 알려진 교수형의 고통은 몇 십분 만에 끝난다. 그러나 십자가 형벌의 고통은 약 삼 일 동안 지속되면서 사람의 생명을 점차적으로 잃어버리게 한다. 당시 로마 제국에서 십자가의 형벌은 주인을 버리고 도주하다가 붙들린 노예들이나, 반로마 혁명(예를 들어 스파르타쿠스가 일으킨 노예혁명)이나 반란에 참여한 정치범들이 당하는 형벌이었다. 예수는 이러한 십자가의 형벌을 당하였다. 물론 신약성서는 죽은 예수가 부활하였다고 보도한다. 그러나 현실적으로 볼 때 그의 삶 자체는 실패로 끝났다. 그가 선포한 하나님 나라는 실현되지 않았다. 그를 따르던 제자들마저 그를 버리고 옛 직업으로 돌아갔다. 이와 같이 실패와 좌절로 끝난 예수의 죽음을 신약성서는 구원의 사건이라 선포하며 기독교는 이것을 지금도 믿고 있다. 그럼 실패와 좌절로 끝난 역사의 예수의 죽음이 어떻게 구원의 사건이 되는가?

신약성서는 이 질문에 대하여 단 하나의 답변을 제시하지 않고 여러 가지 답변을 제시한다. "이 문제에 있어서 우리가 이해하든 이해하지 못하든 무조건 받아들여야 할, 흡사 하늘로부터 떨어진 것과 같은 단 하나의 진술을 가지고 있지 않다."[1] 오히려 신약성서는 예수의 죽음을 새롭게 이해하고 표현하고자 하는 여러 노력과 시도를 보여주고 있으며, 그 당시의 세계 속에서 통용되던 다양한 표상에 따라 예수의 죽음을 해석한다. 그 가운데 중요한 몇 가지를 든다면, ① 예수의 죽음은 하나님 자신의 행위로 해석된다. 하나님 자신이 예수를 십자가의 죽음에 내어주었다(눅 17:25; 24:7, 44, 46 등). 그의 죽음은 "성서에 기록된 대로"(고전 15:3 등) 일어난, 다시 말하여 하나님 자신의 결정에 따라 일어난 하나님의 사건이었다. ② 예수의 죽음은 의로운 예언자의 운명으로 해석된다. 그의 죽음은 한 예언자의 죽음과 동일하지는 않다. 그러나 예언자들의 죽음과 연속선상에서 일어났다(마 23:37; 막 12:1-12; 눅 11:49-51 등). ③ 예수의 죽음은 인간의 죄를 용서하기 위한 속죄제물의 죽음으로 해석된다(히 2:17; 롬 4:25; 고전 15:3; 고후 5:21; 갈 1:4; 요일 4:10 등). 그는 "우리를 위하여", "우리의 죄를 위하여" 십자가의 죽음을 당하였다. ④ 예수의 죽음은 속전(贖錢)으로 해석된다. 그의 죽음은 사탄의 세력 곧 죄와 죽음에 묶여 있는 인간을 해방하기 위하여 예수가 치른 속전이었다(갈 3:13; 4:5; 고전 7:22; 딛 2:14; 벧후 2:1 등). ⑤ 예수의 죽음은 죽음의 세력에 대한 승리로 해석된다(히 2:14 이하; 계 1:10-20). ⑥ 예수의 죽음은 하나님의 사랑의 계시로 해석된다(요 3:16; 롬 5:8; 엡 2:5 이하; 요일 4:9 이하 등).

달리 말하여 예수의 죽음은 하나님 자신의 행위이며, 의로운 예언자의 고난과 죽음의 전통 속에서 일어난 사건이며, 속죄제물의 죽음이요, 죄와 죽음의 세력에 대한 속전이요, 죽음의 세력에 대한 승리이며, 하나님의 사

---

1) G. Barth, *Der Tod Jesu Christi im Verständnis des Neuen Testaments*, 1992, S. 158.

랑의 계시이기 때문에 구원의 사건이라고 신약성서는 해석한다.

신약성서의 이러한 해석들 가운데 교회에서 가장 널리 통용되는 해석은 속죄제물의 표상이다. 예수의 죽음은 모든 인간의 죄를 용서하기 위한 희생제물의 죽음이요 이러한 뜻에서 구원의 사건이라는 해석이 신약성서에서는 물론 교회 역사상 가장 보편적인 해석이요 기독교의 중심적 교리다. 구약성서의 속죄제의로부터 유래하는 이 해석은 다음과 같이 분석될수 있다. ① 하나님과 인간의 관계는 인간이 하나님의 법을 지킬 때 유지된다. 하나님의 법을 지킬 때 인간은 하나님 앞에 설 수 있는 의를 얻는다. ② 이 법을 지키지 않을 때, 다시 말하여 인간이 죄를 지을 때, 인간은 자기가 지은 죄에 대한 보응을 받아야 한다. 그래야만 하나님의 파괴된 의가 회복될 수 있으며 하나님과 인간의 관계가 회복될 수 있다. ③ 그러나 자신의 모든 죄에 대한 보응을 받을 경우, 인간은 생존할 수 없다. 아마 모든 인간은 죽음의 심판을 받아야 할 것이다. ④ 그러므로 인간은 자기의 죄에 상응하는 제물을 하나님께 바쳐야 한다. 즉 자기를 대리하여 죽임을 당함으로써 그의 죄를 대신 속하여주는 제물 곧 속죄제물을 하나님께 바쳐야 한다. 그리하여 파괴된 하나님의 의를 회복해야 한다. 여기서 속죄제물은 죄 때문에 죽임을 당해야 할 인간을 대리하여 죽임을 당한다. ⑤ 그러나 짐승의 죽음이 인류의 모든 죄를 소멸할 수 없다. 인류의 죄는 너무나크고 깊기 때문이다. 그러므로 하나님의 아들이 속죄제물의 죽임을 당한다. 그는 죄 때문에 죽어야 할 모든 인류를 대리하여 죽은 속죄의 제물 혹은 희생의 제물이다. 히브리서는 이것을 다음과 같이 말한다. "그는 다른 대제사장들과는 다릅니다. 다른 제사장들은 날마다 먼저 자기 죄를 위하여 희생제물을 드리고, 그 다음에 백성을 위하여 희생제물을 드리지만 그는 이렇게 하실 필요가 없습니다. 그는 자기를 바치셔서, 단 한 번에 결정적으로 이 일을 이루셨기 때문입니다"(히 7:27).

화해론 가운데 안셀무스(Anselm)의 유명한 만족설(theory of satisfaction)은 속죄제물 사상의 한 형태다. 『하나님은 왜 인간이 되셨나?』(Cur Deus *homo?*)라는 그의 책에서 중세기 영국 캔터베리(Canterbury)의 주교였던 안셀무스는 다음과 같이 말한다. 우리가 죄를 지을 때, 우리는 하나님의 의(*iustitia*) 혹은 하나님의 영광을 파괴한다. 이에 대하여 인간은 보상(*satisfactio*)을 해야 한다. 그래야만 그는 구원을 받을 수 있다. 그러나 "인간은 그것을 자기 자신으로부터 행할 수 없다"(*nec homo eam per se facere possit*). 이 보상은 하나님-인간(*deus-homo*)만이 행할 수 있다. 그러므로 하나님은 인간이 되셨다. 참하나님인 동시에 참사람이신 예수 그리스도는 자신을 하나님께 속죄의 제물로 바침으로써 하나님의 훼손된 영광을 보상한다. 그의 죽음은 모든 인간의 죄보다 더 크기 때문에, 인류의 죄로 인한 하나님의 훼손된 영광을 충분히 보상할 수 있으며 하나님의 의를 만족시킬 수 있다.

오늘의 신학에서 속죄제물 사상은 다음과 같은 문제점을 가진 것으로 지적되고 있다.

첫째, 속죄제물 사상은 복음서에 나타나는 예수의 선포 전체를 포괄하지 못하는 문제점을 가지고 있다는 것이다. 예수의 선포의 중심은 개인의 죄를 용서함은 물론 한 걸음 더 나아가 하나님 나라와 하나님의 의를 이 땅 위에 세우는 데 있었다. 복음서의 예수는 자기가 세상의 죄를 짊어지고 속죄제물의 죽음을 당하기 위하여 이 세상에 왔다고 거의 말하지 않는다. 오히려 그는 하나님 나라를 선포의 중심으로 삼는다. 하나님의 구원은 개인의 죄의 용서는 물론 하나님 나라가 온 땅 위에 세워지는 데 있다. 그러나 속죄제물 사상은 하나님의 구원을 인간의 죄의 용서와 동일시한다. 그것은 하나님의 구원을 인간의 영혼이라는 좁은 영역에 제한시키며, 인간 영혼의 구원을 하나님의 구원으로 위축시킨다. 그것은 하나님의 구원의 세계적·우주적 차원을 간과하고 구원을 인간의 내면성 혹은 실존의 문제로 왜소화시킨다.

둘째, 속죄제물 사상은 "하나님은 사랑이다"라는 신약성서의 고백에 모순된다는 것이다. 속죄제물 사상은 "응보의 원리"에 근거한다. 인간은 자기의 죄에 대하여 보상을 해야 하며, 하나님의 의는 이 보상을 통하여 회복된다. 여기서 하나님은 무한히 용서하는 하나님이라기보다 인간의 모든 죄에 대한 보상을 필요로 하며 그것을 요구하는 하나님으로 나타난다. 인간의 모든 죄에 대한 보상과 그의 파괴된 의에 대한 만족(satisfactio)을 요구하는 하나님은 누가복음의 탕자의 비유에 나타나는 하나님의 모습과 일치하지 않는다. 속죄제물 사상이 말하는 하나님은 인간을 무한히 사랑하며 인간을 있는 그대로 받아주며 인간을 위하여 고난을 감수하는 어머니와 같은 하나님이 아니라, 인간이 실수하였을 때 분노하며 그 실수에 대하여 짐승이나 인간의 피를 요구하는 무서운 아버지와 같은 하나님으로 나타난다는 것이다. 그러므로 부퍼탈 신과대학 교수 게르하르트 바르트(Gerhard Barth)는 속죄제물 사상의 문제점을 이렇게 질문한다. "하나님이 인간의 죄를 용서하기 위하여 그러한 속죄제물을 필요로 하는지 우리는 묻고자 한다. 인간의 죄를 용서하기 위하여 그는 자신의 아들을 희생시키도록 강요하는 율법의 지배 아래 있는가?…하나님은 인간제물을 요구하지 않고서는 죄를 용서할 수 없는가?"[2] 에른스트 블로흐(Ernst Bloch)에 의하면, 죄를 용서하기 위하여 피를 필요로 하는 하나님은 "야만적인 하나님상"을 보여주며 "가장 야만적인 시대와 방법으로의 전락"을 뜻한다.[3]

속죄제물 사상에 대한 이러한 지적과 비판은 속죄제물 사상 속에 숨어 있는 진리를 간과함으로 말미암은 것이라 말하지 않을 수 없다. 물론 속죄제물 사상은 다른 종교나 미신에도 나타나는 일반 종교 현상이다. 그러나 신약성서는 일반적인 속죄제물 사상이 말하지 않는 새로운 차원을 제시한다. 그것은 자신의 아들을 내어주는 하나님의 깊은 고뇌와 인간에 대한 무한한 사랑을 제시한다. 신약성서가 예수의 죽음을 해석하는 속죄제물의

2) Ibid., S. 2f. 또한 이에 관하여 D. Sölle, *Stellvertretung*, 4. Aufl. 1967, S. 103; H. Wolff, *Jesus der Mann*, 7. Aufl. 1984, S. 36.
3) E. Bloch, *Atheismus im Christentum*, S. 174.

"해석의 틀"은 분노하고 심판하는 하나님의 모습을 보여준다. 속죄제물로서 당한 예수의 죽음은 피를 요구하는 하나님의 잔인함과 야만성을 계시한다기보다, 인간의 죄를 진지하게 생각하고 자신의 아들을 내어주는 하나님의 진지함과 무한한 사랑을 계시한다. 그러므로 신약성서는 속죄제물의 "해석의 틀"과 "하나님의 사랑"을 결합시킨다. "하나님이 세상을 이처럼 사랑하셔서 독생자를 주셨으니"(요 3:16), "그러나 우리가 아직 죄인으로 있을 때에, 그리스도께서는 우리를 위하여 죽으심으로써, 하나님께서 우리에게 주시는 사랑을 나타내셨습니다"(롬 5:8).

구약성서에서 하나님은 인간의 죄에 대한 속죄제물을 요구한다. 그것은 인간의 죄로 인하여 파괴된 그의 의를 회복하기 위해서가 아니다. 짐승을 바친다 하여 어찌 하나님의 의가 회복될 수 있는가? 하나님의 파괴된 의에 비하면 속죄제물로 바쳐지는 짐승은 무의미한 것이라 말할 수 있다. 그럼 하나님이 속죄제물을 요구하는 이유는 무엇인가? 그것은 하나님이 자신의 파괴된 의에 대한 보상을 얻고 그의 분노를 해소하기 위함이 아니라, ① 인간의 죄를 진지하게 생각하기 때문이요, ② 범죄한 인간에 대한 용서와 새로운 삶의 길을 열어주기 위함이다. 그것은 범죄한 인간을 위한 "도피성"과 같은 것이다. 자신의 죄에 대한 속죄제물을 바침으로써 인간은 자신의 죄를 되돌아보게 되며, 하나님이 자기의 죄를 얼마나 진지하게 생각하는가를 의식하게 된다. 그는 자신의 죄에 대한 용서를 받고 하나님 앞에서 바르게 살아가는 새로운 삶을 시작하게 된다. 속죄제물의 깊은 의도는 범죄한 인간에 대한 "벌의 집행"에 있는 것이 아니라, 그에 대한 "용서와 새로운 삶을 열어줌"에 있다. 그것은 "하나님의 분노의 심판의 집행"이 아니라 "하나님의 무한한 사랑과 은혜의 집행"이다. 이것이 예수의 십자가에서 계시된다.

물론 속죄제물 사상은 인간의 영적 구원, 그의 죄의 용서를 일차적 내용으로 가진다. 그것은 예수가 선포한 메시지 전체를 포괄하지 못하는 제한성과 문제점을 가짐은 사실이다. 그러나 하나님이 창조한 세계를 타락시키고 파괴하는 장본인은 인간이다. 인간의 죄로 말미암아 온 자연의 세계가 신음 속에 있고 생태계가 파멸의 위기 앞에 서 있다. 그러므로 무엇보다 먼저 인간이 구원받아야 한다. 인간이 그의 죄를 깨닫고 하나님 앞에서 용서받은 자로 거듭 태어나지 못하면, 세계의 외적 환경과 조건이 아무리 변할지라도 구원의 세계는 오지 않을 것이다. 그러므로 구약성서에서 하나님은 속죄제물을 요구한다. 인간이 구원받는다는 것은 하나님이 지으신 세계의 가장 중요한 부분 속에 하나님의 구원이 일어나기 시작한다는 것을 뜻한다. 여기서부터, 곧 인간으로부터 하나님의 구원의 역사가 새롭게 일어날 수 있다.

오늘날 어떤 신학자는 속죄제물의 틀을 부인하고 예수의 죽음을 "연대성"이라는 개념의 틀로 해석한다. 예수는 모든 피조물의 고난과 연대하여 그들이 당하는 죽음을 "대표적으로"(representativ) 당하였다는 것이다. 이 해석의 틀도 타당성을 가진다. 그러나 그것은 예수의 죽음이 지닌 구원의 의미를 충분히 드러내지 못하며, 그의 죽음을 단순히 한 인간의 죽음으로 해석할 수 있는 위험성과 제한성을 보인다. 그러므로 우리는 속죄제물의 틀이 제한성을 가진다 하여 그것을 부인해서는 안 될 것이다. 그의 죽음이 지닌 사회적·경제적·정치적 의미를 드러내는 것도 필요하지만, 경솔하게 성서의 오랜 전통을 부인해서는 안 될 것이다. 이사야 53장은 예수의 죽음을 다음과 같이 속죄제물의 죽음으로 암시한다. "그러나 그가 찔린 것은 우리의 허물 때문이고, 그가 상처를 받은 것은 우리의 악함 때문이다. 그가 징계를 받음으로써 우리가 평화를 누리고, 그가 매를 맞음으로써 우리의 병이 나았다. 그가 체포되어 유죄판결을 받았지만 그 세대 사람들 가운데서 어느 누가, 그가 사람 사는 땅에서 격리된 것을 보고서, 그것이 바로 형벌을 받아야 할 내 백성의 허물 때문이라고 생각하였느냐?"(사 53:5-8)

위의 구절들은 과거형으로 기록되어 있다. 그러므로 이 구절들은 미래에 올 그리스도의 고난과 관계없는 것이라고 주장하는 신학자도 있다. 그러나 예언자들에게는 시간의 과거와 현재와 미래의 구분이 엄격하지 않았다는 사실을 우리는 유의할 필요가 있다. 그들은 미래를 이미 완료된 사실인 것처럼 표현하기도 하였다. 이것을 가리켜 우리는 "예언적 완료형"(*perfectum propheticum*)이라 부른다. 위의 구절에서도 예언자는 미래에 일어날 사건을 완료형으로 기록하였다고 말할 수 있다. 물론 이 구절이 예수의 고난에 대한 직접적 예언이라 말할 수 없을지라도, 그것은 미래에 올 하나님의 "고난의 종"에 대한 예견과 가리킴이라 말할 수 있다. 구약성서는 그 전체에 있어서 장차 올 하나님의 사자를 기다리고 있다(von Rad). 그것은 "기다림의 책"이다.

이와 같이 우리는 속죄제물 사상이 지닌 타당성을 인정하면서도 그것이 지닌 제한성을 인정하고 예수의 죽음이 어떤 의미에서 구원의 의미를 가지는가를 역사적 차원에서 해명하고자 한다. 예수의 죽음은 "개인의 죄의 용서"의 차원에서는 물론 어떤 의미에서 현실적인 구원의 사건인가?

2. "이 시대의 악"과 "이 시대의 고난"을 계시하는 예수의 죽음

전통적으로 신학은 예수의 고난을 "세상 죄를 지고 가는 하나님의 어린양"의 고난 혹은 하나님의 아들의 고난으로 해석하였다. 여기서 인간의 존재는 주체로 생각되기도 하고 객체로 생각되기도 한다. 곧 예수를 십자가에 못 박아 죽인 "주체"로 간주되기도 하며, 십자가의 용서와 은혜를 받아야 할 "객체" 혹은 "대상"으로 간주되기도 한다. 여기에 속죄제물 사상의 기본 전제가 있다. 그러나 예수 자신이 모든 인간들 중에 한 인간이었으며, 한 인간으로서 고난을 당하였다는 사실은 지금까지 신학에서 유의되지 않았다. 분명히 한 인간이었던 예수의 고난을 무시하고, 단지 하나님 아들의 고난에 대하여 말함으로써, 한 인간 예수가 그의 사회 속에서 당한 고난의 모든 현실적 의미를 간과하고, 그의 고난을 단순히 인간의 죄를 위한 속죄제물로 파악하는 오류를 범하여왔다. 이러한 오류에 반하여 우리는 한 인간 예수의 고난을 유의해야 할 것이다. 이때 하나님의 메시아로서 그가 당한 인간적 고난이 인간의 사회와 역사에 대하여 어떤 의미를 가졌는가를 우리는 파악할 수 있을 것이다.

복음서가 묘사하는 역사의 예수는 "세리와 죄인들의 친구"였다. 그는 정치적으로 힘이 없고 경제적으로 가난하며 사회적으로 소외된 사람들의 친구였다. 복음서 전체를 고려할 때, 이것은 부인할 수 없는 역사적 사실로 보인다. 빌립보서 2장에 의하면 그는 "종의 형태"를 취하였다. 그는 사람들 가운데 가장 낮은 사람으로 자기를 낮추셨다는 것이다. 그는 힘없고 가난하고 소외된 사람들과 자기를 동일화했다. 그들이 그의 형제와 자매였다. 그는 이스라엘의 목자 없는 양 떼의 참 목자였다. 그는 그들의 인간적 가치와 존엄성을 회복하기 위하여 죄의 용서와 회개를 외치기보다 "주의 은혜의 해"와 "하나님 나라"를 선포하였다. 이 예수가 로마 총독 빌라도와 유대교 지도자들과의 갈등으로 십자가의 고난을 당하였다는 것은 무엇을 말하는가? 그의 고난은 단지 한 개인의 고난이 아니라, 예수가 자기와 동일시한 사람들의 고난을 대변하는 것이라 말할 수 있다.

한 인간의 존재는 언제나 사회적 관계 속에 있다. 인간은 개체화된 실존이 아니라, 사회적 존재이며 세계 내의 존재다. 따라서 한 인간이 당하는 어떤 일은 언제나 사회적 관계 속에서 일어나며 사회적 의미를 가진다. 그것은 세계사의 지평 속에 있다. 그러므로 예수의 십자가의 고난도 그의 사회적 관계와 세계사의 지평 속에서 파악되어야 한다. 이때 그의 고난은 한 개인 예수의 사건에 불과한 것이 아니라, 그가 속한 사회와 이 세계의 모습을 나타내는 "거울"이라 말할 수 있다. 전통적으로 신학은 예수를 참하나님인 동시에 참사람(*vere deus, vere homo*)이라 고백하였다. 그리하여 예수 안에는 참하나님의 모습이 나타나는 동시에, 참사람의 모습이 나타난다고 가르쳤다. 그러나 인간은 사회적 존재요 세계 내의 존재라는 관점에서 볼 때, 예수 안에는 개인으로서의 인간의 모습은 물론 인간이 속한 사회와 세계의 모습, 역사의 모습이 나타난다고 말할 수 있다.

그럼 예수의 십자가의 고난에는 사회와 세계의 어떤 모습이 나타나는가? 그의 고난에는 힘 있는 자들의 힘없는 자들에 대한 억압과 폭력, 의로운 자에 대한 불의한 자들의 억압과 폭력이 나타나는 동시에, 힘없는 자들과 의로운 자들의 고난과 고통과 죽음이 나타난다. 예수의 삶의 역사는 단순히 한 개체적 존재로서 예수의 역사가 아니라, 모든 피조물의 사회와 세계의 역사를 대변한다(represent). 이러한 뜻에서 그는 모든 피조물의 "대리자"다. 그의 고난은 모든 피조물의 역사의 거울이다. 그러므로 그의 역사는 모든 피조물에 구원의 효력을 가질 수 있다. 따라서 빌라도와 유대교 지도자들은 이 세계의 힘 있는 자들을 대변하며, 한 인간 예수는 힘없는 자들을 대변한다. 그는 목수 출신이었고 힘없는 자들 곧 "세리와 죄인들의 친구"였기 때문이다. 그의 고난은 힘없는 자들의 "고난의 역사"와의 연대성(solidarity) 속에 있다. 자기밖에 모르는 인간으로 말미암아 질병과 굶주림과 죽음을 당하는 어린이들과 피조물들의 고난이 예수의 고난 속에 포괄되어 있다. 그러므로 고난당한 예수는 모든 피조물의 고난 속에 함께 계신다. 그의 고난은 힘없는 자들의 불의와 폭력의 깊이를 비추어주는 동시에, 그들로 말미암아 힘없는 자들이 당하는 고난과 죽음을 비추어준다. 힘 있는 자들의 불의와 힘없는 자들의 고난, 강대국들의 불의와 약소국들의 고난, 정상인들의 무자비와 장애인들의 고난, 인간의 무자비와 자연 세계의 고난, 개인과 개인 사이에 일어나는 모든 불의와 모략과 억압과 고난을 나타낸다. 한마디로 예수의 고난은 "이 시대의 악"의 거울인 동시에 "이 시대의 고난"의 거울이다. 이 시대의 악과 이 시대의 고난이 예수의 십자가에서 그 얼굴을 드러낸다.

"이 시대의 고난"의 첫 희생자는 누구인가? 첫 희생자는 힘없고 가난한 자들, 약소국들, 유색인종들, 병들고 불구가 된 자들, 힘없는 여자들, 말 못하는 피조물들이다. 강대국들의 정치적·경제적·군사적 팽창주의 때문에 약소국들은 그들의 정치적 식민지와 경제적 시장과 군사적 신무기 실험장의 운명을 벗어나지 못한 채 신음하고 있다. 어느 나라를 막론하고 경제적으로 약한 사람들은 정치권력과 결탁한 재벌들의 부를 증식시켜주는 시장의 기능을 행사하고 있으며, 지구 위에 있는 대부분의 나라들이 부익부, 빈익빈의 악순환을 벗어나지 못하고 있다. 이로 말미암아 약한 자들, 억압을 받는 자들이 첫 희생자가 된다. 그들 가운데서도 어린이들이 가장 먼저 굶주림과 죽음을 당한다. 지금도 지구 위에 사는 수백 명의 어린이들이 매 시간 질병과 굶주림 때문에 죽어가고 있다. 예수의 고난은 이 모든 고난들의 요약이요 거울이다. 그의 고난은 하나님의 모든 피조물들이 당하는 "묵시사상적 고난"(apokalyptisches Leiden)을 대변한다. 하나님 나라에 대한 예수의 선포와 관련하여 생각할 때, 그가 당한 고난은 자기 자신을 위한 개인적 고난이 아니라 "세계를 위한 묵시사상적 고난"이다.

그럼 "이 시대의 악"과 "이 시대의 고난"이 드러나는 예수의 십자가가 어떻게 구원의 사건이 되는가? 나타남 그 자체가 구원이라 볼 수 없지 않은가? 예수의 십자가에서 "이 시대의 악"은 그 자신을 나타내는 동시에, 예수의 고난 속에서 극복된다. 예수는 악을 악으로 갚지 않는다. 오히려 그는 악을 당한다. 그는 악을 당함으로써 악의 순환을 끊어버린다. 악을 악으로 갚을 경우, 악은 끝나지 않고 계속된다. 악을 행하는 사람과 악을 악으로 갚는 사람이 똑같은 존재로 되어버린다. 그러나 악에 대하여 악으로 갚지 않고 오히려 악을 당함으로써 악의 순환을 끊어버리는 자가 악에 대한 승리자가 된다. 그의 고난 속에서 악은 그의 정체를 드러낸다. 무죄한 자를 죽이면서 자신의 힘을 유지하고 자기를 무한히 확장하려는 악의 모습이 여지없이 폭로된다. 폭로되는 동시에 그것은 예수에 의하여 극복된다. 악이 극복됨으로써 하나님의 새로운 현실, 사랑과 자비와 정의가 다스리는 현실 곧 "하나님 나라"가 일어난다. 새 창조가 일어난다.

이러한 뜻에서 예수의 고난은 이 세계가 지나가고 "새로운 세계"가 그 속에서 태어나는 "종말적 고난의 요약이요 앞당겨 옴"이다.[4] 그의 죽음은

---

4) Ibid., S. 175f.

개인적 죽음에 불과한 것이 아니라, 지금 모든 피조물을 위협하고 있는 우주적 죽음의 앞당겨 일어남이다. 그것은 죽음으로 끝날 수밖에 없는 이 세계의 종말이 앞당겨 일어남인 동시에 하나님의 정의로운 나라가 앞당겨 일어남이다. 파괴와 죽음의 세력 앞에서 모든 피조물들이 당하는 위협과 공포와 고난을 예수는 그의 십자가에서 대리하여(stellvertrend) 당한다. 예수 안에서 부분적으로 일어난 것은, 모든 피조물 안에서 일어나는 것에 해당한다(*pars pro toto*, 전체에 해당하는 한 부분). 예수는 "이 시대의 악"으로 말미암은 모든 고난을 당한다. 악을 악으로 갚지 않고 그것을 당함으로써 악의 순환을 끊고 악에 대한 승리자가 된다. 산모의 진통 속에서 새로운 생명이 태어나듯, 예수의 고난 속에서 하나님의 새로운 세계가 일어난다.

물론 예수가 고난을 당하였다 하여 하나님 나라가 즉시 이루어진 것은 아니다. 희년 계명도 실천되지 않았다. 그러나 희년의 정신이 실천되고 하나님 나라가 일어나게 되는 기초가 예수의 고난 속에서 마련된다. 악의 세력이 깨어지고 하나님의 사랑과 정의의 능력이 생성되기 때문이다. 예수의 고난을 통한 "악의 극복"은 추상적 언어가 되어서는 안 된다. 예수가 선포한 "주의 은혜의 해" 곧 희년 정신이 실천되고 하나님 나라가 실현될 수 있는 터전이 악의 극복과 함께 마련되었다고 말할 때, "악의 극복"은 종교의 추상성을 벗어나서 현실적·구체적 의미를 가지게 된다.

이것은 악을 더욱 강하게 하는 것이 아닌가? 오른뺨을 맞고 왼뺨마저 돌려대는 것은 때리는 자를 더 강하게 만드는 것이 아닌가? 이것은 악에 대한 패배요 악의 방조가 아닌가? 그러나 악을 악으로 갚지 않고 그것에게 희생당한 예수가 결국 로마를 변혁시켰다. 로마는 몰락하였으나 예수의 역사는 계속되었다. 자기 자신을 십자가에서 구원할 수 없었던 이스라엘의 힘없는 메시아가 세계사를 변혁시키는 메시아라는 사실이 입증되었다. 왜 기독교가 악에 대하여 악으로, 폭력에 대하여 폭력으로 대응하지 말아야 하는가를 우리는 여기서 볼 수 있다. 만일 예수가 자기를 체포하려는 로마 군인들에게 폭력으로 대항하였다면, 예수의 역사는 어떻게 되었을까? 그는 기껏해야 몇 사람의 로마 군인을 죽이고 자신도 죽임을 당하였을 것이다. 이로써 그의 역사는 끝났을 것이다. 이것이 대부분의 사람들이 취하는 길이다. 그러나 여기에는 구원의 길이 없다. 폭력과 폭력, 살인과 살인, 보복과 보복, 악과 악의 순환이 계속된다. 예수는 악을 악으로 갚지 않고 그것을 당함으로써, 악의 정체를 완전히 드러나게 하고 악의 순환을 끊어버린다. 악은 예수의 십자가에서 자기의 심연을 드러내고 예수 안에서, 아니 삼위일체 하나님 안에서 결정적으로(ein für allemal) 극복된다. 그러므로 예수의 십자가의 죽음은 악에 대한 패배가 아니라 승리이며, 모든 피조물에게 구원의 사건이 된다.

그러나 한 인간이 악을 선으로 갚는다 하여 악의 순환이 끊어질 수 없을 것이며, 죽음의 세력이 깨어질 수 없을 것이다. 그것은 한 인간의 자기 희생적 사건에 불과할 것이며, 온 세계에 대한 구원의 의미를 가질 수 없을 것이다. 인간은 모두 죄인이요, 그의 모든 행위 속에는 죄의 요소가 숨어 있기 때문이다. 그러나 부활의 빛에서 예수의 죽음은 단순히 한 인간의 죽음이 아니라 하나님의 아들의 죽음으로 드러난다. 그러므로 복음서 기자는 부활의 빛에서 예수의 죽음을 하나님의 아들의 죽음으로 묘사한다. 그는 영 가운데서 그의 아빠 하나님과 하나를 이루고 있었다. 따라서 그가 당한 죽음은 단순히 예수 자신의 사건이 아니라 하나님 자신의 사건이었을 것이다. 하나님 자신의 전 존재가 예수의 죽음의 사건 속에 있다. 하나님 자신이 악을 선으로 갚으며 이를 통하여 죽음의 세력을 완전히 드러내는 동시에 그것을 깨뜨린다.

오늘의 신학에 있어 어떤 사람은 예수를 단지 한 인간으로만 보려고 한다. 곧 예수를 단지 민중운동가나 민중혁명가로 보려고 한다. 물론 예수의 삶과 선포 속에 사회개혁적이며 혁명적 요소가 있음은 사실이다. 그러나 복음서는 예수를 철저히 하나님의 아들 혹은 이스라엘이 기다리던 메시아로 묘사한다. 그의 죽음은 한 민중운동가의 순교에 불과한 것이 아니라, 하나님 아들의 죽음으로 묘사된다. "참으로 이분은 하나님의 아들이셨다"(막 15:39). 그의 아들 안에서 하나님 자신이 인간의 마지막 거짓을 드러내고, 자기를 죽음의 세력에 맡기며, 죽음의 세력을 깨뜨린다.

3. 율법을 완성함으로 하나님 나라를 세운 예수의 죽음

이스라엘의 많은 민중들은 예수가 그들이 기다리던 메시아일 것이라 기대하였던 것 같다. 그러므로 열심당원들도 예수의 뒤를 따랐으며 예수의 제자가 되기도 하였다. 예수의 제자 시몬은 열심당원이었다(눅 6:15; 행 1:13). 야고보도 열심당원이라고 신약성서 학자들은 추정한다. 베드로도 열심당원이 아닌가 추측된다. 열심당원들을 위시한 많은 군중들이 예수가 로마의 주둔군과 협조자들을 몰아내고 이스라엘을 로마의 압제에서 해방시킬 것이라 기대한 것으로 보인다. 예수가 선포한 "하나님 나라"와 "주의 은혜의 해"는 이스라엘 백성에게 이러한 기대를 충분히 일으킬 수 있었을 것이다.

그러나 예수는 역사의 수많은 인물들이 행하였던 방법으로 하나님 나라와 그의 의를 세우려 하지 않는다. 그는 민중들을 동원하여 폭력으로 세상을 뒤엎고 하나님 나라와 그의 의를 세울 수 있었을지 모른다. 그러나 이러한 방법으로 세워지는 하나님 나라와 그의 의는 오래가지 않을 것이다. 폭력으로 권세 있는 자들을 처형하고 그들의 재산을 몰수하여 가난한 사람들에게 나누어주며, 토지를 원래의 주인에게 돌려주는 등 희년 계명을 실천할 때, 사람들의 생활 상태는 아쉬운 대로 회복될 수 있을 것이다. 물론 희년 계명을 실천하는 일도 필요하다. 그러나 중요한 문제는 희년 계명을 자발적으로 실천할 수 있는 사랑과 자비의 마음을 인간이 갖느냐 갖지 않느냐에 있다. 이 마음이 없을 때, 약한 자에 대한 강한 자의 착취와 억압이 다시 일어나며, 부익부 빈익빈의 상황이 다시 나타난다. 지배자가 피지배자로 바뀌고 피지배자가 지배자로 바뀐다 한들, 하나님의 사랑과 자비가 그 마음속에 없을 때, 새로운 지배자는 새로운 폭군으로 변모할 수 있다. 이것이 인간이다. 따라서 외적 상황과 질서를 변화시키는 일도 필요하지만, 이와 동시에 인간의 본성이 변화되어야 한다. 인간 본성의 변화 없는 역사의 근본적 변화를 우리는 기대할 수 없다. 자신의 죄악된 본성은 보지 않고, 다른 사람의 악을 제거하기만 하면 이 사회에 구원이 올 수 있다는 것은 망상에 불과하다. 현상의 악을 제거하는 동시에 모든 사람의 마음속에 숨어 있는 악을 보아야 하며, "다만 악에서 구하옵소서"라고 하나님께 겸손히 기도드릴 수 있어야 한다.

궁극적 구원의 길은 모든 사람이 하나님이 지으신 본래의 모습을 회복하는 데 있다. 하나님의 사랑과 자비의 영으로 충만하며 하나님의 뜻을 이루는 사람으로 변화되어야 한다. 이러한 사람으로 다시 태어날 때, 희년 정신도 실천할 수 있고 하나님 나라를 이 땅 위에 실현할 수 있다. 그는 자발적으로, 기쁜 마음으로 하나님의 "율법"을 완성한다. 하나님의 "새로운 피조물"로 회복되지 않으면, 인간은 여전히 이기적 욕망의 존재로 존속하며, 하나님의 율법은 그에게 강요와 억압으로 느껴진다. 외적 상황이 아무리 변하여도 악의 순환은 계속된다.

그러므로 희년을 선포함으로써 사회개혁과 (비록 자세히 개진되지 않았지만) 생태계 개혁을 요구한 예수는 폭력의 방법으로 그것을 수행하지 않는다. 그는 하나님 나라와 그의 의를 폭력의 방법으로 세우지 않는다. 오히려 그는 자신의 죽음을 통하여 그것을 세운다. 물론 정치·경제·사회의 모든 제도와 질서는 언제나 하나님 나라를 향하여 새롭게 개혁되어야 한다. 개혁되지 않으면 모든 것이 정체되고 사회는 부패한다. 그러나 하나님 나라와 그의 의는 단순히 정치·경제·사회의 외적 제도의 개선을 통하여 이루어지는 것이 아니라, 인간이 하나님 앞에서 자기를 포기하고 하나님의 새로운 피조물로 개혁될 때 밑바닥에서부터 세워진다.

예수는 천계의 어떤 비밀을 설파하지 않았다. 그는 피안의 구원을 선포의 주제로 삼지 않았다. 그는 이스라엘 백성의 고난을 보면서 하나님 나라를 선포하였고, 하나님 나라를 구체적으로 일으키기 위하여 희년을 선포한다. 고리대금을 철폐하고 극빈자의 채무를 변제해주며 종을 해방하고 토지를 본래의 사용자에게 돌려줄 것을 요구한다. 이러한 예수의 요구는 받아들여지지 않는다. 오히려 그는 이것을 요구한 대가로 죽임을 당한다. 그는 힘없는 자의 편에 서서 자기를 죽음에 내어준다. 그의 죽음은 수동적으로 당한 것이 아니라 적극적으로 당한 죽음이다.

이 같은 예수의 삶과 죽음 속에서 율법이 완성된다. 하나님과의 연대 (solidarity)와 이 세상의 연약한 자들과의 연대가 그의 죽음에서 하나로 결합되어 나타난다. 그는 "율법의 완성"을 요구할 뿐 아니라, 그 자신의 삶과 죽음을 통하여 율법을 완성한다. "네 마음을 다하고 네 목숨을 다하고 네 뜻을 다하여 주 너의 하나님을 사랑하여라", "네 이웃을 네 몸같이 사랑하여라"는 "모든 율법과 예언자들의 본뜻"이 그의 죽음 속에서 실천된다. 그는 우리에게 바리새인들과 서기관들의 의보다 "더 나은 의"를 요구할 뿐 아니라, 그 자신의 목숨으로써 "더 나은 의"를 성취한다. 그가 우리의 "의" 다. 그는 철저히 "타자를 위한 존재"(Sein für die anderen, Bonhoeffer)다. 그는 십자가에서 하나님과 이웃을 위하여 자기를 포기한다. 하나님과 하나인 동시에 이웃과 하나인 세계, 곧 하나님 나라가 그의 죽음 속에서 세워진다. 율법의 근본 목적이 여기서 성취된다. 모든 피조물이 기다리는, 모든 피조물 안에서 이루어져야 할 하나님의 새로운 세계, 율법의 본뜻이 실현된 세계 곧 하나님 나라가 그의 죽음 속에서 일어난다. 그의 죽음이야말로 그가 이루고자 하였던 "율법의 완성"이요(참조. 마 5:17), 하나님 나라가 율법의 목적과 완성(telos)이기 때문이다. 율법에 있다고 생각되던 구원의 길이 이제 예수에게로 옮겨진다. 인간이 아무리 노력하여도 이룰 수 없는 율법의 완성을 이룬 예수가 구원의 길이다. 그가 유일한 구원자다.

결론적으로 예수의 죽음이 구원의 사건이 되는 것은 단순히 예수가 우리의 죄를 위한 속죄제물의 죽음을 당하였기 때문이 아니라, 율법의 목적과 완성인 하나님 나라가 그의 죽음 속에서 결정적으로 일어났기 때문이다. 하나님의 구원은 단순히 외적 상황의 변화에 있지 않다. 그것은 하나님 나라가 이 땅 위에 이루어지는 데 있다. 이 하나님 나라 곧 율법의 목적과 완성이 예수의 죽음 속에서 결정적으로 일어났기 때문에, 그의 죽음은 구원의 사건이다. 그의 죽음이 가진 구원의 의미는 부활을 통하여 비로소 부여된 것이 아니라, 이미 그 자체 안에 있다.

물론 이 구원의 의미는 판넨베르크가 말하듯이 부활을 통하여 증명되고 밝혀진다.[5] 그러나 부활 이전에 예수의 삶과 죽음 그 자체 속에 없었던 것이 부활을 통하여 증명되고 밝혀지는 것이 아니라, 그 속에 이미 있었던 것이 증명되고 밝혀진다. "모든 것을 부활의 사실로부터 연역하는" 신학은 "사이비 전통"(pseudo-orthodox)이다. 그것은 "예수가 그의 죽음 다음에 하나님의 아들이 된 것이 아니라, 그가, 역사의 예수가 하나님의 아들이었고 하나님의 아들이라는 것"을 은폐시키기 때문이다.[6]

4. "십자가에 달린 하나님"

예수가 십자가에서 죽음의 고통을 당하고 있을 때, 그의 아버지 하나님은 어디에 계셨을까? 그는 무엇을 하고 계셨을까? 그는 하늘에 계시면서, "이제 모든 인류의 죄를 위한 온전한 속죄제물을 받게 되었구나"라며 기뻐하고 계셨을까? 만일 하나님이 이런 분이라면, 우리는 하나님을 "사랑"이라 말할 수 없을 것이다. 자기 아들이 죽음의 고통을 당하는 순간, 자기는 홀로 높은 곳에 계시면서 예수의 시신을 속죄제물로 받는 하나님은 "사랑"과 모순된다. "사랑"이란 무엇인가? 사랑은 서로 구분되지만 깊이 하나 되어 있고, 하나 된 상태에서 서로 구분되면서 모든 것을 함께 나누는 것을

---

5) W. Pannenberg, *Grundzüge der Christologie*, S. 135.
6) G. Ebeling, *Theologie und Verkündigung*, 1962, S. 63.

뜻한다. 하나님이 이러한 의미의 "사랑"이라면, 하나님은 죽음의 고통을 당하는 아들과의 구분 속에서 아들과 깊이 하나 되어 있었을 것이다. 하나님의 삼위일체는 바로 이것을 말한다. 삼위일체는 십자가의 사건에 이르기까지 관철되어야 한다. 십자가의 죽음 속에서도 아버지와 아들은 성령 가운데서 서로의 죽음의 고통을 함께 당하였을 것이다. 만일 그렇지 않다면 하나님은 사랑이 아닐 것이다.

이것은 아버지 하나님도 예수와 함께 죽어버렸다는 "성부수난설"(patripassianism)을 뜻하지 않는다. 아버지는 "영원한 영을 통하여" 아들 안에 계시고 아들의 고난을 함께 당한다. 자녀가 아플 때, 부모가 사랑의 영 가운데서 자녀의 고통을 함께 당하듯이, 아버지 하나님도 무한한 사랑의 영 가운데서 아들의 고통을 함께 당한다. 아들은 죽음(Sterben)을 경험하고, 아버지는 죽음 다음에도 계속되는 주검(Tod)을 경험한다.[7] 성령 가운데서 예수와 그의 아버지 하나님은 죽음의 순간에도 하나다. 성령도 고통을 당한다. 성령 가운데서 아들의 고통은 곧 아버지의 고통이요, 아버지는 사랑하는 아들의 죽음의 고통을 고통당한다. 여기서 성령은 아버지 하나님과 아들을 구분하는 동시에 하나로 결속하며, 하나로 결속하는 동시에 양자를 구분한다. 예수로 하여금 하나님 나라의 기쁜 소식을 선포하게 하고 기적을 행하게 하였던 성령은, 이제 고난의 능력으로서 예수 안에 계시며, 이 영 가운데서 아버지 하나님이 예수와 함께 계신다. 예수의 고난은 그의 아버지 하나님의 고난인 동시에 성령의 고난이기도 하다. 성령의 능력 안에서 활동하였던 예수는 이제 성령의 능력 안에서, "생명의 능력에 따라"(kata dynamin zoēs) 고난을 당한다.

일반적으로 신(神)은 고통을 당할 수 없다고 생각한다. 고통은 유한한 존재의 속성에 속한다. 인간은 유한하다. 그러므로 그는 열정(pathos)을

---

7) Ibid., S. 230: "아들은 십자가의 죽음(Sterben)을 고통당하며, 아버지는 아들의 주검 (Tod)을 고통당한다."

가지며, 열정을 가지기 때문에 고통을 당한다. 이에 반하여 신은 완전하다. 그러므로 신은 아무 열정도 갖지 않을 것이다. 무감정, 무열정, 무감각(apatheia)이 신의 속성일 것이다. 그는 무감각하므로 아무런 고난도 받지 않는다. 그의 완전성은 무감각, 무고난에 있다. 인간이 완전하게 되는 길은 신을 닮는 데 있다. 그러므로 인간도 무감각하고 속세의 모든 고난으로부터 초연한 존재가 될 때, 완전한 존재가 된다. 이에 반하여 성서의 하나님은 사랑의 열정을 가지고 있으며, 사랑의 열정 때문에 고난을 당하는 분으로 나타난다. 그는 자기를 배반한 이스라엘 때문에 분노하며 자기의 마음을 태운다. 그는 이스라엘의 고난을 함께 나눈다. 그는 무감각의 신(deus apatheticus)이 아니라, 연민과 동정의 신(deus sympatheticus)이다. 그는 철저히 사랑이다. 그러므로 하나님은 성령을 통하여 십자가에 달린 그의 아들 안에 함께 계시면서 아들의 고통을 함께 나눈다. 사랑은 고통도 함께 나눈다. 그러기에 그것은 사랑이다.

여기서 우리는 예수의 십자가 사건이 삼위일체 하나님의 사건이었음을 볼 수 있다. 그것은 인간 예수 혼자 당한 사건이 아니라, 예수 안에서 그의 아버지 하나님이 성령을 통하여 함께 당한 "삼위일체적 사건"이다. 삼위일체 하나님은 천상에 머물러 있지 않고, 십자가에 달린 예수 안에 있다. 영 가운데서 그는 예수 안에, 예수와 함께 십자가에 달려 있다. 그러므로 십자가의 사건은 삼위일체 하나님의 "계시"의 사건이다. 십자가에서 삼위일체 하나님이 자기를 계시한다. 그의 자기계시는 그의 나라를 세움과 결합되어 있다. 그의 자기계시는 고대의 타종교가 말하는 단순한 신의 현현에 불과한 것이 아니라, 그의 나라를 세움에 그 목적을 가진다. 그의 자기계시와 함께 새로운 미래가 열려진다. 십자가에서 삼위일체 하나님은 자기를 계시하며 그의 나라를 결정적으로 세운다. 십자가에서 일어나는 하나님 나라는 단순히 인간 예수의 사건이 아니라 삼위일체 하나님의 사건이다. 그러므로 그것은 구원의 사건이다.

따라서 삼위일체의 참된 흔적은 자연에 있지 않고 십자가에 있다. 십자가가 삼위일체의 흔적(*vestigium trinitatis*)이다. 구약 역사에서 그의 백성 이스라엘의 고난을 함께 당하신 하나님은, 이제 예수 안에서 모든 고난당하는 사람들을 대신하여 고난당한다. 십자가에 달린 예수의 고난은 "삼위일체 하나님의 고난"이요, 그러므로 "구원의 사건"이다. 그의 고난은 단순히 한 인간의 고난이 아니라 신적 고난이다. 십자가에 달린 예수 안에서 하나님은 "눈은 눈으로 이는 이로" 응징하는 하나님, 속죄제물을 즐겨 받는 하나님이 아니라, 그가 창조한 "세상을 이처럼 사랑하셔서" 자기의 아들까지 내어주며, 이 아들과 함께 죽음의 고통을 같이 당하는 무한한 "사랑"으로 나타난다. 죽음의 고통까지 함께 나누는 삼위일체 하나님이 십자가에 계시된다. 십자가는 하나님을 비추어주는 "거울"이다. 십자가가 하나님의 "자기계시"다. 예수의 십자가야말로 기독교가 믿는 하나님이 어떤 분이며, 참 메시아가 어떤 분인가를 나타낸다.

그러므로 루터는 "십자가에 달린 그리스도 안에 참된 신학과 하나님 인식이 있다"라고(*Et in Christo crucifixo est vera theologia et cognitio Dei*) 말한다. 그의 죽음은 단순히 한 인간의 죽음이 아니라, 성령 안에서 아버지 하나님과 한 몸을 이루고 있었던 하나님의 아들의 죽음이요, 삼위일체 하나님 자신의 고난이다. 이 고난에서, 곧 십자가에서 예수는 하나님의 아들로 증명된다. 예수의 메시아 되심이 십자가에서 밝혀진다. 그러므로 예수는 "당신은 메시아입니다"라는 베드로의 고백에 대하여 침묵을 명령하면서 자기의 고난을 암시한다(막 8:27-31).

5. 모든 인간의 죄를 용서하는 예수의 죽음
  – 속죄제물 사상의 새로운 해석과 수용

앞서 우리는 예수의 죽음은 하나님 아들의 죽음이요 삼위일체 하나님의 내적 사건으로서, 악을 이기고 율법을 완성하며 하나님 나라를 결정적으로 세운다는 의미에서 구원의 사건임을 기술하였다. 이것은 죄의 용서를 하나님의 구원과 동일시하는 전통적 교리와 상당한 차이를 가지고 있다. 사실 예수의 모든 말씀과 행위의 중심은 "죄의 용서"에 있지 않고 "하나님 나라"에 있기 때문이다. 그렇다면 예수의 죽음은 "죄의 용서"와 전혀 관계가 없는가? 그의 죽음은 속죄제물의 죽음으로, 우리의 모든 죄를 용서한다는 의미에서 구원의 사건으로 보는 신약성서의 진술들은 잘못된 것인가? 우리는 이러한 해석과 진술을 버려야 할 것인가?

예수의 죽음에 대한 두 가지 해석 곧 첫째, 하나님 나라의 앞당겨 일어남이라는 뜻에서 예수의 죽음을 구원의 사건으로 보는 것과, 둘째, 모든 인간의 죄를 용서하는 죽음이라는 뜻에서 그의 죽음을 구원의 사건으로 보는 두 가지 해석은 모순되는 것이 아니라, 서로 결합되어 있는 것으로 볼 수 있다. 그럼 이 두 가지 해석은 어떻게 결합되어 있는가?

복음서의 예수는 죄의 용서를 그의 설교와 행동의 주제로 삼지 않았다. 그러나 그는 죄인의 죄를 용서하고 인간을 있는 그대로 받아들이는 자로 행동한다. 그는 죄인의 죄를 묻지 않는다. 어쩔 수 없이 지은 죄를 그는 무조건 용서한다. 삭개오와 같이 지은 죄를 행위로 보상하는 자에게도 그는 더 이상 지나간 죄를 추궁하지 않는다. 예수의 이러한 모습은 죄의 용서에 대한 그의 가르침과 일치한다. 우리는 일흔 번에 일곱 번 곧 490번이라도 죄를 용서해야 한다. 즉 무한히 용서해야 한다. 그러므로 죄의 용서는 예수에게 너무도 자명한 것이었고, 그의 삶의 기본적 태도였다. 따라서 예수는 죄의 용서에 대하여 새삼스럽게 설명할 필요가 없었을 것이다. 그는 회개하는 죄인의 죄를 묻지 않고 그를 무한히 용서하며 용납하는 존재로 행동할 뿐이다. 하나님 나라는 회개하는 죄인을 무조건 용서하고 용납하는 현실이다. 그것은 심판과 처벌로 나타나지 않고, 자비와 용서로 나타난다. 예수는 바로 이 하나님 나라의 현실이요 실재(reality)다. 그의 죽음은 이러한 그의 삶의 완성이요 정점(culmination)이라 말할 수 있다.

예수가 십자가에서 기도드린 말씀 곧 "아버지, 저 사람들을 용서하여

주십시오! 그들은 자기가 하는 일을 모르고 있습니다"라는 누가의 기록은 (눅 23:34) 단지 누가나 누가 공동체의 말이 아니라, 예수의 삶의 기본적 태도를 반영한 것이라 볼 수 있다. 모든 인간의 죄를 용서하고 그들을 있는 그대로 용납하는 그의 삶과 죽음 속에서 하나님 나라가 앞당겨 일어난다. 자기주장과 자기확장 대신에 자기포기가 일어나며, 심판 대신에 용서가, 증오 대신에 사랑이 일어난다. 십자가의 죽음 속에서 일어난 죄의 무한한 용서는 하나님 나라가 세워짐 그 자체다. 여기서 구원의 두 차원 곧 "하나님 나라"와 "죄의 용서"는 서로 결합된 것으로 나타난다.

여기서 우리는 속죄제물 사상을 새롭게 수용할 수 있다. 어떤 의미에서 예수는 속죄제물 혹은 "화목제물" 곧 하나님과 인간을 화해시키는 "화해의 제물"인가? 어떤 의미에서 예수는 "세상 죄를 지고 가는 하나님의 어린 양"인가?

전통적으로 신학은 하나님은 그의 훼손된 의에 대하여 분노하고 이에 대한 보상을 필요로 하며, 예수는 하나님의 의를 보상함으로써 인간을 의롭게 하는 "속죄제물"이라 해석하였다. 속죄제물 사상은 두 가지 원칙에 입각한다. 즉 아우구스티누스가 체계화시킨 원죄론과 법적 보상의 사상에 입각한다. 원죄 가운데 있는 모든 인간의 죄는 하나님의 의를 무한히 훼손하며, 의의 훼손은 벌을 불가피하게 한다. 이 벌을 면하기 위하여 보상 곧 속죄제물이 하나님에게 바쳐져야 한다. 하나님에게 바쳐지는 속죄제물은 하나님의 분노를 가라앉힌다.

이 같은 속죄제물 사상은 철저히 법적 사고에 근거하며, 안셀무스는 법적 사고에 따라 속죄제물 사상을 보상설 혹은 만족설(theory of satisfaction)로 발전시켰다. 법적 사고에 근거한 속죄제물 사상은 "하나님은 사랑이다"라는 신약성서의 고백에 모순된다. 그것은 무한히 용서하는 은혜로운 하나님과 죄에 대하여 분노하며 제물을 요구하는 하나님을 대립시킨다. 이에 대해 오늘의 신학은 이렇게 비판한다. 예수가 가르치는 하나님은 무한히 용서하는 하나님으로 나타난다. 무한히 용서하는 하나님이 왜 속죄제물을 요구하는가? 자기의 훼손된 의를 회복하고 인간을 용서하기 위하여 제물을 요구한다는 속죄제물 사상은, 예수가 가르치는 하나님의 모습과 일치하지 않으며, 그의 가르침과 연결되지 않는다. 만일 예수가 그의 설교에서 하나님의 "조건 없는" 용서를 선포하였다면, 어떻게 그가 자기의 죽음을 죄 용서를 위한 "조건"으로 생각할 수 있었겠는가?[8]

여기서 우리는 법적 범주에서가 아니라 "사랑"의 범주에서 예수의 죽음을 "속죄제물"의 죽음으로 볼 수 있다. 본회퍼가 그의 『저항과 복종』에서 말한 바와 같이, 예수의 존재는 "타자를 위한 존재"(Sein für die anderen)였다. 그것은 타자를 "위한 존재"(Pro-Existenz)였다.[9] 그것은 타자를 위하여 기도하며, 그를 축복하며, 그의 구원을 추구하는 태도 자체였다. 그것은 "네가 이웃에게 바라는 대로 이웃에게 해주어라"는 "황금률"의 실천 자체였다. 이웃이 나에게 요구하는 것은 궁극적으로 나의 "자기포기"다. 우리 인간은 서로 상대방이 자신을 위하여 무언가 내어주기를 기대한다. 자기의 소유를 내어줄 뿐 아니라, 궁극적으로 자기 자신을 송두리째 내어주기를 기대한다. 달리 말하여 상대방이 자기를 무한히 사랑하여줄 것을 요구한다. 그러나 자기 자신은 내어주려고 하지 않는다. 우리 인간은 황금률을 자기 자신에게 적용하지 않고, 서로 다른 사람에게 적용한다. 그래서 "내가 네게 바라는 대로 나에게 해주어야 한다"는 생각을 무의식중에 가지고 있다. 예수는 이 인간에게 자기를 내어준다. 하나님은 십자가에서 자기의 아들을 내어줌으로써 인간에게 자기를 내어준다.

예수의 십자가의 죽음은 서로 자기를 내어줄 것을 기대하는 인간에 대한, 예수가 "자기를 내어줌"인 동시에 하나님이 "자기를 내어줌"이었다. 십자가에 달린 예수는 하나님에게 바쳐지는 제물이 아니라, 죄악된 인간의

---

8) 이에 관하여 P. Fiedler, "Sünde und Vergebung im Christentum," in : Concilium, 10(1974), S. 568-571.

9) 이에 관하여 H. Schürmann, Jesu ureigener Tod, 1975.

기대와 요구에 대하여 하나님이 내어주는 제물이요, 따라서 그것은 하나님의 무한한 사랑의 계시다. 서로 상대방이 자기의 소유는 물론 자기의 존재 전체를 내어줄 것을 요구하는 인간의 자기중심성이 예수의 죽음에 나타나는 동시에, 이 인간을 위한 하나님의 자기 내어줌이 나타난다. 하나님은 아들의 죽음의 고통 속에서 자기를 내어주면서 죄악된 인간을 용서한다. 그는 사랑이기 때문이다. 그는 용서할 뿐 아니라, 새로운 삶의 길을 보임으로써 인간을 자기중심성에서 해방시키고자 한다.

예수는 "참하나님"인 동시에 "참사람"이었다. 그는 "하나님의 거울"인 동시에 모든 "인간의 거울"이다. 서로 자기를 내어줄 것을 요구하는 모든 인간의 죄악된 본성이 예수의 십자가에서 심연을 드러낸다. 예수는 인간의 죄악된 행위에 대하여 저항하지 않고 오히려 그것을 순순히 당하면서 용서한다. 일곱 번이 아니라 일흔 번에 일곱 번이라도 용서해야 한다는 가르침을 그 자신이 실천한다. 예수를 죽이는 로마의 권력과 유대교 권력자들의 모습에서, 스승을 부인하고 버리는 제자들의 모습에서 우리는 인간의 죄의 심연을 보는 동시에, 그들의 죄를 용서하는 예수에게서 인류의 죄가 하나님의 용서를 받는 것을 본다. 온 인류의 이기성과 죄가 집약되어 표출되는 동시에 하나님의 용서를 받는 십자가의 죽음에서 하나님 나라가 일어난다. 예수의 죽음은 하나님의 훼손된 의를 보상하기 위하여 하나님께 지불되어야 한다는 법적 의미에서 속죄제물이 아니라, 서로 상대방이 자기를 포기할 것을 요구하는 인간의 죄악된 본성이 표출되는 동시에 하나님의 사랑의 영 가운데서 무한히 용서받는다는 뜻에서 "죄의 용서를 위한 제물"이다. 예수의 죽음은 하나님의 훼손된 의에 대한 "보상의 행위"가 아니라, 인간의 죄로 무한히 고통을 당하면서 (탕자의 아버지와 같이) 그것을 용서하시는 하나님의 "사랑의 행위"이다.[10]

이러한 생각을 우리는 중세기 아벨라르두스(Abelard)에게서 발견한다.

---

10) 이에 관하여 B. Lauret, *Systematische Christologie*, S. 225.

아벨라르두스는 구원을 십자가의 죽음에 나타나는 하나님의 사랑의 계시로 이해한다. 그는 전통적 속죄제물 사상의 법적 사고를 거부하면서 이렇게 질문한다. 아담의 죄가 너무 커서 그것을 용서하기 위하여 예수의 죽음이 필요하였다면, 예수를 죽인 자들의 죄를 사멸하기 위하여 무엇이 더 바쳐져야 할 것인가? 아벨라르두스에 의하면, 우리의 구원은 죄에 대한 하나님의 분노를 가라앉히기 위하여 하나님에게 바쳐지는 속죄제물에 있지 않다. 오히려 그것은 우리를 죄에서 해방할 뿐 아니라 생명의 영의 능력으로 하나님의 자녀의 자유를 우리에게 선사하는 예수의 고난 속에 나타나는 하나님의 사랑에 있다. 이러한 방법으로 아벨라르두스는 예수의 구원의 죽음을 그의 지상의 삶과 연속선상에서 볼 뿐 아니라, 아버지 하나님과 성령과 결합되어 있는 것으로 파악한다. 그의 견해에 의하면, 십자가의 죽음은 하나님에게 바쳐지는 속죄제물이 아니라, 하나님의 사랑의 계시다. 그것은 아들 예수의 삶과 운명 속에 나타나는 무조건적 사랑을 증명한다. 이러한 점에서 지상의 예수가 선포한 "무조건적" 용서와, 죄를 위한 "조건"으로서의 예수의 죽음은 모순되지 않는다고 아벨라르두스는 파악한다.

여기서 또 한 가지 유의해야 할 점은, 하나님 자신이 예수의 죽음의 고통을 함께 당한다는 사실이다. 여기에 다른 종교들과 기독교의 속죄제물 사상의 차이가 있다. 기독교의 하나님은 속죄제물을 받고 만족스러워 하며, 속죄제물을 "조건으로" 인간의 죄를 용서하는 분이 아니다. 이러한 하나님 상은 예수가 설교하는 하나님의 모습과 매우 다르다. 기독교의 하나님은 그 자신이 제물을 마련하고 내어주며, 제물이 당하는 죽음의 고통을 영 가운데서 함께 당한다. 그는 고난당할 수 없는 신이 아니라, 고난당하는 신이다. 그는 사랑이기 때문이다. 그는 "지배하는 전능한 아버지", "무감각한 신"(deus apatheticus)이 아니다. 오히려 그는 무한한 사랑의 영 가운데서 아들의 죽음의 고통을 함께 당하는 어머니와 같은 신, 같은 감정의 신(deus sympatheticus)이다. 마지막으로 극복되어야 할 것은 "죽음"이다.

죽음은 단지 삶의 마지막에 일어나는 물리적(physical) 사건이 아니라,

삶 속에서 삶을 파괴하고 온 세계를 파멸하고자 하는 악의 세력으로 활동한다. 삶이냐 아니면 죽음이냐의 양자택일의 문제는 에덴동산 한가운데서 있다. 인간으로 하여금 죄를 짓도록 유혹하는 것도 죽음의 세력 곧 사탄이다. 죄는 "죽음의 독침"이다(고전 15:56). 하나님은 속죄제물 곧 그의 아들의 죽음에서 죽음을 이긴다. 달리 말하여 예수는 죽음을 당함으로써 죽음을 이긴다. 이것은 그의 부활을 통하여 증명된다. 그는 희생의 제물이기 때문에 승리자다(Victor quia victima).[11] 죽음이 극복됨으로써 새 창조가 일어난다. 인간의 눈으로 볼 때, 십자가의 죽음은 패배와 좌절로 보인다. 그러나 신학적인 눈으로 볼 때, 십자가의 죽음은 새 창조의 근거다. 십자가에 달린 예수는 인간이 하나님께 바치는 제물이 아니라, 하나님이 죄악된 인간에게 바치는 제물이다. 이 제물 속에서 인간의 죄가 용서받고 새로운 피조물의 세계가 일어난다. 예수는 제물(victima)인 동시에 새 창조의 승리자(victor)이다.

그런데 중요한 문제는, 역사의 예수가 과연 자기의 죽음을 속죄제물의 죽음으로 생각했는가의 문제다. 속죄제물 혹은 희생제물의 죽음으로서 예수의 십자가의 죽음에 대한 신약성서의 이해는 공관복음서에는 분명히 나타나지 않는다. 그것은 신약성서 후기문헌에 분명히 나타난다. 이에 관한 요한문서의 증언들, 예를 들어 "세상 죄를 지고가는 하나님의 어린 양"(요 1:29), "그는 우리 죄를 위한 화목제물이시니"라는(요일 1:2) 구절은 후기 기독교 공동체의 매우 공식화된 신앙고백으로 보인다. 그러나 사도행전이 보도하는 최초의 예루살렘 기독교 공동체는 일찍부터 예수의 죽음을 속죄제물의 죽음으로 이해하였다. 그 증거를 우리는 사도행전 3장에 나오는 베드로의 설교에서 분명히 볼 수 있다. "하나님께서는 모든 예언자의 입을 빌려서 그리스도가 고난을 받아야만 한다고 미리 선포하신

---

11) H. G. Pöhlmann, *Abriss der Dogmatik*, 1973 (한국어 역:『교의학』, 이신건 역), S. 171에서 인용.

것을, 이와 같이 이루셨습니다. 그러므로 여러분은 회개하고 돌아와서 죄 씻음을 받으십시오"(행 3:18-19). 따라서 속죄제물로서 예수의 죽음에 대한 이해는 후기 기독교 공동체에서 생성된 것이 아니라, 역사의 예수와 함께 삶을 나누었던 제자들의 증언에서 유래한다고 말할 수 있다.

그럼 역사의 예수 자신은 자기의 죽음을 모든 인류를 위한 속죄제물의 죽음으로 생각했던가? 이에 관한 예수의 말씀들이 공관복음서 몇 구절에 분명히 기록되어 있다. "인자는…많은 사람을 구원하기 위하여 치를 몸값으로 자기 목숨을 내주러 왔다"는(막 10:45; 마 20:28) 말씀은 이를 대변한다. 그런데 이 구절이 역사의 예수께서 말씀하신 것인지, 아니면 초기 기독교 공동체의 신앙고백인지, 우리는 증명할 수 없다. 역사의 예수의 말씀은 물론 초기 기독교 공동체의 신앙고백들이 공관복음서 안에 포함되어 있기 때문이다.

그렇다면 속죄제물로서 예수의 죽음에 대한 제자들의 증언은 역사적 근거가 없는 제자들의 신앙에 불과한가? 그렇게 보이지 않는다. 이스라엘 의 역사적 배경 속에서 일어난 예수의 삶 속에서 우리는 이에 대한 암시 를 발견할 수 있다. 제자들은 예수의 삶에서 적어도 최소한의 암시를 보았 기 때문에, 예수의 죽음을 속죄제물의 죽음으로 증언하였을 것이다.

역사의 예수가 잘 알고 있었던 구약성서는 죄와 죄의 용서를 심각하게 생각한다. 죄가 죄를 짓는 사람 자신의 생명은 물론 하나님의 창조 세계를 파괴한다면, 죄의 용서는 죄를 지은 사람과 하나님과의 관계를 회복하고, 하나님의 주권을 다시 세우며, 죄를 지은 사람이 새롭게 출발할 수 있는 길을 열어주기 때문이다. "'내가 주님께 거역한 나의 죄를 고백합니다' 하 였더니, 주님께서는 나의 죄악을 기꺼이 용서하셨습니다"(시 32:5).

이 같은 구약성서의 전통 속에서 역사의 예수도 죄와 죄의 용서를 중 요한 문제로 삼았음은 틀림없는 사실로 보인다. 예수의 선구자가 되는 세 례 요한도 마찬가지였다(막 1:4-5). 그 당시 이스라엘 백성은 하나님만이 죄를 용서할 수 있다고 믿었다(막 2:7; 마 9:3). 그런데 예수는 끊임없이 죄인들의 죄를 용서한다. 병자들을 고쳐줄 때마다 그는 그들의 죄를 용서하였다. 이를 비난하는 율법학자들에 대해 그는 "죄를 용서하는 권세"가 자기에게 있다고 말한다(마 9:6). 여기서 예수는 자기의 권위를 하나님의 권위와 동등한 것으로 나타낸다. 십자가의 죽음을 당하는 현장에서도 예수는 그를 처형하는 로마 군인들의 죄를 용서하였다고 누가복음은 전해준다(눅 23:34).

십자가에 처형되기 전, 예수는 제자들과의 마지막 만찬에서 이렇게 말하였다고 마태복음은 전해준다. "이것은 죄를 사하여주려고 많은 사람을 위하여 흘리는 나의 피, 곧 언약의 피다"(마 26:28). 많은 신학자들은, 이 구절은 초기 기독교 공동체의 신앙고백이라 말한다. 그러나 이 주장은 적절하지 않다고 생각된다. 지금까지 많은 사람들의 죄를 용서하였고, 하나님처럼 죄를 용서할 수 있는 권세가 자기에게 있다고 말한 예수가 십자가의 죽음을 앞두고 이렇게 말하였다는 것은 충분히 있을 수 있는 일이다. 이 구절은 초기 기독교 공동체가 만들어낸 신학적 작품이 아니라, 역사의 예수에게서 유래한다고 볼 수 있다. 그러므로 바울은 성만찬에 관한 말씀을 "주님으로부터" 전해 받은 것이라 말한다(고전 11:23).[12]

또 예수는 자기의 죽음을 충분히 예견하였을 것이다. 그의 죽음은 주변 상황들로 말미암아 어쩔 수 없이 "강요된 죽음"이 아니라, 아버지 하나님에 대한 복종 속에서 그 자신이 스스로 결단한 "자발적 죽음"이었다. 이것을 극적으로 보여주는 것이 겟세마네 동산의 기도 장면이다. 만일 그의 죽음이 강요된 죽음이었다면, 예수는 갈릴리에서 예루살렘으로 올라가지도 않았을 것이고, 십자가에 처형되기 전에 얼마든지 몸을 피할 수 있었을 것이다.

---

12) 이 문제에 관해 R. Bauckham, 『예수와 그 목격자들: 목격자들의 증언인 복음서』, 박규태 역, 2015, 서울: 새물결플러스, 436: 누가의 것과 유사한 바울의 이 버전은 "비록 토씨 하나 틀림없이 재생된 것이 아니라 해도, 상당히 정확하게 기억된 내용을 담아 전해졌을 것이다."

왜 예수는 자기의 죽음을 피하지 않고 그것을 스스로 택하였을까? 그것은 모든 인간을 죄의 세력에서 해방하고 그의 나라를 세우고자 하는 아버지 하나님의 뜻을 통찰하였기 때문이었을 것이다. 죄의 용서와 죄의 세력에서의 해방 없는 하나님 나라는 불가능하다는 것을 그는 보았을 것이다. 아버지 하나님과 깊은 사랑의 영 안에서 그는 아버지 하나님의 뜻이 무엇인지 깊이 성찰하였을 것이다. 만일 그런 성찰이 없었다면, 예수는 십자가의 그 비참한 죽음을 스스로 결단하지 않았을 것이다. 이에 근거하여 초기 기독교 공동체는 예수의 죽음을 모든 사람을 위한 속죄제물로 고백한다. "하나님께서는 이 예수를 속죄제물로 내주셨습니다"(롬 3:25), "보시오! 세상 죄를 지고가는 하나님의 어린 양입니다"(요 1:29).

예수의 속죄제물에 관한 신약성서의 고백 속에는 삶의 깊은 진리가 숨어 있다. 인간은 인간으로서 살아가는 한, 죄를 짓지 않을 수 없다. 죄는 이 세상을 살아가는 인간의 한계상황에 속한다. 그런데 죄는 용서를 받아야 한다. 죄를 용서받지 못할 때, 인간은 죄책으로 인하여 끝없이 고통을 당하게 된다. 그는 죄의 세력에 묶여 계속 죄를 짓는 생활을 이어가게 된다.

그럼 모든 인류의 죄가 용서받을 수 있는 곳은 어디인가? 우리는 그 누구에게 털어놓기 어려운 우리 마음속 깊은 죄들을 어디서 용서받을 수 있는가? 부모님인가 아니면 학교 선생님인가? 아니면 사제나 목사인가? 인간이 인간의 죄를 용서한다는 것은 사실상 불가능하다. 우리 인간은 모두 죄인이기 때문이다. 더구나 모든 인류의 죄를 용서할 수 있는 사람은 이 세상에 아무도 없다. 또 짐승제물이나 인간제물이 인간의 죄를 용서한다는 것도 사실상 불가능하다. 예물과 제사가 "의식 집례자의 양심을 완전하게 해주지는 못한다"(히 9:9). 정말 모든 인류의 죄를 용서할 수 있는 분은 하나님뿐이다. 하나님의 아들 예수의 희생의 죽음이 모든 인류의 죄가 용서받을 수 있는 유일하고 영원한 장소다. 히브리서의 표현에 따르면, "그는 염소나 송아지의 피로써가 아니라, 자기의 피로써 우리에게 영원한 구원을 이루셨다"(히 9:12). 그리스도의 자기희생의 피를 통하여 우리의 속죄가 일어나는 바로 거기에 하나님 나라가 있다.

6. 십자가 사건은 단지 "민중사건"인가?

오늘날 일부 신학자들은 십자가의 사건을 단지 하나의 "인간의 사건", "민중의 사건"으로 파악하려는 현상을 발견할 수 있다. 물론 예수의 사건은 인간적 차원에서 볼 때 민중의 사건이었음이 틀림없다. 예수는 민중 가운데 한 사람이었다. 교리적 전제를 떠나서 복음서를 객관적으로 관찰할 때, 예수와 함께 하나의 거대한 민중운동이 일어났음이 틀림없다. 로마의 식민지로서 정치적·경제적 억압 속에서 살던 당시 유대사회 속에서 예수는 희년 계명을 실천할 것을 요구하였으며, 하나님의 자비와 공의가 다스리는 하나님 나라를 선포하였다. 이 하나님 나라가 자신의 존재와 함께 이미 일어나고 있다는 것을 보여주기 위한 표징으로 예수는 기적을 행한다. 이 예수의 뒤를 수많은 사람들이 따라다니면서 그의 말씀을 듣고 삶을 함께 나누었다. "예수의 소문이 온 시리아에 퍼지자 사람들은 갖가지 병에 걸려 신음하는 환자들과 마귀들린 사람들과 간질병자들과 중풍병자들을 예수께 데려왔다. 예수께서는 그들도 모두 고쳐주셨다. 갈릴리와 데카폴리와 예루살렘과 유대와 요르단 강 건너편에서 온 많은 무리가 예수를 따랐다"(마 4:24-25).

떡 다섯 덩이와 물고기 두 마리로 오천 명의 남자를 먹인 이야기도 예수와 함께 거대한 민중운동이 일어났음을 시사하고 있다. 본문에 의하면 날이 저물 때까지 수많은 사람들이 예수와 함께 있었다. 그들 가운데 예수의 기적으로 저녁을 먹은 사람들은 "여자와 어린이들 외에 남자만 오천 명가량 되었다"(마 14:21). 여자와 어린이 수까지 합할 경우 저녁을 먹은 사람은 약 만 명 정도로 추산될 수 있다. 그런데 이들 만 명의 사람은 저녁때까지 남아 있었던 사람들이었다. 날이 저물기 전에는 훨씬 더 많은 사람들이 예수와 함께 있었으리라 추정할 수 있다. 그 당시 유대사회의 인구 숫자에 비하여 이만 명 내지 삼만 명의 수는 엄청난 수였다고 볼 수 있다. 우리나라의 현재 인구에 비교한다면 최소한 백만 명은 된다고 볼 수 있다. 예수는 자기의 뒤를 따르는 약 백만 명의 사람들과 함께 희년 계명을 지킬 것을 요구하였다. 그는 "하나님 나라와 그의 의"를 선포하였다. 부유한 사람들은 가난한 사람들에게 재물을 나누어주어야 하나님 나라에 들어갈 수 있다고 말하였다. 예수의 이러한 말은 가난한 민중들에게 참으로 "기쁜 소식" 곧 "복음"이었다. "성전 예배의 상대화"와 "율법의 새로운 해석"도 그 당시 민중들에게 기쁜 소식이었다. 이러한 성서적 근거에서 우리는 예수의 십자가의 사건을 민중의 고난의 사건으로 인정한다.

그러나 우리는 십자가의 사건을 단지 하나의 "인간의 사건", "민중의 사건"으로만 보지 않고 "삼위일체 하나님의 사건"으로 보아야 할 것이다. 우리는 예수를 "참사람"으로 보는 동시에 "참하나님"으로 보아야 할 것이다. 어떤 사람은 이러한 생각을 보수적이요 신화적이라고 비난할지 모른다. 그러나 예수를 단지 "참사람"으로만 보며 그의 십자가의 사건을 한 "인간의 사건", "민중의 사건"으로만 볼 경우, 기독교 신앙은 더 이상 존속할 수 없게 된다. 물론 우리는 예수 사건의 인간적인 면과 사회적인 면을 강조하는 동기에 대하여 동의할 수 있다. 2천 년 동안 기독교는 예수를 "하나님의 아들"로 보았고 그의 순수히 인간적인 면과 사회적인 면을 보지 않으려 하였다. 예수는 신비의 베일에 싸인 "하늘의 존재"로 신비화되었다.

이에 반하여 오늘날 일부 신학자들은 예수의 인간적인 면과 사회적·역사적 배경을 강조하며 예수의 사건을 민중의 사건으로 설명하기도 한다. 그러나 예수는 한 인간인 동시에 "하나님의 아들"이요, 그의 사건은 "삼위일체 하나님의 사건"이었음을 결코 간과해서는 안 될 것이다. 따라서 우리는 십자가의 사건이 지닌 인간적인 의미, 사회적인 의미, 역사적인 의미를 찾는 동시에 "신학적 의미"를 부인해서는 안 될 것이다. 그러므로 우리는 위에서 십자가의 사건을 "삼위일체 하나님의 고난"으로 설명했다. 그것은 당시 유대 민중들을 해방시키려고 했던 한 목수의 아들이 패배한 사건에 불과한 것이 아니라, 온 인류를 구원하고자 하는 하나님의 "구원의 사건"이었다.

달리 말하여 십자가의 사건은 "화해의 사건", "칭의의 사건"이었다고 말할 수 있다. 물론 예수 자신은 자기의 죽음을 하나님과 인간, 하나님과 온 피조물의 화해의 사건이라고 분명하게 가르친 적이 없으며 바울이 말하는 칭의론을 가르친 적도 없다. "화해"와 "칭의"는 바울의 전승에 속한 개념들이며, 예수가 선포한 하나님 나라의 기쁜 소식을 개인의 내면적 죄의 용서와 하나님과의 관계 회복으로 위축시킬 수 있는 위험성을 내포하고 있다. 하나님의 자비와 정의가 다스리는 하나님 나라는 사라지고, 개인의 내면적 죄의 용서와 의롭다 하심을 통한 하나님과 개인의 관계 회복이 예수의 주요 말씀과 목적인 것처럼 생각될 수 있다. 사실 기독교는 지난 2천 년 동안 이렇게 가르쳐왔다.

그러나 예수가 선포한 하나님 나라의 기쁜 소식과 바울 서신이 말하는 죄인의 용서와 칭의와 하나님과의 화해가 서로 대립된다고 말할 수 없다. 오히려 전자는 후자를 내포한다. 하나님 나라는 단지 사회적·경제적·정치적 변화와 새로운 사회체제의 형성에 불과한 것이 아니라, 죄인의 용서와 칭의와 회개를 포괄한다. 예수의 십자가의 사건은 하나님의 율법에 따라 사회를 개혁하고 하나님 나라를 세우려다 실패한 소위 "민중의 사건"에 불과한 것이 아니라, 모든 죄인의 죄가 용서받고 하나님의 의롭다 하심을 받으며 죄인과 하나님이 화해될 수 있는 길을 열어놓은 "하나님의 사건"이요 "구원의 사건"이다. 그것은 힘 있는 자들은 물론 힘없는 자들의 본성 깊숙이 숨겨져 있는 파괴적 죄성으로 인하여 하나님 자신이 고난받음으로써 그 죄성을 드러내고 그것을 이기는 사건이다. 그것은 모든 인간의 "죄악된 본성의 계시"인 동시에, 철저히 타자를 위하여 존재하는 "참된 인간성의 계시"이며 "사랑"이신 하나님의 "자기계시"다.

XVIII

부활의 능력 속에 있는 하나님 나라

"유대인의 왕 나사렛 예수"는 인간의 눈으로 볼 때 고통과 절망 속에서 삶을 끝내었다. 그의 죽음은 더 이상 의심할 수 없는 역사적 사실로 보인다. 철저히 하나님을 신뢰한 자가 "하나님 모독자"로 죽임을 당하였다. 그가 선포한 "하나님 나라"는 "세상의 나라" 앞에서 아무 힘도 없는 것처럼 보였다. "하나님의 진리"는 "세상의 진리" 앞에서 침묵한다. 그의 무덤을 막고 있는 돌문은 굳게 침묵을 지킨다. 모든 것은 다시 과거로 돌아간다. 하나님의 역사는 무로 돌아간 것처럼 보인다. 예수와 함께 일어난 모든 것이 무로 돌아간 것처럼 역사의 무대에서 사라진다. 무거운 정적과 침묵이 지배한다.

바로 이 순간 복음서는 역사의 새로움을 보도한다. "놀라지 마십시오. 그대들은 십자가에 못 박히신 나사렛 사람 예수를 찾고 있습니다만, 그는 살아나셨습니다"(막 16:6). 이로써 예수의 역사는 무로 끝나지 않고 새롭게 시작한다. 힘없이 죽은 그분이 이스라엘의 메시아로, 하나님의 아들로 밝혀진다. "하나님 모독자"가 "하나님의 아들"로, 이스라엘의 "메시아"로 밝혀진다. 하나님 나라를 선포한 그분 곧 "선포자"(Verkünder)가 "선포되어지는 자"(Verkündigter)로 된다. 하나님 나라에 대한 메시지가 하나님의 아들인 예수에 대한 메시지로 변화된다. 십자가에 달려 죽은 그분이 선포의 중심 대상이 된다. 십자가가 구원의 표지로 선포된다. 예수는 석가모니나 공자나 장자와 같이 새로운 종교를 세운 자로 끝나지 않고, 지금도 살아 계신 분, 지금도 활동하는 분으로 선포된다. 만일 예수가 부활하지 않았다면, 메시아 예수에 대한 신앙은 물론 기독교가 생성될 수 없었을 것이다. "그리스도의 부활과 함께 기독교 신앙의 존폐가 결정된다."[1] 신약성서는 이것을 다음과 같이 말한다. "그리스도께서 살아나지 않으셨다면, 우리의 선교도 헛되고, 여러분의 믿음도 헛될 것입니다"(고전 15:14).

1. 부활의 정치적 해석학

그러나 복음서는 예수가 어떻게 다시 살아났는지, 그 과정에 대하여 침묵한다. 그의 골고다의 죽음과 부활 사이에 예수의 시체에 무슨 일이 일어났는가에 대하여 복음서는 아무것도 말하지 않는다. 그것을 본 사람도 없고, 보았다고 주장하는 사람도 없다. 죽음으로부터 예수가 어떻게 살아났는지, 그 과정에 대한 아무 증인도 없다. 단지 빈 무덤만이 죽은 예수에게서 무엇인가 일어났음을 증언할 뿐이다. 예수의 무덤이 비어 있었다는 것은 의심하기 어려운 역사적 사실로 보인다. 만일 그렇지 않았다면, 그래서 예수의 시체가 무덤 속에서 발견되었다면, 예수가 부활하였다고 예루살렘에서 제자들이 증언하는 것은 불가능하였을 것이다. 그러나 누가 예수의 무덤을 비웠는지, 무덤 안에서 무슨 일이 일어났는지 아무도 말하지 않는다. 그러므로 빈 무덤은 예수의 부활에 대한 증거가 될 수 없다. 그것은 그의 부활에 대한 외적 표징에 불과하다.

---

1) J. Moltmann, *Der Weg Jesu Christi*, S. 235.

역사적으로(historisch) 확실한 것은, 예수의 빈 무덤에서 그의 부활에 대한 천사의 소식을 들었다는 여자들의 보도와, 갈릴리에서 예수의 나타나심을 보았다는 제자들의 확신뿐이다. 예수의 부활에 대한 복음서의 보도들은 일치하지 않는다. 마가복음에 의하면, 예수의 무덤 안에서 흰옷을 입고 오른쪽에 앉아 있는 "웬 젊은 남자"가 무덤을 찾아간 "막달라 마리아와 야고보의 어머니 마리아와 살로메"에게 예수의 살아나심을 전하고 "제자들과 베드로"에게 전한다(막 16:1-6). 마태복음에 의하면 "천사"가 "막달라 마리아와 다른 마리아"에게 예수의 살아나심을 전하고, "제자들에게" 이 소식을 전하여달라고 부탁한다(마 28:1-7). 누가복음에 의하면 예수의 무덤 속에서 눈부신 옷을 입은 "남자 둘이" "여자들"에게 예수의 살아나심을 전한다(눅 24:1-7).

부활에 대한 공관복음서의 증언들의 이 같은 차이의 원인은 무엇인가? 그 원인은 부활의 증인들에 있어서 중요한 것은 부활의 시간과 장소, 과정에 대한 객관적 보도가 아니라, 말할 수 없는 고난과 죽임을 당한 예수가 죽음을 이기고 다시 살아났으며 지금도 그들과 현존하고 있다는 그들의 신앙을 고백하는 것이었다. 따라서 부활에 대한 복음서의 진술은 "신앙의 증언"이지 부활에 대한 "조서(Protokolle)와 연대기(Chronik)"가 아니다(G. Bornkamm).[2] 그러나 죽은 예수가 다시 살아났다(깨어났다 혹은 일어났다)고 말하며, 여자들과 제자들에게 살아 있는 자로서 다시 나타났다고 보도하는 점에 있어서 복음서의 기록들은 일치한다.

부활에 대한 제자들의 경험은 너무나 놀라운 것이었으며, 그들의 존재를 완전히 뒤집어놓는 경험이었던 것으로 보인다. 그러므로 그들은 옛 일상성을 버리고 다시 예루살렘으로 돌아왔으며, 고난과 죽음을 각오하고 예수 그리스도를 증언하는 사도들이 되었다. 그리스도인들을 박해하던 사울은 부활하신 주님을 경험함으로 말미암아 주님을 위하여 자기의 삶을

---

2) G. Bornkamm, *Jesus von Nazareth*, S. 163.

바치는 사도로 변화되었다. 부활한 주님과의 만남 속에서 제자들은 죽음을 이기고 영원히 살아 계신 메시아를 경험하였다.

이 경험을 나타내기 위하여 구약성서는 여러 가지 해석의 틀을 제시한다. 고난 속에서 죽음을 당한 하나님의 종은 받들어 높임을 받을 것이라는 해석의 틀(사 52:13 이하), 의로운 자가 하늘로 들리운다는 해석의 틀(왕하 2:1-18), 죽은 자들이 다시 살아났다는 해석의 틀(사 26:19; 단 12:2)이 구약성서에 나타난다. 앞의 두 가지 해석의 틀은 개인과 관계된 반면, 마지막 셋째 틀은 우주적 성격과 함께 종말론적 패러다임을 가지고 있다. 최초의 공동체는 다른 해석의 틀을 사용하기도 하였다. 예를 들어 하나님은 예수를 그의 오른편으로 높이셨다(행 5:31), 하나님은 예수를 하늘로 들어 올리셨다(행 1:1-11)는 틀을 사용하기도 하였다. 그러나 "하나님은 예수를 죽은 자들로부터 일으키셨다", "예수는 잠자는 자들로부터 깨워졌다"는 해석의 틀이 예수의 부활과 현현을 해석하고 표현한 가장 본래의 틀로 보인다.

"죽은 자들로부터 일으킴", "잠자는 자들로부터 일깨워짐"의 표상은 본래 유대교의 묵시사상(apocalyptism)으로부터 유래한다. 예수 당시 유대인들 사이에는 묵시사상이 상당히 유포되어 있었다. 따라서 예수의 제자들은 예수의 부활과 현현 경험을 표현하기 위하여 당시 그들의 동족 유대인들이 잘 알고 있었던 묵시사상의 표상을 사용하였음은 매우 자연스러운 일이다. 그들이 예수의 다시 사심을 "죽은 자들로부터의 부활(일으킴, 일깨워짐)"이라 증언할 때, 그들은 묵시사상을 염두에 두고 있었다.

본래 묵시사상은 역사의 종말과 메시아의 최후심판을 믿고 있었다. 역사의 종말이 오면 메시아가 오실 것이다. 그는 그때 살아 있는 모든 사람들을 최후의 심판대 앞에 세울 것이다. 그러나 악은 사람들은 이렇게 생각한다. 역사의 종말은 아직도 멀지 않은가? 나는 메시아가 오시기 전에 죽을 것이며, 최후의 심판을 받지 않을 것이다. 그러므로 의롭게 살든, 불의하게 살든 상관없을 것이다. 하나님의 의(義)의 판단은 이미 죽은 사람들에게는 해당하지 않을 것이다. 이에 대해 묵시사상은 이렇게 답변한다. 아니다. 죽음은 하나님의 의에 대하여 한계가 되지 못한다. 하나님은 죽음의 한계를 넘어선다. 하나님은 역사의 종말에 죽은 자들을 모두 다시 살리시고, 살아 있는 자들과 함께 최후의 심판대 앞에 세울 것이다.

여기서 죽은 자들의 보편적 부활에 대한 묵시사상의 기다림의 동기는 "하나님의 의"에 있었다는 사실이 드러난다. 그것은 단순히 역사의 종말에 대한 관심에서 나온 것도 아니고, 죽은 다음에도 생명이 영원히 연장되기를 바라는 인간의 동경에서 나온 것이 아니라, "의에 대한 목마름"(Ernst Bloch)에서 나온 것이다. 그것은 하나님의 의에 대한, 승리에 대한 기다림과 희망에서 생성되었으며, 이 희망의 표현이었다. 달리 말하여 본래 부활의 표상은 신정론 곧 역사에 있어서 하나님의 옳으심에 대한 문제(Theodizeefrage)에 대한 답변으로서 생성되었다. 역사의 마지막에 하나님의 의가 결국 승리할 것이라는 확신과 이에 대한 기다림 속에서 묵시사상은 죽은 자들의 부활을 기다리고 있었다.[3]

신약성서는 이와 같은 묵시사상의 틀에서 예수의 부활을 증언한다. "죽은 사람들의 부활이 없다면, 그리스도께서 살아나지 못하셨을 것입니다"(고전 15:2). 물론 신약성서는 모든 "죽은 자들의 부활"을 증언하지 않고, "죽은 자들로부터의 예수의 부활"을 증언한다. 예수는 죽은 자들 가운데 다시 깨어난 "첫 열매"다(고전 15:20). 역사의 마지막에 일어날 죽은 자들의 부활과 하나님의 의의 승리가 예수의 부활과 함께 시작하였다. 세상의 불의는 예수의 십자가와 함께 심판을 당하였으며, 죽음 속에 있는 자들이 하나님 나라의 새로운 현실로 깨어나는 역사가 예수의 부활과 함께 일어난다. 세상의 불의에 대하여 하나님의 의가 승리하며 이리하여 억압과 착취와 죽음으로 가득한 이 세계의 상황들이 변화되는 역사가 일어나기 시작

---

3) J. Moltmann, *Der gekreuzigte Gott*, S. 164: 묵시사상이 기다리는 죽은 자들의 부활은 "인간학이나 보편사가 아니라 산 자들에 대한 하나님의 의의 미래 승리에 대한 기다림"을 그 핵심으로 가진다.

한다. 이를 통하여 하나님의 영광이 나타난다.

신정론의 문제에 대하여 부활은 이렇게 답변한다. 죄악과 죽음의 세력이 아직도 활동하고 있으며 세계를 파멸로 이끌어가고 있다. 그러나 하나님은 죽음의 세력을 깨뜨리고 새 창조의 역사를 시작하셨다. 역사의 미래에 일어날 일이 앞당겨 일어난다. 죄와 죽음의 세계 속에 하나님 나라가 일어난다. 증오 대신에 사랑이 지배하기 시작하며, 거짓과 억압의 세력이 깨어지고 "자유의 역사"(Hegel)가 시작된다. 사랑과 자유는 죄악된 "현실의 상황하에서 부활의 거울"이요 "죽은 자들의 부활의 선취(先取, Vorwegnahme)"다.[4] 역사의 미래를 앞당겨 일으키는 부활의 역사는 개인의 존재와 삶 속에서는 물론 "사회-정치적 귀결(Konsequenzen)"을[5] 가진다는 것은 다시 말할 필요가 없다.

십자가의 죽음은 사회정치적 관련 속에서 일어났으며, 따라서 부활은 사회정치적 관련 속에서 해석될 수밖에 없다. 부활을 파악하고자 하는 부활의 해석학은 정치적 해석학일 수밖에 없다. 세계의 운명을 결정하는 가장 결정적 요인은 정치다. 따라서 불의에 대한 하나님의 의의 승리는 정치의 영역에서도 일어나야 한다. 죽은 자들이 하나님 나라의 새로운 현실로 깨어나는 역사는 개인 실존의 영역은 물론 정치의 영역도 포괄한다.

그러나 예수의 부활은 모든 죽은 자들의 부활의 시작에 불과하다. 예수는 모든 죽은 자들에 앞서 부활하였다. 그는 부활의 "첫 열매"다. 그의 부활과 함께 모든 죽은 자들의 보편적 부활이 시작된다. 죽은 자들의 부활은 예수와 함께 시작되었을 뿐, 아직 완성되지 않았다. 그것은 미래로 남아 있다. 예수의 부활은 모든 죽은 자들의 부활에 대한 "약속"이요 그것에 대한 희망의 "근거"다. 하나님은 예수의 부활과 함께 모든 죽은 자들의

---

4) J. Moltmann, "Exegese und Eschatologie der Geschichte," in : J. Moltmann, *Perspektiven der Theologie, Gesammelte Aufsötze*, 1968 (한국어 역: 『신학의 미래』, 김균진, 전경연 역), S. 52.

5) Ibid., S. 53.

부활을 약속하며, 그것을 기다리고 희망하게끔 한다. 예수의 부활과 함께 시작한 하나님의 의의 마지막 승리, 이 승리와 함께 올 "새 하늘과 새 땅"은 아직도 역사의 미래로 남아 있다. 예수의 부활은 이 미래를 향한 "새 역사를 세우는 사건"이다.[6] 예수의 부활과 함께 나타나기 시작하는 하나님의 영광은 십자가에 못 박혀 죽은 예수를 모든 사람이 주님으로 고백하며 "새 하늘과 새 땅"이 이루어질 때, 이 세계 모든 곳에 나타날 것이다.

부활의 증인들은 이 미래를 향하여 하나님의 부르심을 받는다. 그러므로 그들은 단순히 죽은 예수에게 무슨 일이 일어났는가를 증언하는 것이 아니라, 예수의 부활과 함께 일어난 하나님의 새로운 역사에 대하여 증언한다. 물론 신약성서에서 그들은 이것을 명백하게 증언하지 않는다. 그러나 예수의 부활에 대한 그들의 증언 속에는 모든 죽은 자들의 부활과 새로운 피조물의 세계를 향한 하나님의 새로운 역사에 대한 증언이 숨어 있다. 예수의 부활에 대한 그들의 증언은, 죽은 예수에게 무슨 일이 일어났는가에 대한 증언인 동시에, 그의 부활과 함께 일어나는 새 역사에 대한 증언이다. 죄 없는 예수를 십자가의 죽음에 처형한 이 세계의 불의에 대하여 하나님의 의의 승리를 선포하면서, 그들은 의가 불의를 극복하는 창조적 역사에 대하여 증언한다. 부활의 증언은 단지 과거에 대한 이야기가 아니라, 예수의 부활과 함께 일어나는 새 창조에 대한 "창조적 증언의 형식"이다. 그들의 증언은 죄와 억압과 착취와 죽음의 상황 속에 있는 "세계의 변화(transformation)"와 관계되어 있다.[7] 그들은 증언의 형식으로 세계를 변화시키는 부활의 새 역사에 참여한다. "이제는 죽음과 슬픔과 울부짖음과 고통이 없는" "새 하늘과 새 땅"에 대한 하나님의 약속(promissio)은 그것을 향한 파송(missio)과 직결된다.

예수의 부활 속에서 새 하늘과 새 땅에 대한 하나님의 새로운 시작과

---

6) Jon Sobrino, S. J., *Christology at the Crossroads*, p. 254.
7) Ibid.

약속을 깨닫는 사람은, 그것을 향하여 하나님의 부르심을 받는다. 그는 인간의 변화는 물론 불의한 상황들과 불의한 세계의 변화를 추구한다. 예수의 부활은 인간은 물론 세계를 변화시키고자 하는 다양한 실천 가운데서만 이해될 수 있을 것이다. 부활 속에서 일어난 진리는 인간과 세계를 변화시키고자 하는 실천을 통하여 비로소 증명될 수 있을 것이다. 부활의 해석학은 단순히 텍스트와 해석자 사이의 인식상의 연속성을 찾는 것이 아니라, 텍스트로부터 출발하여 해석자 자신과 그의 세계를 변화시키고자 하며, 해석자를 변화의 역사 속으로 파송한다.

2. 묵시사상의 틀에서 본 부활의 의미

위에서 우리는 부활을 어떻게 파악해야 하는가, 그 해석의 틀을 기술하였다. 이제 우리는 부활과 함께 무엇이 일어났으며, 따라서 부활은 무엇을 뜻하는가를 구체적으로 파악하고자 한다.[8]

1) 위에서 기술한 바와 같이, 예수의 부활은 "하나님의 의"를 중심 주제로 가진 묵시사상으로부터 유래한다. 그러므로 당시의 유대인들이 예수의 부활에 대한 사도들의 증언을 들었을 때, 그들은 묵시사상이 기다리는 하나님의 의를 생각하였음은 쉽게 상상할 수 있는 일이다. 따라서 예수의 부활은 하나님의 의를 그 중심에 가지고 있다. 예수는 억울한 죽음을 당하였다. 불의가 승리하고, 하나님의 의가 패배하였다. 그러나 하나님은 죽은 예수를 다시 살리셨다. 이리하여 하나님은 세상의 불의를 꺾으셨다. 하나님의 의가 승리하였다. 따라서 예수의 부활은 세상의 불의에 대한 하나님의 의의 승리를 뜻한다. 부활은 인간의 모든 불의를 하나님이 꺾으시고 그

---

8) 부활의 포괄적 해석에 대하여 W. Künneth, *Theologie der Auferstehung*, 6. Aufl. 1982.

의 의로우심을 세우는 사건이다.

물론 예수의 부활은 하나님의 의를 묵시사상과는 다르게 나타낸다. 예수의 부활은 하나님의 의를 인간의 행위에 따라 인간을 판단하는 의로 나타내지 않고, 죄인을 의롭게 인정하여주는 은혜로 나타낸다. 하나님 없는 자들에 대한 창조적 사랑으로 나타낸다. 하나님은 모든 인간에게 집행할 그의 "최후 심판"을 십자가에 달린 예수에게서 집행한다. 십자가에 달린 예수는 "세상 죄를 지고 가는 하나님의 어린 양"이요(요 1:30), 하나님의 "고난받는 종"(사 53장)이다. 하나님은 그의 아들 예수를 십자가의 죽음에 내어줌으로써, 세상의 모든 죄와 불의의 폭력에 대한 궁극적 심판 곧 최후 심판을 집행한다. 예수는 세상의 모든 죄와 불의와 폭력에 대한 저주의 심판을 대신 당한다.

여기서 하나님의 의는 의로운 자에게는 영원한 생명을, 불의한 자에게는 영원한 저주를 내리는 법적인 의로 나타나지 않고, 모든 죄와 불의를 용서하여주는 사랑으로 나타난다. 그것은 심판하는 의가 아니라 "의롭게 하는 의"(*iustitia iustificans*)로 나타난다. 성서가 말하는 하나님의 의는 본질적으로 하나님의 "사랑", 하나님의 "신실하심"을 뜻한다.

따라서 예수의 부활은 불의와 죽음의 세력에 대한 하나님의 사랑의 승리를 뜻한다. 사랑은 불의와 죽음보다 더 크기 때문이다. 십자가에 달려 억울한 죽음을 당한 그 예수를 하나님이 다시 살리셨다는 것은, 십자가에 달려 죽은 예수가 의로운 자였고, 그를 심판하였고 그를 십자가의 형벌에 처한 자들이 불의한 자였다는 것을 하나님이 증명하셨음을 뜻한다. 예수의 부활은 나사렛 예수의 삶의 길과 그것 때문에 십자가의 죽음을 당한 예수의 메시지가 옳았다는 것에 대한 하나님의 증명이다.

2) 예수의 부활은 불의에 대한 하나님의 의의 승리를 뜻한다면, 그의 부활은 예수에게 진리가 있고, 그를 처형한 자들은 거짓이었음을 시사하는 동시에 거짓에 대한 진리의 승리를 뜻한다. 힘없고 가난한 자의 편에 서서 토지개혁과 노예해방 등 사회정의의 실현을 요구하며 하나님 나라

를 선포하던 예수, 그 사회의 죄인으로 소외되어 인간의 기본 권리를 박탈 당한 사람들에게 인간의 가치와 존엄성을 회복하여주던 예수, 그러나 거 짓과 불의와 증오의 세력에 의하여 십자가의 죽음을 당한 예수가 다시 살 아났다는 것은, 진리가 거짓보다 강하며, 정의가 불의보다 강하며, 사랑이 증오보다 강하다는 것을 의미한다. 아니, 진리가 거짓에 대하여, 정의가 불의에 대하여, 사랑이 증오에 대하여 언젠가 승리한다는 것을 의미한다. 부활은 거짓에 대하여 하나님의 진리가, 증오에 대하여 하나님의 사랑이 승리하는 사건이다.

인간의 세계에서는 거짓이 진리보다 더 강하며, 불의가 정의보다, 증 오가 사랑의 힘보다 더 강한 것 같다. 거짓과 불의와 증오의 세력이 참되 고 의로우며 자비로운 사람보다 더 강한 것 같다. 그래서 많은 사람들이 진리를 버리고 거짓에 가담하며, 정의를 버리고 불의에 가담한다. 많은 사람들이 마음속으로 이렇게 생각한다. "진리가 무슨 힘이 있는가? 정의 가 무슨 힘이 있는가? 거짓과 불의로 인생을 사는 사람들이 행복하게 살 고, 진리와 정의에 따라 사는 사람들은 결국 고난을 당하는 것이 이 세상 이 아닌가? 하나님의 진리와 정의에 따라 산 예수의 삶도 결국 십자가의 죽음으로 끝나지 않았던가?" 이렇게 생각하는 사람들에게 예수의 부활은 진리가 거짓보다 더 강하며, 정의가 불의보다 더 강하다는 것을 역설한다. 예수의 부활은 인간의 모든 거짓과 불의와 증오에 대한 하나님의 승리다. "하나님의 어리석음이 사람의 지혜보다 더 지혜롭고, 하나님의 약함이 사 람의 강함보다 더 강하다"는(고전 1:25) 말씀에 대한 하나님의 증명이다.

예수는 철저히 하나님을 신뢰하며 살았다. 그는 인간과 이 세상의 그 무엇을 신뢰하지 않았다. 신뢰한다는 것은 자기를 맡긴다는 것을 말한다. 예수는 자기를 철저히 하나님에게 맡겼다. 하나님이 그의 삶의 유일한 근 거요 방패였다. 그러나 예수는 이 세상의 것을 신뢰하는 자들에 의하여 죽 임을 당하였다. 하나님을 신뢰하는 자가 하나님 없는 자들에게 아무 힘도 없이 죽음을 당하였다. 이 예수의 부활이 불의에 대한 하나님의 승리를 뜻한다면, 하나님을 신뢰하며 진실되게 살아가는 자가 의로우며 결국 그의 옳음 곧 의가 승리한다는 것을 뜻한다.

3) 복음서의 예수는 자기의 존재에 대하여 침묵한다. 그는 자기 자신을 설교하지 않고 하나님 나라를 설교한다. 그의 목적은 자기 자신에게 있지 않고 하나님 나라를 세움에 있다. 그러나 그는 메시아적 권위와 함께 행동한다. 그는 자신의 권위를 하나님의 권위와 같은 위치에 세운다. 그는 하나님만이 하실 수 있는 일 곧 죄 용서를 행한다. 이러한 그의 행위를 통하여 예수는 자기의 메시아 되심을 주장한다. 그것은 말을 통한 직접적 주장이 아니라, 행위를 통한 간접적 주장이었다. 그러나 예수는 아무 힘도 없는 한 인간으로 나타난다. 그의 모든 권위와 간접적 자기주장은 어처구니없는 것으로 끝난다. 이것은 예수에 대한 조롱에서 극적으로 나타난다. "그가 남은 구원하였으나, 자기는 구원하지 못하는구나! 이스라엘의 왕 그리스도(=메시아)는 지금 십자가에서 내려와 봐라. 그래서 우리로 하여금 보고 믿게 하여라!"(막 15:31-32) 이 조롱에 대하여 예수도 침묵하고 하나님도 침묵한다.

그러나 하나님은 죽은 예수를 다시 살리심으로써 예수의 자기주장이 옳았으며, 그가 하나님의 메시아였다는 것을 확인한다. "이 사람이야말로 하나님의 아들이었구나!"라는(막 15:39) 로마 백인대장의 말이 하나님 자신을 통하여 증명된다.[9] 만일 예수가 부활하지 않았다면, 그의 모든 자기주장은 헛된 것이요, 그의 모든 사건은 한 인간의 사건으로 끝났을 것이다. 그의 죽음은 한 예언자나 순교자의 죽음에 불과하였을 것이다. 그러나 부활을 통하여 예수는 참사람인 동시에 하나님의 아들이요 그의 종말론적 메시아로 밝혀진다. 부활과 함께 예수는 하나님의 자리로 높여진다.

---

9) W. Pannenberg, *Grundzüge der Christologie*, S. 62: "예수가 부활하였다면, 한 유대인에게 그것은, 하나님 자신이 부활 이전에 예수의 등장을 증명하였다는 것을 뜻할 수 있을 뿐이다."

그의 죽음은 단지 한 인간의 죽음이 아니라 하나님의 아들의 죽음이었음이 드러난다. 부활과 함께 예수는 모든 인간과 역사의 주님(kyrios)으로 나타난다. 퀸넷트(W. Künneth) 교수에 의하면, "하나님은 부활 속에서 예수를 주님으로 세우셨다." 부활과 함께 예수는 하나님의 보편적 주권을 행사하게 된다. "부활의 그리스도론은 본질적으로 퀴리오스의 그리스도론이다."[10] "세리와 죄인들의 친구"였던 예수는 부활과 함께 과거와 미래의 주님인 동시에 언제나 현재의 주님이시요, 모든 피조물의 주님으로 밝혀진다.

따라서 부활은 십자가에 달린 예수가 하나님의 아들이요 메시아였음을 증명하며, 십자가 속에 숨어 있는 의미를 확인하여준다. 앞서 기술한 바와 같이, 예수의 사건은 삼위일체 하나님 자신의 사건이었다. 그것은 피조물에 대한 하나님의 사랑과 자비의 육화(incarnation)이었다. 그의 삶과 고난은 지상에 계신 삼위일체 하나님 자신의 삶과 고난이었다. 그의 삶과 죽음 속에서 삼위일체 하나님 자신이 계시된다. 십자가가 하나님의 삼위일체의 참된 흔적(vestigium trinitatis)이다. 아니, 그것은 삼위일체의 심장이다. 삼위일체 하나님이 누구이시며, 그의 목적과 의도가 무엇인가가 예수 안에 나타난다. 예수의 부활은 바로 이것을 증명한다. 이리하여 예수의 삶과 죽음은 단지 한 인간의 삶과 죽음이 아니라 하나님의 메시아, 하나님의 아들의 삶과 죽음이었음이 드러난다.

복음서 기자들은 이러한 부활의 빛에서 예수의 삶과 죽음을 하나님 아들의 삶과 죽음으로 서술한다. 하나님 나라에 대한 예수의 선포는 이제 예수 자신에 대한 선포와 결합된다. 하나님 나라의 선포자 예수는 이제 하나님의 구원자로 선포된다. 선포자(der Verkündiger)가 선포되는 자(der Verkündigte)로 된다.

4) 궁극적으로 부활은 십자가의 사건이 하나님의 화해와 구원의 사건이었음을 증명한다. 그것은 패배의 사건이 아니라 하나님의 승리의 사건

---

10) W. Künneth, *Theologie der Auferstehung*, S. 132.

이요,[11] 예수가 선포한 말씀의 육화(肉化, incarnation)였다. 예수 자신이 가르친 죄인의 무한한 용서와 용납이 십자가에서 일어난다. 피조물에 대한 하나님의 사랑이 십자가의 죽음에서 가장 철저한 형태로 나타난다. 예수가 단순히 인간의 죄에 대한 속죄제물 혹은 희생제물의 죽음을 당하였기 때문에 그의 죽음은 구원의 사건이 되는 것이 아니라, 하나님의 아들로서 그가 가르친 모든 말씀이 그의 십자가에서 육화되기 때문에 그의 죽음은 구원의 사건이다. 예수의 부활은 이에 대한 하나님의 확인이요 증명이다. 만일 예수가 부활하지 않았다면, 십자가의 사건이 지닌 이러한 의미는 소멸되었을 것이다.

물론 십자가의 사건은 부활을 통하여 비로소 이러한 의미를 얻게 되는 것은 아니다. 오히려 그것은 그 자체 속에 이러한 의미를 내포하고 있다. 그러나 이 의미는 부활을 통하여 비로소 증명되며 효력을 갖게 된다. 제자들은 십자가의 사건 속에 숨어 있는 이 의미를 깨닫지 못하였기 때문에, 실망과 좌절 속에서 과거로 돌아가고 말았다. 그러나 예수의 부활과 함께 그들의 눈이 떠졌고, 그들은 이 의미를 깨닫게 되었다. 십자가의 사건 속에 숨어 있는 의미들은 부활을 통하여 밝혀지고 증명된다.

예수의 죽음에서 죄와 악의 세력이 승리한 것처럼 보인다. 하나님이 역사를 다스리는 것이 아니라, 죄와 악의 세력이 역사를 다스리는 것처럼 보인다. 이것은 2천 년 전의 세계의 현실만이 아니라, 오늘 우리의 현실이기도 하다. 하나님의 세력보다 죄와 악의 세력이 더 강하며, 이 세계를 지배하는 것처럼 보인다. 그러나 예수의 부활에서 하나님은 죄와 악의 세력을 깨뜨리며, 죄와 악의 세력보다 더 강한 그의 능력을 나타낸다.

하나님의 능력은 인간이 생각하는 방법으로 나타나지 않는다. 그것은

---

11) 이에 관하여 J. Moltmann, *Theologie der Hoffnung, Untersuchungen zur Begründung und zu den Konsequenzen einer christlichen Eschatologie*, 8. Aufl. 1969, S. 185ff.; J. Moltmann, "Gott und Auferstehung, Auferstehungsglaube im Forum der Theodizeefrage," in *Perspektiven der Theologie*, S. 36ff.

인간이 생각하는 것과는 다른 능력이다. 하나님의 능력은 억압과 폭력을 뜻하지 않는다. 그것은 고난당하며 무한히 용서할 수 있는 사랑의 능력이다. 십자가에 달린 예수가 하나님의 능력이다. 그의 능력은 "힘없는 힘"이요, "능력 없는 능력"이다. 본회퍼(D. Bonhoeffer)의 표현을 빌린다면, 하나님은 세상 안에서 그의 "무력하심"을 통하여 참으로 우리를 도우신다. 하나님이 힘없이 죽은 예수를 다시 살리셨다면, 하나님의 능력이 이 세계의 그 어떤 힘보다 더 강하며, 역사는 결국 그의 능력 안에 있다. 만일 이에 대한 확신이 없다면, 우리는 진리를 따라 살 수 없을 것이다. 오히려 우리는 이 세상의 시류를 따라 적당히 살 수밖에 없을 것이다. 예수의 부활을 믿는 신앙 곧 부활신앙은 단순히 죽은 예수가 다시 살아났다는 것을 믿는 것이 아니라, 하나님의 진리의 능력에 대한 신앙이요, 역사에 대한 하나님의 궁극적 주권에 대한 신뢰다. "부활신앙은 곧 하나님 신앙이다."

죄와 죽음의 세력에 의하여 죽임을 당한 예수가 다시 살아났다면, 죄와 죽음의 세력은 예수의 부활을 통하여 파괴되었다. 물론 이 세력은 지금도 활동하고 있으며, 세계를 파괴와 죽음으로 끌어가고자 한다. 그것은 하나님의 창조를 폐기하고자 한다. 그러나 그것은 예수의 부활을 통하여 이미 파괴되었다. 하나님이 "마지막으로 물리치실 원수" 곧 "죽음"이 부활을 통하여 극복되었다(고전 15:26). 영원한 생명이 성령의 능력 속에서 예수의 부활과 함께 시작하였다. "죽음이 한 사람으로 말미암아" 온 것처럼, 죽은 자의 부활도 한 사람으로 말미암아, 곧 부활하신 예수를 통하여 이미 시작하였다(고전 15:21).

5) 하나님의 자기계시: 예수의 부활과 함께 하나님은 자기를 계시한다. 성서에서 하나님은 신의 현현(theophany)의 형식으로 자기를 계시하지 않고, 그의 역사적 사건들을 통하여 계시한다(W. Pannenberg). 구약의 가장 대표적 사건인 출애굽과 가나안 땅 점령 사건, 국가의 멸망, 바빌로니아 포로생활과 귀향 등 일련의 역사적 사건을 통하여 그는 자기가 어떤 분이며 그의 목적과 의도가 무엇인가를 계시한다. 이제 하나님은 예수의 부활

을 통하여 자기를 계시한다.

하나님은 철저히 하나님만을 신뢰하며 억울한 고난과 죽임을 당한 예수를 다시 살리신다. 이로써 하나님은 오직 하나님만을 신뢰하며 억울한 고난과 죽임을 당하는 사람들을 잊지 않으시며 그들의 편에 서신다는 것을 계시한다. 철저히 하나님을 신뢰하며 살아가는 예수는 이 세상에서 가난하고 소외된 사람들의 편에 서신다. 그는 그들에게도 회개를 요구하는 동시에, 그들의 인간적 가치와 존엄성을 회복하고자 한다. 그는 그들의 "친구"가 된다. 그는 그들의 편에 선다. 그는 "사랑"이기 때문이다. 그가 당한 고난과 죽음은 그들이 당하는 고난과 죽음을 대변한다. 그의 고난은 그들의 고난을 비추어주는 거울이요, 그들에 대한 하나님의 고난과 사랑의 계시다. 하나님은 이 예수를 죽음에서 다시 살리심으로써, 예수의 삶의 길을 정당한 것으로 인정하여주며 그의 편에 서신다. 예수의 편에 섬으로써 하나님은 지금도 그의 영 가운데서 예수가 서신 그 사람들의 편에 서신다는 것을 계시한다. 예수를 다시 살리심으로써 하나님은 예수의 삶의 길이 옳다는 것을 증명하며, 이 세계 어디서나 예수가 편을 든 사람들의 편에 서신다.

부활과 함께 하나님의 삼위일체적 존재가 계시된다. 예수의 죽음의 고통은 삼위일체 하나님 자신의 고통이었음이 드러난다. 이리하여 하나님은 무감각(apatheia)을 그의 본질로 가진 존재가 아니라 사랑의 열정(pathos)을 가진 존재이며, 이 세계를 해탈하여 마음의 상처와 고통을 당할 수 없는 존재가 아니라 이 세계에 대한 사랑 때문에 마음의 상처와 고통을 당할 수 있는 존재임이 드러난다. 하나님은 아무나 부활시킨 것이 아니라, 십자가에 달려 죽은 예수를 부활시켰다. 그는 이 예수와 함께 계셨다. 그의 모든 모독과 억울함과 고통 속에 함께 계셨고 그것을 함께 당하였다. 그는 "사랑"이기 때문이다. 하나님의 존재는 이제 예수의 십자가와 함께 생각된다. 그는 단순히 하늘에 계신 권능자가 아니라, 예수의 십자가 안에서 고난당하는 자로 계시된다.

6) 하나님 나라의 새로운 시작: 그런데 예수의 제자들은 묵시사상처럼 "죽은 자들의 부활"을 선포하지 않고 "죽은 자들로부터의 부활"을 선포한다. 이 선포와 함께 묵시사상적 표상은 그리스도론적으로 수정된다. "그리스도께서 죽은 자들로부터 살아나셨다"는 제자들의 고백은, 다른 죽은 자들이 아니라 오직 예수만이 살아났으며, 모든 다른 죽은 자들에 앞서 예수가 먼저 살아났다는 것을 말한다. 그러므로 예수는 "잠든 사람들의 첫 열매"라 불리운다(고전 15:20). 예수는 잠든 사람들, 곧 죽은 사람들 가운데 하나님의 능력으로 다시 살아나신 첫 열매라는 것이다.

다시 사신 예수가 "잠든 사람들의 첫 열매"라는 명제는 무엇을 뜻하는가? 그것은 죽은 자들의 부활이 예수와 함께 시작하였음을 뜻한다. 모든 인간에 대한 하나님의 심판은 예수에게서 집행되었다. 죽음의 세력이 하나님의 사랑에 의하여 극복되고, 죽음의 상태에 있던 자들이 하나님의 사랑 속에서 참생명으로 다시 살아나는 역사가 예수의 부활과 함께 새롭게 시작하였다. 보편적 부활이 예수의 부활과 함께 시작하였다. 달리 말하여 부활은 새 창조의 시작을 뜻한다. 하나님 없는 자들과 불의한 자들에 대한 하나님의 의롭게 하는 의가 예수의 부활 속에서 드러난다. "이제는 죽음과 슬픔과 울부짖음과 고통이 없는" "새 하늘과 새 땅" 곧 "하나님 나라"가 예수의 부활과 함께 새롭게 일어났다. 그러나 이제 그것은 예수의 부활을 통하여 시간과 공간의 제약을 벗어나서 성령이 계신 곳이면 어디서나 실현되기 시작한다. 예수가 하나님의 능력으로 다시 살아났으며 시간과 공간의 모든 제한을 극복하였다는 것은, 예수의 삶의 역사가 그의 죽음과 함께 끝나지 않았다는 것을 뜻한다. 오히려 그것은 시간과 공간의 모든 제한을 넘어서서 이 세계 모든 곳에서 일어날 수 있는 계기가 마련되었음을 말한다. 이제 그의 삶의 역사는 2천 년 전, 팔레스타인 땅에 제한되지 않는다. 성령 가운데서 그것은 이 세계 어디에서나 일어난다. 성령이 계신 곳에 그리스도가 함께 계시며, 그의 삶의 역사 곧 진리와 해방과 자유의 역사 곧 하나님 나라의 역사가 일어난다. 따라서 부활은 "죄와 죽음을 그 특징으로 가진 이 세계 속으로 하나님의 새로운 세계의 돌입(Einbruch)", "그의 주권의 세움과 시작"을 뜻한다.[12]

이것은 부활의 증인들이 사용하는 표현들 곧 "그리스도께서 보여졌다", "그리스도께서 나타나셨다"는 표현들에 나타난다(막 16:7; 눅 24:34; 요 20:18; 고전 6:9; 고전 15:3-8; 행 13:31). 이 표현들은 구약성서에서 하나님의 나타나심을 나타낼 때 사용된다. 하나님께서 아브라함, 이삭, 야곱, 모세에게 "나타나셨다." 이사야 40:5에 의하면, 메시아의 시대가 시작할 때, "야웨의 영광이 나타나고 모든 육체가 그것을 함께 볼 것이다." 따라서 부활의 증인들이 사용하는 "나타나다", "보다"라는 말은, 하나님께서 자기를 그리스도 안에서 "나타낸다(=계시한다)", "그리스도께서 하나님의 영광 속에서 나타난다"는 것을 말한다. 여기서 하나님께서 적극적으로 행동하며, 인간은 이것을 수동적으로 당한다.

바울은 "나타나다", "보다"라는 말을 "아포칼립시스"(apokalypsis) 곧 "계시"라는 말과 결합시킨다(갈 1:12, 16). 이리하여 그리스도의 나타나심, 보이게 됨은 "종말론적 의미"를 가지게 된다. 이는 하나님께서 지금의 세계가 지닌 인식의 조건으로 인식할 수 없는 것을 나타내신다, 하나님이 세계에 대한 지금의 인식에 은폐되어 있는 비밀스러운 것을 나타내어 보게 하신다는 의미를 가지게 된다. 종말의 비밀이란 어떤 신비한 것이 아니라, 하나님의 구원 곧 하나님의 의의 나라를 말한다. 지금의 불의한 세계는 하나님의 의의 나라, 새로운 창조의 세계를 견딜 수 없다. 부활한 예수와 함께 영원한 생명이 도래함으로써 죽음이 폐기되는 과정이 시작하였기 때문이다. 하나님의 의의 새로운 세계의 미래가 불의한 세계의 현재 속에서 일어나기 시작하였다. 죽음을 알지 못하며, 그러므로 지금 우리가 살고 있는 이 삶과는 질적으로 다른 새로운 삶이 시작하였다.

예수의 부활을 증언한 여자 제자들과 남자 제자들은 유대인들이었다.

---

12) G. Bornkamm, *Jesus von Nazareth*, S. 162.

그들은 유대인들의 정신적·종교적 전통 속에서 살고 있었다. 이러한 제자들은 부활한 예수에게서 단지 죽지 않고 영원히 살 수 있는 예수의 재활한 육체를 본 것이 아니라, 당시 유대인들이 기다리고 있던 하나님의 의의 나라, 새 하늘과 새 땅을 보았다. 죄와 불의와 억압과 고통과 죽음의 세계속에서 이 모든 것을 이기는 하나님의 능력과 영광을 보았다. 따라서 부활한 예수에 대한 그들의 "봄"(see)은 "종말론적 구조"를 가진다. 그것은 "선취적 구조"(antizipierende Struktur)를 가진다. 제자들은 ① 부활한 예수에게서 하나님의 새로운 현실이 앞당겨 일어나는 것을 보는 동시에, ② 부활한 예수를 십자가의 흔적과 함께 보았다. 그들은 하나님의 새로운 세계를 미리 보는 가운데서 십자가에 달린 예수를 다시 인식하였고, 십자가에 달린 예수를 다시 인식하는 가운데서 하나님의 새로운 세계를 보았다. 그들은 예수를 장차 올 하나님의 영광 가운데서 보았고, 장차 올 하나님의 영광을 예수에게서 보았다. 여기서 예수를 보는 일과 하나님의 새로운 세계를 향하여 부르심을 받는 일이 하나로 결합된다. 예수의 부활을 경험한 제자들은 예수와의 신비적 합일에 머물지 않는다. 오히려 그들은 예수가 추구하였던 일, 곧 하나님의 의의 나라를 세우는 일을 계속하도록 부르심을 받는다. "너희는 온 세상에 나가서, 만민에게 복음을 전파하여라"(막 16:15).

하나님의 나타나심과 부르심의 결합은 구약성서와 맥을 같이한다. 하나님이 모세에게 자기를 나타내실 때, 모세는 자기 백성을 이집트의 노예상태에서 구하여내라는 하나님의 부르심을 받는다. 이사야가 환상 가운데 하나님의 나타나심을 경험할 때, 그는 멸망을 눈앞에 둔 하나님의 백성을 위한 하나님의 부르심을 받는다. 이와 같이 예수의 제자들도 부활한 예수를 경험하였을 때, 그들은 천상천하 유아독존의 종교적 신비경 내지 황홀경에 빠지지 않는다. 오히려 그들은 하나님 나라의 새로운 세계를 세속 한 가운데 세우기 위하여 하나님의 부르심을 받고 세속 안으로 파송된다.

3. 부활은 "역사적 사실"인가?
– 역사적–비판적 방법의 공헌과 문제점

부활은 실제로 일어난 "역사적 사실"인가? 죽은 자가 어떻게 다시 살아날 수 있는가? 오늘날 현대 과학문명에 익숙한 사람들에게 예수의 부활은 불가능한 일이요, 하나의 신화로 보일 것이다. 이러한 문제 앞에서 예수의 부활에 대한 복음서의 진술은 아무런 도움도 주지 못한다.

1) 예수의 부활에 대한 복음서의 보도는 객관적·역사적(historical) 보도가 아니라, 신앙의 증언 내지 신앙고백이라는 데에 부활을 믿기 어려운 문제점이 있다. 부활에 대한 복음서의 보도들은 이미 부활에 대한 신앙을 통하여 결정되어 있다. 그것은 신앙의 문헌, 신학적 문헌이지, 객관적이며 역사적인 자료가 아니다.

2) 부활이 구체적으로 어떻게 일어났는가를 아무도 증언하지 않는다. 복음서의 기자들은 예수의 부활을 증언할 뿐이지, 그것이 어떤 과정을 거쳐 일어났는가를 설명하지 않는다. 부활에 대한 신약성서의 보도들은 해결하기 어려운 여러 가지 차이점과 모순점을 가진다.

첫째, 부활의 목격자들에 대한 보도에 있어서 복음서의 보도들은 일치하지 않는다. 막달라 마리아와 다른 마리아, 베드로와 다른 제자들, 엠마오로 가던 두 제자, 오백 명의 형제들, 야고보, 바울 등 다양한 사람들이 부활의 증인으로 보도된다. "베드로와 열두 제자들"에게 나타나셨다는 것은 상징적 의미를 가질 뿐이다. 베드로는 최초의 공동체에서 지도적 위치를 가지고 있지 않았다.

둘째, 부활하신 그분이 나타나신 장소에 대한 보도들도 차이를 보인다. 갈릴리, 갈릴리에 있는 어느 산, 티베리아 호수, 예루살렘, 예수의 묘지, 제자들이 모인 곳 등 나타나신 장소가 다르게 보도되고 있다. 마가와 마태는 갈릴리에 대하여, 누가와 요한은 예루살렘에 대하여 말한다. 요한복음 21장은 부활하신 그분이 갈릴리에서 나타났음을 추가로 보도한다.

셋째, 나타나심의 때와 기간에 대한 보도들도 일치하지 않는다. 부활절 아침에 나타나셨다고 보도하기도 한다. 부활절로부터 승천에 이르기까지 "사십 일"의 기간은 "삼 일만에" 부활하였다는 말과 같이 상징적 성격의 것이다.

그러므로 예수의 부활에 대한 하나의 일치된 상을 만든다는 것은 거의 불가능하다고 많은 신약학자들은 말한다. 그러나 바로 여기에 부활의 의의가 숨어 있다. 신약성서 기자들에게 중요한 문제는, 부활 사건이 일어난 과정을 완벽하게 기술하는 것도 아니고, 부활에 대한 증언들을 검증하려는 것도 아니다. 그들에게 중요한 문제는, 죽음을 이기신 그분을 증언하는 데 있다. 그들에게 중요한 것은, 십자가에 못 박혀 죽은 그분이 부활하였다는 사실 자체이지, 그것이 언제, 어디에서, 어떻게 일어났는가의 문제가 아니었다.

그러나 현대인들은 부활이 정말 일어난 "역사적 사실"인가에 관심을 가진다. 만일 그것이 역사적 사실이 아니라면, 기독교의 부활 신앙은 환상에 불과할 것이다. 공관복음서에 의하면, 예수의 부활은 정말 일어났다. 빈 무덤은 예수가 정말 부활하였으며, 그런 뜻에서 부활은 역사적 사실 (historical fact)임을 증언한다. 부활은 정말 일어났다는 점에서 "역사적 사실"이다. 부활은 그것에 대한 믿음 여부에 따라 역사적 사실로 되기도 하고 되지 않기도 하는 것이 아니라, 그것이 역사적 사실이기 때문에 부활에 대한 믿음이 생성된다(W. Pannenberg).[13]

그러나 여기서 우리는 "역사적"이란 말의 의미를 규명해야 할 것이다. 학문적으로 "역사적"이란 말은 근대의 "역사적-비판적 연구"(historische-kritische Forschung)로부터 유래한다. 역사적-비판적 연구란 무엇을 말하는가?

---

13) W. Pannenberg, "Heilsgeschehen und Geschichte," in : W. Pannenberg, *Grundfragen Systematischer Theologie, Gesammelte Aufsätze*, 1967, S. 62f.에서 판넨베르크는 계시의 문제와 관련하여 이렇게 말함.

근대 자연과학의 발흥과 함께 역사과학의 새로운 방법이 등장하였다. 근대의 자연과학은 인간에 의하여 주관적으로 해석되지 않은 객관적 사실들과 법칙들을 수학적 방법으로 찾을 수 있다고 확신하였으며, 이러한 자연과학만이 엄밀한 의미의 과학 곧 "자연"과학이라 주장하였다. 그것은 인간의 주관성이 전혀 개재되지 않은 객관적 사실들과 관계하며, 따라서 조금도 오류가 없으며 "정확하다고"(exakt) 확신하였기 때문이다. 딜타이(W. Dilthey)가 정신과학적 방법의 특수한 성격을 주장하였지만, 이러한 자연과학적 과학(혹은 학문)의 개념은 역사과학에 도입되었다. 그리하여 근대의 역사과학은 인간의 주관적 해석에 의하여 채색되지 않은 객관적 사건들을(facts) 발견하고, 이 사건들을 결합시킴으로써 소위 객관적 역사(Historie)를 구성할 수 있다고 확신하였다. 이것을 가리켜 우리는 실증주의적 역사과학이라 부른다. 실증주의적 역사과학은 과거로부터 전승되는 모든 이론들과 제도들을 회의의 대상으로 삼으며, 객관적인 것을 찾는다. 모든 것은 객관적으로 검증될 수 있어야 한다. 곧 실증될 수 있어야 한다. 실증될 수 있는 객관적인 것만이 진리다. 실증주의적 역사과학의 이러한 방법을 우리는 역사적-비판적 방법이라 부른다.

이러한 역사적-비판적 방법은 근대의 역사의식과 결부되어 있다. 근대의 "역사의식"은 한마디로 "위기의식"이라 말할 수 있다.[14] 프랑스혁명과 산업혁명과 함께 교회의 권위는 약화되고, 인간 이성의 자유와 자율성이 신장되면서, 모든 것은 회의의 대상이 되기 시작한다. 지금까지 인간의 삶을 다스리던 전통들과 제도들은 자명적 타당성을 상실한다. 인간의 자유에 대한 의식이 깨어나면서, 전통에 대한 역사적 비판과 사회적·정치적 제도의 이데올로기성에 대한 비판이 일어나기 시작하였다. 모든 것이 불확실하고 흔들리는 상황 속에서 위기의식이 확산된다. 모든 전통적 전제들, 자명한 것으로 여겨졌던 것들은 회의의 대상이 되고, 소위 객관적으

---

14) J. Moltmann, *Theologie der Hoffnung*, S. 210.

로 검증될 수 있는 것만이 참되고 확실한 것으로 생각된다. 따라서 역사가(Historiker)는 사실상 종교적·정치적 도그마의 이데올로기에 대한 비판가이기도 하였다.

과거로부터 전승되는 기존의 전통들이 그들의 근원에 비추어 타당한지 의심의 대상이 될 때, 전통이 거기에 속한 "과거"와 전통이 지배하고자 하는 "현재" 사이에 간격(gap)이 생긴다. 이 간격으로 말미암아 과거는 단순한 과거로 드러나고, 인간은 과거의 보호와 지배에서 해방된다. 국가, 사회, 교회, 사회 질서 등 전통적인 것에 대한 역사적-비판적 성찰은 인간을 과거로부터 새로운 미래로 해방하는 기능을 행사한다. 이리하여 역사적-비판적 방법은 인간을 과거의 지배로부터 해방하고 인간의 자유를 창출한다. 전통에 대한 비판과 기존의 모든 제도에 대한 사회학적 비판 속에 미래를 향한 자유가 나타난다. 딜타이는 이것을 간파하였다. 그의 생각에 의하면, 모든 역사적 현상들과 전통들의 상대화는 세계의 역사성을 쟁취할 수 있는 기회다. "모든 역사적 현상들, 모든 인간적 혹은 사회적 상태의 유한성에 대한, 모든 종류의 신념의 상대성에 대한 역사적 의식은 인간의 해방을 향한 마지막 단계다. 역사적 의식은 철학과 자연과학이 깨뜨릴 수 없었던 마지막 고리들을 깨뜨려버린다. 이제 인간은 완전히 자유롭다."[15]

근대에 일어난 역사적 의식과 전통에 대한 모든 비판은 새로운 미래의 가능성을 찾고 그것을 실현하고자 결단케 하는 유토피아 정신과 결합되어 있다. 역사의 위기로부터 비판이 생성함과 동시에, 유토피아 정신이 일어난다. 근대의 절대주의에 대한 비판, 교회와 교회의 도그마에 대한 비판, 신분사회와 국가에 대한 비판은 인류의 국가, 하나님 나라, 자유의 나라 혹은 인간성의 나라를 기다리는 유토피아 정신과 결합되어 있다. 그것은 현존하는 것에 대한 비판을 과거에 대한 꿈과 결합시키지 않는다. 소위 타락 이전의 파라다이스로 돌아가고자 하지 않는다. 오히려 그것은 "새로

---

15) W. Dilthey, *Gesammelte Schriften VIII*, S. 225.

운 세계"(Dvorak), 새로운 시대 등 미래의 새로움(Novum)을 추구한다. 비판은 유토피아와 결합된다. 이리하여 역사(Historie)는 현재의 역사를 극복하기 위한 도구가 된다. 역사과학은 인간에게 역사로부터의 자유를 부여한다. 그러나 근대 역사과학의 역사적-비판적 방법은 다음과 같은 문제점을 가진다.

1) 역사적-비판적 방법은 모든 사람이 인정할 수 있고 모든 사람에 의하여 검증될 수 있는 역사적 사실들을 찾으며, 이 사실들과 그들에 대한 진술의 일치를 추구한다. 그것은 영원히 변하지 않는 고정된 것, 객관적인 것에 도달하고자 한다. 여기서 과거의 역사는 모든 사람이 똑같이 인식할 수 있고 검증할 수 있는 하나의 대상으로 된다. 곧 그것은 그것을 관찰하는 역사가 자신과 관계없는 것으로 대상화된다. 관찰자와 과거의 역사는 서로 관계하지 않고 분리되며, 거리(Distanz)를 가지게 된다. 이 분리와 거리 속에서 과거의 역사는 객관적으로, 대상적으로 연구된다. 이 분리와 거리 속에서 과거의 현실은 확정되며, 그러한 확정을 통하여 누구나 도달할 수 있는 것으로 고정된다. 여기서 과거의 역사적 현실은 변화하지 않고 고정되어 있는 것으로 간주된다.

그러나 역사적 현실은 고정되어 있지 않다. 그것은 이미 일어난 사실이지만, 그 자체 속에 다양한 의미를 내포하고 있으며 역사의 흐름 속에 있다. 그것이 지닌 다양한 의미는 역사의 흐름 속에서 다양하게 인식될 수 있다. 과거의 현실을 관찰하는 역사가 자신도 역사의 흐름 속에 있으며 변화하고 있다. 그는 역사에 대칭하지 않고 역사 한가운데 있으며, 이 역사에 대한 그의 관찰과 인식을 통하여 그 자신이 영향을 받는다. 따라서 모든 사람에 의하여 똑같이 인식될 수 있고 검증될 수 있는 과거의 소위 객관적·역사적 사실들을 확정한다는 것은 불가능하다. 과거의 역사적 사건이나 현실에 대한 자료도 객관적이지 못하다. 그것은 그 자료를 기술한 사람 곧 과거 역사가의 해석과 인식의 산물이다. 이 자료를 통하여 소위 객관적·역사적 "사실"에 도달한다는 것은 불가능하다.

2) 역사적 사실들 혹은 역사적 현실들은 다양한 관련 속에 있다. 모든 사물들은 "관계의 그물" 속에 있으며, 이 그물 속에서 그들은 생동한다. 생동성은 곧 관계성을 말한다. 모든 관계가 끊어진다는 것은 죽음을 뜻한다. 그러나 역사적-비판적 방법은 하나의 대상을 모든 관계들로부터 분리시킨다. 곧 추상화시킨다. 그리고 그것을 그 자체로서 관찰하고 확정하고자 한다. 따라서 역사적-비판적 방법은 대상을 그의 생동성 가운데서 파악하지 못한다. 달리 말하여 그것을 총체적으로, 통전적으로 파악하지 못한다. 그것이 인식하는 것은 그 대상의 극히 작은 한 부분, 소위 그 대상 자체에 불과하며, 한 부분에 대한 그의 인식마저 완전하지 못하다. 가장 작은 한 부분도 다른 것들과 관계 속에 있으며 유동적이기 때문이다.

이리하여 역사적-비판적 방법은 과거의 역사를 그의 의미 망 속에서 보지 못한다. 그것은 역사를 소위 객관적 사실들(facts)로 와해시키며, 역사를 폐기한다. 역사는 그의 생동성과 새로운 가능성 가운데서 파악되지 않고, 고정된 것, 죽어 있는 것, 그래서 누구나 똑같이 파악할 수 있고 검증될 수 있는 것으로 생각된다. 이와 같은 근대의 역사주의(Historismus)는 그의 "실증주의적 사실 탐구"를 통하여 역사에 대한 관심과 의미를 폐기한다. 과거의 역사가 모든 시대의 모든 사람에 의하여 똑같은 것으로 인식된다면, 역사에 대한 더 이상의 연구는 불필요하기 때문이다. 역사의 역사화(Historisierung)와 합리화(Rationalisierung)를 통하여 역사의 지양이 초래되며, 인간과 사회의 삶의 무역사성(Geschichtslosigkeit)이 초래된다.[16]

3) 역사적-비판적 방법은 하나의 대상을 현재에 대한 모든 의미로부터 분리시킨다. 그것은 현재에 대한 의미와 타당성을 상실하고 단순한 과거로 전락한다. 이 분리에 있어서 역사적-비판적 방법은 정말 객관적으로 작업하는 것이 아니라, 그 시대에 통용되는 가설이나 구상이나 문제의식이나 가치관을 가지고 작업한다. 그것은 이러한 것들에 따라 과거의 역

---

16) J. Moltmann, *Theologie der Hoffnung*, S. 216.

484   제5부 십자가와 부활 속에 있는 하나님 나라

사를 가장 작은 사실들로 분해하고 그것을 전체 역사(Historie)로 재구성한다. 따라서 역사가가 역사적-비판적 방법에 따라 구성하는 역사는 인간의 해석이나 어떤 주관적 요소가 전혀 개입되지 않은 소위 객관적인 것, 곧 "Historie"가 아니다. 그가 구성하고 제시하는 역사는 자신의 표상과 전제와 가설과 시대정신 등에 따라 구성된 기획물이라는 한계를 넘지 못한다. 역사적-비판적 방법은 "사실 자체"에 도달하기 위하여 그것에 대한 모든 해석을 거부한다. 그러나 사실 자체는 칸트의 "물 자체"(Ding an sich)처럼 인식될 수 없다. 그것은 인간에 의하여 해석되는 한에서 인식된다. 따라서 역사과학에 있어서 해석된 사실들만이 있을 뿐이다. 자연과학은 실험 대상을 모든 관계로부터 분리시키며, 문제로 등장하지 않는 요소들을 배제한다. 그리고 명백한 결과에 도달하기 위하여 다른 관점들을 제외시킨다.

이에 상응하여 역사과학도 한 가지 사실을 그의 다양한 관련들로부터 분리시키며, 자기에게 필요한 한 특수한 관점에서 그것을 관찰한다. 따라서 그의 관찰과 인식은 그의 특수한 관점을 통하여 제약되어 있다. 그는 대상에 대한 제약된 인식을 얻을 뿐이며, 결코 대상 자체, 사실 자체에 도달하지 못한다. 사실 자체란 위에서 기술한 것처럼 고정되어 있지 않고 언제나 새로운 가능성으로 존속하기 때문이다. 역사가는 분리되었고 개체화된 사실을 하나의 전체적 역사로 재구성할 때, 그 사실들을 일반화하는 관점들과 개념들을 사용할 수밖에 없다.

그러나 그가 사용하는 관점들과 개념들은 결코 객관적인 것, 보편적인 것, 모든 시대의 모든 사람에게 사용될 수 있는 것이 아니다. 그것들은 그 시대의 문제의식과 기대와 희망의 산물이요, 따라서 과거의 역사 자체를 비추어주는 유일한 길이라 주장할 수 없다. 그것들은 과거의 역사를 관찰하고 인식하는 하나의 방법에 불과하다.

4) 트뢸치(E. Troeltsch)에 의하면, 역사적-비판적 방법은 "모든 역사적 (historisch) 사건의 원칙적 동질성(Gleichartigkeit)"을 포괄하는 "아날로기아

의 적용"에 근거한다.[17] 모든 역사적 사건들은 다른 것으로 나타난다. 그
러나 그들은 내적 동일성을 가진다. 그러므로 그들은 아날로기아 곧 유사
성 혹은 유비성을 가진다. 따라서 하나의 사건은 역사가가 이미 알고 있는
다른 사건으로부터 파악되고 판단된다. 알려지지 않은 것, 생소한 것은 이
미 알려진 것으로부터 해석되고 설명된다. 이리하여 역사적-비판적 방법
은 자연과학이 자연의 법칙을 발견하듯 역사의 법칙을 찾고자 하며, 역사
적 현상들을 평준화시킨다. 각 사건이 가진 특수한 점, 새로운 점은 무시
된다. 이리하여 역사의 새로움이 부인된다.

5) 역사적-비판적 방법에 있어서 객관적으로 검증될 수 있는 것만이
인정된다. 따라서 인간만이 역사의 주체로 인정된다.[18] 하나님이 역사 안
에서 활동하며 새로운 사건을 일으킨다는 것은, 객관적으로 검증될 수 없
는 종교적 확신에 불과하다. 트뢸치는 역사적-비판적 방법에 있어서 인간
만이 역사의 주체로 인정된다는 것을 명백히 강조하지는 않는다. 그러나
역사는 신들이나 귀신들이나 어떤 신비스러운 세력들에 의하여 이루어지
는 것이 아니라 인간에 의하여 이루어지며, 따라서 인간에 의하여 인식될
수 있다는 사실로부터 트뢸치는 출발한다. 계몽주의의 역사적-비판적 사
고는 인간을 역사의 책임적 주체로 만드는 데 기여한다고 그는 말한다.

그러나 하나님 없는 "역사의 책임적 주체"인 인간은 지금 어떤 역사를
이루어가고 있는가? 그는 미래가 보이지 않는 죄와 죽음의 역사를 이루어
가고 있다고 말할 수 있지 않을까? 인간 자신의 힘으로 도저히 제어할 수
없는 무한한 소유욕으로 인해, 온 지구가 파멸의 위기에 직면하고 있지 않
은가?

한마디로 예수의 부활은 증명될 수 없다. "역사적 사실"이기 때문에,

---

17) E. Troeltsch, *Gesammelte Schriften II*, S. 729-753, 특히 731ff. W. Pannenberg,
   Heilsgeschehen und Geschichte, S. 46에서 인용함.
18) "모든 초월적 현실을 처음부터 배제하기에 적절한 것으로 보는 역사적-비판적 방법의
   인간 중심성"에 관하여 Ibid., S. 45f.

"원칙상"(prinzipiell) 부활은 증명될 수 있다는 판넨베르크의 말은 수긍될 수 없다. 만일 부활이 과학적으로 증명될 수 있다면, 그것은 인간이 자신의 힘을 통해 증명할 수 있는 모든 다른 일들처럼 인간의 지배대상이 되어버릴 것이다. 우리가 우리 자신의 능력으로 증명할 수 없다 하여 사실이 아니라고 말할 수 없는, 이른바 기적과 같은 일들이 믿음의 세계 속에서는 자주 일어난다. 의사들이 도저히 치료할 수 없다고 포기한 질병들이 깨끗이 낫는 기적이 일어나기도 하고, 악령에 사로잡혀 있던 사람이 하나님의 선한 피조물로 변화되는 기적이 일어나기도 한다. 세계의 선교 현장에서는 이 같은 놀라운 기적들이 지금도 일어나고 있다. 이 같은 일들이 과학적으로 설명되지 않는다 하여, 우리는 이 일들이 일어나지 않았다고 말할 수 없다.

결론적으로 예수의 부활은 우리가 믿느냐 믿지 않느냐의 문제이지, 증명될 수 있느냐 없느냐의 문제가 아니다. 그러나 증명될 수 없는 이 사건으로 말미암아 죄와 죽음의 역사를 꺾을 수 있는 하나님의 새로운 생명의 역사가 일어난다. 어둠의 자식들은 지금도 어둠 속을 헤매고 다니며 살지만, 하나님의 참된 생명의 세계를 희망하는 빛의 자녀들이 나타나게 된다. 탐욕과 쾌락, 자기 자신에 대한 실망, 헛된 삶에 대한 좌절과 절망과 우울증 대신에, 하나님 나라를 바라고 기다리는 새로운 삶의 스타일이 생성된다.

4. 역사를 열어주는 예수의 부활
　– 역사의 새로운 개념

예수의 부활은 이 세계 안에서 일어났으며, 정말 일어났다는 뜻에서 "역사적 사건"이라 말할 수 있다. 그러나 그것은 위에 기술한 역사적-비판적 방법이 뜻하는 "역사적 사건"이 아님은 자명한 사실이다. 그것은 역사적-비판적으로 확정될 수 없으며 검증될 수도 없다. 역사적으로 확정될 수 있는 것은 제자들의 부활신앙과 부활의 메시지 뿐이다. 역사적-비판적 방법을 사용하는 역사적 학문들(historische Wissenschaften)은 객관적으로 검증될 수 있는 것만을 인정하며, 그 밖의 것은 배제한다. 따라서 예수의 부활도 배제될 수밖에 없다. 여기서 우리는 예수의 부활이 역사적-비판적 방법이 뜻하는 바의 "역사적 사건"일 수 없는 이유를 아래와 같이 기술할 수 있다.[19]

1) 역사적 학문들은 신적 현실을 부정한다. 신적 현실은 소위 학문의 객관성과 보편타당성에 위배되기 때문이다. 그러나 예수의 부활은 하나님의 현실에 속한다.

2) 역사적 학문들은 개연성을 가진 판단에 이를 수 있을 뿐이며, 절대적 지식에 이르지 못한다. 그들은 개연성(Wahrscheinlichkeit)을 가질 뿐이며, 절대적 확실성을 가질 수 없다. 그러나 예수의 부활은 역사적 개연성의 판단에 근거될 수 없다.

3) 역사적 학문들이 연구하는 대상들은 인과율에 묶여 있으며, 인과율 속에서 서로 영향을 주고받는 관계 곧 "상관관계"(Korrelation) 속에 있다. 그러나 예수의 부활은 원인과 결과의 고리에 묶여 있는 이 세계의 사건들 가운데 한 사건이 아니라, "하나님의 사건"이다.

4) 역사적 학문들은 이 세계 안에 있는 모든 사물들의 아날로기아를 전제한다. 모든 사물들은 다르게 보이지만, 동질성을 가지고 있다. 그들은 류(類)에 있어서 동일하다. 그러므로 그들은 인간의 이성에 의하여 인식될 수 있다. 그러나 예수의 부활은 이 세계의 사물들과 아날로기아를 갖지 않는다. 그것은 이 세계의 사물들과 동질적인 것이 아니다. 만일 동질적인 것이라면, 부활은 이 세계에 대하여 아무 "새로움"도 아닐 것이며, 구원의 사건이 아닐 것이다. 그것은 결국 이 세계 안에서 일어나는 많은 사건들

---

19) 이에 관하여 E. Troeltsch, "Über historische und dogmatische Methode in der Theologie"(1898), in : GS II, 1913, S. 729-753 참조.

가운데 한 사건에 불과할 것이다.

5) 개연성과 상관관계와 아날로기아의 원리에 의하여 지배되는 객관적 역사(Historie)는 인간을 역사의 유일한 주체로 인정한다. 역사는 인간에 의하여 만들어지고 인간에 의하여 인식된다. 그러나 예수의 부활의 주체는 인간이 아니라 하나님이다. 하나님이 죽은 예수를 살렸다고 신약성서는 보도한다.

여기서 우리는 예수의 부활과 관련하여 역사적-비판적 방법이 뜻하는 것과는 다른 "역사"의 개념을 말할 수 있다. 역사는 과거부터 있었고 현재에도 있는 사물들의 영원한 "되어감"(becoming)이 아니라, 미래적인 것의 옴(coming)을 뜻한다. 그것은 역사적-비판적 방법들이 증명할 수 있는 일들의 연속을 가리키는 것이 아니라, 성령의 능력 속에서 이 세계의 부정적인 것이 부정되고(Hegel) 하나님의 새로운 세계가 세워지는 과정을 가리킨다. 예수의 부활은 역사적-비판적 방법이 뜻하는 바의 "역사적 사건"이 아니라, 역사를 가능케 하며 그것을 열어주는 사건이란 뜻에서 역사적 사건이라 말할 수 있다.[20]

역사적-비판적 방법에 있어서 역사는 사실상 폐기된다. 세계의 모든 것이 동질적이라면, 세계 안에는 "새로움"이 없을 것이다. 그 속에는 과거로부터 현재를 거쳐 미래에 이르는 영원한 "되어감"(becoming)만이 있을 것이다. 예수의 부활은 영원한 "되어감"만이 있는 이 세계의 많은 사건들 중에 한 사건이 아니다. 그것은 죽은 자들이 살아나는 하나님의 "부활의 과정", "부활의 역사"의 시작이다. 그것은 영원한 되어감과 죄와 죽음의 역사 한가운데서 이루어질 생명의 세계에 대한 "근거와 약속"이다. 그것은 새로운 미래를 일으키며 역사를 열어주는 사건이다.

---

20) 이에 관하여 J. Moltmann, *Theologie der Hoffnung*, S. 163f.: "그리스도의 부활은, 어떤 다른 범주들에 의해서도 언제나 해명되는 역사 안에서 일어났기 때문에 '역사적'이라 불릴 수 없다. 오히려 그것은 역사를 세우기 때문에 역사적이라 불릴 수 있다."

바울은 이것을 다음과 같이 말한다. "예수를 죽은 사람들 가운데서 살리신 분의 영이 여러분 안에 살고 계시면, 그리스도를 죽은 사람들 가운데서 살리신 분께서, 여러분 안에 계신 자기의 영으로 여러분의 죽을 몸도 살리실 것입니다"(롬 8:11). 이 구절에서 바울은 예수와 함께 부활의 "과거"를 우리 안에 거하는 성령의 "현재"와 결합시키며, 이 성령의 현재를 그는 죽은 자들의 부활의 "미래"와 결합시킨다. 예수의 부활은 지나가 버린 사건이 아니라, 우리 안에 지금 거하는 성령의 능력 가운데서 활동하고 있으며, 죽은 자들을 살릴 미래와 연결되어 있다. 죽은 자들이 살아날 미래는 존재적으로(ontisch) 예수의 부활 속에 근거되어 있으며, 인식적으로는 (noetisch) "다시 살리는 성령"의 경험 속에서 이미 지금 현재적으로 경험된다. 그것은 죽은 자들이 다시 살아나는 과정 속에서 현재화된다.

성령 가운데서 죽은 자들의 부활은 단지 기다려지는 것이 아니라 이미 경험된다. 한 인간이 믿음과 희망과 사랑으로 다시 태어나는 사건 속에서, 세상의 불의가 제거되고 하나님의 의가 세워지는 사건 속에서 부활은 현재화된다. 그것은 미래로부터 현재 속으로 앞당겨 일어나는 "과정" 속에 있다. 예수의 부활은 이 세상의 많은 사건들 중에 한 사건이 아니라, 죽음의 세력이 폐기되고 영원한 생명이 나타나기 시작하는 과정의 시작이다. 그것은 "모든 것을 변화시키는 사건"이다.[21] 그것은 예수의 사건을 구원의 사건으로 증명하여주는 것에 불과한 것이 아니라, 죽은 것들이 다시 살아나는 과정을 근거시키는 동시에 이 과정이 시작되는 사건이다.

따라서 우리는 예수의 십자가의 죽음과 부활을 동일 선상에서 볼 수 있다. 흔히 사람들은 십자가의 죽음과 부활은 "그리스도의 사건"이라 불리우는 동일한 사건의 두 가지 면이라 말한다. 물론 이것은 사실이다. 그러나 두 사건은 질적으로 동일하지 않다. 십자가의 죽음이 "역사적 사실"(historisches Faktum)이라면, 부활은 "종말론적 사건"(eschatologisches

---

21) J. Moltmann, *Der Weg Jesu Christi*, S. 265.

Ereignis)이다.[22] 그의 죽음은 인간에 의하여 야기되었던 반면, 부활은 하나님의 사건이다. 그의 죽음은 영원한 "되어감"의 세계의 마지막 귀결이 무엇인가를 보여주는 반면, 부활은 죽은 것들이 다시 살아나는 새로운 삶의 세계의 시작이다. 그것은 새로운 역사의 "근거"와 "시작"이며, 그것에 대한 하나님의 "약속"이다.[23] 예수의 부활과 함께 죄와 죽음의 역사가 물러나고 영원한 생명이 생성되며, "이제는 죽음과 슬픔과 울부짖음과 고통이 없는" "새 하늘과 새 땅"이 앞당겨 일어나는 과정이다. 죽음의 세력을 간과하는 세계관은 하나의 환상이다. 예수의 부활은 예수의 십자가의 죽음에 나타나는 죽음의 세력을 직시케 하는 동시에 "새 하늘과 새 땅"의 새로운 역사와 그것의 미래를 보게 한다.

5. "아날로기아의 원리"와 "모순의 원리"

역사적(historical) 이해는 아날로기아의 원리를 전제한다. 모든 것은 그 류에 있어서 동일하다. 해 아래 새것이 없다. 모든 것은 다양하게 나타나지만, 그 내면에 있어서 서로 비교될 수 있는 유사성을 가진다. 그러므로 하나의 사물을 인식한다는 것은, 다른 사물과 비교되어 정의됨을 뜻한다. A는 B에 비하여 볼 때 "이러이러하다"고 인식된다. 이것이 아날로기아의 원리에 따르는 인식이다. "같은 것은 오직 같은 것에 의하여 인식된다"는 아리스토텔레스의 명제는 바로 이것을 말하고 있다. 그러나 아날로기아의 원리에 있어서 인식 주체는 인식 대상에서 사실상 자기 자신을 인식한다. 그는 자기 자신과 자기의 특성을 대상에 투사한다. 그는 대상을 인식한다고 하지만 사실은 자기가 투사한 자기 자신을 인식한다. 그는 대상에 대

---

22) Ibid., S. 236.
23) 이에 관하여 Jon Sobrino, S.J., *Christology at the Crossroads*, p. 251ff.

하여 무관심하며, 사실은 자기 자신에 대하여 관심을 가진다. 그러므로 아낙사고라스(Anaxagoras)는 "동일한 것은 동일한 것에 대하여 무관심하다"라고 말한다. "아날로기아의 전능"은(Troeltsch) 모든 사건을 평준화시켜버리며, 이리하여 역사에 대한 참된 관심을 폐기한다. 역사에 대한 호기심은 사라진다. 새로운 것이 없기 때문이다. 아무리 새로운 역사를 창조한다 할지라도, 역사에는 아무 새로운 것이 없다고 생각되기 때문이다. 엠페도클레스(Empedokles)에 의하면 "우리는 땅과 함께 땅을, 물과 함께 물을, 공기와 함께 신적 공기를, 불과 함께 불을, 사랑과 함께 사랑을…본다."[24]

모든 것이 사실상 동일하며 따라서 동일한 것 속에서 동일한 것을 볼 수 있을 뿐이라면, 새로운 미래를 향한 투쟁과 노력은 불필요하다. 주어진 현실에 안주하고 적응하는 것이 최상의 지혜와 덕으로 간주된다. 항의하고 개선을 요구하는 사람은 "말 많은 사람", "덕스럽지 못한 사람"으로 생각된다. 불의를 보면서도 침묵하고 마음의 평화를 지키는 사람이 "덕스러운 사람"으로 생각된다. "아날로기아의 원리"는 역사에 대한 모든 관심과 타자에 대한 사랑과 새로운 창조의 정신을 마비시킨다.

이 같은 아날로기아의 원리에 반하여 아낙사고라스는 "모순의 원리"를 말한다. "우리는 뜨거운 것을 통하여 찬 것을, 신 것을 통하여 단것을, 어두운 것을 통하여 밝은 것을 인식한다." 상대방을 인식한다, 안다는 것은 상대방과 하나 됨을 뜻한다. 우리는 상대방과 하나 되며, 상대방을 사랑하는 만큼 상대방을 인식하며 알 수 있다. 그것은 상대방 안에 나를 투사시키고 상대방 안에서 나를 보는 것이 아니라, 상대방을 그의 다름(Andersartigkeit)과 함께 허용하고 상대방을 나와 다름 속에서 인식함을 말한다. 상대방을 그의 다름 가운데서 인식함으로써 우리는 우리 자신을 인식한다. 이때 일어나는 우리의 자기 인식은 상대방을 이해하면서 상대방 안에

---

24) W. Kapelle, *Die Vorsokratiker*, 1958, S. 77f., Fragment 99, 100. J. Moltmann, *Der Weg Jesu Christi*, S. 267에서 인용함.

나를 소외시키는 행위 속에서 일어난다. 자기와 "다른 것"과 만나며, 다른 것의 다름을 수용하는 고통을 동반하는 동시에, 이 수용을 통하여 자기 자신이 변화되는 일이 여기서 일어난다. 사실 우리는 우리와 다른 사람들, 다른 문화들과 인종들을 알 때, 우리 자신을 알게 되고 변화시킬 수 있다.

칸트의 표현에 의하면, 인간의 "순수이성"은 이 세계에 속한 것을 인식할 수 있고 증명할 수 있다. 그러나 그것은 이 세계의 밖에 있는 것을 인식하거나 증명할 수 없는 동시에 부인할 수도 없다. 이 세계의 밖에 있는 것은 순수이성의 영역에 속하지 않기 때문이다. 예수의 부활은 분명히 이 세계 안에서 일어났다. 그것은 빈 무덤이 말하는 바와 같이, 정말 일어났다. 그러나 그것은 인간의 이성이 설명할 수 있고 설명함으로써 지배할 수 있는 이 세계의 많은 사건들 가운데 한 사건이 아니다. 그것은 "하나님의 사건"이요, 이성의 인식과 증명의 영역 밖에 있다. 그것은 이 세계에 대하여 "다른 것", "새로운 것"이다. 그러므로 예수의 부활과 이 세계 사이에는 깊은 "단절"이 있다. 양자 사이에는 존재론적 아날로기아가 없다.[25] 그러므로 이 세계의 사물들을 인식하고 증명하는 이성에 의하여, 예수의 부활은 증명될 수도 없지만 부인될 수도 없다. 그것은 "신앙의 대상"이지 "증명의 대상", "지배의 대상"이 아니다.

자기와는 다른 부활의 사건 속에서 이 세계는 참된 자기를 인식할 수 있다. 예수의 부활 속에서 세계는 죄 없는 자를 죽이는 죄와 죽음의 세력에 사로잡혀 있는 동시에, 새로운 하나님의 역사의 과정 속에 있는 것으로 인식된다. 이제 그것은 영원한 "되어감"이 아니라, 새로운 미래를 향한 새 창조의 과정으로 밝혀진다. 이 세계는 그 자체로서 전부가 아니다. 그것은

---

25) 이에 관하여 J. Moltmann, *Theologie der Hoffnung*, S. 156ff. 또한 이에 관하여 H. -J. Kraus, *Systematische Theologie*, S. 423: "인류의 역사를 깨뜨리는 혁명적 사건을 파악하기 위한 어떤 아날로기아도 우리에게는 없다. 세계의 죽음의 역사 속에서 세계를 변화시키며 세계를 갱신하는 하나님 나라가 생명의 승리를 얻었다." 그러므로 예수는 말한다. "너희는 어찌하여 살아 계신 분을 죽은 자 가운데서 찾고 있느냐?"(눅 24:5)

자기와는 "다른 것", "새로운 것"을 자기 앞에 가지고 있다. 그것은 죽은 것들이 살아날 역사의 미래의 차원을 가진다. 그러므로 그것은 자기 안에 폐쇄될 수 없으며, 자기를 절대화시킬 수 없다. 그것은 언제나 모든 죽은 것들이 부활하는 미래를 향하여 자기를 개방해야 한다. 부활하신 그분은 성령의 능력 가운데서 이 세계를 개방시키고 역사화한다. 부활하신 그분을 경험하는 사람은 성령 가운데서 일어나고 있는 죽은 자들의 부활의 역사를 향하여 부르심과 파송을 받는다. 부활하신 그분의 인식과 파송이 결합된다. "너희는 온 세상에 나가서, 만민에게 복음을 전파하여라"(막 16:15).

6. 예수의 부활은 육의 재활인가?

복음서에 의하면 예수의 몸이 부활하였다. 예수의 영혼만 깨어난 것이 아니라, 그의 온몸이 죽음에서 깨어났다. 빈 무덤을 이것을 말한다. 만일 예수의 영혼만이 부활하였다면, 그의 육체는 무덤 속에 있어야 했을 것이다. 그의 영혼은 물론 그의 육도 부활하였기 때문에, 그의 무덤은 비어 있었다. 영혼과 육을 포함한 예수의 온몸이 부활하였다. 그러나 예수의 온몸이 부활하였다는 것은, 예수의 죽은 육체가 죽음 이전의 상태로 재활하였다는 것을 뜻하지 않는다. 만일 예수의 육체가 죽음 이전의 상태로 재활하였다면, 예수의 육체는 나사로처럼 다시 한 번 죽어야 했을 것이다.

여기서 "몸" 곧 그리스어 "소마"(*sōma*)는 단순히 인간의 육체(Körper)를 뜻하는 것이 아니라, 삶의 역사를 통하여 형성된 인간의 자아(Ich), 자기와 동일시되는 인격적 현실을 뜻한다. 그것은 인간의 "전 인격"(Person als ganze), 인간의 "자기 자신에 대한 관계"라고 말할 수 있으며, 단순한 "육"을 뜻하는 그리스어 "사륵스"(*sarx*)와 구분된다.[26] 그러므로 예수의 몸이

---

26) R. Bultmann, *Theologie des Neuen Testaments*, 6. Aufl. 1968, S. 196, 200.

부활하였다는 것은 그의 육을 포함한 예수의 자아가 영원히 썩지 아니할 삶으로, 곧 "영적인 몸"(sōma pneumatikon, 고전 15:44)으로 변화한 것을 말한다. 그러므로 예수의 몸의 부활에 대하여 우리는 다음과 같이 말할 수 있다.

1) 몸의 부활은 예수가 죽음 이전의 시공간적 삶으로 돌아갔다는 것을 뜻하지 않는다. 또 그것은 예수의 죽음 이전의 시공간적 삶이 연장된다는 것을 뜻하지 않는다. 그는 야이로의 딸, 나인성 과부의 아들, 나사로와 같이 언젠가 죽을 육으로 재활하지 않았다. 그의 부활은 재활(Wiederbelebung)이 아니다. 또한 예수의 부활은 예수가 죽음 이전의 상태로 돌아가서 계속 살게 되었음을 뜻하지 않는다. 몸의 부활은 예수가 영원히 죽지 않는 하나님의 새로운 삶으로 들어갔다는 것을 말한다. 그것은 "새 창조"이며, "죽음과 되어감"(Sterben und Werden)의 법칙을 깨뜨리고 생명의 역사를 근거시키는 사건이다.

2) 긍정적으로 말한다면, 몸의 부활은 육을 포함한 예수의 전 존재가 죽음을 이기고 하나님의 궁극적 현실로 들어갔다는 것을 말한다. 그의 존재와 삶의 역사는 무로 돌아가지 않고, 하나님의 영원 속에 영입되었다. 삶의 마지막에는 죽음이 있지 않고, 죽음을 넘어서는 하나님의 궁극적 현실 곧 영원이 있다. "영원"(Ewigkeit)이란 시간의 끝이 없는 연속(Endlosigkeit)을 뜻하는 것이 아니라, 시간과 공간의 차원을 넘어서 하나님의 현실 속에서 이루어지는 새로운 삶의 질(quality)을 말한다.

3) 예수의 몸이 부활하였다는 것은, 예수가 추구한 "일"이 계속되는 것을 말하는 동시에 그의 "인격"이 없어지지 않고 살아 있다는 것을 말한다. 그의 인격이 살아 있기 때문에, 그의 일이 계속된다. 석가모니, 공자, 소크라테스 등 많은 현인들이 죽었으나 그들의 "일"은 계속되듯이, 예수는 죽었으나 그의 "일"이 계속되는 것이 아니다. 그의 존재는 무로 돌아가지 않았다. 그의 존재는 하나님의 영원한 삶의 현실 속에 있으며, 성령의 능력 속에서 지금도 활동하고 있다. 그러므로 그의 "일"이 계속된다.

4) 예수의 몸의 부활은 부활이 제자들에게 일어난 심리적 현상이나 "신앙의 사건"으로 보는 것을 거부한다. 불트만에 의하면, 예수의 부활은 "부활하신 그분에 대한 신앙의 생성에 불과하다." 그것은 죽은 예수에게 일어난 하나님의 행위라기보다, 제자들이 신앙을 얻게 된 "실존적 사건"을 가리킨다. "예수는 케뤼그마(선포) 속으로 부활하였다."[27] 그러나 빈 무덤 이 시사하는 예수의 몸의 부활은 제자들에게서 일어난 신앙의 실존적 사건이 아니라, 실제로 일어난 사건이다. 그것은 실존론적 폐기를 거부한다. 그것은 제자들에게 일어난 사건이기 전에, 먼저 예수 자신의 몸에서 일어난 사건이다. 그것은 제자들의 신앙에 대하여 일어나기 전에, 먼저 예수 자신에게서 일어났다. 죽은 예수는 선포되기 때문에 사는 것이 아니라, 부활을 통하여 영원히 살기 때문에 선포된다. 몸의 부활은 예수의 부활을 영성화하는 것(Spiritualisierung)을 거부한다.

신약성서는 부활을 두 가지 개념 곧 "에게이로"(egeiro)라는 개념과 "아니스테미"(anhistēmi)라는 개념으로 표현한다. "에게이로"(egeiro)는 "깨우다"(raise, aufwecken)를 뜻하고, "아니스테미"는 "일어나다"(rise up, auferstehen)를 뜻한다. "egeiro"의 명사형 "에게레시스"(egersis)는 마태복음 27:53에서 단 한 번 사용될 뿐이고, 그 밖에는 동사형 "아니스테미"와 그것의 명사형 "아나스타시스"(anastasis)가 사용된다.[28] 전자에 있어서 주체는 하나님이고, 후자에 있어서 주체는 예수 자신으로 표상된다. 다시 말하여 전자에 있어서 예수의 부활은 하나님이 죽은 예수를 일으킨 것으로 표상되는 반면, 후자에 있어서 그것은 죽은 예수가 스스로 일어난 것으로 표상된다. 이 두 가지 표현은 모순된다고 볼 수 없다. 하나님께서 죽은 예수를 살리므로, 죽은 예수가 성령의 능력 속에서 일어났다고 생각할 수 있다.

---

27) R. Bultmann, *Das Verhältnis der urchristlichen Christusbotschaft zum historischen Jesus*, 1960, S. 27.
28) *Theol. Begriffslexikon zum Neuen Testament I*, ed. von L. Coenen u. a., 2. Aufl. 1970, S. 47.

이 두 가지 개념들은 잠에서 깨우는 것, 잠에서 일어나는 것을 은유적으로 받아들인 은유적 상징들이다. 이 개념들은 예수의 부활을 표현하는 동시에 오해를 일으킬 수 있다.

즉 이 두 가지 개념들은, 부활은 잠들기 이전의 상태 곧 죽음 이전의 상태로 되돌아가는 것이라는 오해를 일으킬 수 있다. 그러나 예수의 부활은 땅 위에 있었던, 언젠가 죽을 수밖에 없는 이전의 상태로 되돌아간 것을 뜻하는 것이 아니라, 더 이상 죽음이 없는 전혀 새로운 삶으로 철저히 변화되는 것을 뜻한다. 바울은 이 새로운 삶을 영원히 죽지 않는 "영적인 몸", "영광 가운데 있는 몸"(sōma en doxei)라고 말한다. 이 몸은 "신체 없는 정신성"을 가리키는 것도 아니고, 죽음 이전에 있었던 몸의 연장도 아니다. 그것은 언젠가 죽을 수밖에 없는 육으로부터 철저히 변화됨으로 얻게 되는 전혀 새로운 삶의 현실을 말한다. 이 변화는 한편으로 지상에 살았던 예수의 존재에 일어난다. 따라서 부활은 지상에 살았고 십자가에 못 박혀 죽은 그 예수의 부활을 말한다. 다른 한편 이 변화는 "너무도 철저한" 것이므로, 변화되지 않고 남게 되는 것은 아무것도 없다. 따라서 부활은 우리가 알고 있는 것과는 "전혀 다른 류의 삶", "죽음을 통하여 더 이상 제한되지 않은 영원한 삶"으로 변화되는 것을 뜻한다.[29]

이와 같이 부활은 십자가에 달려 죽은 그 예수의 부활인 동시에, 전혀 다른 존재 양식으로 변화되는 것을 뜻한다. 그러므로 우리는 예수의 부활을 단지 은유적으로, 상징적으로 묘사할 수 있을 뿐이다. 인간의 모든 개념들과 표상들은 모순을 그 속에 내포하고 있다. 따라서 그것들은 예수의 부활을 완전하게 묘사할 수 없다. 그럼에도 불구하고 우리는 이 개념들과 표상들을 가지고 예수의 부활을 묘사할 수밖에 없다. 그 외에는 다른 길이 없기 때문이다. 그러므로 부활은 인간의 개념들과 표상들을 통하여 인식되는 동시에 인식되지 않으며, 파악되는 동시에 파악되지 않으며, 시간과

---

29) W. Pannenberg, *Das Glaubensbekenntnis*, S. 108.

공간의 이편에 있는 동시에 시간과 공간의 저편에 있으며, 역사적으로 분명히 일어났지만 인간이 파악할 수 없는 사건으로 존속한다.

제5부 십자가와 부활 속에 있는 하나님 나라

예수는 누구인가?

1. 예수는 본질적으로 메시아다

지금까지 우리는 예수의 탄생으로부터 출발하여 죽음과 부활에 이르기까지 그의 말씀과 활동을 하나님 나라의 관점에서 기술하였다. 그분의 모든 사역의 중심은 하나님 나라에 있기 때문이다. 여기서 우리는 전통적 세 직분설(*munus triplex, officium triplex*)을 따르지 않고, 예수의 역사적 배경 속에서 일어난 그의 구체적 삶의 사건들과 말씀들을 기술하는 방식을 취하였다. 칼뱅이 대표적으로 말한 세 직분설은 예수의 존재와 사역을 구약성서와 연결시킬 수 있는 장점을 가지는 동시에 많은 문제점을 가지고 있다. 예를 들어 예수는 구약성서적 의미의 예언자도 아니었고 제사장도 아니었다. 그는 화해의 제물을 바치기만 하면 되는 제사장과는 달리, 자기 자신을 화해의 제물로 바쳤다. 더구나 그는 구약성서에 나타나는 왕도 아니었다. 예언자, 제사장, 왕의 칭호는 권위적인 것들로서, 십자가의 죽음으로 지상의 삶을 끝낸 목수의 아들 예수의 모습과 조화되지 않는다. 또 예언자, 제사장, 왕이라는 도식으로부터 출발하여 예수의 활동을 기술할 때,

예수의 현실적이며 역사적인 모습과 메시지를 놓쳐버리기 쉽다. 바로 여기에 전통적 그리스도론의 문제점이 있다. 대부분의 전통적 그리스도론은 특정한 도식으로부터 출발하기 때문에, 예수의 삶의 구체적 사건들과 말씀들에 철저히 근거하지 않는다. 그러므로 우리는 세 직분설의 도식을 포기하고, 예수의 역사적·사회적 배경 속에서 일어난 예수의 구체적 사건들과 말씀들을 기술하는 방식을 취하였다.

이제 우리가 마지막으로 묻고 싶은 것은 "예수는 누구인가?"의 문제다. 역사의 예수는 인간의 옷을 입은 어떤 신적 존재가 아니라, 우리와 똑같은 한 인간이었다. 그는 마음의 상처를 당하기도 하였고 육체의 고통을 당하기도 하였다. 그는 역사적으로(historical) 실재한 인물이었다. 그는 일군의 제자들의 지도자로서 "랍비" 혹은 "선생님"이라 불리우기도 했으며, 많은 사람들에게 그는 하나님 나라를 설교하는 "예언자"로 보이기도 하였다. 그러나 이 예수가 누구인가에 대하여 예수 당시의 사람들도 일치된 의견을 갖고 있지 않았음은 역사적 사실로 보인다. 모세를 위시한 구약의 예언자들, 자라투스트라와 무함마드에게서 볼 수 있는 예언자로서의 특별한 소명의 사건을 우리는 예수에게서 발견할 수 없다.

우리는 예수를 "하나님의 아들"로 알고 있다. 혹은 우리의 "구세주", "화목자"로 알고 있다. 이것은 기독교 신앙에 있어서 핵심적인 내용이라 생각한다. 그러나 역사의 예수는 하나님 나라를 그의 모든 선포와 활동의 중심으로 세우지, 그 자신의 존재를 중심 문제로 세우지 않는다. 신약성서는 여러 가지 칭호들을 가지고 예수가 누구인가를 나타낸다. 이 칭호들 가운데 "메시아", "하나님의 아들", "다윗의 아들"이란 칭호는 예언자 전통에서 유래하며, "사람의 아들"은 묵시사상에서, "왕", "예언자", "하나님의 종", "목자"는 구약성서의 직분으로부터 유래한다. "대제사장", "희생제물", "하나님의 양"은 이스라엘의 제의로부터 유래하며, "선생님", "주"의 칭호는 예수 당시 유대교 랍비에게 적용되던 것이며, "모퉁이 돌", "사자", "새벽별" 등은 비인격적 피조물의 영역에서 유래한다. 기독교가 팔레스타인을 벗어

예수와 하나님 나라

나 로마 제국 전역으로 확장되면서 "다윗의 아들", "사람의 아들" 등의 칭호들은 차츰 사라지고(참조. 후기 바울 서신), "하나님의 형상", "하나님의 말씀"(logos), "마지막 아담", 교회의 "머리" 등의 새로운 칭호가 등장하기도 하였다.

이 모든 칭호들 가운데 예수가 누구인가를 가장 본질적으로 나타내는 칭호는 "메시아" 칭호라 말할 수 있다. 그 까닭은 무엇인가? 앞서 언급한 바와 같이 "그리스도"는 본래 예수의 이름이 아니다. 그것은 히브리어 메시아(Maschiach; 마쉬아흐)를 그리스어로 번역한 것으로, "기름 부음을 받은 자"를 뜻한다. 이 단어가 "예수"라는 이름에 첨가되었고, 그리하여 "예수 그리스도"가 예수의 이름이 되었다. 따라서 "예수 그리스도"는 "메시아 예수"라 불리울 수 있다. 이와 같이 "메시아"라는 칭호는 예수의 이름을 형성할 만큼, 예수의 존재에 있어서 가장 본질적이고 중요한 칭호였다. 그러므로 우리는 예수를 본질적으로 메시아로 보아야 할 것이다. 메시아가 예수의 가장 기본적 칭호다.[1]

그러나 예수의 모든 칭호들은 부활 이후에 생성된 기독교 공동체들이 예수에게 적용한 것이다. 그들은 예수가 누구이며 그들의 신앙에 대하여 어떤 의미를 가지고 있는가를 증언하기 위하여, 유대교와 그리스-로마의 주변 세계에서 이러한 칭호들을 발견하고 역사의 예수에게 적용하였다. 그러나 역사의 예수 자신은 이러한 칭호들을 자기 자신에게 적용하지 않은 것으로 보인다.

여기서 우리는 다음의 사실을 고려할 필요가 있다. 즉 예수의 생애를 기술하는 복음서들은 순수한 역사(history)를 전달하는 자료집(dokuments)이 아니라, 예수에 대한 복음서 기자들과 기독교 공동체들의 신앙의 증언이라는 사실이다. 그들의 목적은 예수를 그리스도 곧 메시아로 증언하고 그에 대한 자신들의 믿음을 전하는 데 있지, 예수에 대한 역사적 자료를

---

1) 앞의 제V장 참조.

수집하고 전달하는 데 있지 않다. 그러므로 실제로 일어난 예수의 사건들과 이 사건들에 대한 신학적 해석, 역사적 보도와 신학적 반성, 역사의 예수의 말씀과 부활 이후 그의 말씀에 대한 인식의 한계를 분명히 설정한다는 것은 매우 어려운 일이다. 부활한 예수의 말씀에 대해서는 물론 역사의 예수 혹은 지상의 예수 자신의 말씀, 특히 예수의 그리스도론적 자기 진술에 대해서 복음서 기자들과 그들의 공동체의 신앙과 예배와 선교가 영향을 주었음은 부인하기 어렵다. 복음서 편집자들도 상당한 영향을 주었을 것이다.

예수의 메시아적 존재와 메시아적 활동을 드러내고자 하는 이야기들에 있어서 이 영향은 상당히 컸던 것으로 보인다. 예를 들어 예수를 다윗의 아들 혹은 약속의 아들로 선포하고자 마태와 누가가 보도하는 예수의 족보는 가장 오래된 복음서로 알려진 마가복음서에는 없으며, 또 그들의 족보는 서로 일치하지 않는다. 예수가 정말 성령의 활동으로 숫처녀 마리아에게 수태되었다면, 예수의 인간적 족보는 있을 수 없다. 그는 인간 아버지가 없기 때문이다. 예수의 어린아이 시절에 대한 이야기는 마태복음과 누가복음에만 기록되어 있으며, 역사적으로(historical) 검증되기 어렵다. 예수의 세례와 광야 유혹 이야기는 특별한 문학적 성격을 가지고 있으며, 예수의 파송을 드러내고자 하는 의도를 가지고 있다. 예수의 변용에 관한 이야기는 이미 마가에 있어서 다양한 전승들을 포괄하고 있으며, 예수의 메시아적 기능과 존재를 나타내고자 한다. 그러나 이 이야기들은 단순한 전설이나 신화가 아니라, 예수의 역사적 사건들과 연결된 것으로 보아야 할 것이다. 여기서 어디까지가 역사(history)이고, 어디까지가 신학적 해석 내지 성찰인지 그 한계를 분명히 긋는다는 것은 거의 불가능한 일이다.

여하튼 예수의 메시아적 칭호들에 있어서 초기 공동체들의 신앙과 신학이 영향을 주었다는 것은 오늘날 거의 모든 주석가들의 공통된 의견이다. 예수의 어록(Q 자료)에는 메시아 칭호가 없다. 예수의 존재에 대한 이야기에서 예수는 다른 사람에 의하여 메시아로 불리며, 이에 대하여 예수는 긍정하지도 부정하지도 않는다. "당신은 메시아입니다"라는 베드로의 고백과(막 8:29), "그대는 찬양을 받으실 분의 아들 메시아인가?"라는 대제사장의 질문은(막 14:61) 초기 기독교 공동체들의 신앙을 비추어준다. 예수가 자기를 "아들"이라 부른 이야기는(마 11:27; 막 13:32) 역사의 예수를 연상시키기보다, 요한복음을 연상시킨다. 공관복음에서 예수는 자기를 한 번도 메시아라 부르지 않으며, 메시아 칭호를 요구하지도 않는다. 가장 오래된 마가복음도 예수의 메시아 되심을 하나의 비밀로 다룬다.

이러한 비판적 근거에서, 역사의 예수 자신은 메시아, 다윗의 아들, 하나님의 아들과 같은 메시아적 칭호를 주장하지 않았다고 추리할 수 있다. 오히려 이 칭호들은 초기 기독교 공동체가 예수의 부활 다음에 예수의 삶을 뒤돌아보면서 예수에 관한 모든 전승들을 메시아의 빛에서 보았고, 그리하여 예수의 메시아 되심에 대한 고백을 예수에 관한 이야기 속에 삽입시킴으로써 복음서에 나타난 것이라 말할 수 있다. 복음서 편집자들도 예수의 삶을 뒤돌아보고 부활한 예수의 메시아 되심에 대한 믿음 속에서 예수의 메시아 되심에 대한 기록들을 편집한 것으로 보인다.

그러나 지상의 예수가 메시아적 칭호들을 자기에게 요구하였는가, 요구하지 않았는가는 부차적인 문제다. 왜냐하면 그의 모든 활동은 메시아적이었으며 따라서 메시아적 기대와 믿음을 불러일으키기에 충분하였기 때문이다. 이것은 엠마오로 가던 두 제자들의 대화에서 증명된다. "우리는 그분이야말로 이스라엘을 구원하실 분이라는 것을 알고서, 그에게 소망을 걸고 있었던 것입니다"(눅 24:21). 역사의 예수, 그는 인간적으로 보잘것없는 존재였다. 그는 선한 것이 나올 수 없다고 여겼던 나사렛 출신이었다. 그의 가정은 그 사회에서 아무 의미도 없는 목수의 가정이었으며, 그는 좋은 교육도 받지 못하였고, 돈도 지위도 없었다. 그 사회의 어떤 권위도, 어떤 전통도, 어떤 단체도 그를 정당화해주지 않았다. 실로 그는 아무 의미도 없는 존재였다. 그러나 그는 율법과 성전과 모세와 예언자들과 왕들의 권위보다 더 높은 권위를 행사한다. 그는 산상설교에서 "그러나 나는 너희에게 말한다"라고 말하면서 자기를 모든 권위 위에 세운다. 그는 "아멘"을 먼저 말함으로써, 랍비나 예언자의 권위를 상대화한다. 그는 그의 민족과 사회에서 거룩하다고 간주되는 것들을 상대화한다. 그는 율법을 다르게 해석하거나 율법을 더욱 철저화할 뿐 아니라, 율법 자체를 상대화한다. 그는 여자들과 자유롭게 교제하며, 지배와 복종의 지배체제 대신 자유로운 섬김의 공동체를 세운다. 이로써 그는 그 사회의 기본 질서와 체제를 뒤흔들어버린다.

인간이 인간답게 살 수 있으며 모든 피조물들이 평화롭게 공존하는 세계를 이루는 것이 하나님의 주요 관심사다. 이것이 "하나님의 뜻"이요 "하나님의 일"이다. "하나님의 일"은 모든 "인간의 일"이요 "생태계의 일"이다. 인간과 생태계 전체가 평화롭게 공존하는 세계 곧 하나님 나라가 이루어지는 것이 하나님의 뜻, 하나님의 의지다. 인간의 일, 생태계의 일과 일치하는 하나님의 일을 이루기 위하여 그는 그 사회의 모든 형식들과 가치체계를 상대화한다. 이 모든 형식들과 가치체계가 존재하는 이유는 하나님의 일 곧 인간과 생태계의 행복을 성취하기 위함이다. 하나님의 일 앞에서 그 무엇도 절대화될 수 없다. 자기의 가족과 동지와 친구와 민족과 인종, 이 모든 인간의 한계를 넘어서는 사랑과 자비를 그는 율법의 완성으로 가르친다. 모든 인간적 구별들과 한계들이 철폐된다. 모든 인간 차별이 거부된다.

이와 같이 예수는 메시아적 권위를 가지고 행동하지만, 이 권위가 어디로부터 오는 것인지, 그것이 어떻게 근거될 수 있는지 전혀 설명하지 않는다. 그는 근거되지 않는, 그러므로 터무니없어 보이는 권위를 가지고 행동한다. 만일 그의 권위에 대한 근거를 찾는다면, 하나님과 그의 내적인 한 몸 됨에서 찾을 수 있을 것이다. 지상의 예수는 하나님과 완전히 하나 된 모습을 보인다. 그에게 하나님은 단순히 "아버지", "우리 아버지"가 아니라 "나의 아버지"요 "아빠" 혹은 "아빠 아버지"다. 이 아버지 하나님의 뜻에 순종하여 그는 자기를 십자가의 죽음에 내어준다. 그는 "아버지의 일"

을 자기 자신의 일로 삼으며, 이 일 때문에 죽음을 당한다. 아버지 하나님의 일이 그의 일이요, 그의 일은 곧 아버지 하나님의 일이다. 하나님과의 이 내적인 하나 됨 때문에, 예수는 그 사회의 모든 것을 상대화할 수 있는 자유와 권위를 행사할 수 있었을 것이다. 그러나 이것은 그 누구에게도 객관적으로 증명될 수 없는 일이었다. 그러므로 예수의 자유와 권위는 그가 죽는 순간까지 근거 없는, 그러므로 터무니없는 것으로 보였다. 이것이 유대교 지도자들을 화나게 하는 일이었다.

그럼 예수가 메시아적 자유와 권리를 가지고 행동하면서도 어떠한 메시아적 칭호도 자기에게 요구하지 않는 이유는 무엇일까? 이 문제에 대하여 우리는 앞서 고찰한 바 있다. 그러나 지금까지 기술한 예수의 삶의 역사를 뒤돌아보면서, 우리는 이 문제에 대하여 다음과 같이 종합적으로 답변할 수 있다.

첫째, 예수에게 참으로 중요한 것은 자기의 존재 문제가 아니라, 하나님 나라를 선포하고 그것을 세우는 데 있었다. 참으로 자기의 일을 중요시하는 사람에게 자신의 존재 문제는 중요하지 않은 것으로 생각된다. 그러므로 그는 자기의 존재 문제를 소홀하게 다룬다. 그는 자기가 누구인가를 말하기보다, 먼저 자기의 일에 열중한다. 자기의 존재 문제는 그에게 중요한 문제가 아니다. 인간이 인간 이하의 취급을 당하며 고난 속에서 살아가는 현실 속에 하나님의 의와 자비를 세우는 것이 "예수의 일"이었다. 그러므로 예수는 특정한 칭호를 통하여 자기 존재를 나타내는 일에 대하여 무관심하다.

둘째, 예수 당시의 메시아적 칭호들 곧 메시아, 다윗의 아들, 하나님의 아들 등의 칭호들은 다양한 전승들의 내용으로 구성되어 있었으며, 당시 유대인들의 정치적 기다림과 결합되어 있었다. 예수는 이러한 기존의 칭호들과 자기를 일치시킬 수 없었다. 이 칭호들은 역사적으로 제한되어 있었으며, 예수의 메시아적 존재의 비밀을 표현하기에 적절하지 못하였다. 기존하는 어떠한 개념이나 표상도, 어떠한 전통적 직분이나 칭호도 예수의 요구를 표현하고 그의 존재와 파송을 나타내기에 적절하지 못하였다. 그는 바리새파가 표상하는 메시아, 에세네파가 표상하는 메시아, 열심당이 표상하는 메시아와는 다른 메시아였다. 하나님의 구원의 길은 이들이 생각하는 구원의 길과 다른 것이었다.

예수 안에 나타나는 메시아는 세계 심판자가 아니라, 십자가에서 세계의 심판을 대신 당하는 메시아다. 그는 인간을 율법이 요구하는 업적에 따라 판단하는 메시아가 아니라, 인간을 무한히 용서하고 새로운 삶의 가능성을 열어주는 메시아다. 그는 이스라엘 민족을 정치적으로 해방하고 이스라엘을 세계의 중심 국가로 세울 민족주의적 메시아가 아니라, 모든 민족을 하나님 나라의 잔치에 초대하는 메시아다. 그는 상하의 엄격한 계급 질서에 따라 높은 자리에 앉아 있는 메시아가 아니라, 세리들, 죄인들, 병자들, 가난한 자들과 함께 웃고 울며 삶을 나누는 메시아다. 그는 "지배하는 메시아"가 아니라 "섬기는 메시아"이며, "심판하는 메시아"가 아니라 "용서하는 메시아"다. 그는 세상의 영광을 받지 않고, 오히려 세상의 버림을 받으며 십자가의 고난을 당한다.

십자가에 달린 메시아! 고난당하는 메시아! 이 예수가 하나님의 메시아, 하나님의 아들이라는 것을 유대인들은 결코 믿을 수 없었다. 그래서 예수의 제자들마저 예수와 함께 시작하였던 일을 포기하고 일상생활로 돌아간다. 유대인들은 물론 이 세계의 그 누구도 십자가에 달린 그분이 하나님의 메시아라는 것을 믿지 못할 것이다. 힘없이 당한 그의 고난과 죽음 속에 하나님의 구원의 길이 있다고 생각하지 않을 것이다. 그러나 신약성서 저자들은 부활의 빛에서 예수의 삶의 역사를 뒤돌아보고, 십자가에 달린 예수가 하나님의 메시아라고 고백한다. 그는 힘을 통하여 우리를 도우시는 것이 아니라, 그의 "무력하심"을 통하여 우리를 도우신다(Bonhoeffer).

셋째, 한 사람의 존재는 자기 자신에 대한 그의 말과 자기주장을 통하여 결정되고 증명되지 않는다. 오히려 그것은 그의 행위와 삶의 역사 전체를 통하여 결정되고 증명된다. "나는 누구인가?"의 문제는 나의 생애 마지

예수와 하나님 나라

막에 답변될 수 있는 것이지, 삶의 과정 속에서 답변될 수 없다. 한 인간의 존재는 다양한 관계 속에 있으며, 이 관계들 속에서, 이 관계들을 통하여 형성되고 결정된다. 예수가 어떠한 칭호도 자기 자신에게 적용하지 않으며 또 그것을 요구하지 않는 이유가 여기에 있다고 설명할 수 있다. 그의 메시아 되심을 증명하는 것은, 기존의 어떤 개념이나 칭호가 아니라, 십자가의 죽음으로 끝나는 그의 삶의 전 역사다. 당시 유대교의 모든 그룹들이 생각하던 것과는 전혀 다른 예수의 메시아 되심은 그의 삶의 역사 전체를 통하여 드러날 것이다. 그리고 이 역사는 부활의 빛에서 비로소 메시아적 삶의 역사로 밝혀진다. 그러므로 예수는 그의 메시아적 존재에 대하여 침묵하면서 "하나님의 일"을 추구할 뿐이다. 그의 메시아적 존재를 고백하는 사람들에게 그는 침묵을 요구하면서, 십자가의 고난을 향한 그의 삶의 길을 따를 것을 명령한다.

넷째, 신학적으로 중요하지 않은, 그러나 능히 있을 수 있는 또 하나의 이유를 우리는 생각할 수 있다. 인간에게 "가장 확실한 것은 빵이다"(도스토예프스키). 빵이야말로 인간의 생존을 확실하게 보장할 수 있다. 그러므로 인간에게 가장 중요한 것은 빵이다. 그런데 예수는 그 사회 지도자들과 기득권자들의 빵을 위험스럽게 만드는 존재로 나타난다. 그는 그 사회의 모든 가치체계와 질서를 교란시킨다. 이러한 사람들에게 예수의 메시아적 존재는 허용될 수 없다. 예수가 아무리 큰 기적을 통하여 그의 메시아 되심을 증명한다 할지라도, 그들은 그의 메시아 되심을 인정하지 않을 것이다.

예수가 한편으로 기적을 행하면서도, 자기에게 기적을 요구하는 사람들에게 기적을 거부하는 이유를 우리는 여기서 찾을 수 있다. 이것을 우리는 도스토예프스키의 『카라마조프의 형제들』에 나오는 "대심문관"의 이야기에서 여실히 발견한다. 하나님의 메시아인 예수가 오셨지만, 제사장들은 그들의 기득권을 유지하기 위하여 예수를 추방하여버린다. 이러한 사람들 앞에서 예수가 자기의 메시아적 존재에 대하여 말하는 것은, "하나님 모독자"라는 죄명으로 돌에 맞아 죽을 수 있는 구실을 제공하는 것밖에 되지 않는다. 예수는 그의 메시아적 행위로 말미암아 죽음을 당할 수밖에 없는 그의 마지막 운명을 내다보았을 것이다. 그는 이것을 결코 피하지 않지만, 자기의 메시아적 존재를 문제 삼음으로써 그의 마지막 운명을 앞당기지 않는다. 그는 이 운명이 올 수밖에 없다는 것을 내다보면서, 자기가 해야 할 일을 할 뿐이다. 그의 메시아적 존재는 결국 하나님 자신에 의하여 부활을 통하여 밝혀질 것이다.

결론적으로 한 사람이 누구인가를 결정하는 것은 그 사람의 말이 아니라 삶의 역사다. 삶의 역사가 그의 존재를 결정한다. 그의 존재는 그 자신의 말을 통해 나타나는 것이 아니라, 그가 행한 일들을 통하여 나타난다. 즉 그가 "행한 일"이 그를 따라다니면서(계 14:13), 그가 어떤 존재인가를 증명한다. 또 그의 삶을 지켜본 사람들의 평가가 그의 존재를 증명한다. 하나님의 눈이 그들 가운데 있기 때문이다. 이와 마찬가지로 예수의 메시아 되심을 결정하는 것은 자기 자신에 대한 예수의 말이 아니라 그의 삶의 역사다. 그의 메시아 되심은 그와 삶을 함께 나눈 제자들의 진술을 통해 증명된다. 부활의 빛 속에서 제자들은 예수의 삶을 뒤돌아보고, 십자가에 달려 죽음을 당한 이 예수가 참하나님의 메시아였음을 깨닫고 그를 "그리스도" 곧 메시아라 부른다. "하나님께서는 여러분이 십자가에 못 박은 이 예수를 주님(*Kyrios*)과 그리스도가 되게 하셨습니다"(행 2:36). "선생님은 살아 계신 하나님의 아들 그리스도십니다"(마 16:16). 자기에 대한 예수 자신의 언질이 아니라, 그의 삶을 함께 나누었던 제자들의 고백이 예수의 메시아 되심을 증명한다. 만일 예수가 메시아다운 삶을 살지 않았다면, 제자들은 생명의 위험을 당하면서까지 예수가 메시아라고 고백하지 않았을 것이다.

2. 메시아의 기능

– 구원의 메시아적·생태학적 이해

그럼 메시아의 기능은 무엇인가? 묵시사상의 전통에 의하면 메시아의 기능은 하나님의 의의 심판을 집행하고 구원을 실현하는 데 있다. 그는 하나님의 의를 집행하기 위하여 죽은 자들마저 무덤에서 부활시키고 그들을 최후의 심판대 앞에 세울 것이다. 하나님의 의는 죽음의 한계 앞에서 정지하지 않는다. 오히려 그것은 죽음의 한계조차도 넘어선다. 그러므로 우리는 이렇게 생각해서는 안 된다. "메시아가 올 때 나는 이미 죽어 없을 것이므로 나는 의의 심판을 받지 않을 것이다. 그러므로 나는 불의한 생활을 해도 괜찮을 것이다." 이에 반하여 묵시사상은 말한다. "하나님의 의 앞에서 죽음조차도 한계가 될 수 없다. 하나님의 메시아는 죽은 자도 일으켜서 의의 심판대 앞에 세울 것이다."

그러나 예수 안에 나타나는 하나님의 의는 묵시사상이 기대하는 것과 다르게 나타난다. 그것은 행위에 따라 인간을 판단하지 않고 오히려 용서하며 회개를 기다리는 사랑으로 나타난다. 하나님의 의는 예수의 십자가에서 그의 완전한 모습을 나타낸다. 예수는 모든 인간이 당할 의의 심판을 십자가에서 대신 당한다. 여기서 하나님의 의는 심판으로 나타나지 않고 무한한 고난과 사랑으로 나타난다. 이를 통하여 예수는 모든 인간을 죄책에서 구원한다.

이것은 기독교의 구원관에 있어서 결코 약화되거나 포기되어서는 안 될 중요한 요소다. 인간은 육을 입고 이 세상에서 사는 한, 죄를 짓지 않을 수 없는 존재다. 죄는 반드시 죄책을 초래한다. 그러나 죄악된 인간 자신이 자기를 죄책으로부터 해방할 수 없다. 쇠사슬에 묶여 있는 자가 자기 자신을 풀어줄 수 없다. 또 어떤 인간도 다른 인간을 그의 죄책에서 해방시킬 수 없다. 모든 인간이 죄의 세력에 묶여 있기 때문이다. 따라서 죄책으로부터의 해방은 인간 자신이 해결할 수 있는 문제가 아니다. 그것은 오직 초월적으로, 다시 말하여 오직 하나님으로부터 해결될 수 있다. 하나님의 메시아 예수는 모든 인간이 당해야 할 의의 심판을 십자가에서 대신 당함으로써 모든 인간을 죄와 죄책으로부터 해방한다. "그가 찔린 것은 우리의 허물 때문이고, 그가 상처를 받은 것은 우리의 악함 때문이다. 그가 징계를 받음으로써 우리가 평화를 누리고, 그가 매를 맞음으로써 우리의 병이 나았다. 우리는 모두 양처럼 길을 잃고 각기 제 갈 길로 흩어졌으나, 주께서 우리 모두의 죄악을 그에게 지우셨다"(사 53:5-6).

하나님의 메시아 예수는 이스라엘 민족과 묵시사상이 기대하듯이 무한한 능력과 영광의 존재로 나타나지 않는다. 오히려 그는 모든 인간의 질고와 허물을 대신 짊어지고 대속의 제물로 바쳐지는 "희생양"으로 나타난다. 그의 죽음은 희생의 죽음이다. 희생의 죽음을 통하여 그는 모든 인간을 죄와 죄책에서 구원한다. "그리스도(=메시아, 필자)께서는 오직 한 번 지성소에 들어가서서, 염소나 송아지의 피로써가 아니라 자기의 피로써, 우리에게 영원한 구원을 이룩하여주셨습니다. 염소나 황소의 피와 암송아지의 피를 더러워진 사람들에게 뿌려도 그 육체가 깨끗해져서 그들이 거룩하게 되거든, 하물며 영원한 성령을 힘입어 자기 몸을 흠 없는 제물로 삼아 하나님께 바치신 그리스도(=메시아, 필자)의 피야말로, 더욱더 우리들의 양심을 깨끗하게 하여 우리를 죽은 행실에서 떠나, 살아 계신 하나님을 섬기게 하지 않았습니까?"(히 9:11-14)

죄와 죄책으로부터의 구원을 바울은 칭의(혹은 의인) 개념으로 설명한다. 우리는 율법을 지킬 때 하나님 앞에 설 수 있는 의를 얻는다. 그러나 인간은 죄로 말미암아 의를 잃어버렸다. 그는 하나님 앞에 설 수 없는 죄인이 되었다. 모든 인간은 죄인이다. 그는 율법을 지키고 싶으나 지킬 수 없다. 그는 선을 행하고 싶으나 행할 수 없다. 그의 마음에는 "죄의 법"이 다스리고 있기 때문이다. 그는 이제 율법의 저주와 심판 아래 있다. 그에게 생명의 길을 가르쳐주는 율법은 이제 그의 죄를 깨닫게 하고 죄를 저주하는 세력으로 작용한다. 그러므로 하나님은 그의 아들을 세상에 보내

서서 그를 "화해의 제물"(혹은 화목제물, 속죄제물)로 내어주셨다. 이를 통하여 그는 인간의 잃어버린 의를 회복한다. 십자가에 달린 예수가 "하나님의 의"다. 그의 죽음으로 말미암아 모든 인간은 "값없이 의롭다 하심을" 얻고 하나님과의 관계를 회복한다. 그는 하나님과 화해되며 하나님 앞에 설 수 있는 의를 얻는다.

이렇게 하나님은 죄인을 값없이 의롭게 하심으로써 자기의 의를 나타낸다. 그의 의는 죄인을 그의 행위에 따라 심판하는 의가 아니라, 죄인을 무한히 용서하며 그를 값없이 의롭다 하는 사랑으로 나타난다. "그러므로 율법을 지킴으로써 하나님 앞에서 의롭다고 인정받을 사람은 아무도 없습니다. 율법으로는 죄를 인식할 뿐입니다. 그러나 이제는 율법과는 상관없이 하나님의 의가 나타났습니다. 하나님의 의는 예수 그리스도(=메시아, 필자)를 믿는 믿음을 통하여 모든 믿는 사람에게 옵니다. 하나님께서 이 예수를 사람에게 속죄제물로 주셨습니다. 누구든지 그 피를 받으면 속죄함을 받습니다. 하나님께서 이렇게 하신 것은, 사람들이 이제까지 지은 죄를 너그럽게 보아주심으로 자기의 의를 나타내시려는 것입니다. 하나님께서 길이 참으시는 가운데, 지금 이때에 자기의 의를 나타내신 것은, 하나님께서는 의로우신 분이라는 것과 예수를 믿는 사람은 누구나 의롭게 하여주신다는 것을 나타내시려는 것입니다"(롬 3:20-26).

그러나 죄와 죄책으로부터의 구원은 메시아의 구원의 한 부분에 불과하다. 그것은 메시아의 구원의 시작이지 완성이 아니다. 메시아의 구원 곧 기독교가 말하는 구원은 궁극적으로 "하나님 나라"를 세우는 데 있다. 물론 메시아의 구원은 하나님의 의롭다 하심을 얻는 개인의 존재와 함께 시작한다. 그러나 그것은 모든 피조물이 하나님의 정의와 자비와 평화 속에서 함께 사는 하나님의 새로운 세계가 세워짐으로써 그 목적에 도달한다. 그러므로 복음서의 예수는 하나님 나라를 그의 말씀과 활동의 주제로 삼는다.

그럼 이 하나님 나라는 어떻게 세워지는가? 달리 말하여 메시아의 구원은 어떻게 이루어지는가? 그것은 예수의 삶 속에 나타나는 사건들을 통하여 이루어진다. 예수는 그의 삶을 통하여 하나님 나라를 세웠기 때문이다. 구체적으로 그것은 죄와 죄책 가운데 사는 사람들에게 용서를 선포하며, 하나님 없이 살던 자가 하나님의 자녀로 태어나며, 삶의 권리와 존엄성을 박탈당한 사람들에게 삶의 권리와 존엄성을 회복시켜주며, 인간성을 상실한 사람들에게 인간성을 회복시켜주며, 불의를 제거하고 정의를 세우며, 서로 용서하고 섬기며, 자기의 소유를 베풀며, 희년의 정신을 실천함으로써 이루어진다. 물론 예수 자신은 희년 계명을 실천하지 못하였다. 그는 이러한 일을 실천할 수 있는 힘을 갖지 않았다. 그러나 그는 이것을 요구하였고, 이것이 하나님의 뜻이요 구원의 길임을 가르쳤음이 분명하다. 사회의 부가 소수의 사람에게 편중된 민족 가운데 망하지 않은 민족은 없기 때문이다.

물론 복음서에 나타나는 예수의 구원은 인간의 내면적 구원 곧 영혼구원과 피안의 차원을 배제하지 않고 오히려 이것을 포괄한다. 그러나 복음서에 의하면 예수의 구원은 궁극적으로 하나님의 뜻이 "땅 위에서도" 이루어지며 하나님 나라가 이 세계 속에 세워지는 것을 말한다. 그러므로 예수는 주기도에서 "(하나님의) 나라가 임하옵시며 뜻이 하늘에서 이룬 것같이 땅에서도 이루어지이다"라고 기도할 것을 가르친다. 우리나라의 교회에서는 요즘 병고침과 귀신추방이 크게 일어나고 있으며, 교인들은 병고침과 귀신추방에서 하나님의 구원을 경험한다. 물론 하나님의 메시아 예수도 병을 고쳤고 귀신을 추방하였다. 그러나 그의 병고침과 귀신추방은 그 자체에 목적이 있는 것이 아니라, 예수와 함께 일어나고 있는 하나님 나라가 사건화되는 한 형태요 표징에 불과하다. 그것은 하나님 나라라는 틀 안에서 일어난다. 병든 사람과 귀신들린 사람에게는 병과 귀신에서 해방되고 하나님의 자녀로 새롭게 태어나는 그 자체가 구원이다. 그러나 그가 경험하는 구원은 하나님의 총체적 구원의 한 부분이요 시작에 불과하다. 그것은 온 세계 안에 세워질 하나님 나라가 그의 존재 안에서 시작되는 것을 뜻한다. 그러므로 예수는 이렇게 말한다. "나는 하나님의 능력으로 마귀를 쫓아내고 있다. 그렇다면 하나님 나라는 이미 너희에게 와 있는 것이다"(눅 11:20).

병고침과 귀신추방을 우리는 반드시 부인할 필요도 없고 또 부인해서는 안 될 것이다. 그것은 지금도 세계의 선교현장에서 일어나고 있다. 그러나 병고침과 귀신추방이 예수가 선포한 하나님 나라의 지평을 상실할 때, 예수는 마치 병을 고치고 귀신을 추방하는 것을 그의 주업으로 삼은 인물로 오해된다. 하나님의 구원은 사회와 역사에 대한 의미를 상실하며, 병고침과 귀신추방 자체가 하나님의 구원의 전체인 것처럼 오해된다. 기독교는 사회와 역사로부터 소외되어 병을 고쳐주고 귀신을 내쫓는 일을 주업으로 삼는 종교로 변질된다. 주기도를 입으로만 외울 뿐, 주기도에서 주님이 가르치는 것을 실천하지 않는다. 그래서 주기도는 빈말로 허공을 칠뿐이다. 오늘날 병고침과 귀신추방을 일삼고 있는 일부 한국교회의 문제점이 바로 여기에 있다.

이와 관련하여 우리는 예수 당시 병고침과 귀신추방의 사회적 의미를 파악해야 한다. 병과 귀신들림은 그 당시 죄의 결과로 생각되었으며, 따라서 병든 자와 귀신들린 자는 그 사회에서 죄인 취급을 당하였다. 따라서 예수의 병고침과 귀신추방은 병든 사람과 귀신들린 사람을 사회적 소외로부터 해방시켜 그 사회로 통합시키는 것을 포괄한다. 병고침과 귀신추방의 이러한 사회적 해방의 의미를 간과하고 마치 예수가 병 고쳐주고 귀신을 내쫓는 마술사인 것처럼 생각하는 것은 한국 기독교의 미래에 치명적인 일이다. 하나님의 메시아 예수의 구원은 죄와 죄책으로부터의 용서, 병고침과 귀신추방을 넘어, 하나님의 의와 자비가 다스리는 하나님 나라를 온 땅 위에 세우는 데 있음을 우리나라의 교회는 잊어서는 안 될 것이다. 병고침과 귀신추방은 하나님 나라를 세우고자 하는 예수의 활동 가운데 극히 작은 일부에 불과하다. 그럼에도 불구하고 이것이 예수의 활동의 핵심 주제인 것처럼 귀신계보학을 만들고 기독교 치유 전문기관을 세위 귀신추방과 병고침을 주업으로 삼는 일은 적절하지 않다. 귀신추방과 병고침이 일어날 경우, 그것은 하나님 나라의 전망 속에서, 하나님 나라와 연관 속에서 일어나야 한다.

예수가 선포하는 하나님 나라는 이 세계의 죄와 불의에 대립한다. 그러므로 예수는 죄 용서를 선포하는 동시에 사회의 불의를 비판하며, 불의를 행하는 자들의 회개를 요구한다. 하나님 나라는 불의와 공존할 수 없기 때문이다. 따라서 하나님의 구원은 이 세계의 죄와 불의가 제거되고 모든 인간이 평등하고 자유롭게 사는 하나님 나라가 세워지는 데 있다. 모든 형태의 억압과 착취는 사라져야 한다. 그러므로 예수는 "주의 은혜의 해" 곧 희년을 선포한다. 그것은 첫째, 노예가 자유롭게 되어야 한다. 다시 말하여 모든 인간의 가치와 존엄성이 회복되어야 한다. 둘째, 빚을 탕감해주어야 한다. 다시 말하여 소수의 사람에게 편중된 부를 사회 전체로 환원해야 하며, 불의한 재물로 치부하는 일이 중지되어야 한다. 또한 가난한 사람들의 삶의 권리가 보장되어야 한다. 셋째, 땅을 본래의 주인에게 되돌려주어야 한다. 땅은 본래 하나님의 것이다. 그러므로 사람이 그것을 영원히 소유할 수 없으며, 사고팔 수 없다. 땅은 그것을 사용하여 살아가는 사람들에게 환원되어야 한다. 땅은 사람의 생명 유지를 위한 가장 기본적인 조건이다. 곧 인간의 가치와 존엄성을 보장할 수 있는 가장 기본적인 요소다. 땅이 없는 사람은 고향을 잃어버린 사람과 같다. 그는 그의 육에 있어 땅으로부터 와서 땅 위에서 살다가 땅으로 돌아갈 존재이기 때문이다. 그러므로 땅을 잃어버린 사람에게 땅을 돌려줌으로써 그의 기본 가치와 권리와 존엄성을 보장해주어야 한다. 하나님 나라, 하나님의 주권은 이러한 희년 계명이 실천되는 곳에 일어나며, 바로 여기에 하나님의 구원이 있다. 하나님의 구원은 인간이 죄와 죄책에서 해방되고 하나님의 의를 얻으며 하나님의 자녀로 새로 태어나는 데서 시작한다. 그러나 그것은 이것으로 끝나는 것이 아니라, 정치적·경제적·인종적·문화적·성적·신체적·사회적 불의와 억압이 제거되고 "하나님 나라와 하나님의 정의"가 세워지는 것을 말한다.

오늘날 예수의 구원은 생태계의 범위까지 확대될 수밖에 없다. 물론 예수 자신은 복음서에서 생태계의 구원에 대하여 직접 말한 적이 없다. 그 당시의 세계에서 생태계는 전혀 문제가 되지 않았기 때문이다. 그러나 예수가 선포한 "하나님 나라"는 생태계를 포괄한다. 자연 없는 하나님 나라를 생각할 수 없다. 하나님 나라는 자연 안에서 이루어지며 자연을 포괄한다. 따라서 생태계도 예수의 구원에 포함된다. 예수가 선포한 하나님 나라는 복음서에서 예수 자신의 인격과 결합되어 있다. 예수를 통하여 하나님은 인류와 세계에 대하여 새로운 삶의 가능성을 열어주셨다. 예수의 인격과 그의 삶과 죽음과 부활을 통하여 하나님은 죄 용서와 영원한 생명과 구원을 주신다. 예수 자신이 하나님 나라다(Auto-Basileia, Origenes). 예수 자신이 하나님 나라의 담지자(Träger)다. 예수의 구원은 인간의 영혼은 물론 온 피조물의 세계 속에 하나님 나라가 세워지는 것을 말하며, 여기에는 생태계도 포함된다. 예수는 인간 영혼의 구원자인 동시에 생태계의 구원자다.

이에 대한 근거를 우리는 신약성서 여러 구절에서 발견할 수 있다. 몇 가지 예를 들자면, 먼저 우리는 "만유의 주"에 관한 말씀에서 그 근거를 발견할 수 있다. 하나님은 만유를 "그리스도의 발 아래" 굴복시킬 것이다(고전 15:25). 이리하여 그리스도는 만유의 주가 되실 것이다. 그는 "만유로서 만유 안에 계실 것이다"(alla panta kai en pasin Christos, sed omnia, et in omnibus Christus, 골 3:11). 그는 사람의 영혼 안에는 물론 생태계 안에도 계실 것이며 생태계도 그분 안에 있을 것이다. 그는 만유 곧 생태계를 포함한 우주의 모든 것을 새롭게 하실 것이다(계 21:5). 그는 "만민의 왕이시며 만유의 주"다(딤전 6:15; 계 17:14; 19:16).

또 우리는 사도행전 3:21의 "만유의 회복"(apokatastasis panton)에 관한 말씀에서도 생태학적 구원에 대한 근거를 발견할 수 있다. 하나님의 구원은 인간은 물론 하나님이 지으신 자연의 세계 곧 생태계가 본래의 모습으로 회복되는 데 있다. 에베소서 1:10에서 만유의 회복은 "하늘과 땅에 있는 모든 것(만물)"이 "그리스도 안에서 그분을 머리로 하여 통일"되는 것으로 표상된다. 하나님의 구원은 인간과 인간, 민족과 민족, 종족과 종족, 남자와 여자, 인간과 자연이 그리스도 안에서 하나가 되는 데 있음을 이 구절은 말한다. 골로새서 1:20의 "만물의 회복"도 이를 말한다.

자연은 인간 없이 생존하고 번성할 수 있지만, 인간은 자연 없이 살 수 없다. 자연의 파괴는 결국 인간 자신의 생명의 파괴로 이어진다. 인간은 자연 위에 있는 자연의 통치자이지만, 결국 자연에 속한 자연의 일부다. 따라서 자연의 구원 없는 인간의 총체적 구원은 불가능하다. 자연의 구원과 인간의 구원, 오늘의 세계에서 그것은 분리될 수 없이 하나로 결합되어 있다. 자연과 인간, 그 모두가 하나님이 사랑하는 피조물이다. 그러므로 예수는 인간의 구원자인 동시에 자연의 구원자일 수밖에 없다.

이제 우리는 예수의 칭호들 가운데 몇 가지를 고찰함으로써 예수의 메시아적 존재와 기능을 보다 더 포괄적으로 파악하고자 한다.

3. 하나님의 아들

하나님의 메시아 예수는 신약성서에서 "하나님의 아들"로 고백된다. 고대 근동의 많은 나라들은 왕을 신(神)의 아들이라 불렀다. 고대 중국의 요, 순, 우, 탕, 네 황제도 신의 아들 곧 신자(神子)라 불리었다. 우리나라의 단군신화에서도 단군은 부계혈통에 있어 신의 아들로 나타난다. 이러한 표상은 하나의 종교적 신화에 불과하다. 그러나 종교적 신화 속에는 정치적 동기와 목적이 숨어 있다. 황제를 신의 아들이라 부를 때, 황제의 통치권은 신적 정당성을 가진 것으로 절대화될 수 있다. 황제는 신의 아들이므로 일반 백성들과 같은 존재가 아니다. 그는 신의 아들 곧 신의 후예다. 그의 통치권은 백성으로부터 그에 위임된 것이 아니라, 신으로부터 주어진 것이다.

이리하여 황제의 통치권은 신적인 권위와 절대성을 가지게 된다. 모든 백성은 그에게 복종해야 한다. 그의 뜻은 곧 신의 뜻이다. 그가 공포하는 국가의 질서는 곧 신의 질서다. 한 걸음 더 나아가 황제의 통치권의 세습제와 절대 왕정제도가 정당화된다. 황제는 신의 아들이므로, 그에게서 태어나는 모든 후손들은 신의 후손이다. 그러므로 이들이 왕위를 계승해야 한다. 황제의 후손이 아닌 사람들은 황제가 될 자격이 없다. 그들은 신의 후예가 아니기 때문이다. 이러한 점에서 왕이나 황제를 신의 아들로 보는 고대의 사상은 왕의 세습적 통치권을 보장해주는 "정치적 종교사상"인 동시에 "종교적 정치사상"이라 말할 수 있다.

그런데 신약성서는 예수를 가리켜 신의 아들 곧 "하나님의 아들"이라 부른다. 그는 아무런 권력도 가지고 있지 않다. 권력도 없고 소유도 없는 한 목수의 아들, 철저히 하나님께 복종하고 자기를 희생하며 가난한 사람들, 소외당한 사람들, 병든 사람들의 친구가 되어 그들과 삶을 나누는 나사렛 예수가 하나님의 아들이다. 이 하나님의 아들은 높은 곳에 처하지 않고 낮은 곳에 처한다. 사람들에게 버림을 받고 아무 힘도 없이 나무에 달려 죽은 그분이 하나님의 아들이다. 참하나님의 아들은 왕좌에 앉아 있는 자들이 아니라, 죽기까지 하나님께 충성하는 나사렛 예수다.

복음서에서 지상의 예수가 하나님의 아들이라는 사실은 대개의 경우 마귀에 사로잡힌 사람들에 의하여 고백된다(마 4:3; 6:8, 29; 막 3:11 등). 이른바 마귀에 붙들린 사람들이 예수의 정체성을 더 빨리 파악하는 이유는 무엇일까? 선교현장에서 보면, 마귀에 붙들렸다고 하는 사람들 중에는 매우 민감한 통찰력을 가진 사람들이 있음을 발견할 수 있다. 개중에는 매우 예민하고 선한 양심을 가졌는데, 삶의 어떤 충격이나 고통으로 말미암아 정신착란에 빠지는 경우가 많다. 그들에게는 세상 욕심이 없다. 그들은 세상을 포기한 사람들, 세상에 대한 욕심을 내고 싶어도 욕심을 낼 수 없는 사람들이다. 그러므로 그들은 예리한 통찰력을 가진다. 마귀에 붙들린 사람들이 예수의 정체성을 더 빨리 파악하는 이유가 여기에 있다.

또 예수가 십자가에서 운명할 때, 로마의 백인대장이 "이 사람이야말로 정말 하나님의 아들이었구나!" 하고 고백한다. 그 반면 유대교의 지도자들은 예수가 스스로 하나님의 아들이었음을 인정함으로써 하나님을 모독하였다고 예수를 고발한다. 대제사장은 "그대가 과연 찬양을 받으실 하나님의 아들 그리스도(=메시아, 필자)인가?" 하고 물었다. 예수께서 "그렇다…"라고 대답하자 대제사장은 자기 옷을 찢으며, "이 이상 무슨 증거가 더 필요하겠소? 여러분은 방금 이 모독하는 말을 듣지 않았습니까?"라고 말했다(막 14:61-64).

왜 그럴까? 하나님을 모르는 로마의 백인대장은 예수가 하나님의 아들임을 식별하는데, 이스라엘의 소위 경건한 지도자들이 이것을 보지 못하는 이유는 무엇일까? 무엇이 그들의 눈을 어둡게 만들어서 예수가 하나님의 아들인 것을 보지 못하게 했을까? 그들의 욕심이 그렇게 하였다. 욕심은 사람의 눈을 가려서 사물을 제대로 인식하지 못하게 한다. 로마 총독의 비호를 받으면서 사회의 높은 자리를 향유하고 부와 명예와 권세를 탐하는 그들의 욕심이 그들의 눈을 가려서 하나님의 아들을 보지 못하게 한 것이다. 참하나님의 아들은 이러한 사람들의 눈에 보이지 않는다. 설령 보인다 할지라도 그들은 이것을 부인한다. 가난하고 힘없는 사람들과 삶을 나누고 그들을 위하여 희년 계명을 선포하며 결국 힘없이 십자가의 고난을 당하는 예수를 하나님의 아들이라 고백할 경우, 그들의 모든 사회적 지위와 특권과 부와 명예가 위험스럽게 되기 때문이다. 그들에게는 세상의 부와 명예와 권세가 그들의 하나님이요, 이 모든 것을 손에 쥐고 있는 왕이 하나님의 아들이다.

하나님을 알지 못하는 로마의 백인대장과 귀신들린 사람들이 예수의 하나님 아들 되심을 식별하였다는 것은 무엇을 말하는가? 광기로 가득한 사람들 틈에 살다가 정말 미쳐버린 사람들, 그래서 소위 정상적인 사회생활을 하지 못하고 "무덤 사이에서"(마 8:28) 사는 그 사람들의 눈에 하나님의 진리가 보인다. 이것을 사도 바울은 다음과 같이 말한다. "여기에서 말하는 지혜는 하나님의 심오한 지혜입니다. 이 세상 통치자들은 아무도 이 지혜를 깨닫지 못했습니다. 만일 그들이 깨달았더라면 영광의 주님을 십자가에 못 박지는 않았을 것입니다"(고전 2:7-8).

본래 "하나님의 아들"이란 칭호는 이미 구약성서에서 사용되었으며, 예수의 존재의 유래를 나타내기보다 그의 법적 위치를 나타낸다. 그것은 예수의 본질을 나타내기보다 그의 기능을 나타낸다. 그것은 예수가 그의 존재나 본질에 있어서 하나님의 아들임을 나타낸다기보다, 예수가 하나님을 대신하여, 하나님의 자리에 서서 그분의 일을 수행하는 예수의 대리행위를 나타낸다. 이 칭호는 하나님의 메시아 예수가 이스라엘의 왕과 마찬가지로 어떤 초인간적인, 신적인 존재임을 나타낸다기보다, 부활하고 승천하심으로써 하나님의 오른편에 앉게 된 통치자임을 나타낸다. 그는 하나님의 사명을 부여받은 자요(Beauftragter), 하나님의 권능을 부여받은 자요(Bevollmächtigter), 하나님의 사자(Botschafter)로서 하나님의 대언자, 하나님의 대리자(Stellvertreter)다. 그는 철저히 하나님과 하나 되어 하나님의 일을 수행한다. 그는 철저히 하나님에게 속하며 그분께 복종한다. 그의 말씀은 곧 하나님의 말씀이요, 그의 행위는 하나님의 행위다. 그의 말씀과 행위 속에 하나님이 나타난다. 그는 하나님의 자기계시다. 인간과 세계에 대한 하나님의 영원한 의지와 목적이 그 안에서 계시된다.

예수가 참하나님의 아들이라면, 하나님의 아들로 자처하는 사람 곧 왕의 참모습이 나타난다. 참된 왕권 곧 통치권은 명령과 억압과 착취에 있는 것이 아니라 봉사에 있다는 것이다. 통치는 모든 사람들이 행복하게 살 수 있도록 돌보아주는 것, 곧 돌봄과 관리를 뜻할 뿐이다. 모든 통치권의 목적은 그것의 유지와 집행을 위하여 경제적 부담을 담당하는 국민을 위하여 고통을 당하며 자기의 삶을 내어주는 데에 있다는 사실이 나사렛 예수에게서 나타난다. 낮고 천한 사람들을 위하여 자기의 목숨을 희생하신 그분이 "모든 왕들의 왕"이다(딤전 6:15).

이 하나님의 아들은 땅 위에서 "하나님의 대리자"로 나타나는 동시에,

철저히 인간을 포함한 "모든 피조물의 대리자"로 나타난다. 그의 모든 삶과 말과 행동과 고난을 통하여 그는 모든 인간과 피조물의 포괄적이며 참된 행복을 위한 하나님의 뜻을 성취한다. 그는 인간의 자유와 평등을 추구하며, 모든 피조물의 정의와 자비와 참된 기쁨을 이루고자 하는 하나님의 뜻을 성취한다. 그는 철저히 하나님의 일을 자신의 일로 삼음으로써 피조물의 일을 자기의 일로 삼는다. 예수 안에서 하나님의 일은 피조물을 위한 일로, 한 걸음 더 나아가 피조물의 일로 나타난다. 예수 안에서 하나님의 일과 피조물의 일은 하나다. 하나님은 철저히 피조물을 위한 하나님, 피조물의 하나님이기 때문이다. 그는 그의 공생애 처음부터 그가 선포하였고 몸으로 산[生] 그것을 자신의 죽음으로써 완성한다. 그는 고난당하는 모든 피조물을 위하여, 멸시받는 자, 율법 없는 자, 죄인을 위하여 죽음을 당한다. 그는 그들의 운명과 그들의 저주를 짊어진다. 그는 고난당하는 모든 피조물들의 대리자로서, 모든 죄인들의 대리자로서 죽음을 당한다. 그의 죽음의 사건에 있어서 소위 경건한 자들, 의로운 자들이 죄인으로 나타난다. 그들의 이기주의, 자기 안전, 자기 의, 그들의 무신성이 드러난다. 하나님의 아들은 이들을 위해서도 죽음을 당한다. 그는 민족과 계급과 인종과 문화의 차이를 넘어서서 모든 인류와 피조물을 위하여 죽는다. 그는 인간을 포함한 모든 피조물들 앞에서 하나님을 대리하는 자요, 하나님 앞에서 모든 피조물들을 대리하는 자다.

이와 관련하여 우리는 십자가에 달린 예수의 죄명 "INRI"를 생각해볼 수 있다. 이 글자는 "*Iesus Nazarenus Rex Iudaeorum*" 곧 "나사렛 예수 유대인들의 왕"이라는 뜻이다. 왕은 부와 권력과 명예의 상징이다. 부와 권력과 명예를 탐하는 인간의 모든 욕구와 갈망이 왕에게서 집약적으로 나타난다. 부와 권력과 명예를 탐하는 인간, 그는 근본에 있어서 왕이 되고 싶어한다. 그는 가능한 모든 것을 가지고 싶어하며 지배하고 싶어한다. 그는 모든 것의 중심이 되고 싶어한다. 그의 욕망에는 한계가 없다. 이 인간이 서야 할 자리에 하나님의 아들이 서 있다. 하나님의 메시아 예수, 그는 무한대의 욕망을 가진 인간이 서야 할 그 자리에 대신 서 있으면서 이 욕망이 도달하는 곳이 어디인가를 보여준다. 그곳은 하나님의 버림받음과 무의미와 고통과 파멸과 죽음의 장소라는 사실을 보여준다.

이와 동시에 예수는 황제나 왕들의 희생물이 되어 고난과 죽음을 당하는 힘없는 사람들의 모습을 대리하여 나타낸다. 그의 십자가의 고난은 속죄의 고난인 동시에, 지배계급의 욕망으로 인하여 신음하는 모든 인간과 피조물의 고난의 나타남 곧 계시다. 이러한 복합적인 의미에서 메시아 예수는 "하나님의 대리자"인 동시에 "인간의 대리자"요, 고난당하는 모든 "피조물의 대리자"다. 십자가에서 외친 그의 절규는 하나님의 사랑의 절규인 동시에, 절망으로 끝날 수밖에 없는 죄인의 절규이며, 이스라엘의 종교지도자들과 로마 황제 밑에서 억울한 고통과 죽음을 당하는 백성들과 모든 피조물의 고통의 절규다. 그는 지금도 우리를 대리하여 절규한다.

4. 주(퀴리오스)

하나님의 메시아 예수를 신약성서는 "주"라고 고백한다. 그리스어 퀴리오스(Kyrios), 아람어 마라(mara)에 해당하는 이 칭호는 본래 종교적인 칭호가 아니라, 모든 영역에서 명령권을 가진 자를 가리키는 세속적 칭호다. 궁극적으로 그것은 로마 황제를 가리킨다. 그러나 유대인들에게 있어서 "주"라는 칭호는 야웨 하나님을 가리킨다. 그래서 70인역은 야웨를 주라고 번역한다. 야웨 하나님과 황제에게 적용되던 이 칭호가 이제 예수에게 적용된다. 그리하여 주의 성찬 때에 "우리의 주여, 오시옵소서"(Maranatha)라는 가장 오래된 고백이 고린도전서 16:22에 나타난다. 그럼 이 칭호는 무엇을 말하는가?

1) 이 칭호는 하나님의 메시아 예수의 하나님 되심을 나타낸다. 구약에서 야웨 하나님께 적용되던 칭호가 이제 예수 자신에게 적용된다면, 예

수는 단순히 한 인간이 아니라 하나님과 같은 존재 곧 하나님의 아들이다. 그는 그가 "나의 아버지", "아빠"라고 부르는 하나님 아버지와 한 몸을 이루고 있다.

2) 이 칭호는 정치적·경제적·사회적·성적·인종적·신체적·생태학적 의미를 내포하고 있다. 세계의 주는 로마 황제나 어떤 특정된 인물이나 인종이나 집단이 아니라 메시아 예수다. 그가 모든 왕들의 왕이요, 모든 주들의 주다(딤전 6:15). 그러므로 모든 왕들과 주들은 그에게 순종해야 한다. 자기의 목숨을 내어준 그분이 "만왕의 왕"이요 "만주의 주"라면, 모든 왕들과 주들은 그분의 모습을 닮아야 한다. 참된 지배자는 억압하고 착취하는 자가 아니라, 소위 아래에 있다고 하는 사람을 위하여 자기의 목숨을 내어주는 자요, 메시아 예수처럼 그들의 발을 씻겨주는 자다. 그분이 온 세계의 주라면, 모든 정치적·경제적·사회적 상황들은 그분의 뜻에 따라 변화되어야 한다. 그분은 남자만의 주가 아니라 여자의 주이기도 하며, 한 특정한 인종의 주가 아니라 모든 인종의 주이며, 신체적으로 정상적인 사람들만의 주가 아니라 장애인들의 주이기도 하다. 그는 사람들의 주일 뿐 아니라 생태계의 주이기도 하다. 모든 것이 그의 통치 영역에 속한다. 정치·경제·사회·문화·성·인종·신체·생태계 등 세계의 모든 것이 그분에게 복종해야 하며 그분의 뜻에 따라 수행되어야 한다. 모든 생명은 메시아 예수의 것이다. 그러므로 생명을 억압하고 착취하고 파괴하고 오염시키는 것은 그의 소유권에 대한 침해다.

3) 그리스도인은 오직 메시아 예수를 그들의 주로 가져야 하며 그에게 속해야 한다는 것을 이 칭호는 나타낸다. 다시 말하여 "주"란 칭호는 예수 그리스도에 대한 그리스도인들의 배타적 소속성을 나타낸다. 사람은 두 주인을 가질 수 없다. 그리스도인들의 주는 로마 황제도 아니고 그들 자신도 아니다. 그들의 주는 그리스도다. 그리스도 곧 메시아 예수가 그들의 주권자요 명령자다. 그리스도인들이 로마 황제 숭배를 거부하고 박해를 받았던 이유가 여기에 있다. 그들의 주는 그리스도이기 때문에 그들은 로

마 황제를 주로 고백하는 것을 거부하였다. 이로써 그들은 로마 황제의 신적·절대적 권위를 부인하였다. 또한 그들은 로마의 안녕을 보장해주는 로마의 국가 신들을 섬길 수 없었다. 그들은 로마의 국가제의를 거부하였다. 그리스도만이 그들의 주이기 때문이었다. 이리하여 그들은 "무신론자"요 국가의 반역자라는 혐의로 박해를 받을 수밖에 없었다.

4) 이 칭호는 메시아 예수가 역사의 완성자이며 주시라는 것을 나타낸다. 신약성서는 예수를 역사의 미래에 다시 오실 주님으로 고백한다. 그래서 "주의 날"(고전 1:8; 살전 5:2 등), "주의 오심"(고전 1:7; 살후 2:1), "주의 나타나심"(딤전 6:14)에 대하여 말한다. "마라나타"라는 간구도 역사의 미래에 오실 메시아를 가리킨다. 역사의 미래에 오실 주님인 예수 그리스도는 역사의 완성자이며 세계사의 주다. "이제는 죽음과 슬픔과 울부짖음과 고통이 없는" 하나님 나라를 시작하였고 완성하실 그분이 역사의 "알파와 오메가"이며 "처음과 마지막이며 시작과 끝"이다(계 22:13). 그러므로 신약성서의 공동체는 시련과 박해를 받으면서 "아멘! 주(Kyrios) 예수여 오시옵소서"라고(계 22:20) 간구한다.

5. 사람의 아들
– 참하나님, 참사람

메시아 예수는 "사람의 아들"(人子)로 고백되기도 한다. "사람의 아들"이란 칭호는 유대교의 묵시사상에서 세계의 종말에 하늘로부터 내려와 최후의 심판을 내리고 의로운 사람들을 구원하는 종말의 심판자와 구원자를 뜻한다. 묵시사상이 기다리고 있던 이 우주적 희망의 상(像)이 이스라엘이 기다리던 메시아 전통에서 유래하는지, 아니면 어떤 다른 전통에서 유래하는지는 분명하지 않다. 그러나 이스라엘 역사에서 메시아에 대한 희망과 사람의 아들에 대한 희망은 미래에 대한 하나의 통일된 희망으로 결합되었다. 일군의 학자들, 예를 들어 폰 라트(G. von Rad)는 묵시사상이 예언자 전통으로부터 유래하지 않는다고 주장한다. 묵시사상의 역사 이해는 예언자들의 역사 이해와 매우 다르기 때문이다. 그러나 사람의 아들에 대하여 말하는 다니엘서는 예언자 전통에 속하며, 이 책의 역사 의식은 예언자들의 유산이라 말할 수 있다.

이와 같이 예언자 전통에 속한 다니엘서는 "사람의 아들"에 대하여 다음과 같이 말한다. "내가 또 밤 이상 중에 보았는데 인자(사람의 아들) 같은 이가 하늘 구름을 타고 와서 옛적부터 항상 계신 자에게 나아와 그 앞에 인도되매 그에게 권세와 영광과 나라를 주고 모든 백성과 나라들과 각 방언하는 자로 그를 섬기게 하였으니 그 권세는 영원한 권세라. 옮기지 아니할 것이요, 그 나라는 폐하지 아니할 것이니라"(단 7:13-14). 여기에 나타나는 "사람의 아들"은 유대교의 민족주의적 한계를 깨뜨리고 온 세계를 포괄하는 존재로 나타난다. 그는 옛 세계에 종지부를 찍고 새 세계, 곧 새로운 예언을 시작한다. 팔레스타인에 자리잡고 있었던 최초의 기독교 공동체는 이 "사람의 아들"을 예수와 동일시하였음이 틀림없다. 이것은 원시(原始) 기독교의 가장 오래된 그리스도론적 전통에 속한다. 그러나 기독교가 팔레스타인을 벗어나 그리스 세계로 확장되면서 이 칭호의 본래 의미는 점점 사라지기 시작하였다. 그리스 세계의 사람들에게 그것은 이해되기 어려웠기 때문인 것으로 보인다. 이리하여 이 칭호는 공관복음서에 자주 나타나지만 요한복음서에는 별로 나타나지 않으며, 바울은 이 칭호를 전혀 사용하지 않는다. 그것은 사복음서에서 82번 사용되고, 그 밖의 신약 문헌에서는 모두 3번 사용될 뿐이다(행 7:56; 히 2:6; 계 1:13). 공관복음서에서 "사람의 아들"이란 칭호는 다음과 같은 세 가지 문헌군에서 사용된다.

1) 첫째 문헌군은 묵시사상적 기다림의 틀에서 사람의 아들에 대하여 말한다(막 8:38; 13:26; 14:62; 마 24:27, 37, 39, 44). 여기서 사람의 아들은 장차 하늘에서 땅으로 올 심판자와 구원자를 말한다. 번개와 같이 그는 갑자기, 예기치 않게 올 것이다. 우리는 그의 오심을 예비해야 한다. 이러한 구절

들에서 사람의 아들은 제3인칭 형태로 사용된다. 예수가 바로 사람의 아들인가에 대하여 이 본문들은 분명히 말하지 않는다. 이 본문들은 거의 예외 없이 마가와 Q 자료에만 있으며, 초기 기독교 공동체가 첨가한 것으로 보이는 말도 발견되지만 예수 자신이 묵시사상의 언어로 장차 올 사람의 아들 곧 세계의 심판자에 대하여 말하였음이 틀림없다.[2]

2) 둘째 문헌군은 예수가 당할 고난과 죽음과 부활과 관련하여 사람의 아들에 대하여 말한다(특히 막 8:31; 9:31; 10:33 이하). 첫째 문헌군과는 반대로 둘째 문헌군은 재림과 심판에 대하여 말하지 않는다. 오히려 이 문헌군은 예수가 부활하기 이전, 하나님의 뜻에 따라 사람의 아들이 당할 심판에 대하여 말한다. 첫째 문헌군은 사람의 아들의 고난과 죽음과 부활에 대하여 거의 말하지 않는 반면, 둘째 문헌군은 그의 오심에 대하여 거의 말하지 않는다.

3) 셋째 문헌군은 죄를 용서할 수 있는 사람의 아들의 권능(막 2:10), 안식일의 주인이신 사람의 아들(막 2:28), 세리와 죄인들의 친구요 먹고 마시기를 즐기는 자로서의 사람의 아들(마 11:19), 머리 둘 곳도 없는 자로서의 사람의 아들에(마 8:20) 대하여 말한다.

공관복음서에서 이 칭호는 예수 자신의 말씀 속에서만 사용된다. 예수가 자기를 사람의 아들과 일치시켰느냐의 문제는 아직도 해결되지 않고 있다. 여하튼 공관복음서에서 사람의 아들은 묵시사상과는 전혀 다른 모습을 가진다. 사람의 아들이 사람들의 손에 죽임을 당할 것이며, 세계의 심판자가 심판을 받는 자가 될 것이다. 여기서 묵시사상이 기다리던 것과는 전혀 다른 사람의 아들의 모습이 나타난다. 사람들의 버림을 받은 그분, 고난과 죽임을 당한 그분, 십자가에 달린 그분이 사람의 아들 곧 세계의 심판자요 구원자다.

그런데 우리는 다음의 사실을 유의할 필요가 있다. 즉 예수는 그리스

어를 말하지 않고 아람어를 사용하였다는 것이다. 아람어에 있어서 "사람의 아들" 곧 "바르나샤"(barnascha)는 "인류의 아들, 인류에게 속한 자"를 뜻하며 "사람" 혹은 "그 사람"을 나타낸다.[3] 그것은 특별한 신적 존재를 나타내는 말이 아니라 개별적인 사람을 나타내는 일상용어다. 예수가 사람의 아들이란 칭호를 유대교의 묵시사상적 의미로 사용하였느냐, 아니면 아람어의 일상용어의 의미로 사용하였느냐, 아니면 어떤 때는 전자의 의미로, 다른 때는 후자의 의미로 사용하였느냐의 문제도 아직 해결되지 않고 있다. 그러나 분명한 사실은 예수는 "사람" 혹은 "그 사람"을 뜻하는 아람어로 "사람의 아들"이란 칭호를 사용하였다는 것이다.

이 사실을 고려할 때 우리는 다음과 같이 말할 수 있다. 곧 종말의 심판자와 구원자, 십자가의 고난과 죽음을 당한 그분은 인류의 아들 혹은 인류에 속한 자, 곧 "사람의 아들"로 계셨다는 것이다. 달리 말하여 그는 참하나님(vere deus)인 동시에 참사람(vere homo)이었다. 그는 참하나님이었기 때문에 참사람일 수 있었다. 틸리히(P. Tillich)의 표현에 의하면, 그는 "실존의 조건들 아래에 있는 본질적 존재"였다. 그는 참하나님이었기 때문에 우리와 똑같은 실존의 조건과 상황 속에 있으면서도 우리와 다른 "새로운 존재"(New Being), "본질적 존재" 곧 "참사람"일 수 있었다.

종말에 올 세계의 심판자와 구원자이신 사람의 아들은 역사의 한 구체적인 인물 곧 "그 사람"으로 계셨다. 본래 모든 인간이 가져야 할 삶의 모습을 가진 "참사람"으로 계셨다. 초기 기독교 공동체는 참사람으로 계셨던 메시아 예수 안에서 묵시사상적 세계 심판자와 구원자를 보았다. "보아라, 내가 곧 가겠다. 나는 각 사람에게 그 행위대로 갚아주려고 상을 가지고 간다…"(계 22:12; 참조. 마 25:31 이하).

여기서 다음과 같은 질문이 제기될 수 있다. 만일 세계의 심판자께서

---

3) H. Küng, *Christ Sein*, S. 279도 "사람의 아들"은 단순한 "사람"으로 해석될 수 있음을 인정함.

우리의 행위대로 판단하신다면, 구원받을 수 있는 사람은 몇 명이나 될까? 거의 모든 사람이 지옥불에 타는 형벌을 받지 않을까? 이 같은 율법주의적 사고는 "세리와 죄인들의 친구"가 되시고 자기의 생명을 십자가의 죽음에 내어준 메시아 예수의 무한한 사랑과 모순되지 않는가?

6. 친구, 형제

종말의 메시아 예수는 신약성서에서 우리 인간의 친구와 형제로 고백된다. 신약성서에 기록되어 있는 예수의 칭호들은 대부분의 경우 높은 자리를 나타내고 있다. 예언자, 대제사장, 왕, 주, 하나님의 아들 등의 칭호들은 예수를 신적 권위를 가진 "높은 분"으로 나타낸다. 그 이유는 무엇일까? 지상의 예수 곧 하나님의 아들은 "낮은 분"으로 계셨는데, 왜 교회는 그에게 "높은 분"의 칭호를 부여했는가? 그 이유는 당시의 교회가 지배체제의 계급사회 속에 있었고, 이 사회의 사고방식을 벗어나지 못했기 때문이 아닐까? 사실 예수의 대부분의 칭호들은 지배체제(Hierarchie)의 형식을 가진 계급사회로부터 유래하며, 권위의 상징들을 예수에게 적용하고 있다. 그러나 목수의 아들 예수는 권위 있는 분이 아니었다. 그가 가진 신적인 권위는 "십자가에 달린 유대인의 왕"이라는 웃음거리로 끝났다. 인간적인 면에서 볼 때 그는 아무 권위도 없는 존재, 학식도 없고 소유도 없는 존재였다. 이 예수에게 왕, 대제사장, 다윗의 아들 등과 같은 권위적인 칭호는 어울리지 않는다.

그런데 누가복음 7:34에서 예수는 "세리와 죄인들의 친구"라고 불리운다. 요한복음 15장에서 예수는 자기가 제자들의 친구이고 또한 제자들은 자기의 친구라고 말한다. "친구"라는 칭호는 예수의 칭호들 가운데 조금도 권위적이 아닌 색다른 칭호다. 예수를 통하여 형성되는 하나님과 인간의 관계도 주종의 관계, 명령과 복종의 관계가 아니라 친구의 관계다. 하나님은 인간의 주와 아버지인 동시에 "인간의 친구"다. 인간은 하나님의 노예가 아니라 "하나님의 친구"다.

"하나님의 친구"라는 말은 소크라테스의 철학에서 발견된다. 현인들은 "신들의 친구"라고 불리운다. 그리스와 이집트의 유명한 인물들도 "신들의 친구"라는 칭호를 그들의 묘비에 가지고 있었다. 그러나 아리스토텔레스는 인간이 신들의 친구가 된다는 생각을 거부한다. 그의 「니코마코스 윤리학」에 의하면 유(類)에 있어서 같은 자들만이 친구가 될 수 있다. 류가 다른 자들은 친구가 될 수 없다. 그러므로 인간은 신들의 친구가 될 수 없으며, 자유인은 노예의 친구가 될 수 없다.

이에 반하여 메시아 예수는 유에 있어서 자기와 다른 인간들을 자기의 친구로 삼으시고 그들의 친구가 되시고자 한다. 그리스도인들은 유에 있어서 그들과 전혀 다른 하나님의 친구들이다. 하나님께서는 유에 있어서 서로 같은 자, 비슷한 자들끼리 관계를 맺고 서로 진드기처럼 밀착하는 인간 세계의 법칙을 깨뜨리고 자기와는 유가 다른 자들 곧 인간을 그의 친구로 삼는다. 남자는 남자들끼리, 여자는 여자들끼리, 백인은 백인들끼리, 유색인종은 유색인종끼리 모이는 인간 세계, 이러한 세계는 사실상 폐쇄된 세계이며 새로움이 없는 지겨운 세계다. 오스트리아의 황제 요제프(Joseph)가 비엔나의 광장을 일반 시민들에게 공개하려고 했을 때 비엔나의 귀족들은 이를 반대하였다. 그들은 이 광장에서는 귀족들만 만나야 한다고 주장하였다. 이에 대하여 황제는 다음과 같이 답변하였다. "그렇다면 나는 밤낮으로 황제들의 묘지 안에서 나의 조상들과 함께 있어야 할 것이다." 예수는 같은 자들, 비슷한 자들끼리 모여서 짝을 이루고 있는 이 묘지를 깨뜨리고 "세리와 죄인들"의 친구가 된다. 그는 병자들, 불구자들, 가난한 자들의 친구가 된다. 그는 그들의 죄를 용서하고 인간으로서의 가치를 인정하며 그들의 미래를 열어준다. 그는 "새로움"을 일으킨다.

친구 관계는 우정의 관계다. 우정의 관계는 사랑과 존경의 관계다. 상대방을 사랑하는 동시에 상대방을 인간으로서 존경하며, 존경하는 동시에 사랑하는 것이 친구 사이의 우정이다. 그것은 서로의 가치와 자유와 독립성을 인정한다. 위가 없고 아래가 없다. 서로 평등하다. 그래서 친구를 만나는 일은 즐겁다. 마음의 유쾌함을 느낀다. 하나님의 메시아 예수는 이러한 우정 속에 있는 우리의 친구라고 신약성서는 증언한다.

마가복음 3:35에서 예수는 하나님의 뜻대로 사는 자는 "내 형제"라고 말한다. 바꾸어 말하면 예수는 하나님의 뜻대로 사는 사람들의 "형제"다. 예수와 그리스도인들은 형제 관계에 있다. 형제 관계도 친구의 관계와 같이 명령과 복종의 관계가 아니라 사랑과 신뢰와 존경의 관계다. 따라서 하나님의 메시아 예수는 우리를 지배하고 억압하는 지배자가 아니라 우리를 용서하고 타이르고 위로하는 우리의 형제다. 지금도 성령 가운데서 그의 미래로부터 오시고 하나님 나라를 세우시는 메시아 예수는 우리의 친구와 형제로서 오신다.

여기서 우리는 새로운 사회와 공동체의 모습을 발견한다. 메시아이시며 하나님의 아들 되신 예수는 명령과 복종의 "지배체제적 공동체"를 원하지 않는다. 그는 사랑과 신뢰와 존경에 입각한 "형제자매들의 공동체", "친구들의 공동체"를 원한다. 지상에서 활동하는 동안 그 자신이 이러한 공동체를 세운다.

물론 이 공동체 안에는 기능의 차이가 있다. 선생과 제자, 다스리는 자와 다스림을 받는 자의 차이가 있다. 그러나 이 공동체 안에는 지배체제적 위아래가 없다. 소위 위에 있다고 하는 자리는 지배하고 섬김을 받는 자리가 아니라 섬기는 자리다. 그러므로 예수는 이렇게 말한다. "너희 가운데서 으뜸가는 사람은 너희를 섬기는 사람이 되어야 한다"(마 23:11). 새로운 공동체의 이러한 윤리를 예수는 자신의 존재에 근거시킨다. "인자는 섬김을 받으러 온 것이 아니라 섬기러 왔으며, 많은 사람을 위하여 자기 목숨을 대속물로 내어주러 왔다"(막 10:45).

이 같은 공동체는 각자의 인간성의 변화 없이 이루어지지 않는다. 지배하고자 하는 인간성이 섬기고자 하는 인간성으로 변화되어야 한다. 자기를 높이고자 하는 인간성이 자기를 낮추는 인간성으로, 무한정 소유하고자 하는 인간성이 자기의 것을 내어주는 인간성으로 변화되어야 한다. 먼저 인간 자신이 "하나님의 자녀"로 다시 태어나야 한다. 메시아 예수는 우리의 죄를 용서한다는 점에서 우리의 구원자일 뿐 아니라, 명령과 복종, 지배와 피지배, 억압과 착취가 다스리는 인간 세계 속에 예수처럼 서로 섬기며 자기를 희생하는 형제자매들의 공동체, 친구들의 공동체를 세우며 모든 인간 공동체들의 변화와 개혁을 요구한다는 점에서 구원자다. 이러한 점에서 그는 세상의 "빛"이요 "모퉁이 돌"이며 "새벽별"이다. 예수의 모든 칭호들은 이 같은 관점에서 이해될 수 있다.

7. 하나님의 형상[4]

메시아 예수는 신약성서에서 "하나님의 형상"으로 고백된다. 하나님의 형상이란 칭호는 예수의 메시아적 존재를 새로운 각도에서 조명한다.

　유대교와 기독교를 제외한 거의 모든 종교들은 그들이 믿는 신의 형상을 가지고 있다. 그들은 그것을 나무나 돌에 새겨 세우기도 하고 그림으로 그려서 붙이기도 한다. 그들은 이 형상을 섬긴다. 그에게 절을 하고 물질을 바치기도 한다. 그런데 이 종교들이 섬기는 신들은 사람의 모습이나 짐승의 모습을 가지고 있다. 사람과 짐승의 모습이 혼합된 신의 형상도 볼 수 있다. 인자한 모습을 가진 신의 형상도 있고 흉물스러운 모습을 가진 형상도 있다.

　이에 반하여 성서의 하나님은 형상을 가지고 있지 않다. 그는 자기에 대한 어떤 형상도 만들어서는 안 되며 또 그것을 섬겨서도 안 된다고 명령한다(출 20:4). 그런데 신약성서는 십자가에 달린 예수가 "보이지 않는

4) 이에 관하여 김균진, 『기독교 조직신학』 II, p. 234ff.

하나님의 형상"이라고 말한다(골 1:15; 참조. 고후 4:4; 히 1:3). 그럼 어떤 의미에서 예수는 하나님의 형상인가?

1) 하나님의 메시아 예수는 "참하나님"의 모습을 나타낸다는 점에서 "보이지 않는 하나님의 형상"이다. 예수 안에 나타나는 하나님은 다른 신들처럼 속세로부터 해탈하고 높은 곳에 안주하면서 인간의 섬김을 받는 대신 인간의 사회체제를 정당화시켜주는 존재가 아니라, 자기를 종의 모습으로 낮추어 인간을 섬기면서, 모든 다스리는 자는 섬기는 자가 될 것을 요구한다. 그는 천상천하 유아독존 한다지만 사실은 지배계층의 등에 업혀 있는 존재가 아니라, 세리와 죄인들의 친구가 되시고 그들과 먹고 마시며 삶을 나눈다. 그는 단순히 제약되지 않은 분, 전능한 분이 아니라 인간의 구원과 행복을 위하여 자기를 제약시키는 분, 자기의 전지전능한 능력을 예수 안에서 포기하는 분이다. 그는 사랑이다(요일 4:8, 16). 그의 사랑은 그의 자기 낮추심과 자기희생을 통하여 증명된다. 십자가에 달린 예수는 이 하나님을 나타낸다. 그는 "하나님의 아들"로서 그의 아버지와 한 몸을 이루고 있기 때문이다. 이러한 뜻에서 그는 하나님의 형상이다.

2) 창세기 1:26에 의하면, 인간은 하나님의 형상에 따라 창조되었다. 여기서 하나님의 형상이란 인간 안에 영원히 주어진 실체나 자질이 아니라, 하나님의 피조물로서 살아야 할 인간의 삶의 규정 내지 인간의 본래적인 모습을 말한다. 메시아 예수는 하나님이 인간을 창조하실 때 그에게 부여한 삶의 규정 곧 "참사람"의 모습을 나타내는 점에서 하나님의 형상이다. 그럼 예수 안에 나타나는 하나님의 형상 곧 참사람의 모습 내지 인간의 본래적 모습은 무엇인가?

요한1서 4:8, 16에 의하면 "하나님은 사랑이다." 사랑이란 무엇인가? 사랑이란 사랑하는 자와 사랑받는 자가 자기의 주체성과 독립성 속에서 서로 구분되지만, 나누어지지 않고 사랑의 영 속에서 한 몸을 이루는 것을 말한다. 성부·성자·성령은 각자의 주체성과 독립성 속에서 서로 구분된다. 아버지는 아버지이고 아들은 아들이며 성령은 성령이다. 아버지는 아버지로서의 인격성을, 아들은 아들로서의 인격성을, 성령은 성령으로서의 인격성을 가진다. 하나의 인격성이 다른 인격성과 혼합되어버리지 않는다. 그러나 아버지, 아들, 성령은 사랑 가운데에서 한 몸을 이룬다. 그들은 한 몸 곧 일체를 이루고 있기 때문에, 모든 것을 함께 나누며 모든 일을 함께한다. 아버지는 세계를 창조하시고, 아들은 타락한 인간과 세계를 구원하시며, 성령은 인간과 세계를 성화시켜 새 창조를 이룬다. 이와 같이 각 위(位)의 하는 일은 구분되어 있지만, 그들은 한 몸을 이루고 있기 때문에 모든 일을 함께하며 함께 존재한다. 아버지가 있는 곳에는 아들과 성령이 함께 계시며, 아들이 있는 곳에는 아버지와 성령이 함께 계시며, 성령이 있는 곳에는 아버지와 아들이 함께 계신다. 이러한 뜻에서 "하나님은 사랑이다." 예수는 바로 이 "하나님의 형상"이다.

인간이 하나님의 형상으로 창조되었다는 것은 인간도 이 하나님처럼 살도록 창조되었다는 것을 말한다. 서로 한 몸을 이루고 사랑을 나누면서 사는 것이 인간의 삶의 본래 규정이다. 이 규정은 생물학적으로 증명될 수 있다고 생각된다. 우리가 사랑을 받고 사랑을 베풀면, 기분이 좋아진다. 얼굴 표정도 밝아진다. 왜 그럴까? 서로 사랑하면서 사는 것이 인간 존재의 본래 규정이기 때문이다. 인간 존재의 본래 규정이 지켜지기 때문에 기분이 좋아진다. 그 반면 이 규정을 지키지 않을 때, 곧 사랑하지 않고 시기 질투하며, 선을 행하는 대신 악을 행할 때 기분이 찜찜해진다. 달리 말해 기분이 나빠진다. 죄책감이 그의 마음을 괴롭힌다. 왜 그럴까? 본래 지켜야 할 규정을 지키지 않기 때문이다. 그래서 얼굴 표정도 어두워지고 또 험악하게 보이기도 한다. 그의 양심이 고통을 당하고 있다는 것이 그의 얼굴에 나타난다.

그러므로 인간의 삶의 본래 규정은 자기 욕망에 따라 자기중심적으로 사는 것이 아니라 서로 사랑하며 더불어 사는 데 있다. 인간이 지켜야 할 이 삶의 규정이 메시아 예수의 삶 속에 나타난다. 이것을 우리는 세 가지 차원에서 설명할 수 있다.

첫째, 예수는 그가 "나의 아버지", "아빠"라고 부르는 아버지 하나님과 하나가 되어 그의 아버지와 같이 생각하고, 아버지의 말을 말하며 아버지의 일을 행한다. 그가 아버지 안에 있고, 아버지가 그 안에 있다. 그의 말은 곧 아버지 하나님의 말이요, 그가 행하는 일은 곧 아버지 하나님의 일이다. 그러므로 예수는 이렇게 말한다. "빌립아, 내가 이렇게 오랫동안 너희와 함께 지냈는데도, 너는 나를 알지 못하느냐? 나를 본 사람은 아버지를 본 사람이다. 그런데 네가 어떻게 '우리에게 아버지를 보여주십시오' 한다는 말이냐? 내가 아버지 안에 있고 아버지께서 내 안에 계심을 네가 믿지 않느냐? 내가 너희에게 하는 말은 내 마음대로 하는 것이 아니다. 아버지께서 내 안에 계시면서, 자기의 일을 하신다. 내가 아버지 안에 있고, 아버지께서 내 안에 계심을 믿어라. 믿지 못하겠거든, 내가 하는 그 일들을 보아서라도 믿어라"(요 14:9-11).

하나님의 메시아 예수는 하나님으로부터, 하나님과 함께, 하나님을 위하여, 하나님을 향하여 살아간다. 그는 마음과 뜻과 정성을 다하여 그의 아버지를 사랑하며 아버지께 자기의 모든 존재와 삶을 내맡긴다. 그는 십자가의 죽음을 당하기까지 아버지의 뜻에 복종한다. 아버지의 뜻은 곧 자기의 뜻이요, 자기의 뜻은 아버지의 뜻이다. 양자의 뜻은 완전히 일치한다. 우리 인간이 "하나님의 형상"에 따라 창조되었다는 것은 우리도 이와같이 살도록 창조되었다는 것을 말하며, 예수는 이러한 인간의 삶의 규정을 나타낸다는 뜻에서 "하나님의 형상"이다.

둘째, 그의 아버지 하나님과 한 몸을 이룬 예수는 그의 이웃과도 한 몸을 이룬 상태에서 살아간다. 예수는 예수이고 그의 이웃은 이웃이다. 양자는 서로 구분된다. 그러나 예수는 자기를 그의 이웃으로부터 분리시키지 않고 철저히 그들과 함께 살아간다. 아버지 하나님을 위한 그의 삶은 철저히 이웃을 위한 삶으로 나타난다. 아버지에 대한 그의 사랑은 철저히 이웃에 대한 사랑으로 나타나며 또 이를 통하여 그 진실성이 증명된다. 눈에 보이는 이웃을 사랑하지 않으면서 눈에 보이지 않는 하나님을 사랑한다는 것은 거짓말이기 때문이다. 그는 이웃에게 자기를 내어줌으로써 그의 아버지 하나님께 자기를 내어준다. 아버지 하나님에 대한 희생과 헌신은 이웃을 위한 희생과 헌신으로 나타난다. 아버지 안에서 아버지와 함께 사는 그의 삶은 이웃 안에서 이웃과 함께 사는 삶으로 나타난다.

이웃 안에서, 이웃과 함께, 이웃을 위하여 사는 예수의 삶은 "이스라엘의 잃어버린 자들"을 찾는 구체적인 행위로 나타난다. 그는 "건강한 자들"을 찾지 않고 "약한 자들"을 찾는다. 이웃을 위한 그의 삶은 약한 자들과의 연대로 나타난다. 그는 그 사회의 버림받은 자들, "율법 없는 자들", "죄인" 취급을 받는 자들, 병든 자들, 가난한 자들을 찾으며 그들에게 죄의 용서와 하나님 나라의 기쁜 소식을 선포한다. 그는 마귀를 내쫓으며 병자를 고쳐준다. 모든 인간이 인간답게 살 수 있도록 하기 위하여 희년을 선포한다. 그는 자기가 메시아라고 주장하면서 이웃을 지배하고 이웃을 섬기는 것이 아니라, 이웃을 섬기며 이웃을 위하여 자기의 삶을 내어준다. 그는 이웃을 "자기 자신의 몸과 같이" 사랑한다. 아버지 하나님과 하나 되어 있는 하나님의 메시아 예수는 철저히 "인간다운 인간"으로 나타난다. 이웃 안에서, 이웃과 함께, 이웃을 위한 메시아 예수의 삶은 결국 모든 인간을 위한 십자가의 죽음으로 끝난다. 그의 존재는 철저히 "다른 자들을 위한 존재"(Sein für die anderen)다. 그의 존재 목적은 자신의 부귀영화에 있지 않고 이웃의 행복에 있다. 우리의 구원과 복된 삶을 위해 그는 자신의 삶을 내어준다. 우리 인간이 "하나님의 형상"에 따라 창조되었다는 것은 우리 인간도 이와 같이 살도록 창조되었다는 것을 말한다. 메시아 예수는 이같은 인간의 삶의 규정을 나타낸다는 뜻에서 "하나님의 형상"이다.

셋째, 자연에 대한 예수의 태도는 복음서에 분명히 나타나지 않는다. 그러나 예수는 하나님께서 공중의 새도 먹이시며 들의 백합화도 입히신다는 것을 알고 있다. 그는 자연의 모든 피조물을 하나님의 창조로 알고 있다. 하나님은 참새 한 마리까지 잊지 않고 계신다(눅 12:7). 그것은 하나님이 지으신 것이다. 그러므로 자연의 소유자는 인간이 아니라 하나님이다. 모든 생명은 하나님에게 속한다. 따라서 예수는 자연과 조화된 가운데서 살았음이 틀림없다. 자연은 인간의 "이웃"이다. 그것은 인간의 파괴와 오염과 착취의 대상이 아니라 인간의 "친구"다. 그것은 단순히 "노동의 대상" 곧 인간의 풍요하고 편리한 물질생활을 위한 "재료"에 불과한 것이 아니라, 인간이 거기서부터 오고 그 속에서 살아야 하며 거기로 돌아갈 인간의 "고향"이요 "거주지"다. 그것은 하나님 나라가 구체적으로 이루어질 장(場)이다. 인간이 "하나님의 형상"에 따라 창조되었다는 것은, 우리 인간이 자연을 이웃과 친구로, 동반자와 고향으로 생각하고 자연을 돌보고 사랑하는 동시에, 자연의 보호와 사랑을 받으며 살아가도록 창조되었다는 것을 말한다. 하나님의 메시아 예수는 이러한 인간의 삶의 규정을 나타낸다는 뜻에서 "하나님의 형상"이다.

예수와 하나님 나라

김균진 저작 전집
07

예수와 하나님 나라
역사 속에서 체현된 메시아의 구원 이야기

Copyright ⓒ 김균진 2016

1쇄 발행 2016년 6월 20일
2쇄 발행 2021년 10월 5일

지은이 김균진
펴낸이 김요한
펴낸곳 새물결플러스

편 집 왕희광 정인철 노재현 한바울 정혜인
이형일 나유영 노동래 최호연
디자인 박인미 황진주 김은경
마케팅 박성민 이원혁
총 무 김명화 이성순
영 상 최정호 곽상원
아카데미 차상희

홈페이지 www.holywaveplus.com
이메일 hwpbooks@hwpbooks.com
출판등록 2008년 8월 21일 제2008-24호
주 소 (우) 04118 서울시 마포구 마포대로19길 33
전 화 02) 2652-3161
팩 스 02) 2652-3191

ISBN 979-11-86409-60-2 94230